传承运河
宝贵遗产，
推进运河
文化建设，

黄镇东
李盛霖

二〇一三
年十月

原交通部部长黄镇东、交通运输部原部长李盛霖为本书题词

大运河航运史

浙江篇

浙江省港航管理局 编

大连海事大学出版社

图书在版编目(CIP)数据

大运河航运史. 浙江篇 / 浙江省港航管理局编. —
大连：大连海事大学出版社，2019.8
ISBN 978-7-5632-3838-5

Ⅰ. ①大… Ⅱ. ①浙… Ⅲ. ①大运河 – 交通运输史 –
浙江 Ⅳ. ①F552.9

中国版本图书馆 CIP 数据核字(2019)第 170316 号

大连海事大学出版社出版

地址：大连市凌海路1号 邮编：116026 电话：0411-84728394 传真：0411-84727996
http://www.dmupress.com E-mail：cbs@ dmupress.com

大连金华光印刷有限公司印装 大连海事大学出版社发行

2019 年 8 月第 1 版 2019 年 8 月第 1 次印刷
幅面尺寸：155 mm × 235 mm 印张：55.375
字数：744 千 印数：1 ~ 1800 册

出版人：余锡荣

责任编辑：张来胜 责任校对：刘长影
封面设计：解瑶瑶 版式设计：解瑶瑶

ISBN 978-7-5632-3838-5 定价：165.00 元

序

　　盛世修史,继往开来。历经12年的努力,《大运河航运史(浙江篇)》终于面世了,它不仅填补了我省大运河航运史资料的空白,而且以丰富的内容、确凿的史实、翔实的资料和清晰的脉络、精炼的语言,客观、真实地记述了大运河浙江段2 500多年来在河道开凿、航道建设、船舶修造以及港口码头建设、航运管理等方面的发展历程和所取得的辉煌成就,全方位地展示了浙江历史悠久、底蕴深厚、博大精深的运河文化,对传承、利用和保护好大运河历史文化遗产有着重要的意义。

　　在中国,能与万里长城相媲美的人间奇迹,唯有大运河,无论其开凿历史、工程规模、流经里程、水工技术,还是对经济、社会、文化和生活所产生的作用,都名列世界运河之最。大运河既是中华民族征服自然、改造自然的巧夺天工的伟大创造,也是中华文明史乃至世界文明史的重要组成部分。

　　浙江是中国最早开凿人工河流、发展航运的地区之一。"百尺渎,奏江,吴以达粮",这条记入《越绝书·吴地传》的"百尺渎",是在钱塘江北岸开凿的人工渠道,沟通了吴越两地,把浙江的运河史定格在2 500年前。早在春秋战国时期,浙江先民相继在宁绍平原开凿了山阴古水道等运河;秦汉时期,浙江地区的运河就已和太湖、长江流域相沟通;唐五代后不仅形成了纵贯全省的运河体系,所涉及区域面积占全省总面积的三分之一,浙江成为中国运河航道密度最大的省份,而且运河贯通了钱塘江、太湖、长江、淮河、黄河和海河六大水系;南宋疏浚奉口河;元代疏凿北关河;明清时期,浙西运河和浙东运河持续不断地重点疏浚和修筑堤岸,大运河浙江段不断完善,航道畅通。中华人民共和国成立后,大运河浙江段的建设全面展开。20世纪50年代,拓宽挖深、裁弯取

1

直、开挖新线;60 年代调整完善;80 年代稳步推进;90 年代提档升级,大运河浙江段航道日臻畅通高效,建成杭州三堡船闸,实现"双流奇汇"而通江达海。进入 21 世纪,大运河浙江段建设更加突飞猛进。2003 年起,贯彻"八八战略",实施水运强省工程,重点建设京杭运河、杭申线等航道,全面提升运河航道等级。2008 年起,贯彻"创业富民、创新强省"发展战略,落实内河水运复兴计划,杭甬运河全线通航,京杭运河浙江段再次升级。2017 年 12 月,杭州八堡船闸动工,拉开了京杭运河二通道建设的序幕,京杭运河将全线提升至三级航道,千吨级船舶能从浙江直达山东,又将实现新一轮历史性的跨越。

浙江是名副其实的"运河大省",也是中国最早建设运河、发展航运的地区之一。2002 年,在萧山跨湖桥遗址出土的残存独木舟表明,早在近 8 000 年前的新石器时代中期,浙江先民们便已学会"刳木为舟,剡木为楫",制作独木舟,从事水上的航运活动,并已开始探索以风力作为航行动力。几千年来,生活在这片土地上的人民经过艰苦卓绝的不懈努力,持续不断地开凿、拓浚、整治,"以船为车,以楫为马",使运河航运历经时代变迁、风雨沧桑,亘古不变,持续发展,即使在航空、高速公路、高速铁路等现代化交通快速发展的 21 世纪,运河仍然是运输繁忙的黄金水道,是经济社会发展不可或缺的运输方式,对浙江的经济发展、社会稳定、文化繁荣及人民生活富足等发挥了重要的作用。

浙江还是中国运河文化积淀最丰富和深厚的地区之一。2 500 多年来,浙江人民在开凿河道、发展航运过程中,构建了独特的自然风情、人文景观和民俗风韵,形成了丰富多彩、底蕴深厚、博大精深的运河文化,既凝结在航道、埭堰坝闸、桥涵纤道等物质形态中,又体现在漕运、航运及运河治理等的制度形态中,还表现在能够被传承的历史、地理、风土人情、传统习俗、文学艺术、价值观念和宗教信仰等社会形态中,成为浙江重要的地域特色文化和中华民族宝贵而璀璨的历史文化遗产。2014 年 6 月 22 日,在卡塔尔多哈举行的联合国教科文组织第三十八届世界遗产大会宣布,中国大运河项目入选《世界遗产名录》,成为中国第

46个世界遗产,其中浙江就有京杭运河杭州段、杭州市区河道、龙山河、颐塘故道、京杭运河嘉兴段、苏州塘、杭州塘、嘉兴环城河、崇长港、上塘河、澜溪塘、浙东运河、萧绍运河、浙东运河绍兴段、山阴古水道、绍兴护城河、浙东运河余姚段、浙东运河慈溪段、浙东运河西塘河段等河道以及杭州富义仓、广济桥、拱宸桥、凤山水城门、长安闸、长虹桥、八字桥、八字桥历史街区、古纤道等文化遗迹,以其农业文明和商业文明有机结合,线性文化和网状文化的双重形态,包容开放、多元一体的融合特征,流动性与稳定性的相对统一和"外柔内刚"的个性特征,渗透和显现着浙江地域文化的个性与特色和浙江人的特质。

2017年2月,习近平总书记在北京通州考察时做出了"要深入挖掘以大运河为核心的历史文化资源"的重要指示。2017年6月,习近平总书记又在中共中央办公厅《调研要报》上做出了"大运河是祖先留给我们的宝贵遗产,是流动的文化,要统筹保护好、传承好、利用好"的重要指示。2019年2月,中共中央办公厅、国务院办公厅又印发了《大运河文化保护传承利用规划纲要》。这一系列批示和文件不仅把大运河文化保护传承利用提升到国家战略层面,也为大运河文化的保护、传承和利用指明了方向。

2019年4月,中共浙江省委书记车俊在对大运河浙江段进行专题调研后强调,要充分认识大运河文化带建设对传承优秀传统文化、坚定文化自信、实现中华民族伟大复兴的重大历史和现实意义,在严格保护大运河文化遗产的基础上,推进大运河文化的有效传承、大运河资源的合理利用,实现保护、传承、利用的有机统一。充分认识大运河文化带浙江段的重要地位,传承历史韵味,擦亮金字招牌,扩大国际影响,为"文化浙江""两个高水平"建设提供有力支撑。要认真贯彻落实习近平总书记重要指示精神,坚决扛起浙江担当,精心保护大运河遗产,有效传承大运河文化,合理利用大运河资源,把大运河浙江段建设成千年古韵、江南丝路、通江达海、运济天下的水乡文化经典呈现区、运河文化精品展示带和水生态文化精彩示范段,努力在全国大运河文化带建设中走在前列。

浙江省港航管理局历来高度重视大运河文化遗产的保护和建设工作,于2007年委请嘉兴船文化博物馆着手编写《大运河航运史(浙江篇)》。12年来,各参编人员调档阅卷,不废寒暑,四处收集资料,进行了摘抄、复印,对资料进行了较全面、细致的整理、分析,集思广益,几易其稿,终成全稿。

《大运河航运史(浙江篇)》的面世,既是我省大运河文化遗产保护和建设的重要举措,也是我省航运事业发展历程中的一件盛事,对促进浙江新时代的物质文明、精神文明和生态文明建设有着重要的现实意义。

中共浙江省交通运输厅党组成员、浙江省港航
管理局党委书记,浙江省港航管理局局长
2019 年 4 月

前　言

中国是世界上最早开凿运河的国家之一。中国大运河是世界上规模最大、里程最长的人工河流,包括京杭大运河、隋唐大运河和浙东运河,与万里长城并称为我国古代文明的"双璧",是中华民族在征服自然、改造自然过程中的伟大创造,是至今仍然活着的、流动着的珍贵历史文化遗产,更是中华文明的丰厚积淀和民族精神的重要标志。

浙江因水而名,因水而兴,因水而美,境内江河湖海纵横交错,是典型的水乡泽国、河网世界,是中国较早进行运河水运的地区之一。数千年来,浙江人逐水而生,择岸而居,掘渠渡舟、划桨摇橹、使帆弄舵,临河行商,为改造自然、利用自然,发展浙江经济与文化,进行了艰苦卓绝的不懈努力,取得了举世瞩目的不凡业绩,谱写了运河航运的辉煌篇章。

大运河纵横浙江全境千余里,不仅早在春秋战国时期就与长江流域乃至黄河流域的中原地区相连通,是中国大运河的最南端,直接与海洋贯通,而且以钱塘江为界形成浙西运河①和浙东运河两大区域运河航道,是中国运河航道密度最大的地区之一。大运河浙江段水网所及区域面积达 3.149 万平方千米,占浙江全省面积的 30%。因此,大运河浙江段在中国运河航运史、航运建设史、科技工程史、经济发展史和运河管理史上都占有重要地位,其历史之悠久、工程之巨大、科技之杰出、航运推动经济社会发展作用之重要,在中国乃至世界均谱写了光辉的篇章。

中华人民共和国成立后,党和国家大力实施大运河规划和建设,使

---

① 浙西运河,即位于钱塘江北岸、浙江西北部平原地区的运河水网,是江南运河(京口至余杭)的浙江段,与钱塘江南岸的浙东运河(杭甬运河)相对应并连接。

古老的大运河重新焕发了青春与活力。尤其是进入 21 世纪以来，浙江省交通港航管理部门坚持不懈地加大人力、物力和财力投入，疏浚、拓宽运河航道，建设港口，发展船舶运力，强化运营管理，开创了大运河浙江段航运的崭新局面，产生了巨大的经济、社会和环境效益，使大运河日益成为促进区域经济发展的黄金水道，以及沿河多业汇聚、文明传承、辐射发展的运河经济带、文化带、旅游带和风景带。

盛世修史，继往开来。为传承灿烂的历史文化，汲取历史经验，在新的历史时期，要更好地开发、建设、利用好大运河浙江段，发挥黄金水道航运以及交通、经济、文化、旅游等各种优势，浙江省港航管理局以高度的责任意识和创新思维，委托嘉兴船文化博物馆组织力量，编写了《大运河航运史(浙江篇)》。本书记述时限，上起先秦，下至 2014 年中国大运河被列入《世界文化遗产名录》。按时间顺序，采取远略近详的方式进行记述。本书所收史料的地域范围，以浙江为主，适当兼收与浙江相关地区的史料。

《大运河航运史(浙江篇)》以大运河浙江段的航运发展为主线，汇集了各种史料和港航管理部门保存的各种资料和统计数据，全面展示了大运河浙江段航运的发展、演变过程，客观、真实地记述大运河浙江段在航运以及航道治理、船舶修造、港口码头建设和行业管理等方面的发展历程，以及大运河浙江段对浙江乃至全国社会、政治、经济、文化、军事等方面的影响和贡献，填补了大运河航运史(浙江篇)的研究空白，也为业内提供了相对比较完整、可靠的历史资料和行业史料。

相信《大运河航运史(浙江篇)》的出版，必将对建设浙江乃至全国现代化的交通港航运输业具有重要的启示和借鉴作用。

编　者
2019 年 3 月

目 录

 绪 论

中国大运河是世界上最长、最古老的人工水道,也是工业革命前规模最大、范围最广的土木工程项目,它促进了中国南北物资的交流和领土的统一管辖,反映了中国人民高超的智慧、决心和勇气,以及东方文明在水利技术和管理能力方面的杰出成就。历经两千多年的持续发展与演变,大运河直到 21 世纪的今天仍发挥着重要的交通、运输、行洪、灌溉、输水等作用,是沿线地区不可或缺的重要交通运输方式,仍在保障经济繁荣和社会稳定等各方面发挥着重要作用。

中国大运河包括隋唐大运河、京杭大运河和浙东运河,简称大运河。大运河在元代以前是由洛阳经通济渠、邗沟、永济渠以及浙西运河和浙东运河,北通涿郡(今北京),南抵钱塘江至越地(今浙江绍兴)的隋唐大运河;在元代后是由北京抵达杭州的京杭大运河,直至宁波入海的浙东大运河,穿越北京、天津、河北、河南、安徽、山东、江苏、浙江八省(市),沟通海河、黄河、淮河、长江、太湖、钱塘江六大水系并入海,是连接中国南北交通的大动脉。

大运河肇始于先秦,兴起于秦汉,形成于隋唐,发展于宋元,定型于明清,繁荣于社会主义新时代。

浙江是中国最早开发运河、发展航运的地区之一,不仅最早的运河可追溯至春秋战国时期,距今至少两千多年,而且也是中国运河航道最密集、航运最发达的地区之一,早在唐代就已在浙西北地区逐渐形成以东、中、西三条航线为主干的浙西运河水网,其中东线北自江苏平望,南经王江泾、嘉兴、石门、崇福、塘栖、武林头到杭州;中线由江苏平望西南经澜溪塘到乌镇,经湖州练市、含山、新市、勾里到杭州塘栖,止于杭州三堡;西线则由江苏平望西经梅堰、震泽、南浔、东迁、旧馆、升山、八里店、三里桥到湖州,往南经和孚、荻港、菱湖,进入德清县境的泉溪、干山、雷甸,至武林头、杭州,共同构成了杭嘉湖平原横贯东西、纵穿南北的浙西运河水网;而浙东运河则穿越整个宁绍平原,连接钱塘江与东海。大运河浙江段水网所及区域面积达 3.149 万平方千米,占浙江全省面积的 30%。

优越的自然环境和丰富的水资源,为大运河浙江段航运事业的发展提供了得天独厚的条件,使得两千多年来运河航运始终持续发展,兴盛繁荣。生息繁衍在大运河浙江段沿线的历代劳动人民,利用自然,改造自然,为开拓大运河浙江段的航运,发展和繁荣浙江经济社会,进行了艰苦卓绝的努力,取得了辉煌的业绩,谱写了大运河浙江段航运兴衰起伏、螺旋式上升的历史篇章。大运河以及运河航运的发展对浙江经济社会的发展与繁荣产生了巨大的影响,发挥了重要的作用。

大运河浙江段航运,自先秦时期到 21 世纪的社会主义新时代,走过了由为原始人类生活服务,到为诸侯列国的军事服务,继而为各王朝的经济服务,再从为自发的商品经济服务,历经磨难、曲折和重生后,到为社会主义市场经济服务的长达数千年的历程。其发展或演进过程,大体经历了先秦时期的初创,从秦汉、孙吴、两晋、南朝到唐及五代的初步发展,宋元时期的兴盛,明清时期的繁荣,近代时期的曲折发展,以及中华人民共和国成立后重生和进入改革开放后运河航运再创辉煌等七个发展阶段。

一

浙江水上航运历史悠久。浙江境内陆续发掘的原始遗址颇多,不少遗址中都发现了原始的航运器具——独木舟和木桨。2002 年11 月,萧山跨湖桥遗址出土了残存独木舟,经北京大学考古文博学院、中国社会科学院考古研究所进行的碳 - 14 年代测定,距今近8 000 年,属新石器时代中期,是迄今为止世界仅存的年代最久远的独木舟,清楚地表明早前距今 7 000 多年前的新石器时代,浙江先民们就在利用河道进行水上的航运活动了。

浙江是中国最早开凿运河的地区之一。浙江境内的第一个政权越国,到春秋晚期勾践当政时,才逐渐强大。其时,为适应经济发展,解决山会平原的东西交通,越国除修筑了由国都会稽(今绍兴)向西直到钱塘江边的道路,即吴越间的交通大道外,还开凿了"山阴古水道"。这是一条与自然河道相垂直、由越国都城向东直达曹娥江的水道干线，是浙江省境内第一条人工开凿的运河，为浙东运河的前身。它的开凿，使越国逐渐形成了一个以都城为中心的航运网络。与此同时，吴国则在钱塘江北岸开凿了"百尺渎"，沟通了吴国通往钱塘江的水道，成为杭嘉湖平原浙西运河的先声。"山阴古水道""百尺渎"等人工运河在今杭州湾南北两岸的宁绍平原和杭嘉湖平原的出现，形成了大运河最南端的雏形。这时，浙江先民们已经能够制造木板船，由"刳木为舟"的独木舟发展成为木板船，进而打造各类精美并颇具规模的舟船，造船技术不断突破、提高。当时，先民们整治河道、制造船舶，其主要目的是用于军运、争霸、徙都，但在客观上使浙江古代运河航运出现了一个初创的局面。

秦汉、孙吴、两晋、南朝时期，浙江的社会经济从东汉时起才开始得到恢复并有所发展，孙吴、两晋和南朝时得到了进一步的开发。浙西运河和浙东运河也先后形成，大运河浙江段的航运得到初步发展。在杭嘉湖平原，秦代开凿陵水道，汉代沿太湖东缘沼泽开河 100余里，形成由今江苏境至钱塘江的渠道，初步奠定了浙西运河的基本走向。在萧绍宁平原，东汉的马臻创建镜湖，东晋的贺循开凿萧(山)会(稽)运河，晋代沟通了曹娥江与姚江的水上通道，连同越国开凿的"山阴古水道"，形成浙东运河。其时，浙江的造船也有了初步的发展。随着航道条件的改善和船舶制造技术的提高，大运河浙江段航运进入了初步发展阶段。秦始皇东巡会稽，汉武帝用兵东越，"商旅往来，倍多常岁"，充分反映了这一时期大运河浙江段航运的发展。

唐及五代时期，大运河浙江段的航运获得了较大的发展。持续不断的拓浚、整治使浙西运河成为杭嘉湖平原水运网络的主航道，并以此为主干初步构建起纵横交错的浙西运河水网，与以洛阳为中心、北通涿郡、西连长安的隋唐大运河全面贯通。唐代治理浙东运河，分设明州，成为通江达海的水运通道。由此，大运河浙江段不仅成为杭嘉湖和宁绍两大平原水运网络的主航道，而且将杭、嘉、湖、绍、宁等地与洛阳、长安(今西安)、涿郡(今北京)的水路交通连接起来，使浙江省境的内河航运向中原腹地伸展，江南运输直达京师洛阳、长安。这对浙江经济社会的发展以及对位于中原的封建王朝的影响和在全国的经济地位的提升,尤其是在五代时期,独立支撑吴越国近百年之久,起到了至关重要的作用。唐朝和五代的吴越国时,浙江的造船业和漕运以及民运、商运和行旅往来的航运业等都有了较大的发展,尤其是浙江的造船技艺比以往明显进步,船舶打造已大量采用钉榫接合和多道水密隔舱结构等技术,大大促进了运河航运的发展。

宋元时期是浙江封建社会经济发展的兴盛时期,"国家根本,仰给东南",而两浙为首富之区,农业、手工业、商业、科学技术、文化教育等方面的发展都呈现出封建时代的兴盛局面。尤其是宋室南迁后,北方人口再次大规模迁徙,政治、经济、文化中心逐渐南移,浙江开始成为全国经济社会最发达的地区之一。与此相适应,大运河浙江段的航运呈现出一派兴盛的景象,无论是航道整治与改造、复式船闸的设置、船舶的建造等,还是转输方式的改善、航运管理的完善等,都取得了一系列的重大成就。为整治运河航道,南宋疏凿了奉口河,元朝疏浚了北关河,连同秦代的上塘河,使杭嘉湖平原的浙西运河水网得到进一步完善。长安闸等三闸式复闸,即二级船闸的建设,在技术上处于当时世界的领先地位。同时,浙江的造船不仅数量为全国之最,而且在船舶的造型、结构、加工工艺、装饰技艺等造船技术方面,也比以前大有提高。

明清时期的浙江,尤其是大运河沿线的杭嘉湖平原和宁绍平原,是全国重要的经济发达地区之一。农业仍是重要的生产部门,但农业生产的商业性成分有了一定的发展。自明朝后期起,手工业中的官营手工业诸如织染局、官窑、官盐之类逐步衰落,代之而起的民营手工业得到空前的发展。民营手工业生产的发展引起了工艺技术的迅速提高,尤其是杭嘉湖地区,以其产量之多、产品之精而成为全国丝织业的中心。商业、城市以其市镇和货币都比宋元有明显的发展,商品经济空前活跃,并开始出现资本主义萌芽。随着经济社会的发展,大运河浙江段航运也有了一定的发展和繁荣。在运河的开凿和整治方面,重点对浙西运河航道和浙东运河进行了疏浚和修筑堤岸,使大运河浙江段比以往更为通畅。漕运、盐运规模宏大,地位重要;商运兴盛,盛况空前;船舶制造业的发展,港埠的开辟与建设,都取得了令人瞩目的成就。运河航运的发展,又进一步推动了地区经济的发展,促进了城镇经济的繁荣,加强了浙江本地区之间以及和全国各地的经济文化交流。

1840 年,鸦片战争爆发。腐朽的清政府被迫签订了丧权辱国的《南京条约》,中国开始逐步沦为半殖民地半封建社会。外国航运势力的触角伸入浙江,运河航运随之发生了前所未有的剧烈变化,并经过艰难曲折的历程,逐渐走向近代化。鸦片战争后,急骤扩张的外国航运势力入侵到大运河浙江段,致使大运河浙江段航权丧失殆尽。外国航运势力的入侵,客观上也带来了一些先进的科学技术和设备,刺激了大运河浙江段近代轮船业的兴起和发展,尤其是在清政府被迫解除对华商行轮的禁令后,浙江民族轮船运河航运业开始起步,在外国航运势力和本国封建统治势力的双重压迫下,艰难地成长起来,开始初步构成浙江民族轮船运河航运体系。民国建立后,浙江民族轮船运河航运业抓住第一次世界大战战事正酣,列强无暇顾及的机遇,有了较快和较全面的发展,初步具有了与外国航运势力抗衡和竞争的能力。然而,抗日战争的爆发导致大运河浙江段的航运又急转直下、全面衰落。到 1942 年,浙江大部沦陷,大运河浙江段的航运基本处于停顿和瘫痪的状态。抗日战争胜利后,浙江民族轮船航运业得到了暂时的复苏和发展。但随着全面内战的爆发,社会生产力再次遭到严重破坏,通货急剧膨胀,物价飞涨,全国经济面临崩溃,大运河浙江段航运也随之趋于衰落。

二

1949 年,中华人民共和国成立,大运河浙江段航运重获新生,进入了一个新的历史时期。12 月,浙江省航务局成立,面对运河航道长期失修失养、破残不堪的状况,贯彻“一般维持,重点建设”的基本方针,对浙西运河、浙东运河等主要航道实施疏浚、养护和初步建设。经过几年的努力,大运河浙江段主要航道恢复通行,通航里程逐年增加,通航条件有所改善,特别是杭申甲线、杭申乙线、湖申线等主要干线航道的通航能力明显提高。在此基础上,运河航道的建设进一步加快。先是在原有等级的基础上,对碍航段进行挖深拓宽、裁弯取直、开挖新线等改善,并解决一些闸坝的碍航问题,使大运河浙江段主要航道通过能力得到改善,通航里程有所增加。鉴于航道运输能力无法满足沿线城乡的运输需求,1952 年,浙江省交通厅内河航运管理局开始研究京杭运河新路线,经过裁弯取直、疏浚等工程,建成杭州艮山门—德清新市—湖州练市—桐乡乌镇—嘉兴鸭子坝进入江苏的航道,即现京杭运河浙江段。1957 年以后,大运河浙江段航道建设继续按六级航道标准对杭申甲线、杭申乙线、湖申线等主要航道的碍航段进行疏浚整治,并与水利部门配合,结合农田水利建设,组织对河道进行因地制宜的疏浚整治。至 1977 年年底,全省包括运河在内的内河航道通航里程为 11 723 千米,比 1965年减少 105 千米,其中通机动船里程为 8 678 千米,比 1965 年增加4 420 千米。

中华人民共和国成立之初,浙江省航运局组织和调动国营轮船业、民船运输业、私营轮船业三支水运队伍投入运河的客货运输。稍后对私营轮船业按"利用、限制、改造"政策进行扶植和社会主义改造,1956 年公私合营后并入国营轮船公司统一经营。至 1957 年年末,全省内河机动船及附拖驳船达到 1 154 艘、39 311 吨位、19 530客位,分别是 1949 年的 4.1 倍、20.4 倍、1.62 倍;全省完成内河水路客运量、旅客周转量、货运量、货物周转量 1 332 万人次、2.85 亿人千米、1 134 万吨、9.8 亿吨千米,分别是 1950 年的 3.9 倍、3.7 倍、4.6 倍、4.8 倍。

1957 年后的大运河浙江段航运随着国民经济的起落,经历了急剧增长、回落、调整、稳步增长的曲折发展过程。1958—1960 年,面对"大跃进""大炼钢铁"各种指令性物资运输计划实施,尤其是铁矿石、焦炭的运量急剧增长,运河航运开展"全民办运输"的群众性运动,发动行业内外群众参加港口突击装卸和疏运,组织社会运力参加运输,同时对装卸机具和木帆船进行技术革命和技术革新,新增船舶运力,新建运河专业港口,改进船舶运输方式,实施"一条龙"运输大协作和沿海拖带运输,努力完成当时的运输任务。1960年冬以后,运河航运随着国民经济的调整开始全面调整,逐步走上稳步增长、健康发展的轨道。至1965年年底,全省内河机动船及附拖驳船达到2 765艘、10.7万吨位、4.3万客位,分别是1957年的2.4倍、2.7倍、2.2倍;全省完成内河水路客运量、旅客周转量、货运量、货物周转量2 689万人次、4.4亿人千米、2 255万吨、22.8亿吨千米,分别是1957年的2倍、1.55倍、1.09倍、2.3倍。

1966年后,受"文化大革命"的影响,浙江省船舶失修失养,生产秩序混乱,运河航运停运半停运、压船压货的现象经常发生。但在逆境中,大运河浙江段航运业还是有所发展。机动船舶运力在修造船工业的发展中有所增长,货运生产起伏不定,客运生产呈上升趋势。至1977年,全省内河机动船及其附拖驳船达到9 530艘、27.5万吨和9.3万客位,分别是1965年的3.45倍、2.58倍、2.15倍;全省完成内河水路客运量、旅客周转量、货运量、货物周转量5 564万人次、9.1亿人千米、3 592万吨、34.7亿吨千米,分别是1965年的2.07倍、2.07倍、1.59倍、1.02倍。

三

1978年,中国共产党第十一届三中全会开启了中国改革开放新时期,大运河浙江段航运开始步入历史的黄金发展期,港航现代化建设取得辉煌成就。

抓住改革开放与国家把运河整治和建设列为能源和交通建设重点的历史性机遇,浙江全面加快航道、船闸、港口等港航基础设施建设。早在1958年,交通部(今交通运输部)和浙江省就决定实施京杭运河与钱塘江沟通工程。1976年,交通部将沟通工程列为长江水系九省一市统一航运网规划建设项目之一,1983年正式开工建设。沟通工程从京杭运河最南端的杭州市艮山港开始,至三堡入钱塘江，全长 6.97 千米，同时新建 300 吨级船闸 1 座，大小桥梁 11 座，总投资 6 977 万元。1989 年 2 月 1 日，新建三堡船闸正式通航运行，京杭运河与钱塘江"双流奇汇"，实现了几代人的夙愿，开拓出一条江河直达航线，实现了京杭运河与钱塘江的沟通，使水运直达里程延伸了 400 多千米，减少了中转环节，节约了运输成本。1993 年，浙江省人民政府批准实施第一批 28 项交通设施"四自工程"，其中唯一的水运工程——三堡二线船闸于 1996 年 12 月 1 日建成通航。1996 年 3 月，财政部与浙江省人民政府签订世界银行贷款项目关于内河航运项目的转贷协议，将总额 2.1 亿美元贷款中的 4 000 万美元转贷给浙江省，用于实施杭嘉湖内河航道网建设，成为国内第一批向世界银行贷款的内河建设项目，首开内河航道改造引资的先河。2000 年，京杭运河浙江段航道改造工程以优良成绩通过竣工验收，可通航 500 吨级的内河船舶，成为全省首批高等级航道，并于2001 年 9 月被国家交通部授予"文明样板航道"称号。到 2014 年，大运河浙江段航道建设先后经历了 1978—1990 年的稳步推进、1991—2000 年的提档升级、2001—2007 年的实施水运强省工程和2008—2014 年的新一轮跨越式发展的四个发展阶段，重点建设的八条主干航道，形成五纵三横之势的运河水网，京杭运河与杭申线、杭（州）湖（州）锡（无锡）线、六平申线及苏（州）嘉（兴）乍（浦）线纵穿南北，长湖申线、湖嘉申线、杭甬线横贯东西，并有乍浦、钱塘江和甬江三处出海口，运河主航道由六级提升到三级，船闸标准由五级提升到二级，大运河浙江段的助航设施建设也发展迅速，日臻完备，在航运中发挥着越来越重要而巨大的作用；不仅基本形成与长江三角洲航道相适应的高等级航道网络，还创建了京杭运河浙江段、杭申线浙江段和湖嘉申线浙江段等文明样板航道。

运河港口建设突飞猛进。中华人民共和国成立初期，大运河浙江段的码头多为自然岸坡。尽管 20 世纪 50—70 年代各地都对运河港口和码头进行了一些建设投入，但除了杭州港建成艮山港区外，其他的运河码头和港口仍然大都利用自然岸坡、人力装卸。1978 年以后，顺应改革开放的时代大潮，大运河浙江段港口建设进入了新的发展时期,开始进行较大规模的建设投入,强劲崛起。杭州港先后建成濮家和管家漾作业区、三堡码头,嘉兴、湖州、绍兴先后建成铁、水中转区,初步形成以杭州为中心,嘉兴、湖州、绍兴等主要市港为骨干,众多小港为基础的运河港口群。2000 年后,杭州港、湖州港、嘉兴内河港、绍兴港、宁波内河港 5 个运河重点港口的建设步伐不断加快。杭州港管家漾码头等运河码头相继建成并投入使用,靠泊能力大幅提高。全省内河水运发展以"提升京杭运河、重振钱江水运、构建内河枢纽、发展海河联运"为重点,进一步加快骨干航道建设,着力推进公用泊位和集装箱泊位建设,全面提升内河水运服务能力和信息化水平,为海洋经济发展示范区及全省产业集聚区的发展提供运输保障,使大运河浙江段港口经历了从小到大、从弱到强、从无序到规范、从落后到繁荣的发展和演变,实现了由量变到质变的跨越式发展,成为综合运输,尤其是水路运输体系中的重要枢纽,为调整产业结构、扩大对外交往、发展沿运河经济提供了强有力的支撑。

　　船舶运力快速增长,结构改善,档次提高。20 世纪 80 年代前,大运河浙江段船舶的船型杂乱、平均吨位小,航行安全存在重大隐患。80 年代起,浙江船舶业围绕加快船舶技术改造,加快船舶更新换代和船舶等问题展开,原来的木质船向水泥船再向钢质船转变,运输模式由机动运输向拖带运输转变,不仅造船能力和技术水平大大提高,品种日益多样化,而且船舶发展迅速,结构逐步优化。通过实施船型标准化工程,船舶营运效率大大提高,降低了运输成本,提升了航运竞争能力。大运河浙江段船舶大型化、标准化、专业化和现代化水平越来越高。

　　改革开放后,大运河浙江段航运业抓住历史性机遇,率先推进市场化改革,先后经历了 1979—1990 年的以改革开放谋发展、1991—2000 年的深化改革突破发展、2001—2007 年的营造优势发展和 2008—2014 年的复兴水运转型发展等四个发展阶段,使大运河浙江段航运业伴随着国民经济的发展、人民生活水平的提高和水路运输市场呈现的开放活跃景象,在开拓中快速前进、在改革中蓬勃发展,实现了历史性的跨越,在社会主义市场经济建设中日益发挥出不可或缺的重要作用。

改革开放给大运河浙江段航运业带来大发展的机遇。水路交通体制改革的放宽搞活使20世纪80年代的浙江水上运输市场出现了国营、集体、个体一齐上的局面,大运河浙江段航运的结构和格局产生了深刻的变化。个体运输在弥补专业运输能力不足等方面起到了重要作用。国有航运企业则着手内部体制变革,扩大生产经营自主权,实行各种形式的承包经营责任制和以经理负责制为主要内容的改革,从而使大运河浙江段航运业在改革中迅速发展。

进入20世纪90年代后,改革开放带来国民经济的全面复苏,大运河浙江段运输生产在不断深化改革中突破发展。水上运输市场持续开放,个体运输船舶迅速发展,逐渐占据主导地位,国有和集体运输企业通过改革和转制重获新生。航道运输量的迅速增长、航道标准偏低造成堵航现象频现,通过对航道进行排堵保畅和提档升级的全面改造,大运河浙江段的通航能力大大提升,水上运输能力不断增强,水运动力规模大幅攀升,不仅货物运输有了新的发展,而且水路客运由出行方式转换为水上旅游观光载体。大运河浙江段重新焕发了青春,在浙江综合运输网中占据主导地位,发挥越来越大的作用。

进入21世纪,随着社会主义市场经济体制的基本确立和全面建设小康社会的加快推进,中国加入世贸组织,全球经济一体化趋势愈加明显,城乡经济日益繁荣,经贸往来更加频繁。贯彻党的十六大精神,落实省委、省政府实施"八八战略"、建设"平安浙江"的战略部署,围绕率先在全国同行业中实现现代化、率先在省内各行业间实现现代化的"两个率先"奋斗目标,浙江省组织实施了水运强省工程等六大工程,加大运河航道等建设投入,积极营造水运优势,不仅运河航道不适应经济社会发展的状况得到显著改善,而且水路运输加快发展,大运河浙江段航运迎来了难得的黄金发展期。

2008年,根据党的十七大提出的实现全面建设小康社会的新要求和省委提出的"创业富民、创新强省"的发展战略,以及交通运输部组织实施加快发展现代交通运输业的大港口、大路网、大物流"三大建设",浙江着力把握运河航运的发展机遇和规律,实施港航强省战略,创新发展理念,转变发展方式,破解发展难题,推动运河航运业的转型发展。2011年1月,国务院印发《关于加快长江等内河水运发展的意见》,2013年3月,浙江省政府制定《浙江内河水运复兴行动计划(2011—2015年)》,加快构建畅通、高效、平安、绿色的现代化内河水运体系,推动水运复兴。大运河浙江段航运进一步加快转型升级步伐,全面转变发展方式,运力结构持续优化,集装箱运输迅猛发展,加快发展河海联运,航运规模和效益都跃上新台阶。

改革开放以来,大运河浙江段航运管理体制几经变迁,增权扩能,转变职能。政企分开,简政放权,明确事权划分,加强服务保障体系建设,不同时期均取得新的进展。到2014年年底,大运河浙江段航运管理已初步形成一整套与现代运河航运市场经济相适应的管理模式和手段,并不断进行新的探索。全省管理机构,在各级党委、政府的领导下,积极履行职责,拉动了港航事业的健康、快速发展。

随着运河航运的发展,大运河浙江段航运初步实现了航道网络化、船舶标准化、港口现代化、管理信息化的目标,构筑起配套联运、管理科学的航运体系。港航经济规模成倍增长、文明程度不断提高、开发领域全面突破、综合实力明显增强,不仅运河航运在国民经济发展和综合运输体系中的地位和作用不断提升,日益成为促进浙江经济社会发展的强大动力和重要支撑,多项指标在全国名列前茅,极大地促进了城乡经济社会的发展和繁荣,而且带动了沿河产业带的全面发展,从传统的航运业、商贸业、制造业向现代工业、现代服务业、现代文化产业和生态旅游业扭轨转型,形成多元化、复合型的综合产业体系,成为浙江全面建成小康社会的新引擎。

四

一部《大运河航运史(浙江篇)》,不仅仅是一部浙江航运业专门史,还是一部科技文明史,更是一部浙江经济发展史。大运河浙江段的开凿、运营和发展,推动了浙江乃至中国经济社会的建设和发展。数千年来,建设以运河为基础的内河航运体系在浙江政治、经济、社会发展中发挥了至关重要、不可或缺的作用,使浙江自古至今始终都是中国运河航运业最为发达的地区之一,并且不断取得新的更大的发展。

通过了解大运河浙江段的航运史,我们至少可以得到如下的启示:

运河的开发、建设和发展具有很强的历史传承性。人们在改造自然的过程中,从自然河流演变为人工运河,再由古代运河一直发展延续到现代运河,运河的开发、利用、运营和每一步的发展都是建立在前人和历史的基础上的,具有鲜明的传承性和延续性。运河航运作为一种独具特色的交通运输方式,尽管在不同的时代有着不同的特点,但运量大、成本低等优势始终未变,在现代社会仍然得以延续和彰显。

大运河浙江段的开发过程是浙江以及全国历代劳动人民改造自然、创造奇迹的过程。数千年来,浙江和全国劳动人民克服了开导水源、保持水量、改造地形和抵御洪水等一系列困难,大胆地冲破自然水系、地理条件等束缚,历尽千辛万苦才建成举世瞩目的中国大运河。大运河作为中国唯一一条按照人民的意志开凿的南北人工水道,实现了由顺应自然到人工改造自然、利用自然的伟大转变。因此,大运河的开发、利用和发展的历史实际上就是包括浙江人民在内的中华民族自强不息、开拓进取的历史。

发展运河航运是经济社会发展的客观需要。在浙江经济社会发展和历史文明演进过程中,正是有了大运河的参与和运河航运的开拓与发展,才使浙江经济社会的发展从一开始就有了鲜明的商业特征。大运河不仅是交通运输业发展的基础,更是社会经济,尤其是商品经济发展的重要引擎。正是大运河浙江段航运的开通和运行,奠定了浙江古代社会的经济格局和城市、市镇的布局,极大地促进了经济社会的发展,为浙江经济社会的发展做出了重要贡献。

数千年来,改革创新始终是推进运河航运发展的重要主线。历史上,大运河的开通与航运的发展始终与历代王朝的生命线相连,与王朝的兴衰密切相关,所以受到历代王朝的高度重视,但由于不同历史时期对运河航运的需求不同,包括浙江段在内的中国大运河在各个历史时期的体系、功能和作用都不尽相同,其中政治中心的转移是影响运河航运发展的重要因素。然而,大运河却能够不断适应时代的变迁、社会的发展以及内通外禁的各种条件和环境,始终与当时的社会政治经济环境相互作用,并不断地改革创新,打破时代局限性的制约,冲破种种羁绊,走向开放,通过沟通、交流,在实现自身的持续永恒发展的同时,为促进经济社会的发展做出自己的贡献。所以,改革创新、开放交流和无私奉献是大运河之魂。大运河的建设与发展符合中国改革开放和建设中国特色社会主义新时代的要求和本质精神。

在中国,能与万里长城相媲美的人间奇迹,唯有千年大运河。在浙江,始终与经济社会相伴共生的,与人们生活相依相存的,也唯有千年运河。在漫长的农耕经济时代,川流不息的运河航运就为这片流金淌银的沃土注入蓬勃生机,发展到现代社会的市场经济,迅猛起飞的现代运河航运又为建设中国特色社会主义新时代增添了无穷活力,日夜不倦的运河航运催动着浙江不断地创造新的辉煌,奉献着自己的力量。因此,运河的灵魂在"运",离开了航运,运河何以称"运河"?航运人,必将是运河永恒的守护者、运河开发的实践者、运河文明的创造者和无私奉献的践行者。

伴随着改革开放和建设中国特色社会主义及中华民族伟大复兴的中国梦的持续开展,大运河浙江段航运必将被赋予新的更深刻的内涵和广阔的外延!

伴随着改革开放和建设中国特色社会主义及中华民族伟大复兴的中国梦的持续开展,大运河浙江段航运人必将创造更大的辉煌,奉献更多的力量!

第一章
早期运河的形成与开发

（远古—581年）

浙江开凿运河的历史悠久,据可靠的历史资料记载,可以清楚地证明早在距今 8 000 年前的新石器时代中期,浙江先民就开始利用河道从事水上运输。春秋战国时期(前 770—前 221),杭州湾南北两岸的宁绍平原和杭嘉湖平原便已开凿"山阴古水道""百尺渎"等人工河道,成为中国大运河最南端的雏形。秦汉、孙吴、两晋、南朝时期,随着浙江经济社会的发展,浙西运河和浙东运河先后形成,造船业和航运业都得到初步发展。

第一节

早期运河的产生和
初步发展

一、航运的起源与初创

　　早在 4 万多年以前的新人阶段,浙江省内就有原始民族越族的祖先建德人活动的足迹。直至 20 世纪 90 年代,人们还普遍认为,浙江的文明史始于 7 000 年前的河姆渡文化,其后又有马家浜文化(距今 7 000～5 000 年)和良渚文化(距今 5 000～4 000 年)等。20 世纪 90 年代起,杭州萧山跨湖桥遗址经过先后 3 次、历经 13 年的发掘和研究,一下子将浙江文明史提前了 1 000 年,同时也将浙江航运的源头提前到了 8 000 年前的新石器时代中期。

　　据考古发现表明,8 000 年前的跨湖桥遗址是一片水草丰饶的平原沼泽,先民们不仅在这里网渔狩猎,采集各种植物果实,而且已经开始栽培和驯化水稻,从事稻作农业生产。2002 年 11 月,跨湖桥遗址出土了残存独木舟,残长 5.6 米,保存有 1 米左右宽的侧舷,船头宽 29 厘米,离船头 25 厘米处,船体宽度呈一定的弧线,增至 52 厘米。船头下底面以圆弧的形式上翘,上部保留 10～13 厘米宽的残损

"甲板",与侧舷齐平。船体最大深度为15厘米,较薄,底部与侧舷厚度均为2.5厘米左右。船体内外面均光滑平整,没有发现制作工具的痕迹,侧舷上端亦磨成圆角。北京大学考古文博学院、中国社会科学院考古研究所对独木舟及遗址木头进行3个标本的碳-14年代测定;2002年发掘过程中,上海博物馆也针对独木舟遗迹的年代问题,采集了3个陶片标本进行热释光测定。以上综合测年数据表明,跨湖桥遗址出土的独木舟距今8 000~7 000年,属新石器时代中期。考古专家进一步依据古船所在地层即第九文化层的年代,相应推断出独木舟的"年龄"为7 600~7 700岁,是迄今为止世界仅存的年代最久远的独木舟,堪称"世界第一舟"。

《周易·系辞下》曰:"刳木为舟,剡木为楫,舟楫之利,以济不通,致远以利天下。"《汉典》解释"刳"的基本字义为"从中间破开再挖空",道出了跨湖桥人制作独木舟的先后步骤。该独木舟是用整棵马尾松加工而成的。残长约560厘米,宽约52厘米,舟体平均厚度在2~3厘米,呈东北—西南向摆放,东北端保存基本完整,船头上翘,宽约29厘米,另一端已被破坏。舟弧收面及底部的上翘面十分光洁,加工痕迹不清。船内离船头一米处有一片面积较大的黑焦面,西北侧舷内也有面积较小的黑焦面,应是借助火焦法挖掘船体的证据。在人类还没有发明铁器的新石器时代,"火焦法"是当时人类制作独木舟的方式。

火焦法制作,就是先选一根挺直粗大的树干,将整木从中间剖开,去除枝杈部分后,根据舟形确定先后烧烤的位置,其余部分用湿泥保护,然后用火烧烤需要刳挖部位,待其呈焦炭状后,再用石锛等工具加工,比较疏松的焦炭层很快被刳除。这样反复加工,最后用砺石打磨完成。

独木舟船体非常轻薄,底部与船舷厚度均为2.5厘米。船舷从船头起仅保留了约110厘米,而船头的船舷已损坏,其余侧舷以整齐的形式残去,残面与木料纵向纹理相合,残面延伸刚好处于侧舷折收的位置,可以看出独木舟的深度比较均匀。

独木舟被桩木固定,周围有木料、木桩、木作工具、木桨毛坯等。

从独木舟的固定，以及四周锛柄、石锛、砺石的散布，专家的研究结论是，这里是一处制作、修理独木舟的工场。舟体东北端底部垫有一根未经加工的松树杆横木，中部偏南的底部枕有一块上部平整的大石块。由于在发掘过程中决定实施原址保护，发掘没有继续，所以舟体底部及木桩的许多情况和数据都无法获得。从遗迹现场分析，木桩应该是用来固定舟体的，而枕石与横向垫木则是出于保持平稳的需要。

独木舟东南侧有一堆木头，分为加工木材和形状不一的自然树枝两种。其中加工木材又可分为剖木与整木。这些木材都被均匀剖割，很可能是用锋利的石器凿、砍、削制而成，说明当时加工木材的技术已比较成熟。

在独木舟两侧各发现一片木桨，其中一片保存完整，长约140厘米，桨柄宽6～8厘米，厚约4厘米。桨板宽16厘米，厚2厘米。柄部有一方孔，长3.3厘米，宽1.8厘米，上下凿穿，孔沿及孔壁十分光整，无磨损痕迹。另一片保存情况较差。值得一提的是，独木舟周围有多块席状编织物，经鉴定系禾科植物编织而成的。这些编织物的用料和编织方法与现在江南一带的席类编织物非常相似。虽然编织物的用途迄今没有最终认定，但从共存关系与遗迹形态分析，它有可能就是一面原始船帆的遗存。独木舟周围散布的木料中，有船体东北部与编织物间一组斜向倒置的木料，也有可能与悬挂席帆的支架有关。

从周边发现的木料来看，专家认为独木舟还有正在改装"边架艇"的可能。人类对舟船的发现路径，最早是木筏或竹筏，其后是独木舟，在独木舟后期，又发明了"独木舟＋边架艇"，就是在单艘独木舟上加装木架，有一侧的单架或两侧的双架，以增加独木舟的浮力和稳定性。其原理如当代的双体船或三体船，如遇风浪，则不易倾覆。在"独木舟＋边架艇"之后，人类才开始向制造木板船发展。如果当时先民确实在修缮独木舟并加装边架艇，那么不排除这艘独木舟还有出入近海的可能。

在此之前，1979年发掘的马家浜文化桐乡罗家角遗址出土了两件拖泥板状的木器,从年代考证上看是属于 7 000 年前的新石器时代,起初被认为是在泥泞沼泽地上使用的拖泥板,后来被考古学家认定为小型独木舟残骸。在河姆渡遗址、钱三漾遗址和水田畈遗址等地都出土了新石器时代的木桨。河姆渡遗址出土的木桨,全桨自然相连,形制分明,如一张柳叶,轻巧适用,与现代木桨已无多大差别。水田畈遗址出土的木桨有宽翼、窄翼两种,这说明当时的先民已经能够根据不同的水域条件或大小不同的独木舟制作相应的木桨,有着相当丰富的操桨行舟的知识和技术。

这些历史资料清楚证明,8 000 年前的新石器时代中期,居住和活动在水网地带或河流湖泊的阶地、台地上的浙江的先民们,已经手操木桨,驾着独木舟,并支起席帆,在附近的水域从事捕捞、采摘以及罱河泥、戽水灌溉等稻作农事活动,也将捕捞、采摘和种植的收获运回居住地。原始的航运就这样产生了,浙江的古代航运和航道历史也就此开端。

二、先秦时期的运河

春秋时期,浙江境域内出现了第一个政权——越国。其立国以后曾一度中衰,直到春秋晚期勾践当政时期才逐渐强大起来。"勾践之地,南至于句无(今诸暨南与义乌交界处),北至于御儿(今桐乡市西南崇福镇一带),东至于鄞(今奉化区东白杜),西至于姑蔑(今衢州市龙游县),广运百里。"[①]即当时的越国主要是在钱塘江流域及杭州湾南北两岸,而且以杭州湾南北两岸为主要区域。在这个区域内,河流纵横,湖泊棋布,人们以擅长水上航行而著称。因而,越王勾践称,越人"水行而山处,以船为车,以楫为马,往若飘风,去则难从"[②]。为了便于行舟,人们便对杭州湾南北两岸的河道进行了开凿和整治。

---

① 《国语·越语上》
② 《越绝书》卷八

百尺渎

　　杭州湾北岸的杭嘉湖平原位于太湖平原的南部,由长江泥沙在河口淤积发展而成。自第四纪以来,在地壳运动的影响下,西部山地不断地抬升,东部以太湖及其周围为中心的地区不断地沉降,西部山区之水便由苕溪、荆溪汇聚于太湖,然后东流入海。在春秋时期,这里已是水泽世界,有"三江五湖"之称。

　　何为"三江"?汉代以来论争纷起,群言混淆。班固的《汉书》认为古代三江是指北江、中江和南江。东汉的郑玄则以岷江、汉水、彭蠡诸水为三江。三国韦昭以浙江、浦阳江、松江为三江。另外还有以中江、北江、九江为三江,以松江、鞭湖江(永阳江)、毗陵江(孟渎河)为三江和以岷江、松江、浙江为三江等说法。经清代学者考证,现代学者大多认为"三江"应为众多水道的总称,而非确指。"三江"之名最早出现于先秦著作,古代三江是指松江、娄江和东江。[①]另据复旦大学历史地理研究室的实地调查,也证实三江分流处在今江苏苏州东南角直以西,澄湖以北;松江、娄江大致经由今吴淞旧江和昆山塘东泻于海,东江则穿越今江苏境内澄湖、白蚬湖及淀泖地区,由浙江平湖东南入海。与"三江"一样,对"五湖"也历来解释颇多。有认为"五湖者,太湖之别名,以其周行五百余里,故以五湖为名"[②],有以"游湖、莫湖、胥湖、贡湖"[③]为五湖的,还有以"长荡湖、太湖、射湖、贵湖、滆湖"[④]为五湖的,等等。经研究,现代学者大多认为,"五湖"同样并非确指,而是指环绕太湖的大小湖泊,而这些大小湖泊的水源仰给于太湖,因此称"其浸曰五湖"。因"三江五湖"等江河湖泊的广泛分布,春秋时期前太湖平原上业已形成北抵长江、南迄钱塘

---

　　① 魏嵩山、王文楚:《江南运河的形成及其演变过程》,《中华文史文化论丛》1979 年第 1 期

　　② 《吴郡志》卷四八《考证》

　　③ 《太平寰宇记》卷九四《湖州乌程县》

　　④ 郦道元:《水经注·沔水》

江的自然渠道,成为沟通南北的主要通道。"于吴则通渠三江、五湖……此渠皆可行舟,有余则用溉浸。"①

春秋战国时期,为进一步完善水上交通,吴、越两国分别对各自境内的河道湖泊进行过整治和开凿,但由于历史资料的欠缺,详情大多不可考,仅有百尺渎等少数河道留有记载。百尺渎是建于春秋时期,连通吴越两地,沟通太湖流域与浙江(钱塘江)最早的联系通道(见图1)。从由拳(嘉兴)出发,经过盐官到达钱塘江,渡江以后进入越地,最终连通越国都城会稽。《越绝书》记载:"百尺渎,奏江,吴以达粮。"②"江"是指钱塘江,这条记载显示了几个信息:首先,它是一条以吴地为核心区往南开通的渠道;其次,建渠道的初衷是运送粮食;再次,最初是由吴国主持开凿的,"吴以达粮",是说吴国为了运送粮食,而开通了百尺渎。《越绝书》又说:"吴古故从由拳辟塞,度会夷,奏山阴。辟塞者,吴备候塞也。"可见百尺渎最初由吴国兴建,主要用途是运送漕粮,可能是运送被征服者越国区域的粮食补给,之后越国反败为胜,占有吴地,百尺渎也成为越国北上的主要通道,并在其南端建高楼,南望越地,北进吴中。

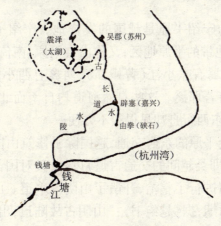

图1 百尺渎

---

① 《史记·河渠书》
② 《越绝书》卷八《越绝外传记吴地传》

由于《越绝书》在成书年代、作者、卷数、书名、篇名等诸多问题上存疑，而且有些记述不见于现存其他典籍文献，为此书所独详，所以对包括百尺渎在内的不少资料，至今有着许多不同的看法。但经考证或研究，大多认为百尺渎的开凿相对可靠，但其具体的位置和河道走向已无从考证。百尺渎的开凿，由钱塘江循百尺渎北上，可以到达吴国国都，从而沟通了钱塘江和吴淞江的水上交通。再往北，通过吴国的"吴古水道"，可以"入大江、奏广陵"，到达长江流域和今江苏扬州。有学者认为，越王伐吴"所巡路线当由百尺渎北上至今崇德县，然后循今江南运河，入于松江、太湖"①，其判断是可信的。由此看来，最初吴地经钱塘江到达越地会稽，并不经过杭州（钱唐），而是经由盐官（海宁）渡江，最后到达越地。这条水运通道在当时存在数百年，是吴越两地主要的联系运道，一直到秦朝时，秦始皇开辟陵水道，通往越地的线路才开始改变，之后多经由钱唐县渡江，不再经由盐官，百尺渎也因此逐渐被废弃。

山阴古水道

杭州湾南岸的宁绍平原是越国的发祥地。宁绍平原上以会稽（今绍兴）为中心地带的平原地区，又称山会平原，南倚会稽山，北濒后海（杭州湾），东翼有东小江（曹娥江），西翼有西小江（浦阳江），旁国都大城东侧有若耶溪。这些自然河道均自南而北流至海，南北交通固然便利，但东西行舟却显得很不方便。

为了解决山会平原的东西交通，越国除了修筑由国都向西直到钱塘江边的道路（即吴越间的交通古道）以外，又对国都以东直达曹娥江边的河道湖沼进行了整治，开凿了山阴古水道。山阴古水道建于越王勾践在位时期，据《越绝书》："山阴古故陆道，出东郭，随直渎

---

① 魏嵩山、王文楚：《江南运河的形成及其演变过程》，《中华文史文化论丛》1979 年第 2 期

阳春亭。山阴古水道,出东郭,从郡阳春亭,去县五十里"①。这条记载说明,山阴古水道与山阴古陆道是两条相互并行的水、陆道,陆道是利用水道的堤岸而筑成的。古水道的位置也比较明确,"出东郭"门,经过"阳春亭",全长"五十里"。据当地学者判断,山阴古水道应是西起绍兴城东郭门,东至今绍兴市上虞区东关镇练塘村,全长约20.7千米,大致位置与今萧绍运河该段相同。② 这样的判断与《越绝书》的记载是大致符合的。这是一条位于会稽城东侧的运道,记载中并无往西延伸,但需要指出的是,《越绝书》记载从吴地出发,"吴古故从由拳辟塞,度会夷,奏山阴",如果沿百尺渎经由盐官渡江,"度会夷,奏山阴",如何与山阴古水道连接?一选择经由西小江(曹娥江)到上虞,与山阴古水道连通。但该线路经过比较开阔的钱塘江水面,"潮水昼夜再上,奔腾冲激,声撼地轴"③,对舟船的安全性带来较大威胁。因此,选择从钱塘江的较窄处渡江,避开"水波恶"的浙江潮水,在当时财力、国力允许的情况下,开辟山阴古水道往西方向的通道,是一种不错的选择,当地学者也有类似判断:"在山会平原西部必然也会有一条当时东西向与故水道相连的人工运河"④,但《越绝书》似乎并没有这方面明确的记载。

开挖山阴古水道的初衷并非仅是为了航运,应主要是为了挡潮和发展海塘以南的生产基地。因为处在海潮直薄的沼泽之地和感潮河段上,只有建塘才能改变自然生态环境,御咸蓄淡,确保农业生产灌溉。在开挖河道时,以其泥土石块在紧邻的河岸上修筑起故陆道,形成一河一路的格局。从此以后,越国的水陆交通大为改观。其中水路可以通过许多南北流向的天然河流由平原向南深入会稽山地,向北进入钱塘江,深入浙西(北)各地,并和吴国相连通;也可以通过吴越间交通古道向西到达浦阳江,逆江而上进入诸暨盆地;

---

① 《越绝书》卷八
② 雍正《浙江通志》卷五十七《水利六·绍兴府》
③ 宝庆《会稽续志》卷四《山阴、萧山运河》
④ 陈桥驿:《古代鉴湖兴废与山会平原农田水利》,《地理学报》1962年第3期,第193页

还可以循山阴古水道向东进入曹娥江流域,乃至姚江、甬江,并接通甬东(今舟山市)之地。勾践通过这一次对山会平原的河道整治,逐渐形成了一个以越国都城为中心的航运系统(见图2)。

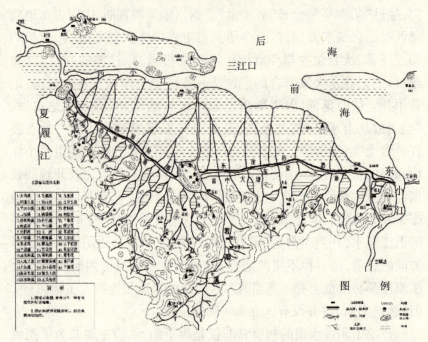

图2　春秋越国山会平原水系航运图

——采自《浙东运河航运史》

崇长港

崇长港,原名长安塘,又名运塘河,起于今桐乡崇福,南至今海宁长安镇,是沟通海宁上河与下河的主要通道和长安至盐官一带沿钱塘江高地的排水、引水要道,长7.5千米。据《嘉兴水利志》载,崇长港始于东周敬王三十八年(前482),系越王勾践时所开凿,古称越水道,又名漕运河,亦称长安塘河。具体的开凿情况已无考证。唐贞观年间在长安设置义亭埭后,崇长港一度成为江南河的主干道,元末以后逐渐荒废。

三、秦汉时浙西运河的开凿

"三江五湖"的太湖平原地区,春秋战国时期已经形成了从越王浦,经嘉兴、苏州,到江阴利港这样一条连接钱塘江和长江的水道。但是由于长江三角洲的不等量下沉和沿海地区泥沙的淤积,太湖平原不断向碟形洼地演变。到秦代,这条渠道不仅水运条件恶化,而且南北出江口也发生了困难。为此,秦汉时期对浙西运河进行了开凿与整治。

秦凿陵水道

陵水道是秦始皇征服楚国后,在钱唐江北岸构筑的运河水渠,其北起由拳(今嘉兴),南接钱唐(今杭州),是沟通太湖与浙江(钱塘江)的主要通道。

秦始皇三十七年(前210),秦始皇东巡,从云梦浮江东下,经过丹阳一带时,因望气者说谷阳至云阳地带有天子之气,故命"赭衣徒三千","凿丹徒、曲阿(今丹阳)"。《元和郡县图志》云:"丹阳县……本旧云阳县地,秦时望气者云有王气,故凿之以败其势,截其直道,使之阿曲,故曰曲阿……丹徒县,本朱方地,后名谷阳……初,秦以其地有王气,始皇遣赭衣徒三千人凿破长陇,故名丹徒。"接着,便主持开凿陵水道。《越绝书》云:"秦始皇造道陵南,可通陵道,到由拳塞,同起马塘,湛以为陂,治陵水道到钱唐、越地,通浙江。秦始皇发会稽适戍卒,治通陵高以南陵道,县相属。"从这条记载看,陵水道北起由拳(今嘉兴),经过钱唐(今杭州),最终到达越地(今绍兴):"到由拳塞……治陵水道到钱唐、越地。"由于当时两浙一带的核心区域,北端在吴郡(今苏州),南端在会稽(今绍兴),故始皇帝造陵水道,其目的实为"通浙江"、到"越地"。《史记·秦始皇本纪》记载其南巡到越地的行程说:"三十七年十月癸丑,始皇出游。左丞相

(李)斯从,右丞相(冯)去疾守。少子胡亥爱慕请从,上许之。十一月,行至云梦,望祀虞舜于九疑山。浮江下,观籍柯,渡海渚。过丹阳,至钱唐。临浙江,水波恶,乃西百二十里从狭中渡。上会稽,祭大禹,望于南海,而立石刻颂秦德。"①显然,秦始皇从云梦浮长江而下,先是"望祀虞舜于九疑山",然后"过丹阳,至钱唐。临浙江",最后到达越地,"上会稽,祭大禹",其中"过丹阳,至钱唐"的南段水道,走的就是陵水道。

古时陵、陆通用,陵道即陆道,陵水道是挖土修筑陆道而形成的人工渠道,所以,它是挖土修筑陆道而形成的道路与河渠,水陆交通两具。陵水道的建造是一个较大的工程,当时还专门从人口比较集中的会稽调来劳工,从事水道的开挖与道路的建造。水道与衢路并行,水道的堤防并作为道路路基,再适当加高,"高以南陵道"。陵水道建成以后,大体与今上塘河相当②,江南河线路由此调整,从嘉兴出发,不经盐官,而是经过钱唐(今杭州),渡江进入越地成为江南运河的前身。

汉开河百里

太湖至由拳(今嘉兴)间地势低洼,湖沼密布,沮洳下湿。在这一带开河,需在水中筑堤,工程极其艰巨。因此,直至秦代开凿陵水道后,这一段河道也没能够成形。汉武帝时期(前140—前87),为了征输闽越贡赋,始于今江苏吴江南北,组织人力沿太湖东缘的沼泽地带开浚一条长百余里的河道。"苏州府城之南半舍,古运河之西,有桥曰宝带。运河自汉武帝时开,以通闽越贡赋,首尾亘震泽东壖百余里。"③南接陵水道,开通了由拳(今嘉兴)至太湖之间秦时尚未开通的一段运渠,基本沟通了嘉兴至苏州之间的河道,成为江南

---

① 《史记》卷六《秦始皇本纪第六》
② 魏嵩山、王文楚:《江南运河的形成及其演变过程》,《中华文史文化论丛》1979年第1期
③ 明隆庆《长洲县志》引陈循《修宝带桥记》

河的组成部分。由于历史记载的欠缺，当时开浚的详情已难考证。但至此，浙西运河全线已经初具轮廓。

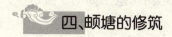

四、颐塘的修筑

西晋时期的"八王之乱"，外族入侵，使上百万中原人口南流（称流民）。王国之都、政府机构及百万人口的南迁，让黄河文明与长江文明碰撞、融合，提升了江南的经济文化发展水平。依靠充实的劳动力、先进的生产技术，在开发当地经济的同时，兴修水利，发展水运，修浚了多处人工渠塘工程。

三国吴永安年间（258—264），乌程侯孙晧在乌程县西（今长兴县境内）筑塘、在郡城凿井，人称孙塘、乌程侯井。永安年间（258—264），孙休主持筑青塘。东晋咸和至永和年间（326—356），都督都鉴在乌程县南 50 步开河，又在乌程县西 27 里开官渎。咸安年间（371—372），太守谢安在乌程县西 10 里筑谢塘，在长城县南 70 里筑官塘。这些人工渠塘既改善了低湿洼地的水土状况，又便利了水陆交通，其中以荻塘影响最大。

荻塘，始筑于东晋永和年间（345—356），由吴兴太守殷康主持修筑，因沿塘丛生芦荻，故名。"在城者谓之横塘，城外谓之荻塘。"[1]荻塘引余不溪、苕溪之水，自乌程县东"合流而东过旧馆，至南浔镇，入江南界。又东经震泽、平望二镇，与嘉兴之运河合"[2]，直接沟通了浙西运河与今湖州地区的水上交通，进一步扩大了浙西运河所联系的范围。

荻塘修筑的初衷是一项围堤工程，南宋嘉泰《会稽志》卷十九引《续图经》云："以今地形考之，荻塘在州城内，东枕民居，余三面溪环之，傍无可溉之田。况濒湖之地，形势卑下，苦水不苦旱，初无藉于

---

① 雍正《浙江通志》卷五十五《水利四·湖州府》
② 嘉泰《吴兴志》卷十九《吴兴记》

灌溉。意当时取土以捍民田耳,非溉田也。"荻塘建成后,既可御太
湖之水,河道又能往来舟楫,成为一条集防洪、排涝、灌溉、航运等综
合效益的河道。后太守沈嘉重修,更名吴兴塘;南朝齐时,吴兴太守
李安人又开一泾,泄水入太湖。早期大运河示意图如图3所示。

图3　早期大运河示意图

五、浙东运河的形成和疏通

　　浙东运河是在春秋末期越国开凿的山阴古水道、东汉马臻创建
的镜湖(后称鉴湖)、晋贺循开凿的运河基础上逐步形成发展起来

的。东吴、东晋和南朝宋、齐、梁、陈的六朝时期,北方征战不息,经济严重衰退,而南方相对稳定,尤其是作为六朝首都大后方的会稽郡,社会经济有所发展,迫使包括皇室、士大夫在内的中原人口大量迁徙南方,包括王羲之、谢安、孙绰、李充、许询、支遁等[①]显要家族纷纷迁入,史称"晋室南迁",带来了先进的技术和大量的劳动力,推动了山会平原的开发,农业生产大幅增长,郡域地位大大提升。镜湖自东汉创立后,随着配套涵闸的逐步增设,在防洪、供淡、灌溉、释咸和航运等方面日益发挥出巨大的效益,有效地改善了山会地区的生态环境,出现了王羲之所云"山阴道上行,如在镜中游"[②]的优美水环境。当山阴古水道在东汉初纳入鉴湖被取代后,西兴运河又在西晋末疏凿而成,由此,浙东运河进入了新的历史时期。

镜湖的创建

东汉时期,马臻创建镜湖。马臻,字叔荐,会稽山阴(今绍兴)人,东汉顺帝时期(126—144)出任会稽太守。马臻深知会稽山北麓是一片雨则山洪漫流、潮汐倒灌,晴则溪流干涸、土地龟裂的旱涝频繁之地。东汉永和五年(140),为解除这里的旱涝灾害,马臻主持创建了镜湖。镜湖的主要工程是修建围堤,围堤以郡城(今绍兴)为中心,分为东西两段。东段西起五云门,东至曹娥江,长72里;西段东起常禧门,西至钱清江,长55里。两段全长127里。围堤筑成之后,从会稽山地流出的三十六源之水汇集于围堤与会稽山北丘陵之间,形成了一个东邻曹娥江、向西经过会稽郡城南、止于钱清江附近的东西狭长的镜湖。"沿湖开水门六十九所。"[③]"水门",就是单闸,为陡坡急流水槽之门,是古代的一种排灌设施。

镜湖作为一项水利工程,它的修建使会稽山以北的广阔平原解除

---

① 《晋书·王羲之传》
② 王十朋:《会稽风俗赋》"在鉴中,舟行画图"注"王逸少,从山阴道上行,若在镜中游"。载《越中杂识》,浙江:浙江人民出版社,1983年
③ 《水经·浙江水注》

了来自会稽山脉的洪水威胁,同时也可以经常向堤北的河流提供一定的水量,从而提高这些河流的航运能力。因为镜湖本身是一个东西狭长的人工湖,实际上相当于一条东西向的人工运河。镜湖的东部将原来的山阴古水道围入湖内,而由郡城经镜湖向西的舟船可达钱清江,从此钱清江和曹娥江之间可以直接进行航运。所以,镜湖的修建取得了排洪、灌溉和航运三方面的效益。正如北宋越州刺史蒋堂作的《棹歌》中所赞美的那样,"蒲螺所萃兮雁鹜群翔,朝有行舻兮暮有归艎。茭牧狎至兮渔采相望,溉我田畴兮生我稻粱"。浙东运河图如图4所示。

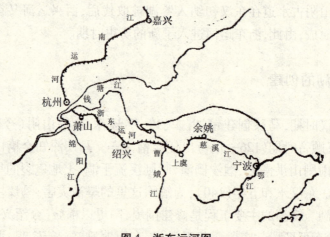

图4 浙东运河图

萧会运河的开凿

到了东晋,会稽郡城以西开凿了一条运河。"运河在绍兴府西一里,属山阴县,自会稽西流县界五十余里入萧山县。旧《经》云:'晋司徒贺循临郡,凿此以溉田。'"①"旧《经》"乃北宋大中祥符年间(1008—1016)所修的《越州图经》,是一部官修的地方志,所载贺循开河之事,当言之有据。

────────────

① 嘉泰《会稽志》卷十

贺循（260—319），字彦先，会稽山阴人，会稽望族，庆（贺）氏后裔，父贺邵任三国吴中书令，遭诬被杀，时循年幼，流放临海，晋灭吴后还本郡。贺循好学博闻，尤善三《礼》，举秀才，任阳羡、武康令，政教大行，邻城宗之，被推荐入朝，仕至军咨祭酒、中书令、加太子太傅，赠司空，被奉为"当世儒宗"。晋惠帝在位时（290—307），贺循为会稽相。"临郡"开河，大约也在此时。贺循开河，实际上是将水网地带的若干河道加以疏浚，再辅以若干人工河段使之连接，通过贺循的规划和施工，在萧绍平原上开通了一条正式的运河。这条运河从会稽郡城西郭向西，经过柯桥、钱清、萧山直达钱塘江边的西陵。因为当时主要是为了解决灌溉的问题，所以从郡城到钱清一段基本上与镜湖湖堤平行。镜湖的每一处斗门都与它直接相通。这样不仅提高了镜湖的排灌能力，而且丰富了运河的水位，保证了舟船的通航。同时，沿着萧（山）、会（稽）运河从会稽郡城向东，通过都赐堰进入镜湖，既沟通了钱唐江、曹娥江之间的航运，也可以到达稽北丘陵众多山麓冲积扇上的任何一个港埠。

萧会运河向东的延伸

曹娥江以东的姚江、甬江航道，秦汉时就进行了疏浚。《汉书·地理志》会稽郡句章县（原治余姚东南，东晋隆安四年移治宁波市南鄞江南岸）条下云"渠水东入海"。据清末学者王先谦的研究，此"渠水"系指今姚江、甬江，亦即后人所说的浙东运河东段。所以称之为"渠水"，当是经过人工疏浚的水道。① 西汉元鼎六年（前111），东越王馀善举兵反汉，汉武帝派横海将军韩说、楼船将军杨仆等分兵进攻，其中"韩说出句章，浮海从东方往"②，就是经由姚江、甬江出海的。

曹娥江与姚江的水上航路究竟始开于何时，现已不得其详，但至迟在晋代当已沟通。这可从晋人陆云给他姐姐的家信中得到佐

---

① 王先谦：《汉书地理志补注》
② 《史记·东越列传》

证。陆云（262—303），字士龙，吴郡华亭（今上海市松江区）人，是我国古代的著名文学家。有一年，他的外甥石季甫出任鄞县县令，全家人都很忧虑，觉得鄞县一带一片荒野，是交通阻滞、令人生畏的地方。陆云于是致书其姐说："（鄞）县去郡治，不出三日，直东而出，水陆并通。"①这里的"水陆"就是由曹娥江经上虞通明，然后沿姚江东去而直达今宁波的航道。

综上所述，西起今萧山西兴，经绍兴、上虞通明，东止于宁波，连接钱塘江、曹娥江、姚江、甬江的水路，至少在晋代已经形成。

西兴运河的疏凿

西兴运河，地处浙东运河西段，西起钱塘江南岸的永兴固陵（今萧山西兴），东至会稽郡城（今绍兴城），全长约 52.5 千米，是浙东运河中疏凿里程最长的河段，由西晋会稽内史贺循主持疏凿于永嘉元年至三年（307—309）。

永嘉元年（307），贺循出任会稽内史，开始疏凿西兴运河。时值司马睿受命为安东将军出征建康，贺循在会稽任职仅半年，即被司马睿召赴建康。此后不久，贺循以司马睿重臣身份返回故里，继续疏凿西兴运河。有专家认为，东起会稽郡城，过钱清江，西至永兴城厢南门江的运河段可能完成于西晋。南门江是古代浦阳江的出水口之一，通钱塘江，实际上沟通了会稽郡城西出钱塘江的水道；从南门江向西延伸到钱塘江边西陵的运河段，从南朝齐时已有固陵埭推断，很可能完成于东晋。②

贺循疏凿西兴运河，首先是为了提高鉴湖的灌溉效率。正如宋嘉泰《会稽志》所载，"旧《经》云：晋司徒贺循临郡，凿此以溉田"。在山阴境内，西兴运河从会稽郡城向西穿越钱清江，基本上与早期鉴湖西堤平行布置，从而沟通了西鉴湖众多南北向灌溉、泄洪水道

---

① 《陆士龙文集》卷十《答车茂安书》
② 陈志富：《萧山水利史》，北京：方志出版社，2006 年，第 185 页

之间的联系。这些水道被西兴运河贯通后,形成渠系网络,有利于彼此调节水量,大大提升了鉴湖淡水的灌溉、释咸效益,并且能够灌溉钱清江以西的广大农田。西兴运河的疏凿也是为了沟通会稽郡城与钱唐江的交通、航运的需要。当时的会稽是司马睿镇守建康的后方基地,物产富饶、经济发达,而西出钱唐江的交通运输只有"水路一条"。晋代以前,除鉴湖工程外,山会平原河道仍保持以南北自然河流为主的次原始状态,从会稽郡城到钱唐江南岸固陵(萧山越王城,北距西陵约5千米),并无东西向直通水道,只能翻越鉴湖经临浦、渔浦湖到达固陵,或出三江口等绕道后海从杭州湾进入固陵,货物运输很不方便。因此,疏凿西兴运河在改善郡城西出钱塘江的交通航运条件,增进越地与建康之间的政治、经济、军事等方面的联系,均具有重要意义。随着经济社会的发展,其交通航运的功能和作用日益凸显。所以,这条水道在宋以前尚无记载,或许被称作"××渠"或根本就没有名称。曾巩把它称作"漕渠"[1],而不称为运河。到宋嘉泰《会稽志》才被称作运河,"运河,在府西一里,属山阴县,自会稽东来,经县界五十余里入萧山县"。从"××渠"(或无名)到"漕渠"再到运河的名称变化,从一个方面反映了西兴运河的主要功能在不同时期从灌溉向航运的转变。

西兴运河的疏凿也贯通了浙东运河全程。浙东运河是一条西起钱塘江南岸的西兴入江口,东止于东海岸的镇海招宝山麓入海口,东西横贯宁绍平原,流程约200千米的通江达海的运河。这条江海运河,由于受境内钱塘江、曹娥江、姚江、甬江等河流地域切割的制约,及海岸线变迁和鉴湖兴废的影响,先后经历了从分段开挖,局部渠化,到段段相连,直至全线贯通的发展过程,并且在不同的历史时期,表现为由人工疏挖水道、湖泊通航、湖泊残留水道、天然水道、渠化天然水道与潮汐河段交叉组合的复杂多变的水道形态。其前身山阴古水道,东起大越城,西至曹娥江,沟通了越国的冶金基地练塘、炭渎、锡山和粮食基地富中地区与都城的联系,而且过曹娥江向

---

① 宋曾巩:《越州鉴湖图序》,载《曾巩集》卷一三

东进入天然河流姚江，可以直达鄞（今宁波市市辖区），再从鄞跨海向东可达句东（今舟山群岛），由此加强了越国都城与浙东腹地和外越的联系。东汉鉴湖修筑后，山阴古水道纳入鉴湖（东湖），演变成为从会稽郡城到曹娥江的鉴湖运河航道，而通连姚江达鄞的水道依然畅通。得益于这条水道的交通航运功能，浙东地区生产力得到发展，东汉永建四年（129）开始设置鄞、鄮、句章三县，均辖于会稽郡。到晋代，随着从会稽郡城直达钱唐江南岸的运河疏凿完成，以郡城为中心，向西经西兴运河进入钱唐江，过江后经钱唐江北岸的钱唐（今杭州）入江口接通浙西运河，打开了郡城西出钱唐江直到建康的航运干道；向东则通过鉴湖运河航道进入曹娥江，过江后再走姚江通连甬江直达浙东三县，打开了郡城东出甬江进入东海的航运通道。至此，西起西兴、东至镇海的通江达海的浙东运河已经连成一线，全程通航。

会稽郡城运河

会稽郡城，即越国都城大越城（山阴城），以其深厚的历史文化和优越的地理位置，成为六朝时期会稽郡的政治、经济、文化中心，也是从西兴到鄞县（今宁波市市辖区）的浙东运河最重要的中心枢纽。六朝时期，西兴运河从城西迎恩门进入郡城，穿城而过，再从城东都赐门、东郭门进入鉴湖。这段穿越郡城的运河水道，构成浙东运河全程中最具特色的城内运河。

据《越绝书》记载，公元前 5 世纪建成的越国都城山阴城，包括小城和大城，在初创时期已经对城内水道做过一番疏凿整理，并且创设了水门。"勾践小城，山阴城也。周二里二百二十三步，陆门四，水门一"，"大城周二十里七十二步……陆门三，水门三。"①这些水门，有据可查并遗存至今的，就是沟通山阴古水道由与城内水道的东郭水门。"山阴故水道，出东郭，从郡阳春亭，去县五十里。"山阴古水道西起东郭水门，北依山阴古陆道，南临富中塘，东至今上虞

---

① 《越绝书》卷八

练塘村,全长约20.7千米。古水道东郭水门进入大城,经孟家桥、春波桥、都亭桥,在大云桥与南北向府河(城内自然河流)交汇,再折北通过府河,向西连通酒务桥水门进入小城。这条横贯大小城的东西向人工水道在建城之初已经疏凿完成,与同样贯通全城的南北向府河呈"十"字交叉,共同构建了大越城内水道的基础框架,同时成为奠定晋代会稽郡城运河的基础水道之一。

晋室南迁以后,随着会稽郡城地位的迅速提升,特别是在西兴运河疏凿通航后,仅有东郭堰可以进出鉴湖已不能满足交通航运的需要,故又在东郭门以北新设了都赐水门①,时间当在南北朝以前。因此,六朝时期,以城西连接西兴运河的迎恩水门和城东进入鉴湖的东郭水门、都赐水门为起讫点,在郡城内开通了两条东西向运河水道:一条从迎恩水门向东在小江桥折南进入府河后,走原来的出入水路,在大云桥折东出东郭水门走入鉴湖。② 这是一条勾践水路基础上的延伸水路,较为曲折,全程约4千米。一条同样从迎恩水门向东,在小江桥与府河交汇后再向东,经斜桥、香桥、长安桥、广宁桥出都赐门进入鉴湖,形成郡城内从迎恩水门到都赐水门又一条运河水道。这条水道比较直接,因而成为城内运河的主航道,全程约3千米。这两条东西向运河水道与南北向府河、环山河交汇成"井"字形,奠定了绍兴城河的基础框架,促进了城内水系的不断发展,造就了"三山万户巷盘曲,百桥千街水纵横"的绍兴水城。

鉴湖运河航道

建于公元前5世纪的山阴古水道,在东汉永和五年(140)被纳入鉴湖之中。山阴古水道的北岸被加高、延伸,成为鉴湖东湖堤的主要部分,宋人曾巩把它称为北堤③。其延长部分,应是从练塘村向

---

① 姚汉源:《浙东运河史考略》云:"城东水门曰泗门,系晋时王恬修。"
② 道光:《会稽县志稿》
③ 宋曾巩:《越州鉴湖图序》,载《曾巩集》卷一三

东折南到曹娥埭和篙口斗门的堤塘，也就是曾巩在《越州鉴湖图序》中所说的南堤。北堤和南堤组合成鉴湖东湖堤，长为30.25千米，沿鉴湖东湖堤的鉴湖运河航道也与此相差无几。这条湖内运河航道的确立，一是利用了原有的故水道航道；二是因为鉴湖湖面宽阔，最狭处也有近10千米之广，水面浩渺，风起浪涌，从安全考虑也必须靠堤航行。南朝宋元嘉七年（430）二月，诗人谢惠连从始宁东山出发去建康，他的堂兄、诗人谢灵运（康乐）相送到曹娥江边渡口，由此作《西陵遇风献康乐》，诗中说"昨发浦阳汭，今宿浙江湄"，"浦阳"指曹娥江，即当天从始宁出发，第二天下午到达西陵，其间30多个小时，除去途中夜宿，实际航行20多个小时。航行里程，从始宁东山到曹娥埭约15千米，从曹娥埭走鉴湖、西兴运河到西陵78.5千米，共计约93.5千米，与航行时间相符。可见谢惠连过曹娥江进入鉴湖，走的是沿湖堤的鉴湖运河航道。

由此，也表明最迟在东晋以前，从剡县经曹娥、会稽郡城到钱唐江西陵的水路已经日夜通航，航道由自然河流曹娥江（剡溪、上虞江）、人工湖泊鉴湖和人工运河西兴运河三种不同的河湖形态组成。沿途"千岩竞秀，万壑争流"，"山川自相映发，使人应接不暇"，浑然天成的秀灵山川在晋代以后吸引无数文人墨客前来游赏、探幽、怀古，到唐代掀起高潮。据统计，唐代有400多位著名诗人沿这条线路浏览越中，留下数以千计的诗作名篇，形成在中国文学史上享有盛名的"浙东唐诗之路"。

第二节

运河航运技术的发展

一、造船业的兴起与发展

越人是以习水便舟著称于世的，因此，浙江的造船业也有着悠久的历史。《艺文类聚》卷七一引《周书》中，有周成王时"于越献舟"的记载。按照周朝的制度，各地诸侯有向周天子贡献方物的义务。越国既能以"舟"作为方物，"且沿海向北航行。途经东海、黄海，绕过山东半岛后入渤海，然后驶入济水，溯流西行，穿黄河，进渭水，到达周都镐京"①，千里迢迢进献给周成王，可见越国造船技术之精湛。根据该记载推算，越族先民在3 000多年前已经能够打造相当精美并具有一定规模的舟船，贡献到中原王朝。

越族先民聚居中心地绍兴，地处东南沿海，"西则迫江，东则薄海"，海域广阔，境内江河纵横，湖泊星罗棋布，素有"水乡泽国""滨海之民"的称誉。《淮南子·齐俗》云："胡人便于马，越人便于舟。"

---

① 王冠倬：《中国古船图谱》，33页

战国时,越国设有庞大水师,所用战船的制造场所和专管造船的官署,据《越绝书》记载:"舟室者,勾践船宫也。去县五十里。"①这个距离国都五十里、坐落在钱塘江南岸的"舟室""船宫",就是越国的造船工场。越国也有专事管理造船的船官,《越绝书》卷三:"治须庐者,越人谓船为须庐。""治须庐者"即越国管理造船的船官。越国还有众多的造船工,被称为"木客""作士""楼船卒",都是专职木工,主要是建造船只。勾践一次"使木工三千余人,入山伐木",又一次因"初徙琅琊,使楼船卒二千八百人伐松柏以为桴",造船工人数之多,由此可见一斑。

至迟在 3 000 年前的西周时期,在浙江省境内,已经开始制造木板船。这是造船史上的一件大事。到春秋战国时期,越国打造的舟船,见于记载的就有楼船、戈船、翼船、扁舟、方舟、舲等种类,楼船、戈船、翼船为战船,扁舟、方舟、舲等为民运船。各类船只的形制大致如下:

楼船,《越绝书》几次提到"楼船卒",足见越国有楼船。直到汉武帝时期,还特令朱买臣到会稽郡"治楼船",也可证明越地是制作楼船的场所。应劭曰"船上施楼,故号楼船",是一种建有重楼(一般为三层)的大型船只。杜佑《通典》卷一六〇也说:"楼船,船上建楼三重,列女墙战格,树幡帜,开弩窗、矛穴,置抛车、垒石、铁汁,状如城垒。"作为水军的主力舰只,楼船确实具有其优越之处。

戈船,《越绝书》卷八中有记载。张晏解释戈船是因为"越人于水中负人船,又有蛟龙之害,故置戈于船下,因以为名也"。《史记集解》注引瓒曰:"《伍子胥书》有戈船,以载干戈,因谓之'戈船'也。"两种说法各据其理,目前未见考证。

翼船分为大翼、中翼、小翼。"大翼一艘,广丈六尺,长十二丈,容战士二十六人,棹五十人,舳舻三人,操长钩矛者四,吏仆射长各一人,凡九十一人。当用长钩矛长斧各四,弩各三十二,矢三千三

百,甲兜鍪各三十二。"①"中翼一艘,广一丈三尺五寸,长九丈六尺。小翼一艘,广一丈二尺,长九丈。"②《中国造船史》载,"据考证,晚周到战国时的尺度,每尺约相当于 0.23 米,折合成今日的米制,大翼长 27.6 米,宽 3.68 米;中翼长 22.08 米,宽 2.99 米;小翼长 20.7 米,宽 2.76 米。其长宽比分别为 7.5、7.39 和 7.56,这三翼战船船体修长,若顺水而下,再用 50 名桨手奋力操桨,则船行如飞。"③

扁舟,亦称轻舟。《国语·越语》中范蠡"乘轻舟以浮于五湖",《史记·货殖列传》中作"扁舟"。它是一种轻便灵巧的小船,供民间往来江河之用。

方舟,亦作方、舫。《越绝书》卷三记载越国有方舟、航买、仪塵等船只:"方舟、航买、仪塵者,越人往如江也。"航买、仪塵,今不得其详。《说文》解释:"方,并船也。"即两船相并。西汉铜鼓纹饰尚可见其图形。方舟不仅平稳安全,而且速度快,是越国常用的水上交通工具,迄今在南洋和太平洋群岛还可见到。

艭,见于《淮南子》,如"越艭蜀艇,不能无水而浮";汤武圣主"而不能与越人乘艭舟而浮于江湖"。高诱《注》说:"艭,小船也。"可见艭是一种小巧的船只。

越国造船的数量也不少。例如,周敬王三十八年(前 482),勾践乘夫差率领精兵北上黄池之际,"发习流二千人,教士四万人,君子六千人,诸御千人"④,大举进攻吴国。"习流"就是习水战之兵。一支二千人的水军,按照前述《水战兵法内经》,需要翼船已不在少数。勾践灭吴以后迁都琅琊,在琅琊海面立即建立了一支有"死士八千人,戈船三百艘"的水军舰队。如果没有为数众多的船只为后盾,显然是不可能的。直到周赧王延三年(前 312),越王还派遣使者公孙隅向魏襄王"献乘舟始罔及舟三百"。"始罔"大约为"乘舟之名"。由此可知,即使在战国后期,越国的造船不仅在技术上而且在数量

---

① 《太平御览》三一五引《越绝书·伍子胥水战法》
② 《昭明文选》引颜延之《车驾幸京口三月二日侍游曲阿后湖作诗》
③ 席龙飞:《中国造船史》,第三章,37 页
④ 《史记·越王勾践世家》

上,仍然保持着领先的水平。

早在春秋战国时期,浙江打造的各式战船均设有甲板,不仅可以使船舱少受风雨的侵袭,而且甲板与船底、船舷可构成封闭的框架,使船体更具整体刚性,有助于提高船体强度。汉代兴起的楼船,不仅普遍设有甲板,而且具有多层上层建筑。船的两舷设舭板即舷伸甲板,用作撑篙船员的通道。船首、船尾有向外延伸的"前出梢"和"后出梢"。整条船都使用铁钉联拼船板。关于甲板、甲板之上的高层建筑,在汉代的著作中有专名和释义:"其上板曰覆,言所覆虑也;其上屋曰庐,像庐舍也;其上重屋曰飞庐,在上故曰飞也;又在其上曰爵室,于中望之,如鸟爵(通雀)之警视也。"①如依次说,汉代楼船的型制和规模当是:甲板之下为舱,供棹卒划桨之用,在舱内的棹卒有良好的保护,可免受敌人矢石的攻击。甲板上的战卒手持刀剑,以便在短兵相接时作接舷战。舷边设半身高的防护墙,称为女墙,以防敌方的矢石。在甲板上女墙之内设置第二层建筑即为庐,庐上的周边再设女墙,庐上的战卒手持长矛,有居高临下之势。再上有第三层建筑为飞庐,弓弩手藏于此,是远距离的进攻战力。最高一层为爵室,"如鸟雀之警视",这正如今日的船桥,常称为驾驶室或指挥室。② 像这样的楼船,规模十分庞大。汉武帝时期,建制楼船军计25万人。③

从秦汉、孙吴到两晋、南朝时期,浙江始终保持着造船的传统优势。汉武帝时期,淮南王刘安说的越人兴兵必先"伐材治船"④,从一个侧面反映出了浙江当时的造船优势。汉武帝元鼎六年(前111)东越王徐善反汉,会稽由拳(今嘉兴)人朱买臣建议:"发兵浮海,直指泉山,陈舟列兵,席卷南行。"汉武帝随即以朱买臣为会稽太守,"诏买臣到郡,治楼船,备粮食、水战具"。⑤ 接着派遣横海将军、楼船将

---

① 《释名·释船》
② 席龙飞:《中国造船史》,第四章,72 页
③ 白寿彝:《中国通史》
④ 《汉书》卷六十四上《严助传》
⑤ 《汉书》卷六十四上《朱买臣传》

军、戈船将军等水军将领分兵进击馀善。很显然，这次军事行动所用的楼船、戈船等船只必有许多出自浙江省境，为越人所造。

三国时期，孙吴以水军立国，船舶制造业更为发达。孙吴两晋时期，据史料记载，有可乘坐三千战士的大舡，有可载重万斛的舴艋，有疾驶如飞的艨冲，还有名为长安、飞云、青龙、凌波等的各种船只。孙吴著名的船舶设计制造家贺齐，就出生在会稽山阴（今绍兴）。贺齐设计制造的乘船"雕刻丹镂，青盖绛襜，干橹戈矛，葩瓜文画，弓弩矢箭，咸取上材，蒙冲斗舰之属，望之若山"①。浙江也是孙吴造船重地。随着造船技术的进一步提高和水上运输要求的增长，人们喜好打造大船，为了增加航行时的稳定性，时常将两只船连接在一起，称为"大船连舫"，而且装饰也越来越考究。宋孝武帝为了防止诸王及大臣座船与龙舟相似，不得不规定"平乘舫皆平两头作露平形，不得拟像龙舟，悉不得硃油"②。西晋咸宁六年（280），西晋接受吴国孙皓之降，"收其图籍，领州四，郡四十二，县二百一十三……舟船五千余艘"③。孙吴时期，浙江的造船业水平可见一斑。

两晋南朝时期，浙江的船舶制造也很发达，特别是民间船舶制造有了很大的发展。东晋时期，舟山渔民孙恩起义，在临海灵石山"毁材木以为船舸"④，实力盛时，号称"战士十万，楼船千余"。由于其部众主要来自浙江，其船只也概出浙江。六朝时期，3丈以上的船只已很普遍，还出现了可以载重2万斛的大船。隋文帝统一江南后立即下令江南，尤其是吴越地区"人间有船长三丈以上，悉括入官"⑤，以防止旧陈境内人们聚为水军，反叛朝廷。可见，当时浙江民间造船之多、所造船只之大、造船工艺之精。

① 《三国志》卷六十《贺齐传》

② 《宋书》卷一八《礼志》

③ 《三国志》卷四十八《吴三嗣主传》注引《晋阳秋》

④ 《太平寰宇记》卷九十八《临海志》

⑤ 《隋书》卷二《高祖纪》

二、航行技术的进步

随着运河航运的发展，人们对船舶不断地进行变革和改进，航行技术也不断地进步和提升。新石器时代出现独木舟和筏，是先民们迈出的航运的重要的第一步。大约在公元前17世纪的商代，随着青铜冶炼、铸造技术的提高，以及青铜制成的斧、刀、锯、凿、铲等生产工具的广泛使用，平底独木舟逐步变成了平底船船底中心线上的一块板，两侧加板，便成为三板船。由此，先民又迈出新的一步，开始制造木板船，并显示了强大的生命力。

起初的木板船还不能克服独木舟船体小、难抵风浪的弱点，于是人们根据筏的原理，造出了舫。"舫，并舟也。"最初只是简单"比船于水，加板于上"，将两船连接起来，随后便逐渐发展成为用构件将两船牢牢地固定在一起，成为一个整体。"大夫方舟，士特舟。"又云："方，并两船。""特，单船也。"①《说文》也解释："方，并船也"，即两船相并，不仅平稳，而且速度快。接着，舫又进一步发展成为多艘船连接在一起的大船，称连舫。到晋代，连舫竟大到了惊人的地步。《晋书·王濬传》说，晋时王濬伐吴，连舫作为战船，长和宽均为120步(约合170多米)，能载2 000余人，甚至在宽广的甲板上还能够跑马，并且航行平稳。

春秋战国时期，吴越争霸，促进了舟师的兴起，也推动了航行技术的不断提升、进步和发展。当时的造船业都由官府经营，所制造的舰船大翼、小翼、突冒、楼船、桥船等均能够在大小河道航行。"船名大翼、小翼、突冒、楼船、桥船。今船军之教，比陵(陆)军之法，乃可用之。大翼者，当陵军之重车；小翼者，当陵军之轻车；突冒者，当陵军之冲车；楼船者，当陵军之行楼车也；桥船者，当陵军之轻足骠

---

① 《北堂书钞》卷一三七

骑也。"①

早在新石器时代,先民们已经开始探索使用风作为舟船的驱动力。2002年,萧山跨湖桥遗址出土的残存独木舟周围有多块席状编织物,经鉴定系禾科植物编织而成。这些编织物的用料和编织方法与现在江南一带的席类编织物非常相似。虽然编织物的用途迄今没有被最终认定,但从共存关系与遗迹形态分析,它有可能就是一面原始船帆的遗存。独木舟周围散布的木料中,有船体东北部与编织物间一组斜向倒置的木料,也有可能与悬挂席帆的支架有关。

但到了春秋战国时期,风帆已确凿在舟船中普遍使用。1976年,宁波市鄞县云龙镇甲村石秃山出土了一件战国时期羽人竞渡纹铜钺。该钺整体呈现金黄色,高9.8厘米,刃宽12.1厘米,长方形銎,刃部两角向上外侈,锋利如新。器身一面素面无纹,另一面铸有一边框,框内上方为龙纹,双龙昂首相向,前肢弯曲,尾向内卷;下部以弧形边框线为舟,上坐四人成一排。四人皆头戴高高的羽冠,双手持桨作奋力划船状,羽冠上的羽毛似乎迎风飘扬。根据图案,有专家考证认为"它可能是顺风便张帆而逆风即划桨的小型而又简陋的(早期)帆船"。这表明越国是造船制帆、用帆最早的区域之一。

船舶风帆的出现是我国船舶史上一个重要的里程碑。到秦汉时期,不仅帆船迅速发展,而且包括篙、桨、橹、桅、舵等用于船舶行进的推进工具在技术上都有了突破性的发展。

篙、桨为传统的划水工具。汉代的划桨既有短小的楫,即手持的短桨,也有在舷上有固定支架的长桨,这样可以使船夫用全身的力气划动较大的桨。

橹是以人力作为动力的船舶推进工具,是汉代一项具有突破性的科学发明。橹通常装在船的尾部,操橹人只要掌握橹片的角度,左右挥动就能够推动船只前进,并用来操纵船的航向。所以,刘熙《释名》云:"在旁曰橹。橹,膂也,用膂力然后舟行也。"

舵是用以控制船舶行向的装置,也是汉代创始的我国古代造船

---

① 《太平御览》卷七七〇《叙舟下》

技术的重要发明。在此以前，船舶的航向靠桨操纵，船尾部的操纵桨因桨叶面积逐渐增大而演变成舵。舵通常由舵叶、垂直舵杆和水平舵柄组成，固定在船的尾部，既控制航向，也有利于船舶的稳定。尽管在刚创始的汉代，当时的船舵还保留着桨的形态，"短而广，安不货危"，但对船舶航行技术的发展有着划时代的意义，迄今已推广到全世界，并应用于航空领域。

锚是船舶的靠泊工具，在航运活动中也发挥着至关重要的作用。早期的锚是石质的，称作"碇"。"浙江余姚河姆渡遗址中曾出土了新石器时代晚期的石碇，是用一块直径50厘米的圆石，装在专门编织的网兜内，可以说是我国发现最早的锚。"①到秦汉时期，人们已经能够熟练地运用铁锚技术，这种锚脱离了锚的初始阶段，锚上不光有爪，而且有锚杆，使锚爪容易插入水底淤泥中。

正是这些航运技术的突破性发展，形成了秦汉时期我国造船史上的第一个高峰，能够根据不同河流水域和使用要求，制造出各种不同类型的船只，处于当时世界领先地位。像在船首和船尾建楼的船，四面环海的英国直到13世纪才制造出来，并最早出现于欧洲。汉代的楼船无论是规模还是制造技艺，都达到了相当高的水平。

到六朝时期，浙江又创造了船舶水密隔舱壁技术，成为中国乃至世界造船史上的又一项重大发明。当时，豪强庄园主对佃客农民剥削沉重，人民对官府的苛杂赋役无力负担，纷纷逃亡或聚众起义，江浙地区曾发生过多次农民起义，孙恩、卢循起义是其中规模较大的一次。卢循是孙恩的妹夫，跟随孙恩起义。晋元兴元年（402）孙恩为晋军击败"乃赴海自沈"，余众遂由卢循统帅。《晋书·卢循传》记有：元兴三年（404）卢循泛海攻克番禺（今广州），"自摄州事，号平南将军"；义熙六年（410），"乃连旗而下，戎卒十万，舳舻千计，败魏将军刘毅于桑落洲（今九江附近），迳至江宁"。孙恩、卢循起义军多用水战，凡十数年，精于舟船技术，并首创了水密隔舱壁技术，即用隔舱板把船舱分成互不相通的独立舱区。晋朝文献《艺文类聚》引

---

① 席龙飞：《中国造船史》，第四章，93页

《义熙起居注》曰："卢循新造八槽舰九枚，起四层，高十余丈。""八槽舰"被认为是用水密隔舱壁将船体分隔成八个舱的舰船，如船体某处触礁破洞进水，将不至于蔓延到邻舱。卢循所造带有四层楼并分为八舱的楼船，被认为是世界上最早有水密隔舱的楼船，对提高航行安全性起到了革命性作用。从唐代起，尤其是宋以后，海船中普遍采用水密隔舱，部分运河船舶也有采用。西方船只直至18世纪才有水密隔舱。

这些船舶的变革、改进和航行技术的进步、提升，促进了水运活动的频繁进行，对后来航行技术的发展和运河水运业的繁荣，具有非常重要的影响。

三、航道设施的建设

浙江早期的运河主要有春秋战国时期沟通太湖的胥浦，沟通钱唐江的百尺渎，越国都城沟通曹娥江的山阴古水道以及秦代开凿的陵水道、浙东运河等。虽然这些运河里程都较短，但是都依据当时当地的地形地势，连缀自然河道和湖泊开凿，不仅布局合理，而且施工容易，收效及时，事半功倍。但由于这些运河的地势、水流、水势和落差各不相同，因此在开凿伊始，就着手建设用以控制河道水流、水位的航道设施或者工程，以保障河道水流和舟船航行。

人们最早用来控制河道水流、水位的设施是"埭"，也就是在河流中筑起一道土堤，"蓄水谓之埭"，用以拦截水流、抬高水位、积蓄水量。人们开河筑埭，在河道中航行的船只遇到埭，就要借助于人力或者牛等畜力越埭而过，才能继续航行。埭的边坡较缓，坡上一般用草泥润滑以减小摩擦，便于拖船过坝。至少从秦汉时起，官府都在埭上设点，在帮助过往客商过埭的同时也收取税费，南北朝时叫牛埭税。

在浙西运河上，秦汉时期，凡水流湍急处大多都以土筑埭，拦截水流，因而筑有不少埭，仅今嘉兴境内便有杨家埭、钱家埭、张家埭、李家埭、栖柽埭、余贤埭等，相传都是秦汉和六朝时期所筑，现土坝不存，而埭则流传下来成为地名。尽管当时浙西运河上的堰埭情况已无明确记载，但东晋隆和元年（362），海盐和钱唐县境"水牛牵埭"收费已引起王公的觊觎，上达皇帝。《晋书·孔严传》载："时东海王奕求海盐、钱塘以水牛牵埭税取钱直，（哀）帝初从之，严谏乃止。"这说明埭绝非甚少，商旅运输量也不小。

在浙东运河上，著名的埭有西陵埭、都赐埭、曹娥埭、梁湖埭等。

西陵埭，位于钱塘江与浙东运河交汇处，有"浙东运河第一埭"之称。[1] 埭的始建应与西兴运河开通同期，似在晋代，到南齐时，西陵埭已成为会稽、吴兴交通要道钱唐江两岸四大牛埭之一。官方收取过埭税年达百万以上。

都赐埭，位于鉴湖东湖堤与会稽郡城东郭接合部起始段的都赐门北侧，东西横截环城河——若耶溪（今平水江），因南北坡两面临水而称埭，始筑于东汉永和五年（140）。都赐埭既是拦河截流的鉴湖湖堤，又是鉴湖运河航道的起始码头。

曹娥埭，因系鉴湖与曹娥江交汇的浙东运河重要节点渡口，是鉴湖围堤中一项重要的拦蓄堤坝工程，始筑时间应在东汉永和五年（140）鉴湖竣工之时，起初并不称曹娥埭，后随着曹娥江江道东移及鉴湖水利和交通形势的变迁，曹娥埭改建成坝，顶高程较低的曹娥堰成为鉴湖拒潮、蓄淡、泄洪和航运的重要工程之一。

梁湖埭，位于曹娥江和姚江的交汇处，地处浙东运河鉴湖航道进入姚江运河段的要冲。兴建此埭旨在阻拦曹娥江咸潮进入姚江，拦蓄姚江淡水不外汇曹娥江，壅高姚江水位利于灌溉和航运。

继埭后，早期运河上又出现了堰，至少在秦代，浙江早期的运河上就已经建有堰。《元丰九域志》卷五"秀州"条云："马塘堰，《图经》云：秦始皇三十七年东巡至此，改长水乡为由拳乡，遏水为堰。"堰，也就是拦河堰，是修筑在河道上既能挡水蓄流又能溢流排水的建筑物。《广雅》称："堰，潜堰也，潜筑土以壅水也。"堰和埭都是横

---

① 陈志富：《萧山水利史》，北京：方志出版社，2006年，第188页

截在河道中的堤坝，但堰比埭规模更大，既用来阻挡湍急的水流，也用以抬高河道水位，但主要是便利航行。枯水时，堰埭能够挡水蓄流，方便引水灌溉，利于航行；洪水时，则溢水泄流。也就是说，在运河上，为了确保河道水流和航运，最初的办法是隔一段修一道拦河低坝，即堰，以平抑水流，蓄积水量，壅高水位，调整河道水面，但船只到此也必须越堰而过。

浙西运河上最早的堰是杉青堰。《浙江水利志》载，运河入浙第一道堰——杉青堰，如建于秦汉间。汉武帝时期（前140—前87）苏州、嘉兴之间的运渠开通，与长水、陵水道相接，和天目苕溪的水流贯通①，天目苕溪的来水以巨大的落差惯性乘势而下，形成湍急的河流水势。为控制河流水势，保障航运船只的安全，便在这里建起了浙西运河上的第一座堰——杉青堰。

班固所著的《汉书》详细记述了嘉兴人朱买臣的故事②，后经戏剧《烂柯山》的演绎，"朱买臣休妻""马前泼水"的故事流传千年，妇孺皆知。据说，朱买臣前妻崔氏休夫后嫁的就是杉青堰吏，即管理杉青堰的官吏。尽管还没有确凿的史料表明当时的杉青堰是属于何种堰埭，但据此，西汉年间浙西运河上已创建杉青堰，并有专职官吏专业管理。据《建康实录》卷五记载，在浙西运河等河道上，三国吴大帝时就建有14堰之多。另外，由于浙西运河沿途两岸的地势高低各不相同，尤其是在嘉兴境内塘左高亢，塘右低洼，高低相差巨大，因此，在运河右侧岸也建有不少堰埭，称作"侧堰"，以保障塘左灌溉和舟船航行。明正德《桐乡县志》载："古有堰，置于塘北（运河）泾口，因塘北地卑而泾深，塘南地高而泾浅；故堰以捍障运河，使上塘支流不致涸竭耳。于时长安无坝，杉青有闸，江淮漕运舳舻相衔达于钱塘，故闸以积水使长盈，堰以护闸使不泄。"

同样，浙东运河上的堰一般设置于河与河、河与湖产生水位差

---

① 范今朝、汪波：《"运河"（杭州段）功能的历史变迁及其对杭州城市发展的作用》，《浙江大学学报》（理学版）2001年，第28卷第5期

② 《汉书》卷六十四（上）

的交汇处,横截运河;鉴湖运河航道河岸——鉴湖东围堤上设置的堰,则与运河航道平行,也是运河堰的组成部分,并且主要堤堰作为鉴湖溢洪的重要工程,建设必须与围堤同时竣工,才能保证鉴湖安全度汛不决堤。因此,东汉时修筑的堤堰是浙东运河上最早的堤堰。可惜的是早期浙东运河堤堰的史料缺失,相关的具体记载到宋代后才出现。根据近年来发现的部分史料和研究,比较重要的堰有都赐堰、东郭堰等。其中都赐堰是筑于环城河的鉴湖东西向围堤,居都赐门北侧,建于东汉永和五年(140),与都赐水门组合,构成会稽郡城东郭拦蓄湖水和运河交通的枢纽工程。东郭堰是建于东郭水门里的堰坝,也建于东汉永和五年(140),以障鉴湖湖水倾泻城内,便于航运。

浙江航运历史悠久,早期运河沿线几乎都曾设有港埠。最早的港埠是在河流航道自然停泊点基础上逐渐形成的。春秋时期,农业和手工业发展,商业开始兴起,造船技术也有所提高,船体增大,装卸量增加,对停泊靠岸要求提高,开始出现简易人工建筑物,形成最初的港埠。

春秋中期起,位于江浙地区的吴国和越国逐渐强大起来。由于国境毗邻,"三江环之,民无所移",双方都想争夺对该地区的统治权,以致为争霸,到了"有吴则无越,有越则无吴"势不两立的地步。到了春秋后期,两国矛盾激化,吴、越爆发了频繁的战争。据史籍记载,自周景王元年(前544)吴王馀祭对越国用兵开始,到周元王三年(前473)越王勾践灭吴的短短71年中,杭州湾两岸发生的较大的水上军事活动就有11次之多。当时的越国和吴国的军事力量均以水军为主,《吴越春秋·勾践伐吴外传》云:越有"楼船之卒三千人",《史记·越世家》又云:勾践有"习流二千",《越绝书·记地传》又云:"勾践伐吴,霸关东,从琅琊起观台……死士八千人,戈船三百艘。"吴国大夫伍员曾将中原诸国比作陆人居陆之国,将吴越两国比作水人居水之国,吴国虽能战胜中原国家却"不能居其地,不能乘其车",而对自然人文条件相同的越国"吾攻而胜之,吾能居其地,吾能乘其舟"。①

　　在这样的历史背景之下,越国开始加紧军港建设,以对付虎视眈眈的吴国。周敬王元年(前519),吴国水师顺太湖至浙江的自然水道入侵越国,越国水师不敌,被吴国俘去宗人,刖其足,令其守余艎大舟。周敬王十年(前510),吴国水师破槜李(今嘉兴南),越军又败。两次迎战的失败使越国警惕起来。越王允常为了对吴国进行有效的防御和进攻,除进一步加强水军的作战力量外,又于周敬王十四年(前506)在浙江口之南岸开始兴筑屯扎水军的基地。关于新建的水军基地,《越绝书》载:"浙江南路西城者,范蠡敦(屯)兵城也。其陵固可守,故谓之固陵。所以然者,以其大船军所置也。"固陵,后改西陵、西兴,即今杭州钱塘江南岸之萧山西兴镇。春秋时期,固陵紧靠浙江南岸,背依萧然诸山,有自然内河水道通会稽,与钱唐的吴山、凤凰诸山隔江相对。这个军港的选址是独具匠心的,进攻可以出钱唐港入太湖水系与吴国争战;退却则可凭借浙江天堑进行防守,既守住了会稽城大门,又保存了水军实力。固陵的修建工程主要是由大夫范蠡主持的。②

　　越国利用这个军港为基地,展开军事活动。周敬王二十四年(前496),允常病死,允常之子勾践继位,起兵拒吴。周敬王二十六年(前494),勾践主动出兵攻吴,发起夫椒之战。周敬王三十六年(前484),越出兵助吴攻齐。周敬王三十八年(前482),越兴兵伐吴,是为姑苏之战。而后十年中又三次兴兵伐吴。以上先后八次大的水军活动,均是由固陵港出发的,其中,伐吴的水军由固陵港出发后,一路过钱唐沿古苕溪水,分赴嘉兴、太湖;另一路则出浙江航海北上。

　　当时固陵港的军运活动是十分壮观的。周敬王二十六年(前494),勾践亲率水军攻吴。越国水军3万人、船只数百艘,浩浩荡荡地驶出固陵港,自钱唐入苕溪迎战吴军。周敬王三十八年(前482),

---

①　《国语·越语上》
②　《杭州古港史》,第一章,第30页

越国在固陵港集中了水手2 000人、水师官兵47 000人、战舰数百艘，一路沿海溯淮，经钱唐直趋姑苏奔袭吴都。以后，越国北上争霸，攻占齐国的琅琊，从固陵港发出的海船(即戈船)到达琅琊港的就有300艘。以水上军事活动为建港目的的固陵港，在春秋末期迅速发展。固陵军港建港之早、规模之大，在中国古代港埠史上占有重要地位。

由于固陵港的出现，后来浙江两岸的钱唐军事港渡逐渐增多。北岸出现了柳浦港(今杭州城南凤凰山麓)、定山浦港(今杭州西南郊区狮子山麓)，南岸出现了渔浦港(今杭州萧山之浦阳江口)。这个时期的钱唐港是以军事活动为中心的，港址自身处于自然利用与人工建筑的演变之间。

浙江早期运河沿线也有着不少码头，承担着舟船停泊、客旅上下和货物装卸等任务。百尺浦，大约是大运河浙江段历史上最早的码头(在今萧山河庄山东。原在钱塘江北岸，宋元以后江道北移，遂隔在江南)。其地为春秋战国时期吴越间运河百尺渎之所始。咸淳《临安志》卷三六云："百尺浦，在县(盐官)西四十里。"《舆地志》云："越王起百尺楼于浦上望海，因以为名。""浦"，也可作"步""步头"。咸淳《临安志》卷三六引顾夷吾云："灵隐浦……亦云灵隐步头。""浦"很可能是一个古越语地名，其含义就是码头，而且是水陆码头。《神州古史考》说："吴越旧有百尺渎……即越王百尺楼是也。"可见规模不小，所以清康熙时人葛惠保有《过百尺楼遗址》诗："百尺浦遥楼百尺，当年霸业何赫赫。海色空濛望不穷，晴晖一片烟涛白。吴山越水自春秋，无限风光日夜浮。高楼遗迹空荒草，惟有沙禽送急流。"

宝石山麓是秦代早期运河码头之一。宝石山下的大佛头相传为秦始皇东巡时之缆船石。宋代僧人思净将大石凿为大佛，故有"大佛头"之名。虽不见正史，却代代相传。明代张舆《秦始皇缆船石》诗云："葛仙岭西大石头，祖龙东来曾系舟。"宝石山在杭州西湖北侧，西湖在东汉以前一直与海(钱唐江)相通。按照当时地理形势，秦始皇循运河而来，泊舟宝石山下，亦在情理之中。

同时,由于航运的需要,早期的浙西运河和浙东运河上都有不少渡口,其中以浙江渡、龙山渡最为显著。浙江渡是钱塘江上最古老的渡口之一,在今杭州江干三廊庙一带江岸,对岸即钱塘江东岸西兴。来自浙西运河的货物、客旅南下到达杭州后,由此摆渡过钱塘江到达西兴,便是浙东运河。早在六朝时期,浙江渡已见兴盛。《北堂书钞》卷一三八引《异苑》云:“晋时钱塘浙江有樟林栿大航……唯航吏章粤结兄弟故能相制服。”其中“樟林栿大航”即浙江渡渡船。梁朝任昉的《济浙江》、刘孝绰的《还渡浙江》等都是描绘浙江渡的诗作。

　　龙山渡在六和塔下,因这一带山脉古称龙山,故名。对岸即钱塘江南岸渔浦(今闻堰)。来自浙西运河的货物、客旅南下到达杭州后,既可在城东浙江渡摆渡到西兴,也可在城南白塔岭西龙山渡摆渡过钱塘江到达渔浦。到达渔浦,既可溯浦阳江交通浙东,也可循浦阳江下游到达萧山,再循浙东运河前往越州、明州等地。浙江渡与西兴渡、龙山渡与渔浦渡,分别位于浙西运河及浙东运河的起讫点,也是浙西运河与浙东运河的连接工程。

　　另外,东晋时钱唐江上还建有木结构浮桥式码头,称为樟林栿,“大船每有来者”①。栿,就是浮梁、浮桥,“樟林栿”即用樟木构成的浮桥码头,同样也用来连接浙西运河与浙东运河。东晋咸和三年(328),天竺僧人慧理自印度辗转来到钱唐武林山,创建灵隐寺,曾从此码头上经过。

---

　　① 《杭州交通史·大事记》

第三节

早期运河航运的作用

  浙江境内早期运河的出现主要是为了满足政治军事斗争的需要，从战国至秦汉时期，几乎所有的战争都与航运有关，依靠运河运兵送粮。同时，统治者巡游或巡视也是开凿运河的一个因素，如秦始皇等通过水路巡视等。因此，早期的运河大多是统治者的临时行为，没有长远和总体规划，布局分散、缺乏系统，因而功能单一、地域狭小、影响有限。但早期运河的开凿仍对政治、军事、社会、经济和文化等各方面都产生了巨大的影响和作用。

一、政治军事作用

  运河的军事作用十分明显。春秋战国时期，吴越两国的军队称"舟师"，称强争霸，先要制舟挖渎、运草行粮。尤其是越国，它是一个擅长水战的国家，它所参与的争霸战争，几乎无一不与航运有关，如吴越檇李之战、夫椒之战、姑苏之战等，皆在水上进行。檇李（今嘉兴）之战发生在周敬王二十四年（前496），其时越王允常去世，勾践继位，吴王阖闾企图乘越国政权新老交替之际消灭越国，双方征战之时,"大风发狂,日夜不止,车败马失,骑士堕死。大船陵居,小船没水"①,吴师败于檇李,阖闾自己伤残致死。夫椒(今太湖中洞庭西山)之战,发生在周敬王二十六年(前494),其时勾践胜吴不久,听说新立吴王夫差日夜练兵,誓报杀父之仇,于是企图先发制人,率兵攻吴,双方战于"五湖"(即今太湖),结果越王句践败于夫椒,仅以余兵五千人保栖于会稽。② 据历史地理学家魏嵩山、王文楚研究,越王勾践此次伐吴所循路线当由百尺渎北上至今桐乡崇福,然后循今浙西运河,入松江、太湖。姑苏之战,发生在周敬王三十八年(前482),越王勾践乘吴王夫差争霸黄池(今河南省封丘县西南),国内空虚之际,分兵两路进攻吴国:一路由范蠡、舌庸率领,"沿海溯淮,以绝吴路";一路由勾践自己率领,"溯江以袭吴,入其郛,焚其姑苏,徙其大舟"③而归。从此吴国一蹶不振,夫差自杀。这些战争充分反映了战国时期吴越间江河航运之盛。

秦汉六朝时期,运河的军事作用仍然明显。西汉的淮南王刘安说过,越人"处溪谷之间,篁竹之中,习于水斗,便于用舟"④。兵员运输离不开航运。元鼎六年(前111),东越王馀善举兵反汉,汉武帝派兵几路并进,其中"楼船将军(杨)仆出武林","粤侯为戈船、下濑将军出如邪、白沙"。⑤ "武林"在今江西余干县北,与浙江的新安江仅一岭之隔,而楼船将军麾下又有楼船军卒钱唐辕终古,由此看来杨仆所率军队很可能溯钱唐江而上,再顺昌江而下,在豫章郡集结,以攻馀善。"如邪",即若耶溪,在今绍兴市东,出若耶溪可进入曹娥江,溯江而上可进入瓯江流域;而由新昌西盐溪南下,循此亦可进入瓯江流域。

当时,运兵离不开航运,有些战争更直接在水上进行,航道往往成为战场。东汉建安二年(197)孙策引军渡浙江,会稽太守王朗发

---

① 《越绝书》卷六
② 《史记·越王勾践世家》
③ 《国语·吴语》
④ 《汉书》卷六十四《严助传》
⑤ 《汉书》卷九十五《两粤传》

兵拒之于固陵,孙策几次渡水攻战不克,后用其叔孙静之谋,迂回海上,"分军夜投查渎(今萧山西南)道,袭高迁屯(今萧山长山镇井亭徐)……抄王朗后背,遂破王朗之军"①。南朝宋元嘉(424—453)末年,"会稽太守随王诞遣兵向建康,讨元凶劭,诞自顿西陵,为之后继"②。西陵是浙东运河接钱唐江口处,也是钱唐江上一个重要的渡口和军事重镇。由西陵出发,可以顺钱唐江入海,再入长江而达建康;也可循当时的浙西运河前往建康,所以王诞屯兵于此,以为后继。兵家对于浙江航道的重视由此可见。

南朝浙江水上最大的一次战争是宋泰始三年(467)吴喜击孔颛的战争。其时会稽令孔颛据郡反叛,吴郡、吴兴、晋陵、义兴等四郡起而响应。宋明帝遣吴喜率兵沿太湖南北分路进讨,北路由晋陵(今常州)至吴郡(今苏州),南路自义兴(今江苏宜兴)至吴兴(今湖州),会师钱唐(今杭州)。孔颛所率军据岸扎营,吴喜部将强弩将军任农夫乘风举帆,直取定山,向渔浦进攻,获大胜。吴喜又使刘容由盐官渡海直指同浦,自己亦于柳浦渡江,向西陵进军,孔颛之军大败。这次战争自杭嘉湖平原的浙西运河一直延伸至钱塘江乃至宁绍平原的浙东运河,真可谓"血染江河"。

运河的政治作用也十分明显。秦始皇出巡会稽始于始皇三十七年(前210)其东巡会稽的前一年,即前211年,发生了两件事,民众对统治阶层不满的社会心态可见一斑。一是,"(始皇)三十六年,荧惑守心。有坠星下东郡,至地为石,黔首或刻其石曰'始皇帝死而地分'……"③,秦始皇派人调查不果,于是把石旁居住之人杀尽,并焚毁陨石。二是,同一年秋天,有人在华阴平舒道上拦住始皇使者,并对使者说"今年祖龙死"。使者将之转告秦始皇,而始皇只能以"山鬼固不过知一岁事也"来敷衍了事。④ 加之秦始皇时望气者云:"五

---

① 《三国志》卷五十一《孙敖传》

② 《读史方舆纪要》卷九十二《浙江四》

③ 《史记·秦始皇本纪》

④ 张承宗、李家钊:《秦始皇东巡会稽与江南运河的开凿》,《浙江学刊》1999年第6期,第146页

百年后,金陵有都邑之气。"东南地区人民普遍有一股反秦暴政、眷念故国的心态,时人有"楚虽三户,亡秦必楚"之说。所以《史记·高祖本纪》说:"秦始皇帝常曰'东南有天子气',于是东游以厌之。"在嘉兴,秦始皇不仅"东游以厌之",而且进一步开凿运河,以加强对吴楚地区的控制。元至元《嘉禾志》云:"吴王时此地本名长水,故嘉兴亦名长水。秦始皇东巡,望气者云,五百年后江东有天子气。始皇至,令囚徒十万人,掘汙其地,表以恶名,故改之曰由拳县。"因此,秦始皇开凿运河和由水路东巡既是中央集权统治的政治宣示,也是为了加强对吴楚地区的控制,加强和巩固秦王朝的中央集权统治。

二、社会经济作用

运河的开凿给农业、手工业和商业等带来了巨大的变化,对社会经济的发展有着强有力的促进作用。运河的开通直接给农业带来了灌溉之利。在浙江,人工开凿的河流水道从来都与农田的引排灌溉联系在一起,从最初的开沟挖渠、火耕水耨、引水灌溉到大规模地开凿运河,直至南北朝时期,运河运输和农田灌溉在功能上并无严格的区别。人们通过运河从事水上运输的同时,也引水灌溉农田。正如《史记·河渠书》所云,春秋战国以来"此渠皆可行舟,有余则用灌浸,百姓飨其利。至于所过,往往引其水益用溉田畴之渠,以万亿计,然莫足数也"。

早期运河两岸的农田,很多成为便于灌溉的塘浦田。塘浦田,就是在平原低地上开凿河流、陂地,筑成"横塘纵浦"、周高中低的稻田。它的建设时常与河道的整治同时进行。春秋战国时这种塘浦田布满杭州湾南北两岸,在越国都城周围就有练塘、石塘、富中大塘、射浦等。越国伐吴时,曾在三江北岸"开渠曰示浦"①,越灭吴后还修筑了东西长达千步的吴塘。这些塘浦田的土地都很肥美。

---

① 《史记·春申君列传》《正义》引《吴俗传》

东汉末年，因中原战乱，随大量人口南迁，龙骨水车也由中原传入江南，成为人们从河流提水灌溉农田的主要工具。《后汉书·宦者列传》载：汉灵帝时"十常侍"擅权，其中的张让，搜刮民财，大修园林、宫殿，派掖庭令毕岚"又作翻车、渴乌，施于桥西，用洒南北郊路，以省百姓洒道之费"。这里的"翻车"就是龙骨水车，"渴乌"就是此车上的提水装置。此车以上下两个链轮和传动链条为主要组件。将此车置于河边，双手摇动辘轳，驱动轮轴旋转，带动木制链条（即龙骨）及其上的刮水板循环运转，不断将水刮入木槽，将水吸上河岸，用来对路面洒水压尘。这当然比人工挑水泼洒路面省事多了。《三国志·魏书·方技传》裴松之注引傅玄《序》记三国时马钧："居京都，城内有地可为园，患无水以灌之，乃作翻车。令童儿转之，而灌水自覆，更入更出，其巧百倍于常。"自张让时过了三十多年，到曹魏时的发明家马钧，在吸水洒路的翻车基础上，经过改进，不仅提高了吸水效率，而且更轻便灵巧，无须壮汉费力手摇，只需儿童轻轻摇动就能不断吸水灌园，其效率是以前翻车的上百倍。后来将手摇辘轳改为脚踏拐木，人抓住木架，踏动拐木，即可将水吸入田内，这比手摇的更为省力，其提水高度在一两米。东汉末年，龙骨水车从中原传入江南，河岸边使用龙骨水车提水灌溉农田的方式在浙江迅速普及，并由人力车逐渐发展为牛车和风车，广泛应用。

河道的开通便利了航行，促进了物资交流与商业繁荣。越国是一个"以船为车，以楫为马"的国家，其经济、军事等都离不开航运。越国的一些生产场所大都傍山近水，其生产原料、产品大都靠内河运输，如练塘是越国炼铜的场所，据《越绝书·越绝外传记地传》记载："练塘者，勾践时采锡山为炭，称炭聚，载从炭渎至练塘，各因事名之，去县五十里。""炭称"，即今上虞西部道墟乡、杜浦乡、肖金乡之间的称山，地傍曹娥江口；"练塘"，在今上虞东关镇西练塘桥村，在鉴湖修建之前，其地位于山阴古水道所经处。"炭渎"，实际上是一条采矿、炼铜的生产航运线。今绍兴城东西施山是越国冶炼场所，今萧山席家、欢潭和绍兴富盛等是越国窑场，无一不通航运。此外，苦竹城（今绍兴西南苦竹村）一带是越国的农业基地之一，有娄宫江可通航运。钱塘江北的百尺渎,"奏江,吴以达粮",是一条粮食航运线。见于史载的两次大规模水上运输粮食,一次是周敬王三十五年(前485),勾践施"贵籴粟槁"之计,假说年荒缺粮,向吴国借稻种万石,水运至越。另一次是周敬王三十六年(前484),"越王粟稔,拣择精粟而蒸还于吴,复还斗斛之数",越国丰收后,以蒸过的稻种加倍水运还吴,即以斗还斛,一斛就十斗。按今以五斗为一斛,十斗为一石,一斗即12斤,一斛即60斤,所以越国水运还给吴国的粮食约600万斤,即3 000吨。如此数量能一次性运完,足见越国当时的船运能力。

越地多山,原始森林中植被茂盛。为了造船和修建宫室,越国有被称为"木客"的专业伐木工队伍(仅会稽城一处就有伐木工3 000人),长年在深山从事采伐。周敬王三十三年(前487),越王勾践接受大夫文种提出的谋略,向吴国进贡珍奇木材,引诱吴王夫差重建、扩建姑苏台,以消耗国力。越国进贡的珍奇木材中有"神木"一双,一棵是有斑纹的梓树,另一棵是梗楠树,各长五丈(近17米)、粗十围,硬朗而挺拔,令匠人精工雕刻成盘龙花纹大柱,抹上丹青,又镶嵌白玉,错彩镂金,金光闪闪,光怪陆离,由越国大夫文种率领,通过船运到吴国。[①] 如此巨木能运至吴国,可见越国高超的航运技术。据传,这批来自会稽的珍奇而粗大的木材,把所有的河道、沟渠塞满,"木渎"因而得名,即今江苏苏州市吴中区木渎镇。战国时期,钱唐地区生产的纺织品已进入成熟期。除丝织物外,葛布已成为这一时期的主要产品。据《吴越春秋·勾践归国外传》云:"乃使国中男女入山采葛,以作黄丝之布。"当时葛布纺织工艺精细,已达到"弱于罗兮轻霏霏"的程度。越王勾践为讨取吴王夫差的欢心,"使女工织细布献之",其中一次就向吴王进贡10万匹之多。

促使钱唐港水运活动进一步开拓的原因,是商贩活动的始兴。勾践复国后,制定了一套加快经济发展步伐的政策,采取了"省赋敛,劝农桑,奖生育,招人才"的富国强兵、息境养民措施,改革内政,"舍其愆令,轻其征赋","裕其众庶",使得"其民殷众,以多甲兵";

---

① 《绍兴航运简史》

对外优礼人才,"四方之士来者,必庙礼之",取得了"田野开辟,府仓实"的巨大成就。同时,商业活动也随之活跃起来。越国在全国实行了"平粜"法,以平衡谷价,蓄积"食钱布帛",发展贸易。特别是越国大夫计然(一说是范蠡)提出预做储备以待贫乏的贸易原则,鼓励经由水运从事商贩活动的商人,来往于浙江两岸,沟通了浙江南北物货交流。战国时期,越地的水运商贩活动远及太湖、长江及中原地区。经过春秋战国时期的发展,钱唐终于成为一个以水运为中心的县级城市。

秦至南朝时期,浙江的航运以浙北平原和宁绍平原最为发达。曾经实地考察过浙江的汉朝史学家司马迁说过:"于吴,则通渠三江、五湖……此渠皆可行舟。"① 航运是这里主要的交通运输方式。无论是官运还是民运,各地所出粮、盐、铜、铁、瓷器、竹木、鱼类、蔬果等,大都利用水道运输。

汉朝前期,浙江境域的杭嘉湖、宁绍等地区为吴王的领地,"内铸消铜以为钱,东煮海水以为盐,上取江陵木以为船,一船之载当中固数十辆车,国富民众"②。铜,出于铜山。铜山,据说就是安吉、德清、湖州之间的铜岘山。盐,出于今海宁县盐官镇。《水经·沔水注》:"谷水又东南迳盐官县故城南……吴王刘濞煮海为盐于此县也。"前者有苕溪,后者有谷水。其所出铜、盐由舟船进行运输。秦汉以来,浙江的海盐一直是制盐业的中心之一,销售之地广布荆、扬二州。

六朝时期,江浙一带,尤其是太湖流域和钱唐江以东的宁绍平原一带,成了蹙居东南的小朝廷的财赋之所出。孙策说:"中国方乱,夫以吴越之众,三江之固,足以观成败。"南齐的萧子良也说:"三吴奥区,地惟河辅,百度所资,罕不自出。"孙吴开凿破岗渎(西起江苏句容东南,东至丹阳延陵西),南朝梁开上容渎(在今江苏句容东北),其目的都是"通吴会诸郡",把财赋漕运建康。其时,运道两旁建立了许多粮仓。据《隋书·食货志》记载:"晋迁江东,其仓:京都

---

① 《史记·河渠书》
② 《史记》卷五十八《淮南衡山列传》

有龙首仓,即石头津仓也。台城内仓,南塘仓,常平仓,东、西大仓、东宫仓,所贮总不过五十余万。在外有豫章仓、钓矶仓、钱唐仓,并是大贮备之处。自余州、郡、台、传,亦各有仓。"东晋永和(345—356)年间,王羲之为会稽内史时,东土饥荒,羲之辄开仓赈贷。太和(366—371)中,会稽"六月大旱灾,火烧数千家,延及山阴仓米数百万斛,炎烟蔽天,不可扑灭"。《晋书》卷七十八《陶回传》记载:"(陶回)为吴兴太守,时人饥谷贵,三吴尤甚。诏欲听相鬻卖,以拯一时之急。陶回上书,言不如开仓廪以赈之,不待圣诏回复,辄便开仓及割府郡军资数万斛米以救乏绝,由是一境获全,既而下诏并敕会稽、吴郡,依(陶)回赈恤……赖蕴全者十七八焉。"这些郡县仓廪全傍江河,而且动辄数万斛,甚至数百万斛,其水上粮食运输之繁忙,由此可见一斑。

民间贸易往来也往往浮江涉河,操船往返。那些士族大地主不仅占有大量土地,同时也拥有大量船只。葛洪《抱朴子》说他们是"商贩千艘"。贩运的货物以粮食为大宗。例如,三国钱唐人全琮,仅一次,即"赍米数千斛到吴,有所市易。琮至,皆散用,空船而还"[1]。南朝齐永明六年(488),"吴兴无秋,会稽丰登,商旅往来,倍多常岁",仅西陵牛埭税,"官格日三千五百"。[2] 当时的西陵戍主杜元懿因此建议倍增税收。按他的估算,则西陵并浦阳南北津、柳浦四埭,一年可增收400万许。这个建议虽然最终被否定了,但它却生动地反映出浙东、浙西之间粮食贩运数量的可观。

除粮食以外,浙江的越窑青瓷也是航运的大宗货物之一。根据考古发掘,当时越窑的窑址除少量分布在宁波、绍兴外,大都分布在上虞县境,而且主要集中在曹娥江中游两岸。其销售地区,根据成品瓷器的出土地点,东汉时主要在浙江东北部,即越窑窑址的分布地区;三国以后,销售范围日益扩大,不仅销往浙江东北部各地,还销往苏南地区的苏州、吴县、宜兴、镇江、丹徒、丹阳、金坛、句容、溧

---

[1] 《三国志·吴书·全琮传》
[2] 《南齐书》卷四六

水、南京和安徽的马鞍山等地,甚至远达辽宁的辽阳。这些地方亦大都在江河两岸,有航运之便。有的学者还将曹娥江中游一带交通便利列为越窑青瓷发展的原因之一,这是很有道理的。

航运的发展也给人们的旅行带来了方便。人们外出旅行也往往以舟代步。《世语新说·任诞》中有这样一则故事:"(东晋)王子猷居山阴,夜大雪,眠觉,开室命酌酒,四望皎然。因起彷徨。咏左思《招隐》诗,忽忆戴安道。时戴在剡,即便夜乘小船就之,经宿方至,造门不前而返。人问其故,王曰:'吾本乘兴而行,尽兴而归,何必见戴?'"一时被传为美谈。由此可见,当时从浙东运河上航行,由山阴到剡县,乃是很平常的事。浙东运河西段(今绍兴至萧山)更是客商往来的航道。

由浙北平原前往金衢盆地、瓯江流域,人们也往往泛舟以行。南朝宋永初三年(422),谢灵运出任永嘉太守,由会稽郡永兴县西陵(今萧山区西兴)出发,乘船走钱唐江、富春江,在今建德梅城镇折向西南至东阳郡长山县(今金华市婺城),然后陆行至青田溪(今大溪),再乘船走青田溪、永嘉江(今瓯江)至永嘉郡。沿途写下了《初往新安至桐庐口》等诗篇,其中有"不有千里棹,孰申百代意"之句,意思是说,如果不乘船远往,哪能体会古代远游之意。由此可见,这条水路并非始于南朝,而是早已有之。

交通是城市发展的重要因素。由于运河航运的发展,在运河沿线逐渐涌现了一批繁荣的聚落、市镇,乃至城市。其中,浙西运河沿线,春秋战国时有檇李、御儿、陉、避寒等,秦代有由拳、余杭、乌程等;浙东运河沿线有山阴、上虞、余姚、东阳、句章等。《隋书·地理志》称赞的"吴郡、会稽、余杭、东阳……川泽沃衍,有海陆之饶,珍异所聚,故商贾并凑",正是当时经济繁荣状况的真实写照。

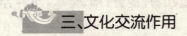

三、文化交流作用

运河的开凿加强了信息的传递和文化的交流。百尺渎开通后,由钱唐江循百尺渎北上,经崇德可以到达吴国国都,直接沟通了吴越两国水上交通,通过吴国的"故水道",可以"入大港,奏广陵",到达今扬州,大大促进了文化交流,推动了社会文明和发展。

《越绝书》载:"吴越二邦,同气共俗,地户之位,非吴则越。"《吕氏春秋·知化篇》曰:"吴之与越也,接土邻境,壤交通属,习俗同,言语通,我得其地能处之,得其民能使之,越于我亦然。"吴越两国十分接近的语言、习俗、生产、生活方式,其形成的主要原因之一,便是共同拥有"三江五湖之利"的交通之便。

春秋战国时期,随着私学的兴起,形成了诸子百家百花齐放、百家争鸣的局面,各派的政治主张,通过"士"的游说进行传播与较量。同时,随着奴隶主贵族制度的崩坏,作为贵族底层又受过一定教育的"士",因失去依附而周游天下。他们"上说下教","上说"即投靠统治者做官食禄,谋求政治上的出路;"下教"就是招徕门徒,收些"束脩"谋生,并扩大影响。在浙江,不仅文种、范蠡、计倪、逢同和伍子胥等"士"活跃在吴越两国之间,而且全国各地的"士"也都纷纷游历浙江。无疑,河道的开通,航运的增多与逐步完善,极大地便利了他们的活动,对各种学说的流传与发展起到了促进作用。

今本《竹书纪年》载:"周成王二十四年,于越来宾。"这说明早在公元前1 000多年,越国就派使者至远在今陕西的周王朝。此"来宾"应为从会稽山乘舟过山会平原经钱塘江走水路的。春秋时齐国名相管仲曾来到越国,他所目睹的越地:"水重浊而洎,故其民愚疾而垢。"①也正是古水道的存在,才使这位齐国名相能来到越国,开始两国间的文化交流。

春秋末年,鲁人孔丘创立的儒家学派迅速传播全国各地。孔子的一些学生纷纷来到江南,传播孔子的思想。其中子贡(即端木赐)曾作为鲁国的使者出使吴越,他"结驷连骑,束帛之币,以聘享诸侯,所至,国君无不分庭与之抗礼"②。澹台灭明,字子羽,受业孔门后

---

① 《管子》卷三九《水地》
② 《吴郡志·人物》

"退而修行",长期隐居在运河旁的陵道湖,授徒讲学,弟子达三百多人。道家学说是楚人老子所创,在当时有相当大的影响力。范蠡穿江越湖,把它带到了越国,还曾和越王详细讨论了"道"的问题。墨家学派由鲁人墨翟所创。墨翟在鲁时,曾派自己的弟子南游于越。越王听了,愿意用优厚的礼物与"封五百里"的赏赐,招墨子去越。虽然墨子因故未去,但墨家的学说在江南的影响还是扩大了。

由于运河的开凿和交通的便利,越国的青铜冶铸、陶瓷、建筑等都对楚国等产生过较大影响。《越绝书》卷十一记载楚王"于是乃令风胡子之吴,见欧冶子、干将,使之作铁剑"。其他如吴的天文学,越的音乐、歌舞等文化科技的交流与传播,也都因运河的开拓、整修而加速了。吴歌,也叫吴歈、吴吟,声调委婉、细腻,为各国所吸收。有人考证,它最早起源于航行的船上。越国的音乐、歌舞也影响了各国。春秋战国时期,越国从贵族到平民,皆能即兴吟唱,出口成歌。越王勾践夫人痛别国土,"顾乌鹊啄江渚之虾,飞去复来,因哭而歌之"①。采葛妇"伤越王用心,乃作苦何之歌"②。越王勾践伐吴胜利后,"置酒文台,群臣为乐,乃命乐作伐吴之曲"③。汉刘向《说苑·善说》载:"鄂君子晳之泛舟于新波之中也,乘青翰之舟……越人拥楫而歌……鄂君子晳曰:'吾不知越歌,子试为我楚说之。'于是乃召越译,乃楚说曰:'今夕何夕兮,搴中洲流。今夕何夕兮,得与王子同舟。蒙羞被好兮,不訾诟耻。心几顽而不绝兮,得知王子。山有木兮木有枝,心说君兮君不知!'于是鄂君子晳乃揄袂,行而拥之,举绣被而覆之。"

一些娱乐活动也与运河及航行关系密切。自古流行于江南的龙舟竞渡,其发端存有三种说法:一种说法是由于越王勾践的提倡。陈元靓在《岁时广记》中说:"竞渡起于越王勾践,盖断发文身之俗,习水而好战者也。"是说勾践倡导习于水战的人进行比赛而演化成

---

① 《吴越春秋》卷七《勾践入臣外传》
② 郭茂倩《乐府诗集》卷八三《杂曲歌辞一·采葛妇歌·序》
③ 《吴越春秋》卷十《勾践伐吴外传》

此戏。另一种说法是为了纪念伍子胥。伍子胥被吴王冤杀后,尸体被抛入钱唐江中,在水中依波往来,随流浮沉,被奉为"江神"。人们为了纪念他而开展了龙舟竞渡。还有一种说法是纪念爱国诗人屈原。屈原投汨罗江自杀后,人们十分哀伤,为挽救他的性命"故并命舟楫以拯之",后相沿成习,发展成为龙舟比赛。拔河,原来也是水中之戏。传说,春秋时期,楚国为了攻打吴国,加强水战训练,用两船相钩,比劲角力,以被钩走者作败,后转向陆地,演变成用绳子或长木为媒介的角力游戏。

第二章
唐及五代运河航运的发展
（581—960年）

唐及五代时期,大运河浙江段的航运获得了较大的发展,不仅持续拓浚、整治了自京口(今江苏镇江)至余杭(今杭州)的运河水道,使之成为浙西运河的主航道,并以此为主干构建起纵横交错的浙西运河网,而且治理了浙东运河,形成贯穿全省的水运大动脉,将杭、嘉、湖、绍、宁等城市与洛阳、长安及北通涿郡的水路交通连接起来。造船业和漕运以及民运、商运和行旅往来的航运业也都有了较大的发展,为浙江境内的内河航运向中原腹地伸展奠定了基础,对浙江经济社会的发展以及相对位于中原的封建王朝和在全国的经济地位的提升,尤其是在五代时期独立支撑吴越国近百年之久,起到了至关重要的作用。

第一节

水道浚治

一、隋"敕穿江南河"存疑

隋开皇元年（581）隋朝立国。为了巩固和加强关中地区与全国经济上的联系，对运河水道进行了系统的、大规模的开凿与治理。开皇四年（584），隋文帝主持开凿广通渠，"命宇文恺率水工凿渠，引渭水，自大兴城东至潼关三百余里，名曰广通渠。转运通利，关内赖之"①。开皇七年（587），隋文帝主持开凿山阳渎，"夏四月庚戌，于扬州开山阳渎，以通运漕"②。大业元年（605）三月，隋炀帝主持开凿通济渠，"辛亥，发河南诸郡男女百余万，开通济渠，自西苑引谷、洛水达于河，自板渚引河通于淮"③。同时，隋炀帝"又发淮南民十余万开邗沟，自山阳至扬子入江。渠广四十步，渠旁皆筑御道，树以

① 《隋书》卷二十四《食货志》
② 《北史》卷十一《隋本纪上》
③ 《隋书》卷三《帝纪第三·炀帝上》

柳;自长安至江都,置离宫四十余所"①。大业四年(608),隋炀帝又主持开凿永济渠,"四年,又发河北诸郡百余万众开永济渠,引沁水南达于河,北通涿郡。自是以丁男不供,始以妇人从役"②。通济渠、永济渠的开通和邗沟的拓宽、加深,形成全长 1 600 多里的运河水道,"渠宽四十步",按古制一步约合 1.5 米计算,即 60 米宽,使运河北端贯通到了涿郡(今北京),南端直抵长江,接连江南,"公家漕运,私行商旅,舳舻相继"③。

多年来,人们似乎众口一词,隋大业六年(610),隋炀帝又主持开凿了江南河,即隋炀帝"敕穿江南河,自京口(今江苏镇江)至余杭(今杭州),八百余里,广十余丈,使可通龙舟,并置驿宫、草顿,欲东巡会稽"④。这个源于《资治通鉴》的独家记载,一千多年来几乎被所有的史书、专著以及学术论文等引用。

然而,自元代以来,不少专家学者都对此提出了疑义,认为隋大业六年"敕穿江南河"存疑。"至隋大业中,炀帝幸江都欲遂东游吴会,始自京江开河至于杭。此说不然,京口有渠,肇自始皇,非始于隋也。盖六朝漕输繇京口泛江以达金陵,则有风涛之险,故开云阳之渎以达句容。而京口固未尝无漕渠也。"⑤清代曾任河南提学参议的张九徵等人在编撰乾隆《镇江府志》的"漕渠"条时,不仅引用了上述这番话,还引用了宋代诗人顾时大的诗《题丹徒漕渠》:"两冈相望山壁立,地形脊高势回潏。练湖寸板虽得尺,废亭泄去如尾闾。自从秦凿兴赭徒,大业广此事邀娱。岁久不治成症瘕,下视一线皆泥涂。"并表明"观此则渠始于秦明矣"。

据浙江大学地球科学系终身教授、著名历史地理学家陈桥驿考证,自《资治通鉴》刊行后,所有关于隋"敕穿江南河"的记载均源于此。而在此前,不仅《北史》、《隋书》、新旧《唐书》等官修史书没有

① 《资治通鉴》卷一八〇《隋纪四》
② 《隋书》卷二十四《食货志》
③ 《元和郡县志》卷五《河南道》
④ 《资治通鉴》卷一八一《隋纪五》
⑤ 《吴中水利全书》卷二十《镇江漕渠说》

关于隋代开浚江南河的任何记载,而且在《资治通鉴》以前的所有正史、野史以及地方志,甚至文人笔记中都未提及。① 另外,唐宋时期,有关描述与评说隋炀帝开凿大运河的诗词至少在数百首(篇)以上,比较著名的有白居易的《隋堤柳》、李益的《汴河曲》、杜牧的《汴河怀古》、汪遵的《汴河》、张祜的《隋堤怀古》、许浑的《汴河亭》、罗隐的《汴河》、胡曾的《汴水》、皮日休的《汴河铭》,还有北宋时石介的《汴渠》、梅尧臣的《汴渠》、黄庶的《汴河》、郑獬的《汴河曲》等,这么多的唐宋诗词,几乎都集中在隋炀帝开凿通济渠,即汴水,居然无一首诗词说到"敕穿江南河"。唐宋时期,还有三篇传奇,即《炀帝开河记》《隋炀帝海山记》《炀帝迷楼记》,各提炀帝一事,互不重复又各有关联,同样也无一字提到隋炀帝开凿或"敕穿江南河"。按照"论从史出"和"孤证不立"的这个史学最基本的原则,《资治通鉴》关于隋"敕穿江南河"的独家记载确实存疑。

大运河是个规模浩大的世纪工程,隋炀帝几乎举全国之力主持开凿,不可能轻率地随意为之,所开凿的通济渠与邗沟工程规模相同,即"渠广四十步,渠旁皆筑御道,树以柳"。按古制,一步约合 1.5米,即 60 米宽。大业四年(608),隋炀帝"诏发河北诸郡男女百余万开永济渠,引沁水南达于河,北通涿郡"②。据《元和郡县志》载:"永济渠在县西郭内,阔一百七十尺,深二丈四尺,南自汲郡引清、淇二水东北入白沟,穿此县入临清……隋氏修之,因名永济。"③"阔一百七十尺",以北周大尺(约合今 29.6 厘米)计,相当于今 50 米;以隋小尺(约合今 24.6 厘米)计,相当于今 42 米,因此,有关专家估计河身宽约 50 米,也就是说,永济渠和通济渠、邗沟的规模都相差无几,能通龙舟。大业七年(611),隋炀帝发兵进攻高丽时,于"二月乙亥,帝自江都行幸涿郡,御龙舟,度(渡)河入永济渠"并"发江淮以南民夫及船运黎阳及洛口诸仓米至涿郡,舳舻相次千余里,载兵甲及攻

---

① 陈桥驿:《中国运河开发史》,北京:中华书局,2008 年
② 《隋书》卷三《帝纪第三·炀帝上》
③ 《元和郡县志·永济县下》

取之具,往还在道常数十万人"①,可见其通航能力,委实可观。

然而,到了江南河,其工程规模和标准则有着明显的差异。"敕穿江南河,自京口至余杭八百余里,广十余丈,使可通龙舟,并置驿宫、草顿,欲东巡会稽。"如果按约29.6厘米的北周大尺计约29.6米宽,按约24.6厘米的隋小尺计仅24.6米宽。所以,有关专家估计河身宽最多约30米。在水土地理条件都相对优越的江南地区拓浚运河,反而如此降低工程规模和标准,显然有悖常理。因此,江南河与永济渠、通济渠、邗沟同为在大业年间由隋炀帝主持开凿或"敕穿",仅从工程的规模和标准而言便明显存疑。

据记载,隋炀帝的龙舟,"龙舟四重,高四十五尺,长二百尺。上重有正殿、内殿、东西朝堂,中二重有百二十房,皆饰以金玉,下重内侍处之"②。如此龙舟,在"广十余丈"的江南河是难以航行的。如果江南河确是由隋炀帝所"敕穿",那也违背了他"可使通龙舟"的初衷。

大运河从南到北,水位落差很大。为此,先民们在开凿运河的同时往往修筑堰埭,壅水助运。春秋时期,吴王夫差开凿邗沟,针对长江和淮河水位的高差不同,在邗沟北端入淮处修筑北神堰。秦代开凿陵水道时修筑马塘堰。"马塘堰,《图经》云:秦始皇三十七年东巡至此,改长水乡为由拳乡,遏水为堰。"③汉武帝时开通苏州至嘉兴之间的运渠时设置杉青堰。

纵观江南河沿线,堰埭不少,有建于秦汉时期的马塘堰、杉青堰等,更多的是建于唐代的京口埭、庱亭埭、望亭堰、奔牛堰、长安堰等。在支流塘浦上的堰埭就更多了,现嘉兴境内的杨家埭、钱家埭、张家埭、栖桵埭、余贤埭等,相传都是秦汉及六朝设堰建埭而留传下来成为地名的。

唐及五代还在江南河上建有斗门,即单闸,也就是在陡坡急流

---

① 《资治通鉴》卷一八一《隋纪三》
② 《资治通鉴》卷一八〇《隋纪四》
③ 元丰《九域志》卷五"秀州"条

处开挖泄流的明渠,衬砌成水槽,设置闸门,用以控制水流和航行,其中嘉兴斗门位于今嘉兴秀洲区新塍镇陡门自然村,唐代建有大规模斗门,并配置专职官吏管理。

正是这些堰埭斗门,丰富了江南河的水源,解决了地势造成的水位落差等问题,保证了河道的水流和舟船的通行。然而,这么多的堰埭斗门要么建于秦汉时期,要么建于唐及五代,唯独没有隋代时期的。

还值得一提的是,塘路纤道的建设。秦代治陵水道,初创江南河塘路。汉武帝开河百里,建造了苏州塘塘路。到唐代,浙西运河塘路开始全线连通。同样,隋代的塘路建设也是个空白。这也再次表明,隋大业六年"敕穿江南河"存疑。

另外,运河作为当时的交通大动脉,其起讫点必然是两个中心城市。如大业元年(605)开凿的通济渠,自洛阳城西的西苑,引谷、洛二水,东循阳渠故道注入黄河,利用黄河故道引水入汴渠,从大梁(今开封)注入淮水,同时开邗沟,自山阳至扬子江,直抵江都(今扬州),黄河"开通济渠,自西苑引谷、洛水达于河,自板渚引河通于淮"①。"又发淮南民十余万开邗沟,自山阳至扬子入江……自长安至江都,置离宫四十余所。"②因此,其起讫点分别是长安和江都。同样,大业四年(608)开凿的永济渠,"引沁水南达于河,北通涿郡"。其起讫点分别是长安和涿郡(今北京)。隋代的杭州虽然在六朝末期的陈代(557—589)设置了以钱唐县为郡治的钱唐郡,城市建设也稍具规模,但其地位北不及苏州,南不及越州(今绍兴),甚至不及湖州,没有理由,也不会成为交通大动脉的起讫点。唐代刺史李泌开六井,白居易引西湖水入城,解决了水源问题,才大大促进了钱塘的发展,经过五代时吴越国的经营,才"江南列郡,余杭为大"。因此,将余杭作为中心城市列为江南运河的起讫点,应该是五代至宋以后的事,所以即便是隋"敕穿江南河",也不会说是"自京口至余杭"。

---

① 《隋书》卷三《帝纪第三·炀帝上》
② 《资治通鉴》卷一八〇《隋纪四》

这进一步说明隋大业六年"敕穿江南河"存疑。

二、浙西运河的拓浚与整治

隋朝灭亡,唐朝继起。以洛阳为中心,北通涿郡、西连长安、南至江都(今扬州)的运河网对经济社会发展的作用已经开始显现。所以,唐代,尤其是在五代时期的吴越国,不遗余力地对浙西运河进行疏浚、修整、补缀和扩充。

整治浙西运河

秦汉时期,虽然浙西的河道全线贯通,初具轮廓,但河道阔狭不一,水位有高有低,按其所经地形和水文条件,大致可分为两段:南段由钱塘江经上塘河至今嘉兴,地势高亢,并由西南向东北倾斜,其水源主要来自钱塘江,水源常患不足。北段自今嘉兴至望亭,地夷而流急,其中王江泾至平望、八坼间地势最低,原为太湖泻水口段,每逢汛期大水行洪,流急浪高,舟船常覆溺。因此,通航条件和能力都十分有限,想要完全畅达地从长江运输货物至浙江,还不能轻易做到。隋大业年间,通济渠、邗沟和永济渠先后开通,与之相连接的浙西运河一方面真正开始被纳入大运河体系,成为大运河浙江段之一,另一方面难以配套和畅通的状况更加凸显。当时的浙西运河即便达到"敕穿"要求的"广十余丈",按北周大尺(约合今 29.6 厘米)计约 29.6 米,以隋小尺(约合今 24.6 厘米)计约 24.6 米,也难以与"渠广四十步"(按古制,一步约合 1.5 米)即 60 米宽的通济渠和邗沟相配套,况且还有水源不足等一系列问题。加上江南经济社会发展的需要,"赋取所资,漕挽所出,军国大计,仰于江淮"[①],所以入唐后,为确保浙西运河航运畅通的拓浚和整治随即展开并且持续不

① 《唐诗纪事》卷五八

断。据元《无锡志》记载,无锡"大市桥,一名通济桥,跨运河,隋大业八年二月建"。"南市桥,在中市桥南,跨运河,唐武德中凿运河时建。"①说明隋代无锡便已通运河,唐初武德年间(618—626)就对运河进行了开凿与疏浚。所以,元《无锡志》尽管采纳了"运河……胜七百石舟。《大业杂记》云:隋大业六年十二月敕开江南河……"的传统说法,但也明确记载:"自唐武德以后至今累浚,为东南之水驿。"②

入唐后,浙西运河在开凿与疏浚的同时,还采取了不少工程措施。浙西运河南段最初是秦始皇发戍卒开凿的陵水道,由今嘉兴经长水塘通过马塘堰入上塘河自东北向西南直抵今杭州宝石山。宝石山与吴山为南北突入海中的两岬角,其间即为后来成为西湖的浅海湾。水道利用浅海湾,沿岸向西绕行,转过吴山岬角后再折南而至凤凰山下的柳浦,通浙江与会稽西陵③,其水源来自浅水湾,即西湖。唐初,上塘河在钱塘(今杭州)疏凿了一条新的水道,改走从宝石山东径至吴山东的南北向直线近道,加速了西湖的形成。但随着附近农业经济的迅速发展,大规模围湖造田,上塘河水源严重匮乏。为此,天授三年(692)不得不开辟东苕溪水道,即循东苕溪北入湖州,再循获塘东入浙西运河为主干道。长庆年间(821—824),白居易重修六井,浚治西湖,"修筑湖堤,高加数尺,水亦随加"④,引西湖水入上塘河,浙西运河干道从径流量不稳又无稳固河道的东苕溪移回上塘河。但浙西运河已经开始呈现河网化的趋势。

上塘河由于地势高亢,早在春秋战国时期便已开凿崇长港,即由今海宁长安至今桐乡崇福的河道。相传,崇长港始于东周敬王三十八年(前482),系越王勾践所开,古称越水道,亦称长安塘河⑤,但由于地势落差,水流湍急,舟船难以航行,这种状况一直延续到唐

---

① 《无锡志》卷一《津梁》
② 《无锡志》卷二《总水二》
③ 陈桥驿:《论历史时期浦阳江下游的河道变迁》,《历史地理》创刊号
④ 白居易:《钱塘湖石记》,载《全唐文》卷六七六
⑤ 《嘉兴市志》

代。唐贞观年间(627—649),上塘河上开始设立长安堰。据宋咸淳《临安志》称,长安堰"在县西北二十五里","相传始于唐";据今人阙维民《长安闸的历史变迁》考证,长安堰始建于贞观年间。长安堰通过壅高水位,平抑水流,让舟船翻堰通航,不仅崇长港从此舟船畅行,而且形成了经石门至嘉兴的通畅航道,替代原上塘河通过马塘堰至长水塘的陵水道,成为浙西运河的主干道,通航条件和能力大大提高。崇长港的通畅又与天目苕溪贯通,来水以巨大的落差惯性乘势而下,水势峻急,人称"悬河"。所以,明代文学家李日华说:"唐以前,自杭至嘉皆悬流,其南侧水草沮洳,以达于海,故水则设闸以启闭,陆则设栈以通行。"[①]于是,浙西运河便在石门和嘉兴拐了两个大弯,形成著名的石门玉湾和嘉兴三塔塘,像今天的盘山公路一样用以缓解坡度落差,平抑水流,保障舟船安全航行。在此前,嘉兴已建有另一座用以平抑水流的堰埭——杉青堰。在此基础上,又在杉青堰前,用疏浚河道的泥土在河中堆积成岛,分流河水,缓解水势。据清光绪《嘉兴府志》记载,分水墩的水天庵始建于唐神龙二年(706),可见分水墩当形成于唐初。同时,嘉兴三塔塘还建起三座七层砖塔。据《嘉兴市志》载,三塔始建于唐贞观年间。三塔传说是为镇压三塔湾白龙潭中的白龙而建,为舟船护航,实际上是为舟船指引航程的航标,也成为大运河嘉兴段乃至嘉兴的标志性建筑。由此,浙西运河南段主干道全线贯通。

开辟东苕溪航道

秦代开凿的运河主航道之一是自临平以下循上塘河进入杭州,偏居杭嘉湖平原东部,于西部诸县有迥远不便之虑。同时,唐初,上塘河主要水源之一的杭州西湖日渐淤浅,供水不足,航运与灌溉的矛盾日益尖锐,沿河农田"须先量河水浅深,待溉田毕,却还本水尺

---

① 李日华:《紫桃轩杂缀》

寸。往往旱甚,则湖水不充"①,影响航运。为此,唐代开辟东苕溪航道。"天授三年(692),敕钱塘、於潜、余杭、临安四县租税,皆取道于苕溪,公私便之"②,杭嘉湖平原的浙西运河水网有了新的发展。

开成年间(836—840),湖州刺史杨汉公在乌程县(今湖州)北二里苕溪灌注处开塘,于塘中得蒲帆,因名蒲帆塘。另一位湖州刺史崔文亮又在归安县境开凿了吴兴塘、洪城塘、保秫塘、连云塘等,进一步扩展了苕溪的交通水网,从而使秦代起开凿的浙西运河在杭嘉湖平原上开始形成上塘河、东苕溪和由崇福经石门、嘉兴,过平望至吴江的三条主干航道。

整修頔塘

始筑于东晋永和年间(345—356)的荻塘之堤御太湖之水,其河道往来舟楫,并"旁溉田千顷"。因乌程南诸山来水,即东西苕溪之水由荻塘分泄,唐开元十一年(723),乌程县令严谋道主持对荻塘进行疏浚;广德年间(763—764),湖州刺史卢幼平增修。贞元八年(792)于頔任湖州刺史,组织民力对荻塘进行全面整修,"缮完堤防,疏凿畎浍,列树以表道,决水以溉田",也就是把东西苕溪下泄的湍急水流逐渐分流至大大小小的河港之中,与太湖溇港一起形成一张巨大的水网,既减轻了旱涝之灾,又灌溉了浙北地区的数万顷农田,并与运河网之水汇合东流,成为航运通道,民颂其德,遂将荻塘易名頔塘。元和中(806—820),湖州刺史薛戎浚塘百余里;其后,刺史孙储又加增修。由此,钱塘、於潜、余杭、临安等县的舟船即可循东苕溪入湖州,然后再由荻塘而进入浙西运河网北上。由于頔塘具有重要的水利枢纽作用和航运通道功能,其整治与开浚多为官府行为,故地方志书将頔塘称为"官河"。③

---

① 《白氏长庆集》卷六八《钱塘湖石记》
② 《读史方舆纪要》卷八十九《浙江一》
③ 参见同治《湖州府志》、民国《南浔镇志》

开凿支线

长庆年间(821—824),海盐县令李谔在县境内开凿"古泾三百一","以御水旱","广可通舟","并入官河",即今海盐塘。海盐塘又名横塘,水源来自海盐西南境澈浦诸山及上谷秦溪、乌丘塘、招宝塘、白泽河等水的汇流。绕海盐县城,由西门出,分为两支:向东一支流入平湖之东湖,全长 44.7 千米,向北一支过沈荡经横塘流入南湖,全长 54.5 千米。[①] 清《海盐图经》载:"古泾三百一,广可通舟。此则余邑水利之始,而西境田土于今独为上腴……"海盐塘的开凿使浙西运河的支线深入到了产盐重地海盐,盐运功能显著提高。

大和七年(833),时任苏州刺史的刘禹锡主持开浚汉塘河(今平湖塘),引天目苕溪水,经嘉兴达平湖(当时为海盐地),使西来之水北汇吴淞入海,成为浙西运河又一条重要的漕粮盐运道支线。[②]

三、杭州运河的修治

隋大业年间,在浙西运河最南端的余杭(今杭州)开凿了一条新的水道,叫清湖河,其大致路线是从宝石山麓径直穿过西湖以东荒地沙田而直抵吴山东麓。

清湖河的开凿,是由于随着西湖以东地区沙涨成陆,可以用来开发的荒地沙田越来越多,需要开凿水道为耕种土地提供水源。清湖河的开凿使西湖以东的荒地沙田更加受到重视,人们纷纷迁徙过来,在沿清湖河一线出现了许多居民聚落,并逐渐形成规模,使城区规模慢慢扩大,开始了向北、向东发展的趋势。

唐代,本是由海潮涨沙成陆的杭州,由于经常受到潮水的冲击,

---

① 《嘉兴航运志》,第一章,5 页
② 《平湖县志》,大事记,9 页

地方官吏通过开河导水进行治理。

宋璟开沙河

宋璟(663—737),邢州南和(今属河北)人,唐调露元年(679)进士。少好学,工文辞。武则天时,官监察御史、凤阁舍人,反对武则天内宠张易之等人专权,以刚正闻名。睿宗立,以吏部尚书同中书门下三品,革除前弊,选用人才。太平公主将陷太子,宋璟与姚崇奏请公主出居东都,被外贬。开元四年(716),继姚崇为相。在任期间,他主张限制女宠,疏远谄臣,精简刑法,减轻苛政,控制边将妄动干戈。与姚崇同为开元名相,史称"姚宋"。神龙二年(706)至景龙四年(710),宋璟任杭州刺史期间,"始开沙河"①。

隋代以前,清湖河岸尚未开凿,其南仅至三桥址河,北抵武林门与城北水道合,虽是城区内外通航大道,却未见通航之记载。至隋,开凿清湖河,浙西运河方可通达柳浦西的新州城。唐景龙年间(707—710),因"沙方渐涨,地方平坦",城垣外围的通江水道和航道被冲淤填塞,不仅使城内遭受潮患,而且阻塞航道,中断航运。为此,宋璟"始开沙河",疏导、排泄涌入城内的钱塘江潮水。但这次"开沙河",究竟开了几条,已无从可考,具体地点当在潮水出没的吴山脚下。《运河访古》中的《唐宋运河述论》称沙河塘直通钱塘江。

崔彦曾开河筑塘

按照钱塘江潮水从东南向西北冲涌的形势,又依杭州东部海滩不断向东扩展、潮水不断向东退去的规律,在宋璟"始开沙河"150年后的中唐时期,时任杭州刺史的崔彦曾开三沙河,以疏导再次涌入杭州城内的钱塘江潮水。咸淳《临安志》记载:沙河塘"在钱塘县旧

---

① 郎英《七修类稿》卷三《杭地考》引潘洞《浙江论》云:"唐中宗景龙四年(710)沙方渐涨,地方平坦,而州之司马始开沙河。考其时,乃宋璟也。"

县之南五里,潮水冲激钱塘江岸,奔驶入城,势莫能御。咸通二年(861),刺史崔彦曾曾开三沙河以决之,曰外沙、里沙、中沙"。

根据后人考证,外沙河在今建国路以东,相当于贴沙河一段,里沙河即今中河,中沙河即今庆春门,出赭山之前的沙河,相当于中河一段,而羊坝坝头可能就是崔彦曾所筑截海潮倒灌入城之坝。①

白居易治理西湖

白居易(772—846),字乐天,晚年号香山居士。祖籍太原(今属山西)人,后迁居下邽(今陕西渭南)。贞元进士,授秘书省校书郎,曾官江州司马、杭州刺史、苏州刺史、刑部尚书等。唐长庆二年(822),白居易任杭州刺史,先后开挖六井、浚治西湖,引西湖水入运河,沟通了浙西运河与西湖及其杭州城市的联系。

唐时,杭州地近江海,地下水潜相通灌,咸苦无法饮用,而凤凰山东麓柳浦一带濒临钱塘江,乃通往江海的口岸,交通便利,商贾辐辏,居民日众,饮水来源遂成一大难题。大历年间(766—779),杭州刺史李泌在今涌金门、钱塘门间分别开凿6个水口,导西湖水入城,潴而为相国井、西井(亦作化成井)、金牛池、方井(俗称四眼井)、白龟池、小方井(俗称六眼井)。这六井,不是掘地为沟,而是用竹管等引西湖水入井,所以其实是6处贮水池。李泌引湖水入六井,只是基本解决了城中居民的饮水问题。白居易任杭州刺史后,针对浙西运河由西南向东北倾斜的地势,开挖六井,疏浚六井与西湖之间的淤塞。湖水入城,大大缓解了居民的饮水困难。

西湖(当时作钱塘湖)是由海湾而潟湖,从潟湖而成湖泊。在未成湖泊前,其水路与钱塘江和内陆湖河均相连接。东汉,功曹华信筑防海大塘,始与江隔绝,其实为湖口缩小,由下湖通湖外水道。至东晋隆和元年(362),内河与江之间又筑有堰埭,钱塘湖成为杭州内河之水源。到唐代,西湖存在着如下问题:

① 魏嵩山:《杭州城市的兴起及其城区的发展》,《历史地理》1981 年创刊号

一是西湖虽筑有旧堤，但堤太低，且年久失修，天旱时，"湖水不充"，难以灌溉；天大雨，湖水横溢，"缺岸泄之"，难以蓄存。西湖不能蓄积足够的水量以作灌溉航运之用，且易发水患，以致"若霖雨三日已上，即往往堤决"。

二是当时钱塘县官迷信俗语，"决放湖水，不利钱塘县官"。故托词以惑刺史，言放水则"鱼龙无所托"，且言决西湖之水入河，将使西湖水不充，以致"郭内六井无水"，反对以西湖之水灌溉入运。

三是西湖中有无税田约十数顷，"湖浅则田出，湖深则田没"。湖周田户贪此小利，多"盗泄湖水，以利私田"，使西湖的面积严重缩小和蓄水量严重减少。

白居易经实地考察和周密调查，痛斥了散布谣言的地方官。面对"鱼龙无所托"的托词，白居易犀利地责问"鱼龙与生民之命孰急"，充分肯定了"决西湖之水入河"对杭州居民的重要意义，并指出西湖"湖底高，井管低，湖中又有泉数十眼，湖耗则泉涌，虽尽竭湖水，而泉用有余"，故决湖则六井无水的言论"亦妄也"，以坚定群众引湖入河的决心。

于是，白居易主持增筑了拦湖大堤，"始筑堤捍钱塘湖，锺泄其水，溉田千顷"①。这条大堤，大致位于今宝石山东麓向东北延伸至武林门一带，时人称"白公堤"，并非今天的白堤。这项工程由湖堤、涵洞、溢洪堰等组成，根据以往经验，提高湖水 1 寸，可溉田 15 顷，遂将湖堤加高数尺，增加西湖蓄水，保证了六井的水源，又放水入官河（今上塘河），保持水位，从河入田，灌溉了周围的良田，解决了农田灌溉与运河航运的水资源之争。在"缺岸"筑溢洪堰石函（今昭庆寺东）南笕（今涌金门旁），遇雨季湖水暴涨宣泄不及，则开石函南笕辅助排泄。同时，白居易组织人力挖去湖中的葑田，扩大西湖的面积，增加西湖的水量。明令禁止私泄湖水为田，"数令巡检，小有漏泄，罪责所由"。控制西湖的泄水时间，大小诸笕"非浇田时，并须封闭筑塞"，以杜绝盗湖为田现象。

---

① 《新唐书》卷一一九《列传第四四》

湖堤筑成,白居易写了《钱塘湖石记》,说明了筑堤的作用、灌溉的方法,规定灌田完毕后应将官河河水回蓄到原来的水位高程,并加强对西湖石函南筹的管理,防止偷放湖水以利私田。考虑到西湖蓄水量不大,又规定必须与附近的临平湖统一调度运用,当西湖水量不足时,应从临平湖调水入官河,"脱或水不足,即更决临平湖添注官河",以调剂灌田所需水量。

开挖六井,浚治西湖,引西湖水进城、入河,"修筑湖堤,高加数尺,水亦随加……添注官河"[1],若官河干浅,但放湖水添注,可以立通舟船,运河水源得到充分的保证,使西湖、杭州和运河相互沟通,紧密联系,缺一不可。

四、浙东运河的治理

隋唐五代时期,特别是唐代中期以后,随着宁绍地区生产力的发展,浙东运河的地位日显重要,对它的治理也日益加强。

后海塘修筑

浙东运河东西贯穿宁绍平原,几乎与后海岸线平行,因此,修筑后海塘是保持运河水量水位和护卫运河安全的重要保障。唐代兴建的后海海塘主要有界塘、会稽防海塘和镇海后海塘等。

界塘,又称后海塘,位于山阴、萧山两县之间的外海沿岸,始筑于唐垂拱二年(686)。"界塘,在县西四十七里。唐垂拱二年始筑,为堤五十里,阔九尺。与萧山县分界,故曰界塘。"[2]

会稽防海塘,位于曹娥江下游入海口段,因曹娥江俗称东小江,故又名东江塘,地处会稽县,又称会稽塘、称浦塘,最早出现的名称

---

① 《白氏长庆集》卷六八《钱塘湖石记》
② 嘉泰《会稽志》卷一〇《山阴县·堤塘》

叫防海塘或会稽防海塘,始筑于唐初。开元十年(722),会稽县令李俊之增修自上虞江抵山阴百余里之防海塘。"东北四十里有防海塘,自上虞江抵山阴百余里,以畜水溉田,开元十年令李俊之增修。"[1]后在大历十年(775)、大和六年(832)浙东观察使皇甫温和会稽县令李左次又两次增修。[2]

镇海后海塘,既是浙东运河的东端防海塘,又是国内罕见的濒临东海的"城塘合一"古海塘。据考证,镇海后海塘古海塘西起沙头庵,东至招宝山,全长3.6千米,其中城塘合一1.3千米,[3]始筑于唐乾宁四年(897)以前。

越州城运河

六朝以后,会稽郡城在隋代扩建成罗城,到唐代成为越州州城。随着城市规模的扩大,城内运河在六朝基础上又有了新的发展,主要有始建迎恩门、西小路河纳入城内和开凿新河。

迎恩门,位于越州州城西郭,鉴湖西湖堤以北约2千米处,有陆门和水门各一,是州城城西出钱塘江的水陆交通要道口,也是西兴运河连接城内运河的水道节点,由越国公杨素始建于隋开皇(591—604)中,与罗城西城墙同时新建。罗城城垣的建设是鉴湖时期郡城水环境形势下的必然选择。当时,都赐门与常禧门以南,包括南面、西南面和东面大部分城墙都濒临鉴湖,几无拓展余地;而城北环城河以北又紧临河网水域,拓展究竟有限,只有在郡城西面不仅有拓展地域,还可以把卧龙山围入城内,弥补郡城缺西北的缺陷,使城垣防守更加坚固。此外,城墙西扩及延伸后,把原郡城外的西小路河和西兴运河一段纳入城内,与环山河沟通,有利于城内的供排水和交通航运。原环城北河也随之延伸至迎恩门外,与西兴运河及城西

① 《新唐书·地理志》
② 嘉泰《会稽志》卷一〇
③ 《宁波市志》中册,北京:中华书局,1995年,第1 390页

河相互贯通,更有利于城内外的水量调节和航运分流。

新河疏凿

唐代,随着越州的经济繁荣,城内水道在六朝的基础上进一步整治、疏凿和沟通,其中有史料记载的当推唐元和十年(815)疏凿的新河。"新河在府城西北二里,唐元和十年观察使孟简所浚。"①在当时绍兴府城密如蛛网的水道中,嘉泰《会稽志》仅记录了府河、投醪河、运河和新河4条,可见新河在当时越州州城水系中的地位。名为"新河",说明是唐代新挖的河道,也可能是将原有的小河、池塘进行拓宽、挖深、沟通,纳入城区运河水系,所以称"浚"。新河疏凿的主持者孟简(?—824),德州平昌(今山东德平)人,进士入仕,元和九年(814)出任越州观察使,兼御史中丞、浙东观察使,守越期间,对越中水利多有建树。新河是一条由浙东运河派生出去联系北部平原的重要支流,西起于西小路河谢公桥,东至于利济桥接通府河,长约810米,与西兴运河城区段即会稽郡城运河彼此平行,并通过府河和西小路河与郡城运河环连,被纳入全城的运河水系,以利于调节供排水量,减轻了郡城运河的通航压力,也扩大了浙东运河的联系面。

五、改善航道

运河浙江段所流经的浙江地区由于地势差异、水源不足和钱塘江江岸变迁及江潮涨落等问题,时常影响运河的通航通力。为此,从唐到五代时,以设置堰闸、修筑塘路等工程节水济运,不断地对航道进行完善。

---

① 嘉泰《会稽志》卷十

设置堰闸

浙西运河是在原有自然河道和人工渠道的基础上开凿而成的，其地势由西南向东北倾斜，浙西运河在隋代起全面贯通后，成为浙北干河，每到汛期，大水就在运河上行洪，天目苕溪来水水势峻急，人称"悬河"。李日华在《紫桃轩杂缀》中说："唐以前，自杭至嘉皆悬流，其南侧水草沮洳，以达于海，故水则设闸以启闭，陆则设栈以通行。"因此，沿河多闸堰，从嘉兴到杭州的沿岸至少设有杉青堰、石门堰、包角堰、长河堰等诸多堰埭，并且立闸启闭，蓄水灌溉，节水济运。后代堰埭虽废，但沿线的地名，如"石门""陡门"，仍留下历史上的痕迹。①

在唐代所建的诸多堰埭中，最著名的当数位于浙西运河南端的长安堰。长安堰位于今海宁市长安镇，旧又称义亭埭。据咸淳《临安志》称，该堰"相传始于唐"，"在县西北二十五里"。据今人阙维民《长安闸的历史变迁》考证，该闸始建于唐贞观年间（627—649）。

同样，唐代在浙东运河也进行了筑堰、设埭、置斗门、立闸等工程，蓄水灌溉，节水济运，改善航道。唐贞元元年（785），浙东观察使皇甫政凿山阴玉山、朱储二斗门以蓄水，后筑塘，置玉山闸、朱储斗门。大和七年（833）观察使陆亘作新迳斗门。同年，鄞县令王元暐在鄞县鄞江镇南它山旁创建它山堰，堰东筑乌金、积渎、行春三碶，限截鄞江，使江溪分流，起到阻咸、蓄淡、引水、泄洪的作用，不仅使鄞西平原数千顷农田受益，而且引水自南门入宁波城，注蓄在日湖和月湖之中，供居民生活用水，还大大方便了鄞江经奉化江到浙东运河的航运。它山堰全长134.4米，宽4.8米，高约10米，堰面全部用长2~3米、宽0.5~1.4米、厚0.2~0.35米的条石砌筑而成。宋代以来历经修理，现在仍基本完好。咸通年间（860—874），将西陵埭改建成西陵堰，降低了堤坝的高度，便利拖船过坝，并分别设置"西

---

① 明崇祯《嘉兴县志》卷一

陵堰专知官"与"西陵镇遏使"。光启二年(886),将曹娥埭东移迁建为曹娥堰,降低埭坝高程以利航运和溢洪。另外,钱塘江边的西兴堰,萧山以东的凤堰、太末堰,绍兴城东的都泗堰等,都在唐代相继建成。

这些工程对于维护浙东运河,平衡浙东运河水位,改善航道,提高浙东运河的航运能力起了很大的作用。

修筑塘路

浙西运河北段与南段的地势高仰,北段,即从今江苏无锡望亭经苏州吴江平望、王江泾至嘉兴杉青堰段,地势最低,是太湖流域的"锅底",尤其吴江平望、八坼至王江泾间为运河全线最低一段,原为太湖泄水口段。唐初时,浙西运河中段,尤其是苏州平望一带都被太湖水体所占据,运河已无河形,每逢汛期大水行洪,不仅陆路不通,而且水面宽阔、流急浪高,往来船只亦因波涛汹涌常遭覆溺。唐元和五年(810),苏州刺史王仲舒"堤松江为路",筑成了数十里今浙西运河的西堤,称为吴江塘路。"(唐元和)五年(810),刺史王仲舒,堤松江为路,时松陵镇南北西皆水乡,抵郡无路,至是始通。今吴江县城北三里桥,北行至长洲县界七里桥,曰古塘;自观澜铺至澈浦十里,曰石塘;自澈浦至平望三十里,曰官塘;自平望南行秀水县王江泾,曰土塘、荻塘。"[1]王仲舒沿运河西岸修筑的数十里长的吴江塘路,有效地解除了挽纤、驿运和航运的波涛风险,也使今苏州至嘉兴间的运河基本定型。[2]

同样,在浙东运河上,唐元和九年(814),越州观察使孟简在开凿新河的同时,沿河修筑运道塘。《新唐书·地理志》载:"(山阴)北五里有新河,西北十里有运道塘,皆元和十年(815)观察使孟简开。""运道塘"在今绍兴至钱清间运河沿岸,是一条由条石铺砌而成的石

---

① 《行水金鉴》卷一五四
② 《新唐书·王仲舒传》

路。遇支流，则用多孔引桥式建筑，横跨支流之上，下可通水，上可拉纤行走，所以当地习惯称它为"纤路"。如果说"新河"的开凿扩大了浙东运河的联系面，则"运道塘"的修建为船只的避风停泊和拉纤运行则提供了很大方便。这条"纤路"自建成以后，历代都有修治。现在傍依在浙东运河之侧的纤路是明清时代修筑的。

六、完善水网

唐朝灭亡以后，中国进入了持续半个多世纪的分裂割据时期，史称"五代十国"。五代时期，藩镇割据，社会动荡，但浙江则在吴越国钱氏的统治下，大兴水利，开塘浚浦，治水营田，使大运河浙江段得到了持久的大规模维护，更有新的水运网络不断地形成并完善。

遏海潮入河

钱塘江北接杭州城，东南入海，每遇江潮暴涨，冲涌而上的潮水常常奔逸入城，淹没民居，冲毁良田。入唐后，钱江潮患更加频繁，虽历任官员多有整治，仍不可免除。到五代时期，钱塘江的河口江道变迁，北岸受潮水的冲击越发严重，沿江堤岸常被冲毁，以致民无所依、船无所航，并曾经出现"海飓大作，怒涛掀簸，堤岸冲啮殆尽。自秦望山东南十八堡，数千万亩田地，悉成江面，民不堪命"[①]的大灾大患。

吴越天宝三年(910)，吴越王钱镠发动二十余万军民修筑钱塘江塘。由于潮水湍急，原来故有的版筑法不能成功，于是改用"石囤木桩法"筑塘。"以大竹破之为笼，长数十丈，中实巨石，取罗山大木长数丈，植之，横于塘，依匠人为防之制，又以木立于水际，去岸二九尺，立九木，作六重，象《易》'未济'卦。由是潮不能攻，沙土渐积，岸

---

① 《钱氏家乘》卷八《武肃王筑塘疏》

益固也。"①钱镠采用这个方法,终于筑成了从六和塔至艮山门的堤塘,长达33.8593万丈,史称"钱氏捍海塘"。

同时,钱镠还在茅山河入钱塘江口处修筑了龙山、浙江二闸,以随时控制涨落的海潮,防止海潮倒灌、泥沙入河。根据《西湖游览志馀》记载:"五代以前,江潮直入运河,无复避捍。钱氏有国,乃置龙山、浙江两闸,启闭以时,故泥沙不入。"②

钱氏捍海塘和龙山、浙江二闸的修筑,使杭州免于钱塘江水患的侵袭,不仅有效地保护了近郊人民的人身安全,还稳定了钱塘江航道,进而维护了杭州城内运河乃至浙西运河的正常运作。

构建河网体系

唐代浙西运河全线畅通后,在五代吴越国时期又得到了进一步的完善和发展,不仅通航条件全面完善,而且结合水土开发,治水营田,构建起纵横交错、四通八达的河网体系。

江南较大规模的水土开发始于春秋末期,吴国在固城湖区围田,越国在东江水系地区围田。战国末,黄歇在无锡创置上下二屯,组织军士开凿港浦通长江,联运河。汉代,围田已遍及江南。三国时,各国都花大力气发展军屯、民屯。东汉献帝建安九年(204),割据江东的孙权命幕府令史陆逊出为海昌屯田都尉,并领县事,率部曲两千余人,依托人工河道——百尺渎,在海盐县(今海宁市斜桥镇路仲村)屯田,并凭借百尺渎的水利之便,成绩斐然。入唐后,尤其是中唐以后,对藩镇割据的北方失去控制,更加注重南方的经济开发,在江南地区创置了三大屯田区。据唐代李翰《苏州嘉兴屯田纪绩颂》记载,三大屯田区中以嘉兴屯区的规模最大,分设27屯,自太湖之滨到东南沿海,"广轮曲折千有余里",环绕整个太湖的广大湖海原野,通过浚治塘浦、修筑堤岸,构建河渠纵横、圩田棋布的塘浦

---

① 《十国春秋》卷七八
② 《西湖游览志馀》卷一

圩田系统。

吴越钱氏立国后,围绕着进一步发展塘浦圩田系统及其屯田,大规模地拓凿与浚治河道。钱镠不仅设立开江营和都水使者专业拓浚港浦,还组织撩浅军专职进行河道疏浚,"钱氏有国时,创开江营,置都水使者,以主水带。募卒为都,号曰撩浅。宋人因之,有卒千人,为两指挥,第一在常熟,第二在昆山,专职修浚"①,而且在屯田区内设有营田军。"曩时两浙未归朝廷,苏州有营田军四都,共七八千人,专为田事,导河筑堤,以减水患。"②就连军队的主力八都兵和勇武都等也都时常承担河道的拓浚等施工。为此,还曾引发了武勇都将领徐绾的叛乱。吴越国拓凿与浚治的河道,仅《宋史·毛渐传》即记载了4个水道系统:"案钱氏有国时故事,起长安堰至盐官,彻清水浦入于海;开无锡莲蓉河,武进庙堂港,常熟疏泾、梅里(李)入大江;又开昆山七耳、茜泾、下张诸浦,东北道吴江;开大盈、顾汇、柘湖,下金山小官浦以入海,自是水不为患。"

令人瞩目的是,钱镠无论是对发展塘浦圩田系统和屯田,还是拓凿与浚治河道,都从整个江南地区着眼,并将这两者紧密结合在一起,全面规划、周密布局、高端设计。塘浦圩田系统和屯田采取"浚三江,治低田""蓄雨泽、治高田"的方法,旱涝兼顾,高低分治。在广袤的平原上,依托浙西运河等主干河道及支流,根据地形高下,分级分区规划塘浦工程,五里或七里开一纵浦,七里或十里开一横塘。腹里低地以高筑圩岸为主,堤岸高至二丈,低亦不下一丈;沿江沿海高地以深浚塘浦为主,塘浦阔二十余丈至三十余丈,深二三丈,浅者不下一丈,使低口御洪和高地引灌相辅为用,有所依凭。纵浦横塘之间,利用开挖土方,筑堤作圩,构成棋盘式的塘浦圩田系统。

同时,依据棋盘式的塘浦圩田系统浚挖河道,不仅进一步拓浚了杭州塘、苏州塘以及东苕溪、荻塘等主干河道,还开凿了澜溪塘等水道(据《嘉兴市志》记载,澜溪塘,五代吴越开,古时,"两岸俱栽枫

---

① 《琴川志》卷五《水利》
② 《范文正集·政府奏议》卷上《答手诏条陈十事》

树",红叶烂漫,因而得名),而且还深浚河浦,干支并举,拓浚、疏通了大量的支流港浦,使横塘纵浦交织成网,塘浦深阔,行水通畅,构建成纵横交错的河网。在北宋水利专家郏亶《水利书》上记载的,江南地区为吴越国所开凿或浚治的港浦计有260余条之多。据清乾隆《吴江县志》等地方志书的记载,这些支流港浦的拓凿与浚治,一如前代,采取"其深阔者因无处加工,至浅狭浮涨处"则以挑挖的方法开挖,堆土筑堤,不仅加固圩区,而且引排灌溉,相互连接,彼此沟通,构成以江南河为主干的纵横交错、四通八达的交通河网。所以《桐乡县志》云:"运河之在桐境者凡四十里,介于六乡之中,沿塘有泾,通于支港,盖塘以行水,泾以均水,塍以御水,坞以储水,脉络通贯,纵横分布于六乡三百余围之间,仿佛井田遗象,吴越时疏浚有法,民沾其利。"①

由此,浙西运河由原来线状的河道发展成为由杭州塘、苏州塘、东苕溪和澜溪塘等为主干,上百条支流横港纵横交错的河网体系,不仅四通八达,航行通畅,而且成为容量巨大的平原水库,对促进江南经济繁荣、社会发展,发挥了更加重要的作用。

在浙东运河沿线的宁绍平原,钱镠不仅在镜湖周围加固筑塘358里,着力疏浚明州鄞西平原的广德湖,而且制定了一套严格的管理制度。宋代曾经担任过越州知府的曾巩,十分赞赏吴越国对镜湖的管理:"鉴湖,一曰南湖,南并山,北属州城漕渠,东西距江……至今九百七十有五年矣……然南湖由汉历吴、晋以来接于唐,又接于钱镠父子之有此州,其利未尝废者。彼或以区区之地当天下,或以数州为镇,或以一国自王,内有供养禄廪之须,外有贡输问遗之奉,非得晏然而已也。故强水土之政以力本利农,亦皆有数。而钱镠之法最详,至今尚多传于人者。则其利之不废有以也。"②

这些工程和措施,既极大地改善了农业生产条件,也大大地完善了运河航道,提升了运河对浙江经济、社会发展的影响和作用。

---

① 光绪《桐乡县志》卷二
② 曾巩:《越州鉴湖图序》

同时，钱镠对杭州西湖也进行了大规模的治理。西湖自唐代白居易之后，再也没有得到过大规模的疏浚。到吴越时，已是葑草蔓延，淤浅日重，湖面缩小，蓄水减少，既影响了农田灌溉和居民的饮用水，又枯竭了城内运河的水源。天宝五年（912），吴越拟扩建牙城（即都城杭州），有方士献策"填筑西湖，以建府治"。钱镠认识到西湖与杭州乃唇齿相依的关系，断然拒绝方士的建议，不但不填西湖，反而组织"撩湖兵"千人，专事疏浚之责，清除葑草，挖掘湖泥，疏浚河道，修理堤闸，打通六井涵管，使西湖水不断流入六井，注入内河。

针对原先的六井都西湖南侧、北侧无井的状况，钱镠还在各处大举挖井引水，并连续开挖了 99 口深井。据《十国春秋》《杭州府志》等记载，"钱王井在中兴寺（后改祥符寺），井九十九眼，吴越王所开。后唐长兴二年复浚焉。""中眼井武肃王开，有井四眼，大旱不竭，百姓赖之，井在钱塘香泉坊内，后邑人柯氏筑亭其上。""钱王进在方丈基前，武肃王所开。""吴山井在吴山北，寒泉迸溢，清而且甘，汲之不竭，吴越王为韶国师始开此井。""天井在宝月山下天井巷后，后唐清泰二年钱王开。"

第二节

造船业的发展

隋唐五代时期,继秦汉、孙吴和两晋南朝,浙江仍然是全国造船业最发达的地区之一。

一、隋代造船业

浙江为水乡泽国,史称"东南郡邑,无不通水,故天下货利,舟楫居多",造船工匠经验丰富,造船技术代代相传。隋代时期,浙江官营和民间的造船业都很发达。

隋代,朝廷在包括浙江在内的江南地区设有许多官营的造船场,修造船舶的数量众多。因此,大业元年(605)隋炀帝在下诏开通济渠后,就迫不及待地"遣黄门侍郎王弘、上仪同于士澄往江南采木,造龙舟、凤舸、黄龙、赤舰、楼船等数万艘"[1],为巡幸江都做准备。这里所说的"江南",当然包括今浙江省境,当时拥有的造船能力可见一斑。

---

[1] 《隋书》卷三《帝纪第三·炀帝上》

隋炀帝第一次巡游江都,规模浩大,龙舟船队共有各类大小不同等级的船只5 191艘,这些主要由包括浙江在内的江南造船场制造的船只,无疑是隋代官营造船能力和船舶制式的一次大检阅。《资治通鉴》这样描述:"龙舟四重,高四十五尺寸、长二百尺。上重有正殿、内殿、东西朝堂,中二重有百二十房,皆饰以金玉,下重内侍处之。皇后乘翔螭舟,制度差小,而装饰无异。别有浮景九艘,三重,皆水殿也。又有漾彩、朱鸟、苍螭、白虎、玄武、飞羽、青凫、陵波、五楼、道场、玄坛、板艑、黄篾等数千艘,后宫、诸王、公主、百官、僧、尼、道士、蕃客乘之,及载内外百司供奉之物,共用挽船士八万余人,其挽漾彩以上者九千余人,谓之殿脚,皆以锦彩为袍。又有平乘、青龙、艨艟、艚艟、八棹、艇舸等数千艘,并十二卫兵乘之,并载兵器帐幕,兵士自引,不给夫。舳舻相接二百余里,照耀川陆,骑兵翊两岸而行,旌旗蔽野。"①

隋代,浙江省境的民间造船业非常发达,隋初反隋斗争的历史充分说明了这一点。开皇十年(590),婺州汪文进、越州高智慧、台州乐安蔡道人、温州沈孝彻、杭州杨宝英等举兵反隋。隋文帝命杨素率兵镇压。"高智慧据浙江东岸为营,周亘百余里,船舰被江。"杨素的裨将来护儿也说"吴人轻锐,利在舟楫",请以奇兵出击。高智慧兵败以后,潜逃"入海",投奔泉州王国庆。后为王国庆所出卖,被捕而死。显然,高智慧的"船舰被江",以及潜逃"入海"所用的船只除了收缴官府的以外,大多应由民间打造。

江南民间造船业之发达,甚至令隋朝统治集团为之心惊。开皇十八年(598)隋文帝下诏:"吴越之人,往承弊俗,所在之处,私造大船,因相聚结,致有侵害。其江南诸州,人间有船长三丈以上,悉括入官。"②当然,搜括入官并不能禁绝私造大船。大业九年(613),余杭刘进元起义兵败,其余众或降或散,"散者始欲入海为盗"。可见,民间所拥有的船只仍然不少。

---

① 《资治通鉴》卷一八〇
② 《隋书》卷二《帝纪第二·高祖下》

二、唐代造船业

唐朝为了适应繁盛的外交与贸易的需要,造船基地数量增加了许多,造船技术也比以前有了明显进步。

唐代全国官营造船场大多集中在东南地区,重要中心地有浙东船场、嘉兴船场以及洪州(今江西南昌)、荆南(今湖北江陵)和金陵(今江苏南京)等。

唐初攻打高丽所需船只有许多出自浙江。贞观二十一年(647),唐太宗敕宋州刺史王波利等一次就发江南十二州工匠造大海船数百艘。这十二州,据宋元之际史学家胡三省考证,为宣(今安徽宣城)、润(今江苏镇江)、常(今江苏常州)、苏(今江苏苏州)、湖(今浙江湖州)、杭(今浙江杭州)、越(今浙江绍兴)、台(今浙江临海)、婺(今浙江金华)、括(今浙江丽水)、江(今江西九江)、洪(今江西南昌)等十二州,其中半数在今浙江境内。贞观二十二年(648),令越州总管督造"大偶艎舫"(双体船)1 100艘,准备征伐高丽。①

唐朝后期,政府用船有许多出自浙江。如唐建中二年(781),"江、淮进奉船千余艘"。贞元(785—804)初年,韩滉出任浙东西观察使时,又打造了楼船30艘。能造大船、海船的浙江,河湖运舟当不计其数。

唐代对官造船只的质量有严格要求。《唐律疏议》卷一载:"工匠造船,备尽心力,误不牢固""如其故为,即从'谋反'科罪"。卷九云:"误不牢固者,工匠绞。"可见唐朝对船舶质量的重视。

唐代民间造船业亦很发达。宝应年间(762—763)的台州袁晁起义、咸通年间(860—873)的浙东裘甫起义和乾符年间(874—879)的浙西王郢起义等,义军都拥有大量船只,民间造船业之发达可见一斑。

---

① 乾隆《绍兴府志》

民间所造船只一般来说都比较小,但也有相当规模的大船。《唐国史补》卷下记载:"大历、贞元间,有俞大娘航船最大,居者养生、送死、嫁娶,悉在其间。开巷为圃,操驾之工数百,南至江西,北至淮南,岁一往来,其利甚博。"这说明,唐代的造船规模已达到了相当的高度。

唐代民间造船业的兴盛,从江河上繁忙的商运也能得到反映。唐人崔融曾这样描述运河上的商业运输:"弘舸巨舰,千舳万艘,交贸往来,昧旦永日。"①当时,官营造船场是为满足官府造船需要设置的,而遍及江河的商船,无疑是民间造船场的产物。

唐代在浙江建造的船只,见于记载的名目很少,主要有在越州建造的艨舫、歇艎支江船以及沙船等。

艨舫是一种双体船,是在秦汉楼船基础上发展起来的战船,唐初征伐高丽时曾大量使用这种战船,所以,贞观二十二年(648),一次性就令越州总管督造"大偶艨舫"(双体船)1 100艘。

歇艎支江船是一种平底船,船形肥阔,底平舱浅,可载一千斛,因此主要用于漕运。

沙船则是一种结构独特的平底船。沙船方头、方梢、平底、浅吃水,具有宽、大、扁、浅的特点,底平能坐滩,不怕搁浅,吃水浅,受潮水影响比较小;沙船上多桅多帆,桅高帆高,加上吃水浅,阻力小,能快速航行,适航性能好;载重量大,一般记载说沙船载重量是4 000~6 000石,合500~800吨。

唐代造船材料大多取于本地和南方其他地区,有杉木、楠木、樟木、柯树、松木等。20世纪70年代后,在上海、江苏等地先后发现了唐代古船,其舱面和桅杆所用的木材大多为杉木和松木,而船体则用樟木建造,其他用材则"调巴、蜀、襄、汉麻枲,竹篠为絙挽舟"②。唐代船舶制造技术已大量采用钉榫接合和水密隔舱结构,使船舶的横向强度和抗风浪、抗沉能力都大大增强,尤其是沙船,由于船体结

① 《旧唐书·崔融传》
② 《新唐书》卷五三《食货志三·漕运》

构日益坚固,帆桅相应增多,航速也大大提高。

这些船舶的性能决定于船舶的用途和航行的水域。如隋炀帝巡游江都的庞大舰队,都使用大批人力(殿脚)牵挽,具有结构精密、坚固载重的特点。歇艎支江船载重仅一千斛,但能适应不同水域的宽度、深度和水流,多用于运河漕运。载重大、航速快的沙船则在运河漕运中越来越多地被普遍使用。

三、五代造船业

五代时期,吴越国在浙江的造船业与唐朝相比毫不逊色。湖州、杭州、越州、台州、婺州、括州等地都设有造船基地,打造了大量的船只,其中以战舰、龙舟和海船最为著名。

吴越国不仅拥有战舰数百艘,而且这些战舰船头"皆刻龙形",舰中备有火油发射筒。吴越国建造的龙舟非常富丽堂皇。如后周显德五年(958),吴越王钱弘俶贺周世宗"车驾还京","进龙舟一艘,天禄舟一艘,皆饰以白金"[1]。宋朝建立以后,吴越国进贡的金银饰龙凤船竟达两百余艘之多。吴越国进贡宋朝的龙舟,"长二十余丈,上为宫室层楼,设御榻以备游幸",后因"岁久,腹败欲修治,而水中不可施工",满朝文武竟一筹莫展。直到"熙宁中,宦官黄怀信献计,于金明池北凿大澳,可容龙船,其下置柱,以大木梁其上。乃决水入澳,引船当梁上,即车出澳中水。船乃笯于空中;完补讫,复以水浮船,撤去梁柱,以大屋蒙之,遂为藏船之室,永无暴露之患"[2]。这一修船过程,以及宋朝对于该船的珍爱有加,说明吴越国所打造的龙舟非同一般,也说明其时浙江的造船技术在中原之上。

① 《十国春秋》卷八一
② 《梦溪笔谈·补笔谈》卷二《权智》

第三节

航运的发展

隋唐五代时期，随着浙江社会生产力的迅速提高，沟通钱塘江与太湖、长江、淮河、黄河、海河等水系的大运河航运条件不断改善，以及造船业的发展，大运河浙江段的航运开始突破自然条件的局限，向中原腹地乃至全国各地伸展，运河航运蓬勃发展。

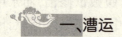 一、漕运

漕运，按《说文解字》的解释："漕，水转谷也。一曰人之所乘及船也。"司马贞的《史记索隐》说："车运曰转，水运曰漕。"水运之所以被称为"漕"，是由于早期水运只是利用漂流的自然水道，以舟船载物的一种运输方法。相比陆路运输车载或人背肩挑，水运显然省力、省费用，要经济得多。因此，在很早以前，先民们就已经在利用水道从事运输。然而，并不是所有的水上运输都是漕运。漕运指的是为满足国家政治中心即宫廷、官吏以及军队的物资（主要是粮食等）需要而进行的水路运输，专指历代朝廷将向百姓征收的粮食、物资等，通过水路运送解到京师或其他地点的专项水上运输活动，是

中国历史上跨越年代最久、规模最大的官运,也是中国历史上一项重要的经济制度,贯穿于整个封建社会。

浙江的漕运始于战国时期。周敬王二十六年(前494),吴王夫差击败越王勾践,其势力范围向南扩展至钱塘江畔,便开凿了百尺渎,以运送军粮。"百尺渎,奏江,吴以达粮。"因为漕运主要是用来满足首都(主要是皇室的消费、百官的俸禄)以及京师军民和边防军队的粮食需求,所以维系着国计民生,是历代朝廷的经济支柱和命脉。先秦时期,尽管"王"是最高统治者,所谓"溥天之下莫非王土,率土之滨莫非王臣",但当时以"王"为中心的政权,实际上仅仅控制着数百里的王畿之地。大大小小的邦国、部落与中央政权的臣属关系十分松弛,在经济上主要承担着一种"进贡"的义务。"进贡"虽然是必需的,但经常是象征性的,所以也就没有大规模经常性的征运活动。因此,当时大运河浙江段的水运虽然主要是为了战争需要运送粮草,但大多是临时性的,尚未形成定制,不仅数量相当有限,还仅有漕运之实,未有漕运之名。

秦统一六国后,开始建立大一统的封建王朝。庞大的中央官僚机构、皇室和军事体系都需要粮食供养,漕运数量大增,也有了漕运之名。《古今图书集成》道:"前此未有漕运之名也,而飞挽始于秦。"[1]西汉定都长安后,每年需从关东运输大量粮食、物资,以满足关中地区贵族、官吏和军队的需求,漕运逐渐制度化。汉武帝沿吴江南北沼泽地带开河百里,就是为了便于征调闽越贡赋的漕运。只是由于当时江南的经济尚欠发达,所能够征调的粮食、物资都十分有限。所以,秦汉时期的漕运大多与军事行动相关,属临时性的需求和运输,既无定时,亦无定量,更没有专设机构管理。

到了三国两晋南北朝时期,经济重心开始出现南移的端倪。随着江南经济地位的提高,江南已引起统治者的关注,有了更多的漕运。西晋时,时任尚书仓部令史的陈敏建议:"南方米谷皆积数十

---

[1] 《古今图书集成·食货典》卷一七三《漕运部总论》

年,时将欲腐败,而不漕运以济中州,非所以救患周急也。"①朝廷听从了他的建议,并以陈敏为合肥度支迁广陵度支,督办漕运。

唐及五代起,大运河浙江段全面贯通,"公家运漕,私行商旅,舳舻相继",大量的物资通过运河源源不断地运往关中。就浙江而言,则迎来了规模不断扩大的漕运。

开元以前的漕运

唐代起,大运河日益发挥其重要的漕运功能。唐初,朝廷官府的组织较简单,府兵自备粮物,加上运河未及整修,而北方地区仍有强大的经济实力,因此"漕事简",每年由包括浙江在内的江淮地区运至关中的漕米不过二十万石,只是北方漕粮的补充。随着唐代官府机构逐渐庞大,府兵制开始向募兵制转变,"所费广者,全在用兵,所谓漕运,全视兵多少",因此"国用渐广,每年陕洛漕运数倍于前,支犹不给"②,江淮转漕的任务才逐渐加重。《新唐书》云:"唐都长安,而关中号称沃野,然其土地狭,所出不足以给京师,备水旱,故常转漕东南之粟。"③"东南"亦即唐人常说的江南、江淮,主要指江苏、浙江一带。唐高宗、武则天时的陈子昂在《上军国机要事》记载,"即日,江南、江淮南诸州租船数千艘已至巩洛,计有百余万斛,所司便勒往幽州,纳充军粮"④。此时,江淮漕米北运已超过唐初数倍。

这一时期的漕运方式大体采用的是长运直达法。浙江的漕船要从各地一直将米运送到京师和其他指定地点。唐代初年,在洛阳隋含嘉城建立含嘉仓,"江淮漕米至东都输含嘉仓",从含嘉仓遗址出土的砖铭中可知,该仓储藏的粮食有从江南的苏州(治今江苏苏州,所领包括今浙江嘉兴、平湖、海盐、桐乡等地)、越州(治今绍兴)等地运去的。可见,在唐朝前期,包括今浙江省境在内的"江淮"地

① 《晋书·陈敏传》卷一百
② 吕祖谦《历代制度详说》卷四;《旧唐书》卷九八《裴耀卿传》
③ 《新唐书》卷五十三《食货志》
④ 《陈子昂集》卷八

大运河航运史(浙江篇)

区已是唐朝政府漕粮的来源之一。据《新唐书·食货志》说："江淮漕租米至东都输含嘉仓，以车或驮陆运至陕"，亦即先船运至洛阳，然后再陆运至长安。裴耀卿描述当时江南各州整个航运过程是："（江南）每州所送租庸调等，本州正月二月上道，至扬州入斗门，即逢水浅，已有阻碍，须停留一月以上，三月四月以后，始渡淮入汴，多属汴河干浅，又船运停留，至六月七月始至河口，即逢黄河水涨，不得入河，又须停一两月，待河水小，始得上河。入洛即漕路干浅，船艘隘闹，船载停滞，备极艰辛。"可见当时浙江的漕运路线一般是由浙东运河和浙西运河，过长江，然后循运河、淮河、汴水、黄河，至洛阳。在特殊情况下，也运到河北等更远的地方，例如，唐高宗、武则天时的陈子昂就说过："即自江南、淮南诸州租船数千艘已至巩、洛，计有百余万斛。所司便勒往幽州，纳充军粮。"开元十五年（727）秋"河北饥，转江淮之南租米百万石以赈给之"。

浙江的漕运，在唐代前期航程之长、历时之久，乃是前所未有的。这固然说明了其时大运河浙江段航运有远至中原腹地的能力，但对于运输数量浩大的漕运来说，这种旷日持久的长途航运确实并不合理，不但枉然加重了浙江人民的负担，而且浙江水手不习黄河水情，凭空增添了漕运的困难和损失，以致常常无法按时、按量运达，使国用大受影响。

盛唐时期的漕运

唐开元、天宝年间，唐代的社会经济发展达到了顶峰，出现了历史上著名的开元盛世。随着漕运的发展，漕运制度发生了一系列的变化。

唐贞观六年（632）曾设"舟楫署"，专门管理漕政。但由于它适应不了漕运业日益发展的形势，所以在开元二十四年（736）废罢。开元之后，全国财赋"权移他官"，如转运使、租庸使、盐铁使、度支盐铁转运使、租庸青苗使、水陆盐铁租庸使等，"随事立名，沿革不一"。实际上，由于漕运日益重要，漕政一般都由一些财政大员领职主管。

朝廷针对不同情况,指定具体人,赋予很大的权限,专管漕运。开宝年间,对江南漕运最有影响的财政大员当推裴耀卿。

开元二十一年(733),唐玄宗任命裴耀卿为宰相,兼江淮河南转运都使,负责解决漕运问题。裴耀卿总结了前人的经验,实行了一套分段运输的办法,即转搬法。转搬法一是完善仓储,在汴河与黄河的交叉点上置河阴县(今河南广武县东)及河阴仓,在河西河清县(今河南孟州市西南)置柏崖仓,在黄河北岸三门之东置集津仓,三门之西置三门仓(即盐仓),又改陕州(渭南市今河南三门峡市西旧陕县)之常平仓为太原仓,华州(今陕西渭南市华州区)之广通仓为永丰仓,并且扩建了洛阳的含嘉仓和长安的太仓,以配合分段运输。二是避开黄河砥柱险滩,在三门北之中开辟山路十八里,用车载运。三是实行分段运输。规定:江淮租粮及其他物资,由江淮溯运河北上,至河阴县纳入河阴仓,江南漕船至此归回。然后由"官自雇船载运",从河口一经洛河送纳洛阳含嘉仓贮存,一入黄河逐级送纳柏崖仓、集津仓节次转输。为避免三门砥柱湍险,由车载经十八里傍山陆运至盐仓,再转水运逐级送纳太原仓、永丰仓及太仓贮存。

转搬法实行以后,浙江的漕运航程只到汴水入黄河口为止,不仅节省了航运的时间,而且免去了在黄河航运的危险,也免去了有些船只在河口"转雇河师水手"的费用,因而效果明显。"凡三年,运七百万石,省陆运之佣四十万贯。"①其后,陕州刺史李齐物、河南尹裴迥和陕州刺史兼水陆转运使韦坚等人又继续改进,进一步完善分段运输法,其中尤以韦坚成就突出。

天宝元年(742),韦坚到任后,便着手进行改革。他在咸阳附近的渭水旁作堰,截断灞水、泸水,作一条与渭水平行的漕渠,至华阴的永丰仓附近,与渭水汇合;又在禁苑东开广运潭,避开18里的陆运之艰。于是,粮船可以直达长安。在江淮地区,韦坚主要是"请于江淮转运租米,取州县义仓粟,转市轻货,差富户押船,若迟留损坏,皆

---

① 《旧唐书》卷四十九《食货志》

征船户"①。裴耀卿的改革是把义仓粟变造为米运往关中,韦坚则进一步将义仓粟的一部分转为轻货——南方各地的土产和手工业品,如会稽(今绍兴)的铜器、罗、吴绫、绛纱等。韦坚的做法是为了迎合唐玄宗的奢侈欲望,但对漕运仍是一种促进。盛唐时期的数次漕政改革将唐代的漕运推到了顶峰。

安史之乱时的漕运

天宝十四年(755)爆发的安史之乱是唐王朝由盛转衰的标志。乱发后,北方连年战争,社会经济遭受巨大破坏,"天宝之后,中原释耒,辇越而衣曹(漕)吴而食""赋取所资,漕挽所出,军国大计,仰于江淮""当今赋出于天下,江南居十九"②。当时在江淮地区征集的粮食通过运河集结于扬州,载运北上。

这一时期的漕运主要为平定叛乱服务,但运河常常被阻,江淮漕运受到一定的影响。如叛乱发生后不久,安禄山派兵南下攻占各地,包括东都洛阳在内的河南地区大部失陷,漕运路绝。肃宗末年,史朝义分兵出宋州(今河南商丘南),淮运再度受阻。唐王朝为急切调集江南物资,转以汉水替代运河,江南财赋从长江转汉水,再由汉中通过陆路运到扶风(今陕西凤翔)。

宝应二年(762),刘晏就任转运使,担负起改革漕运的重任。刘晏经过仔细勘察,并认真总结了前人漕运的经验和教训,提出了一系列的改革措施。其中一条措施是将裴耀卿的分段运输法,改为按江、汴、河、渭不同水情分段组纲,即建立漕运船队,以10船为纲,每纲300人,篙工50人,自扬州遣送至河阴,使漕船"随江、汴、河、渭所宜""江船不入汴,汴船不入河,河船不入渭,江南之运积扬州,汴河之运积河阴,河船之运积渭口,渭船之运入太仓",并将原来散运漕

---

① 《旧唐书》卷四十八《食货志》
② 吕温:《吕叔主文集》;权德舆:《权载之文集》卷四七《论江淮水灾上疏》;韩愈:《韩昌黎集》卷一九《韩愈送陆歙州诗序》

米改为用麻袋或蒲包盛装,以减少运输过程中的损耗。经过刘晏的改革,唐朝政府又恢复了运河漕运,使浙江的漕运里程缩短到扬州为止。由于安史之乱后的政局尚未稳定、经济尚未恢复,每年由江淮北运的漕粮虽不能和开元、天宝年间相比较,但多时也达110万石,少时也有50万石。

唐代后期的漕运

安史之乱的直接后果之一便是唐代中后期绵延不已的藩镇割据。刘晏的漕运改革虽然颇为完备,但是由于各藩镇拥兵自重,不时截断运路,唐朝中央政府和刘晏都无可奈何,所以刘晏的漕运改革仅实行了十几年,不得不又改为长运,而且几乎全部改为武装军运。浙江的漕运又开始长途跋涉,往返于汴河、黄河或长江、汉水之上。

朱泚之乱平息后,兴元元年(784),唐德宗回到长安,江淮漕运才得以恢复。唐宪宗即位以后,又一次整顿漕运,削平了运河沿岸的藩镇割据势力,并用转运副使程异整顿南方各地财赋。

长庆二年(822),汴州又发生军乱,徐州的军队也往甬桥劫掠物资。江淮漕运再次出现危机。到了大和年间(827—835)至大中年间(847—859),"岁漕江淮米不过四十万石,能至渭河仓者,十不三四。漕吏狡蠹,败溺百端,官舟沉溺者,岁七十余只"①。咸通年间(860—874),漕运又复锐减,到了乾符二年(875)爆发了王仙芝、黄巢起义,江淮漕运随之断绝。

五代时期,因为中原路阻,吴越国贡奉路线"自淮南、饶、信之间,至虔州出湖南马氏境而入京师"②。淮南指南唐国。饶州治今江西鄱阳。信州治今江西上饶。虔州治今江西赣州。马氏即马殷所建立的楚国。也就是说,由今浙江出江西,入湖南,再北入河南,绕

---

① 《旧唐书》卷一七七《裴休传》
② 《吴越备史图考·附贡道考》

了一个大圈子,才到京城开封。至梁贞明四年(918),"淮人据虔州,贡道遂绝"。此后,"吴越贡赋,朝廷遣使,皆由登、莱泛海"①,再入东都(今河南开封)。

隋唐五代时期,浙江的漕运以粮食为大宗。此外,布匹、丝织品、茶叶、铜钱、铜器、瓷器、纸张以及橘子等货物也源源不断地运往关中。

二、民运

唐及五代时期,浙江的民间航运大有发展,而且已经能够完成远程的大量运输。所以,唐人李吉甫说:"凡东南郡邑,无不通水,故天下货利,舟楫居多。"②

其时,大运河浙江段的民间航运以运输粮食为大宗,而且运销地域非常广泛,在国内粮食市场上占有重要的地位。据说,武则天圣历三年(700),娄师德"使并州"(治今山西太原),沿途馆驿只给其本人吃"白而细"的饭食,给其随员都是"黑而粗"的饭食。问馆驿何以如此,答曰:"邂逅浙米不得。"③据《唐六典》记载,唐朝"凡驿皆给钱以资之,什物并皆为市",所需都购买于市。"邂逅浙米不得",是说当时买不到更多的浙米,所以只能委屈随员们了。杜甫的《解闷》诗曰:"商胡离别下扬州,忆上西陵故驿楼。为问淮南米贵贱,老夫乘兴欲东游。"到了扬州还要东游西陵来问浙东的粮价,可见浙江大米在粮食市场上地位之重要。

唐代,愈到后期,江南大米在粮食市场上的地位也愈显重要。大和三年(829),唐文宗的诏书云:"河南河北诸道,频年水患,重加兵役,农耕多废,粒食未丰……江淮诸郡,所在丰稔,困于甚贱,不但

---

① 《新五代史》卷六十七《吴越世家·钱俶传》
② 《唐国史补》卷下
③ 《太平广记》卷一七六《娄师德》

伤农,州县长吏,苟思自便,潜设条约,不令出界,虽无明榜,以避诏条,而商旅不通,米价悬异,致令水旱之处,种植无资。……河南通商之后,淮南诸郡,米价渐起。转展连接之处,直至江西、湖南、荆襄以东。"①这河南等地,当然也是浙江米船运售的地方了。

盐也是浙江民间航运的主要物资之一。浙江制盐历史悠久,就运河沿线而言,"东有海盐之饶,章山之铜",主要生产煮制的海盐。据《汉书·吴王濞传》,吴王刘濞曾"招致天下亡命者盗铸钱,东煮海水为盐,以故无赋,国用饶足"。开皇三年(583),隋文帝针对北周禁止百姓采用盐池、盐井的禁令,诏"通盐池、盐井,与百姓共之"②,从而获得"远近大悦"的效果。唐初规定,"负海州岁免租为盐二万斛以输司农。青、楚、海、沧、棣、杭、苏等州,以盐价市轻货亦输司农"③,表明沿海州郡制盐,仍沿袭纵民私煮的办法,只是交纳一定的盐税。中唐以后实行专卖,盐的生产受到官府的严格控制。乾元元年(758),肃宗平定安史之乱后,国库军费不足,盐铁使第五琦始创榷盐法,由国家统购产盐,每年得利六十万缗。宝应二年(763),刘晏为盐铁使,为扩大税源而更改盐法,撤销非产盐区的盐官,统一收税,听商人贩运销售。当时浙江的产盐地有苏州嘉兴(今嘉兴)、杭州盐官(今海宁)、越州会稽(今绍兴)、余姚、明州鄮县(今鄞州)、台州黄岩、宁海、临海、温州永嘉等9个,主要集中于运河沿线和台州、温州沿海。在大历末年,盐税收入达六百余万缗,"天下之赋,盐利居半"④,盐税成为国家财政收入主要来源之一。

浙江的茶自唐中期以后也大量运销他地。"茶,古不闻食之。近晋宋以降,吴人采其叶煮,是为茗粥。至开元、天宝之间稍稍有茶,至德、大历遂多,建中已后盛矣。茗丝盐铁,管榷存焉",以至"风俗贵茶",所以茶商甚众。见于唐代文献中的所谓贾客、估客,其中很大一部分是茶商。天宝(742—756)末年进士封演在《封氏闻见

---

① 《唐会要》卷九十

② 《通典》卷十

③ 《新唐书》卷五《食货志》

④ 《新唐书》卷五《食货志》

录》中叙述了唐朝饮茶之风从江淮经山东、河北传到长安的过程。在这一条交通线上，"多开店铺，煎茶卖之，不问道俗，投钱取饮"。所用茶叶，"皆江淮而来，舟车相继，所在山积，色额甚多"。浙江所出的茶叶，亦车载船运，销售各地。"常鲁公使西藩，烹茶船中，赞普问曰：'此为何物？'鲁公曰：'涤烦疗渴，所谓茶也。'赞普曰：'我此也有。'遂命出之，以指曰：'此寿州者，此舒州者，此顾渚者，此蕲门者，此昌明者，此邕湖者。'"①顾渚即湖州顾渚紫笋茶。由此可见，浙江茶叶运销之远。

除此之外，浙江所出的纸、瓷器、丝织品等也远销他地。例如，剡溪纸，舒元《悲剡溪古藤文》中甚至说："异日过数十百郡，泊东洛西雍，历见言文书者，皆以剡纸相夸。"全国各地几乎都可见到。

三、行旅往来

随着航运条件的改善，隋唐时期，大运河浙江段的水上行旅往来也日益兴盛，浙西运河和浙东运河是人们常走的水上通途。

李白《别储邕之剡中》一诗曰："借问剡中道，东南指越乡。舟从广陵去，水入会稽长。竹色溪下绿，荷花镜里香。辞君向天姥，拂石卧秋霜。"这首诗写的是自广陵（今扬州）经浙西运河、浙东运河到会稽（今绍兴）的航行生活。他的《叙旧赠江阳宰陆调》诗曰："挂席拾海日，乘风下长川。多酤新丰醑，满载剡溪船。中途不遇人，直到尔门前。大笑同一醉，取乐平生年。"这首诗写的则是会稽一带的水上交通状貌。

元和三年（808），唐代文学家李翱应广州刺史、岭南节度使杨于陵之聘，携带妻室从长安出发，前往就职。他将旅途的经历写成一篇《来南录》，如实地记录了从长安经洛阳入黄河，转汴河，由淮河过长江，经浙西运河，入钱塘江，逆富春江，经七里泷至建德，支衢州，

---

① 《唐国史补》卷下

自常山越玉山岭,渡鄱阳湖,溯漳江,逾大庾岭,沿浈江,出韶关,止于广州。长达数千里的旅程,只有玉山岭、大庾岭190里陆道,其余皆舟行,可见当时水路航行的四通八达和便利。

四、航运管理

隋代是隋唐大运河的贯通时期,在职官设置、工程设计等方面都做出了不懈的努力。唐代是历史上第一个比较全面实行河道与水运管理的王朝,不仅建立了一套完整的河道与航运管理制度,而且将其提高到法律的高度,翻开了我国古代河道与航运立法的首页。

隋统一后,建立了三省六部制度,在尚书省下设置了工部尚书。"工部尚书统工部,屯田侍郎各二人,虞部、水部侍郎各一人。"[①]其中水部侍郎主管水利的政令。另外,还有都水台的设置,后改都水监、都水使者,统舟楫、河渠二署,负责掌管水运和修治河道及堰闸。

唐代继承隋制,工部尚书、侍郎掌管农林水利建筑等,下设工部、屯田、虞部、水部四部。"水部郎中、员外郎各一人,掌津济、船舻、渠梁、堤堰、沟洫、渔捕、运漕、碾硙之事。"[②]唐初也设有都水监,置都水使者两人,下设舟楫、河渠二署,负责经济渠堰陂池维修、京畿用水管理、舟船运漕等。都水监独立于六部之外。

贞观六年(632),唐太宗曾设舟楫署,置舟楫令一人,掌舟楫运漕,为正八品官,下设漕正、府史、监漕、漕史、典事、掌固等职。开元二十一年(733),裴耀卿首任江淮河南都转运使,从此水运设官专管,都水监不再管理水运。安史之乱后,刘晏改革漕运,建立了一套独立的组织系统、转运设施和漕运制度,转运使成为固定的官职。漕运也采取分"纲"管理的办法,通常十船为一纲,每纲额定300人,

---

① 《隋书》卷二八《百官下》
② 《新唐书》卷四六《百官一》

"纲"成为漕运管理的基本单位。

唐代,运河首先要保证漕运,其次才能考虑灌溉。"自季夏及于仲春,皆闭斗门,有余乃得听用之。"①如果窃取运河水源,就要受到政府惩办。因此,长庆年间(821—824),白居易在浚治杭州西湖以后,写了一篇《钱塘湖石记》,记录了对西湖和当时浙西运河的管理办法。其内容主要有三条:

其一,唐时浙西运河自盐铁使设立以后,即由其统一管理,盐铁使对于运河规定有水位标准,动用河水溉田之前要测量河水水位,之后须恢复原来水位,以保证运河通航水位,确保航道畅通。唐朝管理地方漕运的又有转运使、租庸使等,他们当然也负有此职。

其二,地方官吏有责任保证运河通航水位,这也是白居易治理西湖的原因之一。他还考虑到如西湖之水不够满足通航水位,可以"更决临平湖"。

其三,河堤、笕、函、闸、堰等设施均由专人巡检,订有职责。航道水位也由专人负责测量。

疏浚、清障是大运河管理的重要内容。唐代,河道疏浚有岁修与大修之分,岁修规模较小,大修则视实际情况而不定期地进行。"仲春乃命通沟渎,立堤防;孟冬乃毕。若秋夏霖潦泛溢冲坏者,则不待时而修葺。凡用水自下始……巨梁十有一,皆国工修之。其余皆所管州县,随时营葺。"五代时,吴越国为保证大运河船运畅通,专门建立了相关机构和管理制度。据《十国春秋》记载:"梁贞明元年(915),吴越王置都水营田使以主水事,募卒为部,号曰'撩浅军',亦谓之'撩清',命于太湖旁置撩清水卒四部,凡七八千人,专为田事,治湖筑堤。一路入吴淞江,一路自急水港下淀山湖入海。居民遇旱则运水种田,涝则引水出田。又开东府南湖,即鉴湖,立法甚备。"②清光绪《桐乡县志》也载:"五代钱氏设都水营使,置营田军四部,凡八百人,专力治水,号曰撩浅,亦曰撩清,功在运河,时立义和镇,桐

---

① 《大唐六典》卷七
② 《十国春秋》卷七八

境属焉。"

可见,钱镠时已设有"都水营田使"这一机构,专门负责水利和河网事务的规划和指挥,而且创立了"撩浅军"(也称"撩浅卒"),专职从事航道疏浚。这支按军队编制、专职从事航道疏浚的队伍,在浙西运河和浙东运河沿线都有设置,而且因"专为田事,治湖筑堤"而司职明确。居民对运河与灌溉的关系也有着清晰的认识,"旱则运水种田,涝则引水出田",已能根据运河旱涝情况来安排农业生产。政府也有明确的规章制度对运河进行管理,"立法甚备"。

唐代,随着水运事业的日渐繁荣,航政管理也受到重视,并予以立法,如舟船水上航行速度的规定、船只相遇避让的规定等,都被列入法律条文。《唐会要》载:"水行之程:舟之重者,溯河日三十里,江四十里,余水四十五里。空舟溯河四十里,江五十里,余水六十里。沿流之舟,即轻重同制,河日一百五十里,江一百里,余水七十里。其如底柱之类,不拘此限。若遇风水浅不得行者,即于随近官司中牒检印记,听折半。""行船之法各行回避,若湍碛之处,即溯上者避沿流之舟,违者各笞五十。"①这是我国最早的船舶避让制度。

专门的管理机构、专职的航道疏浚队伍,明确的规章制度甚至立法,是隋唐五代处理"水事"的核心内容。正是有这样一个管理系统,大运河交通才得以兴旺发达,促进了经济社会的发展。

① 《唐律疏议》卷二七《杂律》

第四节

沿河社会经济发展

唐及五代时期,大运河浙江段的全面贯通和航运发展,对浙江,尤其是沿河地区的社会经济发展产生了重大的影响,不仅水土全面开发,农业发展,并带动了造船、制盐、纺织、铸钱、金银铜器制作等手工业的发展,而且人口激增,城市兴起,浙江地区逐渐成为全国的财赋重地。

一、沿河经济发展

唐及五代时全面贯通的大运河浙江段既是一个水路交通工程,也在农田灌溉方面发挥了重要作用。浙西运河沿途的钱塘湖、临平湖等既为大运河提供了水源,也通过运河将河水灌溉到那些远离江河湖泊的农田。白居易《钱塘湖石记》云:"自钱塘至盐官界,应溉夹官河田,须放湖入河,从河入田。准盐铁使旧法,又须先量河水浅深,待溉田毕,却还本水尺寸。"即为当时在保证运河通航水位的前提下,利用运河水道灌溉农田的操作程序。

同样,在浙东运河沿线,鉴湖既是浙东运河的航道,也是山会平原的骨干水利工程。唐高宗时长史杨德裔在山阴修建陂塘,贞元元年(785)观察使皇甫政修建越王山堰、朱储斗门,大和七年(833)观察使陆亘修建新泾斗门,进一步完善了鉴湖工程。元和十年(815)观察使孟简重修从越州州城至萧山的新河、运道塘,在改善了浙东运河鉴湖航运条件的同时,也保障了农田水利。

更重要的是,随着大运河浙江段的全面贯通,到唐代,逐渐兴起了大规模的水土开发热潮。唐广德年间(763—764)起,时任苏州刺史李栖筠奉朝廷命,"择封内闲田荒壤,人所不耕者为之屯"。针对"嘉禾之田,际海茫茫",委任大理评事朱自勉,赴嘉兴主持屯田,其屯田的规模在江南首屈一指,"浙西有三屯,嘉禾为大",数年之中便取得丰硕成果。

朱自勉的屯田"划封疆属于海",其范围不仅包括今平湖、嘉善,也包括今上海市的松江、金山、奉贤沿海地区和江苏吴江的低洼沼泽区,包含海退后大陆前进新淤涨的土地和过去被淹没的土地,估计有上百万亩。屯田以开垦荒地、扩大种植为目的,"取彼榛荒,划为封疆""芟以殄草,剔以除木",不仅以开发水利为实现广种丰收的主要方法,"亩距于沟,沟达于川""浩浩其流,乃与湖连",引小港水达江河,引江河连湖海,构成通畅的水系,"旱则溉之,水则泄焉",而且还结合发展航运交通,河塘筑堤,"上则有途",河中通航,"下则有船",既保证了农田的丰收,也拓展了河网体系。

随着大规模的水土开发,唐及五代时期,浙江的稻作农耕技术也突飞猛进。首先是农机具的改进和农具的不断增多。唐代创造的历史上有名的曲辕犁(江东犁)在江南推广使用,将稻田耕作中的翻土、碎土与混合泥浆形成一个完整的耕作过程,使稻田的耕作质量有了突破性进展。爬、砺礋、碌碡等农具的增多和使用,使耕作效率大大提高。各式水车普遍推广使用,以灌溉排涝,抵御旱涝灾害。六朝之前,包括江南主要实行水田轮作制,即种植一年,闲置一年,任杂草生长,然后通过火耕水耨,变杂草为肥料,恢复土地肥力,再行耕种。到了唐代,绿肥以及人畜粪便、蚕沙、米泔水等肥料的开发使用和田间管理的加强,不仅一年一作的水稻种植制度得以产生并推广,而且更为先进的稻麦复种制和水稻复种制(即双季稻种植)也开始出现。"其稼则刈麦种禾,一岁再熟,稻有早晚,其品种甚繁。农民随其力之所及,择其土之所宜,以次种焉。"①杜牧在《郡斋独酌》诗中云:"三吴当中央,罢亚百顷稻。"罢亚即早稻;"百顷"之多,说明当时的早稻种植已具备相当规模了。水稻移栽也已普遍实行。唐代张籍在《江村行》中有"江南热旱天气毒,雨中移秧颜色新"的描述;创造和应用"种之以时、择地得宜、用粪得理",以求"善其根苗"的培育壮秧技术。

　　水利建设的发展,农耕技术的提高,加上稻麦和水稻复种的推广,浙江稻作农业的收成有了很大的提高。有学者估计,唐代的亩产量约为六石。② 这虽然是一种估计,但当时浙江的农业生产及产量领先于全国则是不争的事实。李翰的"扬州在九州之地最广,全吴在扬州之域最大,嘉禾在全吴之壤最腴。故嘉禾一穰,江淮为之康;嘉禾一歉,江淮为之俭",虽然说的是嘉禾屯田,实际上也反映了浙江粮食生产在全国的地位,尤其是安史之乱后,浙江已经成为漕粮的主要来源地。

　　继唐广德期间的屯田后,浙江的水土开发和水利建设持续不断。唐代名臣李德裕于长庆二年(822)至开成元年(836)期间,曾三度出任浙西观察使,大力发展稻作农业。唐长庆(821—824)时,海盐县令李谔开古泾三百一所、创长丰闸二。明天启《海盐图经》载:"古泾三百一,广可通舟。此则余邑水利之始;而西境田土于今独为上腴……"太和七年(833),在时任苏州刺史刘禹锡的主持下,嘉兴开凿汉塘(今平湖塘),引天目苕溪水达平湖,分数脉以达华亭,为华亭(金山、松江、奉贤)盐碱地的灌溉提供了水源。今三店塘,唐代前原为城郊的东瓜湖,唐中期开为东瓜湖塘(东郭湖塘),东流至今嘉善北入芦墟塘至淀、泖。海宁县唐代自长安引运河及杭州来水,至

---

① 《吴郡图经续记》卷上

② 李伯重:《唐代江南农业的发展》,北京:北京大学出版社,2009 年,第 141～149 页

盐官,经清水塘入于海,这些河流的开通使杭嘉湖平原的水利和航运都更加通畅。

五代时期,浙江又迎来了新一轮以开塘浚浦为主的水土治理。大规模地开塘浚浦、治水营田,依托运河建起塘浦圩田系统,将泥涂沼泽改造成棋盘式的沃壤良田,做到"低田常无水患,高田常无旱灾",有效地抗御水旱灾害,实现了粮食生产的大发展。因此,吴越国期间岁多丰稔,库存充盈,谷价平稳,斗米十余钱,正如明代徐光启在《农政全书》中所评价"钱氏有国,田连阡陌,位位相承,悉为膏腴之产"那样,从而更进一步奠定了浙江农业在全国的地位,浙江成为全国知名的米粮产地。

农业的发展为手工业的发展提供了充足的原料,奠定了雄厚的基础,而运河的交通便利又促进了产品的流通,从而带动了沿河许多手工业的兴起。

唐及五代时期是浙江制瓷业的兴盛时期,以越窑青瓷最为著名。越窑青瓷以其明澈如冰、莹润如玉,胎骨坚臻轻薄,釉色纯洁温润,而一时声名鹊起,备受人们喜爱。唐代的越窑青瓷窑址主要分布在浙东运河沿线的萧山、上虞、绍兴、余姚、鄞州等地,并沿着运河运销全国乃至海外。到五代时期,密集于浙东运河沿线的越窑系窑场的瓷器烧制技术又有了明显提高,尤其是越窑秘色瓷,其制作之巧妙精美已远远超过了唐朝,以至于时人有将秘色瓷直接断定为钱氏吴越国的特种瓷品者。如宋朝人赵令畤在《侯鲭录》卷六云:"今之秘色瓷,世言钱氏有国,越州烧进为贡奉之物,不得臣庶用之,故云'秘色'。"

浙江虽然自然地理环境适宜蚕桑,丝织业起源颇早,但发展一直比较缓慢。隋唐时期,大运河的开通使北方先进技术和优良蚕种传入浙江,浙江的丝织业迅速迈上了新的台阶。《唐国史补》卷下云:"初,越人不工机杼,薛兼训为江东节制,乃募军中未有室者,厚给货币,密令北地娶织妇以归,岁得数百人。由是越俗大化,竞添花样,绫纱妙称江左矣。"同时,唐代,绵帛可以作为货币使用,更进一步刺激了浙江尤其是沿运河地区蚕桑业的发展。到唐代后期,浙江的丝织品在数量上号称"幸越而衣",在质量上,除了台州临海郡外,其余10个州郡全部都有上贡品种,而其中又以运河沿线的杭州、嘉兴、湖州和越州等地的丝织产品数量最多、精品最佳。到五代,浙江的丝织业发展速度更快,不仅农村"桑麻蔽野",在城镇也是"春巷摘桑喧姹女",一派摘桑养蚕的繁忙景象。吴越国的丝织品主要有越绫、吴绫、越绢、锦、缎等,而且成衣制作技术精良,常常作为贡品进贡中原王朝。最多的如后周显德五年(958)吴越国王钱弘俶向周世宗进贡的丝绸达六次之多:二月进贡御衣、绫绢等物;四月进贡绫、绢各二万匹;闰七月进贡织二万匹、细衣缎两千匹及御衣等;八月进贡织一万匹;十一月进贡绵五万两;十二月又进贡了织三万一千匹、绵十万两。[①] 如此贡奉,可见吴越国丝织生产的盛况。

唐及五代时期,浙江也是茶叶、酒、纸张等的主要产地,并通过运河运销全国各地。大约在中唐以前,江南的茶树种植以散植为主。中唐时,《茶经》中首次出了"茶园"的记载,唐末《四时纂要》才比较全面地记述了茶树的种植技术。唐以前,茶叶为原始的"生煮羹饮",唐代发明了蒸青法制茶,即将采摘的新鲜茶叶用蒸青法捣焙成团饼形茶,不仅色、香、味俱佳,而且可以长期保存,从而为茶叶生产的发展提供了广阔的前景。唐代,全国生产贡纸者共11州(郡),其中浙江有杭州、越州、婺州、衢州,其中又以越州藤纸最为著名。

二、沿河城市兴起

唐及五代时期,随着大运河浙江段的全面贯通、航运的发展和经济的繁荣,人口不断增加。有关资料显示,开皇九年(589),即陈朝末年,浙江境约有人口68 500户,大业五年(609)增加到84 067户434 290口,到唐贞观十三年(639),增加到142 916户792 825口,而到天宝元年(742),全省境约有754 661户4 530 244口,也就是说,

---

① 诸葛计、银玉珍:《吴越史事编年》

100多年间人口翻了好几番，已经成为全国人口较为稠密的地区。

人口的增多，农业和手工业的发展，以及运河航运的交通便利，促进了沿河城市的兴起和发展，而城市的发展又推动和促进着运河航运的发展。因此，隋唐及五代时期成为大运河浙江段沿线城市兴起的重要时期，纷纷大兴土木，修筑和扩展城池。

杭州

杭州州城始建于隋开皇九年（589），为杨素所创建。《太平寰宇记》云："隋平陈，废（钱唐）郡，改为钱塘县，又省陈留为绥安县，割吴郡之盐官、吴兴之余杭，合四县置杭州在余杭县，盖因其县以立名。十年，移州治居钱唐城。十一年复移州于柳浦西，依山筑城，即今郡是也。"[①]"柳浦"在今杭州城南钱塘江右岸江干一带，"山"指江干以西的凤凰山，地处钱塘江入海口，南、东两面为钱塘江所绕，自钱塘江向南可以扼守福建、江西和安徽三省，越钱塘江向东可以控制宁绍平原及浙东出海口岸。西面有西湖群山与天目山相连，构成天然的本部屏障。北面居高临下，可以控制杭嘉湖平原。地理形势非常重要，汉代会稽郡本部都尉即设于此。

隋初，杨素所创建的杭州城，"周围三十六里九十步"，城垣大致东临盐桥河（今中河），西濒西湖，南达凤凰山，北至钱唐门，设城门12座。这是杭州第一座州城，也是当时我国东南地区最大的城市之一。

此前，杭州虽然也是州治所在，城市建设也颇具规模，但其地位北不及苏州、湖州，南不及越州（今绍兴）。隋唐大运河开通后，杭州的政治、经济、交通地位都迅速提升，成为大运河航运的一个起讫点和重要枢纽。自此，杭州成为"川泽沃衍，有海陆之饶，珍异所聚，故

---

① 《太平寰宇记》卷九三。"省陈留为绥安县"，即省陈留郡，改所属石封县为绥安县，广德、故鄣、安吉、原乡四县也并入绥安县，县治今安徽广德。绥安县部分辖地在今浙江省境内。

商贾并辏"①的商业城市,开始与宣城(今属安徽)、毗陵(今江苏常州)、吴郡(今江苏苏州)、会稽(今绍兴)等江南名城相提并论。

由此,唐代杭州城市快速发展,一是人口急剧增长。据乾道《临安志》卷二《户口》记载,唐贞观年间杭州居民有 30 571 户153 729 口,到开元中达到 86 258 户。唐宪宗时又增至 10 万户左右。也就是说,100 年间,杭州的人口户数增加了 2 倍。二是城区迅速扩展。唐代,杭州城区已从狭窄的江干推进至今武林门一带,但饮用水困难。唐建中二年(781 年),杭州刺史李泌发动民众开掘相国井、西井、方井、白龟池、小方井、金牛池六井,引西湖水入城,使城区扩展,人口进一步增加。中唐以后的杭州,已以"东南名郡"见称于世,其地位开始超过南面的越州,在江南仅次于北面的苏州。

五代时期,钱镠建立吴越国,定都杭州,杭州一跃而成两浙十三州一军的东南地方、经济、文化中心,"邑屋之繁会,江山之雕丽,实江南之胜概也"②,城垣也连续进行了拓展和整修。大顺元年(890),钱镠扩筑杭州城,南起包氏山,西至秦望山,周围共 50 余里,名"夹城"。景福二年(893),钱镠又发动十三都兵士和民夫 20 余万人,再次扩筑杭州城,从秦望山沿夹城东亘江干,直至钱塘湖、霍山、范浦一带,设城门 10 座、水城门 3 座,名"罗城"。该城南北修长,东西狭窄,形如腰鼓,故又有"腰鼓城"之称。后梁开平四年(910),钱镠再次进行规模浩大的城垣筑造,于凤凰山下筑子城,以作为他的国治。同时,罗城又向城东南濒江部分扩充了 30 里,使其范围更大,并南为通越门、北为双门,均是金铺铁叶,立栅木,建造得非常坚固。

经过吴越国数十年的惨淡经营,杭州城区大大扩展,人口大量增加,经济日益繁荣。这时的运河舟楫辐辏,热闹非凡,尤其是城南的码头(江干)中汇聚了各州的旅客和货物,罗隐《杭州罗城记》说此处"东眄巨浸,辖闽粤之舟橹"。此时的杭州,城市地位开始超过苏州,跃升为东南第一的繁华都市。

① 《隋书》卷三一《地理志下》
② 《旧五代史》卷一三三《世袭列传第二》

嘉兴

唐代起大运河浙江段的全面贯通，嘉兴成为水运的枢纽，政治、经济地位迅速提升。此前，嘉兴虽为县治所在，城市也稍有规模，并在三国吴嘉禾元年（232）"修城郭，起谯楼，掘深池大堑"。当时修建的城池，即子城，其规模仅为"子城，周回二里十步，高一丈二尺，厚一丈二尺"①，占地约 7.5 万平方米；但嘉兴的城市规模和地位不仅远不及苏州、杭州、湖州，甚至还不及海盐和在三国吴黄武三年（223）才析由拳南境、海盐西境而设立的盐官县。

运河的开通促进了嘉兴经济社会的全面开发，经济日益繁荣，人口增长较快。据唐陆广微的《吴地记》载，唐时，嘉兴县"今升县望，管乡五十、户一万七千五十四"②。尽管在隋唐之初，嘉兴以及海盐一度并入吴县，但不久即恢复建制，逐渐崭露头角，成为全国知名的地区。到唐末时期，嘉兴已经形成一个相当规模的城市。唐文德元年（888），制置史阮结奉时任杭州刺史的钱镠令修筑嘉兴城，并调原驻守临平的将领曹信来嘉兴督办筑城。

曹信以原嘉兴的城池为核心修筑大城，即罗城，历时八年，直到唐乾宁二年（895）才修筑完成。其间，曹信因病亡故，其子曹珪子承父业，完成了嘉兴罗城的修筑。曹信、曹珪父子修筑的嘉兴罗城已经具有相当的城市规模。据明弘治《嘉兴府志》载："罗城周围一十二里，高一丈二尺，厚一丈五尺。按《嘉禾记》，唐乾定中守臣曹信筑。"

嘉兴罗城修筑后，城内有大小河道三十余条，通过东、南、西、北四个水门，贯通城外的八条河流，水流自通越水门、澄海水门入城，环子城萦回缭绕，至青龙水门、望云水门流出，西南、东北与大运河相连通，南面以南湖水为经年不竭的水源，形成了以原运河为主干、

---

① 元至元《嘉禾志》
② 唐陆广微：《吴地记》，清同治江苏书局据唐宋刊刻

以子城为中心的、四通八达的水流河网,使嘉兴罗城成为八条河流的汇合之处,居调节汇合中心,得舟楫排引之利。水绕城,城依水,嘉兴成为名副其实的"运河上的城市"。

自此,嘉兴"联接吴会,长雄浙湄,今称杰郡矣……地大而民物日以繁滋……首尾苏杭井邑繁雄,漕贡辏集,而又平原沃壤,海滨广斥,饶于稻粱鱼盐之利,而丝帛之属视茗雪次之,实江左之泽国,浙右之会府也"①。

五代时的后唐同光二年(924),钱镠曾在嘉兴设立开元府,以庆祝吴越国开国寓意,辖海盐、华亭等县。后晋天福五年(940)三月,吴越国王钱元瓘向后梁朝廷奏报升嘉兴县为秀州,设嘉兴、海盐、华亭、崇德四县。此后,秀州便成为吴越国十一州之一,地位日显重要。

绍兴

越州(会稽郡)城,始建于春秋时期。周敬王三十年(前490),历经三年磨难,终于回国立志复仇的勾践接受范蠡建议,在今若耶溪的下游西缘,卧龙山东南麓,建筑小城。"勾践小城,山阴城也。周二里二百二十三步,陆门四,水门一。"②不久,又建大城。"大城周二十里七十二步,不筑北面。"③

秦始皇统一六国后,对剽悍善战的越族耿耿于怀,不愿在此建立郡治,因此把吴越旧地合置为一个会稽郡,治吴(今苏州),而把"大越"改为"山阴"。东汉永建四年(129)会稽郡分置吴郡,以钱塘江为界,江北置吴郡,郡治设于吴,江南置会稽郡,郡治设于山阴,领今浙江境内山阴等 14 县。从东汉到六朝时期,这座由大越城演变的会稽郡城,既是西兴到镇海的浙东运河的中心枢纽城市,也逐渐成为钱塘江南岸政治、经济、文化中心。运河从迎恩(西郭)水门进入

---

① 明嘉靖《嘉兴府图记》卷二《邦制》

② 《越绝书》卷八

③ 《越绝书》卷八

郡城,穿越而过,再东出都赐水门、东郭水进入鉴湖,浙东运河全程中最有特色的城市运河也把会稽郡城变成了一座水城。

隋开皇年间(581—604),越国公杨素修郡大城,史称"罗城",这是范蠡筑城以来第一次有记载的城垣修葺。罗城周围加广至 24 里 250 步,设陆门 4,水门 1,城不为壕。城东面高 2 丈 4 尺,其厚 3 丈;西面高 2 丈 6 尺,其厚 1 丈 8 尺;南面高 2 丈 1 尺,其厚 1 丈 8 尺;北面高 2 丈 2 尺,其厚 2 丈 6 尺。同时,杨素又以原有勾践小城为基础,扩建成周 10 里的子城。子城西北两面以卧龙山为城,不设壕堑。东南两面建城垣,东面高 2 丈 2 尺,厚 4 丈 1 尺;南面高 2 丈 5 尺,厚 3 丈 9 尺。子城与罗城相衔,使绍兴城的轮廓基本确定,今绍兴城环城公路与罗城城垣基本相合。

隋唐时期,在绍兴历史沿革变化中,最重要的是"越州"一名的出现,尽管从隋大业到唐乾元的一个半世纪中,"越州"和"会稽郡"有过几次反复的变化,但从唐乾元元年(758)起,"越州"的名称就稳定下来,并成为今浙江省境内的最大都会。著名诗人元稹曾在唐长庆年间(779—831)任浙东道观察使兼越州刺史。他在任时作诗,有"会稽天下本无俦"之语。贞元三年(787),朝廷分浙江东西道为三,各置观察使,其中除了浙东治越州外,浙西治润州(今江苏镇江),宣、歙、池治宣州(今宣城)。这说明,当时浙江省境内够得上"道"一级治所的城市,还只有越州一处。

直到唐朝末期,越州州城亦即山阴、会稽两县县治,在今浙江省境仍处于首屈一指的地位。据《资治通鉴》所记,唐光启二年(886)"董昌谓钱镠曰:汝能取越州,吾以杭州授汝……十一年,钱镠克越州。昌徙镇越州,自称浙东军府事,以钱镠知"[1]。董昌为杭州刺史,钱镠是其部将,但董昌不忍心得越州而弃杭州,而当时的越州尚在杭州之上。乾宁四年(897),吴越王钱镠定杭州为吴越国西府,越州为吴越国东府。定都以后,钱镠对杭州进行了一番很大的营建,这样,杭州才开始超过越州。不过东府仍是他的行都,乾宁年间

---

① 《资治通鉴》卷二五六《唐纪》

（894—898）中，钱镠修筑罗城，但城市格局依旧，并于乾宁四年、天复元年（901）、后梁开平三年（909）数度驻节越州，擘画经营，建树甚多，促进了越州城的继续发展。

湖州

湖州城始建于战国时期，楚考烈王十五年（前248），春申君黄歇徙吴，在此筑城，始置菰城县。菰城县在今吴兴区道场窑头村，以"城面溪泽，菰草弥漫"而名。城由内外两重组成，内为城，外为郭，均用黄土夯筑。秦末时期，项梁起兵，据乌程地，建子城，故又名项王城。"子城，《统记》云：旧当秦时为项王故城。"[1]秦王政二十五年（前222），秦定江南，湖州属会稽郡，改菰城为乌程县。三国吴宝鼎元年（266），置吴兴郡，隶属扬州，治所乌程。六朝期间，黄河流域战乱不断，中原人口纷纷南迁，既增加了劳动力，也带来了较为先进的生产技术，经济社会发展迅速。

仁寿二年（602），隋置湖州，以濒太湖而名湖州，湖州之名从此始，治所乌程。大业十二年（616），恢复吴兴郡。入唐后，湖州经济社会发展更加迅猛，尤其是随着东苕溪航线的开辟和由湖州经南浔、震泽至平望的荻塘的多次疏浚，扩展了浙西运河的辐射面，使湖州在运河水网的地位和作用都大大提升。唐武德四年（621），越郡王李孝恭主持修筑罗城。"罗城东西一十里，南北一十四里，《统记》云一十九里三十步，折二十四里。"景福二年（893），湖州刺史李师说"重加版干之功"。五代时期，吴越国大兴水利，疏浚河道，航运水网和塘浦圩田系统都臻于完善和巩固，湖州"岁多丰稔""境内丰阜""斗米十余钱"，经济社会地位和作用都继续提升，被称为"江表大郡，吴兴为首""山泽所通，舟车所会，物土所产，雄于楚越"[2]。为此，周德六年（959），吴越王钱镠诏长湖州为节镇，以宣德军为军额，

---

① 嘉泰《吴兴志》卷二《城池》
② 顾况：《湖州刺史厅壁记》，《全唐文》卷五二九，第三册

第二章 唐及五代运河航运的发展（581—960年）

以钱宏偡为节度使。

明州

明州(今宁波)州城始建于春秋战国时期。相传,周元王四年(前472)越王勾践筑句章古城。秦代,境内设句章、鄞、鄞和余姚(一说西汉初置)4县。六朝时期,中原大量移民促进了浙东地区的开发。到隋开皇九年(589),并余姚、鄞、鄞三县为句章县①,县治设在鄞城,开始形成浙东的区域中心。随着浙东运河航运和对外贸易的发展,地处浙东沿海的鄞县通商海港地位开始崭露头角,兴盛发达起来,终于在唐开元二十六年(738)鄞县历史性地从越州分离出来,设置了明州。② 明州的设置,标志着浙东地区进入了以海港经济为特色的发展时期。明州城也迅速崛起。位于姚江、奉化江、甬江交汇三江口的明州州城,北出甬江海口,西连浙东运河,既为我国东南沿海的重要港口,又是沟通沿海重邑杭、越、明之浙东运河的终点,还是唐代后中国隋唐大运河的终点。

唐长庆元年 (821)明州治与鄞县治互易,自小溪迁至三江口,遂形成明州港。是年,明州刺史韩察先筑明州子城(内城),"长庆元年刺史易县治为州,撤旧城,筑新城"③,周长420丈,环以水,城内设衙署,城外为民居。唐乾宁五年(898),明州刺史黄晟在子城外围修筑明州罗城(外城)。黄晟墓碑云:"此郡先无罗城,郭民苦野居。晟筑金汤壮其海峤,绝外寇窥觎之患,保一州生聚之安。""罗城周围长二千五百二十七丈许,计一十八里。奉化江自南来限其东,慈溪江(姚江)自西来限其北,西与南皆它山之水环之。"④罗城东、北两面紧傍奉化江和姚江,东面东渡门外向北至姚江边渔浦门外为当时集市所在,沿江为船舶停靠码头,向西沿江地方为船舶修造工场。

---

① 嘉泰《会稽志》卷一
② 嘉泰《会稽志》卷一
③ 《宝庆四明志·郡守》
④ 《宝庆四明志·城郭》

明州因港建城,一开始就是个港口城市。建城以后,明州与日本、朝鲜、南洋、阿拉伯等海外国家及地区通商往来,逐渐发展起来。唐、五代时期,明州港已开辟了北至楚州(今江苏淮阴)、登州(今山东蓬莱),南达温州、福州、广州,抵达高丽(朝鲜)、越南、新加坡、斯里兰卡、印度、日本等海上航线,不仅将海外航线与浙东运河航线连接起来,也把浙东运河沿线越州的白洋港和西陵两大海港与明州港通连组合,形成海港与海港、海港与运河、海运与河运的集群优势,既拓展了明州港的内陆腹地,又延伸了浙东运河的对外辐射,更促进了明州城的发展与繁荣。

三、运河文化发展与交流

大运河浙江段自唐及五代全面贯通后,水运的发展促进了运河沿线经济社会的发展,城市兴起,商业繁荣,商贾和社会各界人士以及中外游客纷纷循着运河航线往来交流,不仅使大运河浙江段沿线的城镇更加繁荣,也推动了运河文化的发展和浙江与全国各地乃至海外的文化交流。

隋唐时期是中国经济文化高度发展的历史阶段。随着经济文化重心的逐渐南移和运河航运的发展,大运河不仅成为最直接的经济文化交流的孔道,而且运河沿岸绮丽的风光、繁荣的经济、兴旺的城镇,吸引着官宦士人、文人墨客流连往返于运河一线,留下了数不胜数的文章诗篇,形成内容瑰丽多彩的运河文化。

唐朝,诗歌被推上了繁荣的顶峰,大批诗人或在仕宦之途、施政之暇,积极从事诗歌创作;或"仗剑去国,辞亲远游",浮游山水,浪迹天涯;或寄予山水,逍遥林泉,隐居读书,避俗达道;或诗篇酬和,以文会友……大运河及沿线即是他们歌咏描述的内容和对象,反映了当时社会生活的方方面面,更自觉或不自觉地进行着文化上的交流。在浙东运河上有一条唐代诗人行吟聚会的旅游线路,被称作

"浙东唐诗之路"，已得到学界的普遍认可。这条旅游线路贯穿浙江以东的越州、明州、台州、温州、处州（今丽水市）、睦州（今属杭州市）、衢州、婺州（今金华市）等八个州，以越州萧山之渔浦、西陵（今西兴）为起终点，又以横渡钱塘江作为起终的出入口。这八个州从唐贞元三年（787）设浙东道、治越州后，均在浙东范围。这片以越州为中心的浙东区域，以经济发达、文化深厚、景色奇丽、宗教兴盛著称，吸引了晋代后无数文人墨客前来游赏、探幽、怀古、创作，并在唐代掀起高潮。据统计，终唐一代，有400多位著名诗人沿着这条路线游玩越中，留下了诗作名篇近千篇，形成中外旅游史上绝无仅有的"浙东唐诗之路"。这条以诗为特色，以水路为主兼以陆道的旅游之路，在文化和交通上最大的载体，正是把浙东主要文化景点串联起来的浙东运河，其中从渔浦、西陵经西兴运河、东鉴湖航道到曹娥江的浙东运河西段，则是浙东运河唐诗之路的起始段和精华段，无疑是诗人们着力描述和讴歌的重点所在，其中脍炙人口的名篇有李白的《送王屋山人魏万还王屋》、孟浩然的《渡浙江向舟中人》、元稹的《别后西陵晚眺》、白居易的《答微之泊西陵驿见寄》等。

同样，唐代诗人也在浙西运河沿线留下过深深的足迹，写下过许多优美的诗篇。京兆（长安）人韦应物，曾刺滁州、江州、苏州，罢任后寓居苏州，"其风流雅韵，多播于吴中"。刘禹锡生长在嘉兴，曾为淮南节度使杜佑掌书记，后贬官朗州，出刺苏州、和州，写有大量运河题材的诗篇。白居易在唐后期曾出刺杭州、苏州，写有《隋堤柳》《登阊门闲望》《自余杭归，宿淮口作》等大批诗作。白居易在杭州时，"江东进士多奔杭"，张祜、徐凝等与之多有交往。其他如李颀、崔颢、刘慎虚、刘长卿、李嘉佑、顾况、卢纶、李益、柳中庸、崔峒、戴叔伦、窦常、张南史、昌温、卢仝、陈羽、权德舆、鲍溶、施肩吾、姚合、皮日休、章孝标、杜甫、李商隐、杜牧等，皆曾在浙西运河一线留下足迹。这些诗人游历南北，诗酬唱和，其本身就是进行文化上的交流。

因此，从这些作品的内容来看，描述大运河浙江段风光景色，反映大运河浙江段沿线经济发展、文化繁荣、经济文化交流频繁的诗作蔚为大观。如李白的《送王屋山人魏万还王屋·并序》对越中山水的描绘出神入化、荡气回肠：

逸兴满吴云，飘飘浙江汜。

挥手杭越间，樟亭望潮还。

涛卷海门石，云横天际山。

白马走素车，雷奔骇心颜。

遥闻会稽美，且度耶溪水。

万壑与千岩，峥嵘镜湖里。

秀色不可名，清辉满江城。

人游月边去，舟在空中行。

此中久延伫，入剡寻王许。

笑读曹娥碑，沉吟黄绢语。

天台连四明，日入向国清。

五峰转月色，百里行松声。

对大运河浙江段沿线社会生活的方方面面，诗人们都有生动描述、深刻反映，如杜甫的《解闷》四首之一：

胡商离别下扬州，忆上西陵故驿楼。

为问淮南米贵贱，老夫乘兴欲东游。

西陵是浙东运河西端与钱塘江的衔接处。该诗生动地刻画了全国各地的胡商客贩辗转于其间的情形。张籍的《贾客乐》中有"年年逐利西复东，姓名不在县籍中。农夫税多长辛苦，弃业长为贩卖翁"，白居易的《盐商妇》中有"南北东西不失家，风水为乡船作宅"等，都是当时社会生活的写照。

唐及五代时期，随着大运河浙江段的全面贯通，浙江与江淮、关中乃至全国各地，尤其是大运河沿线各地联成一体，大运河成为陆路和海路联结的重要孔道，于是"扬、益、湘南至交、广、闽中等州，公家运漕、私行商旅，舳舻相继"，对外经济文化的交流日益频繁起来。

唐及五代时期，大运河浙江段的全面贯通后，经浙东运河到杭州,再经浙西运河而北至长安,是外国使臣、僧人、商人入中原的主要路线之一。自东晋成帝(司马衍)咸和元年(326)印度僧人慧理来到杭州,住锡灵隐,创建了著名的佛教寺院灵隐寺后,唐朝以降,阿拉伯人开始涉足杭州。初唐时期,北非、阿拉伯人不惧风涛之险,相继而至,杭州成了他们从事海上贸易的集结地。据相关史料记载,埃及的大商人欧斯曼·本·阿法尼就在这个时间内泛海来到杭州,定居在今洋坝头附近,并出资修建了伊斯兰教清真寺——凤凰寺。据寺内康熙九年(1670)留下的碑刻记载:"兹寺创于唐毁于季宋。元辛巳年(1281)间,大师阿老丁自西域来杭,见遗址而慨然,捐金鼎新重建。"唐代创寺,证明来到杭州的阿拉伯人已不是少数。他们之中的多数人侨居杭州,清真寺是他们进行宗教活动的聚会之所。一直到吴越国时,杭州仍与大食等阿拉伯国家保持着海外贸易关系。

唐和吴越国时期,除与阿拉伯国家进行交往,杭州还与日本、新罗、百济、高句丽等国家有了频繁的友好往来,特别是日本。

隋朝时期,中日互遣使臣。唐代,在向唐朝学习的热潮中,从贞观年间开始,日本先后派出的遣唐使有 19 次之多,最多一次使团成员达 550 人。日本著名的大化改新,就是由留学唐朝回国的人策动的,新政中的制度大都以唐制为蓝本。古都奈良仿长安,日本文字来源于唐草书,唐朝的相扑至今仍是日本的国技,各级学校教授儒学。日唐贸易往来频繁。隋唐五代两宋时的外国使臣多走南路航线,乘船渡海直驶两浙的明州、杭州及越州,再转运河北入长安。浙东运河、浙西运河成了一条承载中外文化交流重任的遣唐使之路。

唐高宗显庆四年(659),日本遣唐副使津守吉祥的海舶漂流到越州(今绍兴),然后到杭州。唐玄宗天宝年间(742—755),朝鲜半岛局势发生了变化,新罗统一了朝鲜并与日本关系恶化,日本只好放弃中日间的北路航线,改走南路航线,泛海至明州(今宁波)再抵杭州转运河,往中原。天宝三年(744),遣唐学问僧荣睿、普照等曾追随鉴真和尚到达杭州港。唐德宗贞元二十年(804),日僧最澄、义真等随遣唐使经过杭州。唐武宗会昌四年(844),遣唐学问僧慧萼来杭州请盐官县灵池寺禅师义空赴日本。唐宣宗大中七年（853），日僧园珍等 5 人自日本经杭州转洛阳。唐懿宗咸通三年（862 年），日本真如法亲王等经杭州去洛阳。总之，这个时期杭州港对日交往频繁，既有中国船去日本，也有日本船来杭州，其目的是进行宗教文化的交流。吴越国时期，杭州港的对日往来比唐代更趋兴旺。据不完全的统计，至少有 26 次。这一时期，中日间宗教文化交流急剧增多。

第三章
宋元运河航运的兴盛
（960—1368年）

宋元时期是浙江封建社会经济发展的兴盛时期,"国家根本,仰给东南",而两浙为首富之区,农业、手工业、商业、科学技术、文化教育等方面的发展都呈现出封建时代的兴盛局面。尤其是宋室南迁后,北方人口再次大规模迁徙,政治、经济、文化中心南移,浙江成为全国经济社会最发达的地区之一。与此相适应,大运河浙江段航运呈现出一派兴盛的景象,无论是航道整治与改造、复式船闸的设置、船舶的建造等,还是转输方式的改善、航运管理的完善等,都取得了一系列的重大成就。浙江的运河航运全面兴盛。

第一节

航道的进一步整治

　　宋代，大运河的历史掀开了崭新而独特的一页。北宋的统一，为社会经济生产发展提供了安定环境，尤其是江南经济的迅速发展，使中国的经济重心逐渐转移到了南方。北宋都城汴京（今河南开封），南宋行都临安（今杭州），分据运河北南要冲。前者仰赖运河，吞纳东南财赋，维持"强干弱枝"的立国之势；后者则依靠运河转输诸路钱粮，支撑半壁江山，从而使漕运达到了鼎盛阶段。大运河成了两宋立国的命脉，在经济、文化发展和社会生活中发挥着重要的作用。为此，从朝廷到地方都十分重视大运河管理，对大运河航道不断进行整治。

一、浙西运河的持续整治

　　宋元时期，为适应气候、水文条件的变化和改善航运条件的需要，对浙西运河进行了持续的疏浚、整治，并在原有航道的基础上，在今杭州境内开浚了奉口河、北关河等重要河道。

浙西运河的疏浚

浙西运河,即大运河江苏吴江经嘉兴至杭州段,地势由西南向东北倾斜。唐朝时起,钱塘江北岸不断涨出,使湖水减弱,上塘河水源出现困难,因此在今海宁长安镇创设长安堰,以保持上塘河河水不致流失。五代时期,吴越王钱镠组织修筑捍海塘,并置"撩浅军"疏浚河道,保证水道的畅通,到北宋初期仍享其利。北宋继承了这一做法,嘉祐四年(1059),组建苏州开江四指挥,共2 000人,分别为吴江、常熟、昆山、城下;嘉祐八年(1063),调拨常州望亭堰兵士隶苏州开江指挥,置营昆山,兴修至和塘。熙宁七年(1074)六月,"诏真、扬、楚州运河依两浙运河择尤浅涩处先开淘,令发运司借上供钱米雇夫"。元符三年(1100)二月,诏"苏、湖、秀凡开治运河港、浦、沟涘,修垒堤岸,开置斗门、水堰等,许役开江兵卒"。① 崇宁四年(1105),宋徽宗下诏苏、湖、秀三州下属开江兵卒1 400人与开江使臣2人,护察已浚的运河,"遇潮沙淤淀,随即开淘;若他役者,以违制论"②。

元丰三年(1080),北宋朝廷拨米3万石,开浚浙西运河浅涩之处。宣和二年(1120)十二月,诏"凡常、润、杭、秀、扬州新旧等闸,通治之"。除了开江兵、湖兵等专司水利的军队建制外,朝廷还命其他士卒也要参加运河的疏浚和修护。宣和五年(1123),江南河"河身淤淀,稍衍雨泽,便有浅涩,致妨漕运",遂命自镇江吕城闸至杭州一带河道,"各合用水手,打特河底,因侧闻深五尺"。这是北宋时期最后一次全面疏浚浙西运河。

南宋时期,出于对大运河的依赖,朝廷更加对大运河勤加疏浚与保护。当时,虽然没有严格的岁修之制,但朝廷常命发运司和沿河州县加以巡查并进行修护:

---

① 《宋史·河渠志》
② 宣统《吴江志》卷五四

绍兴三年（1133）十一月，宰臣奏闻修运河。帝曰："可发旁郡厢军，壮城捍江之兵，至于廪给之费，则不当吝。"四年（1134）起，发近厢军开修运河，运判马承家等因奏申严填塞之禁，自是以来，为守者率以时察视惟谨。①

绍兴八年（1138），又命守臣张澄发厢军壮城兵千人，开浚运河堙塞，以通往来舟楫。②

绍兴十六年（1146）五月壬申，再浚运河。③

乾道九年（1173），命华亭县招收土军五十人，巡逻堤堰，专一禁战，将卑薄处时加修捺。

淳熙二年（1175），两浙漕臣赵磻老言："临安府长安闸至许村巡检司一带，漕河浅涩，请出钱米，发两岸人户出力开浚。"又言："欲于通江桥置板闸，遇城中河水浅涸，启板纳潮，继即下板，固护水势，不得通舟；若河水不乏，即收闸板，听舟楫往还为便。"④

嘉泰二年（1202）六月壬戌，浚浙西运河。⑤

嘉定十二年（1219），海潮泛滥，殃及运河，朝廷接到奏报后立即采取措施护堤。"臣僚言：'盐官去海三十余里，旧无海患，县以盐灶颇盛，课利易登。去岁海水泛涨，湍激横冲，沙岸每一溃裂，尝数十丈。日复一日，浸入卤地，芦州港渎，荡为一壑。今闻潮势深入，逼近居民。万一春水骤涨，怒涛奔涌，海风佐之，则呼吸荡出，百里之民，宁不俱葬鱼腹乎？况京畿赤县，密迩都城，内有二十五里塘，直通长安闸，上彻临平，下接崇德，漕运往来，客船络绎，两岸田亩，无非沃壤。若海水径入于塘，不惟民田有咸水湮没之患，而里河堤岸，亦将有溃裂之忧。乞下浙西诸司，条具筑捺之策，务使捍堤坚壮，土脉充实，不为怒潮所冲。'从之。"⑥

---

① 咸淳《明志安》
② 淳祐《临安志》
③ 《宋史·高宗纪》
④ 《宋史·河渠七》
⑤ 《宋史·宁宗本纪》
⑥ 《宋史·河渠七》

元朝的建立,结束了自唐代末年以来近400年的分裂局面,运河的发展也进入了重要的转折期。元世祖忽必烈定鼎大都(今北京),全国政治中心转移到了大运河的最北端,元朝廷先后组织重开金口河、坝河,开凿通惠河、济州河、会通河、胶莱河等,去弯取直,以最短的距离,于至元三十年(1293)全线贯通从大都抵达杭州的京杭运河,这就是人们通称的"京杭大运河",这成为中国运河史上继隋代以后的又一次重大转变,奠定了此后京杭大运河的基本走向及其规模。其间,浙西运河基本没有变化,但疏浚等维持工作仍然没有间断。

元代,由于漕粮集结、运送的需要,元廷极其重视运河航道的疏浚和整治,曾专门设立浙西都水庸田司和行都水监等机构,二三十年间屡兴大役,动用数十万民工,着重疏浚、治理吴淞江和淀泖湖群及其通向吴淞江的诸大浦,以疏导杭州通往苏州、松江的航道。至元二十九年(1292),元朝廷组织力量大规模地疏浚浙西河道。接着,至元三十年(1293)、元贞元年(1295)、大德三年(1299)和泰定元年(1324)等,元朝廷又都较大规模地疏浚和整治浙西运河等航道。泰定二年(1325)元朝廷还一度撤销松江府建制,将华亭、上海两县归嘉兴路管辖,统一治水和管理航道。

宋元时期,不断的疏浚、整修和改造使浙西运河航运始终保持通畅。北宋一代,运河漕运基本保证了北宋中央及边路对各类物资的需求。南宋时期,虽然军事对峙,淮河以北的水道渐渐堙塞废弃,但从润州(今江苏镇江),经平江(今苏州)、吴江、秀州(今嘉兴)至临安(今杭州)的运河则始终保持其繁荣,成为南宋政权赖以存在的生命线。施锷云:"城外运河,在余杭门外北新桥之北,通苏、湖、常、秀、润等河。凡诸路纲运……皆由此达于行都。"[1]"嘉定六年(1231),臣僚亦言:'国家驻跸钱塘,纲运粮饷仰给诸道,所系不轻。水运之程,自大江而下,至镇江则入闸经行运河,如履平地。川、广

---

① 　淳祐《临安志》卷十

巨舰,直抵都城,盖甚便也。'"①元代大运河浙江段示意图如图5
所示。

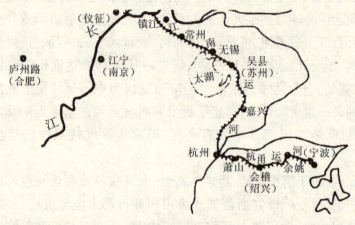

图5　元代大运河浙江段示意图

　　值得一提的是,两宋时期的浙西运河的疏浚、整治,常和农田水
利有机结合,在保证运河航运畅达的同时,还实现了整个河网水系
的良性循环。南宋时期,"运河之浚,自北关至秀州杉青,各有堰闸,
自可潴水。惟沿河上塘有小堰数处,积久低陷,无以防遏水势,当以
时加修治。兼沿河下岸泾港极多,其水入长水塘、海盐塘、华亭塘,
由六里堰下,私港散漫,悉入江湖,以私港深、运河浅也。若修固运
河下岸一带泾港,自无走泄。又自秀州杉青至平江府盘门,在太湖
之际,与湖水相连"②。这说明浙西运河与太湖水系你中有我、我中
有你的密切关系。

运河水源的治理

　　至北宋后期,龙山、浙江二闸相继崩废,江潮难以进入运河,"撩
湖兵"又废除,"西湖日就埋塞,昔之水面,半为葑田"③。于是,浙西

---

① 《宋会要·方域十六》
② 《宋史·河渠七》
③ 《苏东坡全集·奏议集·申三省起请开湖六条状》

运河遂失湖水之利，不得不专取给于江潮，以致河道复为潮沙所淤，航运因而受阻，杭州城内，"公私壅滞，以尺寸水行数百斛舟，人牛力尽，跬步千里，虽监司使命，有数日不能出郭者"①。针对这种情况，熙宁四年至七年(1071—1074)，时任杭州府通判之职的苏轼主持疏浚前沙河的工程。前沙河"在菜市门外，太平桥外沙河北水陆寺前入港，可通汤镇、赭山、岩门盐场"②。这是一条由庆春门出发，经华家池、汤镇至岩门盐场的河道，所以也称运盐河。

元祐四年(1089)，苏东坡任杭州知州，这时的杭州城内运河淤积情况更加恶化，以致"运河干浅，使客出入，艰苦万状，谷米薪刍，亦缘此暴贵"。于是，苏东坡调集捍江兵士及诸色厢军千余人，用半年多的时间，"浚茆山、盐桥二河，分受江潮及西湖水，造堰牐，以时启闭。初杭近海，患水泉咸苦。唐刺史李泌始导西湖作六井，民以足用。及白居易复浚西湖，引水入运河，复引溉田千顷。湖水多葑，自唐及钱氏后废而不理，至是葑积二十五万余丈而水无几，运河失湖水之利，取给于江潮，潮水淤河，泛溢阛阓，三年一浚，为市井大患，故六井亦几废。轼既浚二河，复以余力全六井，民获得其利"③。"临安运河在城中者，日纳潮水，沙泥浑浊，一汛一淤，比屋之民，委弃草壤，因循填塞。元祐中守臣苏轼奏谓'熙宁中通判杭州时，父老皆云苦运河淤塞，率三五年常一开浚，不独劳役兵民，而运河自州前至北郭，穿阛阓中，盖十四五里。每将兴工，市肆汹动，公私骚然……寻划刷捍江兵士及诸色厢军，得一千人，七月之间，开浚茆山、盐桥二河各十余里，皆有水八尺，自是公私舟船通利。"④苏东坡开茆山河，主要是为了引导钱塘江水进入运河，所以要一直向南开到龙山河，以继续利用龙山、浙江闸，引江水入河。

苏东坡还浚治了西湖。他用"以工代赈"的办法，集资三万四千贯，发动数万民工，开掘葑田二十五万余丈，堆成一条纵贯西湖的南

---

① 《宋史·河渠志》"东南诸水"下
② 咸淳《临安志》卷十
③ 《宋史》卷九六《河渠志》
④ 《宋史》卷九七《河渠志》

，使西湖不仅"复唐之旧"，而且更加风姿妖娆。苏东坡又于涌金门内小河中置一小堰，疏浚开凿了从法慧寺至猫儿桥河口三百多丈的沟渠，引导西湖之水进入盐桥运河。这样一来，盐桥运河"下流，则江潮清水之所入，上流，则西湖活水之所注，永无乏绝之忧矣"。苏氏主持修堆的长堤，后称"苏堤"。

为了保障浙西运河的畅通，对水源之一的钱塘江也进行了治理。政和二年（1112）七月，兵部尚书张阁言："臣昨守杭州，闻钱塘江自元丰六年泛溢之后，潮讯（汛）往来率无宁岁，而比年水势稍改，自海门过赭山，即回薄岩门、白石一带北岸，坏民田及盐亭、监地，东西三十余里，南北二十余里。江东距仁和监止及三里，北趣赤岸同瓦口二十里。运河正出临平下塘，西入苏、秀，若失障御，恐他日数十里膏腴平路，皆溃于江，下塘田庐莫能自保，运河中绝，有害漕运。"宋徽宗"诏亟修筑之"。政和六年（1116）杭州知州李偃言："汤村、岩门、白石等处并钱塘江通大海，日受两潮，渐至侵啮，乞依六和寺岸，用石砌叠。"宋徽宗乃命刘既济修治。[1] 元朝又在盐官州一带修建海塘，因为采用"石囤木植"的办法，海塘修成后，"并无颓圮，水息安民"，于是将盐官州改名为海宁州。由于采取了上述措施，从而保障了浙西运河航道的安全。

奉口河的疏凿

南宋建都杭州，运河更成了朝廷命运之所系。如果运河航运受阻，南宋朝廷就难以为继，杭州城市供给就要发生危机，因此其地位更显重要。淳熙十四年（1187），宋孝宗从臣僚奏言，开浚奉口至北新桥河道三十六里，"使通客船，以平谷值"[2]。到了淳祐七年（1247），资政殿大学士兼临安知府赵与筹又一次浚挖了奉口河。这一年大旱，自东迁至北新桥的河道"断流，米船不通"，自德清至北新

① 《宋史》卷九六《河渠志》
② 《宋史》卷九七《河渠志》

桥的奉口河，虽"间有积水，去处亦皆断续"，"自奉口至梁渚，仅有一线之脉，止可载十余石米舟。自梁渚至北新桥，则皆干涸，不可行舟。共计三十六里，计五千五百三十九丈五尺"，所以米价高。于是，赵与筹雇募民工进行浚挖，"一自北新桥至狗葬，开阔三丈、深四尺，一自狗葬至奉口，开阔一丈"[1]，并将浚河所挖之土，"帮筑塘路"，使得"水陆皆有利济"。浚挖奉口河工程结束以后，"漕输既便顺，堤岸亦增辟，自是往来浙右者，亦皆称其便焉"，达到了一举两得的效果，奉口河成为浙西运河进入的又一通道。当时运河北来，直达杭州城内，并通过城内外主干河道与钱塘江及浙东运河相沟通，为杭州发展成为"东南第一州"和南宋帝都奠定了重要的物质基础。

南宋定都杭州，大运河不仅保障南宋中央政权各类财赋的供给，也是其布达政令、遣发军旅、流通物资的重要通道，因此朝廷对运河事宜更为注意。在南宋的一百五十多年时间里，除了修筑钱塘江堤、浚治西湖之外，张澄、周淙、赵与筹、潜说友等人先后进行了七次规模较大的运河治理，修治范围除了龙山河因逼近皇城不能进舟楫以外，包括各条大小河道，形成了一个完整的水上运输网。

复开龙山河

元代大运河杭州段主要沿用南宋的运河体系，并无太大的变化，但仍对运河杭州段进行了多次疏浚和开挖，其中浚治龙山河并使之复用是影响较大的工程之一。

龙山河因水通钱塘，历来受泥沙淤塞之困，虽有龙山闸阻隔，亦不可全免。南宋以后，淤积日重，又兼居民已有侵占，到元代时已经不能通航。龙山河乃茅山河的上游，又南临钱塘江，是一条十分关键的河道，它的断航严重影响到整个杭州的水运体系。如至大元年(1380)江浙省令史裴坚上书所言："杭州钱塘江，近年以来，为沙涂壅涨，潮水远去，离北岸十五里，舟楫不能到岸。商旅往来，募夫搬

---

[1]　淳祐《临安志》卷十

运十七八里,使诸物翔涌,生民失所,递运官物,甚为烦扰。访问宋时并江岸有南北古河一道,名龙山河,今浙江亭南至龙山闸约一十五里,粪坏填塞,两岸居民间有侵占。迹其形势,宜改修运河,开掘沙土,封闸搬载,直抵浙江,转入两处市河,免担负之劳,生民获惠。"①龙山河的复通,对杭州的航运和"生民"来说,是十分迫切的需要。

裴坚的建议,终为元仁宗时的浙江省左丞相康里脱脱付诸实践。康里脱脱赴杭州后,下车伊始,便深入民间体察民情,时有父老言:"杭城故有便河通于江浒,堙废已久,若疏凿以通舟楫,物价必平。"脱脱闻言无视僚佐的反对,认为"民之便,行之可也"②。遂于延祐三年(1316)"令民浚河,长九里三百六十二步,造石桥八,立上下两闸,仅四十日而毕工"③。此次疏浚后,至正六年(1346),其子行省平章达识帖木儿也曾征役42 500工,化钞85 000贯,复浚治了"南起龙山,北至猪圈坝,延袤三十余里"的龙山河,将各处都浚深三尺,新建水闸中所,石梁一所。

龙山河的复通再次使杭州的运河环城、舟航得便,几近恢复到南宋时的鼎盛气象。

北关河的疏凿

宋元时期,浙西运河的又一较大的发展,是元代末年疏凿了今杭州境内的北关河。

北关河是张士诚主持疏凿的。张士诚,小字九四,泰州白驹场亭人,原以操舟运盐为业。后为富家凌侮,忿而率诸弟及壮士李伯长等十八人,广招少年及盐丁起兵反元,先陷泰州,后占兴化。至正十三年(1355)张士诚袭据高邮,自称诚王,号大周,建元天祐。后攻

---

① 《元史·河渠志》
② 《元史·康里脱脱传》
③ 《西湖游览志馀》卷二一

克常熟、平江、湖州、松江、常州等地，改平江为隆平，定之为都，与朱元璋并争天下。至正十七年（1357），张士诚占据杭州，即开始对杭州城内运河进行改造。至正十九年（1359），修复杭州城垣，将艮山门至清泰门的城墙向外拓展三里，原来在城外做护城河的菜市河向内缩进二里，至候潮门以西，将凤凰山挡在城外，成了城内河流。从此，城外运河、外沙河、后沙河一段，即成杭州之护城河，仍称城河。

因战争频繁，兵船多往来于苏杭之间，而此时经长安、临平至杭州的河道狭窄，十分不利于军事行动。于是，张士诚决定取近舍远，"自塘栖南五林港，开河至江涨桥，因名新开运河，亦名北关河"①。这条北关河，沿途除了有一些湖泊可资水源外，又以奉口河闸和东苕溪之水补充水源，所以航运称便。

北关河就是赵与筹在《新开河奏》里所说的下塘河系统两条主航道之一（另一条即奉口河），即"自东迁至北新桥"河的南端（今余杭境内河段）。这条河由东迁往南进入今桐乡市境内以后，即循浙西运河进入余杭境，然后由五林港向南进入杭州。严大光在《丙子北狩》中所记录的行程就是这条路线，他说："德祐丙子（1276）二月初九日……出北关门……泊于北新桥岸下……初十日……是夕泊谢村……十四日，舟次平江府……"②北新桥即今杭州城北湖墅江涨桥之北的大关桥，谢村在今大关桥之北约5里处大运河沿岸。所以说张士诚开北关河也只是在旧有河道的基础上，按照战船航行的需要进行规划，浚深拓宽，解决水源，并对沿途的一些湖泊如三里漾、十二里漾等有风波之险的河段进行治理。

元末，北关河疏凿开通后，原浙西运河主航道即上塘河并没有废弃，仍然通航。但从此，浙西运河杭州段形成了上塘河、奉口河和北关河三条主要航道，航运更加便利、通畅。

① 嘉庆《重修一统志》卷二八三《杭州府·山川》
② 刘一清：《钱塘遗事》卷九

二、浙东运河的疏浚

随着浙东地区社会经济的发展,浙东运河地位也不断提高。宋代,钱塘江入海口南岸余姚浒山一带出现大面积淤涨和坍塌,海岸线也随之发生大幅度摆动。在入海口处,"起自纂风亭(地名,属会稽),北望嘉兴大山(属秀州),水阔二百余里",因为"以下有沙潭(滩),南北亘连,隔碍洪波,蹙遏潮势",遂使钱塘涌潮更为"澎腾奔激,吁可畏也"。亘之南北的沙潭,形成一道道海底沙礁,横亘在钱塘江入海航道上,造成海船进出钱塘江港口(西陵、柳浦)更为凶险和困难。因此,北宋以后,海外商船极少走钱塘江入海航线,而集中走浙东运河。宋人燕肃在《海潮论》中云:"海商舶船帮怖于上潭(滩),惟泛于余姚小江,易舟而浮运河,达于杭越矣!"[①]

到了南宋,浙东运河的地位与日俱增,是唯一沟通国都与经济发达的绍兴府、明州及明州海港的黄金水道。但是,由于它所穿越联络的钱塘江、钱清江、曹娥江、姚江落差较大,又深受潮汐影响,运河水位全赖沿途的闸、堰维持,并且需要候潮通航,航运存在很多不便。浙东运河的行程是"三江重复,百怪垂涎,七堰相望,万牛回首"[②]。三江是指把浙东运河分隔成几段的钱塘江、钱清江、曹娥江三条潮汐河流,七堰是从钱塘江到姚江的西兴堰、钱清北堰、钱清南堰、都泗堰、曹娥堰、梁湖堰、通明堰,仅两百里之距,要翻越七堰,各堰都养有役牛,舟船过堰,小者挽牵,大者盘驳,主要依靠牛力,老牛负重,一步一回头,艰难万状。正因浙东运河航运如此不便,南宋建炎三年(1129)宋高宗赵构仓皇奔逃时,一时间御舟无法通过都泗堰,赵构焦虑之下,只好命令破堰而过。[③]

---

① 宋燕肃:《海潮论》,载嘉泰《会稽志》卷一九
② 嘉泰《会稽志》卷十《通明江》条引陈渊《明州谢到任表》
③ 《建炎以来率年要录》卷二九

为改善浙东运河的航运条件,宋元时期做了许多工作,尤以南宋最为显著,曾先后疏浚余姚段、都泗堰至曹娥塔桥段、渣湖段和西兴—钱清段运河。如绍兴初年,"以上虞县梁湖堰东运河浅涩,令发六千五百余工,委本县令,佐监督浚治"[1]。以"余姚县境内运河浅涩,坝牐(闸)隳坏,阻滞纲运,遂命漕臣发一万七千余卒,自都泗堰至曹娥搭桥,开撩河身,夹塘"[2]。又因钱塘江江道北移,南岸沙涨,西兴距钱塘江遂日渐趋远,舟楫不通,乾道三年(1167)"募人自西兴至大江,疏沙河二十里,并浚牐(闸)里运河十三里,通便纲运,民旅皆利,复恐潮水不定,复有填淤,且通江六堰,纲运至多,宜差注指使一人,专以'开撩西兴沙河'系衔,及发捍江兵士五十名,专充开撩沙浦,不得杂役,仍从本府起立营屋居之"[3]。

淳熙元年(1174),在上虞县(治丰惠)疏浚了渣湖航道。嘉定十四年(1221),从西兴到钱清的运河又为泥沙淤塞,水深仅二三尺,郡守汪纲以本府自己筹措和朝廷添助的办法,筹得一万三千贯资金,开浚了运河,以使"舟楫无阻"。

通过这一系列的疏浚,浙东运河通航条件和状况比先前有了一定的改善。据嘉泰《会稽志》记载,其时这条运河在萧山县境内可行二百石舟,山阴县境内可通行五百石舟,在上虞县境内可通行二百石舟,过通明堰过姚江后,又可通行五百石舟。

进入元代后,杭州失去了国都的地位,浙东运河的地位当然也就不及南宋时期。但是,因为浙东运河仍然是海港城市庆元(今宁波)联结腹地的重要交通线,所以同样为人们所重视。为了改善浙东运河的航运,时人仍然做了大量的工作。至元年间(1335—1340),联结曹娥江和四十里河(在曹娥江与姚江之间)的梁湖堰因为洪涛啮溃,邑簿马合麻主持重建梁湖堰。至正六年(1346),府吏王永等人劝令各寺僧资助中统钞六百余锭,浚深扩大了孟家闸,以

---

① 《宋史》卷九十七《河渠志》
② 《宋史》卷九十七《河渠志》
③ 《宋史》卷九十七《河渠志》

泻泄四十里河洪水入江。鉴于镜湖在南宋时已渐至堙废,湖内外水位差已近消失,联结浙东运河与镜湖交通的都泗堰失去了作用,至正十二年(1352)扩建了绍兴城郭,干脆废掉了都泗堰,将它围进城内,消除了盘驳牵挽过堰之苦。浙东运河的长度,各书记载见表1。

表 1 浙东运河的长度

书　名	萧山段	山阴段	会稽段	上虞段
嘉泰《会稽志》	62 里	53 里 100 步	93 里	70 里
宝庆《会稽续志》	60 里	45 里		
嘉靖《萧山县志》	50 里			
《名胜志》	50 里			
《读史方舆纪要》	50 里	55 里	100 里	40 里
《古今图书集成》				30 里
《水道提纲》	100 里		90 余里	30 里
雍正《浙江通志》	200 余里			
《浙程备览》	45 里	55 里		

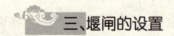

三、堰闸的设置

浙西运河堰闸

　　浙西运河在浙江境内以沿途湖泊、杭州西湖和钱塘江为主要水源。钱塘江江岸的变迁和江潮的涨落以及太湖泄水等,时常对其航运产生影响,因此,宋元时期不断地设置、修建堰闸,以改善运河航运。
　　堰是较低的挡水溢流的建筑物,横截河中,用以抬高水位。然而,舟船过堰时,一般需借助人力、畜力牵挽,不如水闸灵便。为此,宋代做了一些废堰为闸的工作,使运河航运条件得到改善。淳化元年(990),废秀州之杉木(即杉青)、杭州之捍江、清河、长安等旧堰,修建为闸,使之能有效地调节运河水量、水势,便利通航。南宋,浙西运河的堰闸得到进一步完善。熙宁元年(1068)十月,宋神宗特地下诏将"杭之长安(今海宁)、秀(今嘉兴)之杉青、常(今常州)之望亭三堰,监护使臣并以'管干河塘'系衔,常同所属令佐巡视修固,以时启闭";又设提举淮浙澳闸司及开江兵卒专门负责河道、堤防、堰闸的管理和建设。

据《宋史·河渠志》记述,淳熙十一年(1184)时的浙西运河情况为:"自(杭州)北关至秀州杉青,各有堰闸,自可潴水。"唯沿河上塘(指运河西岸堤)有小堰数处,积久低陷,需培修。"沿河下岸(指东堤)泾港极多",容易泄水,需修固。

由于上塘河航道经常淤浅,且颇费开浚,所以就着力整治东苕溪航道。淳熙六年(1179)在东苕溪西险大塘"分段筑塘,间以陡门,名为'十塘五闸'(即化湾陡门、角窦陡门、安溪陡门、乌麻陡门、奉口陡门五闸。在今余杭境内沿江一带)"①。

浙西运河北段,即从苏州吴江平望经王江泾至嘉兴杉青闸段,因地势低洼,为太湖泄水口段,风涛较大,往往威胁漕运。唐代采取筑堤修桥的办法控制水势,五代时吴越国继续为之,北宋时又进一步加强这一措施。庆历二年(1042),苏州通判李禹卿在唐堤之东"堤太湖八十里,为渠益漕运"②,成为运河的东堤。庆历八年(1048),吴江知县李问、县尉王庭坚又在松江广阔的出水口构筑木桥,长千余尺,名利往桥,又名垂虹桥。

元代,在收服江南之初,河道无官方整治,日渐废坏,加上豪民强占河道,封圭为田,致使水道淤塞。针对这种状况,大德元年(1297)朝廷命令江浙行省平章政事彻里负责开浚疏导,动用兵卒数

---

① 《浙江省通志馆馆刊》卷一,仲学辂:《钱邑苕溪险塘杂记》
② 《江南通志》引自《行水金鉴·苏州府》

万人,历时四个月方才完工。① 大德三年(1299),又诏置浙西平江湖渠堰闸共78 所,同时复浚太湖及淀山湖。整个元代,浙西运河航运始终保持通畅。

浙东运河堰闸

宋元时期,浙东运河沿线水利形势发生变化,包括鉴湖湮废、钱塘江岸线涨坍等,直接影响运河河道航线和堰闸设施的变迁。

塘,即堤岸,通常是堤上岸旁修路,塘路合一,所以又称塘路。浙东运河的塘路主要有东鉴湖堤塘和运道塘。东鉴湖堤塘,又称官塘、四明(宁波)孔道,俗称纤道,前身为山阴古水道北堤岸,东汉时增高筑成堤塘蓄水。塘的长度宋人记为“自五云门东至于曹娥江,凡七十二里”,堤上筑的堰、闸、斗门23 处。南宋鉴湖废后堤成通衢。运道塘,位于西兴运河南岸,始筑于晋代,万历《绍兴府志》记为自西兴至绍兴府城全长 105 里。南宋嘉定十四至十七年(1221—1224),知府汪纲在大规模整修绍兴府城城墙的同时,对西兴运河和运道塘进行全面整治,时称新堤。据宝庆《会稽续志》记载,新堤在府城之西门,距西兴逾百里,塘外为纤夫蹂践,内为田家侵掘,废坏严重,“嘉定十四年郡守汪纲增筑之。徒行无褰裳之苦,舟行有挽纤之便,田有畔岸,水有储积”②。

宋元时期,浙东运河新建和改建的堰主要有:

曹娥堰,唐光启二年(886)由曹娥江堰迁建而成,北宋熙宁五年至六年(1072—1073)间进行了扩改建,升高了堰坝顶程,延长了堰坡长度,拖船上堰的牛增加到 12 头。由于堰本身只蓄不泄,所以堰上设闸以泄洪,称曹娥斗门。在南宋鉴湖湮废前后,曹娥斗门改闸为坝,称作曹娥坝。

都泗堰,即都赐堰,宋宣和年间(1119—1125)在堰上设闸,以方

---

① 《元史》卷一三〇《彻里传》
② 宝庆《会稽续志》卷四

便高丽使臣往来,统称都泗堰闸。这可能是因为都泗堰经常有湖水溢出,产生水流,不利于使臣舟船停泊和起航,故在堰上设闸以稳定湖水水位不溢流,也有利于鉴湖蓄水。但设闸后又不能常开闸,阻断拖船过堰,给交通航运造成困难,而遇漕运和监司使命,又必须开闸放行,以致湖水大量外泄。隆兴二年(1164),知府吴芾以复湖为由,奏请废塞都泗堰闸。此后不久鉴湖湮废,湖内外水位差渐至消失,都泗堰和都泗闸都被拆废,舟船再也不必绕道越州城内,从钱清堰到曹娥堰之间已可直达。

淳熙元年(1174),在上虞县(治丰惠)东十里修建了上虞小堰、通明北堰①,疏浚了渣湖航道。嘉泰元年(1201),提举茶盐叶籈,鉴于浙东运河钱清江低潮位高出钱塘江一丈有余,舟船必须候潮过堰,以至"每潮汛西下,壅遏不前,则纷然斗毆,甚至毆伤堰卒",影响官私行旅往来,遂主持兴建了钱清新堰,并于堰旁各置屋,以舍人牛。② 同年,鉴于上虞通明北堰盐运任务繁重,而"盐运经由需大汛,若重载当碶,则百舟坐困,旬日不得前",于是又增设通明南堰,"分导壅遏,通官民之舟,而北堰专通盐运"③。

通过这一系列的疏浚和闸坝的营建,浙东运河通航条件比先前有了一定的提高。

---

① 万历《绍兴府志》
② 嘉泰《会稽志》卷四
③ 嘉泰《会稽志》卷四

第二节

航运技术的新发展

宋元时期,随着运河航运的兴盛,航运技术全面发展,浙江不仅造船手工业特别发达,造船技术的高超堪称全国之最,成为全国的造船中心,而且创建高科技的复式船闸,改善航道管理,在我国航运史上具有划时代的意义。

一、便捷的运河航运网

自隋唐起,大运河连通南北后,浙西运河的南端杭州就成为东南重要的交通枢纽和货物集散中心。杭州往东南亦有浙东运河及姚江等水系与会稽、上虞、宁波等地相通,浙西运河和浙东运河以杭州为中心,形成了一个交通十分便捷的运河航运网。

杭州经浙西运河上连太湖与长江流域诸大小城市,北上经浙西运河,距秀州198里,4日2时可至;距苏州360里,8日可至;距湖州378里,8日2时可至;距常州528里,11日2时可至;距江阴军738

里,16日可至。① 平均日行46里左右,而且这只是官方规定的水运日程,实际一般民间航速要比这快得多。后周显德五年(958)闰七月,曾经厘定过一个《漕运水陆行程制》,宋代未见再制定类似的规制,估计仍然执行后周之制。它规定漕运重舟逆流日行汴、河30里,江40里,余水60里,即运河中逆流日行只有30里。南宋时期,平江、常州等州府漕运至临安变为顺流而下,日行里程一半以上达46里。一般的商船、客船日行里程较之更远。元代京口郭畀于至大戊申年(1308)从镇江到杭州的行程中,九月二十日自平江登航,二十二日四更到杭州城外。② 因为郭畀只记二十二日夜行至四更,未记前两日的航程是日夜兼行还是只是日行,所以他的日行程会有两个数字,若以日夜兼程每日计二日共六日,则日行90里,若以二十日、二十一日日行、二十二日日夜兼程共计四日,则日行60里,皆远远大于漕运46里之数。当时浙西运河的通畅和便捷可见一斑。

南宋定行都临安,财赋主要取自于浙西、江南、淮南、两湖、四川等地,浙西的漕运大都由浙西运河顺流而下,及至临安。两湖、四川等地的税赋上供,经长江干道运至镇江后,也由浙西运河运往临安。"江湖米运输京师,岁以千万石计。"所以,诗人陆游说:"自天子驻跸临安,牧贡戎贽,四方之赋输,与邮置往来,军旅征戍,商贾贸迁者,途出于此,居天下十七,其所系岂不愈重哉。"③南宋之所以能够偏安东南,这条通畅、便捷的运河航运网是其重要因素之一。

二、发达的造船业

宋元时期,尤其是南宋时期,浙西运河和浙东运河沿线的临安(今杭州)、秀州、湖州、明州等地都设有造船场。宋代设在明州的船

---

① 《宋会要辑稿·食货》四八之一
② 郭畀:《客枋日记》
③ 陆游:《常州奔牛闸记》,《渭南文集》卷二〇

坊指挥和临安等地的船务指挥等厢兵,其主要职责就是打造船只,是名副其实的造船工兵。

明州(今宁波)造船场主要设在今姚江南岸的江心寺到江东庙一带,后来称之为战船街。明州船场指挥营设在甬东厢,亦即该地,船场监官厅事在甬东厢的桃花渡,即今江左街的南昌巷。东门口大马路边,在1979年的东门口遗址发掘中,曾发现宋元时期造船场遗址,出土了大量的船板、木头及其他材料,还有许多石臼(臼中保存有石灰和油灰)、麻绳、棕绳、草绳、篾竹绳、各种类型的船钉等遗物。这个造船场遗址与文献记载所说的"城外甬东"相吻合。

温州造船场和明州造船场的关系非常密切。北宋大观二年(1108),温州造船场曾并归明州造船场,而将明州买木场并归温州买木场。政和元年(1111),温州、明州各恢复造船场和买木场。第二年,因明州缺乏木材,遂将明州造船场兵役和买木监官发往温州,并在温州打造船只。政和七年(1117),为了建造高丽使者船的方便,经明州知州楼异的建议,将温州造船场移往明州,工毕,迁回温州。宣和七年(1125),明州、温州造船场迁往镇江。未几,又迁往秀州通惠镇(今上海市青浦区旧青浦镇)。南宋以后,明州、温州又重新建立造船场。此外,海盐澉浦镇长墙山下、湖州白蘋洲东岸、慈溪桃花渡等地都有造船场。

宋元时期,浙江造船场多,打造的船只也多,承接着较多的漕船打造任务。据记载,北宋天禧(1017—1021)末年,朝廷下达全国各地打造漕船额定为2 915艘,其中明州177艘,婺州105艘,温州125艘,台州126艘[1],总计533艘,占总数的约五分之一。元祐五年(1090),"诏温州、明州岁造以六百只为额,淮南两浙各三百只"[2]。宋徽宗(1101—1125)在位时,温州、明州仍保持每年"合打六百只",两浙路转运司打造300料平底船300只。[3] 南宋时期,漕船数量下

---

① 《宋会要辑稿·食货》四六之一
② 《宋会要辑稿·食货》五〇之四
③ 《宋会要辑稿·食货》五〇之六

降,但是相对来说,更加集中在浙江打造。南宋初年,"两浙东西路各造船两百只,专充运粮"①。两浙转运使下达各州县打造纲船"二百五十料三十五只"②。另外还经常承担临时性的漕船打造任务。如乾道五年(1169)下令两浙船场打造 400 只漕船。③ 乾道六年(1170),两浙转运使因运河浅涩,打造轻快舟船"腾浅铁头等船一百艘"④。乾道八年(1172),又自造 30 只舟船,漕运苗米及籴米。⑤

据《梦粱录》卷十记载,南宋时期,杭州有东青门外北船场、荐桥门外船场。嘉泰三年(1203)殿前都指挥司又于"保德门外本司后军教场侧起造船场一所"⑥。东青门即庆春门,荐桥门即清泰门,保德门即艮山门。南宋临安的造船场所打造的船只,大致可分为江海船舰、河舟和专门用于西湖游览的湖船三大类。

海舶船身巨大,"大小不等,大者五千料,可载五六百人;中等二千料至一千料,亦可载二三百人;余者谓之钻风,大小八橹或六橹,每船可载百余人"。在钱塘江以及浙西运河、浙东运河主航道上航行的船只,种类甚多,"江岸之船甚夥,初非一色;海舶、大舰、网艇、大小船只、公私浙江渔捕等渡船、买卖客船,皆泊于江岸"⑦。

河舟是主要航行于运河及河网上的船只,船体比江海船舰要小一些,一般都在千石以下,运米船五六百石的较多。杭嘉湖河网地带水网密布,货物运输几乎完全靠水运,只有在极少数水路不到的地区才以人力陆运。人员出行也多靠船只,因此"苏、湖、常、秀、江淮等州",亦"多雇舸船、舫船、航船、飞蓬船等",从水上撑驾往来。往返在临安内河里的河舟,有落脚头船、大滩船、舸船、舫船、航船、飞蓬船、铁头船、红油舟、同滩船等。网鱼买卖,还有三板船等。

① 《宋会要辑稿·食货》四三之一九
② 《宋会要辑稿·食货》五〇之一二
③ 《宋会要辑稿·食货》五〇之二九"令两州船场造四百只漕船","州"字当为"浙"字之误。
④ 《宋会要辑稿·食货》五〇之二三
⑤ 《宋会要辑稿·食货》五〇之二五
⑥ 《宋会要辑稿·食货》五〇之三二
⑦ 《梦粱录》卷十二

湖船则是专为游览西湖所用,数量和种类都多得惊人。南宋时的钱塘人吴自牧在《梦粱录》中记载,西湖里的"湖船","大小船只,不下数百舫"。"有一千料者,约长二十余丈,可容百人。五百料者,约长十余丈,亦可容三五十人。亦有二三百料者,亦长数丈,可容三二十人。皆精巧创造,雕栏画拱,行如平地。各有其名,曰百花、十样锦、七宝、戗金、金狮子、何船、劣马儿、罗船、金胜、黄船、董船、刘船。"还有车船,船上无人撑驾,只用车轮脚踏而行;御舟,其船精巧雕刻,俱用楠木为之;赵节斋所造的湖舫,名曰乌龙。所以吴自牧自己声明"其名甚多,姑言一二"。周密《武林旧事》卷三《西湖游幸》也说:"承平时,头船如大绿、间绿、十样锦、百花、宝胜、明玉之类,何啻百余。"这些船名,或以形态装饰命名,或以吉祥语为名,或以船主姓氏为名。湖中还有搬载、买卖四时鲜果、酒食点心之类的小船,撒网打鱼、放生龟鳖螺蚌的瓜皮船,专载贾客歌妓、烧香婆嫂的小脚船;冬天赏雪有玩雪船,夏天采莲有采莲船。

浙江造船场打造的船只,还有供明州浅海交通的平底船,供官吏在运河上航行往来的座船、舫子以及装运马匹、草料的马船、小船,摆渡用的渡船等。北宋时期,一些大型船只一般都在明州制造,如元丰元年(1078)命安焘、陈睦二学士使高丽,勒明州造万斛船二只,分别命名为"凌虚致远安济"和"灵飞顺济"神舟,据《四明谈助》载,此二舟皆造于明州招宝山下。在杭嘉湖水乡,用船极广:"郡为泽国,动须舟楫之利。大者至数百千斛,轻槛华丽,率用撑驾;小者仅进三五人,用一楫出没波涛,最为轻快。"[1]北宋嘉祐七年(1062),官府在湖州创建船场,但造船额诸情况不明。

宋元时期,浙江的造船场有严密的组织和制度。如明州船场设有船场、采斫两指挥营,两指挥营人员额定为400人。又如采斫兵役,规定每岁十二月一日住采斫,放令歇泊,至正月四日入役。采斫兵役,遇冬至、寒食,各给假三日,仍不住口食。若父母在营身死,给假五日,妻死三日。如因采斫身死,支钱一贯文,其请过月粮、酱菜

---

① 嘉泰《吴兴志》卷十八《事物杂志·舟》

钱亦与除放。此外,对船只打造的用料、式样等也都有明确规定。

宋元时期,两浙路还是朝廷和官府的船舶修理中心。南宋时期,官方旧有舟船凡暂时闲置不用的,或虽破旧仍值得修理的,一般都运往两浙进行修理。如绍兴年间,淮南转运司曾将"旧有只备人使舟船三十只","发往浙西"修理保存。① 绍兴三十二年(1162),朝廷下诏"夺到虏人粮船一营,虑有底板疏漏,不堪修整,枉费工料,可尽数发赴两浙转运使司交割,委官相视重行修换,务要坚固,不误使用"②。

宋元时期,浙江的民间造船业也相当发达,主要营造商船、客船、游船及其他民用船只,所造船只为民间船主所有。官吏豪门之家也往往自己打造船只,以便运输往来。在浙东运河沿线的明、越二州,习见的有"越船",为航行于浙东运河及浙西运河之间的内河船只,其大者形如青螺,小者形如飞梭,采用双橹推进。元袁桷《越船行》云:"越船十丈如青螺,小船一丈如飞梭。平生不识漂泊苦,旬日此地还经过。三江潮来日初晚,九堰两悭河未满……劝君莫作越船妇,一去家中有门户。沙上摊钱输不归,却向邻船荡双橹。"③

在浙西运河沿线的杭嘉湖地区则习见"吴船",是一种外形如龟、用篙推进、主要航行于浙西运河及杭嘉湖河网间的内河船只。袁桷《吴船行》云:"吴船团团如缩龟,终岁浮家船不归……不忧江南云气多,止畏淮南风雨中。维舟未解砥舟牢,尽日弯篙仰天观。"

元代,运河运输和海道漕运以及河海联运都空前发达,浙江的庆元(今宁波)、温州都是全国较为重要的造船地点。元代的浙江所承受的漕运压力颇大,至顺元年(1330),江浙间运粮装泊船只数目总计为 1 800 艘,其中属于浙江的有海盐澉浦的 12 艘,杭州江岸一带的 51 艘,平阳、瑞安州飞云渡等港的 74 艘,永嘉县外沙港的 14 艘,乐清白溪、沙屿等处的 242 艘,黄岩州石塘等处的 11 艘,烈港一

---

① 《宋会要辑稿·食货》五〇之一九
② 《宋会要辑稿·食货》五〇之一九
③ 《清客居士集》卷八

带的 34 艘,绍兴三江陡门的 39 艘,慈溪、定海、象山、鄞县桃花等渡,大高山堰头慈岙等处的 104 艘,临海、宁海、岩岙铁场等港的 23 艘,奉化揭崎、昌国秀山等岙一带的 23 艘,共 627 艘,要占到全部装泊艘数的三分之一。① 同时,全省各地还分布有规模不等的大小水站,仅杭州一路就置有水站 6 处,共需配备船只 345 艘,其数目不可小视。运河中来往的商贩船舶等舳舻相望,民间拥有的船只更是不可计数。

宋元时期,两浙发达的造船业既满足了政府漕运、外交使臣出使所需船只,也满足了两浙民间用于水路运输所需。

三、造船技术的进步

宋元时期,浙江高超的造船技术堪称全国之最,反映了当时经济的增长和科学技术的发展。《太平寰宇记》即以"船舶著录于明州土产栏目之下"②。甚至北方澶州(今河南濮阳西南)浮桥所用的船只也选择浙江温州打造。③ 宋徽宗时准备恢复"京师物货场",就有人提议用明州、温州的船只来运输货物④,后因政局不稳而作罢。

宋代,就官营造船场的产品而论,有纲船、座船(官员乘坐的船只)、战舰、马船(运兵船)等。北宋以纲船生产为主,到了南宋,由于漕运格局和政治经济形势的变化,纲船产量减少,其他各类船只的产量却有所提高。

在船型上,宋代浙江的造船工匠已能打造江海两用船。南宋乾道五年(1169),明州奉旨打造了定海水军统制官冯湛设计的一艘"湖船底,战船盖,海船头尾,通长八丈三尺,阔二丈,并淮尺计八百料,用桨四十二枝,江海淮河无往不可,载甲军二百人,往来极轻便"

① 《大元海运记》卷下《艘数装泊》
② 《太平寰宇记》卷九十八
③ 《续资治通鉴》卷一〇六
④ 《宋史》卷一八六《食货志·商税》

的船只,后来明州奉旨仿造了 50 只。这种将江船船型和海船船型融为一体的江海两用船的设计与打造,是一种创造,对沟通江海的航运具有重要意义。

宋代,浙江的造船工匠,从建造船坞、聚集船材、计算造价,设计模型,一直到竣工下水,都有周密的规划①,并且已能按图纸施工,采用造船坞修造船舶、滑道下水,造船技术有显著的进步。宋代使用船坞修造船舶是最早见于记载的,即在船坞内造船,船成之后,在船坞内放水,船进入水中。《宋会要辑稿》说:嘉定"十四年五月四日,温州言:制置司降下船样二本,仰差官买木,于本州有管官钱内各做海船二十五只",说明此时的温州已经能够按图纸造船。从仿船模造船到按图纸造船,这是造船史上的一大进步。此外,宋代造船的估工估料也比以往大有进步。冯湛设计打造的船只明言每艘一千六百七贯,比起唐代刘晏在扬子县船场估计每船"用钱百万,或曰……五十万犹多矣"要精确得多。其他如采用焚船称钉以计钉料等也都已见诸史籍。

宋代浙江造船技术的进步,还表现在船舶设计结构合理和制作精细上。1978 年,在上海市嘉定县封浜河出土了一艘宋代木船。据科学鉴定,封浜木船的制作年代为南宋时期。其船型为平底,小方头,与《宋史·兵志》上记载的"防沙平底船"很接近。船上使用石碇。船底采用前后三组木板,经平口榫合铁并接,与此前上海南汇出土的贮有北宋"太平通宝"铜钱的木船底部拼接方法完全一致。全船采用多舱位的船体结构,合理使用隔舱,隔舱板等横向结构均与左右船舷榫接,船舷用铁钉成排钉牢,木板间皆以油灰填缝,质地坚固。这种先进的造船工艺具有世界水平。因为当时强大的海湾国家波斯和科学发达的阿拉伯国家在制造木船时,"不用钉,以椰子树皮制绳缝合船板,其隙则以脂膏及他尔油涂之"。在日本,即使到了明万历年间,造船仍然是"不使铁钉,惟联铁片,不使麻箸桐油,惟

① 《漕船志》卷一《建置》

以短水草塞罅漏而已"[1]。

这些都充分说明,宋代浙江造船的设计、制造技术和工艺在当时都具有先进水平。

四、复式船闸的创建

宋代,为了沟通不同水位河道之间的航运交通,浙江在运河上创建了不少复式船闸。复式船闸是在水位明显相差的河段上设置的两个或更多的闸门,用放闸积水的方式使下段水位升高,让船只逐级上行;有时则在河侧造"归水澳",达到升降水位的目的。无疑,它较之用人力、畜力牵挽而过的堰闸具有省力、省时、节水和提高运载能力的优越性。因此,复式船闸的创建,不仅在我国航运史上具有划时代的意义,而且在世界航道工程上也是一个创举。

宋代,浙江创建的复式船闸主要有杭州的龙山闸、浙江闸、清湖闸、钤辖司闸和海宁长安闸等。

龙山闸

龙山闸位于杭州市钱塘江北岸的白塔岭下龙山河口,由浑水、清水两闸组成,是温、台、明州及国外海舶和衢、婺、严等州江船出入杭州的咽喉。龙山闸始建于吴越国时候,而作为复闸,始建年代不详,北宋大中祥符前被毁。大中祥符二年(1009)杭州排岸使胥致尧重建,其后又为潮水冲坏。宋仁宗诏令地方进行修理。元祐四年(1089)又坏,杭州知州苏轼重加修整,恢复了通航。南宋时期,因龙山河逼近皇宫而废不通航,龙山闸也随之湮废。

---

① (日)桑原骘藏:《蒲寿庚考》

浙江闸

浙江闸在今杭州市南星桥萧公桥南,由浑水、清水两闸组成。浙江闸北旧小堰门外(即今候潮门北)又有保安闸,与浙江浑水、清水两闸上下呼应,组成三闸贯通的复闸。浙江闸始创于吴越国。作为复闸,始建年代不详。不过早在天圣四年(1026)以前已经建成和使用,这是确定无疑的。天圣四年海潮冲坏北水闸,侍御史方慎言上奏朝廷,宋仁宗即下诏修复。乾道五年(1169),郡守周琮又加重修。浙江三闸是南宋时期杭州内河出钱塘江的咽喉。

清湖闸

清湖闸在杭州市武林门外半道红东运河上,由上、中、下三闸组成。三闸之间相去各二里。其地原为堰,天禧三年(1019)被王钦若为加快舟楫往来而毁,元祐五年(1090)苏轼始设清湖上、清湖中、清湖下三闸。

钤辖司闸

钤辖司闸故址未详,一说在今南星桥、凤山门一带中河上。元祐五年(1090)创建,实际上也是清水、浑水两闸。浑水闸通茅山河,清水闸通中河。

海宁长安闸

唐贞观八年(634),在浙西运河南段创设了"长安闸"(今海宁长安镇),以防止运河之水流失,保障航运通畅。古为翻船坝,人拖或牛拉过坝,后改为闸。宋代修为三闸式复闸。"上彻临平,下接崇德,漕运往来,商船络绎",是浙西运河上的重要船闸。

过闸的情况,日僧成寻在《参天台五台山记》里曾有记载:熙宁五年(1072)成寻由杭州循浙西运河经长安之闸北上,"廿四日己亥天晴。寅时,出船。运使以兵士四人催船副船行陆。午时,出杭州北门,名余杭门,水上二阶楼门也。子时,至伦滨宿。七时行法了。今日过六十里。从杭州至秀州二百余里。廿五日庚子天晴。卯时出船。午时至盐官县长安堰,未时,知县来,于长安亭点茶。申时,开水门二处,出船。船出了,关木曳塞了。又开第三水门关木,出船。次河面本下五尺许。开门之后,上河落,水面平,即出船也。亥时,至县宿。七时行法了。今日过六十里。"成寻所说的"关木"就是通常所说的闸板。整个过闸程序正如成寻所说的那样:先曳开上闸,进船,进船完毕,塞上闸而曳开下闸,等闸内外河水平后,出船。

浙江的复式船闸建设在宋代取得了显著的成就,特别是三闸式复闸(即二级船闸)的建筑水平在世界上处于领先地位,即使以天圣四年(1026)计,也比号称世界上最早的复闸——荷兰运河的复闸要早350年。复式船闸的修筑,方便了不同水位的河段之间或落差变化较大河道的水上航运交通,进一步改善了运河航道条件,提高了航运效率。

五、航道管理的改善

宋元时期,从朝廷到地方的各级官吏都非常重视运河的航运管理,因为他们都在不同程度上明白,国以民为本,民以食为天,食以水为先,漕运事关国计民生,并与运河航道的管理有着直接的关系,所以不断地加强和改善航道管理。

宋元时期,朝廷对运河航道的管理十分重视。宋初有关河道事务属三司河渠案。天圣四年(1026)置沟河司,掌沟洫河道的开淘。宝元二年(1039)省罢,后又复置,熙宁九年(1076)罢隶都水监。皇祐三年(1051)置河渠司,嘉祐三年(1058)承隋唐之制,置都水监,主管国家水利工程、水路运输等事务。都水监设有监事、同判监事。

元丰(1078—1085)改制后,河渠修护之政分隶工部和都水监。工部之水部"掌沟洫、津梁、舟楫、漕运之事。凡堤防决溢、疏导壅底,以时约束而计度其岁用之物。修治不如法者,罚之;规画措置为民利者,赏之"①。都水监"掌中外川泽、河渠、堤堰疏凿浚治之事"。工部主要负责河渠修护之政令和经费的调拨,而都水监则主要负责工料的筹办和工程监督。

元朝也置都水监,并设监(太监)、少监,负责疏通河道、修筑堤坝等相关工作。都水监初属大司农司,一度并入工部,后直属于中书省。

在地方上,各沿河路、府、州、县对河渠负修护之责。因此,浙江省境内运河航道的管理,主要由地方官负责,如北宋苏轼、南宋赵与筹治理杭州的运河即是如此。南宋时期,因江潮入侵和居民侵占致使临安城内运河淤塞严重。南宋政府便令历任知府把治河作为大政来抓,每隔数年大治一次,"浅者浚,狭者拓,圮者筑,阙者补"。同时,还加强平时的管理,设立巡河铺屋三十所,备有撩河船三十只,"日役军兵六十",又"由两通判监督,地分厢巡检,勿令侵占并抛扬粪土。秩满,若不淤塞,各减一年磨勘,违,展一年,以示劝惩"②。元朝不仅把运河航道的管理职责落实到沿河各地的政府部门,如至元初年,元世祖就曾下令,命沿河州县的佐贰官员兼任河防事务,而且在沿河各地设立行都水监。元成宗时期,为了疏通运河吴江和松江段的河道,即在该地区设立行都水监,主持运河治理。地方政府官员要保证运河在自己的辖区内,一不要淤塞,二不要决口,这就需要经常巡视河道,如果有大规模的工程,还要及时上报中央政府,以取得财政支持。元代治理杭州的运河是由江浙省令史裴坚建言,然后由"丞相脱脱总治其事"③。

宋代在运河沿岸配置了许多厢兵。厢兵是宋朝军队的一种,

---

① 《宋史》卷一六三《职官志三·工部》
② 咸淳《临安志》卷三五《河》
③ 《元史·河渠志》

"大抵以供百役"。两浙路厢兵的建制,"步军之额,自捍江而下三,并改号曰崇节。凡五十一指挥,一万九千人。水军(诸州军。)船坊(明。)船务(杭、婺。)车军(常。)采造(明。)楼店务(杭。)江桥院(明。)堰军(长安、京口、吕城、杉青。)清务(杭、苏、婺、温。)捍江(杭三。)本城(秀、常。)鼓角将(润。)"①。

据嘉泰《会稽志》记载,越州厢军还在各堰所在设立"营"。这些厢军,除车军、秤斗、鼓角等少数以外,大多数都用于江河的治理、疏浚等事项,如水军用于江道治安,江桥院用于修造桥梁,堰军用于修造堰闸,清务军用于清理河道等。当然分工也并非绝对。如苏轼治理西湖,调集了捍江、船务、楼店务兵士共五百人船载葑草。他在疏浚茆山河、盐桥河时,又调集了捍江兵士及诸色厢军。厢军在航道建设方面发挥了很大的作用。

宋代,运河虽没有严格的岁修之制,但朝廷常命发运司和沿河州县加以觉察,朝廷修护。如熙宁七年(1074)六月,"诏真、扬、楚州运河依两浙运河择尤浅涩处先开淘,令发运司借上供钱米雇夫"。元符三年(1100)二月,"诏苏、湖、秀凡开治运河港浦、沟渎,修叠堤岸,开置斗门、水堰等,许役开江兵卒"。运河中多闸堰,皆委官兵监护并加以时修固。熙宁元年(1068)十月,诏"杭之长安、秀之杉青、常之望亭三堰,监护使臣并以管干河塘系衔,常同所属令佐巡视修固,以时启闭"。崇宁元年(1102)十二月,"置提举淮浙澳闸司官一员,掌杭州至扬州、瓜洲澳闸。凡常、润、杭、秀、扬州新旧等闸,通治之"。为保护运河水量和水位,堰闸启闭有时,禁止乱开。宣和五年(1123),诏"东南六路诸闸,启闭有时,比闻纲舟及命官妄称专承指挥,抑令非时启版,走泄河水,妨滞纲运,误中都岁计,其禁止之"②。

宋朝除采取一系列主动修护措施外,对于不能尽职尽责的官吏和破坏航道堤防者,还予以法律制裁。《宋刑统》规定:"依营缮令,近河及大水有堤防之处,刺史、县令以时检校。若须修理,每秋收

① 《宋史》卷一百四十二
② 《宋史》卷九六《河渠志·东南诸水上》

讫,量功多少,差人夫修理。若暴水泛溢,损坏堤防,交为人患者,先即修营,不拘时限。若有损坏,当时不即修补,或修而失时者,主司杖七十。'毁害人家',谓因不修补,及修而失时,为水毁害人家,漂失财物者,'坐赃论减五等'。""诸盗决堤防者,杖一百(谓盗水以供私用,若为官检校,虽供官用亦是)。若毁害人家,及漂失财物,赃重者,坐赃论。以故杀伤人者,减斗杀伤罪一等。若通水入人家致毁害者,亦如之。其故决堤者徒三年,或冲注却舍屋、田苗、积聚之物,害及一十家以上者,头首处死,从减一等。溺杀三人或害及百家上者,以元谋人及同行人并处死。如是盗决水小,堤堰不足以害众,及被驱率者,准律处分。"①

元代,政府特别设立负责运河治安的机构,如元成宗时期,运河沿途设置巡防捕盗司19处。一是防止蒙古贵族、朝中权贵和地方豪强们霸占河道、欺压船商;二是防止沿河民众开决河堤,引运河水灌溉农田,导致运河水力不足;三是防止有强盗抢劫商船的财物。为保护航道,元廷还下令各地路、州、县军政官员,要在各自所辖城郭周围、河道两岸、急递铺和水驿侧畔,栽植榆、柳、槐等树木,并派人养护,使之长成大树,严禁蒙古、汉军、探马赤、权势诸色人等或恣纵马匹啮咬,或随意砍伐,违者依例治罪。所以当时的运河航道两岸,"皆植杨柳及他树,夏季行人,可以避日乘凉也",有效地护卫了航道和运输。

正是因为宋元时期,从朝廷到地方对航道管理的高度重视和通力合作,才保证了运河航道的畅通无阻。当然,在整个运河航道管理中,最大的问题是负责管理河道航运的官员以及权贵、豪强利用手中权力和势力贪赃枉法,勒索船商和船户。这种腐败现象始终存在,是无法根除的,并且越来越严重,一直延续到宋元时代的终结。

---

① 《宋刑统》卷二七《杂律·不修堤防门》

第三节

规模浩大的官运

官运，即由封建王朝政府机构组织的物资运输。在中国历史上，跨越年代最久、规模最大的官运无疑是漕运，即将向百姓征收的粮食等货物通过水路解运到京师或其他地点的专项水上运输活动。宋元时期，随着经济重心的南移，"国家根本，仰给东南""两浙之富，国用所恃"，便形成了规模浩大的官运，它在宋元时期的运河航运业中占有重要的地位。

一、北宋时期的漕运

北宋建都开封，京师日用和边地物资之供应均悬系于运河，也使中国古代漕运达到兴盛。

北宋职掌漕运的最高长官为发运使。宋初置京畿东路水陆发运使，后改为制置江淮等路发运使，专掌淮、浙、江、湖六路漕运，或兼茶盐钱政。北宋除中央设发运使以掌东南六路漕运外，又在各路设转运使"掌经度一路财赋，而察其登耗有无，以足上供及郡县之费"，并监察地方州县吏治。浙江境域在宋太宗时置两浙西南路、两浙东北路转运使及副使。至道三年(997)宋分天下为十八路,浙江属两浙路。两浙转运衙在杭州双门(即子城北门)之北,为南、北两衙。熙宁年间徙于涌金门南,为转运东、西两衙。

北宋继承和发展了唐代的编纲分运之制,"纲运"成为一切物资运输的总称,其中漕运是其中的主要部分。发运司掌握6 000只左右的漕船。开始,每10只船组成一个运输队,称一"纲"。每船载米由300石扩大到400石,较大的船只可达700石,而私船可多达1 600石。① 每一运输队(纲),原由使臣或军大将一人管押。大中祥符九年(1016)后,并三纲为一纲,原三个管押人员中,一人为监主,另二人协助,"使更相司察"②。到了熙宁二年(1069),江淮等路发运使薛向又招募客舟与官舟分运,使互相监察,较彻底地解决了"侵盗贸易"的积弊。此外还招募了一批商船直接运米至汴京。③

北宋取之于东南的漕粮主要经由汴渠运输。但是汴渠的主要水源黄河,每年只从三月开始有半年的充沛期,到了十月以后,水即干浅,又有冰封。为了充分发挥通航期的运输效果,北宋沿用了唐朝的分段运输法(即转搬法),在长江、运河沿岸的若干地方设立转搬仓。浙江的漕粮由转运使负责运到真州(今江苏仪征),由发运使一员督之。"转搬之法,寓平籴之意。江、湖有米,可籴于真,两浙有米,可籴于扬;宿、亳有麦,可籴于泗。坐视六路丰歉,有不登处,则以钱折斛,发运司得以斡旋之,不独无岁额不足之忧,因可以宽民力。"④

为了保证漕粮能在汴渠通航期间运抵京师,北宋政府规定诸路转运使上缴发运使的漕粮期限为三限:第一限自十二月至次年二月;第二限自二三月至五月;第三限自六月至八月。

此外,政府还规定江南各路运米到真州的船只,返程时可以在真州装载淮南食盐运回各路贩卖,以补偿运粮所付出的代价。所以

---

① 沈括:《梦溪笔谈》卷一二
② 《宋史》卷二九九《李溥传》
③ 《宋史》卷一七五《食货志》
④ 《宋史》卷一七五《食货志》

说,北宋的转搬法是比较完善的制度。

浙江的漕粮运输在太平兴国初年就已经开始。其时吴越国刚刚纳土归宋,即"岁运米四百万石"。太平兴国六年(981),北宋政府规定岁运漕粮550万石,其中汴河岁运江淮米300万石、菽100万石。至道(995—997)初,漕运增加到580万石。这里所说的"江淮"指的就是江南、淮南、荆湖和两浙诸路。景德四年(1007)规定每年由江南、淮南、荆湖、两浙诸路运往京师的漕粮一般为600万石,其中两浙诸路为150万石。可见浙江在北宋时期漕运额之巨大。

除漕粮外,通过运河向北方输送的"东南之产,百物众宝"数量也相当可观。如淮南、两浙、荆湖、福建产茶州军共37州6军,总岁课为2 300余万斤[1],很大一部分通过运河运往北方。所以,康定元年知制诰富弼说:"伏思朝廷用度,如军食、币帛、茶、盐、泉货、金铜、铅锡以至羽毛、胶漆,尽出此九道(指江淮、江南东西、荆湖南北、两浙、福建、广南东西)。朝廷所以能安然天下而不匮者,得此九道供亿使之然尔。"[2]因此,当时运河的运输量,不是漕粮一项就能概其全貌的。

北宋徽、钦二帝时代(1101—1126),政治昏暗,漕政也相应败坏。崇宁三年(1104),蔡京执政,废除了转搬法,改为直运法,让东南六路直接将粮物运往汴京及其他指定地点。直运法延长了航运路线,加之长江、运河各段水道深浅、水情不一,更增加了航运的困难,以致航运流弊频出。一方面是运河沿线水闸开闭失去节制,造成运河常因水浅而阻滞船只航行;另一方面是漕运人员在路上稽留淹滞日久,不免盗卖船中粮物,甚至盗卖一空,凿沉船只,一走了之,从而严重影响了漕运。当时,政府又在苏州设立进奉局,朱勔等人在太湖一带大肆搜刮异石,即"花石纲",占用漕船运送,致使本已困难重重的漕运更加每况愈下。

---

① 《宋史》卷一七五《食货志》
② 《历代名臣奏议》卷二一九

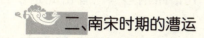

二、南宋时期的漕运

南宋政权建立后,以临安(今杭州)为行都,虽然淮河以北的运河漕运断绝,但大运河浙江段仍然保持通畅与繁荣,漕运成为南宋政权赖以存在的生命线。

南宋初年,两浙路始定为两浙东路和两浙西路两路。东路治绍兴府,西路治临安府。但两浙路转运司并未分立,而于临安一处置司。

当时的漕运主要为军事行动服务,一部分直接运往前线在军前交卸,一部分运送行在。战乱期间,纲运全废,只能"雇舟差夫"来运输。结果当然是"不胜其弊",民间有"自毁其舟,自废其田者"①。

南宋行都临安(杭州)以后,漕运遂以行都杭州为中心,并制定了一系列诸如"捕亡""赏格""輋运"等法令。② 朝廷及前线军队所需的粮食,改用就近"科拨","诸路转运司桩发"。据《梦粱录》记载,南宋漕米在杭州由司农寺管理,"本司所委官吏,专率督催米斛解发朝廷,以应上供支用"。运输则由纲船装载,纲船由纲头管领,纲船所载"不下运千余石或六七百石"。

南宋漕运常额,仍是东南六路提供的 600 万石。尽管 600 万石不必悉数运集杭州,但南宋时的杭州已经是很大的消费城市,漕米、金帛等需要量很大。"行在合用米一百十二万石,就用两浙米外,于建康、太平、宣科拨。"建炎年间,江西等地的漕米还运往淮西抗金前线,后来改运杭州。所以,南宋时期,不仅官方漕运规模未减当年,而且在政府的鼓励下,江西、荆湖等地的商船又装载大量粮食东运,大运河浙江段承受的运输量空前增加。所以当时有人说:"国家驻跸钱塘,纲运粮饷,仰给诸道,所系不轻,水运之程,自大江而下,至

① 《宋史·食货志》卷三
② 《宋会要·食货》四五

镇江则入闸径行运河,如履平地,川广巨航,直抵都城";杭州城外运河,"通苏、湖、常、秀、镇江等河。凡诸路纲运……皆由此达于行都"。①

南宋各地运来杭州的漕粮所走航路大致是:浙西运河沿河各地当走浙西运河。其日程是"秀至行在计二百九十八里,计四日二时。平江府至行在计三百六十里,计八日。湖州至行在计三百七十八里,计八日二时。常州至行在计五百二十里,计一十一日四时。江阴军至行在计七百三十八里,计一十六日"②。"定所定日分地里,于经由去处批凿到岸及起发日时候到卸纳处伺候司农寺驱磨。""到岸则有农寺排岸司掌拘卸、检察、搜空。"③此外,其他地区进入杭州的渠道,"衢、婺、严州系自溪入江,明州、绍兴府运河车堰渡江"。闽、广、温、台等地的漕粮钱物皆由海道至定海、余姚、明州等地换船,或直接通过杭州湾运到杭州,或由浙东运河运往杭州。

运来杭州的漕粮,分别储存到南宋政府在临安设置的"上界""中界""下界"三仓。"(绍兴)十一年夏,始分行在省仓为三界,界每百五十万斛。凡民产白苗米,南仓受之,以廪宗室、百官,为上界;次,苗米,北仓受之,以给卫士及五军,为中界;糙米,东仓受之,以给诸军,为下界。"④

三、元代的河海联运

元朝定都大都(今北京),很快认识到漕运对于赢得战争和巩固统治的重要意义。至元十三年(1276),伯颜率领的各路元军攻下临安,立即组织了一批轻捷的"鼓儿船",装载浙西漕粮,通过浙西运河先汇集于镇江,然后北流长江,经瓜洲、扬州,顺扬州运河至今清江

---

① 《宋会要辑稿·方域》一六;施锷《淳祐临安志》卷一〇
② 《宋会要辑稿·食货》四十八之一
③ 《梦粱录》卷十二《河舟》
④ 《建炎以来朝野杂记》甲集卷十五《东南军储数》

入淮河,再逆黄河而上至中滦(今河南封丘),然后转陆运 180 里,搬载牵挽,至淇门(今河南浚县西南),再通御河(今卫河)运至大都,这一路既费时日,又有"挽输之劳",劳民伤财。因此,元朝廷曾计划每年从这条路线运输 200 万石粮食,结果第一年实际只运了 30 万石。至元二十六年(1289),京杭大运河全线开通,虽然漕船可以从杭州直达大都(今北京),但由于山东段水源不足、岸狭水浅,尤其是遇到天旱时河道里面的水更浅,只能通行 150 斛的船只。皇室贵族、富商官绅动辄制造载重量高达 300~500 斛的大船,充塞河面,阻碍运河畅通。此外,运河河道有时还会淤塞,如至元二十七年(1290)黄河决口以后,汴河故道久湮。大运河的运输量远远不能满足大都的需要。因此,如何另辟蹊径,把江南的粮食迅速运至大都,成为元朝统治集团面临的一个重大问题。

至元十九年(1282),丞相伯颜受到曾命朱清、张瑄将南宋库藏图籍自崇明由海道载入京师旧事的启发,建议通过海道输送漕粮。当年,由江淮行省制造平底船只 60 艘,行省又委托上海总管罗璧和朱清、张瑄另造船只,再利用本处军人和官船召雇水手,通过海道运粮 4.6 万石。尽管首航因路途不熟,沿山求岇,风信失时,历时两个多月才到达直沽,运粮数量也不多,但比起"然新河候潮以入,船多损坏,民亦苦之"的情况好多了,从此便开始了元代的漕粮海运。但海运的漕粮则仍然主要依靠河运来征集、汇聚和集中。因此,元代的漕粮海运实际上是河海联运。

元代的漕粮河海联运,是以港口为枢纽连接河海,通过运河为主干的内河将漕粮征集、汇聚和集中起来,运送到沿海港口,然后装船出海北上。其发展过程大致可分为以下几个阶段:

1. 刘家港时期的试验和确立阶段

从至元十九年初到至大四年(1282—1311),河海联运从试验到逐步确立,江南漕粮都通过河运在刘家港集中,转由海道出运,岁运之数不断增加。从至元二十五年到大德七年(1288—1303),除元贞、大德初因"京畿所储充足"而减额外,岁运之数,至元二十五年、二十六年分别为40万石和93万石，以后激增至140万～150万石，大德七年达到165万石。河海联运的漕粮满足了大都愈益增多的粮食需要。

2. 庆元烈港配套时期的兴盛阶段

从皇庆元年至天历二年（1312—1329），漕粮河海联运加速发展，全面兴盛，岁运之数大幅度上升。据明人邱濬估计，南粮北运，河海联运费用最少，"河漕视陆运之费省什三四，海运视陆运之费省什七八"。因此，河海联运的漕粮逐年增加，岁运之数大幅上升。至大四年（1311）前，河海联运的漕粮岁运之数都在200万石以下，皇庆元年（1312）一下子突破了200万石。延祐六年至天历二年（1319—1329），除至治三年（1323）外，都在300万石以上，天历二年（1329）更是达到了350余万石，成为元代漕粮河海联运的最高额。由于海运的漕粮都集结到刘家港启动出海北上，起初，浙江、福建等沿海地区的漕粮，包括温州、福建在内的20余处运粮船，一般都先取客舟载之通过海路运至刘家港，卸下，再由其他海船转运北上。这一方面船只往复，来回折腾，同时也加重了刘家港的负担。于是，延祐元年（1314）起，温州、台州及福建等地的运粮客舟，改在庆元（今宁波）停泊，再由海船装粮，从烈港（今舟山沥港）入海北运，所谓"庆元为郡，并江通海，无滩濑椒崖之险，万斛之舟直抵城下，视他郡则易为力"。这样，既缩短了航程，也减少了运费。据《经世大典·海运篇》记载，延祐元年（1314），刘家港和烈港的船只分别为1 253只和140只，庆元烈港的岁运数当为"十数万斛"，而朱清的《大元海运记》则说，"浙西平江路刘家港开洋一千六百五十三只，浙东庆元路烈港开洋一百四十七只"，烈港开洋的漕粮海船大的可载八九千石，小则三四千石。可见，在漕粮河海联运中，烈港的地位仅次于刘家港。

这一时期，江南以及其他地区的漕粮，仍然通过运河航运集中到刘家港，然后再出海北上。因此，这一时期运河漕粮运输更加繁忙，在江浙地区乃至整个漕运的河海联运中仍占有着重要地位。

3. 澉浦港时期的衰落阶段

从至元元年至至正二十九年元亡（1335—1369），漕粮的河海联运迅速衰落，直至彻底断绝。

元代后期，漕粮河海运联运如同元代社会那样，显露衰亡之态，"水旱相仍，公私俱困，疲三省之民力，以充岁运之恒数，而押运监临之官与夫司出纳之吏，恣为贪黩，脚价不以时给，收支不得其平，船户贫乏，耗损益甚。兼以风涛不测，盗贼出没，剽劫覆亡之患，自仍改至元之后，有不可胜言者矣"。为此，"至正元年，益以河南之粟。通计江南三省所运，止得二百八十万石。二年，又令江浙行省，及中正院财赋总管府，拨赐诸人寺观之粮，尽数起运，仅得二百六十万石而已"。

到了至正年间，社会矛盾终于导致元末农民大起义。至正八年（1348），黄岩盐商方国珍、方国璋兄弟聚众数千人入海，夺取官府漕粮、船只，攻打浙东沿海，长期占有温州、台州、庆元三路，并两次寇掠刘家港。至正十三年（1353），盐贩出身的泰州张士诚也率领盐丁起兵反元，连克兴化、高邮、常熟、平江等，割据浙西。至正十六年（1356），方国珍与张士诚在刘家港展开激烈的争夺战，刘家港遭受毁灭性破坏。"太仓千门万户，俱成瓦砾丘墟。"于是，刘家港的漕粮河海联运中断。"及汝、颖倡乱，湖广、江右相继陷没，而方国珍、张士诚窃据浙东、浙西之地，虽縻以好爵，资为藩屏，而贡赋不供，剥民以自奉，于是海运之舟不至京师者积年矣。"

为挽救危机，元廷试图用就近屯田的办法另辟粮源，但很快失败，只得继续乞求于江南的河海联运。在元廷的妥协之下，方国珍和张士诚依托嘉兴澉浦港，勉强恢复和维持了一段时间的河海联运。

澉浦港能成为新的河海联运出海港，凭借的是优越的地理条件，同时也是方国珍和张士诚主持漕粮征收和河海联运及相互矛盾的结果。方国珍对于元朝叛附不定，借以希求高官厚禄，至正十七年（1357）后，曾先后任元海道运粮万户、江浙行省左丞相。张士诚在至正十七年降元后也受封为太尉。"时达识帖睦迩为江浙行中书省丞相，张士诚为太尉，方国珍为平章政事，诏命士诚输粟，国珍具舟，达识帖睦迩总督之。既达朝廷之命，而方、张互相猜疑，士诚虑方氏载其粟而不以输于京也，国珍恐张氏掣其舟而因乘虚以袭己也。"为调和两人之间的矛盾，至正十九年（1359），元廷遣使往来开谕，"伯颜帖木儿白于丞相，正辞以责之，巽言以谕之，乃释二家之疑，克济其事"。方国珍"先率海舟俟于嘉兴之澉浦，而平江之粟展转以达杭之石墩，又一舍而后抵澉浦，乃载于舟。海滩浅涩，躬履艰苦，粟之载于舟者，为石十有一万。二十年五月赴京"。此后，至二十年（1360）、二十一年（1361）、二十二年（1362），漕粮又三次由澉浦港出海，运送大都。至正十九年、至正二十年，起运粮为11万石，至正二十一年和二十二年为13万石。这些漕粮不仅全部出自江浙地区，而且都通过运河航运至澉浦港装船出海。

至正二十三年（1363）九月，张士诚自立为吴王，停供漕粮，从此，江浙漕粮的河海联运彻底断绝，元朝也已是"国将不国"了。

元代漕粮河海联运的航线分为海路和运河两大部分，其功能有着明显的不同。其中海运是通过海上将漕粮由江南直接运送到直沽，抵达大都，前后曾开辟过三条航线。运河航运则是将各地征收的税粮运送到沿海港口集结，然后装入海船。在刘家港时期，围绕着刘家港形成了浙西线、浙东线、满浦线和上江线等4条主要的河运航线，其中浙西线以浙西运河为主干的运河河网是最重要的河运航线之一。从至元二十年（1283）漕粮河海联运基本确立起，到至大四年（1311），江南漕粮都通过浙西运河运往刘家港集结，而且江西、湖广等地的漕粮，除部分通过海路外，大部分也都经浙西运河运往刘家港。至大四年（1311）后，实物粮改从两浙地区征收，随着粮赋的增加，运输漕粮的河运航线也日益深入两浙地区，在各地都设有汇聚、集结漕粮的仓库，其中嘉兴路录事司有嘉兴仓、外三仓、平准库、军资库；松江府有在城际留仓、上海太平仓、永丰库；海盐县有际留仓;崇德有县仓。据《经世大典·海运篇》记载,元代的海漕分春夏两次发运,每次漕粮海运启程前,内河船只便分赴这些仓库装粮,运往刘家港或澉浦港,将粮食驳入海船。因此,串联这些主要仓库,运河航运形成三条主要航线,即主要运输嘉兴、崇德以及杭州、绍兴乃至江西、湖广等过境漕粮的浙西运河线,主要运输海盐等地漕粮和后来将漕粮运输到澉浦港的海盐线和主要运输松江等地漕粮的松江线,并以此呈放射状贯通覆盖杭嘉湖地区。尤其是元末,从澉浦港出海北上的漕粮全部来自江浙地区,运输漕粮的河运航线更是遍及两浙。

元朝海运漕粮,至元十九年(1282)初次海运时仅4.6万余石,至元二十一年(1284)为30万石,至元二十六年(1289)约为40万石。大德初年(1297—1307),江浙行省海运粮食为70万石,大德末年为170万石,至大末年(1308—1311),江浙行省海运粮食达到300万石。

元代,漕粮河海联运规模空前,其船只的来源、款式和数量都比较复杂。其中海船主要由官船和民船两大部分组成。由于岁运之数不同,每年投入运输的海船也无定数。"艘数泊所,俱无定籍。今已至顺元年(1330)为率,用船总计一千八百只:昆山州太仓刘家港一带,六百一十三只;崇明州东西三沙,一百八十六只;海盐澉浦,一十二只;杭州江岸一带,五十一只;嘉定州沙头浦官桥等处,一百七十三只;上海浦等处,一十九只;常熟白茅港一带,一百七十三只;江阴通州蔡港等处,七只;平阳瑞安州飞云渡等港,七十四只;永嘉县外沙港,一十四只;乐清白溪沙屿等处,二百四十二只;黄岩州石塘等处,一十一只;烈港一带,三十四只;绍兴三江陡门,三十九只;慈溪定海象山邓县桃花等渡、大高山堰头慈岙等处,一百四只;临海宁海严岙铁场等港,二十三只;奉化揭崎昌国秀山等岙一带,二十三只。"[①]有记载的海船投入运输的最高数是至正三年(1343)的

① 《大元海运记》卷之下

3 000 余艘。

元代漕粮河海联运的运河船只,既有官船,由军人充任水手,或招募水手,运送漕粮;也有官本船,元朝实行"官本船"法,即政府出钱,私人出人力,开展海洋贸易和漕粮运输,七三分成,七成归政府,三成归经营者;还有就是为赚取"脚价"的民船。元代,江浙各地还分布着规模不等的大小水站,仅嘉兴就置有 5 处,共配备船只 80 只,船户 760 户。① 就船只的款式而言,既有可以驶入运河主航道的沙船,也有大滩船、艟船、飞蓬船、鼓儿船、舫船、浪舡船、吴船、越船、满江红船等内河船只,大大小小、各种各样,达数十种之多。每年春夏两次海漕发运前的 2 月和 7 月,运河上都十分繁忙,船只穿梭往来,数量众多,舳舻相望,颇为壮观,具有船只小、运途短、周转快、总承运量大、直接与海运相接的特点,其总量难以计数。

为了加强对漕粮河海联运的领导,元廷建立了一套比较完整的管理制度和管理系统,管理之完备是空前的。至元十九年(1282),漕粮首次海运成功,元廷开始"立万户府二",朱清、张瑄分别任中万户和千户。到了至元二十四年(1287),"始立行泉府司,专掌海运,增置万户府二,总为四府"②:都漕运海船上万户府、平江等处运粮万户府、孛兰奚等海道运粮万户府与彻都等海道运粮万户府。

至元二十八年(1291),由于行泉府司掌管者劣迹败露,四万户府削减为以朱清、张瑄为首的两所"海道都漕运万户府"。两府设官分职,"正官"包括达鲁花赤和正、副万户,"首领官"包括经历、照磨、译只、奏差,是具体管理人员。另有镇抚,负责处理日常事务。当时规定每年运粮以 10 分为率,张瑄 6 分,朱清 4 分。张瑄所属有 32 名千户,按地区划为 8 翼,后并为 4 翼;朱清所属有 27 名千户以人划为7 翼,后并为 2 翼。这些"翼"的驻地分布于江浙沿海地区。

至元三十年(1293)朱虞龙任海道都漕运万户提调香糯事,即专

---

① 至元《嘉禾志》卷七
② 《永乐大典》卷一五九四九

门将征收的江南的特种香糯、稻米直接运到大都,供皇宫酿酒用,设1个千户、3个百户,万户府至此增为3所。大德七年(1303),在一场政治风波中,朱清、张瑄被杀,3个万户府又合而为一,开府于平江,设达鲁花赤1员,万户2员,副万户3员。千户按地区划分驻地,共11处,其中浙江有嘉兴、杭州、温台3处。

朱清、张瑄被杀后,河海联运一度混乱。至大四年(1311),元廷接受江浙省臣建议,任命马合谋但管理市舶和海运的同时,也任命海盐的杨梓参与漕粮河海联运的管理。原有的11处千户所并为7处,其中浙江仍为3处,即杭嘉所、庆绍所、温台所。泰定四年(1327),杨梓病故,其子杨枢又出任昭信校尉(正六品)、海运副千户,继续从事漕运。

元代河海联运的最高管理机构是"海运科",其隶属于中书省左司下辖的科粮房,为具体办事机构。地方上,江浙行省对海运万户府直接领导,并派省官员监收漕粮,提调运输。每次海运开航前,万户府须由正官赴港口点阅粮站,监督起航;各所千户则须分赴各仓监装漕粮并督运,同时轮番下海督运。

四、丝织品的官运

浙江丝织业在唐末五代时期已经逐步形成。两宋时期,我国丝织品生产重心继续南移,浙江逐渐发展成为全国丝织品的重点产地。

北宋朝廷每年耗用大量绢帛,不仅王公贵族大肆挥霍,还用以换取军马,并向辽、西夏纳贡。所以北宋的税钱时常折绢以征。浙江是折征绢帛的重点地区。如熙宁十年(1077)两浙夏秋两税收布帛就有267.2万多匹。元丰四年(1081)"杭州合发和买绢达二十三万一千匹"。"和买绢"即在初春由"官预给本与民,蚕期后民还之以绢"的一种制度。"和买绢"的原意是使农民在青黄不接时不受高利贷的盘剥,官府也可获得绢帛。但后来逐渐给钱少而输绢多,"和买"也成了重利刮取。到了南宋,"和买"更成了"白配之赋",即按旧额输绢而不给值。

南宋偏安江南,除统治集团的巨大靡费外,每年需向金朝纳贡大量币帛,所以丝绸需求量很大,这也促进了浙江丝织业的发展,出现了一个繁荣局面。当时,杭州武林门外夹城巷晏公庙的官办织锦院织机有 300 张,私营织锦作坊也不少。杭州属县钱塘、仁和、余杭、富阳、临安、於潜、昌化、盐官、新城等地,都因统治者制定岁解大量的各色税绢及"和买绢"而盛产丝绸。绍兴,人称"俗务农桑,事机织,纱绫缯帛岁出不啻百万","万草千华,机轴中出,绫纱缯縠,雪积缣匹"①。庆元(今宁波)也是"甘下桑土,蚕楡茧纯,妇女织斐,交梭吴绫"②。据《宋史》卷八十八《地理志》记载,两浙路浙江境内十一个府州除温州、台州外,其余九个均"贡"丝绸织品。又据《浙江丝绸史》所记载,从乾德五年(967)至乾道八年(1172),两浙路上贡的丝织物为 125.4 万匹,占全国上贡丝织物 355.28 万匹的35.3%;上贡的丝绵为 161.339 8 万两,占全国上贡丝绵 236.584 8 万两的63.2%。

元代,浙江仍是负担上贡丝、绸的重点地区。杭州等地设有官办的文锦局。据嘉靖《仁和县志》记载,杭州武林门外夹城巷即南宋官营织局,就是当时的文锦局。至元十三年(1276),元军攻占杭州,十五年(1278)即诏江浙行省左丞相忽辛(一作"呼逊")兼领杭州等路诸色人匠,以杭州税课收入,岁造缯缎十万以进。③ 元朝灭宋之初,对江浙各路只收田税,元贞二年(1296)改定征收江南夏税,责令输纳木棉、布、绢、丝、绸等物。④ 元代,由于大办官营织造,丝货改征

① 沈立:《越州图序》,《会稽掇英总集》卷二十;王十朋:《梅溪文集》《会稽二赋》《风俗赋》卷二
② 宝庆《四明志·郡志四》
③ 《元史·世祖本纪》
④ 《新元史》卷六三《食货志》

生丝的比较多。有诗云:"吴蚕缫出丝如银,头蓬垢面忘苦辛。苕溪矮桑丝更好,岁岁输官供织造。"①至正年间(1341—1367),仅德清一县即交税征丝 24 372 多斤,绵 3 326 多斤。②

宋元时期,这些丝织品多通过船只经由运河运往京师或其他指定地方。元代,即使在河海联运的发达时期,丝绸织品以及各地其他土产、手工业品也主要由运河运输。

---

①　《吴兴诗存》第三集卷三
②　康熙《德清县志》卷四

第四节

兴盛的民间航运

　　宋元时期,浙江的农业、手工业、商业都迅速发展,市镇也逐渐兴起,与此相适应,大运河浙江段上民间的物资运输和旅客运输呈现出一派兴盛的景象。

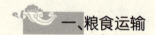

一、粮食运输

　　宋元时期,水稻仍是江南地区种植的主要粮食作物。由于各地条件的差异,稻米生产也存在差异,其中以两浙路所产最为丰富,两浙路又以苏、湖、常、秀等州为最。这些稻米除农民自家消费及缴纳赋税以外,一部分投放市场,供应城市及其他粮食不足的地区。作为水网地区,粮食的运输当然以舟船为主。"若夫两浙之地,苏、湖、秀三州,号为产米去处,丰年大抵舟车四出。"①一旦航道受阻,航运不通,粮食运输发生困难,缺粮地区就会发生饥荒。如北宋元祐四年(1089),因为运河浅涸,舟船难行,杭州"谷米薪刍,亦缘此暴贵"。

――――――――――

　　① 《双溪类稿》卷二十一

杭州知州苏轼疏浚了运河，排除了航运的困难，"公私舟船通利"，情况马上得到了改善。

宋代，尤其是南宋时期，两浙地区，农业中粮食与经济作物生产，以及商业、手工业都有新发展，在一些地区出现了互为分工的势头，加上自然条件的差异和宋金战争的影响，又进一步促使农业和手工业诸产品之间有通过商业纽带和朝廷调剂流通的必要。一般来说，当时长江和珠江流域的大部分地区粮食生产比较发达，而东南沿海的一些手工业产品的产地则往往是缺粮区。因为官方漕运的主要目的是养活大量军队和满足首都临安的需要，所以，南宋王朝不惜优免商税，鼓励商人贩运粮食，促使长江中游江西、湖南的粮食商贩东下，至两浙等缺粮区，尤其是城市出卖。

因此，城市是粮食的主要市场。以南宋临安府为例，它是南宋的政治中心，同时也是最繁华的商业城市。全府户口在乾道年间（1165—1173）已达20万户有余，淳祐年间（1241—1252）增加到38万余户，咸淳年间（1265—1274）又增加到39万户，其中城区居户虽不得而知，但所占比例一定很高。城市居民的粮食除官吏食用俸米（通过漕运而来）外，地主食用租米由农民或地主自家的船只航运而来，其他一般市民都籴米而食。每日出籴之米，"细民所食，每日城内外不下一二千余石，皆需之铺家"[1]。周密的《癸辛杂识》续集上说："杭城除有米之家，仰籴而食者凡十六七万人，人以二升计之，非三四千石不可以支一日之用，而南北外二厢不与焉，客旅之往来又不与焉。"嘉靖《仁和县志》也云："前此四十四年，长孺在虎林，闻故老诵说，赵忠惠公为临安尹，会城中见口食文恩院斛米三千石，常藉北关天宗水门入。四千石贱，二千石贵，与日食适相若，作囤等，俟之无不中者。"[2]以上三则材料对南宋临安城内外每日销售食米数量估计各不相同，如果每日以3 000石计算，则一年需要100万石以上。这是一个相当可观的数字。所以，"杭城常愿米船纷纷而来，早

---

① 《梦粱录》卷十六《米铺》
② 嘉靖《仁和县志》卷七《坛庙篇》"广福庙"条附《胡长孺、蒋崇仁传》

夜不绝可也"①。这大量的稻米，都是从外地农村用船只运输而来的，除了主要依靠运河运输接纳苏、湖、常、秀、江、淮等地的"诸路纲运及贩米客船"外，隆兴年间（1163—1164）的李椿还曾规划用国库款从江西、湖南购买调运军粮，由官方押运，送达杭州，"常使及二百万石"。此规划虽未实施，但江西、湖南的大米由商船东下运销杭州，却是明显的事实。

南宋时期的米商，一次运销的粮米往往达数百万石。据《梦粱录》记载，杭州民用粮食，客商多雇佣一种叫"铁头舟"的船只来运输，一船可载五六百石不等。船户一家大小悉居船中，只以往来兴贩为业。② 有些地区"大商则聚小家之所有，小舟亦附大舰而同营，辗转贩粜，以规厚利，父子相袭，老于风波，以为常俗"③。可见当时运河商运之兴盛。

除杭州以外，衢州、睦州等地食粮也都从湖州、秀州和苏州等地由运河转钱塘江舟运而去。"衢、睦等州人众地狭，所产五谷，不足于食，岁常漕苏、秀米，至桐庐，散入诸郡。"

另外，福建的稻米也有部分依赖浙江的舟船运输。据《历代名臣奏议》所载，集英殿修撰福建赵汝愚上奏即说："本路地狭人稠，虽上熟之年，犹仰客舟兴贩二广及浙西米前来出粜。"④周必大也说："福建地狭人稠，虽无水旱，岁收仅足了数月之食，专仰客舟往来浙、广，般（搬）运米斛，以补不足。"⑤朱熹在南康写救荒文，以"印榜遣人散于浙西、福建、广东沿海去处招徕客贩"，即以免税的优惠待遇招徕浙西等地米船。

---

① 《梦粱录》卷十六《米铺》
② 《梦粱录》卷十二《河舟》
③ 叶适：《水心文集》卷一《上宁宗皇帝札子》
④ 《历代名臣奏议》卷二四七
⑤ 《文忠集》卷八十二《大兄奏札》

二、其他货物的运输

宋代对盐、茶叶等实行专卖,按规定把一部分国家垄断的物资卖给商人贩卖运销,从客观上为民间商运的繁荣创造了有利条件。

两浙东境全线濒海,限奥曲折之处众多,"故可成盐"①。宋代,濒海各州都有不止一处的盐场。据《宋史》记载,两浙地区的盐场全都分布在今浙江境内,其中秀州有青墩、袁部、浦东、青村、青村南、青村北、下砂、南跄、沙腰、芦沥、海盐等盐场;杭州有钱塘县的杨村场、仁和县汤村场、盐官县的盐官场等;越州有会稽之三江、曹娥,山阴之钱清,余姚之石堰等盐场。明州有鄞县的大嵩盐场,慈溪的鸣鹤盐场,定海的清泉、龙头、穿山、长山盐场等。两浙各盐场所产之盐均为海盐,用煎炼之法制造。各盐场均有为数不一的岁课额,每年要向政府交纳一定数量的海盐。

海盐的运销方式,以崇宁初(1102)蔡京变更盐法为界,前期是以官运官卖为主,商运为辅;后期则关系互换,以商运为主,官运为辅。但无论是官运官卖,还是民间商运,无疑都依靠最经济、最方便的水道运输,其中浙西运河和浙东运河是主要的通道之一。

宋室南迁后,朝廷支费百出,在两浙畿辅之地遍设盐场遂成为缓解财政窘境的重要手段之一。绍兴四年(1134),提举浙西茶盐王珏开华亭濒海支河 200 余里,有"南渡立国,专仰盐钞"之说。到绍兴三十二年(1162),两浙已置有盐场 42 处。由于盐是利之所在,所以南宋政权控制了食盐的专卖。具体办法是:官府预支淮、浙盐户本钱,诸州盐仓则令商人钞,"五十斤为一石,六石为一袋",盐场、盐商从盐户征购食盐,其中的一部分就地发卖,其他则由商人凭盐钞从盐场支盐,按规定散运各地。

值得注意的是,由于盐利的丰厚和盐政的败坏,"不逞无赖盗贩

---

① 方勺:《泊宅编》卷三

者众,捕之急则起为盗贼。江淮间虽衣冠士人,狃于厚利,或以贩盐为事"。盐额的亏损,也"皆由台阁及诸军帅兴贩规利之由",政府屡禁不绝。因此,当时除一般商人和私贩外,还有一些官僚和军帅从事食盐私运。当时有人作诗云:"万舸千艘满运河,人人尽道相公醝。"后来的贾似道也曾"令贩运百艘至临安卖之"。不难看出,两宋时期在运河中食盐的纲运和商运,其规模仅次于官方组织的粮运。

元代,盐业生产和销售都在政府的控制之中,盐业生产有所发展。至元十四年(1277),在杭州设置两浙都转运盐使司,经过重新调整,到大德三年(1299),两浙各盐场由原先的 44 所并为 34 所,盐场数量仍列各省之前,盐业生产在终元一代都一直呈上升趋势。据《元史·食货志》关于两浙食盐生产的记载,至元十四年,岁办92 148 引;十八年(1281),增至 218 562 引;二十三年(1286),增至 45 万引;到延祐六年(1319)时,增至 50 万引,以 1 引折合 400 斤,此时两浙每年额定食盐生产要达到 2 亿斤,远远超过南宋浙盐产量,约占全国总引额的 20%。因此,元代运河上的食盐运输规模显然也远远超过两宋时期。

宋代承袭唐末、五代的办法,实行茶叶专卖制度,即"榷法"。"榷法"既是一种茶叶专卖制度,也是一种茶叶税制,它通过 13 个"山场"和 6 个"榷货务"来实施,规定园户(茶农)生产茶叶要先向附近的山场兑取"本钱",采制以后,以成茶折交"本钱";多下来的茶叶不准买卖,只许售给山场,其中海州务(设在今江苏连云港市西南海州区)受杭、湖、常、睦、越、明、温、台、衢、婺等州茶。[①] 茶商买茶,也是先向榷货务交钱,然后凭券到榷货务货站和指定的山场兑取茶叶再运销各地。

为了避免商人侵害茶叶贸易的利益,宋代的茶法先后有十多次变更。在商品经济日益发展的历史条件下,宋政府又不能不"仰巨商"[②]。各种茶法归纳起来,无非是巨商到京师榷货务预先缴纳购茶

① 《宋会要辑稿·食货志》二九,《宋史》卷一八四《食货志》
② 王安石:《茶商十二说》

费用,然后凭证到"六务十三场"提货,贩运各地;或是商贾和茶户向政府承担一定的经济义务后,商人直接向茶户买茶。

茶叶贸易极为有利可图,特别是贩卖到草原和宋金对峙时期的宋金边界去,利润往往高达几倍,巨商豪贾趋之若鹜。到海州务提货的茶船来往于沿海,小本商人和私贩的商船则活跃于运河的航道上。

制茶和茶叶贸易自唐代开始发展起来,但茶利收入在唐代的财政收入中不占主要地位。到了宋代,茶已和米、盐一样,成为民众"一日不可以无"的东西。浙江既是主要的产茶地之一,北宋时两浙地区共有 12 州 60 县种茶,分别占北宋两浙 14 州 79 县总数的 85.71% 和 75.95%,买茶总额为 1 280 775 斤,居全国产茶路份前列;同时也是茶叶重要的消费地,不仅杭州等都市中茶坊林立,甚至连小市镇上也都有茶铺和茶坊。因此,两浙的买茶额中有相当数额是由私贩在两浙的运河上流通的,"民之所食,大率皆私贩者"[1],成为两宋时期运河运输的主要货物之一。元代茶叶的运销也大体相同,数量也有增无减。

除了谷米、茶叶、丝绸的运输之外,陶瓷、竹木柴草、四时瓜鲜、海鲜水产也多依赖运河运输。以南宋京城杭州为例,时人周必大曾说:"土人谚云:'东门菜、西门水、南门柴、北门米',盖东门绝无民居,弥望皆菜圃;西门则引湖水注城中,以小舟散给坊市;严州、富阳之柴,聚于江下,由南门而入;苏、湖米则来自北关云。"[2]

明州、越州、台州、温州等沿海诸州的海产,大多循浙东运河或逆钱塘江下游至杭州。杭州有混水闸鲞团,成批收购,"城内外鲞铺不下一二百余家,皆就此上行合摭"[3]。秀州、明州等地的鱼、蟹之类,也运到杭州贩卖。杭州有城北鱼行、城市蟹行、坝子桥鲜鱼行[4],经销鱼蟹。

---

① 王安石:《临川集》卷七〇《议茶法》
② 《二老堂杂记》卷四
③ 《梦粱录》卷十六《鲞铺》
④ 《梦粱录》卷十四《团行》

宋元时期,大运河浙江段航运业的客运也很发达,从浙西运河到浙东运河,客旅往来都比较方便,运河两岸以及杭嘉湖水网私人舟船很多,备乘船者雇用。《梦粱录》记载:"若士庶欲往苏、湖、常、秀、江、淮等州,多雇舸船、舫船、飞蓬船等。"元至大元年(1308),京口郭界从镇江到杭州,九月二十日在平江(今江苏苏州)登航,二十二日四更便已抵达杭州城外,360里水路仅用了3天时间,可见行旅之方便。南宋时期,杭州作为一国之都,风景优美,因此许多人都赶来一睹其风采,从浙西运河、浙东运河沿岸来的游客络绎不绝,仅位于德胜坝附近的接待寺每年就要接待旅客达15万人次。

两宋时期,在运河等水运线上设有水驿,10～20里则有递铺,并且将驿传的接待功能与邮递功能分立,将驿与馆舍合并,成为负责接待过往官吏的机构。其中在杭州的馆驿就有浙江亭、都亭驿、怀远驿、北郭驿亭、仁和馆、邮亭驿、北关塌房、接待寺等。位于杭州城南跨浦桥南江岸的浙江亭是政府官员候船的宾馆。都亭驿、怀远驿、北郭驿亭等主要供外国使臣住宿。位于城北夹城巷运河港口附近的接待寺,以接待云游僧人为主,兼作对一般客旅开放的旅舍,据记载,20年间共接待商旅300余万人次。位于城北泊船处的北关塌房房舍连绵,多达数千间,所接待的舶商、游客更是难以统计。

元代更在陆路交通干线上遍设驿传,时人称作"站赤"。同时,也在运河沿线设立众多的水站,其中杭州路有水站6处,嘉兴路有水站2处,湖州路有水站3处,绍兴路有水站5处,庆元路有水站2处。宋元时期的这些驿递系统不仅为官府服务,迎送官员,也为民间商旅的交通提供了相当大的便利。另外,在运河沿途有许多寺院可供往来者食宿。因此,宋元时期客旅乘船往来于运河之上,史不绝书。

南宋乾道五年(1169)十二月,诗人陆游被任命为四川夔州通判,他赴任时坐船从越州出发,从浙东运河至萧山、杭州,然后循浙西运河经秀州、苏州、真州,再逆长江西去四川。陆游在《入蜀记》里记载其行程:"六年闰五月十八日,晚行,夜至法云寺,兄弟饯别,五鼓始决去。十九日,黎明,至柯桥馆,见送客,巳时至钱清,食亭中,凉爽如秋,与诸子及送客步过浮桥……申后至萧山县,憩梦笔驿……四鼓解舟,行至西兴镇。二十日黎明渡江,江平无波,少休仙林寺,寺僧为开馆设汤饮,遂买小舟出北关,登漕司所假舟于红亭税务之西。六月一日早,移舟出闸,几尽一日始能出三闸,船舫栉比,泊籴场前。二日,禹中解舟……过赤岸班荆馆,小休前亭……晚,宿临平……夜半解舟。三日黎明,至(今嘉兴市境)长河堰(今长安镇),亦小市也,鱼蟹甚富。午后,至秀州崇德县……是晚行十八里,宿石门。四日,……晚泊本觉寺前……五日早,抵秀州……饭罢,还舟小憩……移舟北门宣化亭……七日……晚,移舟出城,泊禾兴馆前……八日,雨霁,极凉如深秋。遇顺风,舟人始张帆。过合路(今王江泾田乐)……运河水泛滥,高于近村地至数尺。两岸皆车出积水,妇人儿童竭作,亦或用牛。妇人足踏水车,手犹绩麻不置。过平望,遇大雨暴风,舟中尽湿。少顷,霁。止宿八尺,闻行舟有覆溺者。小舟叩舷卖鱼,颇贱……九日,晴而风,舟人惩昨夕狼狈,不敢解舟,日高方行。自至崇德,行大泽中,至此,始望见震泽远山。午间,至吴江县,渡松江……"陆游在《入蜀记》中的所见所闻,详细记录了所过运河堰闸和两岸景色、古迹、寺院、人物及生产劳动等,成为研究运河、了解当时运河沿岸经济文化和风俗民情的重要资料。

宋元时期,国内旅客往来方便,海外来客的通行也极为便利。北宋熙宁五年(1072)三月,日本僧人成寻率领弟子七人搭乘宋商孙忠的船只从肥前壁岛出发到达明州。明州不令入港,又乘船傍海而行,经越州、萧山,到达杭州。在杭州获准参天台国清寺以后,又乘船从杭州出发,沿浙东运河经越州、曹娥,并逆曹娥江而上,到剡县,才舍舟坐轿去罗汉常在的天台国清寺。后来又从杭州乘船沿浙西运河经秀州、苏州、扬州,去文殊显迹的五台山。① 成寻根据途中见

---

① (日)成寻:《参天台五台山记》

闻写了旅行日记《参天台五台山记》，其中卷三记载了他熙宁五年（1072）八月由运河过长安三闸经嘉兴前往苏州的情形，为宋代运河航运，尤其是长安复式船闸留下了珍贵而翔实的史料。

第五节

沿岸经济、社会、文化的发展

北宋的统一,为社会生产的发展提供了安定的环境,农业、手工业和商业都较前代取得了更大的进步,尤其是江南地区的经济得到迅速发展,使中国的经济重心转移到了南方。这为交通运输提供了发展契机,作为主角的运河显得更为耀眼。北宋都城汴京(今河南开封)和南宋行都临安(今杭州),分居运河北南要冲,前者仰赖运河吞纳东南财赋,后者依靠运河转输诸路钱粮,支撑半壁江山。到了元代,运河仍然在漕粮的联运中发挥重要作用。因此,运河不仅是宋元时期立国的命脉,也在经济文化发展和社会生活中发挥着积极作用,有力地推动和促进了大运河浙江段沿线经济、社会和文化的发展。

一、运河沿线经济发展

宋元时期,运河航运对沿线经济发展的带动作用十分明显。唐以前的漫长历史时期,中国古代社会的政治、经济中心都位于北方地区,至北宋中期,东南地区的经济发展在整体上全面超过了北方,中央政府在财政上对东南地区的依赖，"国家根本，仰给东南"，已成无法逆转的态势。两浙路在东南地区又占据着举足轻重的地位，"二浙财赋为天下之最"①。因此，从北宋起，两浙路便成为漕粮的主要供输地，而且数量不断增加。大量的上供漕粮和入籴粮食对两浙社会发展有着相当的影响。

作为一个地狭人多的地区，为了在完成上供漕粮的同时维持本地区众多人口的粮食需求，两浙人民辛勤耕作，想尽一切办法扩大粮食生产，这使得本区，尤其是浙西运河沿线的杭嘉湖平原粮食产量提高、田地面积扩大，粮食生产在两宋时期获得极大的发展。北宋时期，北方地区的粮食亩产一般是 1 石，而两浙地区普遍在 2～3 石，所以高斯得在《宁国府劝农文》中说："浙人治田，比蜀中尤精。土膏既发，地力有余，深耕熟犁，壤细如面，故其种入土坚致而不疏。"②宋室南迁后，两浙的漕粮负担更加沉重，终南宋之世，两浙路每年都上供粮食 150 万石，居东南各路之首。因此，尽管遭受战争摧残，但在政府和漕粮负担的双重压力下，粮食生产很快得到恢复和发展，不仅田地资源得到充分的利用，"高者种粟，低者种豆，有水源者艺稻，无水源布麦""高田种旱，低田种晚，燥处宜麦，湿处宜禾，田硬宜豆，田畲宜粟，随地所宜，无不栽种"，而且扩大复种，实行稻麦轮作和水稻一年两熟，粮食生产进一步发展。同样，入元后北运漕粮主要依赖两浙地区，为确保漕运，政府采取了一系列的重农业政策和措施，包括：设立专门机构，劝课农桑；减免官私租税，鼓励垦荒；建立仓储制度，备荒救灾；编修农学书籍，指导生产；兴修水利工程等。加上农业生产技术的提高，农用器具的进步、农作物品种的丰富和实行稻麦复种轮作制度等，不仅粮食产量不断提高，而且除种植水稻、小麦外，还广泛栽培粟、黍、荞麦、稗、穄等粮食作物，经济效益明显提高，使两浙，尤其是浙西运河沿线的嘉兴、湖州等地成为当时全国农业最发达的地区，赢得"苏湖熟，天下足"的盛誉。

---

① 范仲淹：《范文正公集》卷一四《段少连墓表》
② 高斯得：《耻堂存稿》卷五，文渊阁《四库全书》本第 1 182 册

在浙西运河以及浙东运河沿线一些人地矛盾已经相当严重的地区，为了应付税赋、维持生计，人们在精耕细作竭力提高粮食产量的同时，还努力发展经济作物和多种经营，其中以蚕桑种养和纺织为盛，从北宋起就形成男耕女织的小农经济生产方式与自耕农、半自耕农众多的特点。到南宋时期，两浙各州蚕桑业在北宋的基础上进一步发展，乃至在南宋晚期，湖州蚕业甚盛，致使桑叶一时供给不足而桑叶价格倍涨，当时寓居湖州的高斯得有诗记之："客寓无田园，专仰买桑供。岂谓桑陡贵，半路哀途穷。三百变三千，十倍价何穹。"[1]

宋元时期，江浙地区开始引种棉花。大运河浙江段沿线的嘉兴、松江一带是江南地区较早推广种植棉花并纺织的地区，尤其是元朝统一中国后，棉花的种植迅速普及两浙。至元二十五年（1288）修订的至元《嘉禾志》已将木棉（棉花）与丝、绵、绢、绫、罗、纱等并列，作为地方土产。元代吴兴（今湖州）人沈梦麟有诗云：

> 黄浦水，潮来载木棉，潮去催官米。
> 自从丧乱苦征徭，海上人家今有几。
> 黄浦之水不育蚕，什什伍伍种木棉。
> 木棉花开海天白，晴云擘絮秋风颠。
> 男丁采花如采茧，女媪织花如织绢。
> 由来风土赖此物，祛寒庶免妻孥怨。
> 府帖昨夜下县急，官科木棉四万匹。
> ……[2]

此诗表明，元代浙西一带已成为江南重要的产棉区。

桑蚕业和棉花种植的发展为纺织业的发展提供了坚实的基础。早在唐代，浙江的杭州、越州、湖州的一些丝绸纺织品已成为贡品，宋元时期，丝绸纺织业更加迅速地发展。北宋时期，两浙路的丝织品上供数量巨大，总计2 783 925匹两，居全国各路之首。南宋行都

---

[1] 高斯得：《耻堂存稿》卷六《桑贵有感》
[2] 沈梦麟：《花溪集》卷二《黄浦水》

临安,将官办手工业中心带入了两浙,少府监下辖文思院、绫锦院、染陆军、裁造院和文绣院五大院,各有所掌,织造绫、罗、帛、锦、尅丝、缂丝、纻丝等,使两浙的丝织技术获得全面提高。同时,脚踏缲车等纺织机械基本定型并普遍使用,更使两浙纺织业名品众多、产量巨大,民间出现了专门的丝织手工业作坊和丝织专业户。民间生产的丝织品,从咸淳《临安志》中可知有绫、锦、纱、绢、绸等数十种。南宋时期,越州所属八县皆有纺织品的名产,如会稽的葛布、越罗,诸暨的苎纱、山后布、绢,剡县的强口布等,而且产量巨大,南宋时的赋税及和买绢帛达 60 多万匹。时人王十朋称:"万草千华,机轴中出,绫纱缯縠,雪积缣匹。"①元代,浙江的纺织业继续保持两宋以来的繁盛局面,不仅官府丝织业非常发达,而且杭州、嘉兴、绍兴、庆元(今宁波)等地均设立各种织染、纹锦局院,主要生产丝织品。至元十六年(1279)九月,忽必烈诏江浙行省左丞相忽辛兼领杭州等路诸色人匠,以杭州税课所入,"岁造缯段(缎)十万以进"②,可见杭州等地织染局的规模之大,而且民间丝织业也很繁盛。至元三十一年(1294)发布的一份文书说,江南原先有织造 7 万匹 6 庹缎子的常课,后来改作"一万匹交依旧织造,六万匹交做五庹半和买"③。同时,棉纺织业由于成本低、劳动消耗小,产品性能又有诸多优势,"比之桑蚕,无采养之劳,有必收之效;埒之枲苎,免绩缉之工,得御寒之益。可谓不麻而布,不茧而絮"④,使得棉纺织业发展迅速。元统、至元年间(1333—1340),元朝政府"棉入凡七万余斤……而江浙常居其半"⑤,足见棉纺织业在浙江等地的发展规模。

随着农业、手工业的发展,越来越多的产品进入流通领域成为商品,运河作为商品流通的主干道,运河上的各种商贸活动日益活跃,各类产品的商品化程度都迅速提高。宋元时期,浙江通过运河

① 王十朋:《会稽三赋》卷上《风俗赋》
② 《元史》卷十《世祖纪七》
③ 《元典章》卷五八《工部一·造作·讲究织造段匹》
④ 《王祯农书》卷二一
⑤ 权衡:《庚申外史》卷下

等进入流通领域的商品,既有满足大众日常生活需要的各种农产品,又有丝绸、棉纺织品、麻纺织品、陶瓷、酒、书籍等手工制品,还有满足上层消费的各类精细的工艺品、奢侈品等,其中粮食、丝织品和瓷器等在江浙商品流通中所占份额很大。同时,商业市场的分工也趋于细化和完善。如在湖州长兴州已有五熟行、香烛行、银行、玉塵行、度生行、浇烛打纸印马行、篙师行、净发行、裁缝行、锦鳞行、碧缘行、漕行、五色行、正冠行、双线行、糖饼行、果行、彩帛行、厨行、饭食行、酒行等行业。① 在城市中也开始按照不同的产品交易置有专门的商业贸易区。据记载,宋末元初,杭州城内有药市、花市、珠子市、米市、肉市、菜市、鲜鱼市、南猪行、北猪行、布市、蟹行、花团、青果团、柑子团、鲞团、书房诸市。② 运河将不同行业的不同商品源源不断地输送到不同的商品贸易区,既繁荣了市场,也进一步促进了商品经济的发展和农业、手工业的发展。

随着城市和商品市场的发展,宋元时期,蔬菜作为商品成为农副业生产的重要分支之一,临安、秀州、湖州、绍兴等城市的城郊都出现了专为城镇居民供应蔬菜的专业户,即"菜户",所种植的数十个品种的蔬菜在不同季节应时上市,供应市民需求。临安东门外城郊全是菜地,"盖东门绝无民居,弥望皆菜圃"③,可见其蔬菜业之盛。宋元时期,水果业也成为两浙重要的农副产业之一,水果品种众多,有柑橘、橙、梅、桃、李、杏、柿、梨、瓜、菱、林檎、木瓜、枇杷、西瓜、樱桃、石榴、杨梅、银杏、葡萄、栗、茨菰等,为两浙民众提供了上好的消费品。七月是水果上市的销售旺季,"是月,瓜桃梨枣盛有,鸡头亦有数品,若拣银皮子嫩者为佳,市中叫卖之声不绝"④。

商品经济的发展和运河航运的便利,有力地推动了陶瓷、印刷、造纸、酿酒等手工业的发展。南宋在杭州设立官窑,吸收越窑与龙泉窑的经验,烧制出的产品胜于越窑与龙泉窑。龙泉窑到南宋时,

---

① 《两浙金石志》卷十五《长兴州修建东岳行宫碑》
② 周密:《武林旧事》卷六《诸市》
③ 周必大:《二老堂杂志》卷四《临安四门所出》
④ 《梦粱录》卷四《解制日》

青瓷的烧制技术达到炉火纯青的地步,与真定红瓷、景德镇瓷器并称为南宋三大名瓷。元代,浙江窑场以龙泉窑为主,大多为民间私营,总数达到 200 处以上,在全国陶瓷业中颇负盛名,具有举足轻重的地位。

北宋共有四个印书中心,杭州居第一:"今天下印书以杭州为上,蜀本次之,福建最下。京师比岁印版,殆不减杭州,但纸不佳。"[1]从南宋到元朝,杭州仍然是全国的五大刻书中心之一,而且嘉兴、湖州、庆元、绍兴等路刊书也颇为可观,不仅书坊印书的种类非常丰富,尤其是入元后,书坊、书市突破了经史典籍、名人诗文、佛经、医学用书等范围,开始印刷小说、故事、杂剧、元曲等通俗读物,而且木活字技术逐渐推广应用,刊本质量精美者良多。杭州的造纸业与其印书业的发达相得益彰。熙宁七年六月,神宗令杭州为政府制造专门用纸,"诏降宣纸式下杭州,岁造五万番。自今公移常用纸,长短广狭,毋得用宣纸相乱"[2]。越州的纸很早就有名,在唐代被列为越州土贡物品之一,宋时朝廷在越州设有汤浦、新林、枫桥、三界四个官方造纸局。越州纸更深受文人们的喜爱,苏轼就曾为人购买"越州纸二千幅"[3]。

宋元时期,大运河浙江段沿线的湖州、越州、杭州等地的酿酒业都很发达。苏轼说:"天下酒税之盛,未有如杭者也。"他申请开浚西湖,论湖不可废的理由之一就是若湖废就会导致减少酒税 20 余万缗。[4] 南宋时期,喜欢饮酒的北方人南迁,使两浙的酿酒业有了更大的发展,不仅临安名酒迭出,湖州、明州也都酿酒业繁荣,南宋时仅鄞县就有酿酒作坊 29 个。

① 叶梦得:《石林燕语》卷八,中华书局1984年版
② 《续资治通鉴长编》卷二五四"熙定七年六月乙酉条",第6212页
③ 《苏轼文集》卷五六《尺牍·与程德孺运使》
④ 《苏轼文集》卷三〇《杭州乞度西湖状》

二、港口城市繁荣

交通是商业发展的基础,而商业则是城市发展和繁荣的必备条件。在近代机械化交通工具出现之前,水路交通较之陆路更具有便捷、省费等绝对优势,因此水路交通对于商业和城市的发展作用最大。宋元时期,运河通畅,沿线码头、堰闸等设施日趋完善,交通发达而便利,兴旺发达的航运促进了商业的发展,杭州、嘉兴、湖州、绍兴、宁波等一批水运港口型城市在大运河浙江段沿线迅猛发展,全面繁荣。

杭州

杭州地处浙西运河、浙东运河和钱塘江的交汇点。自唐代大运河浙江段全面贯通后,经过五代,尤其吴越国的经营和发展,到宋代,以杭州为中心的运河水运网呈扇形向四面展开,连接着沿河两岸的许多新兴城镇。往东,沿浙东运河可达永兴(今萧山)、会稽郡治(今绍兴)、上虞、余姚、鄮(今宁波东);向北进入浙西运河,可至余杭、嘉兴、吴兴郡(今湖州),抵达吴郡(今江苏苏州)、无锡、晋陵郡(今江苏常州)、曲阿(今江苏丹阳)、京口(今江苏镇江)入长江。另外,西南方的浙江可达富阳、桐庐、建德、新安郡(今淳安)、歙县、东阳郡(今金华)等。这些地方是各地物产的集散中心,随着全国经济中心的南移和江南经济的发展,繁忙的运河航运和商贸活动使杭州成为兴旺发达的运河大港。"四达之冲,舟车之会……四方之所聚。百货之所交,物盛人众,为一都会"①,"官商驰骛,舳舻相衔,昼夜不绝"②,杭州水运枢纽和经济中心的作用和地位日益凸显。由此,杭

---

① 乾道《临安志》卷二
② 《西湖游览志》卷十三

州在全国的城市中脱颖而出,到北宋时便以其富庶繁华被称为"东南第一州"。北宋咸平二年(999),杭州人口已达10万户,至元丰年间(1078—1085)时又增至202 816户①,超过苏州(173 969户),而且城市经济达到了较高水平。北宋时期,杭州是全国丝织业的中心之一和四大刻书中心之一,造纸、酿酒、制扇以及餐饮等行业都很繁盛,所缴的商业税也名列全国第一。熙宁十年(1077),杭州上缴税额约17.3万余贯,名列第一;第二位才是都城开封,为15.3万余贯;苏州名列第九,仅7.7万余贯。

南宋行都临安,杭州成为全国的政治、经济中心和全国财赋的集聚大港,不仅都市的发展达到顶峰,成为全国第一州和世界第一大都会,还成为全国乃至世界最大的水运港口。

北宋时期,作为水运枢纽的杭州主要是集中周围地区的漕粮,通过运河经扬州北运汴京。南宋杭州成为行都,各地漕粮均要集中到杭州,以供中央政府使用。绍兴初年(1131)起,两浙之粟150万石,全国各地的粮赋,包括江东每年93万石,荆湖每年100万石饷淮东、淮西、鄂、岳、荆南的余额、钱帛,均漕运至行在所。南宋皇室食用的上贡米,仰仗浙或诸郡县供给,不足部分由建康、太平、宣州科拨。这些运至杭州的漕粮,到绍兴三十年(1160)约为112万石。除了吞吐官府漕粮外,杭州还接纳大量的商业米,即米商贩运的食米,供应杭州百姓食用,苏州、常州、秀州及江淮米商每年都顺运河输入米粮约200万石。可见当时杭州粮食运输之繁忙。

宋初,杭州的官民食用盐和其他地区一样,均为官卖。因其地产盐,私盐价廉而易得,政府不得不采取"强以配民"的手段,"西浙岁计丁口,官散食盐,每丁给盐一斗"②。北宋初年的杭州,按户丁配盐约2万石,南宋时增加到7万余石,而实际的消耗远远超过这个数字。宋初,杭州常住户70 461户,约35万人口,食盐的耗量当在4万石左右;南宋时杭州有户261 692户,人口约130万,耗盐当20余万

---

① 《元丰九域志》卷五《两浙路》
② 雍正《浙江通志》卷八十三《盐法上》

石。这还不包括流动性较大的商旅及军队所食之盐。按照宋代的规定,浙盐的行销地区主要是越、处、衢、婺等州,天圣二年(1024)又加江东之歙州(今安徽歙县)。由于浙盐的产量难以满足行销地区,杭州本地还需要利用漕船回空,带回经政府批准的淮盐。这些淮盐大多通过运河经楚州(今江苏淮安)、宝应、高邮、扬州、丹阳、常州、无锡、苏州和秀州、崇德运抵杭州。所以,杭州港是宋代两浙最大的食盐吞吐港。

宋代,丝绸是杭州港吞吐的又一种大宗货物。北宋时期,帛有上贡、和买等名目。熙宁七年(1074),两浙察访使沈括曾说:"本路岁上供帛九十八万(匹)……增预买绅绢十二万匹。"①这些绢帛从杭州港运出的大约占一半。到了南宋时期,全国夏税、和买、上贡的绅绢等都源源不断地涌入杭州。建炎元年(1127),两浙路和买绢97.6万匹;建炎三年(1129),两浙路上供、和买、夏税的绅绢共117.78万匹;绍兴元年(1131)仅以和买、夏税两项就上升为160余万匹;绍兴二年(1132),江浙、湖北、夔路绅绢、绫罗、锦绮上贡、和买、夏税共400万匹。

杭州又是茶叶的重要产地和汇集地。大批茶叶通过运河等水路向杭州运来。宋代政府对茶叶实行官榷,北宋时两浙岁课茶128万斤。建炎二年(1128),浙西五州鬻茶48万斤。次年,特在杭州通江桥东建立了全国最大的茶叶批发机构——行在都茶场,以加强对日益发展的茶叶经销的控制。据李心传《建炎以来朝野杂记》载,"绍兴末年,东南……产茶一千五百九十余万斤",其中很大一部分通过杭州都茶场进行批发。淳祐十二年(1252),行在榷茶场就收到茶、盐等钱1 185万贯,比政府的定额400万贯高出近两倍。② 大宗盐茶进出杭州促进了杭州内河港的繁荣。

南宋时期,杭州还是全国财赋的汇集港。绍兴九年(1139),两浙路折帛钱573万缗。绍定六年(1233),仅两浙、江东两地就向杭

---

① 《宋史》卷一七五《食货志上三》
② 《宋史》卷一八二《食货志下四》

州左藏两库运来铜钱 4 238 612 贯。另据《宋史·食货志》记载，咸淳六年(1270)，运往杭州的"钱、关、会子二千四百九十五万八千七百四十八贯，银一十六万九千六百四十三两"。

运河航运的兴旺发达，汇聚全国财赋，加上对外贸易，大批满载着海外珍宝、贵重物品的浮商大舶源源不断地到来，使杭州真正成为全国的经济中心。南宋时期，杭州是全国最大的手工业生产中心，丝绸纺织、陶瓷、印刷、酿酒、造船、文具及兵器等门类齐全，称雄全国，而且生产规模大，分工细致，产品制作精巧美丽。同时，杭州也是全国商业最繁华的城市。四面八方的商品经运河源源不断地输入，丰富的杭州手工业品从运河大量外销，运河不仅沟通着城内外的交通运输，而且两岸集中着米市、柴市、菜市等主要商品市场，城北运河一带还布满了存放商品的货栈。南宋临安最著名的107家店铺也大多分布在城内运河两侧。随着商品经济的发展，临安的商业不仅完全突破了传统的坊市制度，"自大街及诸坊巷，大小铺席，连门俱是，既无虚空之屋"①，居民密集的闹市区更是店铺林立，城中心有一条纵贯南北的"御街"，仅御街中段有店名可考的大店就有120余家，在长达数千米的御街上形成了多个商业中心，而且商品琳琅满目、品种齐全、品类繁多，既有本地所产的，也有来自海内外的。店铺的营业时间突破了传统的"以午时击鼓二百下而众会，日入以前七刻击钲三百下散"的规定，"买卖昼夜不绝，夜交三四鼓，游人始稀；五鼓钟鸣，卖早市者又开店矣"②，而且服务十分周到，只要顾客需要，商人们均能提供，如"宅舍养马，则每日有人供草料；养犬，则供饧糠；养猫，则供鱼鳅；养鱼，则供虮虾儿"。在酒楼饭店，顾客一入门，便有专门服侍的店伙提壶献茶，迎接入座。接着，熟记数百品菜肴的堂倌拿着菜单，遍问坐客饮酒多少，请顾客点菜。一经点定，立即到"厨局"从头念唱，报与局内。厨师将所需菜肴烧好后，再由行菜者用盘子将菜肴送到顾客食桌上，"从头散下，尽合诸客呼索指

---

① 《梦粱录》卷一三《铺席》
② 《梦粱录》卷一三《夜市》

挥,不致错误"。食间,顾客可以随时要求增加菜肴,"或热,或冷,或温,或绝冷,精烧熬烧,呼客随意索唤"。据时人记载,南宋时临安有414行,每行大约有数十至百户。① 如以百户计算,则城区从事工商业的户数为41 400余家,一家以5口计,则达20.7万人,约占城区居民总数的三分之一。可见商品经济之发达、市场之繁荣。

由此,杭州的城市发展如日中天。北宋时期,杭州城区人口便"甲于两浙",达到四五十万,到了南宋后期,临安已经是百万人口以上的大城市。《梦粱录》云:"杭州人烟稠密,城内外不下数十万户,百十万口。"作为都城,南宋统治者倾全国之人力、物力、财力精心营造临安城。经过诸帝100多年的持续扩建和改建,至南宋末年,凤凰山周围9里之内,布满了金碧辉煌、巍峨壮丽的宫殿,并在左右翼陆续建造了太庙、景灵宫、万寿观、东太乙宫、郊坛等礼制建筑。城市规模也迅速扩大,成为南跨吴山,北至武林门,左靠钱塘江,右近西湖,气势宏伟的超大城市。《梦粱录》云:"自高庙车驾由建康幸杭,驻跸几近二百余年,户口蕃息,近百万余家。杭城之外,城南西东北,各数十里。人烟生聚,民物阜繁,市井坊陌,铺席骈盛,数日经行不尽,各可比外路一州郡。足见杭城繁盛矣。"②

进入元代后,尽管杭州的政治地位一落千丈,但仍然是东南的经济中心和运河的航运枢纽、兴旺的水运港口,其城市也因其繁华如昔,博得了"天城"的美誉。

元代中国一统,大运河摆脱了因两个政权对立而出现的阻断状态,船只自杭州北上,可以从运河穿长江、淮河,直抵黄河。更重要的是,元政府定都于大都(今北京),迫切需要江浙地区的粮食和财赋,以维持其政权,因此进行了沟通京杭大运河的一系列工程,并且开通了漕粮海运,杭州便成为漕粮河海联运的一个重要的起点港。至元十五年(1278),江浙行省的省治机构从扬州移到杭州,整个行省征收的税粮和财赋均向杭州集中,每年运至杭州的税粮就有450

① 《西湖老人繁胜录》
② 《梦粱录》卷一九《塌房》

万石左右,其中有一半经运河转运到刘家港集中,装船海运北上。虽然这种迂回运输的做法浪费运力,引起了朝廷大臣的重视,经建议在扬州转输邻近地区的财赋,不必先南运而又北输地徒劳往返,但浙东、福建、江西等地的赋粮仍然通过杭州中转。元末,主要从杭州毗邻地区征集的漕粮都从杭州经运河水网,运抵澉浦港装上海船,出杭州湾北上。同时,元代杭州人口在100万左右,加上商旅、驻军约120万人,全年约用粮600万石,都通过水路运抵杭州,以百石船统计,每年的来船就有6万航次,至于经过杭州的漕运船只和商贩米船就无法统计。另外,元代行销的浙盐也主要通过运河水运扩散,杭州立仓,盐纲官押船到各场装船,然后将盐收贮,客商就仓支盐转水往经销地区。据《元史·食货志》载"行盐之地,两浙、江东凡一千九百六万余口,每日食盐四钱一分八厘,总而计之,为四十四万九千余引",其中大部分是通过杭州的运河转运的。

因此,有元一代,杭州被确定为全国舶货仓储中转港,元代著名的七处市舶司,除广东一处外,其余六处,即泉州、上海、澉浦、温州、庆元、杭州,均属设在杭州的江浙行省管辖,元政府明令"各处市舶司每年办到舶货……各司舶货每年不过当年十二月终,起解赴杭州行泉府司官库交割"[①]。同时,元代的杭州也是东南地区重要的商品集散地。元代,两浙地区农业生产进一步发展,尤其浙西运河沿线的杭嘉湖平原水稻亩产达到六七石之多,杭州的纺织、酿造、印刷、制盐等手工业也进一步发展,既使杭州运河航运始终保持兴旺发达的态势,更使杭州商业持续繁荣,成为中国乃至世界上最繁华的商业都市。"九衢之市肆,不移一代之繁华如故。"以至于至元年间到杭州的意大利旅行家马可·波罗惊叹:"杭州是世界上最美丽华贵的天城。"马可·波罗这样介绍杭州的商业盛况:"城内,除了各街道上有不计其数的店铺外,还有十个大广场或市场,这些广场每一边长八百多米,大街在广场的前面,宽四十步,从这座城市的一端,笔直地伸展到另一端……这些市场,彼此相距六公里多……每个市

---

① 《元典章》第76~78页

场,一周三天,都有四万到五万人来赶集,人们把每一种大家想要的物品提供给市场……每逢开市集日,市场上摩肩接踵熙熙攘攘的小商贩满地摆着各种用船运来的货物。"从马可·波罗的描述中可以大体推测出当时杭州的商业市场平均每天接纳20万人,一年可接待3 000万人次,其繁荣景况可以想见。所以,意大利旅行家鄂多立克也盛赞杭州之壮丽,称其为"全世界最大的城市,最好的通商地"。

嘉兴

嘉兴春秋时设长水县,秦置由拳、海盐两县,但直至唐代大运河浙江段全面贯通前,经济社会和文化虽有一定的发展,却只是东南一偏隅。大运河浙江段的全面贯通,使嘉兴一跃成为运河航运的重要节点,政治、经济地位迅速提升。经过唐以及五代时吴越国的发展,到宋代,嘉兴已是两浙重要的水运城市,堪称"江南活码头",航运、商业和手工业都空前发达。

宋代,浙西运河不仅贯穿嘉兴全境,而且以浙西运河为主干的八条河道环绕嘉兴城市四进四出的引排格局已经基本形成,构成一个以嘉兴城为中心、向四面八方辐射的水网体系,分别通向杭州、苏州、湖州等地,连接广大市镇乡村,而且各主要河流间"五里七里一纵浦,七里十里一横塘",横塘纵浦间又有无数条河流港汊相连接,形成蛛网状的水运航道,水运十分发达。

北宋建都汴京,京师及周边地区物资供应和国势之衰微,均悬于运河。当时的嘉兴既是漕粮的生产基地,又是各路赋税漕粮和贡赋物品北运的水运枢纽,大量的漕粮、赋税以及贡赋物品等在嘉兴集结、转运,因此航运十分繁忙。

水运的发展,使得城市规模扩展迅速,人口增多。据《宋史·地理志》载,北宋晚期崇宁年间(1102—1106),秀州有122 813户、228 676口。另有明弘治《嘉兴府志》、正德《崇德县志》载有北宋末南宋初秀州辖县人户数:嘉兴县64 824户、122 742口;海盐县13 064户、25 866口;崇德县28 920户、29 621口,合计为106 808户、

178 229 口。可见,当时的嘉兴已是全国人口最为密集的地区之一。

人口增多,城市规模扩展,使得商业繁荣、贸易发达。北宋时期,原围绕子城前的运河成为嘉兴城中市河,两岸市肆荟萃,贸易兴盛,其中东西向的河道北侧被称作大市上官街,因集市繁荣被唤作集街,清嘉庆十五年(1810)翻建街面时出土的土砖,称集街"人丰翕集,市井骈阗"。南北向的河道东侧则形成了更加繁华的北大街。当时,酿酒业兴起,州县城内都设酒务,并许人民自酿,征收岁课,嘉兴更是酒务众多。据明代文人李日华所著的《紫桃轩杂缀》记述:"宋时立酒务于州治之后,罂罍之属,陶以给用,所退破甓,隐起成岗,所谓瓶山也。"熙宁十年(1077),境内已有秀州城,华亭、海盐、崇德三县,设有青龙、上海、广成(陈)、魏塘、石门、洲钱(泉)等17处酒务,岁收酒税11万余贯,属两浙各州之首。另外,设广陈、澉浦等7个税场,每年收商税也达33 000贯。[①]

北宋时的嘉兴已是一座美丽的水城。城中部集街以南的子城内是秀州衙署,城墙上和垣内有许多楼台建筑。北宋著名词人张先任秀州通判,作有词《天仙子·水调数声持酒听》,其中名句"云破月来花弄影",传诵至今。城内东北部有天星湖,湖周水木清华,花柳缭绕,多巨室大宅,是风光优美的住宅区。西北部有月波楼、天庆观等,均为人们游赏登临之处。城外佛寺遍布,城南的真如寺和真如塔即建于是时,著名政治家司马光曾为之作记。城外西南郊的西南湖,即风光绮丽的鸳鸯湖,是名胜之区。苏轼曾游其地有诗云:"鸳鸯湖边月如水,孤舟夜半鸳鸯起……"湖南的放鹤洲,在唐代即已著名,北宋末著名词人朱敦儒自洛阳流亡居此。

南宋时期,嘉兴城的发展更加迅猛,几十年中达到繁荣的高峰。这首先得益于紧邻首都杭州、地处运河水道枢纽的区位优势、便捷的交通,南来北往的船只络绎不绝,使嘉兴城成为区域间的商品流通中心和连接城乡市场的纽带。杭嘉湖平原是南宋最重要的粮食产地。绍兴年间(1131—1162),在整个两浙每年150万石以上的秋

---

① 《宋会要辑稿·食货十九》

租米中,苏、湖、秀等州"超其大半"。①"湖、秀、苏三州,号为产米去处,丰年大抵舟车四出。"②这些粮食,一般先以各市镇为据点向农户收购,然后于湖州、秀州城汇总,再转运临安和销往各地。"百姓日籴,则给于衢、婺、萝、湖、秀、苏之客舟"③,当时,往来于运河及其他河道的内河米船常可载米六七百石乃至一千石④,嘉兴成为最热闹的商贸和港口城市。

另外,由于南宋第二个皇帝宋孝宗是嘉兴人,嘉兴成了"龙兴之地",规模日益扩大,城市设施逐渐完备,尤其是南宋在江南的偏安局面获得稳定后,"舟车财货丰阜",十分繁荣的商业,使嘉兴成为浙北平原的市场活动中心和经济性都市,史称秀州"介二大府(临安府和平江府),旁接三江,擅河海鱼盐之利,号泽国杭稻之乡,土膏沃饶,风俗淳秀,文贤人物之盛,前后相望,百工众技与苏杭等"⑤。

南宋时期,嘉兴城内已有了不同的专业街市,城中商业、服务业不断发展,繁华中心的大市上官街更加兴盛,附近出现了"混堂弄(有浴室)"、"瓦子巷(有娱乐场所)"等地名。据至元《嘉禾志》记载,宋末元初,嘉兴街坊有七十余,桥梁有七八十座。其街巷、桥梁名称中的一部分,是以行业命名的,如醋坊、鱼行、丝行、米棚、猪儿、船厂、孩儿等。祝穆《方舆胜览》记载"嘉兴为郡,在宋南渡为三辅……环城皆濠,四门水陆并通,七十一桥,三十五坊,纵横交错,舟车财货丰阜",已具备繁荣的都市规模,人口也迅速增加。经过南宋150多年的发展,嘉兴已成为江东大都会。至元《嘉禾志》载:"元初,嘉兴路有户四五九三七七。"该志修于南宋亡后第六年,"因守旧志,广其门类"编成,所载户数应是南宋灭亡时的数字,其数除去华亭县(松江府)234 470 户,嘉兴各县实为224 907 户,比北宋与南宋之交时的106 808 户,增加了1.1倍。从分县情况看,嘉兴县南宋末

①　《建炎以来系年要录》卷五四
②　王炎:《双溪文集》卷一一《上赵丞相书》
③　《严州新定续志序》
④　《梦粱录》卷一二《河舟》
⑤　至元《嘉禾志》卷一《风俗》

已有120 722户、183 272口，超过南宋初嘉兴、海盐、崇德三县的总和。①

南宋灭亡，元朝继起，嘉兴"龙兴之地"和畿辅之地的地位一落千丈，就连城垣也被拆毁，但城市经济却获得持续发展。这是因为元建都大都（今北京），其国家税赋则主要依赖经济发达的江淮地区，每年都通过漕运将数百万石粮食等从江南源源不断地运往京师，维持国家和军队等浩大的费用开支。嘉兴作为重点粮区和水运枢纽的优势和重要性再次凸显。

唐宋以来，在经济重心南移的背景下，嘉兴以种植水稻为主，逐渐形成了精耕细作的治田特色，成为东南富庶之乡。元代，在重农措施的推动下，农业生产技术进一步提高和改进，农业生产有了长足的进步，嘉兴的粮食作物除了水稻外，麦属种类的推广也日益普遍。大批北方人口南迁给江南带来了差异很大的生活习惯，麦类成为广为种植的农作物，并且较多地形成了稻麦复种轮作的种植制度。稻麦复种，轮作换茬，合理而有效地利用土地资源，使得嘉兴的粮食产量大幅提高，成为元代漕米的主要承担者之一，时人谓"江浙税粮甲于天下，平江、嘉兴、湖州三郡当江浙什六七"。

元代漕运以海运为主，河运为辅，无论是前期由刘家港（今江苏太仓市浏河镇）聚集起运，还是后期辗转到澉浦港起运京师，嘉兴都是漕粮的主要中转地之一。不仅浙东等地漕粮通过河运，在这里集结、中转，甚至连江西、湖广的漕米也时常在这里转往澉浦海运。因此，运河里的粮船始终连樯接舻，十分繁忙。元初海运万户府下所设的11个千户所中就有嘉兴所，后来清人在编纂雍正《浙江通志》时也不由感慨："嘉兴，浙省大府，而松江在元初为华亭府，乃嘉兴属邑而升为府者，是海漕之利，惟浙中之粟独多。观顺帝至正时海漕不至，征粟于张士诚、方国珍更可见矣。则元时海运，其为浙江之漕运无疑也。"

凭借河运交通枢纽和港口城市的地位，元代的嘉兴成为商品辐

---

① 《嘉兴市志》（第1版），北京：中国书籍出版社，1997年

辖的繁盛城市。早在元初，嘉兴各城镇的酒醋税和商税收入就达银1.5万余锭，其中路城为3 400余锭①，远远超过了同期江浙地区的许多路级城市。至元中期，嘉兴则更加成为江浙行省的税赋重地，其与湖州及平江(今苏州)三路的赋税收入占全行省总额的十分之六七。② 难怪时人金吾赞叹说："嘉兴，泽国也，左杭右苏，负江控海，土膏沃壤，风俗淳秀，生齿繁而货财阜，为浙西最。"③所以，元升嘉兴府为嘉兴路，辖嘉兴、华亭、崇德、海盐四县，路城中置兵马司，管理城区事务。城市城市规模也进一步拓展。元代，嘉兴人口处于高峰。至元十三年(1276)包括松江府在内，全路人口有45.9万余户，其中路城录事司所辖6 580户，以每户5人计，约有4万在籍居民；嘉兴、海盐、崇德三县共218 327户，约100万人。④ 至元中期，路城及所辖嘉兴县和海盐、崇德二州(松江府于至元十四年划出本路)已达42.6万余户、224.5万余人，较元初增加了一倍，其中路城人口当在10万以上⑤，城市经济相当繁荣。

湖州

湖州历史悠久，战国楚考烈王时，春申君建菰城(位今湖州南郊)，秦改称乌程，因乌中、程琳二氏酿酒而得名。三国东吴宝鼎元年(266)取吴地中兴意置吴兴郡，隋仁寿二年(602)称湖州，是全国唯一以湖作州府之名的"傍湖之州"。

起初，湖州与运河并不直接相连。唐代大运河浙江段全面贯通，浙西运河偏居杭嘉湖平原东部，于西部诸县迥远不便，加上唐初杭州西湖日渐淤浅、供水不足，航运与灌溉的矛盾日益尖锐，影响航运。为此，武则天天授三年(692)，"敕钱塘、於潜、余杭、临安四县，

---

① 至元《嘉禾志》卷六《征榷》
② 《元史》卷一三〇《彻里传》
③ 《重修嘉兴路总管府记》
④ 至元《嘉禾志》卷六《户口》
⑤ 《嘉兴市志》(第1版)，北京中国书籍出版社，1997年

经取道于北(东苕溪)",开辟了东苕溪航道,使以浙西运河为主干航道的水运网全面拓展,开始与湖州相连。开成年间(836—840),湖州刺史杨汉公在乌程县(今湖州)北二里苕溪灌注处开蒲帆塘。接着,湖州刺史崔文亮又在归安县境开凿了吴兴塘、洪城塘、保秩塘、连云塘等,进一步扩展了苕溪的交通水网。这样,浙西运河在杭嘉湖平原上形成了上塘河,由余杭经石门、嘉兴、王江泾至江苏吴江的东线以及东苕溪三条主干道。

另外,东晋永和年间(345—356)修筑的荻塘之堤御太湖之水,其河道舟楫往来。唐开元十一年(723),乌程县令严谋道主持疏浚荻塘。贞元八年(792年)湖州刺史于頔组织民力对荻塘进行全面整修,"缮完堤防,疏凿畎浍,列树以表道,决水以溉田",也就是把东西苕溪下泄的湍急水流逐渐分流至大大小小的河港之中,与太湖溇港一起形成一张巨大的水网,既减轻了旱涝之灾,又灌溉了浙北地区数万顷农田,并与大运河之水汇合东流,成为航运通道。由此,钱塘、於潜、余杭、临安等县的舟船即可循东苕溪入湖州,然后再由荻塘而进入浙西运河北上。于是,湖州便与杭州、嘉兴、苏州、常州、润州连在了一起,成为浙西运河经济带上的一颗明珠。唐代诗人顾况说:湖州"江表大郡,吴兴为首……其薮具区,其贡橘、柚、纤、缟、茶、纻……山泽所通,舟车所会,物土所产,雄于楚越。虽临淄之富不若也。其冠簪之盛,汉晋以来,敌天下三分之一"①。

到宋代,湖州已是三万户以上的上州,尤其是南宋时期,湖州的经济社会发展更加迅猛。宋室南渡,"高宗皇帝驻跸临安",湖州"实为行都辅郡,风化先被,英杰辈出,四方士大夫乐山水之胜者鼎来卜居"②,诸多宋室后裔和士大夫将湖州视作后花园,大量移民涌入。北宋崇宁元年(1102),湖州有 162 335 户,人口为 361 698 人,至南宋淳熙九年(1182)已达 204 509 户,518 352 人。同时,湖州因其发达的农业生产成为南宋朝廷重要的漕粮和财赋来源地之一,同苏州、

① 《湖州刺史厅壁记》
② 嘉泰《吴兴志》卷二十《风俗》

常州、嘉兴等地同被称为"国之仓庾",有"苏湖熟,天下足""湖丝遍天下"之说。

南宋时期,临安北关有"湖州市",为湖粮集散地。"湖州市"内米市桥、黑桥街区,米行鳞次栉比。临安城内外米铺,凭行头做价,从"湖州市"直接将食米运回出售,然后约定日期付款。"湖州市"成了临安食米供销的枢纽。

湖州还是宋代茶叶的主要产区,名茶颇多。陆羽隐居苕溪,在湖州撰成《茶经》,评价浙西茶叶品质时指出:"浙西,以湖州上,常州次,宣州、杭州、睦州、歙州下,润州、苏州又下。"

宋代,湖州的水果蔬菜的种植和畜牧、渔业等都胜于其他地方。据嘉泰《吴兴志·物产》记载,水果种类有橘、柑、杨梅、枣、栗、柿、李、梨、石榴、枇杷、林檎、樱桃、甘蔗、木瓜、菱、芡、凫茨、甜瓜等。蔬菜则有葱、姜、韭、蒜、芥、茄、苋、芹、生瓜、黄瓜、葫芦、莲藕、茨菰、芋、莼、萝卜、葱白、茭白、蔓菁、莴苣、苦菜、菠菜等。湖州是水乡泽国,湖塘密布、河浦纵横的地理条件造就了耕渔结合的经济特色,不仅牛、羊、猪、鸡、鸭、鹅以及鱼类等被广泛养殖,还有部分生产者专以捕鱼为生。在宋代就已经有了水产品的保鲜技术。据《癸辛杂识》记载,南宋时权奸贾似道当政时,因他嗜食苕溪活鲗,强令每日从苕溪把活鲗运送到临安,为此,安吉州安抚使赵与可设计了一种能盛千头活鲗的大盘,并配制了能"灌输不停"的水力机械,使鱼可畅游水中,"泼剌自得",倏然如在河湖中,并且数舟上下,递运不绝。

粮食生产、经济作物、渔业和畜牧业等的全面开发,使两宋时湖州的经营性农业长足发展,有力地推动了手工业和商业的繁荣与进步。宋代,湖州已经出现"递年以蚕桑为业"的桑蚕专业户,丝织业作为家族手工业,品种多、花样巧,除自给、纳税外,大部分都作为商品进入流通领域。据嘉泰《吴兴志》记载,嘉泰年间(1201—1204)安吉年上贡绫5 000匹、丝50 000两,武康年上贡鹅脂绵50 000两,湖州夏税绸4 000余匹。宋时,湖州是中国两大制镜中心之一。工人制镜工艺精湛,兼湖州水质清冽,适合磨镜,所产铜镜品质精良,世称"湖州镜",盛行于南宋初期和中期,畅销全国。另外,宋代的湖州酿酒业、铸造业、造船业、制笔业、陶瓷业、漆器业也都达到了相当高的水平。

由此,湖州的商业蓬勃发展,尤其是南宋时期,境内城邑墟市、精庐相望,商品交换十分兴旺。丝、绸、绫、绢、桑叶、蚕种、蚕具及果品、蔬菜、蛋、鱼、肉等交易应有尽有。城内商铺林立,子城内可通舟楫,"市鱼虾菱藕者集焉"[①]。北宋熙宁十年(1077),湖州商税为3.9万多,已属全国商业最发达的地区之一。到了南宋嘉泰年间(1201—1204),尽管商税率从宋初的"值百抽五"调减为"值百抽二",但年税收入仍高达20万之多,是北宋初的10倍。[②]

入元后,湖州的经济社会继续发展,其重要的原因在于元朝的漕粮赋税都主要依赖经济发达的江淮地区,湖州作为重点产粮区的重要性再次凸显。因此,元代湖州不仅农业有了较大发展,水稻品种增加,生产技术提高,税粮也不断增加,而且手工业也持续发展。元代湖州官办手工业空前发达。路总管府下设生帛局、织染局和军器杂造局等,掌管织造、印染纺织品以及兵器和其他杂物的制造,其中湖州织染局岁办缎匹4 305段,生帛局岁办11 132段。同时,制笔、丝绵、制镜等民间手工业也都有很大发展。所以,元代湖州城市持续扩展,人口不断增加。到至元二十年(1290),湖州路民户比南宋时增加了32 000户,乌程县比南宋时增加了20 000多户。商业也很繁盛。据《永乐大典·湖州府》载,元代湖州路商税课程岁办9 334锭。元代商税为三十税一,从商税额度大致也能看出当时商业的发展景况。至元二十九年(1292),意大利旅行家马可·波罗从苏州南行,进入杭嘉湖平原,用"商业繁盛"、居民"皆良商贾与良工匠"、"恃工商为活"表述沿途所见和观感,在一定程度上反映了包括湖州在内的杭嘉湖地区商业的繁荣景象。

---

① 嘉泰《吴兴志》卷二《城池》
② 嘉泰《吴兴志》卷八《公廨》

绍兴

绍兴春秋时称会稽,秦置山阴县,唐分山阴、会稽两县,自古就是浙东运河的重要节点和航运枢纽。宋代,在政治、经济和航运等多重因素的推动下,绍兴城市出现了突飞猛进的发展,并对日后绍兴城市的发展产生了极其深远的影响。

宋代绍兴城市突飞猛进的发展,与宋室南渡直接相关。建炎三年(1129)十月,金兵南下,高宗赵构渡钱塘江,驻跸越州。越州第一次成为南宋临时首都。同年十二月,因金兵紧追,宋高宗东奔,从海上避难到温州。建炎四年(1130)四月,金兵北撤,南宋朝廷再次返越,以州治为行宫,越州第二次成为南宋临时首都达一年零八个月之久。次年,宋高宗改年号为绍兴,以示"绍继中兴",并让越州"升州为府,冠以纪元"。从此,越州改为绍兴府。绍兴二年(1132)初,南宋虽迁都临安,但后来绍兴既是王室的陵寝所在,又是赵氏宗室的重要聚居地,朝廷宫学亦创办于此,绍兴实为南宋陪都。由此,数以万计的官吏、将士和成千上万北方移民涌入,人口急剧增长。从元丰三年(1080)至崇宁元年(1102),越州(绍兴府)的人口从152 922户增至279 306户,20余年的时间人口增加了126 384户,增长了82.65%,几乎近一倍。另据嘉泰《会稽志》记载,嘉泰元年(1201)会稽、山阴两附郭县在籍人口共有72 058户[1],以其中二分之一为城内外户口计算,城内则有3.6万余户,近20万人。此外,城内驻军也为数不少,包括禁军雄节系将第一指挥、禁军威捷系将第二指挥、禁军威果系将第二十二指挥、禁军威果系将第二十三指挥、禁军全捷系将第四指挥、禁军全捷系将第五指挥、禁军威果系将五十四指挥、禁军全捷系将十三指挥、禁军防守步军司指挥、厢军崇节第七指挥、厢军崇节第八指挥、厢军壮城指挥、厢军牢城宁节第二指

---

[1] 嘉泰《会稽志》卷五《户口》

挥、厢军屯驻营等部,合计兵额 6 100 余人①,连同家属,超过 1.5 万人。因此,绍兴鼎盛时期人口可能接近 30 万人。

宋代,绍兴城市突飞猛进的发展,也与社会经济繁荣及航运交通有关。北宋起,全国经济重心明显南移,绍兴地区广兴水利,积极扩大耕地,营造涂田、沙田、梯田等,传统农业得到充分发展,农业生产技术也有了新的提高,农作物种类和品种不断增加,逐渐形成"有山皆种麦,有水皆种秔"的格局,粮食产量稳步上升。同时,造纸、酿酒、制盐等手工业都发展迅速。北宋时期,越州的竹纸、剡纸、敲冰纸、玉叶纸、罗笺、超薄纸等质量都很高。南宋时期,绍兴府的蓬莱酒、东浦酒等非常有名,酿酒作坊规模较大,每年酒的产量和销量居两浙前列。丝绸业也在全国占有重要的地位,当时绍兴"事机织,纱绫缯帛岁出不啻百万",几占整个浙东路的一半。精美绝伦的越州尼罗寺绫"名著天下","近时翻出新制,如万寿藤、七宝火齐珠、双凤绶带,纹皆隐起,而肤理尤莹洁精致"②。绍兴府诸暨县机户所产的绢,颇为时人所爱,其品种不一,"曰花山,曰同山,曰板桥,甚轻匀,最宜春服,邦人珍之,或贩鬻,颇至杭而止,以故声价亦不远也";同府嵊县所产的强口布,"商人贩妇往往竞取,以与吴人为市"③。此外,据《图经》所载,越地贡花纱、自编绫、轻交棱绫、轻容生縠、吴绢、十样绫、大花绫、编文纱花罗。④

绍兴历来水上交通和航运发达,两宋时期较前代有进一步的改善,以浙东运河为主干的人工河渠和遍布各地的众多天然江河构成了稠密的水道网络,联结市镇乡村。通过不断的整治和疏浚,连接杭州、越州、明州的浙东运河成为通畅而又繁忙的水运通道。绍兴初年,疏浚上虞、余姚段,乾道年间对连接钱塘江的西兴段又进行了整治。淳熙初年修建上虞小堰和通明北堰等,使浙东运河的通航状况大为改善。到南宋中期,萧山、上虞段可行 200 石舟,山阴、余姚段

---

① 嘉泰《会稽志》卷四《军营》
② 嘉泰《会稽志》卷一七《布帛》
③ 嘉泰《会稽志》卷一七《布帛》
④ 王十朋:《王十朋全集·文集》卷一六《会稽风俗赋》

可行 500 石舟①,官府纲运和民间客货运输都极其繁忙,时人陆游在谈到浙东运河商品运输的繁忙景象时说:"富商大贾,捩柁挂席,夹以大舻……重载而往者,无虚日也。"②另外,与其他港口的货物进出及人员往来也十分频繁。如南宋初,宋高宗暂驻越州,广州、福建、温州等地的运粮海舶皆由海道运至余姚,再由浙东运河转运至越州。

发达的水路航运有力地促进了商品经济的发展。两宋时期,绍兴城乡居民经商之风盛行,广大农民越来越多地卷入到商业活动之中。如淳熙年间,绍兴府的 140 万人口中,无地和缺地的农民高达130 万,众多农民"虽尽力耕种,所收之利,或不足以了纳赋税,须至别作营生"③,他们有的"负贩佣工",有的"日取于市"。对此,陆游诗歌中曾有不少具体描述。如《秋夕书事》中所说的"鹊飞山月出,犬吠市船回",《晚兴》中所说的"村市船归闻犬声,寺楼钟鸣送鸦栖",《林间书意》中所说的"三三两两市船归,水际柴门尚未开"等,都反映了当地农民们白天在田间耕作,夜晚赶市出售自己所种的农副产品和采购家中所需的物品。由此,宋时的绍兴商业繁华,城内外商贾云集,店铺遍布,百物汇聚。特别是酒肆林立,正如陆游在诗中所说的那样,"城中酒垆千百所"。市场众多,其中,仅绍兴城内的市场就有:照水坊市(东南郭外)、古废市(都亭桥南礼逊坊)、清道桥市(城西 1 里)、大云桥东市(城南 2 里)、大云桥西市(城北郭外)、龙兴寺前市(城北 2 里)、驿地市(城北 2 里)、江桥市(城北 5 里)、斜桥市(城东北郭外)、南市(第三厢南市坊)、北市(第四厢北市坊)、瓦市(第四厢瓦市坊)等十多处,④是当时著名的商业都会。

随着经济发展、人口增多、商业繁华,绍兴的城市建设可以说是一日千里,成绩斐然。春秋战国时期,越王勾践在种山东南麓建造小城之时,这里不过是周围二里多的一座小小的城堡。虽然此后不

① 嘉泰《会稽志》卷一七
② 陆游:《渭南文集》卷一九《法云寺观音殿记》
③ 秦观:《淮海集》卷十五《财用下》
④ 嘉泰《会稽志》卷二《市》

久越国建成了大城,但由于人口稀少,生产力较低,与中原大国的都城相比,显得聚落稀疏、屋舍简陋。北宋大中祥符年间(1008—1016),越州城内的街坊名称,据当时编纂的《越州图经》的记载,属于会稽县的有二十坊,属于山阴县的有十二坊,总共三十二坊。但到了南宋嘉泰年间(1201—1204),绍兴府城内的厢坊建置已经骤然扩大。嘉定十七年(1224),知府汪纲对府城的街区进行重新规划与调整,将城区划分为五厢九十六坊,是大中祥符年间的三倍。嘉定十四年到十七年(1221—1224),府城内又进行了大规模的城市建设,除了对罗城和水陆城门做了一番修缮外,对城内的道路、河渠、桥梁等也都做了一番新的规划和修建,[1]厢坊建置、街衢布局、河渠分布等从此大体定局,直到清末以至民国时期都没有较大的变化。

南宋时的绍兴城,其范围达 8 828 步,按当时度地法以 360 步为 1 里计,有 24 里,已完全摆脱了城市经济模式,除一般性的商业和手工业外,饮食、租赁、旅馆、仓储、借贷、娱乐、修补等诸多服务性行业和运输业、旅游业等也异常兴盛,成为城市经济不可或缺的重要组成部分。据嘉泰《会稽志》卷二《市》记载,绍兴有 12 个市场,形成了城北和城西南两个繁华的商业区。绍兴二十七年(1157)时,状元王十朋在府城卧龙山顶俯瞰城市时,面对"鳞鳞万户","钟鸣鼎食,邸第相望,舟车往来,烟水相接"[2],发出了"栋宇峥嵘,舟车旁午。壮百雉之巍垣,镇六州而开府"[3]的感叹。此后,绍兴更是号称"天下巨镇","荆、扬、梁、益、潭、广,广皆莫敢望也"[4]。

值得一提的是,宋代的绍兴真正称得上是一个水城,城内外河道纵横,水网密布,故此桥梁的数量十分可观。根据成书于南宋时期的方志记载,南宋绍兴府境内有 238 座桥,其中府城绍兴有 99 座。当时重建或维修的桥梁有:府桥、拜王桥、西双桥、水澄桥、大善桥、县桥、清道桥、鹅鸭桥、木瓜桥、章家桥、里木桥。桥上往往建有亭、

---

①　宝庆《会稽续志》卷二《街衢》

②　阮元:《两浙金石志》卷一八《元左丞潘元明政绩碑》

③　王十朋:《王十朋全集·文集》卷一六,《蓬莱阁赋》

④　嘉泰《会稽志》卷首陆游《序》

屋,桥墩和栏杆上雕凿有非常精美的装饰图案。如嘉定年间修建的府桥,"旧以砖甃,不能坚久。守汪纲乃命更造,尽易以石阑干,华表加饰护焉。桥既宽广,翕然成市,遂为雄观"①。

入元后,虽然绍兴的政治地位大大下降,但城市、经济社会和人口都仍然保持稳定发展。据万历《绍兴府志》的记载,在至元年间(1280—1294),绍兴路有 300 148 户,计丁人口 854 847 人。按照当时绍兴路八县平均计算,则山阴、会稽两县的人口都超过 25 万人。

明州

前 482 年,越王勾践在勾余之地拓土建城,称句章,是甬江流域出现最早的港口。秦汉时为鄞、鄮、句章境地,唐开元二十六年(738),以境内有四明山,置明州,不仅开辟了与日本、朝鲜、南洋、阿拉伯等海外国家及地区的通商往来,而且将海外航线与浙东运河航线以及运河沿线连接起来,使明州从一个相对落后的边缘地区逐渐发展成为地方区域经济的中心和重要的港口城市。宋代,明州的航运、对外贸易和城市的发展都进一步加快。

宋代,辽、金和西夏的崛起,导致原来繁荣的"丝绸之路"被阻塞。宋代政府出于国家财政收入、政治外交以及对奢侈品的需求等目的,鼓励海外贸易,极大地促进了明州海外贸易的发展。淳化三年(992)四月,两浙路市舶司由杭州迁至定海县(今宁波镇海),同年,移至明州城内。淳化四年(993),迁回杭州。咸平二年(999),又在杭州和明州各设市舶司,使明州的对外贸易的地位迅速上升。元丰三年(1080)八月,中书省下令"凡中国之贾高丽与日本,诸藩之至中国者,惟庆元得受而遣焉"②,否则以违制论。元丰八年(1085)九月,又敕令非明州、杭州、广州三市舶司,不准签发去南海诸国的出海证。这样,明州便成为宋代与高丽和日本官方贸易的唯一通道,

---

① 宝庆《会稽续志》卷四《桥梁》
② 宝庆《四明志》卷六《市舶》

同时也是宋代与日本、高丽等国民间贸易的主要港口。南宋时期，由于都城南迁，明州更在海外贸易中发挥着十分重要的作用，其商贸地位进一步提高。当时来两浙的海外船只大多数停靠在明州。宋光宗、宁宗时期，管理对外贸易事务的杭州、江阴、温州、秀州四个市舶务相继被废，明州市舶务一度成为两浙地区唯一从事对外贸易的管理机构，直到南宋灭亡。

明州成为地方区域经济的中心和重要的港口城市，首先缘于优越的自然环境。明州地处我国南北海岸线的中段，南北航线和长江黄金水道"T"形结构的交汇点上，东面有舟山群岛作为天然的屏障，姚江、奉化江和甬江三江在这里会合后，东流入海，形成一个天然的河口港，适合各种船只的停泊和避风，为海洋运输的发展提供了广阔的前景。同时，畅通的浙东运河，使地处浙东海滨一隅的明州有着广阔的经济腹地。唐代大运河浙江段全面贯通后，经过唐代的开浚，浙东运河全程通航，从明州出发可以沿甬江而上到钱塘江，经杭州可与贯通南北的大运河相连接，通过大运河北上可抵达当时的政治、经济中心开封等中原地区，因此，浙东运河的开通，使明州实际上成为大运河的南端终点。到了宋代，全国经济重心的南移，导致了宋代出口商品主要产地和进口商品主要销售市场的转移，更大大地促进了明州区域经济和海外贸易的发展。

宋代，政府鼓励垦荒，实行不抑兼并的土地政策，耕地面积扩大、生产效率提高，特别是江南地区的农业有了巨大的发展，出现了"苏湖熟，天下足"的局面。农业生产的发展带动了手工业和商业的进步，两浙、福建等地的制陶业、丝织业、造船业、冶矿业等有了很大的发展，农业的商品化程度也不断扩大。农业、手工业、商业的发展，经济重心的南移，对宋代的海外贸易的发展产生了重要的影响，促使出口商品的供给地转移到离港口更近的东南沿海地区。与经济重心南移相伴的是政治中心和消费中心的东移和南移，它使进口商品的主要消费市场也更接近贸易港口。因此，明州以其优越的地理位置和通畅的运河航运成为宋代重要的对外贸易港口城市。江南地区盛产的陶瓷、丝绸、布帛、漆器、铜器等手工业制品以及茶、酒、米、药材等农产品通过运河源源不断地运抵明州,出口日本、高丽、南洋和阿拉伯等国家和地区,同时海外进口的金银、象牙、犀角、珊瑚、玳瑁、玛瑙、沉香、乳香等各种珠宝、香料、木材也琳琅满目,通过运河运往京城或转销全国各地。南宋时期,从明州港进口的货物就达 160 余种,贸易和航运都十分繁忙。宋代,明州港不但与东亚、东北亚国家的通商频繁,而且与东南亚、阿拉伯国家通商贸易也十分活跃。北宋时期,明州商团到高丽经商的文献记载达 120 多次。其中重要的有:天圣元年(1023),台州商人陈维积等 64 人从明州出发赴高丽经商。天圣九年(1031),台州商人陈维忠等 64 人从明州出航赴高丽经商。宝元元年(1038),明州商人陈亮和台州商人陈维积等 147 人从明州港起航赴高丽经商。元丰元年(1078),宋朝政府还派遣使臣安涛、陈睦出使高丽,在明州打造万斛巨舶两艘,从明州定海出航,绝洋而东,到达高丽。是年,宋朝还在定海建"航济亭",供赐宴高丽使客之用,一时明州沿路亭都传称"高丽亭"。政和七年(1117),明州建立了高丽使馆,接待高丽使节,至今遗址犹存。明州商人与日本通商,从熙宁五年(1072)到元丰五年(1082),日本先后 6 次与明州进行海运贸易。

　　繁忙的对外贸易和航运推动了明州商贸活动的发展,并使其成为重要的区域商贸中心。两宋时期,明州是对日本、高丽等国家和地区交通最重要的港口,甚至在相当长时期中处于唯一口岸的地位,因而,各地商人须将财货经运河运至明州,再从这里放洋起航到日本、高丽等国家和地区进行贸易;同样,从日本、高丽等国家和地区发来的商船也须在明州登陆,然后再从这里将财货转运或转销国内各地。因此,作为重要的进出口中转市场,明州城内设有专供商人存放货物的仓库,"东、西、前、后列四库,胪分二十八眼,以'寸地尺天皆入贡,奇祥异瑞争来送。不知何国致白环,复道诸山得银瓮'车之两夹",以作库名。① 对外贸易和航运还直接关系到政府的财政民众的家族收入。宝庆《四明志》卷六《市舶》云:"本府僻处海滨,全

----

① 宝庆《四明志》

靠海舶住泊,有司资回税之利,居民有贸易之饶。"卷五《商税》更明确地说:"岁有丰歉,物有盛衰……故征敛亦有盈缩。庆元司征尤视海翻之至否,税额不可豫定。"

对外贸易和航运更有力地将明州城市和商业推向了繁荣。本来,明州乃"濒海之地,田业既少",其农业并不发达,以致"小民率仰米浙东、浙西,歉则上下皇皇,劝分之令不行州郡,至取米于广以救荒",加之"俗不甚事蚕桑纺绩,故布帛皆贵于他郡"。手工业也甚为落后,地域内可用于商品交换的剩余产品有限,商品经济相对落后。但到了宋代后期,对外贸易和航运的日益蓬勃发展,大量商船的到来以及外来物资的输入,使得明州城市商品经济逐渐出现了空前繁荣的景象。在城外,千帆竞渡,商船云集,"风驭海舶,夷商越贾,利原懋化,纷至还来"。北宋人邵必有诗云"城外千帆海舶风,城中居民苦憧憧"[①]。城市内,百业齐全,市场众多,商铺林立,物货丰衍,故而有"小人率从商贩,君子资于官禄,市廛列肆埒于二京"[②]之说。诗人陆游记其盛况云:"惟兹四明,表海大邦……万里之舶,五方之贾,南金大贝,委积市肆,不可数知。"[③]在这里,各种外来舶来货琳琅满目,并很容易购得,"四明、临安倭船到时,用三十千可得一佳馆"[④]。尤其是到了南宋时期,城内四郭皆有市,舒亶《和马粹老四明杂诗聊纪里俗耳十首》(其十)描绘说"草市朝朝合"[⑤],每天都开张,如城内鄞县县衙之前的大市、小市,城外甬东厢的甬东市等,都是固定的市场。城内有花行、竹行、鲞团、西上团、后团等专业市场,而盐蛤桥、米行河、米行桥、油国巷、铸冶巷等坊巷桥梁名称[⑥]也暗示着这些地方的专业性市场。另外还有药市,周锷《冯氏万金楼》曰:"杵声喧药市。"城内还有大量小商贩麇集,嘉定六年(1213)程覃摄庆元府事上

---

① 乾道《四明图经》
② 吴潜:《许国公奏议》
③ 陆游:《陆游集》(第五册)
④ 叶盛:《水东日记》
⑤ 乾道《四明图经》卷八
⑥ 开庆《四明续志》卷七

尚书省札子曰："窃见庆元府乃濒海之地,田业既少,往往以兴贩鲜鱼为生,城市小民以挑卖生果度日,理宜优恤。"①

南宋绍熙五年(1195),明州改为庆元府。元至元十三年(1276),元军占庆元府(明州),改称庆元路,仍为日本、朝鲜及东南亚、西亚诸国贸易往来重要口岸之一,海外贸易、航运较宋代繁盛,通航国家、地区 140 余个,遍及欧、亚、非三大洲,其中有欧洲威尼斯,非洲利比亚,亚洲伊朗、阿曼、也门、印度、占城(越南)、爪哇、吕宋、日本、朝鲜等。据元末所修的至正《四明续志》记载,庆元进口舶货有 220 多种,比南宋修纂的宝庆《四明志》所载舶货多出 60 多种,无怪乎元人在描绘庆元时写道:"是邦控岛夷,走集聚商舸。珠香杂犀象,税入何其多。"②

元代,浙东运河的地位虽然不及南宋,但仍然是庆元港联系腹地的主要航线。作为贸易港口的庆元,其城市与经济的发展也已经达到了相当的规模。就农作物来看,蚕桑、棉花、茶叶等经济作物和麦、麻、蚕豆等作物以及水果已广泛种植。手工业方面,庆元丝织业发达,比如庆元织染局拥有土库 3 间、库前轩屋 3 间、厅屋 3 间、前轩厅后屋 1 间、染户 4 间、吏舍 3 间、络丝堂 14 间、机房 25 间、钉线场屋 41 间、土祠 1 间,共计 98 间。丝织品的品种极为丰富,有丝绸、枯竹褐、明绿、鸦青等,产量也极为可观,仅延祐年间(1314—1320),计产丝织品 13 200 段,产量大大超过前代。庆元的制盐业也极为发达,大德三年(1299),两浙盐运司辖盐场 34 所,庆元所属的就有 10 所,占 29.4%。

三、运河市镇的兴起

宋元时期,大运河浙江段沿线因水运便利和商品经济的发展,

---

① 宝庆《四明志》卷五
② 张翥:《元音》卷九,《送黄中玉之庆元市舶》

兴起了不少的市镇。市与镇是两个相近但不完全相同的概念。市，《说文》释为"买卖之所也"，是指商业汇聚之所，也就是分布在农村地区的各种集市和贸易场所。早期的市分布零散、数量有限，绝大多数都停留在小范围、封闭性的乡村小集市的形态，因而被称作草市。从全国范围来看，草市在汉代就已经出现，魏晋南北朝时日趋增多。浙江的草市则始于六朝时期。隋唐五代时期朝廷对草市的发展采取限制政策，如唐规定："诸非州县之所，不得置市。"[1]但随着隋唐运河的全线贯通、航运的发展、商品流通的活跃，草市的数量仍然不断增加，特别是在农业经济和交通运输都较为发达的运河沿岸，更是大量涌现。诗人白居易《东南行一百韵》中对江南水乡草市做了这样的描述："水市通阛阓，烟村混舳舻。吏征渔户税，人纳火田租。亥日饶虾蟹，寅年足虎豹。"[2]

在宋代以前，镇是专指军事设防的处所，是一种军事据点，并不具备经济中心的职能。作为军事据点的镇，最早出现于北魏时期，魏太武帝（423—452）统治时期，在长城沿线陆续设镇，派兵驻守。在两浙地区，具有军事色彩的镇的出现可以追溯到三国时期。据清光绪《嘉兴府志》记载，东晋末年，为防御孙恩起义军从海上发动进攻，晋将袁山松在海盐县置㪍城镇，"筑城以备孙恩"[3]。不过当时镇的设置是零散的、临时性的。隋唐时期，各种大大小小的镇戍广布于全国各地，制度也日趋完善。当时，运河沿线的王江泾、乌青镇等都曾设镇，设镇将、镇副来管辖，扼守运河咽喉和港口。五代时期，设镇将、镇使，品位都不高。唐时，五百人以上为上镇，三百人为中镇，不及三百人为下镇。随着经济社会的发展，军镇的形态开始发生变化，非军事人口增加，经济、社会色彩不断增强。秀水县的新城镇（今新塍镇），"相传春秋时为吴御越之所，唐会昌初垒土为城，故以城名"，"自后人烟稠密"，工商业开始发展起来。唐时还专门在镇

---

① 《唐会要》卷八六
② 《白氏长庆集》卷一六
③ 光绪《嘉兴府志》卷四《市镇》

上设立课税局,负责商税征收,称"新城课税局"①。

北宋起,镇由军事戍守单元向行政单元和经济中心演变。兼跨嘉兴府崇德县和湖州乌程县的乌青镇,"地当吴越之交,水陆之会","通达四方,实为杭嘉湖间道之咽喉"②,早在六朝时就已是重要的军事据点,历隋唐五代不变,进入宋代,便逐渐发展成为一个著名的商业市镇。特别是到了南宋时期,商业极为繁荣,"民物繁阜,塔桥、桥道、宅地、园池甲于他镇戍"③。当时,随宋廷南渡的士大夫多卜居此地,镇内有专业市场4处,往来货物的数量相当庞大。④

在军镇向行政单元和经济中心转化中,那些原来出于战争和统治需要设立在山区荒地或经济发展水平低下地区的军镇逐渐被罢省,而江南地区则随着运河的畅通,水运和商品经济的活跃,各种新型镇的数量不断增加。如湖州在北宋初年曾有镇20处,景德时已汰减掉8处,至元丰时又去其6处,剩下的6镇均为置税务的经济型市镇。同时,由于水运和商品流通的发展,又出现了一些新的草市,不少逐渐升格为市镇。水口是顾渚汇入太湖河道口的出水口,唐代后期,因到顾渚采办贡茶和买卖茶叶的船只停泊而逐渐形成有酒楼茶肆的固定草市,在此基础上又发展成为水口镇。菱湖,"宋南渡后,兴市廛、治桥梁,渐即稠密",时水产尤多,商贾四集,有水市还有夜市。双林,宋初设有东林镇,景德年间(1004—1007)为湖州16个镇之一,后逐渐衰落,宋室南渡后,聚商于此,故又称商林。南浔,在南宋之前不过是一个村落,由于地处平江、嘉兴和湖州的运河边,为接待忏院和南林禅寺所在地,南宋时随着桑蚕业的兴盛、商业和水运的发展,成为"商旅所聚""行商坐贾"荟萃之地,淳祐十二年(1252)南浔建镇。庆元府奉化县鲒崎镇原为鲒埼寨,"濒大海,商舶往来,聚而成市。十余年来,日益繁盛。邑人比之临安,谓之小江下"。嘉定七年(1214)设镇后更加繁荣,"居民环镇者数千家,无田可耕。居

---

① 同治《新塍镇琐志》卷一

② 《乌青文献》卷一

③ 元至元《嘉禾志》卷三《镇市》

④ 清乾隆《乌青镇志》卷二一

廛者则懋迁有无,株守店肆。习海者则冲冒波涛,蝇营网罟。生齿颇多,烟火相望。而并海数百里之人,凡有负贩者皆趣焉"。据《元丰九域志》记载,到宋元丰初年(1078),整个两浙路已有镇75个,其中在今浙江境内的有56个。

同时,大运河浙江段沿线的乡村草市也大量增加,迅速发展,空前活跃。这类乡村草市大多规模小,一般只有几户或数十户居民,有的只是村头集市以及河边的酒店茶坊,起初多是邻近几村居民之间的互通有无,规模相对稍大一点的也多为数日一聚的期日市,正如当时有人所说的,"村落细民,间日而集,有无相易,苟营朝哺之费"①。这些乡村草市往往成为城乡商品流通的基础,是城市和城镇通过运河及其支流向乡村辐射的一个个连接点,因而显得十分活跃。诗人陆游曾在诗词和笔记中生动地描述了南宋中期绍兴府境内众多村落墟市的活动情况:"村南啼布谷,村北响缫车。隔浦卖鱼市,傍桥沽酒家。"其《出行湖山间杂赋》中所说的"鱼市樵风口",是指府城东南25里会稽县境内的樵风市,属于水边鱼虾小集市;《老学庵笔记》卷五中所说的"寺乃在草市通衢中,三面皆民间庐舍",是指会稽县东部的东关市;《小江》一诗中所说的"数家茅屋小江头",是指会稽县东北的小江市,属于典型的村落小市;《湖上作》一诗中所说的"兰亭之北是茶市",是一处以茶叶交易为特色的乡村集市。

据不完全统计,到南宋时期,仅嘉兴市域内就有市镇45处,其中,镇6处,草市39处,而且市镇的工商业兴起,经济有了质的飞跃,不少市镇达到了相当繁荣的程度。濮院镇由草市升置,丝织业尤为发达,所产丝绸远近闻名,号曰"濮绸","轻纨素锦,日工月盛,濮院之名,遂达天下"②。

经过南宋时期的发展热潮后,到了元代,运河市镇进入了缓慢发展的调整期,一些规模小、不稳定的乡村草市被淘汰、废弃,而部分保留下来的则向稳定、成熟的市镇形态发展。南宋末,秀州府(包

---

① 吕陶:《净德集》卷二三
② 濮孟清:《濮川志略》卷一

括松江)有 45 处市镇,包括 6 个镇、39 处草市,到元至元二十五年
(1288),市镇总数已下降到 24 处,其中镇增加了 2 个,市则减少了
23 处。所减少的市基本上都属于乡村的草市,而市镇的税额却稳步
增加,其征榷总额超过了全州总额的一半。① 其中兴起于南宋中后
期的濮院,入元后"市业日盛","夹川之畔,比屋鳞次,巨梁虹架,轻
烟旭日,往来憧憧"②。特别是从元代中期起,濮院的经济社会发展
出现了很大的变化。史称:"大德丁未(1307)濮鉴出粟赈饥,辟为淮
安路打捕同提举,遂于市中立四大牙行,收积机产。远方商贾旋至
旋行,无羁泊之苦,因有永乐市之名。嗣后市业日盛,从皇庆、延祐
经及天历、至顺间(1312—1330)寺观崇隆,园庄环绕,其盛可知。"③
可见从元大德年间起,濮院的丝绸业以手工业生产为主开始逐渐转
向以产品收购和销售为主。这种经济结构的转变,显然是以周边农
村丝织业的专业化和商品生产发展为前提的,也凭借了运河的交通
之利。

　　两宋时盛极一时的乌青镇,南宋末年走向衰落,"公署、酒楼、官
店悉入为民庐"。元兵南下时,又遭战火,"焚毁殆尽"④。入元后,
又逐渐恢复,并有了进一步的发展。嘉兴王店镇,因工部尚书王逵
"构屋于梅溪,聚货贸易",此后"日渐殷庶,遂成巨镇"。余杭塘栖,
在元末张士诚开浚下塘河后,依托运河之利,从一个小村落跃为市
镇。元末,绍兴平水市原先只是唐代草市,"其地居镜湖上游,群小
水至此入湖,于是始通舟楫。故竹木薪炭凡货物之产于山者,皆于
是乎会,以输于城府,故其市为甚盛"⑤。

　　① 元至元《嘉禾志》卷三《镇市》
　　② 陈邦献:《濮川八景诗序》
　　③ 金淮:《濮川所闻记》卷一
　　④ 《乌青文献》卷首
　　⑤ 刘基:《诚意伯文集》卷六《出越城至平水记》

四、开放交流的运河文化

宋元时期,地处大陆东部海岸线中部的两浙路已与日本、高丽、暹罗(泰国)、阇婆、占城、真理富、勃泥、三佛齐以及中东地区的大食等100多个国家和地区建立了海外贸易关系,大运河成为对外交流和贸易的重要通道,不仅促进了对外贸易的发展,同时在宗教、印刷、建筑、植茶等多方面的中外文化和科技的交流也非常活跃。

唐代,日本人到中国,所历经的港口和城市以北方为主,宋代日商与宋商多在两浙地区进行商业活动,浙东成为中日商贸文化交流的主要地区。雍熙元年(984),日本僧人奝然入使,受宋太宗召见,二年,"随台州宁海县商人郑仁德船归其国"。数年后,奝然又派他的弟子喜因随郑仁德的回国商船再度使宋,带来大量日本货物。不过,由于日本与两宋之间一直没有正式的官方关系,仁宗天圣五年以后,非正式的官方贡奉都被宋廷拒绝。日本的入宋僧人等人员一般都搭乘往返于两国以及运河上的民间商船而行。

宋代,中日两国文化交流的主要形式是两国僧人的频繁往来,仅在南宋中后期,见诸文献记载的入宋日本僧人就有12人。入宋日僧从宋朝带回去大量的佛教经典,并将一些佛教流派传入日本。日本叶上僧正荣西(1141—1215)曾两次随商船入宋,1168年首次入宋,学于四明、丹丘,朝拜天台山,在浙江停留了5个月左右,带回天台宗章疏30余部,回日本开创了叶上派密教。

孝宗乾道七年(1171),日本名僧觉阿和其法弟金庆不远万里来到杭州,投拜灵隐寺的慧远禅师为师。这位慧远禅师就是家喻户晓的济公和尚的师父。《灵隐寺志》载:"觉阿侍者,日本国人,滕氏,通天台教,善书,与法弟金庆奋然航海而来,参远法师于灵隐……作投机五偈,其一曰:

航海来探教外传,要离知见脱蹄筌。
诸方参遍草鞋破,水在澄潭月在天。"

觉阿是第一个住在灵隐寺的日本僧人,他与师父慧远建立了深厚的感情,回国后还时常带信问候。淳熙二年(1175),觉阿还从日本带来真师水晶降魔杵、数珠、彩扇等物品,赠给其师慧远。日僧俊芿(号不可弃俊芿)于庆元五年(1199)和嘉定三年(1210)先后两次来到杭州临安径山寺及杭州下天竺寺,与佛教中的禅、律等教派名僧论道。端平二年(1235),日僧圆尔辨圆先后在杭州历访净慈、灵隐、径山诸寺的名僧。宋理宗时,神子荣尊、性才法心、随乘湛慧、闻阳湛海、妙见道祐、音(禅人)、悟空敬念,生(藏主)、一翁院豪、印(上人)觉琳、心地觉心、源心、无关普门、无象静照、寒岩义尹、俊(侍者)、南洲宏海、正见、南浦绍明、禅忍、舜(上人)、广闻、合(上人)、无外尔然、约翁德俭、桂觉琼琳等许多日本僧人均在杭州的净慈、灵隐、下天竺、径山诸寺住过。当时,日本国的佛教是由皇族和公家出身的佛教徒所控制的。这些人只知贪图私利,腐化堕落,教风不正,使广大教徒颇感失望。杭州径山寺的临济宗提倡的是"寡欲朴素"的宗旨,这使日本勇于改革的僧人精神大振。他们要求改革的行为,得到了提倡艰苦朴素的日本执政者北条时赖和镰仓武士们的大力支持。因此,这一时期他们纷纷渡海来到杭州学习临济宗教义。这些僧人回到日本后,成为日本国内佛教改革的主要力量。

日本学问僧(日本派遣至中国学习佛教的僧人)来到浙江,十分重视吸收中国古代文明精华。俊芿在径山、灵隐等寺,除了研究佛教中的各个宗派,还经常与中国的公卿士大夫会面,仔细了解中国的国情。嘉定四年(1211),他回国时,带去了大量的图籍,其中有天台教观文字716卷,律宗大小部327卷,华严章疏175卷,儒书256卷,杂书463卷以及法帖、堂帖、御笔碑文等计76卷,共计2 013卷。他的弟子闻阳湛海回国时又带回各种经卷图籍数千卷。圆尔辨圆回国时也带有经论、章疏、语录、儒书、医书、字帖等数千卷。大量的中国各类书籍流入日本,这对传播中国文化、技术,促进日本文化的繁荣,都起到了重要作用。

日本僧人还注意学习杭州的印刷技术。闻阳湛海等日僧来到宋朝,长期住在"天下印书,以杭州为上"的杭州。宋版图书印刷之精佳,对这些求知欲强烈的学问僧产生了很大的吸引力。他们不但注意学习印刷技术,还注意掌握实际操作的本领,回国后在京都镰仓的泉涌寺办起印刷工场,经过努力,终于印出了仿制的宋版本。这就是日本印刷史上著名的"泉涌寺版"。模仿杭州宋刻本的成功,使日本印刷业发生了巨大的变革。

两宋时期,中国僧人也相继去日本。兰溪道隆应日本执政北条时赖的邀请赴日。道隆到日本后,受到极高的礼遇。北条时赖特地在巨福山为他建了一座有名的寺院建长寺,请他当了开山第一祖。道隆还为寺里的一口大钟铸上了以"建长禅寺住持宋沙门道隆"落款的铭文。日本佛教史上第一座佛教禅宗寺院在中国杭州僧人的合作下诞生了。宋理宗景定元年(1260),宋僧兀庵普宁也来到日本。他与道隆、日僧圆尔辨圆曾同住在径山寺,并与日本国执政官的关系很好。他以自己的佛学知识感化了这位执政官,使他皈依了禅宗。也正因如此,普宁的名声誉满日本,请求跟他学法的人络绎不绝。普宁的赴日使禅宗在日本进一步发展起来。宝庆二年(1254),杭州径山寺的石溪心月和他的法嗣大正休念收到日本国执政北条时赖的请柬,邀请他们去日传法。度宗咸淳五年(1269),大正休念终于离开径山寺,接受日本执政官的邀请前往日本。他在日本生活了19年,宣扬了径山寺的教风,感化了许多镰仓武士,最后在日本逝世。宋祥兴二年(1279),南宋王朝被元灭亡,与日僧辨圆、普宁同系径山无准师范大师门下高足的中国僧人无学祖元也应日本执政官北条时宗的请求前往日本,住在建长寺中宣扬禅风。他的讲法受到日本上下一致的欢迎。后来,他又创建圆觉寺,并成为该寺的开山第一祖。

宋代,两浙对外文化交流的另一荦荦大端,是由入宋日僧传播的茶文化。日本藤原时平的曾孙成寻,自7岁入岩仓大云寺学佛,首任该寺住持。1060年,成寻梦见神谕示他入宋,便立志入宋求佛法。熙宁五年(1072),成寻终于获准前往中国,三月十五日率领众弟子搭乘商船启程。成寻从浙东运河经明州等地到达杭州,对所见到的茶饮产生了深厚的兴趣,在其日记《参天台五台山记》中不厌其烦地记录了他所见到和经历的茶事。元丰四年(1081),成寻在开宝寺圆寂,未能生归日本,否则宋代点茶法就会早一个世纪传到日本。

乾道四年(1168)和淳熙十四年(1187),日本茶道始祖叶上僧正荣西两次入宋学禅,亲身体验了宋代的茶艺及饮茶的效用。回归日本时,荣西从九州平户岛登陆起,在回京都的路上一路播撒茶籽,到京都后又将茶籽送给拇尾高山寺的明惠上人,这些地方后来成为日本最古的茶园。拇尾茶更是被人们称为"本茶",其他的茶则一概被称为"非茶",而通过品尝区别本茶与非茶是此后室町时代斗茶的主要内容。荣西不但带去了中国的茶树,还根据其在中国学到的中医知识编著了《吃茶养身记》一书,宣传种茶、饮茶对人的身体所带来的好处。吃茶之风在日本逐渐兴盛,为以后发展出日本国举国公认的最高礼仪,培养高度精神文明高雅的茶道艺术奠定了基础。

在建筑工程和建筑工艺方面,中国对日本影响也很大。日本兴建名刹圆觉寺时,就全部按照杭州的径山寺式样和规模兴建。兴建时,日本不但派出高手能匠来径山寺实地勘察和测绘,还招聘了不少浙江的工匠到日本去进行技术传授和建设。工程宏大的圆觉寺的建成,是浙江人民与日本人民建筑技术交流的结晶,为日本的建筑工艺增添了新的色彩。宋朝时期,日本兴建的许多著名寺院,诸如泉涌、崇福、承天、东福、兴圣、万寿、圆福、兴国、佛心、兴祥、大庆、大慈等寺院,就是日本来浙的学问僧回国后创建的。这些日僧还分别成为上述著名寺院的开山祖师。应该看到,杭州的径山寺在日本佛教史上占有极其重要的地位,是日本禅宗的发源地。留学径山的日本僧人对径山寺有着特别深厚的感情,虽然远在日本,还时常托海舶带信问候在杭州的师长。淳祐二年(1242),圆尔辨圆在博多听说径山寺遭火,便急忙在日本募化了大木板1 000块,经海运到杭州,作为修复径山寺的材料。宝祐三年(1255),圆尔辨圆还将前关白藤原实经督率同族子弟们亲手抄写的《法华经》(共32卷)送到径山寺中,表达了日本学问僧对杭州的特殊感情。

宋朝与高丽之间,除了曾因契丹干扰而中断40年外,始终有着良好的官方外交关系,从贡赐形式的官方贸易、文化交流到两国民间的商贸往来、文化交流都十分频繁，尤其是自元丰二年（1079）起，宋廷明令明州成为两国贸易的口岸，朝廷的使节也都从明州定海出发。高丽来明州的使臣和商人日益增多，为了接待他们，北宋政府在明州兴建了"高丽行使馆"供他们旅居，并赐明州及定海县高丽使馆名曰"乐宾"、亭名"济航"。从元丰时起，宋政府厚礼高丽人，沿明州经浙东运河、浙西运河等到汴京的路线上的亭都叫高丽亭。①

宋与高丽有着多项文化交流，其中最主要的是对高丽的书籍输出。宋太祖开宝时雕印《大藏经》，至太宗太平兴国八年印成，高丽成宗派僧如可入宋请赐《大藏经》，获太宗赐给一部。淳化二年，高丽遣使韩彦恭来贡，请求佛经，宋政府又送《大藏经》一部。此后，宋政府又多次赠书给高丽。元丰八年（1085），高丽王的弟弟僧统义天来杭求问佛法、贡献经像。他拜杭州惠因寺僧净源为师，学习在高丽已经失去真传的佛教贤首宗教义。回国后，僧统义天送来了金书《华严经》300部，并赠送白金千两修缮惠因寺及华严经阁。元祐三年（1088），由于高丽国的需要，海商徐戬不惜犯禁，向高丽国运去杭州雕刻的夹注《法严经》印版 2 900 余片。与此同时，高丽国不断向宋政府提出希望购买中国的刑法书籍及《太平御览》《开宝通礼》《文苑英华》《册府元龟》等书籍的要求，以便吸取中国文化之精华（为此，曾向宋朝赠送《黄帝针经》等中国失传书籍）。高丽使臣在杭州街市上大量购买书籍，并在杭州港下海运回高丽，扩大了中国文化对高丽的影响。

元灭南宋后，浙江的政治地位大幅下降，在政治领域的发展受到限制的时代，浙江人的聪明才智和创造力几乎都倾注到经济生产和文学艺术创作领域，从而创造了元代浙江社会经济和文化的发展和繁荣，加上元朝政府奉行开放的贸易政策，大大推进了元代的对外文化交流，浙东运河和浙西运河等都成为名副其实的中外友好文化交流之路。

元代，统治者对各种宗教采取了"一视同仁，不分彼此"的政策。

---

① 朱彧:《萍洲可谈》卷二,第 1038 册,第 295 页

这种兼容并蓄的宗教政策使浙江的宗教发展出现了前所未有的高潮。元时,伊斯兰教、摩尼教、也里可温教、犹太教等外来宗教都在浙江,尤其是运河沿线地区传播。同时,世界各国的旅行家也纷纷来到中国游历,浙江也出现了中西文化交流史上的第一次高潮。

至元十二年(1275),意大利旅行家马可·波罗来到中国,游记全国各地,至元二十八年(1291)回国,他把游历中国的经历都记录在《马可·波罗游记》一书中。《马可·波罗游记》的内容十分丰富,其中第二卷讲述马可·波罗游历中国各地城市,是介绍元代中国最重要的部分,详细记录了元代中国的政治事件以及各地的物产、风俗等,对西方世界产生了重要影响,成为古代中国和意大利友好关系的见证。马可·波罗游历中国的路线大致有两条:一条是经保定、太原、奉元、成都、昆明、大理到金齿;另一条便是沿运河南下,经济南、扬州、杭州到泉州、福州等地。马可·波罗对旅途做了详细的描述,其中对浙江杭州的描写是最精彩、最重要的一个章节。他对杭州的赞美之词溢于言表,称杭州是世界上最富丽、最名贵的城市,住在杭州所感受的快乐,世界诸城无有及者,人处其中,自信为置身天堂。马可·波罗是历史上把浙江尤其是杭州介绍给西方世界的第一人。

元代来到浙江,并把在浙江所见的风土人情介绍给西方的还有同样来自意大利的鄂多立克和马黎诺里以及摩洛哥人伊本·白图泰等。鄂多立克是意大利天主教方济各会的一名苦行者,1318年前后,离开意大利,开始东游,1324年前后从印度经海路到达中国广州,然后经泉州、福州北上,穿过仙霞岭,到达杭州,然后从运河游历南京、扬州,最终到达北京。在北京居住3年后,鄂多立克由河西走廊到达西亚,回到意大利。回国后,鄂多立克也把沿途的见闻写成了一部游记,介绍各地的风土人情。虽然他对杭州的记录和描绘笔墨不多,远没有马可·波罗记载得详细,但同样对杭州大加赞赏,称之为全世界最大的城市,是"天堂之城"。佛罗伦萨人马黎诺里是至正四年(1342)作为罗马教皇的特使之一来到中国的,在北京留居三四年后,南下福建,从泉州越海回国,南下路过的杭州给他留下了深刻印象。1353年，马黎诺里回到法国，不久在编著《波希米亚编年史》时，将他在东方游历的经过附录其中，这些回忆被称为《马黎诺里游记》。马黎诺里也对杭州赞美备至，称"此城最美、最大、最富"。而出生在摩洛哥的伊本·白图泰是历史上第一个将杭州介绍给非洲的外国人。1325年，伊本·白图泰去麦加朝圣，开始周游世界。他一生三次出游，行程达12万千米，是中世纪最著名的旅行家之一。据他介绍，他在至正六年（1346）由印度渡海来到中国，在泉州登陆后，游览了泉州、广州、杭州，然后沿运河北上大都，1349年离开中国。回到摩洛哥后，由他口述，他人代笔，形成一部游记，原名《异域奇胜游览》，但一般称《伊本·白图泰游记》。在书中，他称杭州为"汗沙城"，说这是他在中国所见到的最大城市，并且他也是第一个描述了杭州的居住布局的人。

　　元代，浙江与日本、朝鲜半岛的文化交流也十分频繁和广泛。元时，浙江是江南的佛教中心之一，日本名僧到中国学佛取经，以浙江各地佛寺为多，据日本学者的《日中文化交流史》统计，入元的日本名僧达220人，超过宋代，其中入浙59人，约占全国的四分之一，他们的足迹几乎遍及今杭州、宁波、嘉兴、湖州等运河沿线地区，其中以杭州、宁波为多。同时，应日本邀请，东渡日本传经的浙江名僧也有10多人。随着中日佛教文化的交流，中国的禅林规制、印刷、汉文字、书画、园林建筑等均给日本社会带来较大影响。元代，中国完全确立了对高丽的宗主国地位，通过设官、驻军等方式操纵高丽的政治，强权政策也促使了两国之间的人员往来和文化交流都空前频繁，而且这种文化交流涉及佛教、文字、书籍、书画、印刷等社会的各个方面，对整个文化的传播发展起到了至关重要的作用。

第四章
明清运河航运的繁荣
（1368—1840年）

明清时期的浙江,尤其是大运河浙江段沿线的杭嘉湖平原和宁绍平原,是中国重要的经济发达地区之一。农业仍是重要的生产部门,但农业生产的商业性成分有了一定的发展。自明后期起,手工业中的官营手工业诸如织染局、官窑、官盐之类逐步衰落,而民营手工业却得到了空前发展。民营手工业生产的发展使工艺技术的水平迅速提高,尤其是杭嘉湖地区的丝织业,以其产量之多、产品之精,成为全国丝织业的中心。商业、城市以及市镇和货币都较宋元有明显的发展,商品经济空前活跃并开始出现资本主义萌芽。随着浙江的经济社会的发展,大运河浙江段航运也有一定的发展和繁荣。运河的开凿和整治,重点是对浙西运河和浙东运河进行疏浚和修筑堤岸,使这两条运河比以往更为通畅。漕运、盐运规模宏大,地位重要;商运兴盛,盛况空前;船舶制造业的发展,港埠的开辟与建设,都取得了令人瞩目的成就。运河航运的发展,又进一步推动了地区经济的发展,促进了城镇经济的繁荣,加强了浙江本地区之间以及和全国各地的经济文化交流。

第一节

航道的建设与完善

　　明清时期，大运河浙江段得到持久的建设和维护，不仅多次对浙西运河进行了较大规模的疏浚，而且兴工加固和改造堤岸，并对浙东运河进行了整治，促进和保证了大运河浙江段航运的繁荣和发展。

一、浙西运河的疏浚和修筑堤岸

　　浙西运河水网自形成以后，经过历代的治理和建设，航道日臻完善。到了明朝，"自杭州北郭务至谢村北，为十二里洋，为塘栖、德清之水入之。逾北陆桥入崇德界，过松老，抵高新桥，海盐支河通之。绕崇德城南，转东北，至小高阳桥过石门塘，折而东，过王湾，至阜林水深者及丈。过永新，入秀水界，陡门镇，北为分乡铺，稍东为绣塔。北为嘉兴城西转而北，北杉青三闸，至王江泾镇，松江运艘自东来会之。北为平望驿，东通莺脰湖，湖州运艘自西出新兴桥会之"①，然后北上进入江苏省境内，经苏州，至镇江，出京口闸，入长

---

　　① 《明史·河渠志·运河下》

江。杭嘉湖平原南起杭州,北至嘉兴,东至海盐,西及湖州,全部被纳入浙西运河水网。

明朝开国皇帝朱元璋选择应天(今南京)为首都,但他的第四个儿子朱棣就把都城从南京迁至北京。于是,明朝的漕运路线沿袭元代格局,由江南至北京,实行南粮北运,大运河成为维系生命的交通大动脉,因而明政府不断地对其进行改造、治理、疏浚与维护。明代,重点疏浚和整治大通河、北运河、卫河、会通河和南阳新河等,改善山东运河通航条件,减少黄河对大运河的侵扰。而浙西运河由于历史上长期的治理,加上流经地区地势平坦、水源丰富,所以航道一直畅通。但是,由于大规模的水土开发和种植造成水土严重流失,以及太湖平原地面下沉、海平面上升等原因,杭嘉湖地区在明清时期水旱灾害比以前明显增多。据《杭嘉湖平原水灾成因考》统计,宋元时期(960—1368)的 408 年当中,有 124 个年份发生水灾,75 个年份发生旱灾,平均 3.29 年发生一次水灾,5.44 年发生一次旱灾。而在明清时期(1368—1911)的 543 年当中,却有 225 年发生了水灾,154 年发生了旱灾,平均 2.41 年发生一次水灾,3.55 年发生一次旱灾。频繁的水旱灾害,冲毁堤岸,淤塞河道,影响航运,不仅危及人民的生命财产安全,而且也阻碍了社会经济的发展。因此,明代也对浙西运河等进行了多次的疏浚和整治。据《明史·河渠志》、清代的光绪《嘉兴府志》等史籍记载:

洪武二十五年(1392),明太祖朱元璋令崇山侯李新对杭、嘉、湖、苏、松、常、镇七府运河进行全线疏通。[1] 永乐元年(1403)四月,时嘉兴、苏松诸郡频年水患,户部尚书夏原吉奉命治水。天顺元年(1457),崇德知县郁纶疏浚运河湮浅。当时,运河自石门至大漠大多湮浅,郁纶率众用绳纵横度量,浚深河道四十里许。[2] 成化二年(1466),分守浙西的参政何宜委派官员,组织疏浚河道,修筑圩岸。[3]

---

① 《明史·河渠志》
② 清光绪《嘉兴府志》卷二十九
③ 明万历《崇德县志》

弘治七年（1494）七月，侍郎徐贯与都御史何鉴奉命经营浙西水利，翌年四月告成。又令浙江参政周季麟修筑嘉兴运河旧堤三十余里，易之以石。[①] 嘉靖二十三年（1544），巡按吕光洵修三吴水利，疏浚长桥、三江、八坼、平望等。隆庆六年（1572），朝廷下令疏浚江南运河浅涩处。[②] 万历元年（1573），崇德知县蔡贵易疏浚运河，自彭河桥至羔羊，凡二十里。[③] 万历十七年（1589），嘉兴府郡判方配，再次疏浚和治理运河。[④] 万历三十八年（1610），崇德县疏浚环城河及运河石门湾。[⑤]

明嘉靖年间，倭寇数次侵犯嘉兴。当时京官吕希周休假在桐乡崇福镇，就与官民一起筑城御倭。筑城时，将穿镇而过的直道运河改为迤逶绕城的弯道运河，即自西南向北，由今大通新桥东流至南三里桥转弯处折北往东，再绕道至小南门之司马高桥，向北过青阳桥，经迎恩桥过北塘出境。至今当地民间仍流传着"崇福吕希周，直塘改弯兜"的民谣。

不断的整治、疏浚和维护，确保了运河的畅通，加上逐步形成了一整套较为完整的漕运制度，促成了明代二百余年浙西运河航运的兴盛局面，仅漕粮的运输就从最初的几十万石猛增到永乐年间的400多万石，宣德时年漕运粮储最多时竟达500余万石，使浙西运河航运走向了全面兴盛，除了负担粮食、盐铁、布料的运送与两岸的灌溉外，还成为使者进京、官吏调任、军队运送与传递邸报的主要渠道。

清代一开始就定都北京，漕运沿袭明朝，主要依靠大运河满足京城的粮食和物资供给。因此，大运河继续承担漕运的重任，每年数百万石南粮北运，"国家之大事在漕，漕运之务在河"，成为清王朝

---

① 《明史·河渠志》

② 姚汉源：《京杭运河史》第314页，中国水利水电出版社，1998年12月第1版

③ 《嘉兴水利志》，中华书局，2008年第1版

④ 明嘉靖《崇德县志》

⑤ 《嘉兴水利志》，中华书局，2008年第1版

名副其实的生命线,备受重视,"漕运之事,莫先运道"①。

明朝末年,国力益衰,运河失修,加上改朝换代的战乱,到清初时,"河道淤垫、黄流逆灌、全淮南溃、屡塞屡决"②,为此,康、雍、乾三朝都对大运河进行了全面整治,但整治的重点在苏北,对浙西运河等江南地域运河的整治并不是很多。"自京口(今江苏镇江)以南,运河惟徒、阳、阳、武(即丹徒、丹阳、阳湖、武进)等邑时而劳浚,无锡而下,直抵苏州,与嘉、杭之运河,固皆清流顺轨,不烦人力。"③实际上,这也是相对而言的,当地政府也屡兴工役,疏浚和整治运河。

康熙六年(1667)十月,石门知县刘允楷、县丞季芏奉命开浚运河。④ 清康熙《石门县志》详细地记载了这次开浚的有关情况:"县人夏方吴十议,一南自松老桥北至玉溪镇东高桥,约三十里,计六千一百七十丈,分为六段,每段分图承挑,其最浅处,如迎恩桥起至司马高桥止城湾一带,加工开深。一作坝需用竹木,悉照民价买办,其囤皮应预,计需用若干,劝令各典铺均助,亦属小费,无不乐从。一两头大坝钉桩用石匠,挑泥用淘沙匠,每工给米二升,匠不足则佐以里夫,中间各坝仍著各图自行填筑。一车水即照分段各图派,每图粮长各出水车一具,挑列工所,同时齐力戽水。一每图出夫若干,以派出定丈尺,开完为度,各甲照里派夫,或图中照甲画开段落各自施工,以免推诿,以便分别勤惰稽察。一照里出夫,绅士概不免,惟查本县有大荒图二百零五里,一体均派。一就近拨图,以从民便,但天寒昼短,内有里夫路远,必须歇息者,许于附近庵堂容留,不许拒绝,亦不许作践。一作坝宜有次序,先于上游筑坝。则去水自急泻易涸,然后以次筑五坝,然后于各段内填塞旁口,以施车戽则力省而功倍。一六段宜每段设一挂牌,上书某处至某处止,计长若干,水面应开阔若干,水底应开深若干,将派拨里分开列,计丈分图,各自挑浚,仍逐图立一长木标以便认识。一沿河查点,挨图唱名,里夫在河中

① 任源祥:《漕运议》,载《清经世文献》卷四六
② 靳辅:《治河方略》卷四《漕运考》
③ 《清史稿》卷一二七《河渠志二·运河》
④ 清光绪《嘉兴府志》卷二十九

答应,不许上岸拥挤,既已画界,一图自为一队,不得逾越,稍有离工,次仍著催差具。应得但不到者即行速催,以免迟误。"①康熙四十六年(1707)十一月,闽浙总督梁乃鼎、巡抚王然奉旨开浚杭、嘉、湖三府河道。② 光绪《嘉兴府志》载:"江南省苏州、松江、常州、镇江,浙江省杭州、嘉兴、湖州各府属州县,或近太湖或通潮汐,宜于河渠水口度地建闸,随时启闭其支河港荡淤浅者,并加疏浚,以资灌溉,令督抚确察具奏。知府臧宪祖奉檄查看,得嘉郡七邑水势无容建,闸惟石门圣塘庙至玉溪镇三十六里,秀水西丽桥、北丽桥、端平桥三处共一百二十步,嘉善渡船头一里,张泾汇三里,枫泾镇南栅一里,此七处应加深浚,巡抚王然具题动帑完工。"③康熙四十七年(1708)又进行了重浚。雍正二年(1724),浙江总督、巡抚联名向朝廷报称,浙江省城至江南、吴江县接界一带运河间有浅处,其支港亦多壅塞,急应疏浚,以通运输。委粮储运督率各官开浚,细加丈量,以节省土石。④

雍正六年(1728),巡抚李卫动帑修筑玉溪镇(今石门镇)至羔羊一带运河堤塘。⑤ 乾隆十四年(1749),石门知县张愉重筑玉溪河岸。⑥ 道光八年(1826),嘉兴知县王维埩浚东门外横塘长水塘。

在疏浚运河的同时,还多次兴工加固和改造堤岸。明永乐年间(1403—1424),通政赵居仁主持疏浚运河,也主持修筑了"长洲至嘉兴石土塘桥路七十余里,泄水洞三十一处",并且种植榆、柳,以巩固塘岸。⑦ 正统七年(1442),巡抚周忱自杭州北新桥至石门(今桐乡)界,疏浚运河九十余里,筑塘岸一千三百余丈。⑧ 弘治八年(1495)

① 清康熙《石门县志》
② 清雍正《浙江通志》
③ 清光绪《嘉兴府志》卷二十九
④ 《西湖志》
⑤ 《嘉兴水利志》,中华书局,2008年第1版
⑥ 清光绪《石门县志》
⑦ 《明史·河渠志·直省水利》
⑧ 明成化《杭州府志》

"浙江参政周季麟修嘉兴旧堤三十余里,易之以石"①。万历四十年(1612),嘉兴知府吴国仕在实地勘察后向朝廷报称,"郡城自杉青闸,直抵王江泾一带运河旧塘,土石各半,岁已倾圮,每霖雨即愁垫溺,申请院司,支海塘余银改修,尽甃以石"②。嘉靖二十六年(1547),嘉兴知府赵瀛疏浚和治理嘉兴运河北段。③ 赵文华写有《修运河塘记》,记云:"丁未九月,令属邑司水者各修其涂,而缮运河之塘。石塘起杉青,讫闻川,袤凡二十七里,广凡若干尺,石之沦于河者,皆起而复之。稍不足俾塘长出石官给其需工,皆坚完可久。土塘起语儿,讫西水,凡百又十里,亦残缺不治久矣,并令新之,凡再阅月而二塘告成,皆坦然如砥。"④万历十五年(1587)"淫雨岸圮",二十一年(1593)秀水知县李培采取"富民出资,贫民出力"的办法,实行以田地出民会使加固堤岸。万历四十年(1612),嘉兴知府吴国仕鉴于嘉兴杉青闸到王江泾一带运河塘岸"土石各半,岁久倾圮","具文申请尽以石甃"⑤,"请于中丞大夫聚财鸠工",从七月开工到十月千竣,用了四个月的时间,修筑秀水北塘 1 488 丈 5 尺,西塘 951 丈 6 尺,桐乡塘 215 丈 4 尺,泄水洞 5 座,崇德塘 361 丈 2 尺,三县共筑石塘 3 207 丈 7 尺。⑥ 这是明朝继赵居仁、周忱以后又一次大规模地修筑运河塘岸。此后,清顺治十三年(1656),浙江巡按王元曦委推官尹从王重修运河塘路。崇德钟鼎为之记云:"是役也,经始于丙申十二月(顺治十二年),竣于丁酉(顺治十四年)二月。筑帮岸者五百余弓,坦荡通车马者六百余弓。灰石之用,工料之费,桥梁之资,马枋之设,共计银二千零九十两五钱。"⑦康熙十二年(1673),运河水溢塘圮,秀水知县李见龙躬督修筑,帮阔堤岸,至今便之。⑧ 康熙六十年

---

① 《明史·河渠志·直省水利》
② 明嘉靖《嘉兴府图记》
③ 《嘉兴市志》,中国书籍出版社,1997 年 12 月第 1 版
④ 明崇祯《嘉兴县志》卷二十九
⑤ 清雍正《浙江通志》卷五十四
⑥ 陈懿典:《重浚石塘记》
⑦ 清光绪《石门县志》
⑧ 清光绪《嘉兴府志》卷二十九

（1721）春,嘉兴"知府吴永芳捐赀兴工,复募诸有力者,南塘加石培土,令益高厚,北塘自城外至王江泾三十里,于旧塘外增筑石岸"①。雍正五年（1727）、六年（1728）两年间巡抚李卫又"奉旨发帑,开浚河道,修筑城垣、堤岸",委派官员"动帑二千一百有奇,修筑西北二路堤岸,窪者崇之,缺者补之,行旅往来称便"②。

经过耗费巨资、不遗余力的经营,到清朝中期,浙西运河又进入了全盛时期,航运通畅,漕运繁忙,也再次有力地促进了杭嘉湖地区经济社会的发展。

除了疏浚浙西运河河道并修筑堤岸外,平湖县境内自广陈至卢沥（今全塘）的盐运河和海宁县境内自仁和（今杭州）经海宁至黄湾的六十里塘河也得到了疏浚。前者是明代嘉靖二十八年（1549）盐御史董威奏请,委派地方官吏陈守义、李侨主持修复的"全河浚广三丈有奇,深六尺有奇,东西所旋加辟为湾,周可五十丈,便旋舟也"③。后者是清代顺治十年（1653）知县秦嘉系开浚的。康熙五十七年（1718）,复加开浚,"盐艘民舟,往来咸利"④。

二、杭州运河的治理

杭州是大运河浙江段的重要节点。明清时期,运河杭州段的治理力度并非很大,但也得到了较完善的管理和维护。

在杭州府境内,自德胜桥东至长安、海宁的上塘河,自元末以后,由于长期失浚,沙壅渐高,天稍无雨,水即涸竭,使得沿河百余里"苗槁无济,舟阻不行"。明天顺年间（1457—1464）,知府胡浚、同知周博"起夫开浚",由是"旱干获利,舟行通便"。大运河杭州段在明清时期仍以东苕溪为主要水源。为了控制水流量,节制蓄泄,对西

---

① 清雍正《浙江通志》卷五十四
② 清雍正《浙江通志》卷五十四
③ 清雍正《浙江通志》卷五十四《陆杰开盐运河记》
④ 清雍正《浙江通志》卷五十三

险大塘上的化湾陡门、安溪陡门、乌麻陡门、奉口陡门等闸进行了重修。[①] 为节制运河水位，对德胜闸(在德胜坝)、隽堰闸(在隽堰坝)、临平闸(在临平镇)和长安三闸(在长安镇)，明清都经过重修，使其继续发挥作用。

在疏浚运河的同时，也加固和改造了堤岸。明朝正统七年(1442)，工部侍郎、巡抚周忱"自北新桥起迤北而东对崇德县界，修筑塘岸一万三千二百七十二丈四尺，建桥七十二座，水陆并行，便于漕饷"[②]。清康熙九年(1670)，总督刘兆麟、巡抚范承谟及布政使、按察使"捐俸，绅士义民乐输"集银4万两，"委耆民施国贤董其事，历一载，筑成石塘四千三百八十三丈，桥六百三十二洞"[③]。这次工程虽然因为经费不继而没有完成预定的计划(原计划有水关1 363丈，坍塌石塘4 295丈，无石塘路1 225丈，共6 883丈)，但也是清朝规模最大的一次塘岸修筑，给商旅、漕运带来了很大的方便。道光元年(1821)又修筑了北新关外官河常道。[④]

明清时期，杭州城内河道也得到了治理。明代，流经杭州城内外的河流主要有城内的大河(中河)、小河(市河)、西河(清湖河)、东运河(东河)和城外的龙山河、贴沙河等。

贴沙河，亦称旧运河、里沙河，南自三郎庙入钱塘江口起，贴近东北流，至艮山门外会止塘河。贴沙河，特别是它的南段实为杭州水上交通咽喉，舟筏鳞集，非常繁忙。元延祐三年(1316)，丞相脱脱"令民浚河，长九里三百六十二步，造石桥八，立上下两闸，仅四十日而毕工"[⑤]，对此河进行了浚治。明洪武五年(1372)，徐本、徐司马等亦"议开河增闸，河横阔一丈余，闸亦高广如旧"[⑥]。但是这些浚治并没有完全解决问题，此时贴沙河河道依然狭窄，航道内舟筏相互拥

① 王凤生：《浙西水利备考·杭州府水道图》
② 清雍正《浙江通志》卷五十四、卷八十
③ 清雍正《浙江通志》卷五十三
④ 清雍正《浙江通志》卷五十三
⑤ 《西湖游览志馀》卷二一
⑥ 《西湖游览志馀》卷二一

挤,甚是不便。嘉靖九年(1530),工部汪受来临榷事,遂寻访父老,寻求故迹,并筹集商人资助,募役兴工:"疏浅为深,引曲为直,削廉角,壮堤岸。自九月八日始事,十二月望日讫工。始江阳思,终络家跳,计七百八十有四丈而遥,两岸相去计三丈至五丈有奇而广,为人工以日计者凡一万五千有奇,为费金以两计者凡四百有奇。为桥四以利涉,规制以备。"①以前那种舟筏相互拥挤、阻碍交通局面由此得到改观,舟行畅通,商贾、行舟者皆感高兴。

龙山河沟通钱塘江,是杭州城内又一重要河道。元末至正六年(1346),浙江省平章达识铁木迭增加疏浚,但"舟楫虽通而未达于江",而且河道狭窄,军船行驶不便,加上龙山闸年久失修,不能发挥船闸的正常作用,明洪武七年(1374),由参政徐本和都指挥使徐司马主持疏浚,"拓广一丈,浚深二尺",依然"置闸限潮"。从此,"舟楫出酒,始为便利"②。然而不久龙山河又复淤塞,且因其水位高于钱塘江,为防止河水倒流,改闸为土坝,船只进出需翻坝而过。

清代,大运河杭州段得到了比明代更多的维护。杭州府海宁县境内的二十五里塘河是运河连接海宁的重要河流。康熙十四年(1675),海宁知县许三礼主持对运河连接海宁的二十五里塘河进行了重浚。雍正五年(1727),浙江巡抚李卫委派杭防同知马日炳运支海宁县邑绅陈帮彦的捐输银,开浚了"自艮山门外施家桥起,施家堰止,计七千七百九十九丈"。在武林水门外经清湖闸流入运河的下塘河,李卫也于雍正五年(1727)委派分司徐有纬支帑银开浚了自驿桥至清湖闸,计三百二十丈。③ 运河杭州段的另一条主要河道奉口河,也由巡抚李卫在雍正七年(1729)拨给帑银一千三百有奇,专门委派官吏对奉口河进行了开浚。④

武林门外北新桥至塘栖五林港的新开运河,康熙四十七年(1708),浙江巡抚王然奉旨进行了重浚,"自一都十五图登云桥起,

① 《西湖游览志馀》卷二一
② 《西湖游览志馀》卷二一
③ 清雍正《浙江通志》卷五十三
④ 清雍正《浙江通志》卷五十三

至泥坝内戚家桥止,计三百九十丈;二都十图驼子桥起,至北石桥止,计三百四十丈;三都七图石灰桥起,至礼佛桥内谢家浜止,计一百七十丈;四都七图义桥起,至治平寺内河港口止,计一百八十丈;又五杭桥东太平港凡一百一十五丈,俱挑浚深阔"①,共计疏浚河道一千三百一十五丈,也是新开运河自张士诚开凿以后的一次最大规模的疏浚。雍正五年(1727),浙江巡抚李卫委派湖州知府吴简明及杭防同知李飞鲲动支邑绅陈帮彦的捐输银,重浚自镇海门外吊桥及直抵长安镇迤西至施家堰仁和县界为止。②

　　清代,杭州城内河道已经日趋淤塞。为扭转航运的颓废局面,杭州的历任官员对城内运河进行了多次整治。康熙二十三年(1684)巡抚赵仕麟首倡捐赀,士绅商民踊跃乐助,对杭州城内河道进行大规模疏浚,"费白金以两计者,凡两万有余,役以工计者二十万余",全疏河道 12 里,疏浅河道 25 里。③ 康熙二十四年(1685),重浚龙山河。康熙四十六年(1707)着重疏浚了引导湖水入城的港汊。疏浚河道规模较大的还有雍正二年(1724)、雍正五年(1727)、乾隆三十六年(1771)等,使杭州城内河道又出现了舟航"往来如织"的盛况。

　　清代,大运河杭州段的塘岸建设也颇有建树。康熙九年(1670),闽浙总督刘兆麟、巡抚范承谟,以运河塘路得济攸关,遂酌议兴工,计水关共一千三百六十丈,每丈工料八两,坍塌石塘共一千二百二十五丈,每丈工料五两,约需银四万两。是时,总督、巡抚、布政使、按察使捐俸,绅民乐输,委耆民施国贤董其事,一载筑成石塘四千三百八十二丈、桥六百三十二洞。虽已工费不继,未及竣工,然往来利涉,漕艘通行,商民称便。④ 其后,雍正七年(1727),修筑北新关外一带塘岸。道光元年(1821)又修筑了北新关外运河常道。

　　明代,杭州城内河道仍旧以西湖为主要水源,但由于"元时不事

① 清雍正《浙江通志》卷五十三
② 清雍正《浙江通志》卷五十三
③ 清雍正《浙江通志》卷五十二引《邵远平浚河记》
④ 清雍正《浙江通志》

浚湖,沿湖四边泥淤之处没为菱田,荷荡属于豪民,湖西一带葑草蔓合,浸塞湖面,如野陂然"①,到明代时已经"民田无灌溉资,官河亦涩阻"②。

明代浚治西湖规模最大的当属杨孟瑛。杨孟瑛,字温甫,四川鄞都人。弘治十六年(1503),针对多年来"官府往往以傍湖水田标送势豪,编竹节水,专菱芡之利。或有因而渐筑梗者",西湖已是"十里湖光十里笆,编笆都是富豪家"③的状况,杨孟瑛以山川形胜、地理形势和饮用、航运、灌溉等五条理由,通过御史车梁、权事高江上书,要求疏浚西湖。他在论述西湖与航运的关系时说,苏轼重修堰闸,阻截钱塘江潮水入城,杭州城中各河专由湖水作水源,为一郡官民之利。如果西湖湮塞,则运河枯涸,柴米运输、官商往来不便,市区店铺贸易将苦于肩挑背负,谋生也将发生困难。④ 杨孟瑛的上疏获朝廷批准,遂兴工浚湖。工程自正德三年(1508)二月二日兴工,至九月十二日事讫,其间六月十日至八月十八日歇役停工,总共用日152天。施工每日投入劳动力 8 000 余人,共计 670 万工日,耗银23 607 两。

虽然杨孟瑛因浚治西湖、拆毁田荡,侵犯了豪右利益而惨遭陷害和诬告,以致最终被罢官,但浚湖事业却没有因此而止步。距他治理西湖仅仅 30 年,即嘉靖十八年(1539),浙江巡按御史傅凤翔就请求禁止包占西湖、妨碍水利。接着,嘉靖四十五年(1566),巡按浙江御史庞尚鹏又要求"禁占西湖"。天启(1621—1627)时,更有知县沈匡济提出"清湖八议",整治西湖。

西湖经明代整治虽有起色,但政权更迭,又复淤积,加之豪右"各插水面水廉以收渔利,甚者巧为官佃之帖以相搪塞",以至"湖面渐小,则湖身日高"。顺治九年(1652),左布政使张儒秀"请于上宪,勘令尽去其水廉塍岸,其以官帖相搪抵之,痛杖惩之,于是始相戒不

① 民国《杭州府志》卷五三引成化《杭州府志》
② 《明史》卷八八《河渠志六》
③ 《西湖游览志馀》卷二四
④ 清雍正《浙江通志》卷五二引《杨孟瑛开湖议》

相犯","凡豪民占为私产者勒令还官"①。雍正二年（1724），西湖经历了清代规模最大的一次整治。整治由两浙转运盐驿道副使王钧主持，"合有司集民夫，聚畚臿，齐畚锸"，依旧址"清出开通水源，凡湖中沙草淤浅之处，悉疏浚深通。其旧堤坍塌者，即将所挑沙草帮筑坚固，其上流沙土填塞。于赤山埠、毛家埠、丁家山、金沙滩四处建筑石闸，以时启闭"②。西湖通过这次治理，"丈定湖面周围计二十二里四分"，实用银37 600余两，仅此两项，亦可见规模之浩大。其后，地方官吏又几度兴工整治西湖，开挖被占湖面，丈量湖面，造册绘图存案，并立下规定，永禁侵占。

在西湖的治理史上，清代占有重要的地位，它不仅保护西湖使之天长地久，而且又使杭州的河道长为有源之水，从而解除了杭州饮水、灌溉之难，也保证了航运的通畅无阻。

三、浙东运河的整治

南宋以后，浙东运河虽然辉煌不再，但由于浙东地区区域经济的发展，宁波作为我国东南沿海对外贸易港口的地位已经确立，所以，明清时期浙东运河长期不衰，并得到了进一步的整治。

明初，明太祖朱元璋一方面担忧流居海岛或省外的元朝残余及方国珍、张士诚余部对新建立的明政权构成威胁，另一方面来自海上的倭寇经常袭扰、劫掠沿海地区，所以实行"海禁"政策，禁止国人出海贸易，限制海外国家来华贸易，仅允许与明朝有"朝贡"关系的国家"勘合贸易"，即明朝政府颁发给"朝贡"国家来华贸易的证书，填定海船数量、人员数量、"贡品"及其他货物，海外船需持"勘合"及上贡奏文，核对无误，方可入港并贸易。直到明穆宗隆庆元年（1567）才宣布解除"海禁"。清初，为了隔绝沿海居民与以海岛为根

---

① 清雍正《浙江通志》卷五二引《朱之锡张公碑记》
② 清雍正《浙江通志》卷五二

据地的抗清力量的联系,顺治十二年(1655)也下达了"片板不许下洋""禁绝下海船只"的"禁海令"。至康熙二十二年(1683)占据台湾的郑克塽归清后,才在次年十月弛"海禁"。但是明朝实行"海禁"时期,宁波不仅始终是接纳日本等国"勘合贸易"的港口,而且海上贸易始终都在进行。正如康熙所说:"向虽严禁,其私自贸易者,何尝断绝。"①所有这些官、私海上贸易的集散,自然离不开浙东运河。

明清时期的浙东运河大体沿袭前朝,自西向东,由钱塘江畔的西兴,经萧山、钱清、绍兴、东关、越曹娥江,至上虞,再循姚江,经余姚、慈溪,至宁波。大致曹娥江以西为人工河,曹娥江以东则借助自然河道(见图6)。

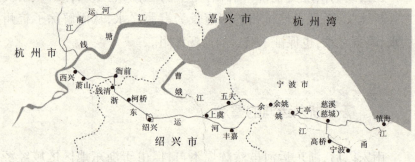

图6　浙东运河示意图

曹娥江以西的浙东运河,即西兴至曹娥段浙东运河。西兴位于钱塘江东岸。明前建有大堰,"外障江潮,内节运渠二百里之水道"②。明万历十五年(1587)萧山知县刘会改建为永兴闸两座,俗称龙口闸。又有西兴渡,为钱塘江东岸最主要的渡口,配有官舟及水工24人,其私人船主姓名也登记在官,有致倾覆之患者,官以法治之。万历十四年(1586),知县刘会申准船规,限定每船人数,并于江岸树立标杆,每潮将至,即于杆上扬旗警告,停止摆渡。清康熙(1662—1722)中,总督刘兆麟也立碑禁约,限定大船每只载30人,中船20人,小船10人,每人船钱5文,货物每担8文,并于渡口立钟

① 《清实录·圣祖实录》卷一一六
② 万历《绍兴府志》卷十五《水利志二》

亭,遇有风潮即鸣钟停渡。雍正七年(1729)前后,又于钱塘江东西两岸设立救生船7只,常于江边瞭望以救覆舟。乾隆(1736—1795)中,增设船只,仅东岸西兴渡即有5只,每只配水手8名。

运河自西兴向东为萧山。萧山旧有周1里200步的县城,明嘉靖三十二年(1553),知县施尧臣重建萧山县城,县城周围9里120步,运河自西而东穿城而过。

运河自萧山又东,折南,为钱清,旧有钱清堰。明万历《绍兴府志》云:"旧有江,有坝,今江已湮没。舟行由运河直抵西兴。"江即钱清江,坝即钱清堰。钱清江又名西小江,在萧山和绍兴两县界上,源出萧山临浦附近麻溪,北流折西经所前、衙前,至钱清与浙东运河合,又东经安昌、陶里,于三江口入海。由于浦阳江自从宋代堵塞了碛堰山口以后,原来从碛堰山口注入钱塘江的浦阳江转而借道钱清江东流入海。钱清江就变成了一条宽广的大河,有些河段(如钱清镇附近)竟达360尺,上承浦阳江水源,下受潮汐倒灌,水灾大大增多。明成化年间(1465—1487)浮梁(今江西景德镇市浮梁镇)人戴琥出任绍兴知府以后,就着手整治钱清江。除了加固原有的堤塘以外,又在堤塘南建筑新灶、柘林二闸,在堤塘北建筑扁拖、甲逢二闸,让它们在洪水时期分泄钱清江水量。戴琥还下令拆除了浦阳江下游的碛堰,复修麻溪坝,使浦阳江下游恢复故道,浦阳江上的舟船也恢复了由碛堰进入钱塘江的航道,而浙东运河则又经由萧山、西兴、越钱塘江而到达杭州。但是,钱清江作为一条单独入海的河流,潮汐出没,水灾的威胁并没有解除。特别是正德年间(1506—1521),"商舟欲取便,乃开坝建闸"[1],即开临浦坝,建临浦闸,又一次沟通了浦阳江与钱清江。后来,水灾威胁又趋严重。于是,在嘉靖十六年(1537),绍兴知府汤绍恩重新开通碛堰,堵塞浦阳江和钱清江之间的麻溪坝,恢复了浦阳江注入钱塘江的流路。汤绍恩还在玉山斗门出口河道与钱清江的交汇处——三江口修建了三江闸。三江闸工

① 清雍正《浙江通志》卷五十七

程于嘉靖十五年（1536）开始，次年完成。① 全闸 28 孔，长 310 尺，全部用块石叠成，石体巨大，每块多在 1 000 斤以上，石与石牝牡相衔，胶以灰秫，灌以生铁，建筑得十分牢固。又在三江城外设置水则，以金、木、水、火、土为则：如水至金字，则 28 洞齐开；至木字，开 16 洞；至水字，开 8 洞；夏至火字，齐闭；冬至土字，齐闭。并刻水则于府治东佑圣观以防欺蔽。闸成，遂尽塞濒海诸口，三县之田，始无旱患矣。② 三江闸一直使用了四百多年，直到 20 世纪 60 年代，由于海涂不断外涨，才又在闸外建了新闸。

自汤绍恩重新开通碛堰，堵塞麻溪坝，浦阳江又恢复了由碛堰进入钱塘江的航道。又由于三江闸的建筑，钱清江从此纳入山会平原河湖系统，既不受浦阳江的干扰，也不受潮汐的侵害，极大地改善了浙东运河的航运条件。从此，航行在浙东运河上的舟船可由西兴经绍兴直达曹娥，不再有盘驳过堰之劳。

明清时期，萧山至绍兴城西迎恩门间运河沿岸的运道塘有了进一步改善。运道塘始为唐元和十年（815）浙东观察使孟简所建，南宋嘉定十四年（1221）知府汪纲增筑，皆为土塘。明弘治（1488—1505）初，山阴知县李良以"运河土塘，骤雨辄身颓，水溢害稼，且病行人"，遂"甃以石，自虹桥达钱清，亘五十里，塘以永固，田不为患，至今便之"③。李良易土塘"以石"，乃绍兴、钱清间古纤道长桥之始创。绍兴、钱清间纤道长桥是修砌在运河堤岸、由一系列小桥组合而成的长桥，既是堤岸，也是塘路，同时又不影响运河泄洪以及沿途江河湖泊交通，实为浙东运河一特色。此以后，万历（1573—1620）间主事孙如法捐资修筑 10 余里。清康熙（1662—1722）初，山阴秀才余国瑞与僧人又捐资倡议修缮，进一步完善了运道塘。

明清时期也多次治理绍兴府城的河道。如明嘉靖四年（1525），鉴于府河为居民侵占日盛，河道淤溢，舟行受阻，知府南大吉曾拟尽

① 徐渭：《闸记》，载《青藤书屋文集》卷二十四
② 清悔堂老人：《越中杂识》上卷
③ 清悔堂老人：《越中杂识》上卷

拆河上民舍,开辟壅狭。此举终因豪强侵占者的激然反对而作罢,但其后仍有局部的修治。清康熙五十二年(1713),知府俞卿大兴工役疏浚府河。这次疏浚,规定了深广,划定了地段,并将所起泥土运往城外。康熙五十四年又尽拆河上居民所建水阁,并立碑永禁。乾隆五十七年(1792),知府李亨特又行浚河,拆除河上架阁74座以及阻碍舟船航行的矮平私桥等物,再立禁条。

曹娥江以东浙东运河即上虞梁湖至宁波段浙东运河,除上虞境内以外,主要利用姚江通航。

浙东运河出绍兴都泗门,南经五云门,东至绕门山,又东至东关、曹娥堰,其主要航道即由此渡曹娥江,然后由梁湖坝向东。梁湖坝在曹娥江东岸。元至元(1335—1340)间为怒涛冲溃,上虞县主簿马合麻重建。明嘉靖(1522—1566)间,曹娥江主泓道西徙,东岸涨沙约7里,"知县郑芸浚为河务,移坝江边,发通舟楫,坝仍旧名"[1],以近旁有梁湖而得名。

浙东运河自梁湖坝又东南至上虞,又东,经通明南堰、北堰入姚江。通明南堰在上虞城东3里,北堰在南堰东北,距县城10里,皆南宋嘉泰元年(1201)修。通明南堰下有七里滩,沙积水浅,舟船常待潮而行。明洪武(1368—1398)年间,根据鄞人郑度的建议,移通明北堰于其东南郑监山下,后称郑监山堰,又名中坝。永乐九年(1411),又在鄞人郑度的建议下,于上虞城西二里横跨运河之西黄浦桥处向东开后新河至郑监山堰,又自郑监山堰向东北开十八里河至姚江北岸江口坝。自此以后,公私舟船多走西黄浦桥、后新河、郑监山堰、十八里河、江口坝一路,虽不甚便,但可免除候潮之苦。"官民船皆由之,路虽不甚便,然免候潮之难"[2]。嘉靖三年(1524),知县杨绍芳清理城内河道南岸居民占地,开为纤道。嘉靖十四年(1553),知县张光祖又清理城内河道北岸居民占地,开为道路,所以嘉靖三年以后公私舟船常走城内河道。

---

① 《上虞县志校续》卷二八引《万历志》
② 万历《绍兴府志》卷十六

四、运河河网的完善

明清时期运河承担着漕运的重任。浙江作为江南经济区的重要组成部分和粮食生产的重要基地，朝廷和各级地方政府为了将各地征收的税粮迅速地集结起来，并顺利地运往千里之外的京城，都不遗余力地疏浚、拓展和维护大运河航道以及与大运河相沟通的支流河道。同时，商品经济的发展也进一步推动了大运河航道的发展与完善，使大运河浙江段既直接连接着钱塘江、太湖、长江、淮河、黄河、海河六大水系，也贯穿着杭嘉湖平原和宁绍平原浙江两大最富饶的平原，以浙西运河和浙东运河为主干，连接着州（府）、县城并渗透市镇、乡村的网状运河交通网进一步完善，四通八达，航行便利。明代徽商黄汴编撰的《天下水陆路程》和清代憺漪子编纂的《天下路程图引》等交通指南，都十分详细地介绍了当时浙江境内以杭州为中心的大运河浙江段交通网及其航道沿途驿站及里程。

杭州至绍兴府、宁波府的水上航线

这是以浙东运河为主干的运河水上航线。其航线如下：

自杭州武林驿（在今杭州市武林门外）出发，往南二十五里至浙江水驿（在今杭州市南，濒钱塘江），渡浙江（水不急，有巨潮之防）十八里，至西兴驿（在今杭州滨江区），经五十里，至钱清驿（在今绍兴市西北之钱清），再五十里到绍兴府蓬莱驿（在今绍兴市内），又八十里达东关驿（在今上虞区西东关镇），渡曹娥江（江面狭，水甚急）十里，至曹娥驿（在今上虞区百官镇），经九十里到姚江驿（在今余姚市余姚镇东），再六十里至车厩驿（在今余姚市东南车厩），又六十里达宁波府四明驿，又一百二十里到连山驿（在今奉化区城关）。

杭州至嘉兴府的水上航线

这是以浙西运河为主干的运河水上航线,沿线河流纵横,诸港有船。秋季枯水期间无剥浅之劳,冬季航道无冰冻之虑。官塘河岸拽纤可穿鞋袜,无涉水之苦。昼夜航行无风、盗之患,水上交通可谓便利。路线如下:

从杭州武林驿出发,往北十里至北新关,折向东北一百里至皂林驿(在今桐乡市石门镇),经八十里到嘉兴府西水驿(在今嘉兴市城内)。如继续行驶,往北,经平望去苏州、无锡、常州、镇江、扬州、南京等地。往东,一百一十里经嘉善可到松江府(今上海市松江区),再往北可至上海市。

据《天下水陆路程》记载,浙西运河有关航线和航道里程还有:

杭州府官塘至镇江府水"……五里北新关。四十五里武林港(西北百里至湖州府)。北五里塘栖。九里落瓜桥。九里五黄桥。五里双桥(二座)。九里大茅桥。一里远店桥。八里崇德县。二十里石门。二十里皂林。二十里斗门(东五里至濮院)。北二十里嘉兴府(东去松江百二十里)。北五十里杉青闸。三十里王江泾。三十里平望(西去湖州府)。北二十里八尺。二十里吴江"。这条航线系北新关、塘栖经大麻至崇德的运河,即元末张士诚所开航道。其间杭湖航线与杭嘉航线相交通,即由武林港往东五十里到塘栖,再四十里到皂林驿。①

杭州府至上海县水:"本府江头。十五里回回坟(上夜船)。九十里长安坝。二十里崇德。二十里石门。二十里皂林。二十里斗门。二十里嘉兴府。十里东栅口(南六十里平湖县)。东三十里嘉善县。六里张泾汇。十二里枫泾。三十里七宝。四十里上海县(至海三十里)。"自"本府(杭州)江头"至嘉兴,实即唐代以来的江南河航道。

---

① 《天下水陆路程》卷七

杭州至湖州府的水上航线

自杭州武林驿启航，往北十里到北新关，经五十里到武林港，再往北四十里到潵山，又四十里到菱湖，又四十里到湖州府苕溪驿（在今湖州市南）。如继续往东北，可经平望去苏州。

据《天下水陆路程》记载，杭州至湖州有关运河航线和航道里程还有，杭州府逾路烂溪塘至常州府水："……十里回回坟（上夜船）。十里东新桥。五里沈塘湾。四十里临平山。三十五里长安坝。十五里官塘，十里崇德县。二十里石门（入小桥，共十三座）。三十里乌镇。二十里十八里桥（三洞）。十里师姑桥（三洞）。十里钱马头。十里滩溪桥（今坏）。十里菱荡。十里大船坊。十里平望。二十里八尺。二十里吴江县（长桥七十二洞）。"这条航线从石门至平望段绕道烂溪塘。与现代的京杭运河航道也有所不同。

从上述航线及沿途驿站和里程不难看出，以浙西运河为主干的杭州至嘉兴的运河水上航线是大运河浙江段中最重要的航线，不仅负责集结数额最多的嘉兴府的漕粮，而且杭州、绍兴、宁波、台州等地乃至江西、湖广的过境漕粮，大部分也都经这条航线循浙西运河经嘉兴、苏州等地北上。这条航线水流平稳，畅通无虞，因而航运也最为繁忙。

其次，是以浙东运河为主干的运河水上航线，主要负责集结和运输绍兴、宁波、台州等地漕粮。

然后，便是杭州至湖州府的水上航线，既负责集结和运输湖州府各地数额不少的漕粮，也承担着部分转运杭州、绍兴、宁波、台州等地乃至江西、湖广的过境漕粮。由于航道条件明显不如浙西航线，所以运输量不是很大。

总体而言，以浙西运河和浙东运河为主干的大运河浙江段交通网，呈放射状贯通覆盖浙江全省，尤其是美丽富饶的杭嘉湖平原和宁绍平原，为现代大运河浙江段航运奠定了基础。

第二节

繁盛的运河航运

明清时期，随着浙江经济的迅猛发展，运河航运也全面繁盛，不仅漕运规模宏大，盐运持续发展，而且在农产品商品化和带有商品属性的家庭手工业的推动下，民间航运也十分繁忙。

一、规模宏大的漕粮运输

明清时期，浙江作为江南经济区的重要组成部分，是粮食生产（主要是稻米）的重要基地，其粮食生产在全国的粮食生产中有着举足轻重的地位。因此，从明到清前期，浙江的漕运规模宏大，漕粮运输数额巨大。

巨额的漕粮

明代，除了明初五十余年外，绝大部分时间定鼎北京。北京麇集了宗室、内监、文武百官以及大量的军队，官俸、军饷和宫廷靡费需求等开支十分庞大。浙江作为江南经济区的重要组成部分，乃是粮食生产(主要是稻米)的重要基地,在全国粮食生产中有着举足轻重的地位。加上当时黄河、淮河治乱不止,黄淮运三水交错穿行的运河山东段和运河苏北段及苏中段,洪灾连绵,水堵不畅,唯有江南地域的浙西运河平稳、安宁、通畅,尽心尽责地发挥着自己的最大功能,忙漕忙运。因此,朝廷每年都要通过大运河浙江段源源不断地运送数百万石粮食,"百官庶府,卫士编民,一一仰漕于东南"①,特别是位于杭嘉湖平原的嘉兴和湖州二府,是全国有名的重赋区,号称"赋税甲天下",每年向朝廷提供数额巨大的漕粮。因此,明清时期大运河浙江段的漕粮运输规模宏大。

明成化八年(1472)以前,漕运数额未定。据文献记载,洪武元年(1368)为了支援北伐,就从浙江、江西及苏州等九府运粮 300 万石至汴梁。② 洪武十三年(1380)海运粮食 70 万石到辽东。正如雍正《浙江通志》所说"洪武十三年海运,惟直隶、江南诸府秋粮。时,嘉、湖二府尚属直隶,未属浙江,故知海运之粟兼嘉、湖二府在内也。自洪武十五年以后及永乐中,海运赴北京之粟,皆苏、松、常、嘉、湖五府居多"。可见,明代伊始浙江的漕运已占有重要的地位。

永乐十三年(1415)以后,浙江、江西、湖广的运粮有 300 万石之数。到了成化八年(1472),明朝额定岁运米 400 万石。据《明会典》记载,浙江兑运米 60 万石,改兑米 3 万石,总计 63 万石。每石加耗米 6 斗 6 升又两尖米 1 斗,共 7 斗 6 升。其中除 4 斗随船作耗,其余 3 斗 6 升折银 1 钱 8 分,名曰"三六轻赍",则实际起运当为 64 万石。③ 万历六年(1578),浙江起运留存米麦总数为 252.262 8 万石,其中存留 82.688 9 万石,起运数为 169.573 9 万石。

除了漕粮以外,明代苏、松、常、嘉、湖五府还须输运内府白熟粳糯米 17 万余石(内折色 8 000 余石),各府部糙粳米 4.4 万余石(内折色 8 800 余石),供宫廷及部院官史消费,称为"白粮"。白粮由粮

---

① 顾炎武:《日知录》卷一〇《苏松二府田赋之重》

② 《明史·食货志三》

③ 《明会典》

长在民间雇船装运,点派殷实粮户解纳,谓之白粮船。[1] 五百料中船每百石给银 33 两。[2] 其中浙江嘉兴、湖州二府供用库白粳米 3.2 万石(本色),供酒醋面局白糯米 6 700 石(本色),供光禄寺白糯米 8 500 石(色 8 分,折色 2 分,每石折银 1 两 1 钱)。[3] 按规定于每年十月底征足,差官于十二月内开船运往交纳。

清朝田赋的征收分为正兑、改兑、改征、折征四种。此四者,也是"漕运本、折之大纲也"[4],其中正兑、改兑征收米粮。"黑豆系粟米改征,无定额。凡改征,出特旨,无常例。"[5]折征即将原财物折算为其他财物征收,分为永折、灰石米折、减征、民折官办四目。浙江除改征和折征中的永折以外,其他几种都实行过,而以正兑、改兑、灰石米折最为主要。浙江的正兑米、改兑米在杭州、嘉兴、湖州三府征收。征兑米输入京仓,改兑米输入通州仓。年征收数额见表 2。

表 2　清代浙江杭嘉湖三府各州县正兑、改兑、耗米数额表[6]

府	县	漕粮正耗米/石	遇闰减征米/石
杭州府	钱塘县	20 455.834	8.16
	仁和县	46 992.05	19.735 8
	海宁县	49 502.698	20.885 2
	富阳县	5 219.83	2.25
	余杭县	10 963.12	4.603 2
	临安县	4 385.248	1.841
	於潜县	2 192.624	0.919 8
	新城县	2 672.264	1.124 2
	昌化县	1 057.436	0.639 8
	合计	143 891.104	60.564

① 《明史·食货志三》
② 《明会典》
③ 《明运规则》
④ 《清史稿·食货志三》
⑤ 《清史稿·食货志》
⑥ 清雍正《浙江通志》卷八十一

嘉兴府	嘉兴县	84 403.844	35.593 6
	秀水县	73 644.76	30.923 2
	嘉善县	82 482.554	34.776
	海盐县	46 624.83	19.628
	石门县	44 559.606	18.713 8
	平湖县	48 551.636	20.475
	桐乡县	37 702.21	15.870 4
	合计	417 969.44	175.98
湖州府	乌程县	100 272.984	42.2
	归安县	85 221.934	35.877 8
	长兴县	48 280.26	20.322 4
	德清县	48 812.036	20.609 4
	武康县	10 861.718	4.566 8
	安吉州	8 037.344	3.381
	合计	301 486.276	127.036
总计		863 346.82	363.58

　　浙江白粮在嘉湖二府征收,有白粳、白糯两种。白粮征收地域分布和数额见表3。

表 3 清代浙江白粮征收地域分布及数额表①

（以石为单位，抄以下四舍五入，凡入者数下有点）

府	县	白粳糯正耗米/石	其中白糯正耗米/石
嘉兴府	嘉兴县	12 320.898 7	2 676.697 8
	秀水县	10 297.995 2	2 393.154 9
	嘉善县	11 947.874 4	2 257.058 2
	海盐县	6 634.349 3	1 663.997 8
	石门县	6 021.911 4	1 409.431 7
	平湖县	7 011.915 5	1 903.880 8
	桐乡县	5 265.358 6	1 185.134 8
	合计	59 500.303 2	13 389.356 1
湖州府	乌程县	13 331.787 6	2 824.453 3
	归安县	10 942.777 9	2 665.507 5
	长兴县	5 160.887 1	1 421.473 6
	德清县	5 932.546 7	1 348.9
	武康县	1 121.694 6	390.306 6
	合计	36 489.693 9	8 650.641
总计		95 989.997 1	22 039.997 1

在总计征收的 95 989.997 1 石中，白粳米占 51 000 石，耗米占 22 950 石，白糯正米占 15 199.998 石，耗米占 6 839.999 1 石。根据以上所述，浙江在雍正及其以前，常年所漕运的正兑、改兑和白粮的数额为 959 336.817 1 石，遇闰则为 958 973.237 1 石。

另据梁方仲《中国历代户口、田地、田赋统计》的统计，乾隆十八年（1753）浙江赋粮 113.048 1 万石，"岁漕京师"者为 85.673 9 万石，数量之多，在各直省当中仅次于江苏，位居第二。乾隆三十一年（1766）浙江赋粮 138.67 万石，"岁漕京师" 94.168 3 万石，仍居第二。浙江粮米漕运的繁忙情景可想而知。

---

① 清雍正《浙江通志》卷八十一

漕运方式的演变

明代,漕粮北运方式前后大凡三变:始为海运,继而为海陆兼运,最后为河运。在河运中又有支运、兑运、长运三种不同的运输方法。

明朝建立之初,定都南京。南京不仅是明朝的统治中心,也是漕粮的消费中心。浙江输往南京的粮米,由转运河(明时对京口以南运河的通称)运输,即主要通过江南地域的运河运输。洪武前期,辽东战事频繁,明朝在辽东及北平一带屯驻了大量军队,其粮饷主要靠江南漕粮接济。北运的方式,沿袭元朝旧制,实行海运。海运的主要基地设在江苏太仓。浙江的漕粮大多通过以浙西运河为主干的运河网征集后,统一运抵刘家港集中,然后由刘家港出发海运北上。每年约有六七十万石粮米远涉重洋,源源不断地被输往辽东和北京地区,使"兵食无乏"。这对明朝肃清元朝残余势力、稳定北方局势起了重大作用。

洪武二十年(1387),明朝消灭了北元在东北的纳哈出的军队,辽东局势渐趋稳定。洪武三十年(1397),朱元璋下谕户部:"辽东海运,连岁不绝,近闻彼处军饷,颇有盈余,今后不须转运,止令本处军人,屯田自给。"[1]于是海运停罢。

永乐元年(1403),经过四年的"靖难之役",北方粮储告竭。此后,随着北方政治地位的上升,消费人口迅速增加,文武官员、军民人等仰借江南漕粮的需求加剧,单凭海运已不能满足需要,"海运不给,于是陆运以济之"[2]。永乐元年三月,明成祖命令平江陈瑄与前军都督佥事宣信,各率舟师,海运粮饷,一往辽东,一往北京。浙江的漕粮,一路仍同明朝初期一样,先送至太仓,然后由江出海,再经白河到通州,以供京师。一路由转运河运过长江,经南河(瓜洲、仪

---

① 《明太祖实录》卷二五五
② 王在晋:《通漕类编》卷二《漕运》

真到淮安），然后经由淮河、沙河、黄河至八柳树，陆挽至卫河，再转输北京。

海运、陆运兼用后，运量不断增长，满足北地的用粮需求。永乐四年（1406）后，每年的海运量，由永乐元年的49万石增至100万石。永乐七年（1409），海陆两运总计运粮183万石。永乐八年（1410）运量更高达300万石。

由于海运危险，船坏粮失，陆运靡费，在近200里距离内，设立8个递运所，驱使山西、河南之民驮载，劳民伤财，故明朝廷不得不改变漕运方式。永乐九年（1411），明朝廷决定疏浚会通河，起用大运河航线。在宋礼、陈瑄等人的主持下，永乐十三年（1415），会通河开通，大运河全线贯通，可从杭州直达通州。从此，江南漕粮主要转入河运。

永乐十三年（1415），运河漕运取代"海陆兼运"后，采用的是"支运法"，具体做法是：各地漕粮，先由当地民户运至指定的粮仓，然后再由各地官军分段运至京师。浙江的漕粮除一部分输南京供内府外，原运太仓供海运之数，也改运至淮安仓交收。然后由浙江、直隶官军挽运至徐州。徐州以远分别由各地官军逐段接运至通州。

支运之法实行后，既无海运之险，又无陆挽之劳，经济安全，有很大的优越性，输入北方的漕粮也逐年增加，但东南地区农民的漕运负担显然大大加重。嘉兴、湖州以及苏州、松江等地原有100万石的漕粮只是运往附近的太仓，以备海运。支运法推行后，原来运往太仓海运的粮米改运至淮安，导致运输路程延长。后来到了永乐十六年（1418），由于大批运粮官军被调离，朝廷下令："浙江、湖广、江西布政司，并直隶、苏、松、常、镇等府税粮，坐派二百五十万石。令粮里自备船只，运赴通州河西务等处上仓。"[1]由于运输路程骤然加长，往返城里近一年，东南地区人民的负担更为加重，出现了"比岁以来，输运转艰"[2]的状况。

① 《明会典》卷二七《会计三·漕运》
② 《明宣宗实录》卷五三

所以，在宣德六年（1431），在江南巡抚周忱等人的创议下，改"支运"为"兑运"。"兑运"，即民粮兑与军队运输。各地的粮户可运粮到附近府、州、县水次兑给卫所官军，由官军运往京师。粮户贴给官军运至淮安或瓜洲的路费和耗米。例如宣德七年（1432）浙江运粮至瓜洲者，粮户（交兑者）每石加耗7斗，至淮安者加耗4斗，正统元年（1436年）分别改为每石加耗3斗7升、3斗。兑运法的实行，减轻了江南人民漕运路线过长的负担，农民的实际赋税负担也相应减轻。与此同时，运军则增加了收入。因此，漕粮的兑运部分不断增加。

然而，日久弊生。军民交兑时，卫所官军常常恃强勒索粮户，粮户仍要自运。故至成化七年（1471），应天巡抚滕昭命令运军赴江南各水次对船交兑，粮户除交耗外，每石增交米1斗为渡江费。这就是改兑法之始，也称长运。到了成化十年（1474），明宣宗下令原交淮安、徐州、临清、德州四仓的漕粮，均改为水次对船交兑，长运之法遂为定制。

清代前期，漕运几乎全走运河，用长远之法。漕粮极大部分运往京仓，部分运往通州。浙江运粮限程为二月内过淮，六月一日到通州。

由于漕运规模宏大，明清两代，大运河浙江段的运输量远远超过元代，其货物运输量一般占到全国货运量的四分之三。

二、持续发展的盐运

明清时期，浙江盐业生产随着人口的激增而迅速扩大，盐运也持续发展。

由于浙江沿海的地理条件，海盐成为当地最主要的商品。"东南盐利甲天下""浙虽稍逊于淮，而盐行四省"。明朝对两浙盐区的盐业生产非常重视，洪武元年（1368）设置两浙都运司，下辖嘉兴、松江、宁绍、温台四分司，分别管理下辖的35个盐场。除了松江分司的

5 个盐场外,其他 30 个盐场均在浙江境内,其中嘉兴分司 5 个,宁绍分司 15 个,温台分司 8 个,余下的 2 个盐场,即仁和盐场、许村盐场,直属于都运司。明朝在洪武时(1368—1398),岁办大引盐 220 400 余引,其中浙东各盐场共 107 500 余引,每引 400 斤,约合 21 500 吨;浙西各盐场共 114 800 余引,约合 22 960 吨。①

　　清代重视盐业生产。清初,从顺治到康熙前期,浙江尤其沿海一带仍战乱不已,浙江盐业混乱不堪,经过整顿,两浙盐业迅速发展,在乾隆年间达到鼎盛。盐场由顺治时的 23 个、雍正时的 25 个,增加到乾隆时的 32 个。钱塘江河口两岸盐场,特别是南岸盐场和温、台、宁沿海盐场不断发展,其中余姚盐场后来发展成为全省最大的盐场。官盐的销售额也大为增长。据乾隆十八年(1753)奏销册计算,当时两浙行正引、票引盐达 2.897 5 亿斤,比顺治时增加近一倍,盐课收入也由年银 23 万余两增加到 73.77 万余两。

　　这些盐除了少量为本地消费外,大部分通过水路输往各地,盐运的线路,大抵是盐船从盐场载盐启航,通过当地四通八达的水网进入运河,分销至江苏、江西、安徽等地。明朝在洪武时,岁办大引盐 220 400 余引,大引以每引 400 斤算(小引为 200 斤),盐产量竟达 8 816 万斤,引销杭州、嘉兴、湖州、绍兴、宁波、台州、温州、处州、衢州、金华、严州、苏州、松江、常州、镇江、徽州、广德、广信等府州,及沿边地区的甘肃、延绥、宁夏、固原、山西神池诸堡。清朝浙江盐区的年产量以引计,正引派额为 701 699 引,票引派额为 100 698 引,与沿海辽宁、河北、山东、江苏、福建、广东等盐区相比较,位居第四。引销地区涉及浙江、江苏、安徽、江西等 98 个县(州),其中浙江 51 县(州)、江苏 31 县(州)、安徽 9 县(州)、江西 7 县。由此可见,明清时期浙江盐的运输量之大和运输面之广。

　　在盐的运输中有许多掣验手续,其烦琐程度,随着盐运制度的变化而有所变化。但是,盐船从各盐场运出,均须送批验所签掣后方能发运的手续基本没有变化。"未检查者曰生盐,已检查者为熟

---

　　① 陆容:《菽园杂记》卷十二

盐,熟盐乃可发售。"清朝浙江盐船经四批验所掣盐、发运路线如下:

杭州批验所在杭城东北艮山门之内,濒东运河新桥南。掣所西向。凡盐商到所,由艮山门入泊太平桥,候巡盐御史按掣,掣毕放行,泊德胜、猪圈二坝,候程开运。运盐河有二道:浙东盐过坝进武林门,由中河出凤山门,过江坝,经富阳关、桐庐关、严州关盘验。浙西盐过坝由官河出北新关,至苏湖二府盘验。

绍兴批验所在绍兴府治西北六十里萧山县之东南隅,北濒运河。各场配盐俱从钱清江达官河,或经长山闸抵所候掣。掣毕,运至新坝、义桥堆贮江岸,俟领程开运。又全于发运处、所挨户编立保甲,候商领程开运,经富阳等三关盘验。

嘉兴批验所在嘉兴府春波门外五里。掣所北向,前为运河,三面有桥,北为虹泾桥,有栅。巡盐御史按掣时,商盐泊运河桥下,封栅候掣,毕,船盐俱出虹泾桥堆贮新创盐仓内。四县票引分别另贮,候商领程开运,经苏、湖二府盘验。

松江批验所在松江府城西二里,南濒运盐河。商盐运掣,自黄浦入东汉港至所下,巡盐御史临掣时,于小斜泾桥、大张泾桥、梓潼桥下俱钉木栅,以绝飞渡。俟掣毕开放。掣过盐船向皆停泊尤墅,散漫难稽。康熙六十年(1721)详定于沈埭地方建栅,嘉松分司差役巡守,并令所官不时稽察,候商领程开运。

明清时期,盐的产销基本上控制在官府手中,实行的是官督商运商销。虽然也有官运商销、商运民销、民运民销、官督官运民销等方式,但是时间很短,不占主要地位。为了保证盐的销售,保护盐商的利益,顺治十六年(1659)政府规定除了专用盐船和承运淮盐的回空漕船外,凡经政府批准专门运盐的"各商盐船用火烙记船头,不许滥行封捉,其过关只纳船料,如借端苛求,以枉法论",以此区别走私盐船。但是盐的运销是厚利所在,所以官府虽然控制很严,商人、船民却往往铤而走险,偷运浙盐往缺盐地区,私运私销禁而不止。

明清时期,随着农产品商品化程度的提高和带有商品属性的家庭手工业的发展,逐步形成了以某种产品著称但具不同专业倾向的区域分工。这种区域分工的形成和发展,引起区域之间不同商品的频繁交流,使大运河浙江段的商业运输出现了繁忙的景象。繁忙的商业运输又促进了商品经济和市镇经济的进一步繁荣。

漕运中的私货运销

从明代到清代前期,规模宏大的漕运活动带动和刺激了大运河浙江段沿线商业活动的发展,而且漕运中的私货运销使得漕运本身也越来越向商业化发展。

明代,在运河上承担漕运的漕船多达万只以上,每只漕船除运载供应京师的漕粮及其他物资外,漕运中私带货物成为普遍现象。"明初,于漕政每加优恤,仁、宣禁役漕舟,宥迟运者。英宗时始扣口粮均摊,而运军不守法度为民害。自后漕政日弛,军以耗米易私货,道售稽程。"①明洪熙元年(1425)下敕谕,允许运军船只附载自己的货物,官司毋得阻挡,且各钞关免征税钞。

明政府放松对漕船带货现象的管制,明确规定漕船上可以附载"土宜"商品,可沿途自由买卖,并免征关税。成化年间规定每船准带免税"土宜"10石,嘉靖时放宽到40石,到万历年间又增加到60石,说明通过漕船每年至少附载了60万石商品。这使得漕运在一定程度上也附加了商业运输的成分和功能,在客观上促进了商品经济的发展。

明中后期,漕船私货运销的贸易已占据正常漕粮运输的相当比

① 《明史·食货三》

重。按规定,一只容载漕粮二千石的漕船,"每船正粮不过五六百石",运军往往无视"土宜"运载的限额,私自加载,各种私货"不啻数倍"①。天启二年(1622)工部尚书王佐曰:"漕之迟,迟在贸易。漕规:每船正粮不过五六百石,乃装载私货,不啻数倍。沿途贸易,辗转迟误。"为了装载和包揽更多的"土宜"商货,运军还时常"私增"船身,增加装载容量近二分之一。②

如果说漕船运粮北上时搭载私货还有一定限制的话,那么,漕船"回空"南返时,被允许沿途招揽货源,代客运输酒、布、竹、木等大宗货物,则完全成为商业运输。回空时,往往"每丁兑粮完后,即满载私货以行,船重如山"③。回空揽载的漕船事实上成了一支数量庞大的商船队伍,大运河成为南北货物的贸易之河。漕船来往于运河上,将浙江各地出产的粮食、丝绸、茶叶、竹、漆、陶瓷等物资源源不断地运往北方,也将北方的松木、皮货、煤炭、杂品等从运河运抵浙江。南、北货借助漕运,上下走集,销售各地,大量土杂货物随着漕船销往运河沿途城镇,给运河沿岸带来了繁荣的贸易景象。

清承明制,仍然允许漕船夹带一定数量的私货,并免征货税。康熙年间,每艘漕船允许夹带货物60石。嘉庆以后,重运粮船每艘准带土产100石,舵手、水手20石;至回空时,每船准带梨、枣、瓜、豆等四项食品60石。清政府进一步放宽漕船携带私货的限额,甚至连漕船的行驶速度也做出了有利于漕工生计的宽松规定,这样,使得清代的漕船商业运输更为活跃,漕船运丁多载私货成为普遍现象。运军漕丁"有夹带私货之弊。漕船到水次,即有牙侩关说,引载客货,又于城市货物辐辏之处,逗留迟延,冀多揽载,以博微利。运官利其馈献,奸商窜入粮船,藉免国课"④。因此,私营运销使漕运实际上成为商品经济的一种重要形式,大运河浙江段沿线城镇的商业活动也因此兴旺。

① 《明嘉宗实录》卷二十
② 《开工天物》卷九
③ 《神庙留中奏疏会要·户部四》
④ 《清史稿·食货三》

生产性航运

在大运河浙江段沿线各地,航运是手工业生产部门生产地点和原料产地之间主要的交通方式。例如,嘉兴、湖州的大部分农村都植桑养蚕,进行商品性生产。所不同的是,湖州以生产湖丝著称,可谓"湖丝甲天下"。其中位于湖州至平望间运河之畔的南浔镇是湖丝贸易中心。"每当新丝告成,商贾辐辏,而苏、杭两织造皆在此收焉。"①但是,南浔供养蚕的桑叶不足。而乌镇同样也是"以蚕桑为务,地多植桑",却是桑叶的交易中心,乌镇四栅均设有叶行,专有南浔等处蚕户来此采购。南浔人董蠡舟在《稍叶》中说,南浔蚕户要通过乌镇牙侩集于乌镇,"三眠后买叶者以舟往,谓之开叶船,买卖皆曰稍。吾镇之饶裕者亦稍以射利,谓之作叶,又曰顿叶"。乌镇叶行一般在上年冬即赴下乡,即周边农村抛卖,预先订明成叶几担,收取定银,至次年到行发叶交清。南浔蚕户也有出卖茧的,南浔蚕户大多精于缫丝,所产蚕不足,于是就有买茧缫丝的。董恂《南浔志稿》云:"近时多有往嘉兴一带买茧归,缫丝售之者。亦有载茧来鬻者。"

位于桐乡县治西北 24 里的陈庄,南距炉镇 11 里,北距青镇 3 里,居民以竹器为业,四方贸易甚远,其竹子则来源于苕溪、霅溪诸山,"苕、霅诸山货竹者咸集于此"②。陈之云《柞溪棹歌》云:"朱村北去接陈庄,春至红闺事渐忙。多买红干黄竹子,趁间预织女儿箱。"③

桐乡县的石门镇。唐设石门驿,宋置赡军监库廨榷酒务,原置巡检司,明时分其东属桐乡县、分其西属崇德县,清初改称玉溪镇。因为大运河在此拐弯,俗也称为石门湾。其手工业以榨油著称,明朝万历年间镇上油坊达 20 家,有榨油工人 800 余人,而榨油的原料

---

① 清咸丰《南浔镇志》卷二十四《特产》
② 清康熙《桐乡县志》卷一《市镇》
③ 清光绪《桐乡县志》卷一《市镇》

（即豆子）主要由其盛产豆子的四乡运来。商人还"从北路夏镇、维扬、楚、湖等处贩油豆"在镇上"作油作饼"①。

从上述例子不难看出，明清时期，大运河浙江段沿线农产品商品化程度的提高和带有商品属性的家庭手工业的发展，生产性航运的迅速发展，对各市镇商品经济和手工业的发展无疑起到了极为重要的作用。

商业性航运

明清时期，浙江以某种产品著称的不同专业倾向的区域分工也已经形成。正如明代天台人王士性所说，"杭州，省会，百货所聚。其余各郡邑所出，则湖之丝，嘉之绢，绍之茶、之酒，宁之海错，处之磁，严之漆，衢之橘，温之漆器，金之酒，皆以地得名，……台少所出，然近海，海物当多错聚。"②不同产品特色的社会分工和不同专业倾向的区域分工必然导致区域间物质交流的增加，促进商业性运输的发展。在浙江，尤其是大运河浙江段，沿线各地的商业性运输以水运为主要手段。

浙江的杭州、嘉兴、湖州三府及江苏的苏州府，是蚕桑业最发达的地区。明代，杭、嘉、湖三府都设立了官办的织造局。清代官营丝织规模比明朝缩减，但在杭州仍设立织造局。民间蚕桑业遍及各地村（市）镇，已经成了农民的主要家庭副业，有些地方甚至成了主要的生产部门。"嘉、湖数郡，地利蚕桑，人多皆蚕务者"③，"湖人尤以为先务"④。杭州府九县亦"皆养蚕缫丝"，"仁和、钱塘、海宁、余杭，贸丝尤多"⑤。专门从事蚕桑业的市镇就有杭州府城的东街市，大运河畔的塘栖镇、石门镇、濮院镇、陡门镇、王江泾镇，上塘河畔的临平

① 万历《崇德县志》卷十二《丛由谈》
② 《广志绎》卷四
③ 清光绪《菱湖镇志》卷三《蚕事》
④ 清同治《湖州府志》卷三十《蚕桑》
⑤ 清光绪《杭州府志》卷八十《特产》

镇及属于上塘河水系的茧桥市,长水塘畔的硖石镇、王店镇,具有"郭溪春水"的郭店市,湖州至平望运河上的南浔镇,东苕溪水系的菱湖镇,夹烂溪而立的乌镇和青镇,其他如新市镇、双林镇、新城镇、新丰镇等,都处于水网地带,而这些市镇,正是通过大大小小的河道港汊汇入运河水网,以舟船联结附近农村原料之地和国内乃至海外销售之地。它们既是丝织业生产的中心,也是丝织产品的销售中心。明人张瀚在《松窗梦语》里说杭嘉湖地区是"桑林遍野,茧丝苎苎之所出,四方咸取给焉"[1]。丝织品成了杭嘉湖地区商品性航运的主要运输货物。清乾隆年间,江浙商民贩运到广州转售外洋的湖丝每年即达30余万斤,价值近百万两。[2]

明清时,大运河浙江段商业性航运除了运输大量的丝织品以外,还承担运输各地根据各自的优势条件所生产的特色产品。例如,湖州杨家池的羊毛布,武康、杨坟、乌镇、龙潭、马要的棉布,澉浦的萱布,琏市、独锦村的黄草布,长兴的綦花布,南浔南路的南庄布,湖州思溪的生布,道场的编布,孝丰、大钱的麻布,杭州艮山门的米囊布,等等。又如荻浦的桑皮纸,安吉的黄纸,莫干山的草纸,孝丰的竹纸,王店缄斋周氏、存堂顾氏、初泊王氏、北舫陈氏等所制的梅里笺,吴兴翁氏、陆氏、张氏的兔毫,嘉兴千家窑和余杭瓶窑的陶器,等等,这些闻名于时的佳品,都是通过大小河道港汊汇入运河,运往他乡。陈庄镇的居民以竹作为业,他们向苕、雪诸山一带购买竹青制作家具器物,尤其是蚕具匾筐之类,运销蚕户。桐乡炉头镇的居民则"以冶铸为业",昼夜炉火不绝,故又名炉镇,所生产的锅、罐、炉、鼎等器,"大江南北咸仰赖"[3]。还有塘栖的枇杷、甘蔗、烟草,菱湖的莲、芡、芦苇等,甚至东山南湖的菱草,也被南浔、震泽诸油坊买去饲牛,"舟载不绝"[4]。

宋应星《天工开物·舟车》里说:"凡浙西、平江纵横七百里内,

---

① 《松窗梦语》卷四
② 全汉升:《美洲的中国丝货贸易》
③ 明嘉靖《桐乡县志》卷二《市镇》
④ 民国《南浔镇志》卷五十八《志馀》

263

第四章　明清运河航运的繁荣

（1368—1840年）

尽是深沟小水湾环,浪舡(最小者名曰塘舡)以万亿计",意思是说浙西、苏州一带水网地区,浪船遍布大大小小的江河港湾。"江苏及浙江之嘉兴,其舟中妇女,亦皆天足,故于撑篙、荡桨、曳纤、把舵之事,无不优为之,蒙霜露,狎风涛,不畏也,不怨也。"①这些记载生动地反映了浙西运河商业性航运的繁荣。

浙东运河边的绍兴也是水网地区。绍兴"城市一街则有一河,乡村半里一里亦然,水道如棋局布列",民间习惯于"划船","伸足推之,进行甚速。绍兴人精此技,皆男子也,谓之划船,常往来于江浙间"②。绍兴以酿酒著称,"越酿著称于通国,出绍兴,脍炙人口久矣。故称之者不曰绍兴酒,而曰绍兴"③,远销全国各地。据记载,京师有南酒店、京酒店和药酒店三种酒肆,南酒店所售者女贞、花雕、绍兴及竹叶青,即由绍兴运去。大凡绍兴运酒多用船只,以致鲁迅的笔下还有"漏船载酒泛中流"之句。

甬江流域的宁波地区和椒江流域的台州、瓯江流域的温州,除了该水系的商业性航运之外,也可翻越仙霞岭、天台山等山岭,交通钱塘江流域和浙东运河系统。内地的丝绸、陶瓷循此而运抵沿海地区;沿海地区的海鲜、洎货又循此而运往内地。

到了明末,从外地往浙江的粮食运输显得繁忙起来。其时,作为浙江粮食的主要产地的杭嘉湖地区,由于商品作物种植面积的扩大,粮食作物的种植面积相对减少,宋代那种"苏湖熟,天下足"的局面,一变而成了"湖广熟,天下足"的局面。于是,浙江的粮食往往需要从外地采买以弥补不足。据记载,明嘉靖年间,杭城大米囤于塘栖的每年就有数百万石。④ 南浔镇"地狭人稠,本地所出之米,纳粮外,不足供本地之食,必赖客米接济"⑤。有关资料显示,清初,江南

---

① 《清稗类钞》卷十三
② 《清稗类钞》卷十三《舟车类》,这种船即为乌篷船,现今仍在绍兴地区所常见。
③ 《清稗类钞·饮食类》
④ 光绪《唐栖志》卷二十
⑤ 民国《南浔镇志》卷二十四

各地每年从长江中上游各省(四川、湖南、湖北、江西、安徽)输入的米粮数量高达1 500万石,约有三四百万人依此维生,另有少数从江北及山东、东北各地输入。这些米粮绝大部分循运河运入,供给杭嘉湖等地,也有相当数量再经运河转运至福建等地。

四、客旅运送的发展

客旅运送从来就是运河的基本功能。但是,从秦汉到魏晋南北朝,直到唐朝,包括大运河浙江段在内的水上客旅运送大多只是舟师攻伐和皇帝巡视等官方活动。从宋代起,大运河浙江段航运中开始有了民间的客运,不仅客旅往来众多,而且已经有了以载客为主的航船。到了明清时期,客旅运送已在大运河浙江段航运占有一定的地位,舟船踪迹遍及全省大小江河,尤其大运河浙江段沿线的杭嘉湖平原、宁绍平原等水网地带,人们往往以舟代步,水上客运已经十分发达。

明代的浙江商人从事远途贩运买卖,主要依靠水路往来,其中最重要的水路便是贯通南北的浙西运河,其次是从钱塘江取道西兴前往绍兴、宁波的浙东运河,船有官船、民船,以民船为主。明隆庆四年(1570)刊行的交通指南《一统路程图记》说:"浙江杭州府至镇江,平水,随风逐流,古称平江。船户善良,河岸若街,牵船可穿鞋袜。船皆楠柏,装油米不用铺仓。缓则用游山船漫漫游去,急则夜船可行百里,秋无剥浅之劳,冬无步水之涉,是处可宿,昼夜无风、盗之患。……诸港有船,二文能搭二十里程。"①从杭州府官塘至镇江府,水路通畅,处处有船港码头,旅客花上两文钱就可搭乘20里水路。

明末山阴人王思任去嵊县,作《剡溪》一文记云:"浮曹娥江上,

---

① 黄汴:《一统路程图记》卷七《江南水路》

铁面横波,终不快意。将至三界址①,江色狰人:渔火村灯,与白月相上下,沙明山静,犬吠声如豹,不自知身在板桐②也,昧爽,过清风岭,是溪江交代处③,不及一唁贞魂④,山高岸束,斐绿叠丹,摇舟听鸟,杳小清绝,每奏一音,则千峦啾答。……过画图山,是一兰苕盆景。自此,万壑相招赴海,如群诸侯敲玉鸣裙。逼折久之,始得豁眼一放地步。山城崖立,晚市人稀,水口有壮台作砥柱,力脱帻往登,凉风大饱。城南百丈桥翼然虹饮,溪逗其下,电流雷语。移舟桥尾,向月碛枕漱取酣,而舟子以为何不傍彼岸,方喃喃怪事我也。"⑤既写出由曹娥江至剡溪的水路行程,也描绘出了两岸的秀美风光。

不过,当时的商人搭船运物,一般都通过当地的牙行介绍,预先谈定,以防人生地不熟遭奸诈之徒诓骗;也可以经船行经纪人代为雇船。当时流行的经商指南《客商一览醒迷》警告客旅:"凡买船,必由船行经纪,前途凶吉得以知之。间有歹人窥视,虑有根脚熟识,不敢轻妄。倘悭小希省牙用自雇船只,人面生疏,歹者得以行事,以谓谋故,无迹可觅,为客者最宜警惕。"⑥

在浙东运河沿线的宁绍平原,有一种"满江红"船,"每驶行江、浙间,自清江浦以达杭州,载运往来南北之客"⑦。在绍兴一带,甚至祭祖扫墓,"虽监门小户,男女必用两坐船,必中,必鼓吹,必欢呼畅饮。下午必就其路之所近,游庵堂、寺院及士夫家花园。鼓吹近城,必吹《海东青》《独行千里》,锣鼓错杂"⑧。

在商品经济日趋活跃的明代晚期,大运河浙江段沿线的水乡市镇还有"夜航船"。"夜航船",就是傍晚发船,翌日清晨到达目的地的船。有资料记载:"浙江临水州县各乡,皆有航船,男女老幼,杂处

---

① "三界"为曹娥江上上虞至嵊州间的村镇
② 板桐传为仙人所居之山,在昆仑山中
③ 即曹娥江、剡溪汇合处
④ "贞魂"指曹娥
⑤ 王思仁:《剡溪》
⑥ 李晋德:《客商一览醒迷》
⑦ 《清稗类钞》卷十三
⑧ 张岱《陶庵梦忆》卷一《越俗扫墓》

其中。以薄暮开驰者为多,解缆时,鸣锣为号,以告大众。"隆庆年间,苏州、湖州、嘉兴、杭州等城市之间交通方便,"昼夜船行不息"。湖州到苏州、杭州到嘉兴、嘉兴到平湖等交通线上,都开通了夜航船,其中尤以湖州府城到周边市镇的夜航船最为发达。

明中晚期,从湖州府城四门开往各地的夜航航班有:

东门夜船:七十里至震泽,又夜船一百三十里至苏州密渡桥;至南浔六里(南去嘉兴府);至乌镇九十里;至琏市七十里;至新市八十里;至双林五十里。

西门夜船:至浩溪、梅溪,并九十里,至四安一百二十里;至长兴县六十里。

北门夜船:九十里至夹浦;过太湖,广四十里,入港九十里,至宜兴县。

南门夜船:至瓶窑一百四十里;至武康县一百七十里,至德清县九十里。

南门夜船:三十六里至龙湖,又三十六里至敢山,又二十里至雷店,又二十里至武林港,南五十里至北新关,二十里至杭州。①

明清时期,夜航船交通便利快捷,《初刻拍案惊奇》第十二卷说,余杭游人蒋霆随同两个同乡客商,"过了钱塘江,搭了西兴夜船,一夜到了绍兴府城",就是当时的真实写照。夜航船上"村夫俗子""僧人""士子"同宿一船。客旅一路谈天说地,无所不及,"如瀛洲十八学士,云台二十八将之类,稍差其姓名,辄掩口笑之"。所以,明末学者张岱说:"天下学问,惟夜航船中最难对付。"他为此编了一本书,上自天文,下至地理,旁及三教九流、诸子百家、人伦政事、礼乐科举、职官考古、草木花卉、禽兽麒豸、鬼神怪异、日用宝玩、方术技艺,无所不包,并且"即命其名曰《夜航船》"。继张岱之后,清代破额山人、庄蓬庵等人也各著有《夜航船》。可见夜航船在当时已成为客旅不可或缺的交通工具。

客运的发展使以运送客旅为主的航船业发展迅速。到了清代,

---

① 黄汴:《一统路程图记》

客运航船更加兴旺繁盛。在以运河为主干的河道上，大多开行夜航船，傍晚开行，清晨抵达目的地，各支流支线上还开行快班船。快班船定期定点开行，班次视距离远近而定，40里以内的早出晚归，当日往返；稍远的隔日来回，再远的则逢二、四、八或三、六、九班。夜航船与快班船统称为"航快船"。

航快船除运送旅客外，时常还兼当信使和经纪人。明代时，航快船便已有递送信件的功能，到了清代，尤其是晚清时期，航快船都兼帮助邮局投递邮包和信件。这些航快船由邮局发给一面俗称"野鸭旗"的投递邮包旗号和一件称为"钿裢"的绿色挂肩，并在船头盖篷上写明"邮政包封"，以保证顺畅通行。船员按照指定的投递路线，每到一个码头，船员肩背"钿裢"，登岸走街串巷地分送邮件。

同时，不少航快船还代办和承运货物。航快船开航前及经过停靠点时，船家或打锣或吹海螺为号，每到一地，"当首"登岸，肩背藤篮，藤篮上缝块白布，上写船名、起讫和沿途停靠地点，到商号兜揽、办理业务。到了中小集镇的零售商号，先交给这次代办的货物与发票，结清货款，同时接受下次的"讨货单"。好的"当首"还善于为商店参谋，例如什么商品快要当令，什么商品畅销，店主接受建议就委托代办。到了中心城镇，"当首"也要背着藤篮逐一到各批发商号走一趟，把上一航次的货款结清，并递上"讨货单"，批发商号就将货物配齐、包装妥帖，交栈司送到船上。

明清时，大运河浙江段的航运费用，一般来说是比较低廉的。按当时的商业书和商人书的记载，万历年间，萧山到宁波府的渡船，从"西兴搭船，每人银二分，至东关驿。一分一挑，一里至梁湖渡，曹娥东三分一人，搭至宁波府，无风盗之忧，客有车坝之劳，风雨无阻，昼夜而行"①。从嘉兴搭一条小船到王江泾，每次需要花三文钱。到了天启年间，同一线路上某些地段的渡船费已略有上涨。据《士商类要》所记，杭州钱塘江上的渡船费，从杭州草桥门过渡到江的对岸，每人每次需用银五厘；从萧山西兴驿上岸后，再搭曹娥船，经萧

---

① 黄汴：《一统路程图记》

山、白鹤院、钱清塔、绍兴府，到东关驿，每人每次费银三分；经东关驿出发，"每人用银二厘过曹娥江"，然后搭梁湖船，每人付银三分，经上虞县、余姚县、西坝，就可到达宁波府。①

五、运河旅游的发展

运河旅游是指以舟船为载体，以运河水体为主干的河道以及沿岸的风光景色、历史文化遗存、人文景观和民俗风情为对象，以游览、观光、娱乐和休闲等为主要目的的活动，历史悠久。从先秦时期开始就既有皇帝、诸侯在其统治地区的巡狩、巡游，政客们的外交游说，又有文人墨客的游历考察，僧人们的宗教云游，还有百姓们的游娱活动等。经过唐宋时期的不断发展，到明代和清前期，大运河浙江段旅游进入全盛时期。

康熙和乾隆分别六下江南，无疑是历史上规模最为壮观的帝王运河巡游。康熙，即爱新觉罗·玄烨（1655—1722），在位六十一年，是一位具有雄才大略的君主，开创了"康乾盛世"。康熙先后六次南巡，除第一次康熙二十三年（1684）九月只到江苏江宁（今南京）外，其余五次都沿浙西运河来到浙江，诏广学额，奖励军士，祭祀禹陵，遍访西湖名胜。康熙二十八年（1689）康熙第二次南巡，二月经嘉兴到杭州，又至绍兴会稽山祭禹陵。康熙三十八年（1699）二月，康熙第三次南巡，经过嘉兴，游览杭州西湖外，还阅兵校射。以后，康熙四十二年（1703）、康熙四十四年（1705）、康熙四十六年（1707），又三次南巡，都经嘉兴抵达杭州。康熙所作《泛舟西湖》诗云："此行不是探名胜，欲使阳和遍九垓。"②此诗句道出了他治河、加强对东南地区统治的原因和目的。因此，康熙二十三年（1684）九月二十八日至十月十七日，为巡视河工、体察民情、周知治吏，他首启南巡之程。此

---

① 《士商类要》卷一
② 《文物考古资料》

后每次南巡他都亲视河工,并在第三次南巡中做了具体部署:深浚河底,改修清口,拆毁拦黄坝,引水归江,并在随后的两次南巡中,亲自检验施工情况。由于他坚持对黄河、淮河、运河的综合治理,减轻了河患,涸出了良田,使"淮、黄故道,次第恢复,而漕运大通"。

康熙南巡客观上推动了河务的治理,促进了东南地区的安定,加快了社会生产的发展,对清代历史产生了良好的影响。

乾隆,即爱新觉罗·弘历(1719—1795),在位六十年,是中国古代帝王中执政最久(加上太上皇时期)、年寿最高、影响力较大的皇帝。乾隆效仿康熙,在位六十年中,六次南巡江南。乾隆十六年(1751)正月,乾隆首次南巡,浩浩荡荡的人马经过直隶、山东南下,二月到达江苏的清江浦(今江苏淮阴),然后顺运河南下,经过扬州、镇江、常州、苏州,三月初至嘉兴,最后抵达杭州。像这样的南巡,又在乾隆二十二年(1757)、二十七年(1762)、三十年(1765)、四十五年(1780)和四十九年(1784)进行了五次。一般都是正月从北京出发,陆路经直隶、山东至江苏的清口渡黄河,乘船沿运河南下,经扬州、镇江、丹阳、常州、苏州到嘉兴,再由嘉兴、石门抵杭州。

乾隆六次南巡,四次赴海宁踏勘塘工,对于钱塘江海塘的修筑起了积极作用。安澜园在海宁盐官,多次扩建,占地百亩,有楼台亭榭30余座,为当时江南名园,乾隆四次南巡海塘时均驻跸于此。

乾隆六次南巡,前五次都视察河工,并且还多次到浙江巡视海塘。钱塘江东流注入东海,水势向下,而海潮却逆江而上,两者相互冲击,形成波涛汹涌、海水倒流的壮观景象。海堤一旦溃决,处在钱塘江与大海交汇处的海宁、仁和两县以及与这一带相连的杭州、嘉兴、湖州、苏州、常州等地可能被海水浇灌,引起极大的灾难。清政府对此极为重视。乾隆从第三次南巡起,每次南巡都去海宁视察海塘。经过多年经营,石塘基本上取代了柴塘,有些地方柴塘、石塘并用,对保护沿海居民的生命财产安全起了很大作用。乾隆晚年曾说:"六巡江浙,计民生之重要,莫如河工海防,凡一切补偏救弊因时制宜之方,亦既殚精劳思,夙夜讲求,不惜数千百万帑金,以蕲一劳永逸、为亿兆生灵永远安全之计,兹幸南北河工,自开放新河之后,化险为平,海塘石工,依限告蒇。"

康熙六次南巡没有详细的记载,社会百姓知情不多。这和康熙南巡时"简约仪卫"有关。而乾隆六下江南则兴师动众,崇尚浮华,仅随从人员(包括王公大臣、侍卫官员、兵丁、家属等)就多达数千人。南巡队伍船只1 000多艘,首尾相连,列队渐进,旌旗招展。随从人员所乘船只,大多由江浙两省征用,拉纤河兵达3 600余人。所有的河口、港汊、桥头、村口、码头等均派重兵守卫。沿途戒备森严,所有船只民人都必须回避,稍有干扰,即以冲突仪仗治罪。迎送队伍长达30余里,地方官员接驾,耆民老妇、绅衿监生等在两边排队跪伏,成年男子一律人村回避。如此排场,其浩大的费用,地方政府深虑"办理拮据",只得到处搜刮,强迫商人捐款,以弥补地方官府接待费用的不足。承办官吏则"乘机滋扰侵肥","借名苛敛",百姓的负担无端加重。另外,乾隆下江南还流传着"寻找亲生父母""沾花惹柳""微服私访""舞文弄墨"等众多的至今让人津津乐道的传说与故事。

康熙、乾隆两个皇帝12次御驾亲行,规模之大、人数之众、路线之远、时间之长,堪称重大国事航运活动。乾隆南巡前一年,就要指定亲王一人任总理行营事务大臣,勘察河道(陆路),制订周密的巡行计划。其不仅先要调查、测量、整治疏浚河道港汊,还要绘制进呈运河全图。[①]后来的光绪帝曾有过仿祖宗乘舟南巡的念头,河道官员便实地测绘进呈了尺寸为789厘米×19.8厘米的《京杭运河全图》。[②]巡行时,走水路的船只打造、下水、编队、调度,前后水陆联络,行程安排,运停靠泊,安全保卫,桨篙帆舵的操驾,诸多高难度的组织指挥问题,都需万无一失、稳妥解决。从《康熙南巡图》过长江一段看,计18艘船只,绘制人物406个,风起浪涌的偌大江面井然有序。而乾隆的船队多达1 000余艘,御舟纤夫3 600人众,随驾官兵2 500多名,随船粮草与生活用品不计其数。每到一地,则都要过问

① 浙江博物馆藏康熙时的无款《南巡道里图》,绢本长16米
② 《京杭运河全图》,藏国家测绘档案资料馆

河务、了解社情、检阅军队、赈济灾民,解决漕运中的难题大事。12
次大规模巡阅航行,自是规格最高、组织最严、安全有效的大事。皇
帝亲临运河沿线各处,现场办公,亲自组织指挥河工运漕,确保了清
朝前期 100 多年间"河畅其流,漕畅其运,舟畅其顺,人畅其安",促
进了运河区域社会的稳定,为运河区域以及整个清朝社会的继续发
展奠定了基础,是"康乾盛世"的一个侧面的反映。其政治、经济、文
化上的正面作用显而易见。

　　古代运河旅游最主要的群体和方式是士人漫游。士人,即读书
人,亦是中国古代知识分子的统称。他们学习知识,传播文化,政治
上尊王,学术上循道,周旋于道与王之间,既是国家政治的参与者,
又是中国传统文化的创造者、传承者,是中华文明所独有的一个精
英社会群体。

　　士人漫游讲究的是"读万卷书,行万里路"。明代最著名的地理
学家、旅行家徐霞客,自 22 岁起,历时 30 年,游历 16 省。徐霞客
(1586—1641),名弘祖,江苏江阴人。他在 22～55 岁的 30 多年间,
在没有任何资助的情况下,不避风雨,不惮虎狼,不计里程,只身走
遍了大半个中国,足迹遍及江苏、安徽、浙江、山东、河北、河南、山
西、陕西、福建、江西、湖北、湖南、广东、广西、贵州、云南等 16 个省,
几次绝粮,险些丧生。其中明崇祯九年(1636),徐霞客自家乡"乘醉
放舟",经无锡、苏州、青浦后到嘉兴,乘船先后游历嘉善、西塘、王江
泾、乌镇、唐栖等地,进行了详尽的游历考察。他在旅行途中坚持把
每天的经历与观察所得用日记的形式记载下来,为后人留下了一部
极具价值的珍贵史料——《徐霞客游记》,被誉为古今游记第一杰
作,后人称其为"奇人、奇事、奇书""世间真文字、大文字、奇文字"。

　　历史学家谈迁(1594—1658),从天启元年(1621)开始,历时 20
余年,"六易其稿,汇至百卷",始完成一部编年体明史,全书 500 万
言,取名《国榷》。清顺治四年(1647)手稿被窃,时谈迁已 53 岁,他
发愤重写,经过四年努力,完成新稿。顺治十年(1653)他携稿北上,
到北京走访降臣、皇室成员、宦官和公侯门客,搜集明朝遗闻,并实
地考察历史遗迹,加以补充、修订。一路上,谈迁沿运河观察风情,

了解历史,写成《北游录》一书,其中《纪程》《后纪程》简直就是一部运河旅游日志。

明代诗人冯梦祯(1548—1605),明万历五年(1577)进士,官编修,后闲隐于西子湖畔长达19年。他泛舟运河出游,短则几天,长则一月,自放于山巅水涯之间,访山问水,欲寻一方清凉世界。同样李日华(1565—1635),字君实,号九疑,明万历二十年(1592)进士,曾选授九江府推官,后因不徇私情得罪上司而遭贬谪汝州。万历三十二年(1604)因母亲过世,回乡守丧,开始长达20余年的家居生活,时常泛舟运河出游,以著述、鉴藏自娱。

大运河浙江段旅游更广泛的则是百姓的游娱活动。时令节日是百姓游乐最重要的内容组成。早在隋唐时期,浙江各地就有元旦、上元、寒日、清明、端午、七夕、重阳和除夕等许多时令节庆。明清两代南粮北运的漕运体制,促成了运河航运的全盛局面,尤其是明中叶后,随着商品经济的蓬勃发展,社会习俗发生重大变化,奢侈享乐、"慕奇好异"之风大盛,社会旅游业,包括航道航船、民间旅馆、园林建筑等都发展迅速。商旅往来,出行旅游,逢水路必有行船。船有官船、民船,以民船为主。从城镇到市镇,乃至乡村之间处处有船,夜航船"昼夜船行不息"。明代民间的私人旅舍更为众多,且形式多种多样,既有楼式建筑,也有民间陋室,而且服务都十分周到,不仅妥善安排食宿事宜,而且有各项代理服务,如代请导游、代雇行脚、代办交通、代存货物、代传信件、代写文书、代请医生、代订酒肆……客店伙计礼待宾客,一律以"官人"或"客官"相称,以示敬重。因此,明代大运河浙江段的旅游活动异常兴盛,从官绅文人、富商大贾到市镇居民都喜欢泛舟运河,出门观光赏景,而赶庙会是其中时尚、奢侈的一种旅游活动。大运河浙江段沿线的含山轧蚕花、双庙渚蚕花水会、大曹王庙庙会等富有特色的庙会大多发轫于南宋,到明代时都规模空前、热闹异常,吸引着周边四邻八乡的人们。

明末清初,战争使浙江城乡濒于毁灭,社会凋敝,运河旅游也几乎停滞。但随着战争的结束,嘉兴社会经济逐渐复苏,到康熙、乾隆年间,城乡又趋繁荣,并且在皇帝巡游、园林建筑游、宗教节令、节庆庙会的带动下,运河旅游之风再盛。

宗教旅游是明清时期大运河浙江段旅游的又一重要内容,不仅上至官宦士人,下及黎庶百姓,都是活动的主体,而且始终长盛不衰。当时,浙江各地都有大小不等的香市。香市是为香客服务的集市,朝山进香、入庙拜佛是香客的主要目的,但出游踏青,游览名胜,逛集购物,探亲访友,进城办事,也是主要内容。各地庞大的香客队伍,以楫为马、以船代车,成为水运的一支特种客源。据清人范祖述《杭俗遗风》记载,每年朝山进香时节,均有数十万人来到杭州,南路到钱塘江滨,北路由运河到松木场停泊。南路钱塘江上"舟舰之上,绡帆云布";北路松木场一带,每天停泊的大小船只"何止千艘之多"。① 这些人不仅朝山进香,游览风景名胜,还带来各地的土特产品和手工业制品到杭州出售,或交换其所需物品。杭州城内外,西子湖畔,市列珠玑、百货,形成了规模巨大、具有特色的西湖香市。

香市期间,杭州要开设许多市场,有松木场、昭庆寺、陆宣公祠、湖心亭、岳坟、灵隐、天竺、净慈、虎跑、大佛寺、玉泉、胜果寺(今杭州凤凰山麓)、吴山、佑圣观、平津桥(今杭州洋坝头东)、龙翔桥、海潮(今杭州望江门外)等市。一处香市市场,俨然是一座繁华的商业市镇。以昭庆寺为例,香市期间,天天人满为患。南商北贾,陈货争易。整座寺院的里里外外,摊铺密集,"殿中边甬道上下,水池左右,山门内外,有屋则摊,无屋则厂,厂外又棚,棚外又摊,寸寸节节"。市中商品罗列,丰富多彩,"三代八朝之古董,蛮夷闽貊之珍异,皆集焉""凡胭脂簪珥、牙尺剪刀,以至经典木鱼、伢儿嬉具之类,无不集""两庑栉比,皆市廛精肆,奇货可居"。"南海天竺,山东香客及乡村妇女儿童,往来交易,人声嘈杂,舌敝耳聋,抵夏方止。"

来往人口增加,又带动了明清时杭州商业服务网点的增多,并出现了商店稠密的现象,"入钱塘境,城内外列肆几四十里,无咫尺瓯脱……五方辐辏,无赢不售"。这一来,造成"杭俗之务,十农五商"的局面。

---

① 清厉鹗:《湖船录》自序

第三节

官衰民盛的造船业

明朝和清朝前期，木帆船的打造仍然是浙江重要的手工业门类。但是由于木材供应的困难，官营造船业逐渐走向衰落。而民间造船业由于经营分散和需要的增长，则呈现出一派蓬勃发展的景象。

一、官营造船业由盛而衰

明代，浙江仍然是官营造船业的重要基地之一。为了漕运和军事上特别是防抗倭寇的需要，政府对船舶打造十分重视。朝廷不仅多次向浙江下达海船的打造任务，而且由政府颁令沿河各官营船厂打造运河漕船。嘉靖以前，浙江的漕船主要由清江船厂（在今江苏淮阴市）和卫河船厂负责打造和维修。嘉靖以后遂由浙江各军卫自行打造，并由杭州南关抽分厂"兼督浙总漕艘"。其时，钱塘、仁和等地都设有船厂，钱塘宝船厂从万历三十三年（1605）修整宝船厂海塘工程推测，大致在钱塘江边，以打造漕船为主，并颇具规模。仁和船厂开始设在谢村，因为择地不良，工部主事谢体升又在县北板桥兴建船厂。该厂占地数十亩,是一个颇具规模的船厂。船厂公署有前堂五楹,左右厢房各五间,后堂五楹,左右厢房各三间。前启大门,门东置把总亭一所,门西置分理亭一所。其工场租地傍附,搭厂数十。工场临河,河中设木栅栏河两侧,按时启闭,严其出入。嘉靖三十二年(1553)南关抽分工部主事刘秉仁有鉴于造船用料未有定数,"船完之日将各项价值漫为增减,且船式不一,有碍责成"等原因,将"船身长短广狭,板木厚薄分寸,料价多寡数目"①等项,统一制成漕船建造规则,作为定法,一方面刻石立于船厂,一方面刊印成书,发给管官旗商匠人,人手一册,令互相检查。运船料价按军办三分民办七分的比例,依期征扣,八月以内给发兴工。浙江打造漕船自此船式划一,始有定则。嘉靖三十八年(1559)又"令浙江粮船于北新关设厂,工部抽分主事兼理打造"②。四十四年(1565)又改为由粮储道督造漕船,于是事权归一。

不过,清朝在浙江兴办官营造船业显然面临着木材供求的深刻矛盾。木材是当时造船业的主要材料,应该说,浙江本来是具有丰富木材资源的地区,但是经过长期砍伐,特别是杭州湾两岸及浙东沿海地区,森林面积大幅度缩小。所以,宋元时期明州(今宁波)造船已经要向温州求取木材了。到了明朝的时候,浙江造船用材已经相当匮乏。为此,明朝政府向各地派拨木材输送清江等造船厂打造内河漕船时,对浙江只得另做规定:"浙江、江南直隶不出木者,买办送纳。"③不过,明代通过砍伐、买办和抽解等各种渠道,浙江还是可以得到一定数量的木材。而到了清朝,乍浦、宁波、温州等官营船厂,开厂伊始木材的供求矛盾就非常突出。当时有人描写宁波战船厂的情景说:"战舰江边岁岁修,千家冢木几家留?近来樟树随山尽,出海偏挐估客舟。"政府修造战舰,所需木材的已经落到了只能靠砍伐人家坟冢上的樟木而为之的地步,结果是"冢木为之一空,于

---

① 席书:《漕船志》卷一
② 《明会典》
③ 席书:《漕船志》卷四《料额》

是山中采樟者争先去之,船事不修,又用商船矣"①。乍浦、宁波二船厂为了解决木材问题,都派出"嵩办官员坐瓯购买",其实温州"近水地方"也已经"砍伐殆尽",温州船厂自身也"十余年均取于深山穷谷之中",十余年之后深山穷谷也砍伐殆尽,只得将"钱粮分给山客,四路购办",最后不得已而奔赴厦门购办进口木材以维持生产,结果费用陡增,"每船不下千金"②,实在难以再维持下去了。当地学者徐兆昺在《四明谈助》(成书于道光三年)里,连宁波的船厂遗址也不敢断然肯定,可见荒废已久。乍浦的军工厂也早已不存在,光绪年间知县彭润章在修纂县志时,也只能抄录乾隆《平湖县志》,说声"后毁",其地在咸丰二年(1852)成了忠烈祠的新址。

当然,清代浙江官营造船厂的衰落还有其他方面的种种原因,诸如"海禁"政策的实施、匠役制度的改革,等等,但原料的匮乏显然也是重要原因之一。

二、民间造船业的发展

明代,浙江官营造船业占有绝对优势,但呈现逐渐衰落的趋势,终明之世,这种优势全都失去。到了清代,官营造船业更趋衰微,而民间造船业则得到了较快的发展。尽管清初严格实行海禁,民间造船业受到严格的限制,但是随着农业、手工业和民间贸易的发展,浙江尤其运河沿线的水网地区客观上需要大量舟船以供使用,加之造船工匠也因为不再隶于匠籍,无须像明代工匠那样定期为官府服役,民间造船业还是逐步地发展起来。特别是海运开禁后,民间对船舶的需求大量增加,民间造船业迅速崛起。

与官营造船业的集中、统一、大规模营造相比较,民间造船业有着分散、灵活、规模小等特点,大多分布在运河沿线工商业较为发达

---

① 《四明谈助》卷二十九
② 光绪《永嘉县志》卷八《武备》

的水网地区,如杭州、嘉兴、湖州、绍兴等地。民间船厂制造的船只种类繁多、形式多样,既制造用于生产、方便生活的篷船、罱泥船、渔船,也制造适用于货运的米船、沙船,还能制造适合于客旅往返的航船、香船和游览名胜风景的画舫等各种游船。明清时,绍兴府船舶业以制造木质民用船为主,并逐渐形成地域分工。清乾隆年间,山阴县双渎一带以制造木质农用大船、画舫船为主;会稽县松陵一带以制造木质载重船为主;道光年间,上虞三汇一带,以制造专运盐卤的沙卤船为主。道光年间,王店镇有姚、龚、李三姓创办船厂,清末发展到数十家,制造各类船只达千艘,供过于求,各船厂先后迁往硖石、沈荡、新塍、东栅、余贤埭等地。

杭嘉湖平原普遍打造的是"浪舡"(大小并不划一,最小的叫塘舡)。因为杭嘉湖平原是水网地带,纵横几百里内"尽是深沟,水小湾环"。而浪舡船体积小,船上设有橹、纤绳和小篷,可根据航道情况,或用橹,或用纤,或借用篷作为动力,适合复杂多变的水网地带航行。船上还建造窗牖堂房,可以人物同载。"其舟行人,贵贱来往,以代车马扉履。"原料多用杉木,容易获得,民间营造困难不大,所以民间普遍打造,数以万亿计。嘉兴还有一种赤马船,缚布为帆,往来于江河湖塘之间。

绍兴一带民间打造一些被称为帧船、坐船和鱼艞、菱舠等的大小船只。① 乌篷船是民间普遍打造和使用的船只。徐珂《清稗类钞·舟车类》抄录了一条"划船"的材料说:绍兴"以用桨者为划,伸足推之进行甚速,绍兴人精此技",应该就是乌篷船。明末清初人张岱《陶庵梦忆》还记载其家中打造楼船的情况:"家大人造楼,船之,造船,楼之。故里中人谓船楼,谓楼船,颠倒之不置。是日落成,为七月十五,自大父以下,男女老稚,靡不集焉。以木排数重搭台演戏,城中村落来观者,大小千余艘。"这样的大船当然只有富豪人家才能打造。

明清时期,游船的打造是浙江民间造船的一大特色。凡风景游

---

① 明张岱:《陶庵梦忆》卷一

览之处,如嘉兴南湖、杭州西湖、萧山湘湖、宁波日月湖等都有游船。南湖"湖多精舫",湘湖多用小船,日月湖"桥小船不能大"。西湖游船最多。其命名,有以形者,有以色者,有形色皆具者,有以姓者,包涵所有的楼船,分大小三号,"头号置歌筵、储歌童,次载书画,再次储美人","乘兴一出,……观者相逐"。[1] "查伊璜蓄方舟,分数节,舁之人杭州之西湖,以中节坐客,客多,更益数节,镶之如一舟,加前二节为首尾,布帆油帷,数童桨之,偏历诸胜。又两小舟,长四五尺,一载书及笔札,一置茶铛酒果,并挂船傍左右,前郤如意。客去,则复散此舟,使人舁归而藏之。"[2]清代钱塘人厉鹗《湖船录》辑录船名就有 90 个之多。其实还远不止此数,所以光绪年间丁午又作《湖船续录》。

三、漕船和修造技术的进步

明清时期,随着规模宏大的漕运蓬勃发展,日益繁忙的南粮北运,各类运河船舶,尤其专门运输粮食的漕船樯帆林立、川流不息,航运活动十分活跃。大量舟船频繁活动,刺激了船舶修造业的发展,造船、修船技术有了很大的提高。

元代,漕粮海运,元世祖忽必烈命崇明人朱清、张瑄等造平底海船 60 艘,大船运粮千石,小船运粮二百石。这种平底海船是对原平底木板船进行改进,放大船型,扩大载重,既适应运河的内河航运,又能出没于吴淞江、长江等沿海沙洪之间,具有防沙的特性,被称为沙船(见图 7)。

沙船是最著名的方头、平底船的代表。船身扁浅、宽大,底平,首尾俱方,重心低,上层建筑少,受风面积小,航行平稳,不畏浅滩。船用多桅多帆,风帆高大,利于提高航速,可补因航行阻力较大之不

---

① 徐珂:《清稗类钞》第十三册卷三
② 徐珂:《清稗类钞》第十二册

足。明代,沙船又有了进一步的发展和改造,结构更为精巧。它用平板作龙骨,两舷外用大蜡加固。装有披水板,能克服底平吃水浅、逆风航行横漂之弊,装置升降舵,帆、橹并用,有2桅2篷,有5桅5篷,也有3桅,桅用杉木,帆用布篷或篾篷,帆上窄下宽,以降低风压中心。故明朝的沙船具有宽敞、干舷低、稳性好、比较安全等特点。

元代沙船型沿海
航行多桅漕船

图 7　元代沙船

明朝为整顿漕运制度,铲除腐败,废除杂乱漕粮,在清江船厂设船坞,每年建造浅舱平底漕船 500 艘,从而统一了漕船尺寸。朝廷规定船底长五丈二尺(17.23 米),头尾各长九尺五寸(3.24 米),船头底宽六尺(2.05 米)、船尾底宽五尺(1.7 米),有 14 个船舱,舱深四至四尺五寸(1.36~1.4 米),可运米 2 000 石。这种漕船船式主要为适应运河水浅的情况,每船用军 10 名,但浙江都司运船“每船或军十名,或十一名,或十二名”。后来漕船被运军私自放大,船底增长为七丈二尺(24.55 米),头尾各增宽二尺(0.682 米),容粮 3 000石。《天工开物》云:“后运军造者,私增身长二丈,首尾阔二尺余。”①《漕船志》也指出:“近来各船身长阔,多添梁头,运军利于私

① 《天工开物》卷九

载,运官敢于公占"①,运军加大船身只是为了增加私货带运。明政府多次下令如式打造,但令行不止,反有愈演愈烈之势。

明朝的漕船多用楠木、杉木等优质木材制造,亦有用松木建造的。明朝规定楠木、杉木等建造的漕船3年为小修,6年为大修,10年则更换新船;松木建造的漕船2年为小修,3年为大修,5年则更换新船。

除了沙船的制造与维修外,明清时期,浙江也制造与维修了不少专用于内河漕运的浅船。据《漕船志》记载,浅船的造船用料,每船用新杉篙木62根,樟、榆、槐等20余段,油、麻、铁、灰等料3 000余斤。船的规制一般为:底长5丈2尺,其板厚2寸,采巨木楠为上,栗次之。头长9尺5寸,梢长9尺5寸,底阔9尺5寸,底头阔6尺,底梢阔5尺,头伏狮阔8尺,梢伏狮阔7尺,梁头14座,龙口梁阔1丈,深4尺,使风梁阔1丈4尺,深3尺8寸,后断水梁阔9尺,深4尺5寸,两厢共阔7尺6寸。这样的船可载米近2 000石。也有将船身增长2丈、首尾增阔2尺余的,这样就可载米3 000石。"凡舟身为十丈者,立桅必两",中桅"长者以八丈为限,短者缩十之一二","悬篷之位,约五六尺","头桅尺寸则不及中桅之半,篷纵横亦不敌三分之一"。但是"苏、湖六郡运米,其舡多过石瓮桥下,且无江、汉之险,故桅及篷尺寸全杀"。浙江浅船规制自当在"全杀"之列。

清代漕运基本沿袭明制,漕船有4桅2篷,5桅5篷,也有2桅3篷,篷多用布为之。主要航行在运河上的漕船风篷较狭长。乾隆年间(1736—1795)桅的用料创造了以松接杉的方法。到清代中期,漕运船已完全利用风力,无橹。清代的漕船还有一个重要特点,就是能较好地贮存货物,船舱有夹底,离船底甚高,船两旁有水槽,水从槽入,即从眼出,舱中不沾潮,同时所有的船舱都间隔而成,不同的货物可以分别装在不同的船舱,即使船只受损,一个船舱进水,也能保全其他船舱货物无损。

清代较有创新性的漕船为"两节头",该船船体长100尺,计及

① 《漕船志》卷三

舵则总长达 107 尺,宽 11 尺,船深仅 3 尺(见图 8)。其船的特点是在构造上分成两段,用铁铰链在接头处可方便地连接或脱开。鉴于河道太浅,要增大船的载重量,唯有增加船宽和船长。由于船身过长,在狭窄的河道中难以调头和回转,将连接的铰链脱开则可使调头变得十分方便。

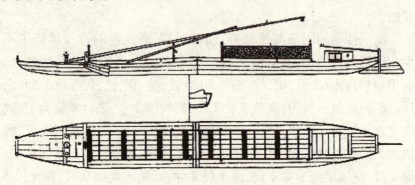

图 8　两节头漕船

　　对漕船记录最全的应是清代寓居杭州的汪启淑所著的《水曹清暇录》,即利用闲暇之时,记录水曹(水利)之事。该书中记录了运河中船种及名称共 68 种,有以功能命名者,如粮船(漕船或民用运粮船)、明堂船(漕帮举行入帮仪式船)、哨船(漕帮传递号令的信船)、红船(驳运用船)、使客船(使节与旅客乘坐船)、巡江船(巡查江水用船)、快马船(巡漕官船)等;有以船之形制特点命名者,如茅篷船(用茅草作篷者)、八桨船(船设 8 桨者)、双篷船(船设两篷者)、六橹船(船设 6 橹者)、平底桨船(船为平底而有桨者)等;还有以大小分称者,以颜色分称者,比如舟古梨船、拖风船、摆马船、大舟彭船、水艍船、乌舟皮船、跕船等,以及茅檐船、江山船、河马船、河粮船、塘船、麻阳船、六挠船、小木船、战船、舟告梨船、双篷船、唬船、快哨船、沙船、柳船、浚船、花座船、桨船、八桨哨船、六桨船、四桨船、钓船、黄快船、红马船、宣楼船、仙船、便民船、杉板头哨船、小船、小巡船、快哨巡船、海哨巡船、双篷据船、大鹄船、六橹船、两橹桨船、四橹船、一橹桨船、急跳桨船、快桨船、舡艚船、艟艚船、快马船、赶曾船、舟居船、舟彭子船、八橹船,等等。

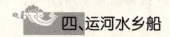

四、运河水乡船

明清时期,大运河浙江段桅林帆墙,舟船飞梭,而杭嘉湖水网地带的浙西运河更是船舶种类繁多,不计其数。清代杭州北新关专收过往船只的商税,单《北新关志》一书就收录了江南船73种,并附有图,其船名如下:

镇江摆江船(报桨船)、松江船(报摇船)、杭州墅湖船(报摇船)、湖州圈篷船(报摇船)、挡板尖头船(报摇船)、刘河荡湖船(报摇船)、邵伯木屐船(报河船)、桐闸子船(报河船)、邵白开梢船(报河船)、平湖花船(报摇船)、光福报船(报摇船)、扬州沙飞船(报沙船)、镇江板船(报河船)、海船(报沙船)、宁波船(报尖船)、大尖头船(报摇船)、琵琶船(报河船)、便民船(报阔头船)、水洋毛篷子(报桨船)、杭州船(报摇船)、大山船(报长船)、渔山船(报沙船)、邵伯船(报河船)、马溜子(报河船)、盛墩山船(报摇船)、站船(报赣船)、湖州白壳子(报摇船)、吴江尖头船(报摇船)、闸里沙河船(报长船)、苏州大尖头船(报阔头船)、镇江拦水船(报桨船)、扬州木屐船(报河船)、湖州太湖船(报太湖船)、水洋毛篷子方稍船(报桨船)、苏州船(报阔头船)、镇江泜子船(报河船)、嘉兴圈篷船(报摇船)、常州划子船外船(报划子船)、常州马船(报摊船)、湖州船(报太湖船)、嘉兴齐门船(报阔头船)(见图9)、南京蒲江红(报桨船)、南京楼船(报河船)、长安摊船(报摊船)、常州划子船(报划子船)、嘉定船(报阔头船)、嘉定平头船(报阔头船)、镇江划子船外舵(报划子船)、南京兜梢船(报桨船)、南京船(报桨船)、芜湖船(报桨船)、板船(报河船)、杭州大洞子船(报剥船)、丹阳划子船(报划子船)、飞仙船(报摇船)、孝丰船(报尖船)、嘉兴盐阔头(报阔头船)、粮划子尖头(报摇船)、抹头子(报河船)、高淳船(报河船)、震彝船(报河船)、苏州担关船(报阔头船)、苏州荡湖船(报摇船)、南浔航船(报航船)、瓶窑船(报摊船)、杭州赶舟堂船(报阔头船)、松江华亭盐拖

船(报摊船)、余杭区摊阔拉(报摇船)、施家坝泥塔头船(报摊船)、
余杭区摊园拉(报摊船)、杭州泥塔头船(报摊船)、湖州沙飞船(报
沙船)等。

图9 嘉兴齐门船(报阔头船)

(摘自《北新关志》卷十四)

明清时期,大运河浙江段沿线的水网地带,还有大量的渔船和
运输船。后来这些船不少被当时政府改进为战船。其船只的种类
和规制见表4。船只的主要名件有:面梁、桅夹、舵盘、后闸、斗盖、喜
鹊梁、短水、桅弓梁、桅口、头面梁、头桅夹、天棚弓、撩牛、桅牮、篷
车、椗车(皆用樟木)、水底(用建杉)、龙骨、笆边(用柳杉)、篷胎、桲
头、水齐抱肚(用建杉)。还配有许多小名件。

表4 渔船和运输船的种类和规制一览

船类	桅长	参▲长	梁头阔	身长	舱深	板净厚
水艍	8.20	7.20	2.25	8.90	0.79	0.031
赶艚	7.80	6.50	1.95	7.90	0.71	0.029
双篷	7.20	5.50	1.75	6.60	0.66	0.025
快哨	5.60	4.00	1.40	4.80	0.55	0.020
八桨			0.75	4.00		
六桨			0.70	3.60		
膨快			0.80	4.20		

注:计数以丈为单位,民营造尺度合今0.32米。

明清的航运管理

　　明清时期，由于规模宏大的漕运事关国家命运，朝廷和各地政府都高度重视运河航道的建设和完善，从而建立健全了较为完善的运河航运以及漕运、盐运等管理机构和规章制度，有效地确保和推动了运河航运的持续繁盛。

一、运河管理

　　明永乐以后，停用海运，河运重兴。为了保证整个大运河的正常运作，政府建立了较为完善的运河管理机构和规章制度。明初，朝廷并未设立专门管理运河的机构和官员。永乐九年（1411），明成祖遣尚书治河。此后，直到万历（1573—1620）初期，始终只是临时差遣，或以侍郎、都御史治河，或以总督河道、都御史加工部职衔治河，并无定制。"不设总理（河道）之官，然遇黄河变迁，漕渠浅阻，事连各省重大者，辄命大臣往治，事竣还京。"[1]《明史·职官志二》"总

————————————

[1]　《漕河图志》卷三《漕河职制》

理河漕并提督军务一员"条下叙述其变迁云:"永乐九年,遣尚书治河。自后间遣侍郎、都御史。成化后始称总督河道。正德四年定都御史。嘉靖二十年,以都御史加工部职衔,提督河南、山东、直隶河道。隆庆四年,加提督军务。万历五年改总理河漕兼提督军务。"①

永乐十五年(1417),始设漕运总兵官管理漕运河道。成化七年(1471),又设总理河道,与总漕平行。至此,河道与漕司分属两个系统,并成为常设。总理河道一职由朝廷派出官员,一般由侍郎尚书担任,也有武职系统的都督或侯、伯担任此务。

除中央委派的官员外,运河沿线各省也分派地方官吏参与管理河道。省级由按察司副使一人专管河道,称"监司"。在州、县级,更设管河通判、同知及其他官吏。这样就形成了由中央派出的"总河—都水司—分司机构"和由地方官府派出的"监司(按察司副使)—其他辅助官员"两个系统并行的管理模式。按照清人陆耀的说法,明代管理运河的职官分为总部、差巡、监司、分司、丞倅等五类。② 总部即总理河道、总督河道、总理河漕,总漕兼河道等职官,为管理运河的最高长官。差巡有巡视、巡抚、会勘、相度、协治、差役等职官,前五者主要对"总部"官员所提出的运河治理方案报告进行审核并研究其可行程度,为进行最后决策提供咨询,后二者则可视为"总部"官员的副手。监司有布政司参政、参议、按察司副使、佥事等职官,实际上职掌监发。分司各司一段运河事项。丞倅如专管河泉同知、通判、闸坝官置裁及管河指挥,府州县及佐贰官督工等,皆负责具体工作。

明代大运河的管理除上述各职官以外,沿途还设有各种役夫:在有闸的地方设闸夫司闸启闭,设溜夫挽船上下;在有坝的地方设坝夫挽船过坝;在浅浦设浅夫巡视堤岸,种植树木,招呼船只避开浅滩,抓捕盗贼,并修堤滩河。此外,还有守湖的湖夫、浚修泉源的泉夫、守塘的塘夫,以及捞沙夫、挑港夫等。

---

① 《明史》卷七十三《职官志二》
② 陆耀:《山东运河备览》

在设立专门管理运河机构和官员的同时，明清时期，朝廷对水源管理、闸堰管理、河道管理等都做了详尽的规定和周密的布置。如永乐九年（1411）规定运河深不能超过7尺，目的是充分利用水源、防止河水多泄。成化十年（1476）规定浙西运河必须两年疏浚一次，而岁修、大挑时，堤防应与河道同时修治，以防不虞。不断颁布的各种规章，有章可循、责有所归。

明朝政府以这一套管理制度来维持大运河的通航。这个模式一直沿袭到清代。清代管理运河的最高长官为河道总督，"掌治河渠，以时疏浚堤防，综其政令"[1]，负责修治运河以保障漕运畅通。河道总督衙门设有书吏20人，其余不详。此外，清代运河沿途也配有浅夫、溜夫、闸夫等役夫。

1985年，海宁市在文物普查时发现了一块清末政府管理海宁长安新老两坝的告示碑——《新老两坝禁止勒索碑》。碑高182厘米、宽97厘米、厚10.5厘米，碑文楷书，共15行594字。据考证，此碑为清光绪八年（1882）正月二十二日海宁知州汪肇敏所立，记载了海宁州署关于长安镇新老两坝坝夫工资规定以及禁止坝夫向过往船只勒索、刁难等事项。碑文如下：

钦加同知衔顶戴花翎署理浙江杭州府海宁州正堂加六级记录十二次大功十六次注为勒石示禁事。照得长安镇新老两坝关蓄上河之水，向由州判经理。嫠后，坝基坍损。同治七八年间，蒙前府宪陈查勘，给发工料，并由前州捐廉修复，召集坝夫照旧经管，拖拔往来船只以通商贾，并准州判督耆绅者查议各船盘坝工资，暂照嫠前加倍。每盘大船十只给钱六十四文，中船给钱四十文，小船给钱三十二文，进出一律。俟市面兴复，再循旧章，并将坝夫分为时、圣、兆、惠四班，每班每日十二股共计九十六股，每日轮流拖拔，不准额外需索，造册移送。靳前州出示晓谕在案，乃该坝夫等每每匿示不贴，遇有过往船只仍然需索无忌，以致时被控告，并奉府宪专札饬提滋事坝夫解究，虽经遇案惩办，无如怙恶不悛。若不严定章程，不特

---

[1] 《清史稿》卷一一六《职官志三》

难垂久远,且该坝夫等仍无畏惧,讼案繁兴,亦复不成政体。除报明府宪移请州判就近管理,查有勒索揩盘情事,立即提案痛究,斥革枷号,不准更名,复充外合行。勒石示禁为此示,仰该埠坝夫以及往来商贾人等一体知悉。

自示之后,凡遇过坝船只,务各遵照定章给钱,随到随盘,不准需索稽延。其差使饷等船,不在议定给钱之列,听候随赏,尤须首先拖拨,不得较量耽搁。经此示禁之后,敢再仍前勒索或故意走散不盘,留难刁掯,甚或无钱怀恨,故将船只盘至坝上停搁,致令损伤。各种情弊,许受累之人就近迳赴州判衙门喊控,立提革究,另召补充,不稍宽贷。其各懔遵毋违。特示。

光绪捌年正月二十二日给

告示

这是目前已知的浙江省最早的港航政务公开案例。

完善的机构和制度保障使包括浙江段在内的大运河航道得到持久的维护,保证和促进了运河航运的发展和繁荣。

二、漕运管理

有元一代,漕运多以海运为主,大运河的运输量相对减少。改走运河的明清时期,漕运数额巨多,规模宏大,从中央到地方,各级重视,组织健全,从征兑漕粮、监督漕运、修造漕船到检查违漕诸事都有较为完善的机构和机制,长时期地保证了明清两朝的储粮、用粮及宫城、军队的物资给养。

明初沿用元制,在南京设都漕运司总理漕政。洪武十四年(1381)又将都漕运司撤废。永乐元年(1403),迁都北京,复浚南北大运河。为确保河畅漕顺,明成祖于永乐二年(1404)任命陈瑄为第一任漕运总兵官。我国历史上向来有对关系全国全局的大事实行军事管制的做法,明成祖深谙此理,于是任命了在靖难之役中建有殊勋的水师统帅陈瑄担任此职[1]，掌漕运河道之事。此后逐年整治河道，并逐步完善了漕运管理制度。后因漕务日重，景泰二年（1451）设漕运总督与运粮总兵官共领漕政。漕运总督驻扬州，河道总兵驻徐州。成化七年（1471），改设总理河道，专职主持运河、黄河修守；设漕运总督专理漕政，总河与总漕平行，从此河道与漕司始分成两个体系。由于历史的原因，漕运总兵官一职直到天启元年（1621）才被撤销[2]。漕运总督更高的级别、更专的权力，显示了国家对加强漕运管理的双重重视。

明朝自走河运漕路以后，采用支运、兑运、长运三种不同的运输方式。明朝浙江漕运的船只，在实行支运、兑运时，据《彭韶周文襄传》说：嘉兴、湖州两府为河运粮军民相半，民运自行雇船，军则官为打造浅船，浅船由浙江都司及所属卫所统领。

成化年间（1465—1487）实行长运以后，明朝政府将卫所船军漕粮定为十二总，其中浙江为一总，"以文武大臣各一名，表里督之。总有把总，辖诸卫所。诸卫所由指挥等官领其军，军船十人，十人内又选有力者一人为旗甲，以统运"。十船组成一帮，帮有帮官，全帮互保，一船生事，十船连坐。浙江总有浙西四卫三所和浙东四卫二所。各卫所浅船、官军和领漕数参见表5：

表5　各卫所浅船、官军和领漕数

卫所名称		浅船额/艘	军额/人	领漕额/石
浙西	杭州前	207	2 277	71 583.1
	杭州右	227	2 497	78 499.34
	绍兴	251	2 761	86 798.83
	海宁	12	132	4 149.742
	严州所	91	1 001	31 468.92
	湖州所	60	660	20 748.73
	海宁所	59	649	20 402.97

---

① 黄仁宇：《明代的漕运》，14 页
② 黄仁宇：《明代的漕运》，14 页

	宁波	289	3 179	93 067.7
	台州	262	2 882	84 372.8
浙东	温州	254	2 794	81 796.48
	处州	190	2 090	61 186.4
	金华所	35	385	11 271.208
	衢州所	62	682	19 066.1
合计		1 999	21 989	665 311.34

明朝政府对各地运粮时间有明确规定。浙江的领运官限于十二月以内于本处照数放支,如果本处缺粮,即于杭、嘉、湖三府该兑粮米中关支补足,于年底赴水次候兑,正月交兑。七月以内将样米呈送户部,待漕粮运到,比对米色验收。浙江漕粮途中过淮时限,世宗时限在三月,神宗时改为二月;到京期限,宪宗时为九月初一,神宗时改为八月初一。漕运衙门根据漕运水程、日数列出图表,发给各帮官收掌,沿途所经由各地官府填注行止日期,到终点送部查考,事完以后送总漕衙门查缴。政府对各地运粮状况通计三年考核一次,违限者,运官或降或罚,按情况给予不同的处分。

明代漕船的总数,据《漕船志》①载,明初"当时船数、船式未经定议,每年会议粮运合用船只,临时派造,以为增减",天顺以后定为11 770只。据《明史·食货志》:"天顺年间,全国有漕船一万一千七百七十艘,运粮军卒达十二万一千七百十一人。"永乐十三年(1415)初行河运时的里河浅船数额,"以浅河船三千只支淮安粮运至济宁,二千只支济宁粮运赴通州仓",因此当时运船共5 000只。宣德四年(1429)从各地抽调民船,八年又增造3 000只,那时总数已达万余艘。到嘉靖年间(1522—1566),漕船增加到32 100艘。

明代的漕船并非全部在运,常有一部分处于停运状态,这种空余粮船称为减存船。减存船按例"每十船减留一只",另外"因浚河

---

① 《漕船志》卷三

放回"也属减存。造成减存的原因有漕粮改折、漕船冻阻、运军停运等。如正德二年（1507）湖广、江西、浙江等处因卫所缺军疲弊改折漕粮14万石，减运空船改运。万历十三年（1585）因浙江漕船料价不敷不及成造，而改折杭州府新城、於潜、易化三县漕粮。

漕船专载漕粮，明政府严禁其他衙门调用，宣德二年（1427）因"近年工部及诸衙门辄均载诸物运赴南京，致军士疲劳，道途淹延月日，馈运不足，……遂下令严禁，违者治罪"①。明代这一规定执行得较为严格，无论公私挪借漕船的情况都比较少见。每只漕船额定运载正耗漕粮472石，此外还有一些别的公私物的附载。漕粮之外的附载物品主要有：

芦席板木：系备各舱铺垫之用。芦席"山东等总应纳斜席，浙江等总应纳方席，俱照题准式样"，斜席长6尺4寸，阔3尺6寸，方席长阔俱4尺8寸；松板每片长6尺5分，阔1尺3寸5分，厚5寸5分，楞木每根长1丈4尺9寸，围2尺5分，不如式者不得上纳。

城砖：明朝在仪真、临清设有砖厂，由军民船只带运。漕船带砖始于天顺时，初每只带砖40块。嘉靖十四年（1535）曾达192块，隆庆二年（1568）起每船带临清砖48块。此外弘治十八年（1505）还曾带张家湾诸厂砖随粮转运，以铺京、通各仓晒米场。

酒瓶：原南京光禄寺每年运送细酒10万瓶，嘉靖七年（1528）起解仪真，由漕船及官员船只顺带，各省粮船由仪真闸者每只带30瓶。

修河材料：由有关官员随时提请带运。

每船额定漕粮外的粮米：前期主要是带运上年寄囤在沿途的漕粮。另外前期曾令运粮官军犯罪者于淮安常盈等仓支米，另行雇船运至京仓，后"支米者并载于原运粮船"，天顺七年（1463）改为纳米赎罪，运船不再附载。

除上述物品外，偶尔还有其他物品附载。这些附载给漕运带来了一些消极影响：既增加了漕船载重，使漕船阻滞难行，也增加了漕运官军负担。

① 《明宣宗章皇帝实录》卷二十五

清袭明制。清时漕运只是由于各种条件的变化,做了适当的调整。清朝管理漕运的最高机构始终为漕运总督衙门(也称总漕部院衙门),衙门驻江苏淮安。浙江漕运总隶于漕运总督。清初由浙江巡抚兼理漕务,并设漕储道一员职掌监察收粮及督押粮船。顺治十年(1653)裁撤漕储道,添设浙江督粮道一员,职掌督征漕粮、修造船舱、佥运交兑、督押钤束领运官丁。顺治十五年(1658)裁浙江督粮道,复设漕储道。康熙四年(1665)又裁漕储道。大致同时,仍改设浙江督粮道。康熙六年(1667)于各府同知通判内选委人员监兑漕粮。由于监兑与押运分权,双方互相推诿,责任不清,弊端难绝。雍正六年(1728)浙江漕粮监兑押运事宜由通省丞倅中遴选三员,自带衙役数名,分赴杭、嘉、湖三府监兑,兑毕即管押赴北。

浙江督粮道节制杭州前卫、杭州右卫、绍兴卫、宁波卫、台州卫、温州卫、处州卫、海宁所、湖州所、嘉兴所、严州所、衢州所、金华所,按顺治年间(1644—1661年)定制,每卫设掌印守备、千总、百总各一员,卫军改为屯丁。

清朝漕船总数原为 1.045 5 万只,后增加为 1.45 万只。清初浙江漕船原额 1 441 只,后节省减存,至雍正四年(1726)定额为 1 215只,雍正九年(1731)为 1 208 只(其中漕船 1 082 只,白粮船 126只)。清代的漕船一般以府、州为单位,分成帮次。《清史稿·食货志》载:"康熙三年(1664),浙江有漕船一百二十艘,每船运粮五百石,五年更换新船。"其中,"嘉兴卫本帮原运船四十九只,乾隆二十年轮减,存次船五只,实运船四十四只。白粮本帮实运船七十六只"[①]。嘉庆十五年(1810),内河漕船进行整顿和船体改型,每艘漕船运粮一千二百石。浙江分为十九帮,每帮设二员,循环轮流领运,共三十八员。其中守备三员,千总三十五员,押空随帮官每帮一员,共十九员。另外又有嘉、湖二府白粮帮,每帮领运千总二员,循环领运,押空随帮官二员。漕船除本船正副旗丁外,其头舵水手于卫所本军内选择能撑驾者充当。每帮随带总漕发给的"全单",全单所列

---

① 　清光绪《嘉兴府志》卷二十六

内容有应运粮数,领兑府、州、县,支领月粮数,及粮船过闸、过坝、到淮等日期,沿途由运官及监兑官在"全单"每项之下填写有无违限及官吏姓名,盖上监兑钤印,到淮之日查算结果,如发现违限,则追查究竟罪在有司还是罪在领运官丁,然后照实参究责罚惩处,并仍然编帮改限前行。粮完之日,全单缴送,照例查比,给予奖罚。

三、盐运管理

明朝对两浙盐区的盐业生产及运销和管理都非常重视。早在洪武元年(1368)就设置了两浙都运司,派驻两浙都转运盐使,职掌两浙盐政,下辖嘉兴、松江、宁绍、温台四分司,杭州、绍兴、嘉兴、温州四批验所,领有 32 个盐场(后省并为 31 个盐场)。

盐场是朝廷生产食盐的基地,官府在那里设置盐课司,负责管理食盐的生产、收购和销售。在盐场从事盐业生产的盐民,称灶丁或卤丁,在户籍管理上列入"灶户"。每个盐场按照规模分成若干个团,每个团拥有若干座煎灶,每座煎灶配有官府统一铸造的灶盘和铁锅。盐场的草荡、卤池、灶房、铁盘和铁锅等均为官府所有,盐民不得私自置办,而灶户则必须向官府交纳额定的盐,称为"正课"。明初,两浙盐场额共有灶丁 74 416 人,岁办食盐 892 999 200 斤。正课之外的盐,也一律由官府按定价收购,盐民不得私自出售。

明代的盐运制度先后经历了几次重大变化。先是洪武三年(1370),议开中制,由国家直接控制着盐的生产、专卖和运销范围。朝廷根据边防军事需要,定期、不定期地出榜招商,将粮食等实物运送到指定的边防卫所,然后取得盐引,即贩盐的专利执照和支盐凭证,再凭盐引到指定的盐场支盐,并在指定的行盐范围内销售,从而达到"转运费省而边储充"的要求。嗣后,因商人赴盐场支直多寡悬殊,盐场出现"引多则不敷支给,引省则壅滞不销"的状况。为此,正统初期,兴"兑支"制,即于淮浙盐额不敷分配时,准许商人持盐引到其他盐场支取,不愿兑者,听其"守支"。商人须持盐引到几个盐场支盐,路程遥远,难以亲赴,每多将盐引卖给近地富人支取,后来甚至委托代理人销售,自是在盐商中出现了"边商"和"内商"之分:仍赴边支引者称"边商",内地就近支守者,称为"内商"。

明代中期,由于阉官弄权,盐法紊乱,出现商灶俱困、盐引壅滞的局面。到万历四十五年(1617),乃创行"纲运"制度,就是把零销分运的内商组织起来结纲行运,按商人所领盐引编列纲册,分为十纲,每年以一纲行积引,以九纲行现引,新引、旧引兼掣,按引派行。这样一方面把积累旧引疏清,以解放内商;另一方面把新引同时出售,以照顾边商。凡是纳过余银、资力雄厚的内商,都分别被编入商纲运销,不入商纲者没有售盐的资格,而一旦取得了这个资格即可永远世袭。这是我国盐政史上的一项特殊制度。

清道光前,盐政沿袭明代的旧制,实行官督商运商销的制度。顺治二年(1645)设立了两浙巡盐御史,职掌两浙盐政,又设置两浙盐运使,具体掌管督察盐场生产、盐商行息、调整盐价和盐运事项。其后官职虽有变革,但职掌未变。两浙巡盐御史下属分司的设置开始与明朝一样,后改为杭宁绍温台和嘉松两分司,各设运副或运判一员,辖杭州、绍兴、嘉兴、松江四批验所。批验所各设大使一员职掌其事。

清初,面对混乱的浙江盐业,顺治二年(1645)两浙巡盐御史王显上任伊始即奏请"禁私营贩以通商,定经制以起课",并认为"盐政要务,在招商恤灶",于是组织招徕商民灶户,返还被豪强侵占的盐场,使得浙江盐业得到较快的发展。但浙江还是"盐法阻滞,正引不行",尤其是浙西嘉兴、湖州一带多水口,河网密布,私贩容易渗透。雍正时,浙江总督兼两浙盐务李卫进一步整顿盐务,一方面强化缉私,提高主管盐政官员的地位、职权,查处各级官吏加派浮费、中饱私囊等不法行为,同时实行币盐,即先由国家运用公库银两以市场价格尽数向灶户收购盐,官收、官运,然后发给商人销售,盐商销售后再按季归还银两,有效地解决了盐商资本不足的困难,打击了私贩。乾隆时继续加强盐政管理,为鼓励盐商经营,解决商人的资本困难,平抑市场盐价,遂推行"增斤改引之法",实行币盐,允许商人向官府贷款运销官盐,有效地促进了两浙盐业的迅速发展。

明清时期,盐的产销总的来说控制在官府手中,基本上实行的是官督商运商销。虽然也有官运商销、商运民销、民运民销、官督官运民销,但是时间很短,不占主要地位。为了保证盐的销售,保护盐商的利益,顺治十六年(1659)政府规定除了专用盐船和承运淮盐的回空漕船外,凡经政府批准专门运盐的"各商盐船用火烙记船头,不许滥行封捉,其过关只纳船料,如借端苛求,以枉法论"。以此区别走私盐船。但是盐的运销是厚利所在,所以官府虽然控制很严,但商人、船民往往铤而走险,偷送浙盐往缺盐地区,私运私销禁而不止。

四、商货关税

明朝时期,民间运输商品经过关津必须纳税。杭州北新钞关为全国重要钞关之一。

明朝建立之初,即对商业课税。课税分为营业税和通过税两种。营业税即商税;通过税主要征收实物,如在关津渡口抽分竹木。到了明宣宗时,为了扩大税源,回收宝钞,提高钞价,促进宝钞流通,朝廷一方面增加商税,另一方面增设新的税收机构,遂于宣德四年(1429)在商贾辏集的杭州北新关、江苏无锡太湖附近的浒墅关、江西的九江关、江苏淮安的两淮关、江苏扬州关、山东临清关和河西务等七个地方设关,征收商货通过税。这种新增设的税收机构,因为以收钞为主,所以叫钞关。其征税分为两种:凡舟船受雇装载者,计所载多寡、路途远近,交纳钞币,叫作税货;另外,则按舟之大小、长阔、定期征收税额,称为船料。如宣德四年规定:"每船一百料,收钞一百贯。"[1]后因商船估料有困难,改为按梁头广狭征收,每5尺纳钞20贯500文,钱43文。上述七个钞关中,唯临清和北新关收船料兼

---

① 《明会典》卷三十五

收税货,河西务只收税货,浒墅、九江、淮安、扬州只收船料。明初设钞关时,委差御史主持关务。正统(1436—1449)时,改委户部主事。景泰(1450—1456)时,又改委所在府通判等官管理。成化(1465—1487)以后,御史、主事、府官更换无常。万历(1573—1620)时以钞关监收员外主事。

清初多沿用明代钞关旧制设关征税,其榷百货者归户部所管,称"户关";其榷竹木及船钞者属工部所管,称"工关"。最初设官不定,而采用"论俸掣差"的办法,即由户部或其他部院差遣官员赴关任事。康熙(1662—1722)初年试行由地方官兼管,但掣签之制仍维持着。直到雍正元年(1723)才又决定将各关税务(除少数外)俱交地方官管理。按《清朝通典》卷三十五《职官》十三载,会京师崇文门及左右翼并全国各户、工关共达48处。根据雍正《浙江通志》记载,浙江省境内有北新关。

北新关在杭州市北,因北新桥而名。宣德四年(1429)设置,成化四年(1468)废,七年(1471)复设,并成定制。北新关下设杭州、江涨桥、城北、城南、横塘临平、西溪、安溪奉口七务和东新、板桥、观音、良马、良畎、打铁六小关。七务和六小关的有关情况见表6。

表6　七务和六小关的有关情况

	名称	所在地	备注
七务	杭州务税课司	杭州羊坝头	以城内商贾所聚,故设
	江涨桥务税课分司	杭州武林门外	通北新河,水陆冲衢,因设
	城北务税课分司	杭州艮山门内	通水门上河,亦商贾出入之地,因设
	城南务税课分司	杭州凤山门外	通闽广、江西、衢州、浙东等处,因设
	横塘临平务税课局	临平镇	路通省城、长安,因设
	西溪务税课局	西溪留下	通余杭等处,因设
	安溪奉口务税课局	安溪镇	通余杭、嘉、湖各府,因设

六小关	东新关	杭州艮山门外十里，今东新路西	北通海宁、苏、松等处，南通省城。商船自长安镇入者，由此而达省城；自回回坟、艮山门、陆家荡、德胜坝等区出者，由此而至长安镇。设关以稽查商税兼收船料
	板桥关		西南通临安、余杭等县，东接大关省城，北通嘉、湖、苏、松等处
	观音关		通余、临、于、昌等四县，设此稽查，以防漏税
	良马关	良渚镇	下通嘉、湖
	良畎关		亦通嘉、湖、苏、松等处
	打铁关		西接东新关，置立木栅，看守盘验，早晚启闭，以便农船

上表六小关内东新、观音、打铁三关因在各务中税俱报过，只收料银，其料不论船之大小，按税起料。板桥、良马、良畎三关，税、料兼收。每关印给单符，差役征收。每五日，各役将收过银两赴内柜完纳，呈缴由单牌簿。

税关征税，有一套严密的制度。按规定，由北新关署颁发循环二簿，循去环来，即给三联合缝由单，一缴本关查对，一给该商于经过地方照验裁缴，一给商人收照。其中缝不许本务自载，以杜弊窦。每五日各务呈抵收银数目，赴内柜交纳。北新官署还派出差役，每五日于各口址查验往来货物。遇有商贩偷走僻路，或以多报少、以细报粗，或货票不符，即刻送关，审明惩治。七务、六小关如遇有"大起货税，或包头报先人等积惯窝顿、偷漏搬运等项"，即刻禀送大关，听候审实，分别发落惩罚。

明朝时期浙江北新关的税额，据记载：弘治元年（1488）为银4 000两，正德元年（1506）为银4 776两，嘉靖二十二年（1543）以后为船料银6 319两，商税银2.865 6万两，合计3.497 5万两。万历二十八年（1600）以后为银4.2万两有零。万历三十九年（1611）以后为银 4.97 万两有零。在万历四十六年至四十七年（1618—1619）的一年零八天时间里，实收过关税总数银 4.980 5 万两有零（其中船料银 1.283 万两 7 钱，商税银 3.697 4 万两 6 钱），代征税料银 1.498 8 万两（其中本关代征商税银 1.081 3 万两 5 钱，代征船料银 1 568 两 9 钱，七务四关代征商税银 2 325 两 9 钱，四务四关代征船料银 82 两 4 钱，城南务糖靛月票银 198 两 4 钱），总计 6.479 3 万两。清朝初年，北新关税额为 8.937 6 万两，顺治十三年（1656）增加 5 024 两，康熙二十五年（1686）又增加 1.326 7 万两，岁额遂为 10.766 9 万两。

明清时期北新关税额（扣除当局增加税率的成分）的增长，反映了浙江商业的繁荣和民间航运的繁荣。但是，关税的繁重，迫使有些船只不得不"偷走僻路"，以逃避关税，甚至不惜舍近求远，弃舟陆行。封建政府关税的繁重、官吏的横征暴敛，以及对于民间航运的种种限制，毫无疑问地影响了民间航运的发展。

第五节

沿河市镇经济繁荣

明清时期,随着两浙地区漕运、盐运和民间运输的发展,大运河浙江段沿线城镇分布更加密集,规模日趋扩大,经济繁荣,特别是杭嘉湖平原和宁绍平原,市镇蓬勃兴起。沿河市镇经济的发展又促进了水运业的兴旺。"城因水兴,水为城用",在明清时期浙江市镇发展的过程中得到充分体现。

一、沿河城市的进一步发展

随着运河航运业的发展和繁盛,大运河浙江段沿线的城镇经济获得了迅速发展,尤其是杭州、嘉兴、湖州和宁波等,在运河航运的推动下,迅猛发展的工商业使城市经济进一步发展繁荣。

杭州

杭州曾是南宋的都城,全国政治、经济和文化中心,城市繁华,商业发达。但元末的战乱,使杭州城的经济遭到严重破坏。经过明洪武至宣德近 70 年的恢复，到弘治、正德年间（1488—1521），杭州城市经济已趋发展。成化、弘治年间（1465—1505），杭州"特产之富，商贾货财之聚，为列郡雄"。不久，杭州又遭遇空前的浩劫，即"嘉靖倭乱"。倭寇之乱平息后，又经数十年的发展，到了万历年间，杭州的城市经济进入了有明一代的鼎盛阶段。明末战争和清初的"三藩之乱"，杭州的城市经济受到一定程度的破坏，到了康熙二十年（1681）以后，杭州城市再度发展，"衢路周通，轩车络绎"①。到乾隆年间（1736—1795），杭州的发展再一次达到新的高峰。

明清时期，大运河对杭州城市的发展具有重大影响和作用。清邵远平在所作的《浚河记》中写道："越为东南巨省，而会城当水陆冲，是惟百货之所麇集，号称繁盛。乃者物力凋耗，民俗砭窭，融内数起，说者谓城河淤塞，实使之然。"往时杭城"交渠不凿不疏"，卖茧者"负担重茧不休"，商船难行，百货难通；杭城虽然"襟江带湖，生殖百万，填城以居"，却如"罂瓶十里持水"。城内诸河与运河开通之后，"梗塞既云，清流徐来""四河水沦涟，叶浊留情""方舟徜徉""杭人如鲠得吐，如痹得仁，欣然有乐生之渐，相与忭舞""杭之食利"，百货皆通②。

运河航运的便利和发展，促进了商品经济的发展。明清时期，杭州的手工业门类众多，非常发达，其产品有酒醋、丝绵、银蜡、纸、革、角、金银锡箔、金条、瓦釜、胭脂、铅粉、灰、香、灯、漆、砖瓦、罂瓶、瓮、刀戟、诸色扇、珐琅器皿、轿、伞、屐、鞋、巾、帽、梳、刷、综裙、雨衣、箫、管、铙、鼓、炉、瓶、图画、书籍、古董等，应有尽有，其中尤以丝织业最为发达。明万历时张瀚说："余尝总览市利，大都东南之利，莫大于罗、绮、绢、纻，而三吴为最。"其祖父张毅庵"亦以机杼起""织色纻帛，备极精工，每一下机，人争鬻之，计获利当五之一。"于是从成化时的一张绸机起，在不长的时间内，很快发展为 20 余张绸机，"商

---

① 康熙《杭州府志》卷一
② 乾隆《杭州府志》卷四〇

贾所货者常满户外"①。"且四祖继业,各富至数万金。"②在明清时期的杭州,像这样的因经营致富开起较大作坊或手工工场者不乏其人。杭州丝织业发达,丝织品极其丰富,明嘉靖年间,有绫、罗、苎丝、纱、绢、绸、绵、绉等,"以上七种,皆有花素二色,然惟省城出者为佳"。到了清代又新增了缎、锦、剪绒、纺绸、绵绸、画绢、画绫、茧绸、帽缨、丝线等。③

　　杭州出产的这些手工业品,特别是首屈一指的丝绸产品,通过大运河源源不断地运销全国各地乃至海外。明人张瀚说,杭州"桑麻遍野,其茧丝绵苎之所出,四方咸取给焉。虽秦、晋、燕、周大贾,不远数千里而求罗绮缯币者,必走浙之东也"④。另据葡萄牙人奥伐罗·塞默多(曾德昭)在《大中国志》一书说"它的特产是丝绸,无论生丝还是成品,也不管是茧还是原料,都运往各地。总之,中国输出的丝绸,都产自该省(浙江)"⑤。清代这种情况犹然,各省丝绸商人根据当地居民的爱好来杭州订货织造,然后再贩运到当地售卖。所以,康熙时杭州府的告示亦云:"各路商贾来杭兴贩绸缎,一省有一省所行之货。"⑥除丝织品外,杭州所产的布席、脂粉以及制作的扇、漆以及金银箔等商品也大量输往日本等国。

　　与此同时,全国各地以及海外的商品则通过大运河源源不断地输入杭州,"杭州省会,百货所聚,其余各郡邑所出"⑦。万历《杭州府志》云,杭州"为水陆要冲,盖中外之走集,而百货所辏会"。清代同样如此,杭州市场上的许多商品,通过浙西运河和浙东运河,从各地汇聚于此,如"杭之茶、藕粉、纺绸、杭扇、剪刀,湖(州)之笔、绉、纱,嘉(兴)之铜炉,金(华)之火腿,台(州)之金橘、鲞鱼,亦皆擅土

① 《松窗梦语》卷四《商贾纪》
② 《松窗梦语》卷六《异闻纪》
③ 雍正《浙江通志》卷一○一《物产》
④ 《松窗梦语》卷六《异闻纪》
⑤ 曾德昭:《大中国志》第 15 页,上海古籍出版社,1998 年版
⑥ 《杭州府仁和县告示商牙机户并禁地棍扰害碑》
⑦ 王士性:《广志绎》卷五《西南诸省》

宜之胜而为四方之所珍者"。① 由此可见,以大运河为纽带,杭州出产的丝绸等手工业品输散到全国各地,而全国各地的商品又源源不断地输入杭州,从而形成区域之间广泛的经济交换与联系,使得明清时期杭州的商业呈现出一派繁荣的景象。当时的杭州,商店沿街几十里,商品充斥于各级市场,商贩往来不绝,茶楼、酒肆、饮食店等密布城内外。除店铺外,城内外还有许多的市集。明代,在府城内有寿安坊市(郡市之盛,唯此为最)、清河坊市、文锦坊市、塔儿头市、东花园市(百凡诸物,举贸于此)、众安桥市、灯市、褚堂市、布市、菜市二。城外有旧嘉兴会门市、沙田市、夹城巷市、宝庆桥市、德胜桥市、石灰坝市、江涨桥市、北新桥市、浙市、鳖团、花村市、西溪市等。② 清代在明代基础上仍有所发展。据统计,乾隆至光绪年间,杭州城内共有 13 个市,即通江桥市、清河坊市、司前市、塔儿头市、闹市、荐桥市、羊市街市、东花园市、寿安坊市、众安桥市、惠济桥市、菜市桥市、东街市。城内外交接处,有湖州市、北关市。此外,城内外尚有多处夜市,如寿安坊市,"夜则燃灯秉烛以货,烧鹅、煮羊,一应糖果面米市食"③。

众多的店铺、市集,丰富的百货商品,使明清时期的杭州市民经商的风气愈来愈浓厚。据文献记载,明中叶时,杭城居民"本地止以商贾为业,人无担石之储""其民四之一为商贾"。④ 到了康熙年间,有"杭民半多商贾"或"杭俗之务,十农五商"之说。⑤ 是时,杭州城区的人口在 40 万左右,据此可知当时居民中的 20 万人从事商业活动,杭州城市经济的繁荣也可见一斑。正如万历《杭州府》所说,"今民居栉比,鸡犬相闻,极为富庶"⑥。据当时的文献记载,是时杭州

---

①　陆以湉:《冷庐杂识》卷八《杭州·土物》

②　康熙《杭州府志》卷三《市镇》

③　嘉靖《仁和县志》卷一

④　王士性:《广志绎》卷四《江南诸省》

⑤　乾隆《杭州府志》卷五二《风俗》,《古今图书集成·职方典》卷九四六《杭州府部·风俗》

⑥　万历《杭州府志》卷一九《风俗》

"舟航水塞,车马陆填,百货之委,商贾贸迁,珠玉象犀,南金大贝,珠儒雕题,诸藩华萃,既庶且富"①。人口也迅速增长到百万之众,成为当时的江南名城。

嘉兴

自古运河便在嘉兴穿城而过,自南门和西门引流入城,以州府衙署(子城)为中心,萦回缭绕,至北门和东门流出,串联起 30 余条纵横交错的大小河道,形成密集的市河网络,是名副其实的运河之城。明清时期,尽管其间曾几度遭受战乱和破坏,但在运河航运和商品经济发展的推动下,嘉兴城市经济都得到了迅速的恢复、发展和繁荣,成为"泽国之雄,江东一大都会"。

明代和清代前期漕运规模宏大,嘉兴城既是重要的粮食生产基地,又是以漕运为主的运河航运的重要节点,还是繁华的江南城市。当时的嘉兴既要维持本地上百万人口的民食,又要每年上交国家上百万石的漕粮,运往南京、北京。明文德翼在《均徭役》和《严漕兑议》中论嘉兴赋漕,谓:"天下赋江南居十九,浙东西居江南十九,而嘉禾半之,浮巧之役名(指附加苛增),积重难返";又谓:"江南之赋浙为重,而全浙独浙西有漕,漕独嘉兴为首,全浙夏秋两税共米二百五十一万二百九十九石……,(嘉兴)一郡当全浙之半也"。可见当时嘉兴的粮食生产已达到相当高的水平,成为国家命脉所系。商品经济也在此基础上迅速发展,尤其是明中叶后,白银成为通行货币,可用以交地租、纳税赋,大大促进了工商业的发展。当时,嘉兴城里的手工业产品门类众多,应有尽有。明万历《嘉兴府志》说:嘉兴城里"匠户之别柒拾有贰,木匠、竹匠、锯匠……阖郡计五千二百七十七户,各以其技,共役其役,于京师有轮班者,有存留者"②。嘉靖年间(1523—1566),嘉兴城里仅官营织染局就拥有各种织机 117 张。

---

① 明万历《杭州府志》卷三三《城池》
② 明万历《嘉兴府志》卷五

据明嘉靖《嘉兴府图记》记载，当时的织染局就有"络丝机六十二张，纴丝机三十二张，细绸机四张，绢地纱机八张，包头纱机一张，银河纱机十张"①。丰富的手工业品吸引了全国各地的客商。明万历年间，城内最繁华的春波门一带店铺林立，在此经商者"通江淮巨贾，月有画船花酒之费，烟雨鳌矶更鼓之声彻旦"。外来的客商几乎遍及全国各地。"商旅之泊，日夜联络不绝"，"秦、晋、燕、周大贾"，也"不远数千里"前来贩运。"骈臻辐辏""莫不称为财赋之地"。其中人数最多、势力最大的，首推来自邻省的徽州商人。因此，当时的嘉兴城也是一个繁华的市场，商贸兴盛。

明清时期，作为一府二县驻地的嘉兴城，居住着众多的官僚、绅衿、商贾、地主，他们每天挥金如土的生活，固然需要大量的奢侈品和享乐品，而生活在城里的市民、铺户、作坊主、手工匠人、士兵、艺妓以及形形色色的游食之徒，也都需要消费，需要从市场上购置日常生活用品。从日常生活所需的柴米油盐、蔬菜、鱼肉禽蛋，到嫁女娶妇、死丧生庆、疾病医祷、宴饮馈赠之物，几乎都要依靠市场供应。城里巨大的消费需求和繁华的市场，吸引着周边地区的农副产品流入，不仅每天都有大量的米麦、蔬菜等生活用品涌入城里，而且随着商品经济的发展，各种手工工场或生产作坊生产规模也不断扩大，大量的生产原料从四面八方涌向城里，所生产的棉布、丝绸及手工产品也越来越多，源源不断地销往周边乡村，并运往全国各地。其运输的通道主要是以大运河为主干的河流水系，嘉兴水运枢纽的区位优势也日益凸显，迅速成为浙北地区农副产品及棉布、丝绸以及其他手工产品的集散地和名副其实的商贸中心。

明代中叶以后，随着社会经济的发展，商品经济繁荣，社会财富逐渐殷实丰厚，那些家财万贯的官僚、乡绅、富商、财主等有钱人纷纷求田问舍，建造"重堂窈寝，回廊层台"的府第，修建园林蔚然成风，嘉兴，尤其是城外西南部鸳鸯湖周围以及南堰、甪里街等处，巨家大宅，华厦栉比，王园、张园、包园等私家宅园纷纷而起，达数十个

---

① 明嘉靖《嘉兴府图记》卷二《邦制》

之多,其中最著名的是屠氏远市园。明万历时,濮院有一位"董氏醇伯子"作《游携李记》,其中叙说他游屠氏远市园(即今东大营)所见:"纵观屠氏远市园,园中广可数十亩。花木杂莳,……顾盼不暇,其间亭榭台馆,棋置星布。有兰溪草堂、怡旷堂、荷花馆、观梅阁、疑坊、香玉,点缀风景,各臻其妙。其最佳处则中流一水,回环曲折,环碧绕绿。放舟循堤,则两岸桃李红白深浅,交相辉映,忽焉双鹤戛然长鸣,一声一和响彻林木……"明万历时,朱茂时在鸳鸯湖畔建园林放鹤洲,占地百亩,园内有堂亭溪流、冈峦花树,极具田园风光,为一时名园。著名画家李日华、徐宏泽、项圣谟、王时敏等人为之作放鹤洲图,今唯项圣谟图收藏于故宫博物院,被列为国宝。其他如沈氏的南陔草堂、高氏的南园、朱氏的绿雨庄,亦皆为名园。因此,明代的嘉兴是一座风光优美、名胜古迹众多的旅游城市。从正月元宵到中秋佳节,从踏春郊游到秋日远足,城内外时时都游人如织,充满太平欢乐的景象。"正月间城隍庙趁集人,百物俱集……茶坊酒家,至不能容膝"(《古禾杂识》);元宵灯会,城里"水嬉"热闹非凡,夏时,"烟雨楼前画船歌妓日夜不绝"(《陶庵梦忆》);秋日,曹王庙香客众多,"士女相接于道,不远数百里而来",俗称"游曹王"。

据当时城内的纳税户数推算,明代中期时,嘉兴城区人口就至少已有四万多,城内外人烟稠密,商贾比户接踵,嘉兴城已成为全国知名的重镇。

明末清初,嘉兴城受到战争影响,遭受了相当程度的破坏。康熙中叶以后,随着全国军事活动的停止,清政府着手实施了一系列旨在恢复生产、发展经济的措施,以缓和尖锐的民族矛盾和阶级矛盾,稳固统治秩序,嘉兴社会经济逐渐复苏,城市又趋繁荣。到乾隆年间,城市的经济功能得到了更大的发挥,清代文人项映薇在其所著的《古禾杂识》中云:"宏文馆前直街,自韭溪桥至西埏桥趁集者列肆市中,百物辐辏,喧哗杂沓,昼夜不绝。"

自清乾隆中期至道光年间(1769—1840),嘉兴府人口猛增,尤其是乾隆、嘉庆、道光三朝,嘉兴府一直保持在 200 万人以上,达到封建时代的顶峰。

湖州

位于太湖南端的湖州人杰地灵,早在春秋战国时不仅物产之丰、经济之富胜过齐国之都临淄,雄踞于东南,而且"冠簪之盛"占到了天下三分之一。汉晋后"江表大郡"的湖州"一岁或稔,则数郡忘饥",至唐宋时已成为"东南奥区,国之仓廪",所以才有"苏湖熟,天下足"的谚语,同时又成为蚕丝重要产区。到了明清二代,湖州已成为"东南之一佳胜地"①。

明清时期,蚕桑丝绸业的发展是湖州进一步繁荣的基础与动力。湖州种桑养蚕历史悠久,至明代中叶,已有"湖丝甲天下"之称。"蚕桑之利,莫甚于湖,田中所入与蚕桑各具半年之资。"湖州蚕桑丝绸业的发展既缘于适宜种桑、养蚕和缫丝的当地水土以及精湛的技术传统,也得益于四通八达的运河水网,把农村千家万户的植桑养蚕和手工业专业市镇及商品集散中心串联在一起,并连通着全国乃至海外的市场,使得商品经济非常活跃,发展迅猛。如乌青镇上有叶行、茧行、丝行、绸庄、布庄、京庄、建庄等,"四方客旅云屯集""浙西垄断之所,商贾走集于四方,市井数盈于万户。"②南浔是湖州蚕丝外销的重要市镇,各地丝商齐集于此,开设京庄、广庄、经庄、划庄、乡庄等丝行。"毕集南粤金陵商"③,商品直接贩销到洋商手中,"申江鬼国正通商,繁华富丽压苏杭"④。

随着商品经济的发展,湖州"尺寸之堤,必树以桑"。"傍水之地,无一旷土。""其树桑也,自墙下檐隙,以暨田之畔,池之上,虽惰农无弃地者。"⑤明洪武至宣德年间(1368—1425),州、县奉敕按每户初年200株、次年400株、第三年600株之数植桑,且查报所植株数。

---

① 弘治《湖州府志》卷二
② 万历《湖州府志》卷二
③ 董蠡舟:《卖丝》
④ 温丰:《南浔丝市行》
⑤ 谢肇淛:《西吴枝乘》;王道隆:《菰城文献》;乾隆《湖州府志》卷三十七

傍水之地无旷土，穷乡僻壤无地不桑，各乡桑树成荫，户户养蚕，蚕桑之利与田中收入各负担半年生计。蚕桑产区扩大至整个湖州府境，出现了植桑数十亩、数百亩的蚕桑专业户，并开始涌现蚕桑专业短工，专门替人养蚕、剪桑、缫丝，以日计酬或以时计酬。同时，丝绸业迅猛发展，不仅产业规模迅速扩大，产品日益丰富多彩，其中湖丝从数量和质量上均冠绝海内，举托全国蚕丝业重心，成为国内蚕丝中心。明隆庆、万历年间（1567—1619），丝绢业承前启后，机户巧变百出，形成府城湖绉，双林包头绢、纱，倪绫，菱湖水绸，纺丝绸和德清新市绵绸等名优特产，号称"通行天下""大行于时"，行销各省，且达日本和南洋。随丝、绸商品经济发展，涌现出一批丝绸专业大镇，其中以菱湖、双林、南浔、晟舍、新市、洛舍、琏市（今练市）等最为著名。菱湖、新市名于丝业，双林名于绫、绢，南浔名于辑里湖丝，晟舍、洛舍、琏市名于蚕桑业。至清中叶，民间机织业普盛，大机户拥有织机3～15张，由绸庄兼营；小机户拥有1～3张，遍及各蚕桑丝绸产区城乡。所产湖绉、包头绉及罗、纱等均优于苏、杭所织。湖州民间蚕桑丝织业继前代与田中收入"各具半年之资"，发展到生计所赖超过田庄收入。辑里湖丝继前代擅名于江浙，进而闻名于京城、江南、四川、广东，甲于天下。

明代，湖州府岁办上贡丝绸，丝有合罗、串五丝，绵有上白、中白绵，绸缎有阔幅长匹官绢、狭小绢、湖绫、绵绸等。洪武二十四年（1391），府属六县夏税上供丝39 189斤多、绵2 167斤多；二十六年（1393）上供丝达60 000斤。湖州府境上贡蚕丝称为"举国独良"，而且丝绸征额，与苏州松江二府并称重赋。自嘉靖元年（1522）至万历四十一年（1613），乌程、归安、德清3个丝绸重赋县年上供绵37 285斤多。万历四十一年，乌程县夏税年上供丝绵16 707斤，其中起运京库丝绵13 905斤多，留存府织染局丝1 208斤，另上供绢6 269匹2丈余。清朝初，湖州府年贡湖丝4 000斤。京城内织染局造缎用丝由湖州府上供。江南三大官办织造局（江宁、苏州、杭州）待每年新丝上市即派胥吏来府境南浔、双林、新市、菱湖等丝绸市镇采办湖丝。康熙二十九年（1690），湖州府直解江宁（南京）织造局诰敕丝

3 833 斤。其间供江南神帛堂造缎用合罗丝等,武康县 364.8 斤(顺治十四年数)、长兴县 664.8 斤(康熙四年数)。湖绉、倪绫、裱绫裱绢、花绸仍为上贡物品,供宫廷服饰之用;绉纱、花绸、绫绢为皇室日常衣服用料,道光皇帝平素喜爱湖绉衣裤。清人周映清记述:"自古西陵说蜀都,而今产丝只西吴。尚方岁制山龙服,除却湖州处处无。"

从明代中叶起,"树艺无遗隙,蚕丝被天下"的湖州,通过运河运输为许多地区丝织业原料所取给。苏州、南京、福州丝织业素来发达,所用蚕丝主要仰仗湖丝。福建之福州倭绸,漳州纱绢,泉州绢、纱、丝布,广东粤绸、粤缎,山西潞州潞绸,江西会昌、安远葛布等名优特产,必用湖丝。湖丝还行销海外日本、南洋等地;至正德(1506—1521)后,远销葡萄牙、西班牙、荷兰等欧洲国家。江南江宁(南京)、苏州、杭州三大织造局所用原料,均仰湖丝供给。康熙、雍正、乾隆三朝(1662—1795),湖丝与明代一样衣被天下,外销自南洋各埠扩展至欧美国家。湖州府城机织业发展,与杭州、苏州、盛泽并列为国内四大绸市,湖绉及双林绫、绢成为行时特产。所以,《明一统志》称:"江表大郡,吴兴第一。山泽所通,舟车所会,雄于楚越,南国之奥,五湖之表。"明代的王士性也说:"浙十一郡唯湖最富,盖嘉湖泽国,商贾舟航易通各省,而湖多一蚕,是每年有两秋也。"甚至当时还有人誉之在苏杭之上,"吴兴介于苏杭之间,水陆饶沃之产,实过两郡"[①]。

绍兴

从秦代到晚唐,绍兴一直是浙江经济最为发达的地区、浙东最大的都会城市和交通中枢。南宋晚期以后,绍兴在全国乃至浙江的经济地位开始下降。到了明代,绍兴一度又呈现出相当的繁荣。明弘治年间(1488—1505),朝鲜学者崔溥沿浙东运河一路西行,称:

---

① 徐献忠:《吴兴掌故集》卷十三《物产》

"到绍兴府,自城南溯鉴水而东而北,过昌安铺入城,城有虹门,当水口,凡四重,皆设铁扃;过有光相桥等五大桥,及经魁门、联桂门、祐圣观、会水则碑,可十余里许有官府","其阛阓之繁,人物之盛,三倍于宁波矣",绍兴城市的人口众多和市容繁华"指数",竟达宁波的三倍。① 万历《绍兴府志·疆域志》也称,绍兴在浙东地区"最为盛",其商业之繁,人物之盛,"三倍于宁波"。

然而,到了明中后期以后,绍兴逐渐衰落。据有关学者统计,明中后期全国57个工商业发达的区域性经济都会中,浙江入选的有杭州、嘉兴、湖州和宁波。到了清代中期,全国的区域性经济都会城市中,绍兴也不在其列。

南宋以前,绍兴成为浙东最大都会城市的重要原因之一是其为浙东的水运交通枢纽。西晋时,会稽内史贺循于永嘉元年兴修了西兴运河,把钱塘江、浦阳江、若耶溪、鉴湖及其三十六源、曹娥江、姚江和甬江联系起来,绍兴地区形成了四通八达的内陆水运交通网络。更为重要的是,钱塘江在三国时期就成为水陆交通咽喉,内外贸易十分兴盛,但由于钱塘江内多沙滩和潮涌,交通十分不便。这条运河的疏凿,就把货物交易和周转量巨大的钱塘和尚属于会稽但已成为全国重要贸易港口城市的鄮县联系起来,山阴城因此成为浙东水路交通网络上的一个关键枢纽。唐代,随着玉山斗门的扩建,又通过直落江,经三江口把浙东运河和白洋、斗门等组成的越州港连接起来,更增加了绍兴的交通枢纽作用,北宋《朱储斗门记》和南宋陆游《三江》诗中分别记载说,越州斗门外"闽商海泊"云集,三江口"盗稀海商多",就是越州城在水路交通上起重要作用的体现。唐宋两代,山阴城这种交通枢纽的作用表现得特别明显,唐代元和年间孟简在绍兴开凿新河和营造官塘,以及南宋绍兴、乾道、嘉定年间浙东运河越州段、余姚段和西兴—钱清段的先后疏通,就是适应这种需要而进行的。浙东运河在南宋疏浚后,淤积日益严重,运力日趋下降,到元末明初不得不决梁湖坝引曹娥江水进行补充,清代更

---

① (朝鲜)崔溥:《漂海录》

是每况愈下，加上在南宋鉴湖湮废以后，都赐堰撤销，浙东运河的航运也不必再绕道绍兴城内。于是，山阴城内河水运的枢纽地位就此逐渐弱化，城市经济也随之逐渐衰落。

明代，尽管随着商品经济的发展，绍兴的经济一度有所复兴，但是粮食、纺织、制瓷、造纸等产业优势都不复存在。明初，绍兴蚕桑业有所发展，新昌、诸暨、嵊县等地的蚕茧业已经专业化，出产的蚕茧都比较出名，而山阴和会稽两县则主要从事丝织和印染，为此，朝廷还在绍兴设置了丝染局。到了明中后期，丝织业随着运河水运的弱化而大为衰落，万历《绍兴府志》说，"今罗绫绉缎，越中绝无，唯绢纱稍有焉"。绍兴造纸业在明代以后也开始衰落。

明清时期，绍兴运河水运枢纽地位逐渐弱化，市镇发展也明显滞后，落后于杭嘉湖地区。同南宋相比，明代绍兴地区市镇的数目变化不大，清代有所增加，主要集中在嵊县，很少有千户以上的大镇，更不要说万户大镇。明代绍兴有 45 个草市，虽然数目增加不多，但在各县分布比较均匀，鉴湖地区的比重下降了，清代又增加了 17 个，但主要增加在嵊县，其他县变化不大。这种情况同杭嘉湖地区运河市镇的蓬勃兴起形成鲜明的对比。绍兴经济的城镇化水平明显低于杭嘉湖地区。

宁波

南宋以后，浙东运河虽然辉煌不再，但由于浙东地区区域经济的发展，宁波作为我国东南沿海对外贸易港口的地位已经确立。浙东运河开通之前，由于宁波被南部的天台山，西部的会稽山、四明山包围，其陆向腹地范围极其狭小，只局限在姚江、奉化江、甬江三江交汇处所形成的平原以及姚江、奉化江流经的两江流域。晋、唐时期，由于浙东运河的开通，宁波的腹地扩大到了长江流域、钱塘江流域以及大运河沿线的华北平原。到了明代，宁波仍然凭借浙东运河而拥有广大的经济腹地。从明人程春宇所撰《士商类要》和黄汴所撰的《一统路程图记》可以清晰地看到，明代从宁波经浙东运河至杭州,再由杭州经浙西运河或其他水路至苏州的这条连通东海的黄金水道,将太湖流域水系与浙东地区的钱塘江、浦阳江、曹娥江、姚江、奉化江等水系联为一体,构成了太湖流域经济区与浙江其他地区经济往来的交通网络。也正是这条黄金水路,将这个专通日本的对外贸易港不仅与沿途或沿途相邻的江南中心城市杭州、苏州、南京,作为府城、县城的慈溪、余姚、上虞、绍兴、萧山、崇德、嘉兴、松江、湖州、吴江、无锡、常州、镇江,以及一大批新兴商业市镇塘栖、石门、濮院、王江、乌青、南浔、震泽、盛泽、平望、黄泛、菱湖、双林等紧密联结起来,还将宁波的经济腹地更进一步地扩展到了浙西、浙南、皖南、赣东等东南沿海其他地区,乃至长江以北的广大区域,商品经济也随之迅猛发展,从而使宁波经济不断发展繁荣。

明代,倭寇的进犯和"海禁"政策使得宁波的航运开始衰败,而宁波商帮也在此时作为重要的商业力量在中国出现。明初实行"海禁"政策,直到明穆宗隆庆元年(1567)才宣布解除"海禁"。清初也下达了"片板不许下洋""禁绝下海船只"的"禁海令"。至康熙二十三年(1684)十月才弛"海禁"。然而,即使在实行"海禁"时期,宁波不仅始终是接纳日本等国"勘合贸易"的港口,而且海上贸易始终都在进行。正如康熙皇帝所说,"向虽严禁,其私自贸易者,何尝断绝"[①]。所有这些官、私海上贸易的集散,自然离不开浙东运河。在浙东运河航运的推动下,宁波日益成为浙东地区乃至东南沿海地区的海河联运的交通枢纽和商品集散中心,城市不断发展繁荣。

宁波夙为商埠。明代,城中有大市、中市、后市、大庙前市、三角地头市、紫薇街市、贯桥市。明弘治年间(1488—1505),朝鲜学者崔溥沿浙东运河一路西行,所见既云,"棹至宁波府城,截流筑城,城皆重门,门皆重层,门外重城,水沟亦重""凡城中所过大桥,亦不止十余处,高宫巨室,夹岸联络,紫石为柱者,殆过其半;奇观胜景,不可殚录",呈现出颇为壮丽宏伟的宁波城市图景。[②] 康熙二十二年

---

① 《清实录·圣祖实录》卷一一六
② (朝鲜)崔溥:《漂海录》

（1683），开放海禁，经济发展迅速，商贸日益繁荣，城厢有南货北货批发商号 20 余家，拥有 100 余艘商船、1 000 余艘运输船。宁波成为国内较大的药材交易市场之一，药行、药号资本总额 500 万两银子以上。清光绪年间，城内有县前市、家井巷口市、灵桥门内市、紫薇街市、仓桥头市、鼓楼前市、西门内市 7 个集市，尚有近郊的甬东市和东津四九市、南郭三市、西郭八市。

明万历年间，宁波商人孙春阳在苏州开设"孙春阳南货铺"。万历、天启年间，宁波商人在北京经营药材、成衣的逐渐增多。崇祯年间，位于今北京市东城区薛家湾的鄞县会馆成立，标志着宁波商帮开始以一个同乡商业团体出现。清代前期，宁波商帮继续发展。康熙六年（1667），宁波人在北京创立钱庄业行会组织"正乙祠"。康熙八年（1669），祖籍宁波的乐显扬在北京创办"同仁堂"。自乾隆以来，宁波人口迅速增加。人多地少的矛盾促使许多宁波人选择了外出经商的道路。乾隆至嘉庆年间，宁波到上海谋生者日渐增多，沪甬间的沙船业日渐繁荣，以李也亭为代表的宁波商人开始在上海立足。嘉庆二年（1797），上海四明公所成立。这一机构对日后的上海产生了很大影响。

二、运河市镇的兴起

明清时期，随着运河航运和商品经济的发展，一大批市镇，包括各种手工业专业市镇及交通、商业等专业市镇沿运河蓬勃兴起，在江南社会经济中占有愈来愈重要的地位。其中，在浙西运河沿线杭嘉湖地区的千户以上市镇，至少有南浔、乌青、菱湖、双林、练市、埭头、荻塘、善连、新市、塘栖、王江泾、濮院、新塍（城）、沈荡、河桥、硖石、袁花、长安等不下二十个，南浔、乌青、新市、濮院、新塍都是万户大镇。在浙东运河沿线的宁绍平原，也有钱清、三界、西兴、渔浦、纂风、蛟井、曹娥等诸多市镇。

这些运河市镇的形成和发展都和大运河浙江段航运的发展有

着直接的关系。运河航运为运河市镇经济的发展提供了先决条件，促进了运河市镇经济的发展，而运河市镇经济的发展又进一步促进了运河航运业的发展。

杭、嘉、湖三府地处水乡，水网密布，航运发达，"商贾舟航易通各省"①。所以运河市镇最为集中，运河市镇经济最为发达。

仁和、德清两县界上的塘栖，原先偏居僻壤，鲜为人知。自从元朝末年张士诚开凿新河（从塘栖武林港至杭州北新桥）以后，塘栖成了浙西运河上的重要港口，开始有了集市。明朝正统七年（1442）又修筑了自北新桥迄北而东，至崇德县界的塘路，从此水陆通行，塘栖成为商贾、漕运和驰驿者南北往来的通道，徽杭大贾"贸丝开车者骈臻辐辏"②。"居民临河列肆，丝缕粟米，交易繁盛"③，"官舫运艘，商旅之泊，日夜络绎不绝"④，终成大镇。

位于嘉兴城西南三十六里的濮院镇，因其地"南连长水，北枕运河"，具有舟楫之利，凭借着运河便利的交通，船舶往来，络绎不绝。到明中叶时，已成为运河线上重要的商业市镇，有"机杼之利日生万金，四方商贾负贩云集"之称。万历时，濮院镇上机匠改土机为新式的纱绸机，大大提高了生产效率，丝绸织品行销陕西、河北等地。至清乾隆时，濮院日产绸可达万匹，所产的绸"练丝熟净，组织亦工，质细而滑，且柔韧耐久，可经浣濯"⑤，除绸之外，还有绢、绫、罗、纱等。道光十年（1830）后，濮院绸业开始衰落，原因之一是道光年间战乱频繁，市镇凋零，更重要的是由于镇内市河湮塞，隔断了与运河的联系，即县志上所说的"血脉既滞，商务因以减色"⑥。

乌青镇是乌镇和青镇的合称，处于浙西运河中线的北端，北通平望，南连石门，明清时有"二省"（江、浙）、"三府"（湖、嘉、苏）、"七

---

① 王士性：《广志绎》卷四《江南诸省》

② 光绪《唐栖志》卷十八《风俗》

③ 光绪《唐栖志》卷十八《风俗》

④ 光绪《唐栖志》卷二十

⑤ 《濮川所闻记》卷一

⑥ 嘉庆《桐乡县志》卷四

县"（乌程、归安、石门、桐乡、秀水、吴江、震泽）交汇地之美名，与大运河息息相关，人称其"当水陆之会"，"大河四匝"，"苏、杭、嘉、湖，六通四辟，粮艘贾舶，无间道可他适"。附近桐乡、崇德"多用船私贩椑卖食盐"，商业活动极其繁荣，逐渐发展成为以生产性为主的工商业市镇。附近乡村生产的桑叶、丝货均集中此镇，然后转销输供他乡。

坐落在湖州至平望间运河之上的南浔镇，丝织业的发展也仰仗航运业几分。它所产蚕丝极盛，"乡间隙地无不栽桑"①，但桑叶仍嫌不足，需要驾舟到外乡购买。董蠡舟的《稍叶》云："吾乡则栽桑地狭，所产仅是饲小蚕，回小叶，叶莫多于石门、桐乡，其牙侩则集于乌镇。三眠后，买叶者以舟往，谓之开叶船，买卖皆曰稍。"②正因为有舟船沟通这广大的"外乡"，所以丝织业大为发展。南浔镇还是湖丝的重要集散中心，所开丝行如京庄、广庄、经庄、划庄、乡庄等，名目很多。董恂的《卖丝》记其情景云："初过小满梅正黄，市头丝肆咸开张。临衢高揭纸一幅，大书京广丝经行。区区浔地虽偏小，客船大贾来行商。乡人卖丝别粗细，广庄不合还京庄。"③温丰的《南浔丝市行》诗又云："茶棚酒肆纷纷话，纷纷尽是买与卖。小贾收买交大贾，大贾载入申江界。申江鬼国正通商，繁华富所压苏杭。番船来银百万计，中国商人皆欲狂。"南浔镇不仅是国内湖丝的贸易中心，而且其丝远销海外。随着市镇经济的发展，商业活动开始向北推移，运河成为南浔东西二栅的市河。明清时，"阛阓鳞次，烟火万家；苕水碧流，舟航辐辏。虽吴兴之东部，实江浙之雄镇"④。

位于江浙两省交界处、坐扼大运河的浙北重镇王江泾镇，自古以来一直处于大运河入浙的要道口，运河穿镇而过，并有澜溪自东北流来注入运河，乌镇河又从西南流来汇合，通过运河向北可达盛泽、平望，南至嘉兴、杭州，东通嘉善、松江，西到乌镇、湖州，水运四

---

① 《南浔镇志》卷二十四
② 《南浔镇志》卷二十三
③ 《南浔镇志》卷二十三
④ 汪曰桢：《南浔县志》卷一

通八达。宋时镇上多王姓和江姓,因之命名,又名闻川市。宋时,镇上"居民七千余家……乾隆以后,烟火万家"①。由于独特的地理位置,王江泾乡农多以纺织为业,方圆百里内,"多织绸收丝缟之利"。"近镇村坊皆种桑养蚕,织绸为业,四方商贾俱至此收卖。"明清时成为"衣被天下"的丝绸专业集镇②,居民"多织绸收丝缟之利,……不务耕"③。鼎盛时有三街、十坊、五堰、二十六弄,店铺林立,市井繁华,且多园林、祠庙和工商会所。明末倭寇侵扰运河沿线,清咸丰以后又历遭战火,镇子几乎付之一炬,到宣统时,镇上居民"才三百余,不及盛时二十分之一"④,真可谓兴于水而又毁于水。

阜林镇,又名皂林,位于桐乡境内县北九里,居运河两岸。明朝时曾设巡检驿丞,"户口番庶,商贾云集,为一雄镇"。从明宣德年间开始,阜林更成为"襟喉之地,颇称繁盛,四方舟楫,往来夜泊,张灯夜市,为河路之要津"⑤。嘉靖二十年(1556)倭寇侵扰,阜林始成为战场,庐舍渐废,市镇开始衰落,到清康熙年间,阜林镇已变成一个村落。

炉头镇,古名柘溪,在桐乡县西北十三里,距乌青镇十四里。明中叶时,居民主要从事冶铸业,除夏季外,三时炉火昼夜不绝,炉头镇由此得名。陈沄有《柘溪棹歌》云:"家住炉溪曲水前,铸金成釜旧相传,沿塘时有商船泊,夜半惊看火烛天。"⑥

此外,明清时期嘉兴府属之新塍、石门、崇德,湖州府属之双林、菱湖等地,皆因运河而由村落发展成为一个个专业性市镇。以出产包头绢著称的双林镇,因处河道四通之地,遂成当时江南丝织品的主要集散中心。据唐甄《教蚕》里说:"吴丝衣天下,聚于双林。吴、越、闽、番至于海岛,皆来市焉。五月载银而至,委积如瓦砾","室庐

---

① 宣统《闻川志稿》卷一
② 《嘉兴市志》,435 页
③ 万历《秀水县志》卷一
④ 宣统《闻川志稿》卷一
⑤ 嘉庆《桐乡县志》卷十二
⑥ 光绪《桐乡县志》卷一

舟楫之繁庶胜于他所"。双林附近之邢窑,因冶陶业而得名,"冶陶之外,务农者少"①。而同治《湖州府志》则记载:湖州毗邻运河之"木匠浒""裁衣巷"诸地名也都由某种手工艺而得名。"以近菱湖而名"的菱湖镇,地处水网,交通苕溪、运河都很方便。"为百货所集","丝业尤甲一邑"。明人记其市廛"廛临溪,四、五月间,溪上乡人货丝船排比而泊,自菱湖前后左右三十里许"。清人亦说:"沿湖岸铺及湖内舟船,商贾凑集,总之,各行不下百余户"。

明代,社会经济的发展也推动了绍兴府市镇的兴盛。据嘉靖《萧山县志》、万历《新昌县志》、万历《会稽县志》等记载,嘉靖末至万历初年,萧山、新昌和会稽县已分别有 6 处、8 处和 9 处市镇。清代,据康熙《绍兴府志》、乾隆《绍兴府志》等记载,康熙年间(1662—1722),全府市镇的数量仍与万历年间相近,直到乾隆年间(1736—1795)才有明显的增加:镇由 6 处增至 13 处,增加 1 倍以上;市由 53 处增至 72 处,增加 19 处。

明清时,宁波也出现了不少专业性市镇,有的以经营手工业为主,有的成为农副产品和手工业品的交易市场和集散中心。鄞县的小溪市、小溪镇、林村市,奉化的泉口市,都以丝织著称。"养蚕纺丝,向唯小溪郸江桥一带为盛。近日种桑者多,妇女咸事蚕织。"彭桥市明末清初时为布市。嘉庆五年(1800)以后,鸣鹤、逍林等地布市设立,彭桥的布市场衰落。鄞县、镇海也有不少市镇盛产棉布。鄞县的小溪镇、小溪市除从事丝织外,"亦各织布,出售于市。率以五鼓往,日大明而散"。黄公林市,所产草席久负盛名,为织席业中心和草席销售集散地。

总之,到明代中叶,市镇普遍在大运河浙江段沿线崛起,有临时的、定期的农村集市,也有规模较大的手工业、商业市镇。明万历时,嘉兴之濮院镇、新塍镇居民户数"可万余家",王江泾镇"居民可七千余家"②。湖州的双林、菱湖、练市、乌镇、南浔则"所环人烟小者

① 民国《双林镇志》卷六
② 万历《秀水县志》卷一

数千家,大者万家"①。据统计,到清初,江南地区人口在万家以上者共有 6 个市镇,其中杭嘉湖地区就占了 4 个。它们是嘉兴的濮院、新滕,湖州的乌青、南浔;人口在千家至五千家以上者的市镇共有 12 个,杭嘉湖地区就占 9 个,即嘉兴的王店、王江泾,湖州的菱湖、双林、练市、埭头、荻港、善练及塘栖;在百家至五百家以上的市镇有嘉兴的陡门、沈荡等。

这些市镇都位于大运河浙江段沿线及其毗邻地区,河流和航运对它们来说有着特别重要的意义。凡河流所经之地,两岸地区往往拥有广阔而肥沃的土地,运河水道既给人们以充足的水源,用于饮食和灌溉,也为人们交通往来、从事各种商业活动提供了方便,商业活动随之繁盛,越来越多的人在河边及其附近地区安居下来,开始是一个个村庄,以后逐渐成为商业活动中心,最后演变、发展成为一座座市镇。杭州附近的临平、长安,唐宋时由于大运河经过而成为镇,在长安镇还设置长安堰,形成商品的集散地;到元朝时大运河主干道改道附近的塘栖,于是塘栖市镇经济迅速发展起来,明中叶已成为大运河畔新兴的商业市镇,"官道舟车之冲,丝缕粟米皆集于此"②。此外,嘉兴之陡门原是一个小村落,由于地处大运河沿线,清朝同治光绪年间商业开始兴起,"始有店肆,逐渐增复,遂成市集",而嘉兴之陶家览由于同样的原因,成为清中叶"秀水四镇"之一。③

明清时期,由于拥有运河便利的交通条件,大运河浙江段沿线各市镇经济发展到相当高的水平,商业活动极其频繁。不少运河市镇,设施比较齐全,已具有近代城镇的格局,就其规模或经济地位而言,有的已超过管辖它的县城。石门镇因榨油业的发达,成为拥有数千家的巨镇;塘栖镇则是丝绸商业中心,"徽杭大贾……贸丝开车者,骈臻辐辏"④,同时又是鱼盐米布的交易市场,"素号哄市,岁计食

第四章 明清运河航运的繁荣
(1368—1840 年)

---

① 茅坤《茅鹿门先生文集》卷二
② 同治《湖州商志》卷二十九
③ 陆志鸿:《民国新志》上编
④ 光绪《唐栖志》卷十八

货贸迁,毋虑数十百万"①。宁波一些市镇有商店、工场、市场、茶馆、酒馆、旅馆等,已具有近代城镇的格局。商业市场,已经形成行业化,如粮食业、鱼行业、药业、南北货号业等。慈溪的浒山市,道光年间,四周街道密布,市场繁荣。清道光《浒山志》载:"浒山市,自所城东门至西门,百货丛集。单日鱼虾、蔬果陈列街巷,自东门外至城内板桥止。"据《浒山志》记载,当时街上有木棉行、子花行、丝行、布行、鸡行、猪行、羊行、豆麦行、粮食行、柴行、油坊、船埠等,在东门外的周家路还设有典当。一些市镇还有娱乐场所。如慈溪的文溪市,"元时,此民富庶,商贾辏集,有酒楼三座,歌管之声不绝,其货多出西北诸山,麦菽茶笋果瓜竹木之类,为货甚众"②。

　　综上所述,明清时期,大运河浙江段沿线市镇经济有了相当的发展,逐渐呈现出多样化的特点。明代中后期,绍兴府的市镇有农业市镇,有的因地处经济作物生产区而发展成为相应的专业市场,如山阴县平水市地处产茶区,成为远近闻名的珠茶和眉茶的集散地;有的因地处产粮区而形成一定规模的粮食市场,如柯桥市、临浦市均有专门的米市,粮食交易十分活跃;有的是手工业市镇,大多随着手工业的发展而兴起,具有专业化的特点,如山阴县钱清镇、萧山县西兴镇、会稽县曹娥镇等都是典型的盐业市镇,产盐量巨大。诸暨县枫桥镇和会稽县三界镇早在宋代就以造纸业闻名,至明代以后仍长盛不衰,特别是鹿鸣纸的制作尤为兴盛。山阴县柯桥市附近的东浦和湖塘以酿制黄酒闻名全国,出现了颇具规模的酿酒作坊,其中有创办于正德年间（1506—1521）的余孝贞酒坊。有的是商品转运市镇,集中分布于运河航线上,承担着各地商品和货物转运的职能。如位于浙东运河沿岸的萧山县西兴镇和渔浦镇,山阴县钱清镇和柯桥市、江桥市、钱清市,会稽县曹娥镇等,都是较具规模的水路转运市镇。清朝时期的运河市镇都各有偏重。如嘉兴的濮院镇、王江泾镇,湖州的双林镇、南浔镇,偏重于手工业商品生产;杭州的北

---

　　① 　光绪《唐栖志》卷十七
　　② 　天启《慈溪县志》

新关镇、塘栖镇、临平镇,嘉兴的新丰塘镇、王店镇,湖州的乌青镇、菱湖镇,则偏重商业,是农副产品的集散地。也有些市镇直接为航运服务,如杭州的范村市、萧山的西兴镇、上虞的梁湖镇。范村因为"地滨浙江,近年客商货物多于此居停,渐成巨镇"。梁湖镇地处曹娥江与浙东运河上虞段的汇合口,"居民千指,大率以搬运客货肩挑为业,官司皆借其力"。它们实际上是一些内河航运的港口市镇。

第六节

倭患与抗倭活动

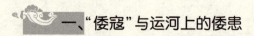

一、"倭寇"与运河上的倭患

倭寇，从字面上理解，就是日本海盗。14世纪，日本处于南北朝和战国时期，日本西南部的封建诸侯网罗一部分武士、浪人和商人，经常对中国东南沿海进行武装掠夺和骚扰，抢劫商船财货，杀害和掠走居民，史称"倭寇"。早在元末明初，日本海盗就与流窜到海岛上的张士诚、方国珍余部勾结在一起，祸害东南沿海。到了明代，倭寇实际上是日本海盗和中国海盗之混合。早在洪武五年（1372）五月，倭寇曾窜犯浙江海盐澉浦，杀人越货。

嘉靖初年，日本分裂为许多侯国。各侯国都来中国要求通商，要求不遂，就武装抢掠；所以，东南沿海经常出现小群的倭寇，三两只船，数十人或数百人一伙，进入浙江沿海地方骚扰劫掠。中国的一些奸猾之徒也与倭寇合伙进行骚扰（史称这部分人为"假倭"）。

嘉靖中期以后，倭寇的构成及其入侵的规模都发生了根本性的变化。从日本方面看，连年的战乱和灾荒，驱使一批批武士、浪人沦落海上,以杀人越货谋生;大量破产的农民、渔夫,也纷纷投身于海盗团伙,使倭寇的队伍迅速膨胀。从中国方面看,福建、浙江、广东沿海一带,从世家大族到一般百姓,从官军到海商,许多人都从海上走私贸易中牟得暴利,明廷采取严厉措施强化海禁,既堵塞了海商和贪官们的生财之道,也断绝了一般百姓的生计。在朝政黑暗、吏治腐败之世,汪直、徐海等海盗商人铤而走险,转向武装走私,不少破产农民和穷困渔夫也纷纷投奔,加入海寇队伍。这些武装走私和劫掠的海盗商人集团,不惜与日本海盗相勾结,或煽动、唆使和招引倭寇进入内地,或假借倭寇之名以壮声势,烧杀抢掠,与朝廷对抗。真倭与假倭相互勾结,其中"大抵真倭十之三,从倭者十之七"①,从嘉靖三十一年(1522)开始,由走私转向公开的寇掠,在浙江等东南沿海地区造成了连年不断的侵扰,其中浙江受害最深,嘉兴境内为患尤烈。据《明史·日本传》载:

"三十二年(1553)三月,汪直勾诸倭大举入寇,连舰数百,蔽海而至。浙东、西、江南、北、滨海数千里,同时告警。破昌国卫。四月犯太仓,破上海县,掠江阴,攻乍浦。八月劫金山卫,犯崇明及常熟、嘉定。"

"三十三年(1554)正月,自太仓掠苏州,攻松江,复趋江北,薄通、泰。四月陷嘉善,破崇明,复薄苏州,入崇德县。六月由吴江掠嘉兴,还屯柘林。纵横来往,若入无人之境。……倭以川沙洼、柘林为巢,抄掠四出。"

嘉靖三十四年(1555)正月,"贼夺舟犯乍浦、海宁,陷崇德,转掠塘栖、新市、横塘、双林等处,攻德清县。五月复合新倭,突犯嘉兴,至王江泾",遭到官军围剿,丢下 1 900 余首级,"余奔柘林。其他倭复掠苏州境,延及江阴、无锡,出入太湖"。

"时贼势蔓延,江浙无不蹂躏。新倭来益众,益肆毒。每自焚其舟,登岸劫掠。自杭州北新关西剽淳安,突徽州歙县,至绩溪、旌德,过泾县,趋南陵,遂达芜湖。烧南岸,奔太平府,犯江宁镇,径侵南

---

① 《明史·日本传》

京。倭红衣黄盖，率众犯大安德门，及夹岗，乃趋秣陵关而去，由溧水流劫溧阳、宜兴。"

"十月，倭自乐清登岸，流劫黄岩、仙居、奉化、余姚、上虞，被杀掳者无算。至嵊县乃歼之，亦不满二百人，顾深入三府，历五十日始平。"

"……时两浙皆被倭寇侵犯，而慈溪焚杀独惨，余姚次之。浙西柘林、乍浦、乌镇、皂林间，皆为贼巢，前后至者万余人。"

倭寇以邻境上海金山、奉贤、川沙一带为巢穴，侵扰嘉兴，并以运河为通道，进袭湖州、苏州、杭州以至南京。南粮北漕的运河不时断航，舟不敢过，粮不能输，国之命脉遭到严重侵扰。

倭寇虽然来自海上，但倭患与抗倭斗争则时常发生在运河沿岸。倭寇大举入侵时，往往集结三五十艘船只，每只船上大约有100个海盗，每次来犯的海盗都有数百上千人，加上福建、浙江沿海一些投靠倭寇的奸宄小人，最多时达2万余人。倭寇从海上登陆后，时常沿运河攻城略地，烧杀抢掠，掳掠妇女，绑票索财，"驱掠少壮，发掘冢墓，束婴孩竿上，沃以沸汤，视其啼号，拍手笑乐。得孕妇，卜度男女，刳视中否为胜负饮酒；积骸为陵"。

明成化十二年（1476），倭寇突犯嘉兴，前后六次从乍浦登陆入侵。倭寇侵扰嘉兴时间最长，规模最大的当属嘉靖三十二年至三十五年（1553—1556），倭寇攻乍浦、陷嘉善、占崇德、掠嘉兴、围桐乡，四年中侵犯嘉兴境112次，其中犯嘉兴23次，陷嘉善17次，占崇德14次，兽迹所至，人填沟壑，屋为灰烬，遍地血腥，满目疮痍，受害之惨，历史空前。明崇祯《嘉兴县志》载，嘉兴"城外数万家仅存余烬"。

嘉靖三十二年（1553），吏部侍郎赵文华督师嘉善，向嘉靖皇帝报告说："嘉湖一岁之间，经贼大举七次，杀掠人民何止万计，蹂躏田野，耕耨失时，入夏及秋，湖溇干涸，十分饥馑而又军需百出，老弱并役，人心扰惧。"明卫所防军腐败，对倭寇进袭丧失抵抗能力。

《明世宗实录》卷三八九载："有失舟倭四十人，突至浙江乍浦，往来平湖、海盐、海宁之境，纵横肆掠，焚戮残虐，官军前后遇之皆败，所伤官兵无虑数百人。凡十有六日，徜徉夺舟而去"。幸当时嘉兴知府刘悫贤明勤政,实地督率各县抢筑城池,平湖、桐乡未被攻陷,崇德、嘉善筑城后也守住了。

嘉靖三十三年(1554)倭寇强攻嘉兴时,因城防坚固,预有准备,城内精华得保,城外居民也先已迁进城内,获得安全。嘉靖三十四年(1555)倭寇陷崇德后,大掠乡镇,数十里流血成渠。因此,东南沿海倭患严重,浙江受害最深,嘉兴境内为患尤烈。但嘉兴军民与倭寇作战大小凡200余起,在明代抗倭史上留下了光辉的记录。

二、王江泾大捷

嘉靖三十三年(1554)四月,倭寇由海盐塘直犯嘉兴城。知府刘悫已先拆去附城民房,将兵民分别埋伏于南街屋面和店铺中,而门都半掩半闭着。未时许,数百名倭寇驾着小船顺河进城,直抵宣公桥,屋上官兵立即关闭河上水栅,切断倭寇退路。接着一声号令,河两岸兵民奋勇而起,喊杀如雷,屋上的掷瓦石如雨,冲出店铺的投发矢石等敌进街掷下,死伤过半的倭寇顿时抱头鼠窜、望风逃遁。

嘉靖三十三年(1554)五月,明朝以时任南京兵部尚书的张经总督浙、闽、江南北军务,便宜行事。张经曾任漕运总督,深知运河交通极其重要。十一月,张经改任右都御史兼兵部左侍郎,专办讨贼事宜,督师进剿。十二月,张经开府嘉兴。当时最大的一股倭寇徐海部盘踞在柘林(今上海奉贤)、川沙洼(今上海东南),聚众两万余。徐海,原为安徽歙州人,始为盐商,因生意失败而加入走私行列,后投靠日本海盗,成为倭寇。张经奏调湖广土司永顺、保靖二宣慰司兵8 000名,广西田州、归顺、湖广容美宣抚司及东南竺丹山等州狼兵(言其骁悍)8 800名增援前线,使明军的总兵力达到2万余名,加上海防、江防及苏、松、嘉三府县联合水兵,军力大增。张经指挥有方,俞大猷、卢镗、汤克宽等将领奋战用命,苗、土家、壮族部队骁勇进击,形势开始扭转。

嘉靖三十四年(1555)三月下旬,倭自川沙西进,窜犯上海,张经调狼兵由松江往剿。徐海等探知嘉、杭兵调松江捣巢,嘉、杭空虚,乃率寇四千人,水陆并进,突入嘉善,拟先攻嘉兴,次及杭城。张经以兵400守嘉兴城东双溪桥。保靖兵新到,首战石塘湾(嘉兴南堰附近)遇伏而败。御史胡宗宪闻警由浙东驰归,倭贼前驱已薄城外。胡宗宪设计,在百余坛酒中投入毒药,分载两船,派机警的兵卒化装为解官,称解酒劳军。两船驶向倭寇必经之河道,见到倭寇便装作慌张,弃船脱逃。倭寇夺得酒后,立即争相痛饮,数百人被毒死。趁此混乱,胡宗宪率军与倭寇再战于石塘溪,倭寇大败,仓皇逃往平望。于是,张经调集俞大猷、卢镗、汤克宽各部及湖南永顺士兵彭翼南部、保靖士兵彭荩臣部,合围自平望四窜的倭寇5 000余人于嘉兴王江泾。倭寇大败,被明军斩获1 900余人,焚溺死者甚众,溃败的余寇在奔逃途中复遭明军田州土官瓦氏兵阻击,被戮甚多,窜回柘林老巢的倭寇不到200人,狼狈驾船出海。

这次围剿倭寇被称作"王江泾大捷",是明代各民族联合抗御外侮战争的一次大胜利。《明世宗实录》说"自有倭患来,东南用兵未有得志者,此其第一功云"。《筹海图编》也说:"自王江泾捷后,我兵始有生气……贼自是稍顾忌,逆气狂谋,渐以亏损……"明代王江泾建有平倭大捷山,立碑记功,今已不存。王江泾镇南当时掩埋倭寇尸体之处,地名称倭墩浜。

王江泾大捷,张经功不可没,但就在此时,却被严嵩奸党赵文华诬陷为"讨贼无功""畏战失机",昏庸的皇帝竟将张经逮捕处死,"天下冤之"。

倭寇重至柘林喘息后,再次窜犯境内。嘉靖三十四年(1555)五月,倭寇万余人分兵两路,一路由西北入太湖犯常州,一路由西南犯杭嘉湖。五月二十八日,犯杭州之敌至塘栖,水保二宣慰迎战失利。倭寇大掠北关,转吴江之平望,拟由此入海道。此时,胡宗宪任浙直总督,亲率浙兵,兵备任环及林懋举率直隶兵一齐到达,两部合击。倭寇大败,折向松江逃窜,到嘉善三店塘,严州推官刘泉率乡兵阻击,斩寇460余人,倭寇被焚溺、中毒者又有千余人。残余的倭寇仓皇逃窜。

嘉靖三十五年(1556)二月,倭寇头目徐海、陈东、叶麻等再次自柘林进攻乍浦。平湖知县刘存义驰往鏊援,杀寇55人。翌日,倭寇万余人又从金山卫来犯,围乍浦。乍浦几乎失守。吉水备副使刘焘率男妇民工运石击寇,挫败其锋。四月初三,新任巡抚阮鹗援兵至,得解围。刘焘乘胜追击,斩倭寇130余人。

　　此时,胡宗宪已募兵3 000,且有河朔兵游击宗礼部赴闽途经浙江,因战事紧急留在浙江参战。胡宗宪扎营塘栖,阮鹗驻崇德,成掎角之势。当月,倭寇围攻桐乡,游击将军宗礼与副将霍贯道、侯槐、何衡率河朔兵一部御寇,首战崇德得胜,再战于石门,又三战于皂林(今桐乡炉头镇)之三里桥,都取得胜利。当时河朔兵的精锐都驻扎在塘栖,宗礼所领一部仅900人,与倭寇数千人血战。斩敌首于河中,河水为之不流。次日,在敌人正准备逃遁之际,倭寇中有人登龙翔寺的屋脊瞭望,见明军无后援,就重新合围。宗礼的坐骑被雷石击中,将军摔下马来,失掉了手中的兵器,便徒手夺刀,又杀了数个敌人,最后力不能支,挟了两个倭寇投到桥下,自刎殉国。倭寇趁势围困桐乡县城,于四月二十三日起昼夜攻城。知县金燕招募敢死之士,与民一起战斗。阮鹗也登城督战。先是倭寇经舟船直抵桐乡水城门,被桐乡军民用巨石破船击退。第二天,倭寇用木头做了高于城墙的架子,把巨木悬于中间,下面装着车轮推着来撞城门,没有成功。又一日,倭寇在一只大船上架了一座小楼,高出城门,升在云梯上,桐乡军民用沸水、铁水泼去,木楼和船都烧了起来,倭寇死伤很多,久攻不下只能撤逃。

　　五月,徐海、陈东、叶麻等万余倭寇移屯乍浦城南。二十六日,徐海又北窜王店,大肆烧掠,饱载而归,企图出海。六月初,赵文华率兵前来,与胡宗宪、阮鹗一起驻节嘉兴,官兵已达十万众。

　　当时的这些倭寇中,叶麻最狡诈,但人数较少;陈东人数、势力居中,仅次于徐海。而徐海部人数最多,不仅作恶多端,而且也飞扬跋扈。这三股倭寇既一同进犯入侵,彼此间也时常相互倾轧。

　　为使三者解体,胡宗宪采用反间计进行离间分化。他先派人以重金珍宝贿徐海,使罢桐乡之围,屯营乍浦,再挑动陈东、叶麻反徐海。胡宗宪假意与徐海交好,在平湖督府会见徐海,接济他大批财物,徐海乃擒陈东、叶麻来献,投降明军。徐海等同盟既破,陈东、叶麻党羽对徐海仇恨益深。胡宗宪安置徐海与陈东余部驻于乍浦附近沈庄,分为东、西营(今平湖林埭乡清溪桥一带),挑动两部相斗,胡宗宪率大军于八月二十四日乘机进攻,徐海投水死,倭众被歼2 000余人,倭酋日本大隅岛主之弟辛五郎,逃至海面,被卢镗擒获,史称"沈庄大捷"。

胡宗宪在嘉兴北教场斩陈东、叶麻、辛五郎,连同徐海首级向北京朝廷献功。此后倭患移于浙东、江北及闽粤,嘉兴境内倭患从此得以平定。当年,嘉兴府建"平海寇碑",记录剿倭事迹。

此后,倭寇的匪踪便逐渐离开浙西运河一带,移于浙东南及闽粤沿海。江南漕粮水运得以恢复。

第五章
运河近代航运的发端与初兴
（1840—1949年）

1840 年爆发的鸦片战争,使中国的历史发生了重大转折,中国的广阔市场被迫向西方列强敞开,中国开始沦落为半殖民地半封建国家。清政府签订了丧权辱国的《南京条约》后,外国航运势力的触角伸入浙江,大运河浙江段航运随之发生了前所未有的剧烈变化,并经过艰难曲折的历程,逐渐走向近代化。急遽扩张的外国航运势力入侵大运河浙江段,使大运河浙江段航权丧失殆尽,但也在客观上带来了一些先进的科学、技术和设备,刺激了中国近代轮船业的兴起和发展。尤其是在清政府被迫解除对华商行轮的禁令后,浙江民族轮船运河航运业开始起步,在外国航运势力和封建统治势力的双重压迫下,艰难地成长起来,开始初步构成民族轮船运河航运体系。民国建立后,浙江民族轮船运河航运业抓住第一次世界大战使列强无暇顾及的机遇,有了较快和较全面的发展,初步具有了与外国航运势力抗衡和竞争的能力。然而,抗日战争爆发后,大运河浙江段航运又急转直下,全面衰落。到 1942 年,浙江大部沦陷,大运河浙江段航运基本上处于停顿和瘫痪的状态。抗日战争胜利后,浙江民族轮船航运业得到暂时的复苏和发展。但全面内战爆发,社会生产力再次遭受严重破坏,通货急剧膨胀,物价飞涨,全国经济面临崩溃,大运河浙江段航运也随之趋于衰落。

第一节

近代航运的发端
（1840—1894 年）

鸦片战争后,清政府被迫与英国签订了中国近代史上第一个丧权辱国的不平等条约——《南京条约》,使中国丧失了独立主权地位,其中地处中国东南沿海的浙江省是最早遭到外国侵略的地区之一,大运河浙江段航运也因此而发生了前所未有的剧烈变化,开始向近代化迈进。

一、外轮侵入运河

1840 年,鸦片战争爆发后,根据中英《南京条约》,浙江的宁波港被迫开放。1876 年,英国政府以"马嘉理案"为借口,胁迫清政府签订《烟台条约》,温州港被迫开放。由此,外国资本主义势力直接侵入浙江,千方百计设法劫夺包括大运河浙江段在内的中国航行权。1840—1894 年,浙江沿海贸易,包括沿海的航行权完全丧失,而且运河等内河航行权和引水权也受到了侵犯。

外国航运势力在沿海深入扩张的同时,也积极向内河伸展。英国对中国的内地贸易市场一直虎视眈眈。早在 1854 年 2 月,英国政府对新任命的驻华公使兼商务首席监督包令（John Bouring）发出指示，要他尽力"争取广泛地进入中国帝国的整个内地"。为此，包令曾赴华北打算与清廷直接交涉修改商约，但没有结果。不久，英国人乘清军与太平军交战，杭嘉湖地区成为战区之际，借"洋商贩卖丝茶，轮船防护"为名，潜入浙西运河。另外，英美以清军"借（轮）船助剿"为名，利用外国流氓组织雇佣军的机会，将小轮船开进内地。随后，在上海的鲁麟、怡和、惇裕、旗昌、琼记、费礼查等外国洋行，趁机派出它们的小轮船潜入浙江杭嘉湖地区的浙西运河，非法从事丝、茶贩运。自1856—1865年的10年，在清朝当局的默许下，一大批悬挂外国国旗的小轮船在上海与苏州、杭州、嘉兴、湖州等浙西运河沿途港埠任意航行、停泊，甚至比出入沿海各口岸还要自由。它们既不向各自的领事馆办理登记领照申报手续，也不受海关及税卡的约束，更不必缴纳任何费用和捐税。它们直接进入浙西运河沿线各地，廉价收购生丝和茶叶，运往上海。同时进行洋货和禁运品走私，赚取厚利，以后又进一步发展起租船和搭客运输业务。挂外国旗的小轮船侵入浙西运河，不仅损害当地民船的生计，而且这些小轮船横行乡里，冲翻小船，溺毙人命，扰害地方。

1865年，太平天国运动失败，外国雇佣军随之解散。江、浙当局认为小轮船在浙西运河贩运湖丝，逃避厘税，属非法航行。为保护两省税收、防止军火走私，总理衙门以违约为由，查禁小轮船驶往内地。对此，这些洋行小轮船主和代理人掀起一股骚动，他们拒绝撤出，纷纷要求使领馆出面交涉，采取行动。当时的英国公使阿礼国（Ruthreford Alock）认为内河航运权（以及举办铁路和电报权）是要取得的，但避免用"紧张手段来压迫从事"，暂时还需要维持一下清朝统治秩序的稳定。于是，他表示，为了更大的对华利益，要求所有进入苏、浙内河的挂外国旗的小轮船做关闭、退让处理，暂时停泊在上海，另作他用。列强摄取中国内河船航运权的步伐，从表面上看暂时停止了。

　　清代漕运基本沿袭明代旧制。浙江漕粮自清顺治二年（1645）开始，一直实行河运制度。为了维持大规模的河运，清廷每年都要拨出大笔专款用于治河治运。乾隆末年，一般维修费用每年即达200万两。嘉庆中叶，"加价南河，遂至三百万，又加以东档口二百万"①，"每岁动费帑银五六百万两"②。嘉庆末年至道光初，每年增加修河费用300万两。这样巨额的开支，在处于"盛世"的雍正、乾隆时期尚可勉为其难，到入不敷出的嘉庆、道光时期，筹措就更加困难了，再加上修治运道无方，"河工益坏，运道益阻"，数万万石漕粮再靠运河运输已难以完成，采用新的漕运方式已成大势所趋。

　　咸丰元年（1851），浙漕开兑较迟，起运之后，又逢夏秋大旱，漕船胶滞于运河途中，不能前行。等到入冬以后，杭嘉十三帮出运漕船480只才渡过黄河，抵达天津。那时，京、通、津间的路河已经冰冻，漕米已无法交兑。全浙各帮漕船只得滞留在北方，当年无法回空南归。次年，丰县北堤决口，微山湖水漫百余里，运道阻塞，浙漕开兑比上年更迟，北行漕船又须绕道微山湖而行，途中一再耽搁，运漕船舶岁内也不能回空归浙。河运艰阻，耽误漕运期限。因此，浙江巡抚黄宗汉于当年九月上疏称："浙省漕务，帮疲县累，常年河运竭蹶遑"，指出所有漕粮"舍海运别无他策"③。而且清代漕务积弊深久，支放浩繁，据官方估算，南漕河运一石米到北京，所需公私费用，包括浮收、耗贴、各级漕运机构官弁旗丁俸给和漕粮出运的盘驳费等例给公私规费等，多达18两。④ 而当时江浙米价每石不过2～3两。因此，改河运为海运的建议很快得到朝廷批准实施。

---

① 《魏源集》上册《海运全案跋》
② 《清朝续文献通考》卷五八《国用考七》
③ 《浙江海运全案初编》编序
④ 见冯桂芬：《校邠庐抗议·折南漕议》

于是，黄宗汉立即筹办海运。最初考虑以乍浦为出海口，但由于乍浦一带海底坚硬，俗称"铁板沙"，容易搁损船底，运粮商船惮于停泊，又考虑宁波港。然而，要把60多万石漕米从杭、嘉、湖各县驳运到宁波，又十分困难，盘费甚大。因布上疏请求浙江漕米从上海出口，并请江苏"帮同办理"。咸丰元年十一月，清廷下令，责成江苏按察使倪良耀总司其事。浙江成立了专门负责办理漕粮海运的机构——浙江海运总局，在天津、上海两地设立分局。上海分局设在上海县小南门外商船会馆，其附近薛家浜一带为浙江漕运海船停泊码头，杭嘉湖各属漕米驳船走入闵行后，即傍黄浦江北岸航行至南码头拢船交米。咸丰三年(1853)一月，杭、嘉、湖三府白粮13万余石，通过浙西运河全数驳运抵达上海装兑宁船，海运北上。

漕粮由河运改为海运后，漕粮运输组织开始商业化，即采用"雇用商船，酌给水脚银两"的办法，从完全由官府管理的行政工作，转变为由船商招揽，"盈亏纳归揽者自己"的商业行为。靠人力挽曳的艰苦繁重的河运制度开始消失。

咸丰三年(1853)六月底，浙江首次漕粮海运刚一结束，太平军占领镇江、扬州，切断了运河通道，漕粮再由运河运输已不复可能。因此，户部决定将咸丰四年起运三年的浙江漕粮75万石，仍由海道抵津。不料，八月，刘丽川领导的上海小刀会发动起义，占领了上海县城，封锁了浙江漕粮原来的起运港——上海。由于清军对上海的战事毫无进展，清廷又急不可待，咸丰皇帝以五百里谕严令浙江："漕粮关系紧要……必应及早筹画，设法转运，著黄宗汉迅即妥筹具奏，不得藉军务，以致临时贻误。"[①]浙江起初考虑起用宁波港，最后综合各方面的情况后，确定咸丰四年的浙江漕粮由浏河口受兑出运。杭、嘉、湖三府运米至浏河交兑均有浙西运河水路相通。其中从杭州大关起，沿浙西运河向北航行，过嘉兴县后，入江苏境，至平望，经往苏州，向东至昆山入浏河，再经太仓至浏河口，共计水程520里。从湖州或嘉兴按远近减算其水程分别为420里或342里。漕粮

① 《浙江海运全案续编》卷一

运河改运尚称便利,唯从太仓六渡桥到浏河口旧闸镇 24 里河道曲折,狭浅阻碍,即由浙江借拨银 1 万两疏浚。当年三月初七(1853 年 4 月 4 日)太平军攻破清军江北大营,大批清军兵勇溃散,沿途掳掠。这时正值漕船头批即将放洋,清政府赶紧派枪炮兵 300 多名坐船 40 余只,连夜驰赴苏州、太仓防护驳船、银米。

四月初,根据杨裕琛的建议,运粮驳船改从嘉兴城北冷水湾向东北航行经三店、芦墟、周庄、池墓转入浏河,既分流拥挤的航道,又缩短水程近 70 里。这次海运分六批起运,每批 12 万余石,成效显著。从此,浙江漕运放弃了河运,遂以海运为常。咸丰五年(1855),小刀会起义失败后,浙江漕粮的起运港又改为上海。

三、轮船的仿造和试制

轮船起源于欧美,19 世纪初叶始应用于航运。鸦片战争后,随着资本主义国家的入侵,西方轮船制造、应用技术被带到了中国。部分有识之士萌发了革新中国传统船舶的思考,并开始对蒸汽轮船进行积极的探索及研制活动。"从科学技术的发展进程看,发端于洋务运动的近代造船技术,是中国人最早引进的一种先进生产力。"[①]

最早从事仿制蒸汽轮船的人是嘉兴县县丞龚振麟。龚振麟,江苏长洲(今苏州市)人,有革新思想,好研习西学,对西方的算学、火器有一定研究,道光十九年(1839)任浙江省嘉兴县县丞。道光二十年(1840)夏,鸦片战争爆发,龚振麟奉调到宁波军营监制军械,在鸦片战争的定海战役中目睹英国轮船的优越性能后,决定仿造。他先用人力驱动叶轮,在湖中试航成功,后又制成更大的舰只,可在海洋中行驶。龚振麟后来在一篇自序中写道:"其时振麟……见逆帆林立,中有船以筒贮火,以轮激水,测沙线,探水势,为各船响导,出没

---

① 席龙飞、宋颖:《船文化》,前言,15 页

波涛,唯意所适,人金惊其异而神其资力于火也。振麟心有所会,欲仿其制,而以人易火,遂鸠工制成小式。而试于湖,亦迅捷焉。中丞刘公(韵珂)闻制船事,令依前式造巨舰。越月而成,驶甚便。"①显然,龚振麟所造的轮船,并不是蒸汽轮船,而是一种类似于中国古代车船的船。它是在船的两侧装置两个硬木划水明轮,明轮的旋转是依靠在船舱内的人用力推动的。水轮船的性能自然无法同蒸汽轮船相比,但龚振麟吸取西方新事物的进取精神是难能可贵的。龚振麟的作为引发了广东、江苏等地仿造、试制各式轮船的热潮。后来,龚振麟等人参考林则徐提供的《火轮船图》,制造了五艘以人力代替火力推动齿轮激水的车轮战船,并参加了江南水师保卫吴淞炮台的海战。

不久,龚振麟的同事丁守存、郑复光等人着手对蒸汽轮船的研究工作。他们通过各种渠道收集有关轮船的著述、模型和图片等资料进行潜心研究。大约在第一次鸦片战争结束前后,他们已经掌握了蒸汽轮船结构及工作原理的知识,撰写出《火轮船图说》一书。这本书将轮船分解为架、轮、柱、外轴、外轮套、锅灶、桅等 11 个部分详加说明,并附有许多便于相互对照的图解。这时关于轮船制造的技术原理,在浙江的一些知识分子已有了相当成熟的理解,其中有十多人写出了关于西方军舰的著作,这些著作成为中国最早关于新式船舶的著述。

第一次鸦片战争期间,清政府为使前线军政大员能克敌制胜,对浙江所进行的轮船仿制和轮船研究所需的财力、物力、人力曾给予足够的重视和支持,因此,轮船仿制和研究取得了一些成功。但是,战争结束后,封建统治阶级恢复了苟安常态,下令对于火轮船式"既不必购买",也"毋用制造"②,遏止了轮船的仿制和研究。直到第二次鸦片战争的发生,清政府内部的一部分官僚为图自强,把拥有轮船的事重新提了出来,并向外国购买轮船。但由于经办此事的

---

① 魏源:《海国图志》卷八十六龚振麟自序
② 《筹办洋务始末》道光朝卷六十三

两个外国人——李泰国和阿思本所暴露的狂妄野心，清政府白白费了 6 年时间，赔出 70 万两银子，结果连一艘小轮船也没有买进。于是，少数拥有实权的地方督抚决定自己建立造船厂，制造轮船，壮大实力。其中第一个明确提出这种主张，有目的、有意识地制造轮船的，是同治元年（1862）出任浙江巡抚的左宗棠。左宗棠在福建马尾正式建厂之前，在浙江做了大量的准备工作，其中一项就是在杭州建立造船工厂试制小轮船。

同治二年（1863）夏，左宗棠在杭州命陈其元主持试制轮船工作，胡光墉襄助此事。① 当年十一月，陈、胡等人造出小轮船两艘，并在西湖水面试航。事后，左宗棠在给朝廷的奏折中报称："前在杭州，曾觅匠仿造小轮船，形模粗具，试之西湖，驶行不速，以示洋将德克碑、税务司日意格，据云大致不差，唯轮机须从西洋购觅，乃臻捷便。"②关于这件事陈其元本人也有记述："并仿造小火轮二艘，试之均能合用。"③这艘轮船的试造成功，开创了中国官方制造轮船的先例，为以后创办福建马尾造船厂积累了经验，培训了人才。正如左宗棠所说，"纵令所制不及各国之工，究竟慰情胜无。……且由钝而巧，由粗而精，尚可期诸异日"。上述这些活动揭开了中国近代船舶制造史的第一页。

同治四年（1865 年）六月初，左宗棠最后选定福建马尾附近为建厂基地，把杭州的造船厂迁到马尾，建立起洋务运动中最大的专门制造近代轮船的工厂——福州船政局。同治五年（1866 年）五月，左宗棠在《复陈筹议洋务适宜折》中说，他"……拟习造轮船兼习驾驶，怀之三年"。可见杭州试造轮船是其十分重要的一步，是马尾正式建立造船厂不可分割的前期工程。

近代造船航运业是传播西方自然科学的窗口，成为中国近代工业的先导。在制船航运的引导下，有线电报电话的通信业，米厂、茧

---

① 邓之诚：《松堪小记》（下）
② 《左文襄公奏疏》卷十八
③ 陈其元：《庸闲斋笔记》卷十一

行、西药等工商业,西法种牛痘的卫生业,新式学堂、女子学校、蚕学分馆、选派留学的教育业等近代产业和事业陆续出现。同治五年(1866)春,中国人自己设计制造的以蒸汽机作动力的第一艘火轮船"黄鹄"号建成,并在南京下关试航成功。[①] "黄鹄"号为木壳船,据1868年8月31日《字林西报》记载,船重25吨,长55华尺,高压引擎,单汽缸,直径1尺、长2尺;轮船的回转轴长14呎,直径2又2/5吋;锅炉长11尺,直径2尺6寸;锅管49条,长8尺,直径2寸。前部是机器房,船舱则在回转轴之后。逆水时速16里,顺水时速约28里。这艘轮船除了回转轴、烟囱和锅炉所用钢铁系进口外,其余主要原料、工具、设备均系国产,或由自己加工制造。全部费用,包括模型、工具、仪器设备等,共耗银八千两左右。

1865—1866年,江南制造局和福州船政局相继成立。至此,我国的蒸汽机、轮船制造工业被纳入了洋务运动的轨道。

四、小轮船企业兴起

为了使中国"内江外海之利,不致为洋人占尽",清朝统治集团内洋务派与顽固派经过反复争论后,中国第一家近代航运企业——轮船招商局,于同治十一年十二月十九日(1873年1月17日)在上海成立。1月19日,中国商轮"伊敦"号首航宁波。随后,又在宁波筹设轮船招商局宁波分局,并开辟了甬沪航线。[②] 中日甲午战争以后,浙江人在沿海、沿江河的港口和城镇开设轮船公司,经营轮船航运业[③],打破了外轮对中国航权的垄断。

19世纪60年代,轮船航运所具有的快速、安全等优点已被人们普遍接受。社会上对发展轮船航运的要求已经相当强烈。60年代

---

① 卢嘉锡:《中国科学技术史》,第一篇《造船技术史》,第八章,258页
② 《浙江航运史》,第六章,241页、242页
③ 《浙江航运史》,第七章,259页

后期,清政府对创办华资轮船业的态度有所松动,开始有华商公开创办轮船业的事例。据现有可查考的资料,从 1872 至 1890 年的 19年中,浙江拟订开办轮船业及试图另开轮船航线的记载有 8 起。大运河浙江段也开始航行小轮船。当时,清政府曾一度默许外国小轮船进入内地,杭嘉湖地区的浙西运河便有了小轮船活动。嗣后,清政府虽明令禁止,不准小轮船擅入内河,但沪、杭、嘉三地为苏浙两省经济中心,清朝大员过往用轮船拖带官船,丝商来往湖州租用轮船运送银两丝货,已相沿成习,无法禁绝。所以,清政府对这一地区的小轮船行采取特殊的处理办法,即经江海关发给执照后,小轮船可以往来行驶。1886 年 3 月,招商局开始举办小轮船业务,在上海虹口码头,置备"乘风""破浪"小轮船 2 只,经营上海至苏州、杭州的浙西运河小轮船航运。为了防止被禁阻,仍交由禅臣洋行代理。所定运费,上海至杭州每趟 40 两,停留每日另加 5 两。①

大运河浙江段行驶小轮船虽然开始较早,但小轮船企业却迟迟没能成立。进入 19 世纪 90 年代以后,小轮船企业才开始兴起。在地方官吏的庇护下,靠拖带官商坐船营业的一些所谓官轮船局,首先创办起来。1890 年,戴嗣源、戴玉书父子(据称是台湾籍商人)在杭州创办戴生昌苏杭各路官轮船局(实为商办),最初只营运上海—杭州航线,后逐渐扩展到包括沪、杭、嘉、湖、苏间的各航线,1899 年后又扩至锡、常、镇等处,共有资本 12 万两,小轮船 20 多只,除揽载商货旅客、拖带民船外,还承运邮件、官帑和贡品。② 1891 年下半年,因大运河浙江段航运轮船增多,为防止营业竞争,对小轮船的运费开始实行同业公议。新订的运价为:旅客每位 2 元;包租无锡网船头舱 8 元,中舱 10 元,房舱 6 元;拖带大号夹弄快船每只 24 元,二、三号照减;独雇另议。浙江牙厘总局招商创办了半官办性质的小轮船公司——浙江官轮船局,除揽载商货旅客、拖带民船外,还承运邮件、官帑和贡品等。1893 年,小轮船航运业由省城发展到内地城镇。

---

① 《申报》光绪十二年二月十六日
② 《申报》光绪十七年五月初六日

这一年,嘉兴硖石镇创办了一家萃顺昌申硖轮船局,轮船局资本为五六千两,有"萃顺昌"号小轮船 1 只,行驶硖石、嘉兴与上海间。[①] 1894 年,湖州出现了一家泰昌义记申杭湖轮船公司,公司资本为银 1 万两,有"泰昌"小轮船 1 只,行驶湖州、杭州与上海间。[②] 于是,大运河浙江段的小轮船航运业开始进入发展时期。

---

① 《浙江潮》第五期;《申报》光绪十八年八月十六日告白
② 《浙江潮》第五期;《申报》光绪十八年八月十六日告白

第二节

近代航运的初兴
（1895—1911 年）

1895 年,中国在甲午战争中失败后,被迫签订《马关条约》。接着,东西方列强争先恐后地向清政府勒索租借地与各种权利,划分各自势力范围,外轮进一步侵入大运河浙江段通航、通商,特别是日商轮运实力急剧增长,垄断和控制着浙江的运河轮运。这也激起了中国人民自行举办民族轮运业的热情。清政府在被迫允许外轮进入中国内河、内港航行的同时,也被迫逐渐放宽直至解除对华商内河内港行轮的禁限。作为民族经济重要组成部分的浙江民族轮船航运业,冲破外国航运势力和中国封建统治势力的双重压迫,逐渐成长起来,开始初步构建大运河浙江段轮船航运体系。

一、轮船航运业的发展

自甲午战争失败至辛亥革命前,浙江民族资本主义得到较全面的发展,其中发展最迅速的是棉纺业和缫丝业。到 20 世纪初,随着自然经济的进一步解体,商品经济的活跃,浙江民族资本主义在企业的经营领域、规模与资本等方面都有了很大程度的增长,不仅近代工业发展迅速,浙江商业也有新的发展。在当时交通运输主要依靠水运的历史条件下,工商业的兴起和发展,必然要求交通重要组成部分的轮船航运业也相应地发展,并起到"先行"作用。

甲午战争前,民族轮船航运业始终没有得到清政府的正式承认,尤其是清政府中的顽固派把轮船视为"奇技淫巧",兴办轮船航运是"奉夷人为师"。尽管清政府中的洋务派于1872年创办轮船招商局,但他们把持创办轮运业的权利,压抑、阻止民间创办轮船航运业。甲午战争后,民间创办轮船航运业的热情不断高涨,许多有识之士大声疾呼,要求解除限制民办轮船企业的禁令。加上《马关条约》及以后一系列不平等条约的签订,中国又丧失了内河、内港的航行权,外国航运势力乘机深入内地,并在纳税上享有优惠的待遇。这些更激起了人们兴办民族轮船企业,以抑制外商,挽回国家权利的责任感。清政府迫于形势,不得不逐步解除华商行驶轮船的禁令。1895年,准许"内河行小轮以杜洋轮攘利"[①]。1896年,苏州、杭州即将开埠,日轮即将开行,清政府颁布《苏杭沪三处贸易试行章程》,华洋轮船均可往来贸易。1898年,清政府颁布《华洋轮船驶赴中国内港章程》,同意"将通商省份所有内河,无论华洋商均可行驶小轮船,藉以扩充商务,增加税厘"[②]。即在被迫解除华商创办小轮船企业禁令的同时,也将内河向外国侵略者开放。然而,地方封建势力仍然对民族的创设设置种种障碍,进行阻挠和束缚。甚至到20世纪初,浙江仍有好几起举办轮船企业之事因地方官府的阻挠而失败。尽管阻碍重重,浙江民族轮船业还是艰难地成长起来了。

甲午战争后,浙江一部分商人、绅士、买办、官僚用积累起来的货币资本购置轮船,开设轮船公司,经营轮船航运业。1896年,杭州新设4家小轮船局,行驶于杭州至上海、苏州航线,共有小轮船38只。绅士王铭贵在平湖开设王升记轮船局,置小轮船4艘,行驶平湖—上海航线。这一年,戴生昌轮船局也在湖州设立分局,次年又

---

① 张之洞:《张文襄公全集》,第147卷

② 《清季外交史料》第130卷,第15页

在杭州设立分局。另外,官督商办的利运公司官轮船局,也于1897年在杭州拱宸桥设局,行驶杭州至湖州、嘉兴、苏州、上海等地的运河航线,并在航线所经过的重要城镇设分局或支局,沿途经过各镇亦停泊装货、搭客。到1902年,利运公司官轮船局盘给招商内河轮船公司。招商内河轮船公司总部设在上海,分别在浙江的杭州、湖州、嘉兴设立分公司,除继续经营原利用公司官轮船局所经营的航线外,又增加了上海—湖州、嘉兴—湖州、湖州—泗安等航线。1897年,杭州又新增高源裕、芝太富、通裕3家小轮船局,但只存在一二年即停闭。[1]

　　20世纪初,杭州、嘉兴、湖州一带的浙西运河沿线水域,民族小轮船航运业又有新的发展,陆续设立了易商轮船公司(1906),湖州某轮局(1908年,名称不详)等内河航运企业,先后开辟了嘉兴—湖州、湖州—苏州、湖州—长兴、湖州—常州等多条航线。1909年4月沪杭铁路竣工,一些商人为了"辅铁道之所不及",便于铁路沿线集散客货源,又办一些小轮船公司。如海盐商人朱兴邺、何德恒于1909年开办通济公司,航行海盐—嘉兴线,深得客商好评;1910年,又创办同济辅车轮船公司,以小轮船1艘、大号拖船1艘,行驶海盐—硖石航线。1910年,张永浚经营王升记轮船局,添置"庆安"小轮船(开始先暂租"连升"小轮船),专走平湖至乍浦、嘉兴两地。1911年又成立宁绍内河轮船公司,经理王廉,航行杭州—湖州航线,次年又开辟湖州—梅溪航线。同年,奉化人王清夫设立王清记商号,置"清和"木质小轮船1艘,经营嘉善—芦墟的跨省客运航线。

　　宁波虽然开埠最早,但浙东运河小轮船航运业也是在中日甲午战争后发展起来的。宁波于1895年最早创办的内河小轮船企业永安商轮局,1896年5月便派轮行驶姚江,开辟宁波—余姚航线,经过试行,该航线逐渐稳定下来。起初是两条船对开,每日发一班,以后改为一条船,隔日发一班。不过这两条船还不是正式轮船,而是把

---

　　① 樊百川:《中国轮船航运业的兴起》

蒸汽发动机安装在帆船上的机帆船。[①] 1897 年 4 月,"海龙轮"从事宁波—镇海航线的客运,到 12 月底共运客 19 876 人次,票价为制钱 100 文,而每天营运成本为 9 元,因此亏本,没有能长期经营下去。1899 年有美益利记宁绍轮船公司的 3 艘小轮船,挂德商旗号,往来宁波至余姚、绍兴等处。[②] 1900 年,有一小轮船航行宁波—奉化航线。1904 年起,又有甬川、通济等公司,各备小轮船 1 艘,开设通奉化、西坝的航线。浙东运河这几条主要航线先后开辟以后,永裕祥小轮船局、镇海轮船局、利涉商轮公司、通济商轮公司、通裕小轮船局、利运公司、安宁商轮局等,也先后派轮分别在有关航线上参加航行,使宁波的内河小轮船航运业有了较快的发展。

根据清政府有关部门 1910—1911 年的统计,当时浙江省注册给照各航线,仅内河已有 21 条航线,其中杭嘉湖地区浙西运河有 11 条,以宁波为中心的浙东运河有 6 条。这个统计数虽不完全,但也可说明大运河浙江段,特别是杭嘉湖和宁波地区的小轮船航运业在 19 世纪末至 20 世纪初短短的十五六年间发展是迅速的。

据不完全统计,1895—1911 年,浙江兴办的中型轮船公司(资本额在 1 万元以上)就有 15 家左右,加上小轮船公司达 50 多家。这些民族轮船公司,虽然多数规模不大、轮船不多,但毕竟冲破了帝国主义和封建统治势力的双重压制,取得合法地位或半合法地位,初步构成了大运河浙江段轮船航运体系,并开始成为重要的交通手段,为大运河浙江段沿线城镇的经济发展,促进地区间、省区间的经济交流创造了良好的条件。随着轮船公司的不断创办和发展,浙江近代运河航运船员的队伍逐步壮大了,使轮船运输技术得到传播和推广,航运企业的经营管理经验也逐步积累和丰富。这对抑制外国垄断浙江航运起到了积极作用,也为进一步发展大运河浙江段轮船航运业奠定了基础。

---

① 樊百川:《中国轮船航运业的兴起》第 326 页
② 《申报》光绪二十五年十二月初一告白;《中外日报》光绪二十五年十一月初五日、十二月十七日,二十六年三月初八日、二十八日

这一时期,浙江除了本省发展的运河小轮船航运企业外,还有上海、苏州等地开设的许多小轮船公司,也开辟通往杭州、嘉兴、湖州等地的航线。1896年,苏州有4家小轮船公司的轮船往来上海、杭州;另有往来无锡、常州、湖州的小轮船3只。至1899年,苏州经营大运河浙江段航行的小轮船公司增至10余家。上海也有多家小轮船公司派轮船航行大运河浙江段。其中规模较大的主要有三家,即戴生昌轮船局、大东汽船株式会社和招商内河轮船公司。1909年9月,沪杭铁路通车。旅客运输大部分转由铁路承担,小轮船航线更多地转向苏州、湖州以及区域内的客货运输。但浙西运河及其相连水道仍然担负着粮食、竹木、煤(主要是长兴煤矿)等大宗物资的运输。据1910—1911年的不完全统计,沪、苏、常等地内河轮船公司的小轮船,行驶浙西运河杭、嘉、湖地区的航线已有36条。

二、外轮进一步侵入与华轮依附外商

甲午战争中国的失败,宣告了洋务运动的破产。《马关条约》增开苏州、杭州以及沙市、重庆为通商口岸,并规定:日本轮船"可从上海驶进吴淞口及运河以至苏州、杭州府"[①],开创了外国轮船在运河内港航行的恶例。根据"利益均沾"的片面最惠国待遇条款,清政府又同日本和其他一些帝国主义国家签订了一系列出卖内河航行主权的条约,主要内容不外乎:凡是可以航行轮船的内河,各国都有权航行;没有行驶过轮船的内港,如果各国想要行驶和起卸货物,中国政府应迅速批准;不论船舶大小、种类,都可以驶入内河;中国应修浚河道与清除河道内的障碍;凡是不准各国行驶的内河,也不准中国船舶行驶,等等。从此,东西方列强各国的航运势力竞相侵入运河、内港,其集中争夺的主要目标是上海、苏州、杭州三角地带的浙西运河小轮船航运。

①　王铁崖:《中外旧约章汇编》第1册

最早侵入上述地区的是日本的轮船公司。1896年5月,在苏州、杭州被正式辟为通商口岸前4个月,日本人白龙岩平就创办了大东新利洋行。次年1月以一艘小轮船开辟上海—杭州航线,后由于竞争激烈,被迫暂时撤出。1898年10月,大东新利洋行改组为大东汽船合资会社,重设上海—杭州航线,由日本政府每年补贴3万余元。接着,它又于1900年4月再改组为资本10万元的大东汽船株式会社,增设杭州经湖州赴苏州航线,另由日本政府每年补助2万元。① 大东会社有日本政府每年超过资本半数以上的补助金的大力支持,便一面增置轮船,将各条航线由隔日一班改为逐日发船,一面降低运费进行竞争,很快成为浙西运河沪、苏、杭三角航线的霸主。1903年,大东首先诱使华商戴生昌轮船局和招商内河轮船公司同它订立"共同结算"的合同,垄断这一三角航线上的运河航运。这时,它已有10艘小轮船和9艘拖船。到1907年,大东与日本在长江的三家公司合并组成日清汽船株式会社时,大东已拥有21艘小轮船和23艘拖船,成为这些航线上较大的小轮船公司之一。据1900年杭关道税务司称:日商庆记轮船公司拟派"恒龄"小轮船专走嘉兴、平湖、乍浦三处。后改为日商的戴生昌轮船局,仿照杭湖新市班章程,走嘉兴、盛泽、乌镇、双林、湖州等处。

其他各国也不甘落后,英商怡和、会德丰,德商瑞记、德昌,法商立兴、拔维曼,奥商瑞嘉等洋行,也都曾先后派小轮船从上海驶往苏州、杭州以及这些地区不通商的县、镇等,不过因竞争激烈,大多数兴废无常。其中法商立兴洋行在1907—1908年,曾开设上海—杭州的航线,但因大东等三家公司的反对,几个星期后被迫撤出。1909年,英商老公茂洋行也添派轮船试走乌镇、南浔等处。

外商轮船在大运河浙江段等内河任意航行,违抗管理,经常擅自行驶不通商口岸,违章越卡,偷漏税厘,也曾激起浙江地方官吏和商民的愤怒和抑制。但外国航运势力仍然不断入侵大运河浙江段,竭力扩张其航运势力。

---

① (日)浅居诚一:《日清汽船会社史》第17～19页

　　浙江民族轮船航运业在兴起和发展过程中,内受封建势力的限制和束缚,外受外国航运势力的排挤和倾轧,因此不得不与这两种势力进行必要的斗争。但新生的民族轮船业的力量毕竟比较脆弱,有时为了自己的生存和发展,也被迫依附于这两种势力之下。如招商内河轮船公司创办后,跻身于当时外轮麇集的浙西运河航线上进行营运,对抑制外商垄断内河航运无疑要起一定的积极作用,并且也可以发展为内河轮船业的骨干力量。但是它沿袭招商局的故技,扮演了与洋商妥协,压制民营小轮船业的角色。开办的次年(1903)便同日商大东汽船会社和华商戴生昌轮船局(自1905年开始也改为日商)订立"共同结算"合同,接受最小的利益分配比额。这个垄断运河航运利益的合同,最初只在浙西运河沪、苏、杭三角航线上实行,1904年扩大苏州至镇江、清江浦间,并强迫在这些航线航行的其他公司接受约束。在这三家公司的共同垄断下,一些力量较弱的公司,不是被迫停闭,就是改航他线,"间有一新船局开班,一冀相与争衡,辄为原有之三公司,或出资将公司盘顶,或故意减价,以使其力不能支,自行闭歇"①,严重阻碍了民族运河轮船航运业的发展。

　　一些民族轮船企业在封建势力的压迫和外国航运势力的竞争上,为了避免破产的厄运,求得自身的生存和发展,不惜左依右附,借助封建势力或依赖外国的势力。如最早创办的官轮局或小轮船局,大都是"事出强吏指地奏请",大多数享有在该地或该航线专航的权利。这些已获得这种权利的轮船企业,为了免被别家侵夺,依赖和托庇于封建官府,并与地方封建势力紧密结合,同帮派或行会势力相串通,表现出浓厚的封建性。没有封建势力可凭借者,就被迫投靠为封建势力所惧怕的洋人,挂上洋旗,求得外国势力的庇护,例如宁波—余姚航线先于1895年奏准由当地绅商创办的永安商轮公司航行,1899年美益公司亦欲航行此线,就挂上德国旗号,因为竞争激烈,永安商轮公司向关道提出控告,关道即饬查究提讯美益商

---

　　① 《交通史航政篇》第1册

人,后经德国领事出面干涉,便得照常运行。① "内河行轮者,华人办之不能者,有洋商出面而成矣。"②即使像曾与外商竞争过的号称官轮局的戴生昌轮船局,也自 1897 年起改挂外旗,1905 年竟改为日商,与大东汽船株式会社相勾结,垄断浙西运河沪、杭、苏三角地带的运河航运。

三、维护运河航权的斗争

浙江的近代航运,自鸦片战争以后至中华人民共和国成立前夕,走过了 100 多年侵略与反侵略、压制与反压制、垄断与反垄断的进程。1904 年绍兴人民维护运河航权的斗争就是一次反侵略的典型事件。

1904 年,法国商人莫尼诺以开设沪绍轮船公司为名,向清政府索取绍兴府属的内河航行权,为此与浙江巡抚"屡争不已"③。同年冬,虽然清政府外务部"咨浙阻止",但法方"近复一再要求不已"。法国驻上海总领事也"先后照会电达"浙江巡抚,为"拟设上海至绍兴轮船请饬保护",等等。当浙江巡抚以"近年华洋各商请行绍兴外海内河大小轮船,均以查有窒碍禁驳,法商不便独准"及"内港章程并无准由外海驶至(内港的)明文,停泊河埠也未叙明"等理由,进行"分别核复"。但是,法商领事仍不罢休,继续向浙江巡抚行文称:"该轮水深时可至绍兴小潭村,水浅时可在五龙埠停泊""前订内港章程因有含糊之处,新订中日及中英商约内业已声明:内地外海行驶轮船皆可照准",等等,向浙江巡抚坚索航行权。1905 年初,法国驻华大使也公然出面,发文向清政府外务部交涉,坚索绍兴内河航权。侵略气焰十分嚣张。

---

① 《益闻录》光绪二十一年十月二十八日,第 17 册
② 《中国近代工业史资料》第 2 辑下册
③ 《东方杂志》第 2 年,第 5 期"交通",光绪三十一年五月二十五日

法国这一直接侵犯浙江航权和主权的行径,激起了全国人民,特别是浙江人民的公愤和强烈反对。他们从各自不同的地位和权益出发,揭露、抵制和反对法国侵略阴谋,维护本国的航行权。法国的侵略行为在当时的舆论界也引起了极大反响,许多报纸纷纷发表评论文章,揭露和谴责法国的侵略行径和清政府的腐败无能。光绪三十年(1904)八月十三日《警钟报》发表《论法人要索通航权》的文章,严正指出"今法人逞彼狡谋,欲以航行川河之权要求中国""绍兴五龙埠、小潭村诸地",系"内河川河,乃本国主权所及之地,⋯⋯河流可让,则河流之流域亦可让,吾恐不出数年,凡河流附近之区,皆为外人所持有,而中国无一主权矣"。文章还揭露法国"更有深意寓其中""若浙绍之地,久为英意所窥,法人既获通船之权,即可与英人均势,一旦有急,亦可占据定海舟山,以窥伺江浙,此法人之深意也"。文章分析了丧失航权的原因,在于当局"保护之不力",造成在国外"不能扩张航线,即内地通航之权亦多操于外人之手"。同年十月初三,《时报》也发表《论今日宜急保内河航路权》的文章,除指出航权丧失的危害外,还向清政府提出两点要求:一是"华人现有之船优加保护",特别"苏杭常沪及广东江西等处";二是"中国所有水道,某处可以通航,可以获利,急宜详察",等等。

浙江为保利权,敦促官方"力拒",并自设轮船公司取而代之。浙江一部分政治上有一定影响、经济上有一定实力的绅商,随着列强各国经济侵略的加剧,与各国在经济利益上的矛盾也日益加深。此时,他们大叫"保全利权""收回航权",在一定程度上参加了反帝斗争。浙江士绅一方面在政治上通过在京的浙江籍官员对浙江巡抚施加影响,敦促其拒绝法人要求,如1905年年初,"浙绅以法人坚索沪绍航权,电请同乡京官,转告浙抚力拒"。另一方面从经济上积极筹集资金,订购轮船,自设公司,占领阵地。如上面提到的孙秉彝等人筹设保大轮船有限公司就是为了抵制和取代法国企图开设的沪绍轮船公司。

浙江巡抚在群众公愤和舆论压力下,最后不得不拒绝了法国的无理要求。但他在莫尼诺和法驻沪总领事的再三交涉下,要求清政府澄清同外国签订的有关"约章"的含义。他"咨文"商约大臣,要求商约大臣"按照新约,究竟能否准其行驶,迅速核明复浙"。商约大臣接此文后,又"照会随办商约的税务司核查"。之后,税务司"查复"商约大臣。商约大臣以《论内港行轮约义文》"咨复"浙江巡抚①。经过上下往返行文,最后,清政府外务部也根据浙江巡抚的态度,"驳复"驻华的法国大使,明确表示"本部也不能允"。据1905年7月《东方杂志》所报道的《外务部致驻华法使驳复沪绍行轮文》称:"光绪三十一年正月二十五日准照,称法商莫尼诺拟自上海至绍兴开办轮船事,浙抚所称碍难允准之处。""本部查光绪二十八年中英商约附件有关条款载明,如有商人有意于商船未经到之内港设轮行驶,须先向最近口岸之税务司报名,转禀商务大臣,会同该省督抚,体察情形批准,地方情形于行驶小轮相宜与否,惟地方大吏方能查悉,非本部所能遥断,今法商拟自上海至绍兴行轮,浙江巡抚既未批准,则本部亦不能允,是查照约章办理,相应照复大臣查照可也。"从外交上正式拒绝了法国的无理要求,使法国索取沪绍航权的阴谋未能得逞,浙江人民终于取得了抵制和反对法国侵略行径斗争的胜利。

四、运河航运继续不衰

19世纪末20世纪初,虽然外国航运势力开始由浙江沿海向内河侵入,浙江内河小轮船企业也已出现,但是轮运业并不能完全替代传统的民船、帆船航运。这是因为大运河浙江段内港,尤其是在杭嘉湖等水网地带,轮运业还不可能深入大运河浙江段水网的各港各地,况且当时小轮船航运主要经营的是客运,货运仍主要依靠民船和帆船。因此,这一时期,民船、帆船仍在大运河浙江段中普遍行驶,继续发挥它们的重要作用。

----

① 《东方杂志》第2年,第1期"交通",光绪三十一年正月二十五日

这一时期,浙江民船、帆船经常运输的货物有农副产品、手工业品、人民日常生活用品和水产品等,其中最主要的大宗物资是米、盐等。

浙江米运的任务十分繁忙。清末,尽管杭嘉湖地区荒田正在复垦,金衢严地区早谷比较充裕,山会萧地区也比较富腴,诸暨等地亦能自给,但总的看,浙江并非以产粮著称,粮食不能自给,全年"仅敷数月民食",不足的食米,主要依靠安徽、江西、江苏等省产粮区接济。这三省客商贩运来浙江的食米,每年都达百万石以上,而且大多是经过运河水路运输入浙江的。当时,海宁的硖石是米运的中转地,也是宁绍米商云集的地方,米业十分兴旺,有"米市埠"之称。江苏米船循运河来浙,即聚集于硖石。各地交易的粮船,加上硖石本地专为运粮的船舶共有300余条(每条船一般能载粮二三百石)。每年冬季,光绍兴酒商过钱塘江来硖石所购之米就有三四万石,运米船舶一般都从海宁过钱塘江以会稽县濒海的新埠头入口,运往绍兴一带。到了宣统年间,由江苏水运来浙的食米(1909年后也有一部分由火车运浙),被分载到平湖、乍浦、湖州、长安、硖石以及杭州的拱宸桥、湖墅、南星桥等处,而装运拱宸桥、湖墅之米,有相当一部分还须运经南星桥、闸口,渡过钱塘江分销到绍兴府属的一些缺粮地区。

当时,从江苏通过水路运米来浙江,一般走两条水路。一条是由官塘,即浙西运河运浙,经米捐局及各卡抽厘,这是"官路",路程远、费用多。另一条由乌溪口入太湖来浙,约计七八日路程,这条路路近费省,且便行舟,经过的局卡不如走官塘多,也因此被官方称为"私路",米船多数走该路。除由乌溪口入太湖达湖州外,运米帆船还可绕金匮、吴江、元和及吴县等四县地界,然后到达嘉兴,约计路程时间水涨时为半个月,如逢水浅,还要分船提驳,经一个月也难以到达。1910年,江苏巡抚以"浙江有大米出海交易",并借口"运米船舶从乌溪口入太湖到达湖州是绕越关卡,逃避税厘"等,单方面宣布太湖禁止行驶米船,造成浙江许多地方一度发生粮食恐慌,米价上涨。从杭州看,往年冬季"湖墅米船之帆往来如织,今则一二艘"。

这年三月,杭城存米仅有十余万石,如以平日销售数量计算,"不敷两个月食用",以致"市上之米三日之中,每石竟飞涨对八角以上",造成粮食紧张。因此,还引起江浙两省巡抚进行了一场交涉①。

浙江的漕粮运输,数量也十分可观,仅杭州、嘉兴、湖州三府,光绪二十七年至二十九年(1901—1903),应征漕白米即分别达到492 017石、517 450石和514 106石。这些漕粮均须由民船、帆船运输,"交绍兴卫、嘉兴卫、严州所三帮漕船解运"。漕运路线为由嘉兴沿大运河北上。

除米运、漕运外,还有沿海各地的盐运。浙东沿海许多地方产盐,主要由水路运输。清末,《平湖县续志》云,该县"沿海产盐之地共十三团一百一十七灶,原有丁八千八百一十一丁""平均以每灶每日一百二十斤计算,全年约产盐四百余石""再除停煎之日,平均以折半计算,每年亦当产盐二百三十余万斤"。这些盐除一部分陆运外,其余均由水路运往嘉兴、松江等地,也有少数由私贩运入江苏境内。

在这个时期,从最早开埠的宁波到较晚开埠的杭州,都逐渐形成以商埠为中心,通向其腹地的民船、帆船的运河运输网络。宁波及其腹地商品经济较为发达,宁波港进出口物资的集疏运主要依靠运河。舢板从本部平原经西塘和中塘两条运河可行驶到西门附近的码头,小船可通过闸门畅行城内;来自西南部平原的舢板,可经南塘到达南门,小船也可通过闸门畅行城内;从南部及奉化县来的舢板或木排,可经奉化江及其支流抵达东门外码头,或转由运河水道通过,尤其是通过与奉化江平行的南塘;从东部平原来的舢板,经前塘、中塘和后塘到达东门边的码头。

晚清时期,杭州是全国重要的丝绸产地,也是杭州腹地茶叶等土货中转出口的口岸。尽管当时内河小轮船航运正在兴起和发展,但传统的民船、帆船在运河航运中仍然起着重要作用,甚至有所发展。如从本部安徽屯溪等地经威坪、严东关,沿富春江、钱塘江运来

---

① 《浙江官报》,第2期、第7期、第19期、第20期、第43期,宣统三年

的徽茶,从东南绍兴府属各地运来的平水茶、从浙西北各地运来的杂茶,以及从内地运来的其他土特产品,都是通过运河运抵杭州,再行输出,成为杭州港出口的主要大宗物资。输入的洋货也由杭州通过河运分散至其腹地的各贸易点。尽管1909年杭沪铁路通车,旅客多乘火车,但货物运输因水运成本比铁路运输低廉,仍以河运为主,其中民船、帆船运输占有重要的地位。

　　客运方面,除通告定期班轮的航线,客商多乘小轮船外,绝大多数的县城、市镇与通商口岸间,县城与县城间,县城与市镇间,市镇与市镇间,大量旅客商人仍然普遍乘坐传统的航船、快船、夜航船,有钱的客商则可单独雇脚划船,一些官吏、富商还雇用旅游船模样的丝网船。由于经常性的客源比较稳定,民船客运状况大体未变,继续不衰。1908—1911年进出杭州港内河船舶数及其货运吨数见表7。

表7　1908—1911年进出杭州港内河船舶数及其货运吨数

年份	内河船舶数	货运吨数
1908	12 662	631 863
1909	13 124	649 513
1910	14 457	654 945
1911	16 563	659 747

五、晚清的航运管理

　　晚清时期,大运河浙江段的航运管理不是很完善,有些管理工作主要也是为了征收捐税,对航运的发展反而起了阻碍作用。但也有些规章制度,对于保障船舶航运安全和促进运河小轮船航运业的兴起和发展起了一定的积极作用,并且为以后不断充实和完善运河航运管理制度奠定了良好的基础。

注册管理

1910 年,清政府邮传部拟订颁发《各省大小轮船公司注册给照章程》①,并指出:各省商民闻风兴起创办轮船公司,"唯各省疆域阂隔,情形不同,故商轮办法亦因之互异,且往往径自开行,并不禀呈到部",因此,拟订《各省大小轮船公司注册给照章程》20 条,凡各省大小轮船公司之创立,必须呈由邮传部核定章程。准其立案注册后,各公司赴部先领执照,然后持照自赴各海关呈验,由关发给船牌,照章完纳船钞。其从前各省已经设立之大小轮船公司,均应补领以归一律。

同年,浙江省巡警道也颁发《编查船舶规则》,共 16 条②,主要内容有:凡在水巡管地内,无论汽船、帆船及诸小艇等均须编查之,各类船舶都有受编查之义务;每次编查后,须将其情况择要登记船舶册簿内,按季汇报巡警道存案考核;编查船舶分为定期编查、随时编查两种,定期编查每年春秋二季由沿河该管巡警局区行之;随时编查则由该管局区之水巡随时行之;各该管地区内之船舶,均须领有该局区的船舶编查之号牌方准航行;船主领编查号牌时,应先填写单子内各种事项,呈请巡警局区照验;保证人务需殷实商号或有资产的住户,船户不得自相连环保结;水巡局受船主呈单时,应即审查其船舶与记载是否相符,然后发给号牌;号牌无论何时应妥为保存,以便巡警检查时呈验;领号牌后限 5 日内,照号牌码数用宽 1.5 尺、长 0.8 尺的粉白油板乌黑字,钉于船身右舷易见处,以杜绝蒙混欺诈之弊;船舶号牌不得移借别船冒用;号牌丢失或毁损时,得呈请再发,但须纳纸张费照换牌之例;船舶破坏或失踪时,应于 15 日内缴还该船号牌;违背各条者处以 1 元以上 20 元以下之罚金,等等。

第五章　运河近代航运的发端与初兴 （1840—1949 年）

---

① 《浙江官报》,第 6 期,第 15 期,宣统二年
② 《浙江官报》,第 42 期,宣统二年

洋船管理

随着内河中外小轮船航运业的兴起和发展,清政府陆续制定了一些内港、内河航运管理方面的章程和规则。

杭州、苏州开埠前后,总理衙门于1896年7月颁布《洋船来往苏杭沪通行试办章程》,规定洋船来往苏、杭、沪应走吴淞江及运河航线,这一条款虽然打破了外国轮船不得驶入长江以外的内河的限制,但是又规定不准另走内地河道,如查有私自改道,将船货一并充公。这个章程还对洋商轮船及洋商自置船舶的管理分别做了规定,如对洋商轮船规定:到口时须报领事官知会海关查照;出口时须领红单方准驶出;装货之轮须报关纳税,领取准单,才可起卸货物;常来往苏、杭、沪者,可准船牌送上海领事官转江海关发给轮船河照,领河照后不用领事官知会海关,就可报关纳税,请领准单,起卸货物;拖船不准装货,所拖船数不得超过三艘,如有私装货物或多拖船只,查出将货充公;轮船除悬挂本国国旗外,白天应悬海关所规定的旗帜,晚上应挂海关所规定的灯号,等等。对洋商自置船舶,规定应即报明领事官知照税务司查核挂号;由海关发给船牌,船上将号码在海关规定处用大字排列写明;上下货物应照各口海关章程,随时报关,请领准单,方准装卸;沿途经过各关卡,若令缴验船牌,应呈出验明,即予放行;来往苏、杭、沪三处须挂用关式红色旗帜;洋货从沪运杭,在杭关完纳进口正税;土货从沪运杭,由沪关征收出口正税,再由杭关征收进口半税;土货从杭运沪,由杭关征收出口正税,再由苏、沪关征收复进口半税;洋商自置船舶须于开行前赴关请领船牌关旗,如查无者,将船拏获充公;擅自改道他走,经关查获,将船货一并入官,等等。

1898年,总理衙门颁布《内港行轮章程》,对华洋小轮船的税厘征收、费用收缴、船舶行驶、船舶停靠、船舶注册、货物起卸、违章处罚等做了许多规定。然而,《内港行轮章程》又取消了对外国船舶只能行驶吴淞江及运河航线的限制,将所有的中国内江、内港向外国侵略者开放,中国水域的全部航行权被外国掠夺殆尽,为外国轮船在中国继续扩张势力打开了大门。

安全管理

1904 年 10 月,外务部酌定《小轮拖船限制载客额数章程》,共 5 条,主要对载客人数做了规定,如按舱面长度、中间宽度相乘的尺度,以 9 除之,即为舱面载客数;按舱中长度、居中宽度相乘的尺度,以 6 除之,即为舱中载客数;轮船上层楼面不准载客;拖船船舱载客人数,也按船的长度与中间宽度相乘,以 6 除之即得;有烟篷的拖船,烟篷不准载客。[①] 1905 年 6 月,对此章程又添"罚款"一条,规定小轮船及拖船若超过所定载客人数,一经查出罚银 500 两;若因载客超额,出有灾患,更行另议严办。

1909 年 6 月,杭嘉湖道根据德清县新市航船被商轮船撞翻,溺毙多人,提出应制定防碰章程,使商轮、民船两免危险等建议。该道认为内港河道本不宽阔,现在航路开通,小轮船逐渐畅行,民船往来稍不提防,即遭危险。因而会同税务司核议制定《内港行轮防碰章程》20 条,分别报送浙江巡抚"察核"及总务司备案[②]。其主要内容有:小轮船夜间行驶,应在桅杆之上挂一白灯,并在船右边设绿灯一盏,左边设红灯一盏;如有拖船,小轮船船头桅杆上应挂白灯两盏;小轮船停泊时,应在船头桅杆之上挂一盏白灯;小轮船因水浅胶搁,如在船舶来往的航道,除照常停泊挂一盏白灯外,还应在最高处参差悬挂红灯两盏;上述挂的各色灯,均自日入时悬挂,日出时收进。同时,对放汽笛声号也做出具体规定:小轮船在航路中行驶或停泊,遇有雾、雪或大雨时,无论昼夜每二分钟放长汽一次;小轮船行驶放汽通话的声号是:放一次短汽,告以本船往左行;放二次短汽,告以本船往右行;放三次短汽,告以本船后退;如行驶前方见有障碍难行

---

① 《杭州府志》,第 175 卷"交通"

② 《浙江官报》,第 10 期,宣统元年九月十二日

之处,须令来船缓驶,放短汽四次;小轮船直驶几近横港处,应放长汽二次;转弯时必须缓轮观看,如有来船或停泊未妥之处,均放汽令其避让,如无妨碍再开驶;后船欲超前船,须放长汽三次、短汽一次;后船如未闻前船放汽回答,不能向前超越,但前船也不能无故不放汽回答。此外,还对小轮船行驶做出一些具体规定,如:两小轮船迎头相遇恐有碰撞,各自往右行驶;如与帆篷船等船相遇适在河狭之处,小轮船有防碰之责,须缓轮行或停轮等候;小轮船赶超前轮,后轮有防碰之责,在水道狭窄并有船停泊处,不能超越;所有小轮船应在船尾挂铁锚,锚上系极坚固之绳,如遇有骤变,可立即下锚停轮,等等。

航道养护与管理

1906年4月,商务部制定《苏杭沪内河行轮起卸煤灰章程》①,其内容主要有:各种小轮船无论何处驶来,一经抵口,务将所有烧剩煤渣起卸交海关所备之驳船;各种小轮船均应自备洋铁桶若干只,为暂存煤渣之用,凡途中行驶时,一概不准将煤渣倾入沿路河道;凡常川来往贸易小轮船行驶各口者,应每月每船缴洋两元,别的小轮船官用或游历用,应每船每次缴洋三角,为津贴驳船装卸煤渣之费;小轮船如不遵以上章程,一经海关查出,定必从严处罚,初犯者罚银五两,重犯者加罚十两,以后再犯则照此递加,但最多不得超过二十两;小轮船驶往内地未经通商口岸,亦须将煤渣存储洋铁桶内,不得任意倾入沿路河道,俟该轮驶回口岸时,即可照章起卸于海关驳船。

1910年8月,仁(和)钱(塘)巡警局向浙江巡抚报称:杭州城内河道淤塞已久,经巡抚筹款设立浚河局,逐段开浚,实非易事,但据浚河局工程委员张良楷称,城内河道淤塞已经开浚之处,时有浮萍及沿河垃圾甚多,居民任意抛弃,直不知浚河之难……为使河水常清,交通无阻,应筹办善后,并严申禁令。巡警局拟订《杭城河道善

---

① 《杭州府志》,第175卷"交通"

后管理规则》,要求浙江巡抚"察核转详立案"①。这个河道管理规则的主要内容是,把市内河道划分七段,每段都"派船一艘、雇人夫一名",进行"打捞浮草、垃圾",分工包干疏浚,并"将所捞浮草、垃圾随时运送城外空旷之处倾倒",要求沿河店铺、居民在河内:一不准倾倒垃圾瓦砾,二不准抛弃菜叶瓜皮,三不准倾倒秽水及一切不洁之物,四不准抛弃死毙猫狗猪鼠;各染坊染色污水均应设法莶积运往城外旷野处所倾倒,不准流入河内;城外木排、竹排一概不准进城,如城内店铺所购,也应随到随起,不得任意停泊;各种船舶须就河面宽阔处所沿岸挨顺停泊,不准任意聚集一处,以碍交通;斗富一桥、菜市桥等处之湖帮垃圾船只,只准停至坝子门外,不准行驶进城;凡违反该规则者则酌情处罚或责令将该段河道照原来深浅浚修。该规则经浙江巡抚于八月十一日批准施行。这些规定无疑对当时航道、河道的养护起到了积极的作用。

设立水上巡警

1910 年,浙江巡警道拟订《内河水路巡警章程》②,规定水巡管理的范围很广,涉及水上治安、水上秩序、航行安全及航道、航标、救护,等等。具体内容主要有:凡江河流域各州都须添设水路巡警,分布于沿岸各村镇;凡水路旧有的船舶各项杂捐陋规都拨充办理水巡之用;水巡管理事项是:1. 编查船只;2. 稽查船舶乘客;3. 检查船舶瘟疫;4. 防缉沿河匪盗;5. 救护水上难民;6. 调查沿河居民户口;7. 查禁私运军火及贩卖违禁物、漏捐货物、船舶;8. 筹拟防护河流溃决;9. 浅水险窄之处电灯标识;10. 禁止河流投弃死畜秽物;11. 禁止船中赌博及卖淫;12. 禁止船舶装载过重;13. 禁止船中私开烟灯;14. 禁止船户娄索船价;15. 禁止船舶争越拥挤;16. 禁止舟筏停泊不当;17. 其他普通巡警职务范围以内各事项,等等。

---

① 《浙江官报》,第 41 期,宣统二年
② 《浙江官报》,第 41 期,宣统二年

第三节

近代航运的发展
（1912—1936 年）

从辛亥革命胜利到抗日战争前夕,是中国民族资本主义工商业迅速兴起的时期。受其影响,大运河浙江段航运业也有了较快的发展。

辛亥革命的胜利和第一次世界大战,给中国民族工商业的发展创造了有利的环境和条件。民国政府成立后,先后颁布了一些有利于民族工商业发展的法令,取缔了一些封建势力霸占航道的陋规,促进了民族实业和航运业的发展。1914 年爆发了第一次世界大战,欧美列强忙于战争,无暇东顾,日本则乘机在中国扩大侵略势力,并悍然侵占胶州湾,迫使中国接受"二十一条"。中国人民强烈反对"二十一条",抗御外侮,抵制日货,力图实业救国,又使日本在华企业也不得不有所收敛。垄断大运河浙江段航运的日清汽船株式会社迫于形势,暂时退出江浙两省的内河航线,这一切为大运河浙江段的民族轮运业发展提供了一定条件。

第一次世界大战结束后,外轮卷土重来,中国民营小轮船航运业已经初步具备与外国轮船势力抗衡和竞争的能力,改变了外国航运势力独占和垄断的局面。1927 年,国民政府建都南京,浙江成为畿辅重地,各行各业随之发展,大运河浙江段航运业也得以发展。

到 19 世纪 30 年代,大运河浙江段,尤其是杭嘉湖等浙西运河沿线水网地区,已初步形成以城市为中心的航运网络。

一、航线变化和航道治理

1912 年 1 月 1 日,中华民国成立。同年 9 月,工商部讨论改善和发展工商业的议案有 80 余起。1914 年 1 月—3 月,农商部接连公布一系列扶持工商业的工商法令,并采取各种措施,激发和调动民族资本的投资积极性。在浙江,1912 年 1 月,省临时议会制定和公布《中华民国浙江省约法》,并采取了一系列改革措施,取消与民国体制相违背的封建规章制度,浙江近代民族工业蓬勃兴起,商品经济空前活跃。

蓬勃兴起的民族工业和空前活跃的商品经济,推动了大运河浙江段航运业的发展,尤其是位于杭嘉湖水网的浙西运河航道也随之发生了明显的变化。自唐代起,浙西运河最主要的功能和职责是漕运,即集疏和向北方转运京师所需的漕粮,因此其主要航线的基本走向是往北通过江苏,连接太湖、淮河、长江、黄河和海河等水域。由于集疏和转运漕粮所需,杭嘉湖水网地区的浙西运河形成了三条主航线:一是浙西运河东线,从杭州的德胜桥经东新关,再经过上塘河疏通,到临平,至长安镇翻闸,途经崇德、石门、濮院,穿过嘉兴府,至浙江最北端的王江泾,经盛泽进入江苏。此航线一直延续到元代初年,元代起开始改道,由塘栖直通崇德;元朝末年张士诚又从塘栖南王林港(今武林头附近)开凿新河,直达江涨桥(今杭州北九里)。二是浙西运河中线,由杭州至塘栖,路经新市、练市,趋乌镇,经平望抵达江苏。三是浙西运河西线,从杭州以塘栖直通崇德,再经东苕溪等内河支流沟通,到达湖州,趋西,经南浔、平望进入江苏,这三条航道又相互沟通,形成嘉湖地区浙西运河水网。[1] 通过这个运河水

---

① 　参见唐宋运河考古队:《运河访古》,上海人民出版社,1986 年 10 月第一版

网,在长达1 000多年的漕运中,浙江的漕粮源源不断地运往位于北方的京师,以供朝廷所需。

清咸丰三年(1853),浙江漕粮由河运改为海运,杭、嘉、湖三府的漕粮,包括白粮,悉数驳运抵上海装兑宁船,通过海路北上。大运河浙江段的漕运功能被废除。同时,上海自1895年开辟为通商口岸后,迅速发展成为全国进出口商品的集散中心和商业中心,江、海航行贸易的规模日益扩大,供应内河运输的货源日益充足,很快成为全国最大的内河航运中心。早在1898年8月15日,《申报》就这样描述:"内地通行小轮船,取费既廉,行驶亦捷,绅商士庶皆乐于其途。沪上为南北要冲,商贾骈阗,尤为他处之冠。每日小轮船之来往苏、杭、嘉、湖等处者,遥望苏州河一带,汽管鸣雷,煤烟聚墨,盖无一不在谷满谷,在坑满坑焉。……小轮船则为地无多,所恃者拖带民船耳,多者十余艘,少亦五六艘,翩翩联联,如鸦衔尾,舟人危坐鹢首,不复知篙楫之劳。"随着上海全国内河航运中心和枢纽地位的确立,浙西运河与之的沟通和连接自然也就日益密切,况且浙西运河的功能或职责已由原来主要承担漕运逐渐变为以商业航运为主。因此,浙西运河航线的基本走向也由原来主要连接江苏、沟通北方逐渐转变为主要连接上海,向其南北腹地以及海外辐射。因此,从晚清到民国时期,无论侵入浙江内河的外国航运势力,还是华商小轮船公司首先开通的都是杭州、嘉兴、湖州等地与上海的航线。浙西运河的三条主要航线,无论是运河东线,还是运河中线和运河西线,都由原来从杭州经嘉兴、湖州通往江苏逐渐转为以通往上海为主,其中运河东线由杭州三堡,经塘栖、崇德、石门,穿过嘉兴,转往嘉善,连接上海,这既是历史悠久的浙西运河的传统航道,也是民国时期船舶流量最大的运河主航道,直到20世纪50年代,杭州到上海的水上运输,大多数船舶都走这条航道。其次是运河中线,由杭州三堡,经湖州德清、新市、练市、乌镇,进入江苏,过平望、黎里、芦墟后,再入浙江,经俞家汇、池家浜进入上海。而运河西线则由杭州,经塘栖、崇德、善琏、双林、南浔,从江苏平望、黎里,进入上海。这三条航线仍然汇通为杭嘉湖地区的浙西运河网,只是重心由通往江苏为主转向上海为主,功能由漕运为主转变为商运为主。

清至民国时期,浙东运河的航道无大的改变。晚清时期,江南地区兵事颇盛、战火纷飞,浙东运河也呈现战时特点,即沿岸社会经济落后、战乱之祸不断,航运无序,但仍然航运畅达,是宁绍地区重要的运输干线。随着小轮船航运业的兴起,在浙江辽阔的水域内又形成了以浙东运河和浙西运河为干道,以杭州、嘉兴、湖州、绍兴和宁波为中心运河小轮船航运网。其中以杭州为中心的运河轮运网主要航线有杭州—上海、杭州—苏州、杭州—嘉兴、杭州—湖州、杭州—震泽以及杭州—菱湖、杭州—塘栖、杭州—余杭、杭州—德清、杭州—洛舍、杭州—长安等支流航线共 10 余条;以嘉兴为中心的运河轮运网主要航线有嘉兴—杭州、嘉兴—吴兴、嘉兴—上海、嘉兴—苏州、嘉兴—平湖、嘉兴—硖石以及乌镇—长安、平湖—许村、嘉善—乍浦、嘉善—苏州、平湖—硖石等支流航线共 12 条;以湖州为中心的运河轮运网主要航线有湖州—杭州、湖州—上海、湖州—嘉兴、湖州—苏州以及湖州—南浔、湖州—硖石、湖州—震泽、湖州—常熟、湖州—松江、湖州—南汇、湖州—德清、湖州—新市、湖州—洛舍、湖州—合溪、湖州—菱湖、湖州—双林等支流航线共 20 余条;以绍兴为中心的运河轮运网主要航线有萧山—杭州、绍兴—萧山、绍兴—上虞;以宁波为中心的运河轮运网主要航线有宁波—奉化、宁波—余姚、宁波—镇海以及奉化—镇海等。

杭州、嘉兴、湖州、绍兴和宁波这五个运河小轮航运网在整体上汇成以上海为中心的大运河浙江段航运网,并全方位地融入了长江三角洲的运河航运网,不仅沟通和连接着上海、苏州、无锡、南京、芜湖等周边地区的各大城市,而且日益向市镇和乡村渗透、贯通,尤其是随着铁路和公路的发展,航运网进一步向城市郊外和集镇发展。宁波地区的浙东运河可通航航道短,轮运业发展受到限制。1927 年 1 月,鄞溪商轮公司首开轮汽船往来郊区集镇的新航运市场后,到 1929 年 12 月的 3 年间,先后有 15 家公司开辟宁波东、西乡塘河沿线各集镇航线。1931 年,鄞奉、鄞慈镇、宁穿、宁横各公路相继建成通车,宁波通往郊外航线进一步向集镇深入发展。

从晚清到民国初年，政治混乱，官吏腐败，经济停滞，大运河航运艰涩日甚一日，走向衰落。道光年间(1821—1850)，黄河连年决口，河政腐败，贪污猖獗，河工日渐衰败，各省征解的漕粮逐渐递减。咸丰元年(1851)，太平天国运动兴起。咸丰三年(1853)太平军占据南京、扬州，切断了大运河航运。咸丰五年(1855)，黄河在河南兰考铜瓦厢决口，改道北上，挟汶水走大清河于利津入海，也使运河堤毁岸崩，水源涸竭，河运被迫中止。在这种转变中，唯有包括大运河浙江段在内的江南地域的运河航运，尤其是浙西运河船运不仅没有停止，而且还有所发展。这既是因为江南地区有着充沛的水源、得天独厚的地理环境条件，也是由于尽管漕运既罢，运河南粮北运的漕运使命结束，但以商业为主的运河航运仍然持续发展，因此浙江各地依然不断地对运河航道进行规模不等的疏浚与治理。仅清光绪《嘉兴府志》记载的有：

"咸丰六年(1856)，亢旱水涸，石门知县丁溥开浚运河，自玉溪(今石门)至羔羊堰十里，北水南来，溉田数万顷，塘东西赖之，岁仍有秋。"

"同治十二年(1873)，石门知县余丽元奉檄开浚运河，主簿杨纯礼董其役。自玉溪至太公渡，兼及支港，一律工竣，农民赖之。"①

光绪年间(1885—1899)，浙江道员许炳堃还曾向朝廷递交《苏杭运河水利议略》，云："塘之坍损等，一律治平，以便交通，桥之斜出塘河者，移与塘身作一直线；塘之两侧者，名曰夹塘，移至里岸；若两端之塘，均狭长有阔地，附麓之处，长不及至十丈者，仍改塘至运河里岸(自注：苏杭官塘，在浙境者二百三十余里)，坍塌最甚之处，有全塘坍河中，纤路移于塘内桑地者；桥之斜出塘河多则丈余，少亦数尺，轮舟之通过，每日五次，波浪冲击，桥脚空虚，不急修整，行将倾圮，移与港身成一线，则两端有所依附，可期坚固。塘之两侧皆河者，风涛冲击，两面侵削，若非石塘，不能经久；石塘之脚不深，则水浅时，波浪冲击，有塘脚搜空之虑。今苏杭、苏湖二塘共计二百三十

---

① 清光绪《嘉兴府志》卷二十九

余里,全为砌以石所费不赀,即一面临河之塘,其已坍损处,欲仍旧填之,亦非用石塘不可,通筹用费,亦以塘路改进者为省。若塘内阔至五丈以上,则两端虽同时侵削,沿可维持;而有阔地之处,不及五十丈,则两端须添造石桥,所较改塘省。塘已倾圮之处,照价收买沿河民地,改造塘路,但以阔五丈为限。塘路至水面,砌成四十五丈度之倾斜;所砌下之土,用培塘身低窄之处。以路阔一丈,塘高与桥址相平为率。塘之斜坡种大叶杨树,每年齐根砍伐一次,并于沿塘河边,种植蒲草……"①

　　到了民国,运河的残破引起了国人的广泛关注,要求整治运河的呼声从未间断。20世纪20年代,孙中山在其所撰《建国方略》中就提出浚复运河、增浚新运河的计划。民国三年(1914),北洋政府聘美国红十字会工程师团来华规划运河治理。民国七年(1918)设督办运河事宜处,聘美国工程师费理门·李伯来卫根等测量设计,历时三年,费资甚巨,工程半途而废。民国十六年(1927),浙西水利议事会设上塘河工程处,疏浚上塘河。同年,杭州市政府对中河略加浚治,其余则由农民就近开挖。

　　民国十七年(1928),国民党取代北洋军阀后,南京政府先后分段对运河进行了治理。民国二十一年(1932),疏浚桐乡城南附近河道。民国二十二年(1933),导淮委员会、华北水利委员会、黄河水利委员会和太湖流域水利委员会联名致函冀鲁苏浙四省建设厅,于当年12月在南京举行整理运河讨论会,并聘请嘉兴籍著名水利专家汪胡桢为总工程师。为整治断航的京杭大运河,汪胡桢从杭州开始,沿运河跋涉踏勘,风餐露宿,历尽艰辛,历时一年半到达北京,徒步完成了踏勘任务,编制了一套较完整的《整理运河工程计划》,印刷成书,并呈报国民政府。但当时的政府穷于内战,根本不顾人民的疾苦,工程经费无法筹齐,最终,凝结汪胡桢等专家心血与汗水的计划被束之高阁,部分河段整治由各省分别进行。民间也有小规模的运河疏浚与整治。民国十二年(1923年),濮院镇仲少裳发起捐资修

---

① 清宣统《杭州府志》

筑妙智至永新之运河塘，雇 1 939 人，历时 40 余日竣工。民国十九年(1930)春，疏浚石门湾南观音堂至东圣堂运河。民国二十一年(1932)1月—4月，疏浚运河，挖土 1.28 万立方米。民国二十三年(1934)，南浔镇富商庞莱臣及湖州城绅李恢伯等人募集 80 余万银元整修，设基桩，筑水泥浆砌塘岸，岸顶压混凝土块，建纤桥凉亭。此后累有维修。1936 年 1 月，湖州籍国民党中央执委陈果夫以南浔士绅张剑鸣疏浚南浔市河(湖中线南浔航段)办法致函浙江省建设厅长皮作琼；6 月，由南浔地方乡绅 21 人组成疏浚工程委员会，集资 34.5 万元(法币)，疏浚河道长 2 100 米，宽 6~9 米，挖深 0.6~0.8 米。

　　正因为商业运输的发展和部分河段不断疏浚、治理，民国时期，京杭运河整体上长期失修，部分断航，成了一条分段通航的水道。但大运河浙江段则始终航运通畅。浙江各地开行的小轮船航线，从上海运至浙江的主要是粮食、百杂货、食糖、煤炭等，浙江出口的则是土特产、水果、蔬菜、竹木、茶叶等，每天航行于大运河浙江段上的船舶多达千余艘。1927 年起，以杭嘉湖为中心的浙西运河航运业还呈现出兴旺发达的态势。1937 年，嘉兴有轮船 32 艘，行驶于嘉兴至上海、杭州、苏州、湖州等地的 12 条航线上。同时，商货运输船舶也由木帆船为主逐渐转向以轮船为主。

　　民国时期，浙东运河的整治也曾被提到议事日程，时由浙江省建设厅杨健负责，提出了《浙东运河之重要性与整理意见》①。文中说："吾国主要江河，流向均由西而东，唯运河则由北而南，起自北平，南迄宁波，长达二千余千米，贯通后可使黄河、扬子、钱塘、曹娥各流域之航运，得以联络一气，产物得以相互接济，关系全国交通、经济、国防者甚大。故整理运河，为整个国家之建设大计；而宁绍杭为沿运生产最富之区，整理浙东运河，实为贯通全运之嚆矢。此关于联络全国航运，浙东运河之应行整理者。"浙东运河的整治当时已引起中央政府的重视。"全国经济委员会特拟订全国水利建设大纲，令行各省建设机关拟具工程计划，以俟筹款兴办，循序推进，并

---

　　① 《浙江省建设月刊》第十卷，民国二十五年，第三期

指定浙江自杭州钱塘江经绍兴达宁波通海之浙东运河,为全国当前切要水利工程之一。"可惜,浙东运河的整治方案因抗日战争的爆发而搁置。但是从晚清到民国,民间捐修浙东运河的善举则始终没有间断,只是规模都不是很大。在沿河桥梁、纤道塘的多处碑石上多有记载。

二、小轮船航运业的发展

大运河浙江段小轮船航运业,虽自 1895 年内港开禁之后至 1911 年已有相当的发展,但较大规模的发展普遍是在民国建立以后。这一时期的大运河浙江段小轮船业脱离了口岸形态,迅速向各地发展,至 20 世纪 20 年代中期,大运河浙江段小轮船企业发展更趋普遍,轮汽船的数量大大增加。大运河浙江段沿线各地几乎都开行了轮汽船航线,运河轮汽船成为杭嘉湖、宁绍等平原地区的区域内部和区域之间的主要交通工具,在发展经济、扩大市场、便利城乡流通等方面发挥了重要作用。

杭嘉湖轮船航运业的繁荣

地处浙北平原的杭嘉湖地区,北临太湖,与上海、苏南平原相连,南迄钱塘江,和杭州湾水域临界。在这片面积约 6 450 平方千米的地区内,有着优越的水运条件,浙西运河贯穿其间,湖荡河渠交织,形成水网密集地带,河道密度居全国之首,而且将杭州、嘉兴、湖州三座近代工商业发达的城市贯通一气、联结起来,其中杭州既是钱塘江尾闾的货物集散地,又是浙西运河南端船舶的起讫点和浙东运河的交汇点。此外,还有多条支流纵横在干流之间,均可通行船只,各河流水位稳定,所有干支线航道终年都可行驶轮汽船。杭嘉湖平原是浙江省内最富庶的地区,在近代的工商业发展水平居全省之冠,区内集市繁荣,人口稠密,生产和消费发展迅速,商品流通量不断增长,为航运业的发展提供了坚实的物质基础。杭嘉湖地区还紧邻中国近代工商业最发达的城市——上海,领近代风气之先,进出口贸易和近代先进技术的引进都有着多方面的便利。所以,民国建立以后,大运河浙江段小轮船航运业首先在这一地区兴盛起来。

  1912 年以后,小轮船航运业首先从上海、苏南纷纷进入杭嘉湖地区浙西运河的主要干线,而后逐渐深入到所有能够通行轮汽船的干支流航道。1912—1927 年的 15 年间,轮汽船发展之快如雨后春笋,各轮船企业时常合并改组,易主改名,开张歇业,自生自灭,变换不止。这些企业的船只也经常转卖、租赁,改名易号,所以许多小轮船公司的来龙去脉很难弄清楚。根据浙江省政府公报的记载,1914—1929 年,杭嘉湖地区已领取部照开业行船的企业有 95 家(共有轮船 165 艘),其中跨省的小轮船公司 84 家(共有轮汽船 107 艘),完全行驶杭嘉湖地区境内的公司 11 家(共有轮汽船 58 艘)。此后经过不断的竞争,至 20 世纪 30 年代初,杭嘉湖地区的运河轮船企业数目明显下降,但被淘汰的大多属外省的小公司,而当地的小轮船企业仍在继续发展。1930 年,湖州境内有轮船公司 32 家(共有轮船 46 艘)。据省建设厅第二区管理船舶事务所调查统计,1932 年杭嘉湖地区有小轮船企业 43 家,拥有轮汽船 86 只,计 988.13 吨,航线遍布杭嘉湖地区浙西运河的主要干流支线,并延伸至省外的上海、苏州等地。到 1936 年,杭州境内有轮局(公司)15 家,开行杭州拱宸桥至苏州、湖州、震泽、申(上海)、新市;杭州江干至桐庐、兰溪、临浦、诸暨;西兴、临浦至绍兴、曹娥、蒿坝等 11 条航线。嘉兴各县有轮船行 67 家,共有轮船、汽轮船 95 艘。其中嘉兴县有轮船行 12 家共有轮船 32 艘,行驶于嘉兴至沪、杭、苏、湖、平湖、硖石、新塍及县内外城镇 12 条航线;嘉善有轮船行 11 家,有轮船 17 艘;海宁有轮船 18 艘,月均运三四万人次;平湖有轮船行 18 家,轮船 24 艘,境内外 13 条航线;海盐有 4 艘;崇德有 2 艘航行于县内外航线。这些运河轮船企业大多经过较长时间的稳定发展,已具有较强的竞争实力,独占或分享一定航区,经营有利的航线。这一时期,浙江的轮船企业主要有以下几家:

招商内河轮船公司

这是当时全国最大的内河航运企业,但由于经营管理不善,一直处于连年亏损的状态,成为招商总局的包袱。总局打算将其全部出租,而浙江省在 1927 年南京政府成立后打算设立省办轮船局,作为扩充本省轮船航运业的基础。1930 年 5 月,浙江省政府主席张静江派浙江省航政局局长孙云霄赶赴上海与招商局总办赵铁桥洽谈,双方很快达成协议,由浙江省建设厅和招商局签订合同,将招商内河轮船公司所有船舶、码头、房产租下,租金每年 2 万元,租期 5 年。同年 6 月上旬,浙江派人前往共接收轮船 21 艘,公司船 1 艘,货船 4 艘,煤船 1 艘;航线共 21 条(仅 3 条是完全在浙江省境内);局所及代办处共 105 处,其中属招商自产权的仅 10 余处。

浙江省政府将接办的招商内河轮船公司改名为浙江省内河轮船营业处,并公布营业处暂行规程,规定内河轮船营业处直属浙江省航政局管辖,航线所经各埠设营业所或代办,并拨借 5 000 元作为开办流动资金。营业处于 1930 年 6 月 16 日正式开业,在杭嘉湖地区配置 10 艘小轮船,开航杭苏线、杭申线、湖申线和嘉(兴)盛(泽)线 4 条班轮航线。

开办之初,浙江省内河轮船营业处主管当局对经营采取比较谨慎的态度,规定营业处的"一切开支以营业本身收入为限,不得支领库款,将来余利所得为扩充事业之用,徐图发展"。但浙江当局租下招商内河轮船公司本身就是个错误决策,当时正值经济萧条,航运业开始衰落,许多大企业都因支撑不易,而停班辍业,乘机转让,省建设厅不识时势,自寻包袱。而且招商内河轮船公司在招商总局自办时期就账目混乱,贪污舞弊之风盛行,积弊极深,浙江当局难以改观。况且招商内河轮船公司前已将所属轮船及航线交私商承包,未届期满依法不能收回改移他线航驶,浙江当局无法扩充浙江航线。因此,浙江省内河轮船营业处开办 7 个月,就亏损 1 万余元,许多船舶损坏严重,亟待巨款修理,面临困境。于是,浙江省政府决定停办营业处,招商承租。经过公开招标,苏州航商张景佩得标,标价为3.08万元。张景佩从 1931 年 7 月 1 日起接收营业处的财产、业务,改称招商内河轮船经理处。不久,张景佩以亏累为由,又将所有航线转租给他人承包,而这些承包商又转手出租。实际经营的航商追求短期效益,机器设备超负荷运转,许多船舶带病行驶。到 1935 年 6 月 15 日租期届满时,毁弃的船达 6 艘,其他损坏不修或修理不善的船舶更多。最后,浙江省建设厅只好将这副烂摊子交还给招商局了事。

招商局内河轮船公司由招商局收回自办后,由于许多船舶在承包和租赁期内已被搞得破损不堪,可用船只仅剩三分之一,公司不得不将在浙江省行驶的小轮船减为 8 只,并停止派船行驶杭申线。1936 年 4 月,交通部限期该公司停办。到 7 月,该公司各轮停驶①。1930—1936 年,招商内河轮船公司先后拥有"德和""新飞马""飞龙""扬名""利川""河平""河安""恒仁""利享""利航""源丰""公隆""恒青""泰昌""翔凫""新永安"等 10 余艘小轮船在杭嘉湖地区运河开辟杭申、杭苏、湖申、嘉湖、杭湖、嘉菱、湖苏、嘉盐、嘉盛、碟海、平申等 10 条客运和客货班轮航线。

王清记轮船局

其前身系王清记商号。1915 年,该商号的轮船发展到 4 艘,改称王清记轮船局。20 年代中期,又租赁和添置小轮汽船各 1 艘,开辟杭州至苏州的长途客货航线,及盐官至碟石的短线客运,以后又改驶长安经崇德、石门湾、杨宗庙至乌镇线。30 年代开始,局址改设嘉兴北门,并与其他资本联合起来,将经营的重点移至嘉兴,派出 3 艘小轮船经营杭苏线的客运,同时还从事其他公司不开航的嘉善北部湖荡区各集镇之间的轮运业务。1933 年,驻泊嘉兴的 5 只小轮船年营业收入 6.5 万元(包括乌镇至长安 1 轮营业收入在内)。1936 年,该轮局在嘉兴一带集中了小轮船 8 艘,载重计 112 吨,资本 5 万

① 《交通杂志》第 4 卷第 6 期

元,成为嘉兴航业的首户。

这期间,王清记轮船局先后拥有"清和""清泰""清平""清翔""清华""清远""新长安"以及租赁的"宁孚""宁丰"等小轮船。在杭嘉湖地区开辟杭州经嘉兴至苏州、嘉善至芦墟、盐官至南汇等多条航线,成为该地区一家实力较大的内河轮船企业。王清记轮船局还是宁绍内河轮船公司姐妹企业,其部分船舶常在两公司间调剂使用。

宁绍内河轮船公司

1911 年在嘉兴创办,次年在上海宁绍商轮公司的赞助下,名义上作为宁绍商轮公司附设的内河轮船公司,并在上海设立总公司,由宁绍内河轮船公司创办人王廉任经理。其时,该公司已有注册小轮船 7 艘,开航于杭嘉湖一带。1916 年,宁绍内河轮船公司脱离宁绍商轮公司,独自营运,并派轮驶入偏僻的西苕溪,开辟湖州经长兴至夹浦的航班①,与嘉湖航线连接,转运由上海乘火车至嘉兴欲转往湖州、长兴一带的客货。1917 年,宁绍内河轮船公司租进汽船 1 艘,开辟湖州经双林、乌镇、新塍、嘉兴、沈荡至海盐的航班。1918 年,又租用小轮船 1 只,航行杭嘉苏航线,使船舶配置形成了"二横一纵"的布局,接着又以 3 艘轮汽船充裕以上 3 条航线。同年 9 月,新造小轮船 2 只,扩大对杭苏线及平湖、海盐一带的投入。至 1921 年,宁绍内河轮船公司在杭嘉湖地区行驶的轮汽船共 8 艘,载重计 100 余吨。1930 年,该公司投入运行的轮汽船增加到 11 艘,在 8 条航线上行驶,成为杭嘉湖地区行驶轮船最多的一家企业,1933 年在嘉兴的营业收入 7.3 万元,居当地 8 家公司之首。1936 年以后,船只未减少,但开行的航线有所收缩,营运重点转移到嘉苏、杭湖两线。

这期间,宁绍内河轮船公司先后拥有"海宁""越通""瑞康""宁裕""宁丰""宁昌""宁平""宁安""宁济""永利""宁琛""宁青""永

---

① 《浙江公报》,民国五年二月二十六日

平""永青""新长安""清扬""盐平""新盐平""新宁昌""宁孚""新永丰"等20余艘轮汽船,在嘉苏、湖长、杭湖、杭苏、湖浔、湖乌、平盐、嘉塍、盐硖、塍枫等10余条航线上行驶。

源通轮船局

其前身为戴生昌轮船局,系华商经营。自1905年起冒名日商的戴生昌轮船局,到1915年群众性反日斗争风起云涌时,即陷入困境。1920年2月,该局改名为源通内河轮船局,重以华资名义注册登记,并新造小轮船2只,开航杭申线。1923年,源通轮船局又陆续添置小轮船,逐渐改在杭嘉湖的浙西运河经营。但此时主要航线已被其他小轮船公司所占,源通轮船局只得开辟绕行航线,有时一轮要辗转绕行开航江、浙、沪等3地的20多个城镇。1927年6月,在杭州拱宸桥大同街设立源通分局。此后,经营重点遂转向杭嘉湖地区。1930年,源通轮船局在杭嘉湖地区各处行驶的轮汽船发展到10艘、190余吨,开辟了湖申、杭湖、湖苏、湖泗、菱申等5条班轮航线,重新成为杭嘉湖地区规模最大的小轮船公司之一。1936年,在杭嘉湖地区航行轮船虽减为7艘,但发展了拖船业务,其中在杭州有小轮船5艘、载客拖船18艘,在吴兴有小轮船2艘、载客拖船2艘、装货拖船10艘。

源通轮船局自在杭州设立分局后,营业收入逐年增加,1927年为3.7万元,1928年为3.82万元,1929年为3.91万元,1930年达到4.02万元。1920—1936年,源通轮船局拥有"源吉""源祥""源余""源昌""益阳""新兴""源顺""源通""源发""源丰""大有""大安"等12艘轮汽船,开航杭申、杭苏、杭震、湖申、湖苏、湖泗、菱申等七八条客货运航线。此时源通轮船局的规模和声势虽已不如清末时期的戴生昌轮船局,但仍不失为杭嘉湖地区一家重要的运河轮船公司。

通源轮船局

这是一家创办于民国初年、设在上海的小轮船企业,1914 年有小轮船 7 艘,34 吨。1917 年,先后派出轮汽船 5 艘,航驶杭嘉湖运河。30 年代初,在杭州、嘉兴、湖州设立分局。其中杭州分局资本额 2 000 元,小轮船 1 艘,9 吨,船价 7 500 两;嘉兴分局资本额 3 万元,轮汽船 6 艘,33 吨;湖州分局轮船 3 艘。共计有小轮汽船 10 艘,载重计 100 余吨。1935 年前后,嘉兴分局年营业收入高达 6.5 万元,与王清记轮船局相当。1914—1936 年,通源轮船局先后拥有"庆瑞""盛泽""飞轮""武原""新庆瑞""飞云""永源""致和""致公""同顺""飞翔""顺发""通义""致平"等 10 余艘轮汽船,开航嘉湖、嘉盛、嘉浔、嘉汪、嘉湖、嘉双、嘉新、南塘、杭新等 9 条客运航线。

长杭轮船局

这是一家完全由湖州本地商人创设,专驶湖杭间航线的小轮船企业。早在 1916 年 2 月,刘合记商号主刘颜购进日商小轮船 5 只,改名易号后一并出租给庆记轮船局。[①] 1919 年 4 月,刘颜将租出的 5 只轮船收回,与长兴县商会会长钟学书、富商温锦生、刘万青联合组织长杭轮船局,总局设在湖州,杭州拱埠设立分局,开驶湖杭间夜班轮船,后又将航线由湖州延伸至长兴泗安镇。1920 年,刘氏家族中的刘大堂将自己拥有股份的 2 只小轮船抽出,仍租给庆记轮船局经营。事后,长杭轮船局便向别家商号租进小轮船 2 只,开辟杭苏湖泗间的长途客货轮支线。1927 年,长杭轮船局与宁绍内河轮船公司结成长宁联营公司,共同对付于当年成立的翔安轮船局,在湖杭线上与其展开跌价竞争。两年后,联营公司因竞争结束而解体。20 世纪 30 年代,原刘合记商号的船舶大部分撤出,加入别家公司,长杭轮

---

① 《浙江公报》第 1444 号

船局进行了更新,添置汽船3只,行驶湖杭线,并另派1艘轮船航行湖泗间。长杭轮船局自创办以来,先后拥有"益安""益宁""益丰""益隆""益阳""长源""长杭""新长杭""长风""长鲸""江新""长瑞"等轮汽船12艘,开辟湖杭、湖泗、杭苏等航线。

除了上述登记注册的轮船公司外,还有众多的小型机动船投入营运,仅杭州就有湘越轮船公司置机帆船1艘,行驶杭州至震泽线;胜利轮船公司有轮船4艘,开行杭申、杭湖线;光明轮船公司有轮船3艘,行驶杭塘(栖)线,未久增开临平至塘栖、杭州至德清航线;协鑫轮船公司配置轮船1艘,首驶杭州至菱湖线;兴安轮船公司有轮船1艘,开行杭州至震泽线;联达轮船公司有轮船1艘,行驶杭州至余杭航线;联青轮船公司有轮船1艘,行驶杭余(杭)线;鸿翔轮船公司有轮船1艘,开行临平至塘栖、杭州至德清航线。这些小型机动船大多是在原有航船上装一部汽车发动机作为运力,如其中的"兴利""民强",行驶于长安、新市间,"王阿大"则行驶于杭州、塘栖间。这些小型机动船灵活机动,不仅载客运货,还常常接受委托代客采购货物,由于它们收费不高,又能为客货方便着想,所以备受青睐。

萧绍运河小轮船航运业的兴起

浙东运河萧山—绍兴段是沟通钱塘江、曹娥江、姚江和甬江航运的重要通道。民国成立以前,航运主要依赖航船和民船,轮船业尚属空白。

越安轮船合资有限公司(以下简称越安公司)为萧绍地区最早的内河小轮船企业。1911年,绍兴绅商俞襄周邀集施兰臣、王清夫、汪舜山、朱葆三、林福兴、魏鸿文、方佩绅等人集资5万银元,筹建越安公司,主要投资人是俞襄周和施兰臣。由于注册登记和领取执照手续烦琐,且值政权转移之际,费时达1年之久,直至1912年方才正式开业。施兰臣任董事长,俞襄周任总经理。总公司设在绍兴城西郭门外会龙桥堍,在轮船航线所经停泊码头设立分公司或办事处。开办之初,聘请宁绍内河轮船公司经理王清夫兼任越安公司经理。

开始,越安公司向上海外商购进木壳煤油小轮船 4 艘,共计 17.55 吨,分别命名为"越安""越新""越昌""大利",接着又自建客船 6 只,每船有客位 100~150 座。开驶曹娥—西兴长班(每天对开一次)和绍城偏门—曹娥蒿坝短班(每天往返一次)。因小轮船行驶速度快,比航船缩短航时三分之二以上,很快受到当地客商的欢迎,营业颇旺。1914 年夏季,适逢大旱,河道浅涸,越安公司遂趁机疏浚了所行航线的淤浅河段,并对碍航桥梁也做了适当的提高或改建,以做长远发展的准备。① 1915 年,为方便杭州赴绍兴、曹娥一带的旅客,解决杭州旅客须至隔江的萧山西兴搭乘轮船的困难,越安公司于 9 月购进汽船 1 艘,定名"越亨",开驶由杭州江干径直往来绍兴、曹娥的小轮船航线。由于杭州与绍兴、曹娥间的客运十分繁忙,船只不敷应班,1916 年 10 月又向宁绍内河轮船公司转购"越康"汽船 1 艘,投入西曹线营运。这样,越安公司已拥有汽船 6 艘,共约 35 吨,拖船 10 多艘,日载客量 1 000 多人,营业兴旺,一时成为独家经营浙东运河的小轮船公司。

1916 年 11 月,萧山临浦镇船商童秋芳等人集资 5 000 元创办临绍协济轮船有限公司,先购进"协济"小轮船 1 艘,拖带客船,开行由绍兴经柯桥、钱清、杨汛桥、螺山、江桥、所前、白露塘、义桥至临浦的航线。不久,童祖耀等人又组织两家小轮船公司。一家称临绍宏济轮船公司,一家称临绍溥济轮船公司,各置小轮船 1 艘,将航线由临浦推进到绍兴至曹娥蒿坝,分开长班、短班。长班逢双日由临浦经绍兴至蒿坝,次日由蒿坝返回临浦;短班则每日往返临浦、绍兴之间。1922 年 4 月,这 3 家小轮船公司由吕祖楣等人出面申请,组成临绍协济、宏济、溥济轮船股份有限公司。联合后的公司拥有小轮船 6 艘,载重共 40 余吨,开始对越安公司构成竞争之势。联合公司较为松散,通常仍以原来公司的名称对外营业。1922 年 11 月,协济轮船公司又改名越济轮船公司。

1917 年,绍兴商人吴鸿藻创办正大轮船公司,置备小汽船 1 艘,

---

① 《绍兴文史资料选辑》第 5 辑

行驶绍兴至临浦线。由于临浦、绍兴两地的船商势力很大，并已投资组织了轮船公司，因此竭力阻止正大轮船公司轮船开航。最初，他们控告正大公司"不经禀办，擅自朦航"，使正大公司遭绍兴县政府的禁闭。1920年5月，吴鸿藻又以临绍轮船股份有限公司的名义，申请开业，又被绍兴县知事以"手续不符规章"搁置下来。吴鸿藻仍不罢休，越级上诉，终于在1922年获准开办。这桩公案反映了地方势力对小轮船业具有很大的控制力。

1920年，萧绍地区运河已有五六家小轮船公司的轮船行驶，竞争日益激烈。为此，越安公司进行了一次较大的自我完善：更换了已经明显落后的煤油发动机，采用耗油相对较低而运力性能更好的柴油机，并向上海订造了3艘柴油机小轮船，淘汰了一些老朽的旧轮，减少了油耗，提高了航速。经过这一改革，越安公司的企业经济效益明显提高。1922年后，越安公司的营业利润日渐增长，此时越安公司已由合资公司改变为俞氏独资经营了。

1923年4月，商人傅禹另辟蹊径，创办安济汽轮公司，置"安澜""安吉"汽船2艘，新辟绍萧下港一带小轮船航线，7月又增置"安济"汽船1艘开行西兴至曹娥线（经过萧山转坝头、衙前、安昌、陶里、斗门、马山、孙端、哨金、道墟、东关至嵩坝），并另派汽船1艘以安昌为中心，航驶华舍、党山、马鞍、下方桥一带。于是，萧绍下港地区的小轮船航线也开通了。

这时，各公司的营业竞争更加激烈。1923年10月，越安公司拨出"越昌""新越昌"两轮，以大通汽轮局之名，组织分号，并向上海协森昶船厂新造"大鹏"铁壳汽船1艘，投入西曹线，以加强它在这条主干航线上的地位。

1924年9月，临绍越济轮船公司的"协兴"小轮船和溥济轮船公司的"振兴"小轮船，也变更航线，自曹娥，经东关、皋埠、五云、绍城、柯桥、钱清、杨汛桥、江桥、萧山、所前、闻堰、义桥、临浦等，至西兴，这不仅与大通汽轮局的轮船航线相同，还将航线由浙东运河伸展到浦阳江下游一带。同时，越安公司再以大通轮船局的名义向上海胡万兴铁工厂订造"腾凤"铁壳汽船1艘，仍投入西曹线行驶，以便牢牢地保持在这条航线上的优势地位。

1927年2月，越安公司又分出"永济"小轮船1艘，由王廉出面组织永济轮船公司，经营西兴至曹娥航线。1930年5月，"永济"小轮船转入曹娥江，开辟百官至嵊县杉树潭的客运航线，中途经过上浦、章家埠、三界、清风岭、仙岩等处，每日对开两班。以后，永济公司又与观曹（观海卫至曹娥）汽车公司在百官江边站实行联运，出售汽车和轮船联运客票，便利了慈溪、余姚、嵊县等三县客商往来，营运一直不错。这条联运航线到一直保持到抗战爆发。

1927年，溥济轮船公司老板童祖耀势力大炽，将越济、宏济两公司合并，改组更名为大华轮船公司，并扩大航线，把萧绍下港一带航线纳入经营，还新辟自安昌、斗门，穿越绍城偏门，经徐山、赵家坂、峡山至漓渚的航线。次年又开行绍兴至曹娥和绍兴至道墟的客运航线。

1927年，萧绍（江边至绍城）公路筑成通车，使以经营浙东运河航线为主的越安公司营业顿受影响。越安公司只能新辟航线，另谋出路。1928年，越安公司总经理俞襄周让他的儿子俞幼章出面设立卓章轮船公司，再由副经理施兰臣出面开办德兴轮船公司，各有小轮船2艘。开辟绍城西部经弥陀寺、柯桥、华舍、安昌至瓜沥和自孙端经马山、宁桑、渎疆、谢家湾以达昌安，并进入到平水江，经五云至水平镇的新航线，尽可能地扩大航线范围，以遏制大华轮船公司咄咄逼人之势。

到20世纪30年代，萧绍地区的小轮船航运实际上主要被越安公司、大华公司和临绍公司3家所把持。3家公司都有一定的政治背景和经济实力，一时间内尚能够彼此保持均衡。1923年开办的安济汽轮公司却经受不住竞争的压力，到1927年10月，已无力继续开航，遂将公司及其船舶租给了金百年。金百年由入安济为永利轮船公司在原航线上继续营业。此后，尽管各公司又有分合改组的变化，但基本上仍是上述3家实力较大公司的班底。

宁波内河轮船业的发展变化

民国成立之前，宁波地区已有商办的运河小轮船公司七八家，有汽船 10 余艘,通航余姚、奉化江与甬江的干线,运河小轮船业颇为发达。民国初年,这些原有的小轮船公司除了 1906 年开办的鸿庆记轮船公司外,其余大多数都发生了变化。如当地最早创办的永安轮船公司已被挂德商旗号的美益利记轮船公司挤垮而不复存在。但美益利记轮船公司不久也不再挂外商旗号而改名为甬余轮船公司,拥有"利济""利泰""镇新"小轮船 3 艘,维持原来的航线。1905 年开办的通济商轮公司因营业亏损,于 1913 年将"通川"轮出售他处,至 1914 年 10 月营业了无起色,公议停歇,公司产业及另一艘"济川"小轮船盘给了凌恩波、邬福祥等人,由其另外组织凌波汽轮公司,"济川"小轮船继续行驶宁波至奉化西坞。1906 年,鄞江桥人陈品棠所有的"鄞奉"小轮船亦因经营不善,于 1917 年 8 月,转卖给凌信泳,由凌信泳组织鄞奉恒记股份有限公司,小轮船除继续行驶宁波至奉化西坞外,并扩航至镇海。另外,民国初年新增的小轮船企业为数不多。1910 年申请开办的通利商轮公司,到 1915 年 7 月才开始营业,开航宁波至余姚航线。1913 年,由宁波人创办的甬利南海汽船局,资本额 1.5 万元,置有"宁姚"轮(12 吨)1 艘,行驶宁波至余姚线。1915 年 11 月,由顺记厂主乐源昌购置"源顺"小轮船 1 艘,开辟自奉化西坞至镇海新碶头,经过鄞县梅墟、清水浦等处的新航线。自此以后,近 10 年的时间里,宁波地区不再见有新的运河轮船企业开办。由此不难看出,出现这种情况的主要原因是宁波地区可通航轮船的运河较短,向外发展的航道受到限制。

1924 年 9 月,宁波有一家公益轮船局开业,租赁一艘"福茂"小轮船,申请所行航线多达 3 条,由宁波—鄞县鄞江桥市、宁波—余姚、宁波—镇海,一轮跑遍三江,采用这种多航线营运的办法来扩大业务。

从 1927 年开始,宁波内河航运出现新的变化,在其四乡出现置办汽船拖带民船行驶的热潮。吃水较浅、成本更低的汽船纷纷驶入宁波东西郊外塘河,开展轮汽船拖船运输。1927 年 1 月,鄞溪商轮公司成立,新置"鄞安"汽船,拖带木船行驶大河桥至宝幢,开创了轮汽船往来郊区集镇的新航运市场。之后,各航商竞相效仿。到 1929 年 12 月止的 3 年间,先后有 15 家公司 24 艘轮汽船航驶宁波东、西乡塘河沿线各集镇,其中经营东乡塘河的有 8 家,西乡塘河的有 6 家,南乡塘河的亦有 2 家。1931 年前后,拖带民船行驶达到极盛。此后不久,这批为数众多的小轮船公司因鄞奉、鄞慈镇、宁穿、宁横各线公路相继筑成通车,营业受到影响。于是,鄞东五乡一带的鄞溪、鄞东、凌波等 3 家公司合并成立办事处,以节省开支。其他各乡也出现了公司与公司之间的联合经营,或协商调整船期,以保证各公司利益的均衡。在这种情况下,新的小轮船公司仍有发展。1929年,余姚人集资组织云塘汽轮局,购置载重 5 吨的汽船 1 艘,取名"云塘",专驶余姚—郑巷航线。接着,又有人组织运济汽船局,自置"运济"(9 吨)汽船 1 只,行驶余姚—低塘航线。

1934 年 10 月,鄞奉航线上商轮拥挤,营业萧条。鄞县轮驳局也挤进来竞争业务,并向交通部领取执照,与鄞奉长途汽车公司达成联运协议,派"益利"汽船航驶奉化西坞—鄞县横涨桥航线。每日开行 4次,与汽车衔接,航行时间仅需 1 小时,票价又低,使旅客在经济上得到实惠,因此生意十分兴旺。于是,其他各轮船公司联合向交通部申诉,陈述浙江省建设厅曾有关于"鄞奉航线无添置轮船必要,请停发部照"的呈文,应予限制。但是,交通部则以设置轮船"似不能因营业之关系,置运输便利于不顾"为由,不予采纳。1936 年,航驶甬江的三发、镇海、利涉等 3 家公司实行联合营业,力求紧缩开支,但仅能勉强维持。

1937 年,各小轮船公司单独营业更加困难,于是由吴浚浦牵头,实行鄞、慈、余轮船业大联合,组织鄞慈余航线轮局。申报资本总额为 20 万元,举吴浚浦为经理,拥有轮汽船 15 艘,拖船 1 只,载重共计 327.95 总吨。

三、继续发展的帆船业

民国成立以后,陆地交通的改善和轮船业的兴起,给大运河浙江段的木帆船航运带来了一定的影响。由于浙江近代陆路交通设施发展迟缓,而小轮船不仅运能低下,而且由于受到境内自然条件的限制,在许多流急水浅的河流中根本无法行驶,因此木帆船仍然在航运中发挥其重要作用。况且,决定木帆船航运业兴衰的关键是社会经济发展水平与之相适应的程度。随着城乡经济发展,各地市场吞吐日益扩大,对运输工具的需求与日俱增,因此,即便在近代交通条件比较良好的平原地区,木帆船航运业也较前更加兴盛起来。它的规模、运输能力、航行范围以及对促进流通所发挥的作用方面,都达到了一个新的发展高度。

杭嘉湖平原是浙江近代水陆交通比较发达的地区,杭州更是铁路、公路和轮船交通的枢纽,但在民国时期,木帆船航运仍然占有重要地位。据海关统计,1922—1930 年,进出杭州港的船舶,平均每年为 4 678 艘 19.354 6 万吨,其中木帆船为 2 949 艘,占船舶总数的63%,船吨 7.336 1 万吨,占船吨总数的 38%,据此,进出港木帆船的数量并不算少。而实际上出入大运河杭州段的木帆船远不止海关统计的数目。据 1931 年《杭州经济调查》统计,散处城北运河一带的营运木帆船有 1 000 余艘之多,业务也很繁忙。其中湖墅、大关一带的内河航船有 147 艘,经营 58 条航线的客货业务。每日开航船舶65 艘,搭客 1 200 人以上,运货 2 200 多担,年客运量可达 40 多万人次,货运量近 80 万担,总载重量约占杭州关统计船舶总吨位的 1/5。其时杭县和余杭县各地开往杭州的航船,除本地船户外,大多由市内业主经营,最多时有航船 42 艘,航线 17 条,其中夜航船在 6 艘以上。萧山县内河航船为杭州渡江后上萧绍地区的连接航班,称埠快船和夜航船,由萧、绍两县业主经营。据资料记载,夜航船都以西关为起讫点,有船 33 艘,航线 27 条,埠快船 32 艘,航线 32 条,由此形成浙西、浙东运河航船运输网络。此外,杭州市常年需进口食米 100万~120 万石,绝大部分由木帆船承运。据 1933 年 6 月至 1934 年 6月的统计,湖墅米市到埠米船共 7 823 艘,运载大米 100 多万石,平均每天到埠米船有 21.4 艘,载运大米 2 700 多石。

吴兴县是杭嘉湖平原中经济发展水平最高的一个县。1933 年,全县进出口贸易货值高达 8 000 余万元①。货物运输几乎全走水运,

---

① 《中国经济志·浙江省吴兴县》1935 年 2 月

因此运河航运特别发达。20 世纪 30 年代初,吴兴已设有轮船公司 22 家,拥有轮汽船 44 艘,拖船 18 只。不过这些轮船运输能力与进出口货运量的需求相差实在太大,因此出路自然只有利用木帆船。据估算,当时最盛时吴兴县有营业木帆船七八千艘。

嘉兴自清末沪杭铁路通车之后,铁路运输量逐年增长,货物的集疏运输业随之增长。运河木帆船在集疏运中发挥了重要的作用,因而继续得到发展。1916 年,嘉兴至上海、平湖、嘉善、海盐、硖石、盐官、王店、新塍、凤桥、新篁等城镇都有木帆船营运。据 1934 年调查统计,全县有营运木帆船 3 200 余艘,从业人员达 1.1 万余人,年营业收入约 40 万元,营运收入是同年铁路嘉兴站营业收入的 1.5 倍。①

萧绍平原的运河木帆船同样繁兴。据航政部门统计,1933—1935 年,在杭甬运河西曹线中从事营运的木帆船共有 3 495 艘。其中航快船 632 艘,平均每船可载客 25 人,带货 12 担;货运篷船 2 863 艘,平均每艘可载货 107 担。全年木帆船的运载能力是:客运量为 1.58 万人,货运量为 31.392 5 万担。

民国时期,大运河浙江段上的木帆船类别较多,按营业性质分为航船、快船、民船、客船和划船等五种。

航船:主营客运,兼载商货,兼代办信件传递和托购零星商货。在固定的船埠停泊,有规定的行驶航线及开船时间。除修船和岁尾年头暂时停航数日外,其余则按班开船,无时或辍。

快船:以客运为主,货亦带运。有规定的行驶航线,开船时间不定。船梢挂水牌一块,上写船家名号、经过船埠,开船前鸣锣招客。俗语有"铜锣招主客,水关作招牌"一说。

民船:以货运为主。航线起讫和航行日期,由客商雇用后自定。因此,这种营业船无固定驻泊地点,四散流动。

客船:专营载客,不设固定航线,客商雇用后可随时选定去处,行驶各地。船舱内颇洁净,可坐可卧,船家还可承包代办膳食酒水,在香市、庙会季节常代人包租。

---

① 《中国经济志·浙江省嘉兴县》1935 年 8 月

划船:以载客为主,四处游动招客,供旅客或商人随时雇用。船身小巧,形似梭子,最多只能容乘3人,航行时轻快灵活,即使在小港浅滩或遇低矮桥梁也能畅通无阻。

以上各种营业分工,满足了各种用途的商运和多个层次旅客的需求,便利了运河沿线水乡人民的生产和生活。

大运河浙江段沿线,尤其是杭嘉湖平原水网兼容各种类型的船舶:有方头、平底、身狭的苏沪式船型;有船头短小、平底,船身狭长,后梢高翘的绍式船型;有尖头、平底、身狭的江山式船型;也有首尾较窄、船腹阔大、底平的本地船。它们的名称很多,归纳起来,大致有30余种,具体参阅表8。

表8 杭嘉湖、萧绍平原各类内河木帆船概况

河道	名称	载重(客)量	行驶地方	营业性质	备注
浙西运河（包括苕溪水系）	帐船	100~200担	杭、嘉、湖各处	载客为主	又称圈棚船
	西漳船	200~400担 最多2 000担			源出自无锡西漳一带
	浪船	400担	吴兴一带	客货兼运	
	栈船	10~20人	嘉兴、湖州一带	客运为主	
	乌山船	100~200担/20人	嘉兴、湖州一带	客货兼运	
	江山船	100~200担	吴兴、长兴、余杭	客货兼运	
	丝网船	120~400担	嘉兴、平湖	客货兼运	又名无锡网快
	海宁船	300~400担	平湖、海宁	客货兼运	
	码头船	300~800担	嘉兴、嘉善	货运为主	源自上海一带
	南通驳子		嘉兴、湖州	货运为主	
	江西驳子		嘉兴、湖州	货运为主	
	南京驳子		嘉兴、湖州	货运为主	
	崇明船		嘉兴、湖州	货运为主	
	川船		嘉兴、湖州	货运为主	
	泰州船	200担	嘉兴、湖州	货运为主	
	常熟米包子	250担左右	嘉兴、平湖、海宁	装运米粮	
	芦墟船	200担左右	嘉善、平湖	客货兼运	
	苏州船	200担以上	嘉兴、平湖	客货兼运	
	蠡墅船	200~300担	嘉兴、嘉善、平湖	客货兼运	
	菱湖船	200~250担	菱湖、吴兴、嘉兴	客货兼运	

杭甬运河	白篷船	120~500 担	上虞、绍兴、萧山	货运为主	分 1、2、3、4、5 舱
	乌篷船	20~100 组	上虞、绍兴、萧山	货运为主	
	白官船	200~400 担/30 人左右	曹娥、绍兴、西兴	客货兼运	
	乌山船	100~200 担/20 人左右	曹娥、绍兴、西兴	客货兼运	
	脚划船	3 人	各处均有	专运客	
	明瓦船		绍兴附近	专运客	乌篷船的一种
	开梢船	160~400 担	萧山附近	货运为主	
	长船	260 担	萧山、临浦	货运为主	
	网船	200 担	萧山、绍兴	客货兼运	
	滩船	300 担	临浦、萧山	货运为主	

——摘自《浙江船运史（古近代部分）》

至于全省内河木帆船总数，由于木帆船大多无固定停泊场所，船舶常随业务转移，四散流动，以致难以稽考。1928 年浙江省八个区管理船舶事务所设立后，开始对全省境内航驶的船舶实行登记、发牌工作，并按期征收船牌费，遂有了初步统计。

据 1929 年下期发给船牌数量统计，全省领取船牌的从事营运的木帆船共计 5.833 1 万艘。但是，由于船户隐匿，拒不登记、缴费、领牌的甚多，根据航政部门估计约占三分之一强，因此，当时全省内河从事营运的木帆船实际总数，应在 9 万艘左右。另据浙江第二区船舶管理所统计，1929 年，仅嘉兴、石门湾、平湖、硖石的浙江第二区所就有营运木帆船 12 106 艘。而吴兴、南浔、虹星桥、菱湖、新市、乌镇的浙江第三区所则有营运木帆船 11 726 艘。[①] 此外，还有大量的非营运性的农户自用船和商号自备船以及亦渔亦运的船只，总数当有万艘以上。

---

① 《浙江航运史（古近代部分）》第 392 页

四、船舶修造业的发展

浙江无近代造船工业可言，只有一些功能微弱的小轮船修造业。木帆船修造力量虽很庞大，但它们大多漫无组织，在技术上保守循旧，鲜求改良。因此，无论是小轮船修造，还是木帆船修造，两者都很落后。

自1918年起，浙江始有轮船修造业。从民国成立到抗战前夕，全省先后办有小型轮船修造厂约20家。最先创办的是1918年的杭州振兴商轮公司轮船修造厂，资本仅1000元，设在杭州闸口。该厂的目标主要是能及时替本公司的轮船进行维修保养。1921年，钱江商轮公司投资1万元建起一座规模较大的轮船修造厂，也以为该公司轮船修配服务为目的，并不对外营业。但到1923年，钱江公司轮船修造厂发生变化，公司经理郑世彬邀请周金宝等人招股1万元，另行组织和昌机器造船厂，对外营业，承接修船、造船业务。和昌厂发展颇为顺利，1930年前后，兼并了一家创办于清末、原系民船修船厂的陈景记造船厂，并改名为和昌景记机器造船厂，规模和业务都有所扩大，资本增至1.5万元，工人增加到50人左右，年营业额达到1.4万元，并在拱宸桥内河设立分厂。1926年，杭渚汽轮公司为了方便所属船舶的修理，也投资1000元，设立杭渚公司轮船修造厂。至1930年，该厂由王清夫(王廉)出任经理，将工厂与公司划开，独立经营，并增资1万元，添置材料设备，对外承接修造船业务。1931年营业收入1.2万元，形成与和昌景记机器造船厂的竞争之势。1927—1930年还有两家小船厂开办，一家是钱浦轮船公司附设的轮船修造厂；另一家是设在城北拱宸桥、主营修船业务的杨茂兴船厂。到了20世纪30年代初，杭州的轮船修造厂便发展到6家。

吴兴地方的内河小轮船颇多，但各航运公司的轮船大多是向上海租赁的，遇有需要修理或更换机件时，均拖送至上海，另外再由上海派船轮流替换，所以一直没有开设轮船修造厂。至30年代初，才有两家小修船厂先后开办,因营业清淡,至1933年仅剩下1家,每年修船营业额仅两三千元。

嘉兴的情况与吴兴相似,也长期没有专门的轮船修造业,在1930年以后,才开设了一家新生泰船厂。该厂颇有点实力,于1936年曾为湖州永大轮船局建造载重量10总吨的"新永康"小轮船。

民国时期,浙江轮船修造业的力量十分薄弱。各厂的资本极小,多者1.5万元,少者仅1 000元。修造能力也很有限,在厂工人多的四五十人,少的仅十几个人。工厂的设备大多十分简陋,都只是"摇手机及扯船机之设置",常备的材料只有"洋松、柚林、熟铁、钢板四种",只可供打造和修理船壳之用。如要制造轮船,则船舶图样及所用材料全得由客户提供,工厂承接造船业务后,又把轮船的机器运力部分和舱内设备装置,另外招人分别承包。因此,每造一船,须分三方面包定。只有和昌厂在1925—1926年,曾先后建成2艘吨位为5总吨、柴油机功率10马力(7.35千瓦)的小轮船,命名为"永兴"和"长兴",投入萧绍运河营运。另外,嘉兴新生泰船厂也制造过1艘吨位为10总吨的小轮船。其余大多数工厂只能进行修理汽船或打造船壳的工作。各厂的修船业务也不是很景气,因为大多数工厂生产时间除冷作能够全年开工外,其他工种仅于每年的三四月至八九月开工。如果遇到修造业务繁忙时,则临时在上海招工。

浙江的木帆船制造业自古就很发达。民国时期,浙江境内交通运输仍以大运河浙江段为主干的水运为主,水运中木帆船又占了极大的比重,全省沿海和内河航行的木帆船总数多达10万余艘。这么多的木帆船从事运输,自然有大量的建造、修理工作。因此,浙江省木帆船修造厂/场的数量很大,分布极广。但它们的总数,迄无记载,航政管理机关也从来没有过统计。因此,只能从有关史料记述中略窥一斑。据记载,20世纪30年代前后,绍兴县会龙乡、桑㳠乡两地有松林船厂等四五十家;萧山县潘东乡有沈丰茂等船厂24家;鄞县及南塘乡有赵有祥等船厂二三十家;奉化县城有船厂约30家;余姚县有顾渭生等船厂13家。此外。嘉兴县城有木船制造及修理厂18家。仅以上各地的不完全统计,已有木帆船修造厂220余家,分布在 11 个县内,实际上凡在大运河浙江段沿线,水运集中的城镇、乡村都有船厂分布。

民国时期,浙江的手工造船仍具有较高的水平。所建造的木帆船,大致上有两种代表船型,即江山船型和绍兴船型,其中绍兴船型,船身较长,平底,船头短小,中舱宽大,两舷微呈弧形,后梢高翘,一般无桅杆。有用竹笠编的圈棚遮盖,棚盖漆成黑色的称"乌篷船",本色的称"白篷船"。其载重量一般在 60～500 担,最大的白篷船载重量也可达 800 担以上。适于在运河,尤其是杭嘉湖平原和宁绍平原水网河道航行,航行时主要靠摇橹前进,每船有橹 2～4 支。

民国时期的木帆船建造,通常均无正式图样,施工工艺与技术要领均由负责营造的大工匠口授或示范,但所造船只都有规定的比例尺寸。河船船式较多,各种船型长、阔、深的比例各异。普通船长约在 2.8～5.4 丈(合 9.3～17.9 米),但也有船长至 7.6 丈(25.3 米)的。造船所用木料亦按船的各部位均有定规。船身的纵向均用杉木,横向用樟木,船底板用松木、梓木或柏木。舵杆须用楠木或硬杂木,桅杆要求用建杉。造船所用的铁钉亦须定制,计有枣钉、边铲、锚钉、梁钉和挂足等。对捻缝和油漆用的桐油、石灰、麻、网衣也有一定的要求。

造船工种分大工、小工、刨工、锯工和漆工。建造一艘船的工作量的通常比例为:大工约占 20%,小工占 10% 多些,刨工占 7%,锯工占 15%,而漆工要占 45% 以上。一般情况,制造河船的速度很快,一般船厂厂主(大多都是造船大匠)连工人、学徒常只有 4～6 人,每年能制造大小船只 20～30 艘,并还可兼营修船业务。

浙江每年的造船数量,史料和文献均无记载。但从已知 15 个县河船造船厂(场)280 余家,以每家每年造船 10～20 艘计算,其造船总数已达 2 800～4 200 艘。这对于一个拥有 9 万多艘木帆船并常年从事内河航运的省份来说是符合历史实际的。

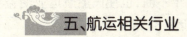

五、航运相关行业

随着运河航运业务的扩大和运输环节的增多以及营运手续的烦琐,由此产生并发展起一批与运河航运关系密切的服务性行业或机构。在这些行业或机构中,与大运河浙江段航运业关系最密切的是过塘行和报关行两种。

过塘行

过塘行是浙江特有的一种行业,其性质属于转运业的一种。但它又不同于一般的转运业,而是以专门从事代客转运货物、驳船过塘为业务。它与民船航运业相互关联。

过塘业起源甚早。经过长期的发展,演变到民国时期,它已具有多方面的作用,与航运业的关系也更加密切。首先,过塘行享有货物过塘的专营权,凡过塘货物均须由过塘行办理转运,非过塘行的其他转运行都不得擅自将货物直接过塘。于是过塘行便掌握了运输货源,控制了船舶的雇佣和调度。由于过塘行承办货物过塘有规定期限(一般不超过 3 日),因而运输船舶的充裕和短缺,对于过塘行同样有重要的作用,它们之间的关系也就密切起来。过塘行在办理转运中,自接受客商委托承运货物起,到货物运到收货地点止,对所承运货物负有事故保险责任。按行业规定,这期间如发生货损、货差,由过塘行负责赔偿(如在舱运途中遇到被窃、损毁事故,则由过塘行责令船户赔偿)。这样就使货主有了安全感,也提高了民船航运的信誉,有利于扩大航运业务。过塘行有代客预先垫付搬运装卸和船舶运输费用,甚至为客商提供食宿的便利。这样做不仅为客户(尤其是山货客人)解决了资金缺乏的困难,同时亦为行业招揽了顾主,而且垫付款的期限最短的不少于 1 个月,迟的则要到逢节才清账,这无疑又是客户所乐意的。但另一面,过塘行业又规定凡客户与过塘行在账目未清之前,不得将货物另托其他行号转运。这就约束了客户,使得该行业务保持长年不断,也使民船航运业受益。因此,在一定程度上过塘行与民船航运业是相互依存的。

浙江过塘行分布很普遍,发展曾盛极一时,而尤以水陆交通枢纽、货物集散中心地为多。过塘行最多、最盛的地区是杭州,其次是萧山。杭州南临钱塘江,北通浙西运河,是浙江中西部与浙北两大区域货物总汇和分运的水陆交通枢纽。上江来的货船由钱塘江进入浙西运河之前,均停泊江干等候过塘,因此,从南星桥至闸口连延10余里,过塘行林立,多达100多家。萧山的过塘行皆设在临浦镇。该镇是钱塘江与出入浙东运河的咽喉,有过塘行65家,仅次于杭州。此外,浙江的绍兴、兰溪、上虞、嵊县、天台、临海等地也有过塘行。据记载1932年浙江全省过塘行共计300家。

过塘行的组织十分简单,大半独资经营,行中设经理(多由业主兼任)、账房各一人,跑街、栈司、搬运工各两三人,忙时临时雇工差遣,经理总揽全行大事,账房负责办理记账、文书往来与对外交际,跑街四处招揽生意,栈司负责货物堆放、登记、挂签等工作。

过塘行开设资本多少不一,少者五六百元,多者两三千元,一般大多在1 000元左右。从事过塘行均须向当地政府登记,领取牙帖(执照),取得牙帖后方准开业。牙帖有牙帖捐,分长期和短期两种,长期的有效期为10年,短期的1年。帖费按开行地段和营业资本多少而定,长期的200~500元不等,短期的30~50元不等。

过塘行的收入以佣金为主,佣金的多少随交易而定。此外,代客垫付的各种费用均有回扣可取。两项所得合计约为货值的2%。1931年,杭州全市119家过塘行的营业收入约107.154万元,每家平均收入约9 000余元,收入颇为可观。

报关行

报关行的缘起实因中国海关主权丧失。自19世纪60年代开始,各开放口岸设立了由外国税务司控制的海关(俗称洋关)。由于海关所有文件、单据均用英文,关员都用英语,不懂英文便不能办理报关手续,许多中国商人和船户只能请人代办报关。于是,有人便在开放口岸开设代客办理报关手续的报关行。开设报关行须向海关登记,并缴纳一定数额的保证金(民国时约为法币 400 元)。1929年 12 月,浙江财政厅决定报关行须领牙帖并缴纳帖捐;同时报关行向客户赚取佣金和手续费,因而是一种营业性的行业。浙江的报关行始设年代很远,大约在宁波浙海(洋)关开设后不久即有。至民国初期宁波还有一家创设于 1869 年(清同治八年)的恒生泰报关行,但大多数报关行是民国建立以后开设的。

浙江全省设报关行的有宁波、温州、杭州和嘉兴(为杭州分关)等四地。1932 年统计共有报关行 52 家(见表 9)。其中宁波 21 家,集中在江北岸;温州 12 家,集中于东门外;杭州 13 家,集中于拱宸桥;嘉兴 6 家,集中于洋关街。

表 9　1932 年浙江各地报关行分布概况

地名	家数	资本总额/元	每家平均资本额/元	备注
宁波	21	30 900	1 471	
杭州	13	26 800	2 062	
嘉兴	6	3 800	633	嘉兴分关于 1933 年 11 月关闭
温州	12			
合计	52			

——摘自《浙江船运史(古近代部分)》

报关行与航运业的密切关系,贯穿于整个报关业务中。按照海关规定,所有商船进出开放口岸均须向海关报关、受验,并缴纳关税。报关行的主要业务是代理商人办理报关手续,报关手续分进口、出口和转口三种。无论进行何种报关手续,货主只需将货物提单交付报关行即可,此后一切手续均委托报关行经手办理。

进口报关:报关行根据货物提单所载明的来船班期,先行准备驳船(有自备驳船,也有长期约定租用的驳船)和装卸搬运工人,以便卸货。同时,按货物的数量、质量预先估税,然后将货单报呈海关,缴纳关税,留下税单存根后,将提货单交还货主,货主便可到卸货地点提取货物。

出口报关:报关行在接到货主货单后,须先向轮船公司接洽装货的船舶和预定吨位,并商定开船班期。同时约定驳船和工人,准备装运货物。各事妥当后,再向海关呈报货单,办理报关纳税手续,换领海关提货单转交货主。

转口报关、手续较为简单,只需将原提单及原证件送至海关,续缴转口附加税即可装运。

在整个报关手续中,所支付的关税、附加税、保险费,以及装卸搬运费、驳船水脚、轮船运费等,都由报关行代垫。如所需款额较大,报关行与客户的账目常要到过节清偿(也有付现的)。所以报关行常需向银行、钱庄通融资金。

报关行的营业收入主要有四项:一是向客户收取佣金,佣金以件计算,每件金额多少以货物质量、数量和价值高低而定。20 世纪30 年代时,杭州报关行平均每件常在 4 分左右,杭州报关行的年营业额,自 5 000 元起至 12 000 元不等。二是垫款利息,即报关行代客垫付的各种费用,客户须按一定利率支付息金。三为轮船公司回扣,轮船公司为获得稳定的货运业务,常与报关行订有协定,同意从运费中给予报关行一定回扣。四是报关行在为客户的货物估税时有意下降货物等级,以多报少。另外也可从客户手中收受回扣。为防止这种舞弊行为被海关查出,报关行又常须贿赂查验员,与其沟通以求蒙混过关。

一些大轮船公司,为了不让肥水外流,都兼营报关业务。其中如外轮公司的太古、怡和、日清等家和中国的招商局、三北、宁绍等轮船公司都自行报关。其报关手续与报关行相同。

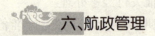

六、航政管理

民国成立以后,浙江建立了航政机构,管理工作有了一定的加强。但由于中央和地方的航政机构叠加,职责范围不明确,往往政出多门，管理比较混乱，不能保障航商正当的权益，加上航权尚未收回，使航政管理也不能发挥其应有的作用。

中央直属航政机构的建立

民国成立后，北京政府即将清朝的邮传部改为交通部，嗣航政司，准备接收由海关兼管的航政工作。但几经交涉，海关仍不肯移交，交通部只能沿袭清制，办理轮船购置、租赁的注册领照等工作，其他有关轮船检验、丈量以及引水、航标、指定泊位等工作仍掌握在海关手中。至于轮船公司的注册也仍沿旧制，由工商部办理。

1927年，南京国民政府成立，重设交通部，职掌管理并兼办全国电政、邮政、航政及监督民办航业。但由于海关兼管的航政工作尚未收回，因此，交通部所设的航政机构依旧徒有虚名。直到1930年12月，南京政府终于公布了航政局组织法。于是交通部即着手组织成立全国的航政机构。

1931年7月，交通部直属上海航政局成立，管辖范围为苏、浙、皖三省，先后在宁波、温州、台州、杭州等地设立了13个办事处，石浦、吴淞等地设立了23个船舶登记所。1932年7月，办事处和登记所行改组，只设立宁波、温州、台州、杭州等23个登记所。1933年3月，又重新进行调整，改设宁波、温州、海州、镇州、芜湖五个办事处。8月增设了海门办事处，由宁波办理处兼理。至此，在浙江的中央直属航政机构共有4个。

上海航政局的职责主要为负责管理适用海商法规定的船舶检验、丈量、对船员和引水人员的考核等事项。凡沿海、江河内满20吨的轮船、容量在200担以上的帆船，均归航政办事处管理。浙江省政府和主管航政的省建设厅及各区管理船舶事务所不予合作，并处处设置障碍。省建设厅以"上海航政局在本省各地设立办事处，征费奇重，办理欠善，激起船户纠众滋事，影响本身治安"为由，报请浙江省政府将上海航政局所设航政机构逐出浙江。浙江省政府遂于1932年5月，一面通知当地军政各机关，通知各该办事处"即日暂停进行",一面将这一决定咨文交通部备案。浙江省建设厅也分令各区管理船舶办事处,布告各航商船户周知。对于浙江当局不合作的局面,交通部无可奈何。1933 年 10 月,行政院发布命令,对于已领有部发证书的船舶,各省不得再征牌照费。这样一来,浙江境内航驶的总吨在 20 吨以上的轮船和容量在 200 担以上的木帆船,以后就不能再征牌照费,全省每年势必减少 20 多万元的财政收入。于是,浙江省建设厅又进行了抵制,呈文申述浙江省之所以设立的各区管理船舶事务所和办理省境内的船舶查验、编给牌照的理由及用意,是在于整顿和改进全省的航政建设,每年征收两项船舶牌照费是为了适应航政建设的需要,"取之于船舶,用之于船舶",同中央所颁布的各项航政法规的性质不同,"势难中辍",因此请求"各种船舶牌照费,暂时仍行照征收"。浙江省政府立即予以核准,各区管理船舶事务所照旧办理各种船舶的管理给照事务。

设立水上警察厅

1914 年 2 月,浙江省行政公署设立内河、外海两个水上警察厅,负责稽查船舶、缉捕海盗、征收船牌费等事项。浙江省划定归宁、台、温三属及乍浦洋面为外海警察厅的管辖范围;划定归杭、嘉、湖、绍四属内河,归金、衢、严三属之上江,归温属瓯江为内河警察厅的管辖区。由于所管区域广大,因此厅下设总署,总署下设署,分段管理。

由于港务、航政与地方政府息息相关,所以循例,地方政府对有关内江内河轮船、航船的航线核定、同业纠纷及应行保护、取缔事项,也有单独处理的权力。

成立浙江航政局

1927 年 2 月,浙江省临时政务会议成立,即有设立浙江省航政局的提议,7 月 20 日浙江省政务委员会通过浙江省航政局组织大纲和预算草案①,定开办费4 400元,常年经费44 808元。后仍因经费关系暂缓设立。10月,浙江省政府改组,设立浙江省建设厅,确定该厅为分管全省航政的最高机关,程振钧任厅长。11月,张静江抵杭,出任浙江省政府主席。张静江是浙江湖州人,当时在政治上受排挤,因此愿为浙江建设出力。所以在其任期内,浙江省的航政事业开始受到重视。省建设厅厅长程振钧以航政局既经缓设,而管理船舶、查检给照等事项不容拖延,拟先按该省河流航行情况,选择航务繁要港埠,设立管理船舶事务所,负责船舶管理、取缔及给牌照查验、征费等事宜②。1927年11月1日,浙江省八个区管理船舶事务所成立,每区所下再设临时稽征处,二三处不等。一年后,临时稽征处改为分所,并增设分所9所,合计共设分所27所。各区管理船舶事务所直隶于浙江省建设厅。

　　1928年7月,浙江省建设厅召开第一次航政会议,再次督促及早建立全省性的专门航政机构。1930年2月6日,浙江省政府公布浙江省航政局章程,决定设立浙江省航政局,直隶于浙江省府建设厅,掌管全省航政事宜,全省划分区域设立分局及流动办事处,必要时得自行经营航业,并设立修船厂及船坞。③ 2月13日,浙江省航政局正式成立,孙云宵任局长,改八个区管理船舶事务所为四个区航政分局,所有分所一律改为办事处。6月,浙江省航政局承租了招商局内河轮船,在局下增设省办内河轮船营业处,并积极筹设省办造船厂,大有振兴浙江航运的势头。但是,12月,张静江调任全国建设委员会,程振钧也调离浙江,情况立即发生变化,新任建设厅厅长石瑛以航政开支浩大,"虚糜公帑",对航政机构大事压缩。1931年2月7日,浙江省航政局被撤销,改设航政处,附于建设厅内。原四个区航政分局改为区管理船舶事务所,各地办事处改为分所,削减行政经费三分之一。7月,再次紧缩机构,复将航政处裁撤,改为航政

① 《浙江省政府公报》(法规)第64期
② 《浙江省政府行政报告》,民国十九年一月
③ 《浙江省政府公报》1930年2月6日

股,隶属于厅下第一科,以后又改隶于第二科。四区管理船舶事务所及分所,由于征收船舶牌照费的需要,保留不变。各区事务所成为管理船舶的执行机构,其设置地点及管辖范围是:第一区所设在杭州江干,下辖有 6 个分所:一分所驻桐庐县,二分所驻杭州市大关,三分所驻杭县塘栖镇,四分所驻淳安县威坪镇,五分所驻兰溪县,六分所驻衢县;第二区所设在湖州,下辖有 8 个分所:一分所驻吴兴县南浔镇,二分所驻吴兴县湖镇,三分所驻长兴县虹星桥,四分所驻吴兴县乌镇,五分所驻嘉兴县,六分所驻平湖县,七分所驻崇德县石门湾,八分所驻海宁县硖石镇;第三区所设在宁波,下辖有 5 个分所:一分所驻定海县,二分所驻镇海县,三分所驻余姚县,四分所驻绍兴县,五分所驻萧山县临浦镇;第四区所设在温州,下辖有 6 个分所:一分所驻瑞安县,二分所驻平阳县鳌江,三分所驻青田县,四分所驻玉环县坎门,五分所驻临海县海门,六分所驻南田县石浦。

　　1937 年年初,局势危急,战争迫近,浙江省即将实施战时船舶管理办法。2 月底,浙江省政府命令所有各区管理船舶事务所及各分所统予撤销,免除船舶牌照费,此后关于浙江省船舶管理事宜,暂由各县、市政府负责办理。至此,本期浙江专管航政的机构就此结束。

制定管理法规

　　浙江在八个区管理船舶事务所未设之前,水警对船舶的管理主要是收取船牌费,因此几乎无航政管理可言。在这八个事务所成立以后,航政管理工作方才有了加强,并及时处理航运企业之间的营业纠纷和船舶的航行事故。当时主管航运工作的浙江省建设厅厅长程振钧曾在英国学习过工程,对国外先进的造船工业、航政建设、航务管理等方面都有着深刻的印象。为了加强航政管理,积极开发利用浙江良好的水运条件,他发起召开第一次全省航政会议,以改变浙江航务落后的状态,并期望在"短时间得到一个有系统的水路运输计划,逐渐达到航务发展的目的"。会议经浙江省政府批准于1928 年 7 月 5 日由浙江省建设厅召开。参加会议的人员除了各区管理船舶事务所所长,有关县、市政府代表外,还特邀了省内外研究航政的专家。这样的航政专业会议,在近代浙江省是第一次,也是唯一的一次。会议提出了议案90件,内容归纳起来有七个方面:(1)扩充航线(主要包括开放航船,开办省办轮船公司,开辟钱塘江出海航道,沟通大运河与钱塘江水运,疏浚淤浅航段,抬高桥梁及开辟东方大港等);(2)航政设施(主要包括建筑各地公共码头,建设灯塔、浮标,添置水上救护设备,建立气象报告等);(3)航务管理(主要包括船舶注册给照、检查、丈量、检疫及安全保护,制定和公布航业规章、票价、运费及营业合同管理,取缔碍航河障及禁止侵占河道,机驾人员考试、注册、给照等);(4)航政宣传教育(包括筹办航政教育,建议商同浙江大学在省立高等商校开办航政课程,编印航政宣传出版物);(5)航政机关(包括改进各区管理船舶事务所工作效率,及早建立全省最高航政机关——浙江省航政局);(6)航政经费(包括经费来源,确定以船舶牌照为航政建设专款,航政收入应尽先航政支用,如有不足请浙江省政府拨补的原则);(7)收回航权(拟先从修改海关理船厅制度入手,呈请交通部核办)。① 这些议案尽管有不少是脱离实际的,在当时的社会条件下无法办到,但在当时来讲,这次大会是有益的,同时会上提出的一些问题和议案,在后来不久都得到不同程度的实施,对于浙江航政管理的加强起到一定的促进作用。

这次会议之后,浙江各区船舶管理事务所(后浙江省航政局)便从管理入手,进行整顿,陆续制定并颁发了一些管理规则,使之有章可循,其中主要有《修正浙江省取缔航船营业竞争办法》(1929年1月公布)、《浙、江两省会订防护内河商轮办法》(1929年3月公布)、《修正浙江省取缔河道停泊竹木排规则》(1930年12月公布)、《修正浙江省管理船舶规则》(1931年5月修正公布),等等。这些规则的制定和实施,对于维护航道秩序、加强船舶管理、保证船舶航行安全、减少航运企业之间的纠纷,发挥了一定的作用。如依照船舶管

---

① 《两年来之浙江建设概况》第二章交通,浙江省建设厅编1929年6月

理规则,对浙江境内航行或驻泊的各种船舶实行严格的管理后,一切航行浙江的轮船虽已经交通部注册、海关查验给照的,但还须向该省航政局报领甲种船舶牌照,凡未领该省牌照的船舶,可以停止其行驶,以维护航行秩序;凡新添轮船未领照的或变更行驶航线,须先经该省航政局审核其有无开设或添设行驶的需要,然后转呈浙江省建设厅,通知当地政府查明其行船于农田水利有无妨碍,如查明并无妨碍,并认为确有行驶的必要时,由浙江省航政局径报浙江省建设厅,转呈交通部,颁给牌照后,准其开航。这样,控制了某些航线的轮船数量,避免发生营业竞争和航线纠纷。

一切船舶向所管区管理船舶事务所呈清注册时,均须填具报验单,并缴纳船舶牌照费,以后由事务所发给牌照。报验单根据不同船舶,分为甲、乙、丙、丁4种。甲种报验单发给轮船、汽船;乙种报验单发给从事运输营业的木帆船;丙种报验单发给公用船、救生船、义渡船;丁种报验单则发给江北贫船、螺蛳船、乞丐船等。甲、乙两种报验船舶牌照费每年分上下两期,上期从2月起征,下期从8月起征。牌照费额以船舶的长度为计算标准。轮、汽船舶长3丈以下起码,每年征收5.4元,每增5尺加收0.9元,自8丈以上每5尺加1元,不及5尺作5尺论。木帆船分内河、沿海两类,内河木帆船长2丈以下起码,每年征收0.9元,自3.5丈起,每增长5尺,加收0.9元,6丈以上每5尺加1元,不到5尺作5尺论;其他船舶、渔船稍低于海船。游艇比内河船高三四成,乐户船收费最高,比轮船、汽船高出二三成。1929年,浙江实征船牌费23.6万余元。

航政管理中存在的问题

从民国成立到抗战前夕,浙江的航政管理虽然有所加强,但仍存在着严重的问题。首先,航政管理部门只注重敛财,加重了航商的负担,不能保障民营航运业的正常运营,不能维护广大航商和船员的利益。

民国时期,浙江航商、船民要负担名目繁多的各种捐税。除了航业营业税外,还有船舶牌照税(亦称船牌费)、水利附捐、教育附捐、赈捐、国难特捐、商轮用煤捐以及地方抽收拾船捐、票捐、养河费、修堤费等,其中仅船牌费一项,每只木帆船每年要缴纳 1～12 元不等。1928 年,全省征收船牌费共 2.4 万余元。1930 年,浙江省建设厅将每年征收牌照标准数额定为 23.6 万元,责令各区管理船舶事务所按额交足,并制定收费奖惩办法,多征多奖,少征受罚。因此,各区所的主要工作就是搜查船舶,补征税收。到 1934 年,全省各区上交税收虽已达到 26.7 万元,但船户对此也达到了难以忍受的程度。据第四区所所长报告,船户们"唯用出动武力以抗,或拖延规避二途"。

各种义务公差和摊派也使航商不胜负担。各级政府动不动就强令各轮船担负各种义务运输,诸如兵站遣散编余官兵、浙江人移民东北、浙江省童子军大检阅、全国运动大会、平粜米粮转运、普通行政人员考试以及各种团体集会人员的往返乘船等,都只需凭有关方面的公文,运费或票价便可得到减免,航商只能照办。摊派的名目也很多,其中以浙江省公路股票摊派最重。

还有危害航业极重的军队征船和无票乘船,航政管理机构也采取袖手旁观的态度。军队调防除铁路沿线的火车可乘外,大部分地区换防都征调船舶载运。有时通过政府,有时直接派征,被征调的船舶名义上算是租用,实际上租金很低,而且还常常事后拖欠不给,甚至赖账。如 1936 年 11 月,驻杭嘉湖地区某师换防,共征用小轮船 18 艘,民船约 64 艘。事完之后,船租、工资、燃料费等久欠不给,一直到 1937 年该地区沦陷还音讯全无。

军警无票乘船及国民党、政机关公务人员免费或半费强行乘船,对航业祸害更大,不仅使航商减少客票收入,更重要的是骚扰旅客,严重影响航运业务,因而让所有航商深恶痛绝。1931 年 10 月,杭、嘉、湖、绍轮船同业公会曾组织请愿团直接向浙江省政府请愿,列出 9 种无票或半票强行乘船的行为,要求省政府发布公告,保障航业。由于整个国民党政府的统治腐败,靠发布几张通告是禁止不了的。无票或半票强行乘船的现象不仅没有敛迹,反而变本加厉。

其次,在中国的航行权被东西方列强霸占的情况下,航政机构对外籍船舶无法充分行使管理的职权。民国的建立并没有改变中国半殖民地的地位,列强与清朝签订的不平等条约依旧束缚着中国,航权仍然丧失如故。中国轮船在领取船舶营业航线证书上,必须注明航线起讫地点和经过各自地名,而外轮却不受此限制,只需临时凭该管领事一纸公函,便可随意开行。外籍船舶倚恃不平等条约带来的特权,还藐视中国地方所属航政机构依法管理和征收牌照费的权力,甚至还进行非法的鸦片贩运和走私活动。因此,整个民国时期,航运始终未能得到有效的管理。

第四节

运河航运的急剧衰落

第五章　运河近代航运的发端与初兴（1840—1949 年）

1937 年 7 月 7 日,抗日战争全面爆发。初期,宁波成为内地各省物资进出口和转运的主要口岸,宁波经济和浙东运河航运出现了短暂的繁荣,随后又急剧衰落。而杭嘉湖地区沦陷后,浙西运河航运基本瘫痪。抗战期间,日伪势力垄断和控制沦陷区运河航运,使大运河浙江段航运业遭受严重摧残,运河航运业陷入全面衰落。

一、宁波和浙东运河的短暂繁荣

抗战爆发后,长江航运停滞,沿海各主要港口相继沦陷,这使得尚未沦陷的宁波地位骤然上升,不仅中南诸省与外部的物资交流通过这里,就是西南诸省往往也迂回借道于此,宁波中转范围的不断扩大,使得浙东运河航运一时十分繁忙。

1937 年 8 月 13 日,日本军队向上海发动进攻时,就全面封锁了中国沿海,海运陷入停顿状态。宁波防守司令部为阻止日军进攻,下令在甬江入海口打了一道梅花桩,作为第一道防线。1939—1940年又下令将 21 艘大小船舶,计 2 万余吨,沉于甬江航道,筑起一道所谓"海底篱笆"的防线。尽管甬江航道堵塞，但由于日军对于中立国的航权还不敢公然侵犯，因此，许多外轮仍络绎不绝地驶来宁波，许多中国商船也纷纷委托英、美、德、意等外国轮船公司出面经营，并悬挂他们的旗号，以免遭日本海军查扣，从而使宁波成为大后方与外部进行物资交流的重要通道，其港口腹地迅速扩张，使宁波港出现了短暂而畸形的繁荣时期，货物进出口迅猛增长，其中直接对外贸易总值由 1936 年的 135 万元法币猛增到了 1940 年的 5 662 万元法币，增长了约 40 倍。转口贸易也同样突飞猛涨，从 1936 年的 3 291 万元法币增长至 1940 年的 15 199 万元法币，涨幅超过 360%。[①] 包括运河航运在内的河海航运也随之十分兴旺。据宁波航政办事处统计，1939 年 3—12 月进出口外轮共达 541 艘次，平均每日达54.1 艘；除外轮外，还有大量木帆船进出宁波港，如 1937 年出入宁波港的沙船就达 2.9 万艘次。[②]

进出口贸易的发展，除大量货物和旅客从海上运往上海等地外，许多物资和旅客都经浙东运河向内地转运和扩散。抗战前夕，宁波经济由于受到国际性经济危机的影响，普遍出现衰退现象，如医药行业就倒闭了三分之二，棉布月销售量由 18 万匹锐减为 9 万匹，其他各业也都不同程度地缩小了经营范围。但随着抗日战争爆发，宁波成为内地各省物资进出口和转运的主要口岸后，情况立即趋于好转。当时每天由省内外来宁波采办军用、民用物资的人员和私家客商不计其数，转运业也迅速发展起来，新开张商号随处可见，市内熙熙攘攘，热闹非常，浙东运河也千帆竞发，十分繁忙。据 1939 年 5—12 月统计，仅进出曹娥江的船舶就达 12.4 万艘之多。[③] 当时，从宁波进口货物最多的是棉布、棉纱、卷烟、糖、煤油，其次是汽油、汽车零件、电信器材、医药用品等，由海上经浙东运河转运内地各省。出口的货物以茶叶、棉花、锡箔为大宗，纸类、草帽、丝织品次

---

① 《宁波港史》，人民交通出版社，1989 年第一版，第 348 页
② 《浙江航运史（古近代部分）》第 453 页
③ 《浙江航运史（古近代部分）》第 453 页

之。由于茶叶、丝茧在国际市场上地位重要,因此成为中国换取外汇的主要物资。1938—1940年的3年中,由浙江各地收购到的茶叶和丝茧数量分别为596 857市担和127 879市担。[①] 其中茶叶的运销先是分区集中,然后运至宁波出口,其运输路线大致如下:诸暨经斗门、董家岙、漓渚(或枫桥娄宫)、绍兴、曹娥、梁湖、通明至余姚;绍兴经曹娥(或梁湖)、通明至余姚;新昌经嵊县、梁湖、通明至余姚;嵊县经梁湖、通明至余姚;上虞经梁湖(或通明)至余姚;奉化经江口、宁波至余姚。

宁波港在凭借浙东运河等内河航运的集结能力和对外大吞大吐的同时,也通过浙东运河等水路航运与浙西等沦陷区进行着频繁的贸易往来。当时,运往沦陷区的货物主要是土纸、竹木、果菜、陶器、药材等,运进的货物主要是烹饪用品、日用品、文化用品、西药、五金以及粮食、鱼、肉等。

抗战期间,浙江地处抗日前线,驻有大量防守部队,其日常给养等军需运输十分繁重,政府所属各机关、部门、单位的公务物资运输也相当可观。这些运输任务主要依靠内河船舶来完成。据浙江省船舶管理局统计,1939年5—12月的8个月中,仅进出曹娥江的军、公运输船舶就达5 210艘次。[②]

然而,这种好势头仅维持了三年多的时间。1941年4月,宁波沦陷,宁波港遭到了前所未有的破坏,港口职能几乎丧失殆尽。不久,太平洋战争爆发,浙东运河航运的繁荣局面即告消失,航运企业纷纷停航停业,大运河浙江段航运基本瘫痪。到1945年抗战胜利时,整个宁波港已经找不到一条像样的船只了。

---

① 1943年2月浙江省统计局材料
② 《浙江航运史(古近代部分)》第453页

二、运河航运基本瘫痪

1937年"八一三"事变爆发，日寇大举进攻上海，中国军民奋起反击。紧邻上海的平湖县几乎所有客船都被征为军用，正常客运断绝。随着战争的持续，国营的内河招商局轮船、民营的源通轮船局、宁绍内河轮船公司、翔安轮局等许多航运企业先后停业。同时，航运于杭嘉湖地区浙西运河水网的轮船绝大部分先后停驶。其中较好的船舶被政府征用，剩下的部分船舶拆机，部分船舶则被凿沉河底以堵塞航道，正常的客货运输断绝。

当年11月，杭州、嘉兴、湖州等地先后被日寇占领，浙西运河沿线的码头、港口设施在战火中遭受严重破坏，浙西运河航运开始全面停航。杭州境内沦陷区的运河航运为日伪所控制，所有轮局为免资敌，将轮船或沉水底，或拆散机器，停止营业。嘉兴、湖州境内的轮运企业也都纷纷陷于停业的境地。从11月份起，整个杭嘉湖地区的浙西运河水网已无轮船、汽船航行，运河航运基本处于瘫痪状态。

时隔年余，日本方面出于经济掠夺的需要，由日商在杭州开辟杭州至上海的运河航线，并在拱宸桥、塘栖、德清、嘉兴等地建造了轮船码头，其全部业务则由"利济""中南"等运输行代理装卸。轮船航行时，有日军随船进行护航。为阻止日军的掠夺，沿途游击队常予以截击，每次都造成日军人员伤亡和财物的巨大损失。所以，不久日商便中断了这条航线。

1940年，随着战争的持续和日寇的不断南侵，萧绍地区的运河航运日益受到严重的影响，卓章、大华等轮汽船公司纷纷停航歇业，杭钱永公司将3艘客船沉入江底。到1941年4月宁波沦陷，日军严设关卡，浙东运河上来往客商骤减，一些轮船、汽船公司被迫或停业，或倒闭，致使许多航线停航，航运业全面衰退。至此，大运河浙江段航运全面陷入瘫痪状态。

三、日伪对航运业的垄断和摧残

日伪占领大运河浙江段沿线的杭嘉湖和宁绍地区后,立即垄断了大运河浙江段的航运。1938 年 7 月,出于军事占领和经济掠夺的需要,日伪政府在上海成立了江浙轮船公司,控制江浙两省水运。不久,日伪政府又在上海成立上海内河汽船株式会社,即上海内河轮船有限公司,将江浙内河轮船公司并入①,经营客货运输及码头、仓库等业务。日方代表在成立会的致辞中讲到,上海内河汽船株式会社主要是在日本陆海军的要求下成立的,目的是为实现"东亚共荣"。公司办事人员也由以日清轮船公司、江浙轮船公司的日本人为基础组成,是日本对长江流域进行掠夺和垄断控制中国东南地区运河航运业的重要组织。该公司主要经营苏、浙、皖占领区的运河航运,最初除在上海设本部外,还在南京设分部,在杭州、湖州、嘉兴等地设出张所(办事处),所营运的大运河浙江段航线有上海经松江、泖港至平湖,上海经松江、泖港、嘉兴至杭州,上海经松江、泖港、平望至吴兴等航线。杭嘉湖地区浙西运河的主要航线也都由日伪航运企业垄断和控制,如湖州至苏州航线为日商裕泰轮船公司所控制,平湖至上海航线由德日合办的日清轮船公司与日商大亚轮船公司"派黄浦第一丸""黄浦第二丸""黄浦第三丸"三轮开行。后上海内河轮船公司插手,派"顺庆""顺裕""顺南"等客船轮流行驶。垄断这些航线的上海内河轮船公司等日伪轮运企业享受免除登陆税以及征用土地等其他一系列特权,排斥其他轮船公司,严重阻碍了江浙民间航运业的发展。

1940 年 3 月,汪伪政府交通部又设立中华轮船股份公司,进一步垄断运河航运,开辟江浙两省运河沿线各埠至一些集镇的航线,使杭嘉湖地区的运河航运,甚至连短程运输和搬运也都由日军统制

---

① 民国三十三年《申报年鉴》第 885 页,航运

和垄断。如嘉兴,在北门外设有华中汽船株式会社嘉兴出张所(办事处),统制和垄断以嘉兴为中心的航运网的轮汽船客货运输。在东门火车站设日本通运运输公司,在塘湾街设城北出张所(办事处),控制和垄断铁路与水路的短途转运及装卸搬运。1940年4月宁波沦陷后,日商华中运输株式会社又垄断和控制了浙东运河的轮汽船航运。

在日伪轮运企业垄断和控制轮船运输的同时,日伪实行重税以及用船舶登记、货物检查等手段限制和摧残民间航运业的发展。1938年7月,日伪在浙江设立船舶管理处,直属于伪省政府,在嘉兴、湖州等运河码头均设有办事处。船舶管理处规定凡在境内营运的轮船,必须在该处登记领取牌照,并交给牌照费,遇有军运任务,则由该处指名征调。1941年5月起,日伪在浙江境内大举"清乡",船舶登记管理制度等措施更为严厉。

对木帆船,日伪政府则通过组织"华中帆船会社"进行控制,光在嘉兴日伪就先后霸占了30多艘载重为15吨的木帆船,控制了嘉兴至海宁、海盐、嘉善、桐乡、平湖等的货运。其余的木帆船,只有加入该会社,才会得到由日伪政府发给的航行许可证。因此,木帆船全无航行的自由,行驶的航线和装载的物资等都处于日伪政府控制之下。

日伪政府对浙江沦陷区运河航运进行控制的另一种方式是严格实行对载运的货物和旅客的检查制度。1941年7月10日和1942年7月15日,汪伪政府先后颁布物资统制及运销管理办法。第一次办法规定:火柴、水泥、棉纱、布匹、烟草、酒、汽水、酒精、盐、面粉及其他应缴中央捐税之物资,凡在境内运输或通过封锁线,须有统税、盐税或其他中央捐税的纳税证明书,或统税局验讫印花,或盐务局之运销许可证。金属矿石、米、小麦、面粉、棉花、茧、麻及麻制品、牛、羊、鸡蛋及蛋制品、猪鬃、禽毛、肠衣、茶叶、桐油、生丝及烟叶、皮鞋、空瓶等物资,由境内口岸载运出境,或运往上海,须申请清乡督察专员公署发给原产地说明书,并由日军司令部指定之许可机关依据该说明书发给规定之许可证,方准载运出境。以上所列物资以及肥皂、机器、石油、重石油、汽油、木材、火柴、蜡烛、盐、烟草、食用油、棉纱、布匹及棉织品、绒线及毛织品、人造丝、人造丝织品、糖、药品、颜料、医疗用工业试验品等物资，由上海载运入境，亦须申请清乡督察专员公署发给实需证明书，并由日军司令部指定之许可机关依据该说明书发给规定之许可证，方准由上海载运入境。第二次办法较第一次无论是品种还是数量范围限制更严。这些管理和限运办法内所列物资，涉及人民的一切生活服务。因此，日伪对运河运输的严格控制，已严重损害了人民生活和经济的发展。各地税务机关检查站借此任意敲诈，百般勒索，使人们视运河水上运输为畏途，地方运河航运业受到很大的破坏。

日寇占领杭州、嘉兴、湖州以及宁波、绍兴等大运河浙江段交通枢纽后，浙江民营航运业基本瘫痪。日伪政府为了粉饰太平，进一步控制浙江航运业，便由浙江伪政府船舶管理处出面，召集原轮运企业开会，要求"原有各公司尽其力之可能于短期间设法复业"。当时，沦陷的杭嘉湖地区航运界缺资、缺船、缺人，复业十分困难，即使愿意复业者也心存疑虑，不敢贸然复业。1938 年下半年起，在日伪政府的逼迫下，一些民营轮运企业相继复业，其中平湖县有 5 轮行驶于平申线（其中 3 艘有德、日资本），有 9 艘小汽船行驶县内航线，较战前减少近半。嘉善仅有 2 轮行驶于至西塘、芦墟间。

但由于战争的持续和扩大，社会的动荡和混乱，经济的衰退和不景气，人民的恐慌和不安定心理，故客货运量减少，业务清淡，再加上不堪承受的苛捐重税，不少轮运企业因无力维持营运，先后步入破产歇业的困境。平湖惠通轮船公司和鼎大轮船公司复业后，以客船和拖船拖带客驳在平湖—上海航线上通航搭客，但因水上封锁线阻碍以及日伪军警宪特的敲诈勒索，经营十分困难，仅半年多即被迫停航。

与战前相比，大运河浙江段航运业陷入了全面衰落的境地。

四、日寇对浙江经济的掠夺

　　1938年12月13日日军占领南京后,其主力西去南下,浙江极大部分地区被侵占,全省共有37个县1个市沦于敌手,浙江半壁河山长期处于日军铁蹄的蹂躏之下。其中,运河沿线最富庶的杭嘉湖平原和宁绍平原,沦陷分别长达8年和5年之久,广大人民处于水深火热之中。日寇侵占浙江后,与汉奸政权互相勾结,对沦陷区人民实行残酷的绝对统治。不仅在政治上施以奴役压迫,在军事上进行野蛮的"清乡""扫荡",大肆残杀抗日志士和无辜群众,在文化上进行强制的奴化教育,而且在经济上进行疯狂的掠夺,更使劫后余生的民众陷入悲惨、黑暗的深渊之中。

　　日寇对大运河浙江段沿线沦陷区的经济掠夺,首先是建立起殖民地金融体系,采取各种手段对金融业进行严厉的统治和垄断。日寇首先在杭州成立了"正金银行""华兴银行""阿部市洋行""白木公司"等金融和工商业机构,规定凡向洋行各厂购买货物,必须一律使用日本军用票,绝对拒收中国的原有法币。随着侵略面的扩大,对沦陷区经济控制的深入,日寇又扶植汉奸王五权、袁清河等设立了"五源银号""裕昌银号""大春银号""福康银号"等20余家金融组织,为日寇各洋行服务。汪精卫伪国民政府成立后,日寇策动傀儡政府以"整顿金融、稳定币制"的名义,于1941年1月6日成立"中央储备银行",居然在毫无准备金的情况下,发行大量"储备券",用以二对一换收国民党的法币。日本侵略者一方面靠刺刀和严刑峻法,利用伪政府和储备银行强制取缔并廉价收兑国民党政府发行的旧法币,使"储备券"成为浙江沦陷区唯一的通货,以彻底控制和垄断沦陷区的货币金融。另一方面,为侵略需要,又随心所欲地到汪伪汉奸银行强行借贷、透支或任意提取现金,并利用收兑来的旧法币到国民党统治区或游击区掠夺、套购军需物资、土特产和原料,以发展敌伪工商业,扩大军工生产,达到其"以战养战"的罪恶目的。

浙江是丝绸之乡,尤其是运河沿线的杭嘉湖地区蚕丝产量向冠全国。战前浙江省鲜茧最高年产量为 120 万担,每年出口的生丝近 10 万担,均占全国总额三分之二以上。1937 年日寇侵占杭嘉湖地区后,随日军而来的日本人清水半二、佐潄旭两人,即开始策划掠夺蚕丝事业。1938 年春,首先将杭州市附近各种场侵占,控制制种。1938 年 8 月,日寇与伪维新政府实业部部长王子惠勾结,在上海成立日伪华中蚕丝公司,在杭州设立分公司,对沦陷区蚕丝业的蚕种、产茧、生丝全面实行管制。自此,蚕桑命脉全部操诸日寇之手。1939 年春,在嘉兴建规模颇大的种场一所,并将周围各私人种场统制订约制种,如场主为撤往大后方者,则由汉奸出面侵占订约,而原种均由华中蚕丝公司发售。据统计,自 1938 年至 1943 年,日寇直接配发浙江的蚕种数量达 3 260 169 张,沦陷区的蚕种业几乎全为日人控制。

在产茧统制方面,日寇先是对浙江全省茧行进行登记,规定所有茧行,一律与华中蚕丝公司订约,商人不得自行收茧,继而则压低茧价,强制收买。如 1939 年长兴一地年产蚕茧 1.1 万担,但被敌人统制收购的就达 1 万担。到 1940 年,因国际生丝市场价格下跌,日寇为保全自身利益,一面禁止蚕丝出境,一面对蚕茧收购大大降价,春茧收购时每担价仅 250 元,秋茧更跌至每担 120 元左右,而当时非敌占区春茧市场价则为每担 350 元。① 浙江沦陷区整个茧业,尽操入敌寇之手。据统计,自 1938 年至 1943 年,日寇从浙江强行收夺去的干茧共 149 880 担。②

抗战期间,杭州、嘉兴、湖州、海宁、德清等地丝厂尽为敌人所掠,由华中蚕丝公司独占经营,仅杭嘉湖及海宁被占的丝厂就达 22 家,丝车 4 030 部。这样,生丝生产又入日寇统治的魔掌。据统计,自 1938 年至 1943 年,日寇从浙江沦陷区夺去的生丝达 21 000 余

---

① 参见《浙江文史资料选辑》第 42 辑第 322 页
② 《浙江文史资料选辑》第 4 辑

担。① 至1943年年底,因日本生丝外销停滞,才在中国沦陷区停止生丝生产。

日伪一面对沦陷区的蚕丝业实行严厉的统制和疯狂的掠夺,一面又对大量的私人种场和桑园进行摧毁。据统计,战前浙江全省共有大小私人种场105家,沦陷后,90%被日伪拆毁,如杭州的西湖、萃盛、西溪、风亭等种场,嘉兴的明明种场,均全部被毁,无一木一屋遗存。这就严重削弱了浙江全省的蚕种饲育量,战前全省一期改良种的需要量约30万张,而战后的1946年春,合计只需32.2万张。日寇为了防止抗日部队的袭击,将沿交通路线两旁和碉堡据点周围几里内的桑树砍伐一光,如原在杭县上泗乡有范围颇大蚕种场一所,桑园近千亩,均被摧毁无存。杭州小和山的蚕桑试验场,原有桑园60余亩,栽有各种品种的试验桑树,亦被毁成农地。1944年蚕丝滞销后,桑园更遭到日伪军队的破坏,大量被日伪军砍作薪材。战前浙江省30个县桑树栽培面积2 658 193亩,年产桑叶18 366 410担。而战后,全部桑树仅存十之三四,又由于连年荒废,桑叶产量仅有战前的十之一二。从这可以看出,在日寇入侵、敌伪统治时期,浙江省蚕桑事业已被毁劫无遗而满目疮痍,真是铁蹄所至,闾里为墟,蚕丝区域,尽遭蹂躏。

浙江沦陷后,日寇出于战争需要,为建筑机场、仓库、公路、据点、碉堡、封锁线等,大量地强占农民的土地。如自1938年起,日伪在浙东、浙西建有碉堡据点220余个,以1个据点占地15亩计算,共占土地3 300余亩;又如1942年10月至1944年5月,日伪在浙西、浙东10县进行三期"清乡"扫荡时,建造公路230多千米,路宽4米,共占土地84 800余亩;筑封锁线461.5千米,每千米占地9亩,共占土地41 535亩。仅此三项,就占用土地129 635亩。据统计,战前浙江全省共有耕地2 800万亩,因战时受敌蹂躏而不能耕种者约10%,计280万亩。

日本侵略者为修筑工事、公路、封锁沟和运输等,经常通过伪乡

---

① 《浙江文史资料选辑》第4辑

保长征发大量的各种伕役。浙江沦陷后,日伪政府征派壮丁最多的年份,沦陷区农村平均每户每月要出伕役 6 天,也就是一个主要劳动力平均有五分之一的时间要为敌人做苦工,而最多的时候,一个月内平均每户出伕竟达 51 个。如 1942 年日伪"清乡"期间,仅在余杭县塘栖一地四周筑竹城,就强征民工达数千人次。敌人强占我矿山、工厂和开辟专用农场后,亦采取抽派壮丁或诱骗招募劳工的办法,掠夺大量农村劳动力供其奴役。如 1942 年 12 月,日伪政府在嘉兴成立"中国合作社两嘉特别区社",下设"棉织工场""实验示范"农场和仓库各一处,大量掠夺着沦陷区的人力和物力。尤为残酷的是,敌寇为了补充日本本土及东北劳动力的不足,经常在对沦陷区农村进行"扫荡"时直接用武力抓捕壮丁,送往日本或关外当苦力。如 1942 年,仅桐乡一县被日军掳送日本服劳役的壮丁就达 20 余人。他们在日本受尽了苦难,至抗战胜利后,被遣返回国的仅 2 人,而其余人均下落不明。1944 年,侵驻浙西之日寇在德清强征壮丁送往缅甸作战,仅该年 4 月份,送出的第一批就有 20 余人,大都尸骨未能还乡。

日寇大规模掠夺农产品的主要方式,一是"征发",二是"统制贸易",再就是直接出动军队进行搜抢。"征发",就是日本侵略者利用伪政权的县、镇、乡、保等组织对沦陷区人民强行摊派,进行毫无代价的搜刮。其数量之巨已足使沦陷区农民破产。1940 年,日军在嘉兴地区征派米粮,仅海宁一县就被责令每月交出白米 5 000 担,米价因之日趋上涨,人民苦不堪言。1943 年 11 月,汪伪嘉善县长胡弘玑为敌效力,向各乡镇强行派征军米每亩 8 斗 7 升 4 合,仅该县路北就被劫去白米 67 000 余石。

"统制贸易",即压低价格强制收购。1941 年以后,日本帝国主义唆使汪伪政府实施对沦陷区物资的统制,其方法是:凡某项物资一经宣布统制,就由统委会核定一个极低的价格,向生产者分头收购,使物资集中,先让日本来提购军需品,再把剩余物资,另定高价,向民间的消费者分头销售。这个办法,可以使日寇不费多大的人力、财力,而优先尽量获得军需品;又使汪伪方面的统制机构,可以在老百姓身上狠狠地掠夺一把。1943 年上半年,掠夺机构"米粮统制委员会"在上海成立。10 月,日伪又在浙江的嘉兴、硖石、湖州及江苏、安徽所属县市共 21 处设立"粮食采购区办事处",建立统制点,布成统制网。然后招致各地米行中人来做该会的"特许采办商",由采运处指使他们到产区去收购米粮。日伪"嘉兴军米商采购商会"成立后,规定每亩征购军米 8 斗。1943 年 12 月,在新丰一区就强购军米 2 400 石,而价格则仅为市价的一半。

磨牙吮血的日本侵略者,在用"征发""统制贸易"的方式大规模攫取沦陷区米粮的同时,还时常在对沦陷区"扫荡""清乡"时,更野蛮地进行直接抢夺,此种事例更不胜枚举。1940 年 1 月 4 日,嘉兴日军 400 余人窜扰风桥镇,纵火掳掠,残杀平民 60 余人后,又劫去粮食 1 000 余担。1941 年 10 月,驻浙日军海军陆战队四出"清乡",途经桐乡乌镇北栅时,洗劫油坊及附近粮行,分装 53 船,运往嘉兴。1944 年 8 月,驻余姚日军与伪军配合,乘早稻登场时,在方桥西北天化、开元两乡抢去稻谷 30 万斤。

日寇对沦陷区的棉花、茶叶、牲畜等也无不进行搜刮。日本侵略者对浙江茶叶的掠夺,则由日本三井洋行茶叶部主持。该洋行一面利用伪组织"改良茶叶委员会"协助进行茶叶统制,规定对各产茶区的征购数量,以低价强行收购;一面又抬高价格对征购数以外的茶叶进行抢购。在 1940 年 9 个月中,仅余杭一地被敌伪低价收购的茶叶就达 50 多万元,而在 1939 年,浙西茶叶被敌人用走私方法收购的更达 1 万担以上。

在日本帝国主义的法西斯统治之下,浙江农业经济所遭受的损失是极其惨重的。农业生产大幅度下降。水稻本为浙江的主要农作物,但各沦陷区由于劳动力大量减少,耕地被撂荒,加上肥料缺乏,土地退化,战后的粮食产量仅及战前的 40%。1940 年浙江的棉花产量仅及战前的 47%;战争使 70% 的茶园荒芜,战后茶叶的年产量仅为战前的三分之一。据调查统计,八年沦陷期间,共损失稻谷 5 040 万石,棉花 1 200 万担,茶叶 160 万担,耕牛 10 万头。

日本侵略者凭借军事、政治力量,对中国沦陷区的贸易实行严密的管制。举凡日用必需品,均须凭日寇军部的搬运出入证始得运输。日伪对沦陷区人民的消费品则实行按户配给制。老百姓吃粮,只能买配给的"户口米",且配给的粮食量少、质差、价高。如1943年日伪在浙江沦陷区的户口米之"配给",虽为10天一期,但事实上总是脱期,每月不能领到3次。其配给量亦渐减少,每期由糙米1升半、面粉1斤半,减至糙米1升与面粉1斤。而且价格一涨再涨,如糙米,1943年7月以前,每升价为3元(伪币),至8月末涨至6元,到10月末又涨至8元。因大米首先要满足日寇的军用需要,广大群众只能用杂粮代替大米。当时崇德有句民谣:"城门关出,六谷糊脱出。"意思是城门一关,连配给的六谷粉(玉米粉)也买不到了,因为日寇经常戒严关城门。日伪对民用火油、食糖、火柴、肥皂等也限量配给,特别是火油、火柴,数量极少,因此,居民只能用菜油点灯,用火刀、火石取火。

沦陷区苛捐杂税多如牛毛。1940年,敌伪在浙江沦陷区,有名有目的税收机关就有"田赋管理所""税务征收所""屠宰税牙税征收所""营业税征收所""印花税征收所""烟酒税征收所""消费特税征收所""竹木专税征收所"等。在浙西地区,敌伪除照收田赋、营业税外,更巧立名目,增加自治户捐、自卫队捐、船户捐、箔税、特别人口捐、货物进城税、月费、苦力费、保甲费、茶碗捐等,苛派勒索,无孔不入。到1944年,各种苛捐杂税更增加到35种之多。不仅捐赋名目繁多,且征收的数量也大,1942年日伪规定浙西地区田赋按每亩18元、户捐按每亩3元(伪币)计征。据伪浙江省政府统计:1942年下半年度,日伪在浙江"清乡"地区的田赋、营业税、户捐及其他各种税赋的收入为6 292 595.93元;1943年上半年度为25 255 823.67元;1943年下半年度更增加到71 599 792元。[①] 到1944年,日伪对沦陷区的榨取更达到了疯狂的程度,浙江人民的负担之重前所未有,除无定期、无限止的应变经费之外,养牛一只派捐1 000元,养猪一只征税800元,壮丁捐每人300元。

---

① 于道等:《汪精卫国民政府"清乡"运动》

日伪在物资上的严厉统制和经济上的疯狂掠夺,使浙江的社会经济遭到严重的破坏。从 1940 年起,物价飞速上涨。如嘉兴地区,在抗战前夕,米价仅 6～7 元(法币)一石,而至 1944 年,米价涨至 10 万元(伪币)一石,至 1945 年 7 月,更涨至每石 50 万元(伪币)以上。时隔 8 年,原来 10 石米的钱,到后来只能买 1 两米,真是"米珠薪桂"。至于其他物价也莫不奇高,如原法币仅 6～7 分钱一盒的火柴,到 1944 年 4 月,杭州市每盒的零售价竟高达伪币 25 元(余姚沦陷区更高达 30 元),肥皂每块 70 元,弄得一般市民惶惶不可终日。

八年沦陷,在日伪敲骨吸髓的掠夺下,浙江所遭损失之大,实是难以估算。金融业被垄断,工厂被占领,物资贸易被统制,田地被侵夺,致使工人失业,农民破产,沦陷区人民生活困苦达于极点,饱尝亡国之痛。

五、民众的抗日斗争

抗日战争爆发后,浙江的各种政治力量得到了新的整合,一度出现了比较团结的全民抗战形势。1937 年 11 月,日军为扭转上海战场的胶着状态,从杭州湾北岸的全公亭、金山卫等地实施登陆,浙西各县纷纷沦陷,到 12 月底,杭嘉湖地区 1 市 17 县沦陷。在武力侵略的过程中,日寇在浙西运河沿线各地大肆烧杀抢掠,无恶不作,运河沿线各地民众奋起反抗,出现了七八十支抗日游击武装。这些武装既有在中共影响下的当地爱国青年,也有国民党政府撤退时的掉队军人,以及帮会组织等。在这些武装中,较有影响的是郎玉麟领导的吴兴游击队、李泉生领导的长超部队、朱希领导的朱希部队、陈新民领导的淞沪游击队。

郎玉麟领导的吴兴游击队是在中共党员彭林、王文林等影响下成立的,并得到了吴兴县县长王崇熙的支持。游击队成立后,立即投入了抗日活动。1938 年 2 月间,游击队得悉一股日军在离潘店不远的南埠头村,他们便分成三组用手榴弹等袭击日军,使日军不得安稳。随后日军两次进攻录西和严家坟,均被游击队采取突然袭击的办法打退,日军被迫缩回湖州和长兴。1938年6月,吴兴游击队还配合国民政府军攻打吴兴。1938年夏,郎玉麟部接受国民党政府整编,番号改为"吴兴县抗日自卫大队"。8月又改编为"浙江一区抗日自卫部队十二中队"(后改为九中队),郎玉麟任中队长,彭林为第一分队长。1939年,第一区抗日自卫部队全部调离浙西。到1943年,彭林直接领导了这支队伍,成为新四军浙东游击队金萧支队的一部分,重新回到浙西,在吴兴和长兴一带继续从事抗日斗争。

长超部队是以吴兴县长超乡农民为主体的抗日武装。1937年11月下旬,吴兴陷落,当地民众饱受日寇蹂躏,小学教员出身的李泉生与李志达、孙春江、周枝枚等商议,决定组织抗日武装。他们伺机处决当地汉奸夏金生后,于1938年1月在长超的草田兜伏击了日军的汽艇,击毙日军5名,从此将武装定名为"中国人民抗日义勇军",当地人则称其为"长超部队"。1938年1月至1939年,长超部队不断抗击日寇,数十次在水上伏击日军,取得不俗的战绩。如1938年2月6日,长超部队化整为零,分成四队埋伏在罗田漾左右侧,待约50余名日军分乘6艘民船从长超返回时,乘机出击,当场击毙日军6名,溺毙4名,俘虏6名,缴获步枪10余支。9月17日,长超部队在双林白潭塘又击沉日舰1艘,歼灭日伪军30多名。1938年3月21日,长超部队联合国民政府军袭击日军在吴兴的主要据点升山,取得歼敌300余名的战绩。1939年2月25日,长超部队配合国民政府军袭击侵占乌镇的日军,毙伤日伪军50余人。3月12日,袭击德清新市公利丝厂日军据点,毙敌近30人。在抗击日军的过程中,长超部队也很快发展到近1 000人,其间数次被国民政府改编,1940年被浙江省保安第三团收编。李泉生被调离部队,担任桐乡县长。

在浙西的各游击部队中,朱希部队也是一支规模较大的抗日武装。朱希曾任国民政府军第十三师七十五团一营二连连长,上海失陷后退至皖南,受师部之命组建游击队。他与从上海撤退下来的另一名连长汪鹤松招纳了一些原部队中的湖北籍士兵,吸收了一些流亡的爱国青年,组成一支200多人的抗日武装。1937年12月,朱希率部从皖南深入浙西天目山一带，接受第三战区改编，成为第三战区的一支游击队。1938年3月，朱希部队攻占乌镇，并以此为据点，乘胜收复了附近的严墓、新塍，控制了以乌镇为中心的游击区，部队也从200多人发展到近5 000人。1938年春夏之间，朱希部队乘日军抽调兵力参加武汉作战之机，在杭嘉湖地区的桐乡、南浔等地多次袭击日伪据点，打击日伪军。6月20日，湖州日军一个小队乘汽艇来严墓扫荡，汪鹤松部一个中队出击，击毙日军4名。当天中午，日军纠集200多名日伪军前来报复，却在后泾桥被汪鹤松部伏击。8月17日，朱希率一个营的兵力在南浔向日军发起攻击，毙日军30多名、伪军10多名。1938年11月9日，日军纠集近万人的兵力在飞机、汽艇的配合下向乌镇、新塍、严墓等地发起攻击，决意消灭朱希部队。朱希部队主动撤出乌镇，但仍采取了集中行动，结果血战一昼夜，部队被打散。1939年春，朱希与汪鹤松等重返乌镇、严墓一带，收编被打散的旧部，并多次主动袭击日伪军。尽管朱希在战斗中负伤，离队养伤，但部队并未受多大影响，到八九月间发展到了两个营，再次成为插入浙西北敌后的利剑。10月，汪鹤松接受国民政府收编，番号改为国民政府苏南行署保安第三团，1939年年底，部队被调入苏南。

1937年11月，日军登陆时，平湖当地农民陈新民组织农民和盐民积极配合当地驻军阻击日寇，稍后又组织守望团，在全公亭进行抗日活动。守望团的抗日活动得到了民众的支持和参与，到1937年12月底，守望团发展到200多人，活动于全公亭、秀平桥、虎哨桥等地。1938年4月，浙江省政府委任陈新民为沪杭抗日游击队第一大队大队长，游击队更加积极地展开袭击日伪军的活动，但陈新民在与日军的战斗中不幸牺牲。1938年冬，原陈新民部被国民政府地方当局整编，大部分编入了平湖、海盐两县政府的抗日自卫团。

在大运河浙江段沿线人民抗击日本侵略者的战斗中，还留下了在华朝鲜爱国人士的英勇事迹。

早在1919年4月，云集在上海的朝鲜抗日爱国志士2 000多人，筹组了"大韩民国"临时政府，后来曾任临时政府国务领（即大总统）

的金九,于 1932 年 4 月 29 日指派爱国义士伊奉吉潜入上海虹口公园日本人庆祝"天长节"的会场,当场炸死日本陆军大将白川义则等高官要员,炸断日本驻华公使重光葵的大腿。金九和临时政府的几位要员人物在同盟会元老嘉兴人褚辅成的掩护下,到嘉兴避难,在运河之滨的梅湾街、严家浜和日晖桥一带秘密从事抗日斗争。1932年 5 月至 1936 年 2 月,临时政府先后在浙西运河沿岸的嘉兴、杭州、镇江等城市进行抗日活动,其实际领导核心是在嘉兴。临时政府的实际领导人是金九。1935 年 10 月下旬,临时议政院 16 名议员还在嘉兴南湖画舫上举行了一次特别会议,组成了临时政府史上的第 13届政府,从此,朝鲜独立运动在金九及临时政府的领导下进入了新的抗日阶段。金九在嘉兴的几处活动地点均在运河沿岸,往来都是舟步船行。他在自传《白凡逸志》中述:"托身于没有知识的划船妇朱爱宝,所以决定常住在船里,今天睡在南门外的湖水边,明天睡在北门外的运河岸,白天再上岸活动。"对于掩护、服侍他近五年之久的划船妇朱爱宝女士,金九自称"我和她在不知不觉中产生了类似夫妇的感情,她照顾我实在功劳不小"。正是大运河掩护了朝鲜抗日爱国运动的众多领导人和要员,正是大运河谱写了两国友谊的不朽篇章。

六、航政管理工作的加强

抗战期间,大运河浙江段沿线沦陷区的航运基本瘫痪,但为适应战时的需要,浙江内河航政管理工作有所加强。内河航运管理机构也几经组建调整。其基本情况如下:

浙江省船舶总队部和浙江省交通管理处的建立

抗战开始,浙江省即奉命组建浙江省船舶总队部,直接受辖于国民党军事委员会后方勤务部。其主要任务为统制全省船舶,更好地服务于战时军事运输。

1938年1月,浙江省颁布"战时十大政治纲领"。为了实现纲领中提出的"健全交通组织"的具体要求,特组建起浙江省交通管理处,负责全省车船的管理工作,浙江省船舶总队部便改归省交通管理处领导。

浙江省船舶总队部先后在各口各埠设置派出所、分站、联营处,并进行船舶登记、编队。编队以船舶5～15艘为一班,若干班为一小队,若干小队为一中队,若干中队为一大队。其中除中队长由各县县长兼任外,其他均由部队部指定。浙江省船舶总队部下设9个大队,其中第一大队驻在於潜,下属9个中队,依序分别驻在余杭、新登、分水、临安、於潜、昌化、孝丰、安昌和长兴,第二大队驻在德清,下属8个中队,依序分别驻在杭县、嘉兴、嘉善、崇德、桐乡、吴兴、德清和武康;第三大队驻在绍兴,下属11个中队,依序分别驻在绍兴、萧山、诸暨、富阳、余姚、嵊县、上虞、新昌、海宁、海盐和平湖;第四大队驻在金华,下属10个中队,依序分别驻金华、兰溪、浦江、义乌、永康、汤溪、武义、东阳、桐庐和建德;第六大队驻在鄞县,下属8个中队,依序分别驻在鄞县、慈溪、定海、镇海、奉化、象山、南田和宁海。

为使军运、民运统筹兼顾,浙江省船舶总队部除了充分发挥各联营处的作用外,还将各口船舶编配为现役队和预役队。这样不但能应对一般军运任务,即使遇上战争紧急情况,现役队船舶不敷供应时,也能从预役队中得到足够的补充。由于轮流服役,船民们也有较多机会从事商业营运。

浙江省船舶管理局的建立

1939年5月,浙江省船舶总队部改为浙江省船舶管理局。在管理上,基本上沿用了浙江省船舶总队部的一些做法,只是更加强调军、公、民运的统筹兼顾,在富春江、瓯江、曹娥江各处设置了办事处,唯在甬江未设办事处,由浙江省船舶管理局直辖。办事处下又设置若干船舶站,其中曹娥江办事处分别在绍兴、萧山、诸暨、上虞和鄞县设立船舶站。

浙江省驿运管理处的建立

抗战爆发后,中国铁路损失极大,港口也多被日寇封锁,特别是太平洋战争开始后,各种新式运输工具基本上断绝了来源。严峻的形势下,全国范围内实施了驿运。1940 年 7 月 15—18 日,国民党军事委员会召开由各省建设厅厅长及代表参加的驿运会议。9 月 1 日,交通部驿运总管理处成立,接着各省驿运管理处相继成立。

浙江省驿运管理处直隶于浙江省政府,并受交通部驿运总管理处监督指导,下设 3 个科、2 个室、1 个监护队,分别掌管注册编组、计划调度、财会统计、安全保卫等工作。

浙江省驿运管理处成立后,即对驿运线内营运之船车进行注册编组,并确定了 3 条干线、5 条辅助线、8 条支线、3 条联络线,形成了一个纵横交错、四通八达的交通网络。由于运力有限,浙江省驿运管理处区别轻重缓急,确定了航运调派次序,即军运先于普通运输,普通运输又以粮食、食盐、特产为先,外销之土产次之,商货及其他物品又次之。在抗战极其艰苦的条件下,浙江省驿运确实发挥了巨大的作用。

第五节

运河航运的短暂复苏和
再度衰落

　　1945 年 8 月，日本宣布无条件投降，中国人民终于取得抗日战争的伟大胜利。抗战胜利后，一批日伪船舶和码头设施被国民党政府接收，运河航运业开始得到恢复和发展。然而，好景不长，1946 年全面内战的爆发，使社会生产力遭到严重破坏，国民经济逐渐走向崩溃。在这样的背景下，大运河浙江段航运经过短暂复苏后，又逐渐衰落。

一、接收日伪财产

　　抗战胜利后，国民党政府即开始进行接收、处理日伪财产工作。浙江省也接管了日伪航运船舶、码头设施等资产，这对于大运河浙江段航运的复苏起了一定的作用。当时，浙江接收、处理日伪财产的机构有苏浙皖区敌伪产业清理处驻浙江办事处及其下属机构临时驻杭州专员办事处、宁波分处等。在航运方面，接收的主要对象是日本人办的上海内河轮船公司杭州支店、华中运输公司杭州支店、伪四十九军等所属的船舶和码头设施等。浙江省在杭州、吴兴、嘉兴等地共接收各类船只 60 艘、浮码头（包括趸船）4 座（见表 10）。

　　但在接收日伪财产过程中，有的单位趁机浑水摸鱼，把其中航产移作他用或据为己有,如第二十五集团军总司令部已接管的日伪财产"益利"轮等7艘船只,原应移交给浙江省驿运管理处拱宸桥站接收,但该集团军将这7艘船只移作其他用途,拒不移交。所以,浙江省没能接收日伪的全部航运财产。

在接收的日伪船舶中,部分机器设备较完整的,由国营招商局接收或由机关单位和军政单位留用,其他大部分状况一般的,则采取招标售卖和招标承租等办法进行处理。另外,对那些被日伪霸占的航运财产,在产权确定以后,发还给原主。吴兴县还特地成立了吴兴公有汽船管理会,负责管理和处理该县的日伪航运财产。

二、航道整治

在抗战中,为了抵抗日军从水路入侵,浙江各地都采用沉船及埋木桩等办法堵塞航道,加上抗战中因长期战乱和洪水冲刷,大运河浙江段水网河道淤积、驳岸坍塌、桥梁破坏残损,不仅严重阻碍航运交通,而且危及居民和农田。不少航道因久未浚治,淤塞日甚,每遇枯水季节,船舶难以通行,被迫停航。据《浙江省水利建设月刊》记载:"抗战以来(运河)河身未见变迁,唯若干处为敌人部队堵塞。在崇德县境太公渡及小羔羊即有两处,共长150公尺以上之地区,须挖水下土方12 000余立方,其他及沿塘港叉被敌阻塞者,计有十处,离运河塘较远,小港堵塞,成多塘堤,亦随处塌陷。计制品之段,低陷者四段,共长30里,桥梁毁损过半,其中完全破坏或毁弃者有20座,已成倾圮,或部分明坍损者20余座,以上种种影响于灌溉交通者,实非浅鲜。"① 因此,当时的有识之士呼吁:"浙西之航运之发展,必先开浚固有水道,以畅通航运,将已有之航道,加以整顿与改进,而全区之航线,又必须互相联络,且与全省航线的切实之联络。其中如运河与钱塘江之通航,成为交通上目前之急务。"清理、疏浚和整治河流航道,成为当时复苏大运河浙江段航运事业的当务之急。

---

① 民国三十七年《浙江省水利建设月刊·整治嘉属运河工程纪要》

表 10　浙江各地接收日伪船舶物资及处理详细

船舶名称（种类）	接收地点	船质	机器种类	功率/马力	吨位/吨	尺度/米 长	尺度/米 宽	尺度/米 深	船舶状况	估价价值/万元	备注
松江七号轮	杭州	铁	双缸柴油机	50	25.00	57	10.3	4.5	船壳需大修，机器尚好，蓬及棚损漏，船具不齐	船壳2 000，机器1 750	接收上海内河轮船公司杭州支店。正在审查产权，暂缓交理
裕大轮船	杭州	木	叠缸式蒸汽机连锅炉	45	20.00	43	9.3	3.8	船壳需大修，机器及锅炉尚好，蓬及棚损漏	船壳1 200，机器及锅炉1 800	即标售
裕东轮船	杭州	木	叠缸式蒸汽机连锅炉	45	22.00	43	10.0	3.8	船壳需大修，机器锅炉尚好，蓬及棚损漏	船壳1 200，机器及锅炉1 800	杭州市政府留用，已函照价缴款中
福华轮船	杭州	木	双联蒸汽机连锅炉	45	22.00	48	10.0	4.0	船壳需大修，机器锅炉零件齐，蓬及棚损坏	船壳1 300，机器及锅炉1 250	接收上海内河轮船公司杭州支店，即标售
杭州一号轮	杭州	木	双联蒸汽机连锅炉	60	28.00	57	12.0	4.2	船壳尚佳，机器完好，锅炉尚能应用	船壳1 800，机器及锅炉2 400	即标售
裕盛轮船	杭州	木	双联蒸汽机连锅炉	45	25.00	53	11.2	4.5	船壳，机器，锅炉均尚好	船壳1 650，机器2 000	接收上海内河轮船公司杭州支店，杭州市府留用已函照价缴款中
丰威轮船	杭州	木	双联蒸汽机连锅炉	65	30.00	60	12.5	4.5	船壳破烂，机器残缺，锅炉损漏，蓬棚均无	船壳800，机器及锅炉900	即标售
轮江三号小汽船	杭州	铁			14.00	40	9.0	3.8	只有船壳无机器	铁船壳1 100	正在审查产权，暂缓处理

船舶名称（种类）	接收地点	船质	机器种类	功率/马力	吨位/吨	尺度/米 长	尺度/米 宽	尺度/米 深	船舶状况	估价价值/万元	备注
大兴小轮船	杭州	木	六缸汽车发动机	24	12	35.00	9.0	2.8	船壳机器需修理,篷棚损漏	船壳900,机器650	即标售
永兴小轮船	杭州	木	六缸汽车发动机	24	15	46.00	8.6	3.7	船壳机器需修理,篷棚损漏	船壳1 000,机器650	即标售
浮码头一座	杭州	木				60.00	19.0	4.3	年久失修,木质腐蚀	1500	即标售
30223099 30323040 西漳船	杭州	木			15	43.00	11.0	4.2	年久失修,损漏颇重,船具不全	每艘550	3022 杭州市留用,余即标售
30313037 30343035 西漳船	杭州	木			18	43.00	11.0	4.2	年久失修,损漏颇重,船具不全	每艘500	即标售
15053054 3006 西漳船	杭州	木			15	43	11.0	4.2	船身需大修,船具不全	每艘600	杭州市市府留用,已函照价缴款中
40024107 43314104 41404105 41404120	杭州	木			20	52.00	12.0	6.0	船身需大修,船具不全	每艘650	即标售
40524077 40454117 41304155 40744115 4158	杭州	木			20	52.00	12.0	6.0	船身需大修,船具不全	每艘700	杭州市市府留用,已函照价缴款中

船舶名称（种类）	接收地点	船质	机器种类	功率/马力	吨位/吨	尺度/米 长	宽	深	船舶状况	估价价值/万元	备注
5071 5075	杭州	木			17.00	44	12.0	4.5	船身重损,船具不全	每艘600	另有铁锚九架,松板铺船上,即标售
5094 5095	杭州	木			17.00	44	12.0	4.5	船身重损,船具不全	每艘550	即标售
昌兴轮船	吴兴站								船身破烂,损漏多处		留作吴兴地方公用
大兴轮船	吴兴站								机械损坏,工具缺少	招商承租原月租10万元,1946年3月改月租20.6万元	曾于1947年2月16日沉没,打捞后,招商承租
永兴轮船	吴兴站								机械损坏,工具缺少		
复兴轮船	吴兴站								机械损坏,工具缺少		发还原主金端荣
裕德轮船	吴兴站								机械损坏,工具缺少	招商承租原月租20万元,1946年3月改月租38.3万元	招商承租
裕庆轮船	吴兴站								机械损坏,工具缺少		招商承租

船舶名称（种类）	接收地点	船质	机器种类	功率/马力	吨位/吨	尺度/米 长	宽	深	船舶状况	估价价值/万元	备注
大龙一号	杭州	木壳驳船			23.18	52	12.0	6.0		200	标售给大裕轮业公司
大龙二号	杭州	木质	煤轮煤轮		23.18	52	12.0	6.0		购置价200	标售给大裕轮业公司
杭桐水码头	杭州								码头底部木桩年久失修,已腐蚀坍坏		民国三十七年（1948）9月由三江轮船拟商承购
裕荣轮	嘉兴			36							该船接收后,又取拨发还
裕建轮	嘉兴			36							陆军第七十九师征用

——摘自《浙江船运史（古近代部分）》

民国三十五年(1946)4 月中旬,浙江成立抢修委员会和抢修工程队,开展水利交通建设,限令整修堤塘、河道。此后,全省便系统地进行了浙西运河等航道的整治工程。

大运河浙江段航道的整治,首先是整治嘉兴段。1946 年 11 月 25 日,国民政府成立嘉属运河水利工程处,开始编造计划,并组织嘉属运河水利参事会对工程进行议事监督。该工程自王江泾起,经嘉兴、桐乡、崇德至高桥止,共长 137 千米,成为 1946 年全省大型水利工程之一。工程自 1946 年 11 月 25 日起开工,开浚运河太公渡、小羔羊两堵坝,工程分河道择要疏浚,沿岸浅港被阻塞者一律开通,两边堤岸培修及沿线桥、涵、闸、堤全部修筑。共挖水下土方 2.48 万余立方米,培修堤岸 30.11 千米,填土 71.65 万立方米,至 1947 年 7 月 15 日结束。全工程实际支出:面粉 150 吨,白米 146 吨,工程管理费 12 008 440 元,材料费 24 959 450 元。工程完成后,订立管理养护办法 5 条:(1)沿堤植树;(2)养护堤塘,每五市里沿堤村中选一人管理及保护;(3)管理及保护桥梁;(4)实行岁修;(5)订立禁约,依水利法各种之规定,如鱼箙之设置、木排停放、轮船行驶、市河侵占,逐一订立禁条及罚则。

根据嘉属运河水利工程处编造的计划,1948 年继续对运河嘉兴段进行疏浚和整治。当年 12 月的《浙江省水利建设月刊》载:"依据施工计划,分段进行。又于同年,遂令组织嘉属运河水参事会,推举江胡桢、江俊民为正副主任,为本工程之议事监督机关,并且筹集材料费……""根据上述工程,计划完成:计培修塘堤 30.115 千米,填土 16 533 立方米,重砌三塔塘条石护坡 1 千米,清除阻塞 12 处,修建桥涵 46 座,滚水坝 4 座。"

同时,运河杭州段也进行了疏浚和整治。1946 年,拓宽观音桥至卖鱼桥 500 米河道。河道从原宽 4 米拓宽到 12 米,沿岸拆房砌石护岸。后直至 1950 年 5 月才竣工。1947 年,建立运河堤塘紧急抢修委员会,经费按两岸 20 万亩土地筹集,土方利用国民义务劳动,石方承包给厂商:第一期工程,自贺家塘至王家庄,长 5.25 千米,砌石 0.9 千米,拆建桥涵 31 座,1948 年 11 月完成;第二期工程,从拱宸桥至塘栖,长15.43千米,至1949年5月,仅完成砌石0.47千米,拆建桥梁9座、涵洞6个。同年,上塘河干涸,在海宁长安坝和杭县分别安装抽水机,建立灌溉系统,汲水入上塘河,实施灌溉。此外,整修上塘河大蔡堰石塘,以及湖墅八丈井(东新关至万安桥段)河道。修理中河龙山闸(添置闸板),疏浚中河龙山闸至小桥河段。1948年,疏浚浣纱河艮山门至笕桥段河道。同年,疏浚中河、东河。1949年3月,开始浚拓余杭塘自卖鱼桥至观音桥段河道。这些工程都因内战的爆发而纷纷搁浅,运河航运也急剧衰落。

在整治河道和兴办水利工程中,浙江省为弥补财政的匮乏,曾采用了以下几种办法:(1)工赈修筑。1946年,行政院善后救济总署有一批联合国救济物资(粮食)分配到浙江省。当年10月,浙江省政府决定将其中一部分用于恢复交通事业,还制定了《浙江省工赈筑路办法》的条例。对此,当时有"工赈筑路""工赈修河"的提法。这是在物价飞涨,拿到钞票就要贬值的情况下,以实发粮食、以工代赈来吸引民工的办法。工赈物资在兴修河道与修筑公路中确实起到了一定的作用。(2)浙江省政府还通过决议,发动国民义务劳动,为修筑河道、修筑公路路基采集路料。(3)实行客货运费征收及地方摊派。如为增加整治嘉属运河工程经费,浙江省政府曾就嘉兴、桐乡、嘉善三县的客票实行征收,每张征收200元,以作工程经费。自1947年1月起,先以3个月为期,后又延期了。结果,嘉兴轮船业公会征解1 730万元,崇德县政府征解350万元,桐乡县政府征解250万元,共计2 330万元。而该工程实际支付的材料费是2 490万元。

另外,为谋求浙江航运之发展,浙江省水利局曾聘请顾问,拟制过《沟通钱塘江及运河工程计划》《江南大运河工程浙江部分初步计划书》等几个规模较大河道工程的计划。但是,计划发表之时,正值国民党政府在政治、军事、经济上濒临破产之前夕,而这些工程所需经费都非常浩大,如仅整修钱塘江岸工程一项,战前估计经费580万元,1948年估计需600亿元,殊非当时政俯财力所能负担,终于成为泡影。

三、航运短暂复苏

抗日战争胜利后,浙江社会经济曾在一段较短的时期内得到了恢复和发展。战后,民族工业有了一定的复兴。战前,全省有大小电厂有 103 家,发电容量为 4.1 万千瓦。战后,全省复业的电厂已有 23 家,至 1947 年年底,发电容量约为 3 万千瓦,已达战前的 75% 左右。战前全省登记的工厂有 274 家,大多数在战争中停业或毁坏,1946 年全省兴办的工厂累计 105 家,其中丝绸、棉纺织、面粉、火柴、制烟、制茶、造纸、肥皂等行业的工厂规模较大、复兴较快。这些工厂多集中于杭州、宁波、嘉兴、湖州、绍兴、温州等水陆交通发达的地区。到 1947 年 6 月,全省兴办的工厂增至 268 家,到年底达到 327 家,比战前增加了 19.3%。抗战胜利后,浙江的农业生产恢复缓慢,但商品市场扩大,商业发展迅速,据浙江省建设厅、民政厅 1946 年的调查,每年从外省输入的粮食就达 1 亿公斤以上。商业性公司应运而生。到 1947 年 6 月,全省核准登记的公司 188 家,到年底又增至 244 家,而且这些公司都主要设立在杭州、宁波、嘉兴、湖州、绍兴等水上交通发达的地方,可见航运在社会经济恢复和发展中的重要作用。

战后,由于铁路、公路难于一时恢复,因而包括运河在内的水上运输任务十分繁重。随着工农业生产的恢复和发展,各地物资的交流十分活跃,往来的旅客也不断增多,使内河的货运量和客运量也逐渐增加。因此,全省各地航商纷纷直接或通过航业同业会要求浙江省交通管理部门恢复或建立轮船公司。如海盐县政府于 1946 年 2 月 3 日备文给浙江省交通管理处说,该县"境内内河航轮已行驶及申请登记准备行驶者,日益增多,常因发生航线相同等之争,究应如何受理,未奉明令规定……"其他运河航运发达市县如嘉兴、嘉善、湖州、绍兴等处航运业要求复业呼声更为强烈。为了顺应这种形势,1945 年 11 月,浙江省交通管理处制定了《浙江轮汽船登记领证暂行办法》。该办法虽仅实施了四个月，但对于内河轮船航运业的发展起了一定的推动作用。同时，浙江省还出台了对新建船舶给予优惠待遇的条例，以鼓励工商业资本家投资航运业。

战后，较早投入营运的内河轮船是接收的日伪船舶，将其租赁给商人进行经营，如吴兴县从日伪上海内河轮船股份有限公司湖州出张所接收了"大兴""永兴""复兴"三轮，于 1945 年 10 月 10 日成立吴兴公有汽船管理委员会，招商承租，投入航运。1945 年 11 月，萧绍轮船局接收敌伪产业，恢复绍兴至萧山、绍兴至曹娥班轮。德利轮船局于同年 8 月恢复绍兴至道墟班轮，大华轮船局恢复西兴至道墟班轮。和济轮船公司同时恢复西兴至曹娥班轮。大达轮船公司开行富盛至绍兴线。1946 年，浙江省交通管理处直接经营的轮汽船发展到 14 艘，总吨位为 351 吨。其经营范围从原仅在钱塘江航线上，发展到浙西运河水网，开行至苏州、上海、泗安、吴兴、梅溪等处的航线。

一些战前已设立的轮船公司纷纷复业。这些公司的轮船虽然在战争期间受到损失，但仍有一定的基础，船舶还在，或者虽然沉入水中，仍可以打捞修复。长杭轮船局、振兴商轮公司、大华商轮公司、翔安轮船局、浙江胜利公司等都在 1945 年年底前投入营运。据1946 年 1 月《浙江省复苏后交通方面最近状况的通报》称：由杭州至上海、嘉兴、吴兴、长兴，每日均有商办小轮船行驶。湖州于 1945 年12 月前，已开通的汽船航线，有湖州—杭州（有轮船 2 艘）、湖州—梅溪（有轮船 3 艘）、湖州—泗安（有轮船 2 艘）、湖州—长兴（有轮船 2艘）、湖州—晓墅（有轮船 1 艘）。

社会经济的恢复和发展，促进了航运业的发展，民间资金也纷纷投向运河航运，建造或购买船舶，创办航运企业。其中杭州就有：湘越轮船公司，1945 年 12 月创办，由彭仲立等购置机帆船 1 艘，行驶杭州—震泽线；光明轮船公司，由陈久安、王宝堂、叶金德等人组建，有轮船 3 艘，行驶杭州—塘栖线，每天往返 4 班，俗称"四班头"，未久增开临平—塘栖、杭州—德清线；协鑫轮船公司，1947 年 4 月创办，由林胜根购置轮船 1 艘，首驶杭州—菱湖线；兴安轮船公司，由曹剑平创建，有轮船 1 艘，开行杭州—震泽线；联达轮船公司，1949 年由严贵麟建立，有轮船 1 艘，行驶杭州—余杭线；联青轮船公司，1949 年由徐德孚建立，有轮船 1 艘，行驶杭州—余杭线；鸿翔轮船公司，1949 年由祝奇、祝荣兴兄弟筹资购置轮船 1 艘，开行临平—塘栖、杭州—德清线。此外还有，海宁倒顺裕、利生轮船公司轮船各 1 艘，开行上塘河杭州—长安、盐官线；德清县洛群轮船公司，轮船 1 艘，开行杭州—洛舍航线。

这些新开业者大多为一轮一线一轮行，其中嘉兴投资开设轮船行（局）的有工商界人士，有原航快船老板把航快船改装或投资建造机动船经营客运航线，也有国民党政府人员和在乡军官参加竞争，先后有浙西公司利新、新兴、振兴、振利、立基、梅利、长风、顺新、明达、万顺、光明、福昌、永和、新联、根利等轮船行（局）等，最多时达到18 家。由于竞争激烈，形势瞬间即变，有新开设的，有改组另换牌号的，也有兼并的，停业散伙倒闭的，如由顺利、天风、一飞等轮船行合并经营的浙西轮船公司，仅隔数月就散伙。

但新开业的轮船公司也有不少经营规模较大，大多为股份有限公司，如 1945 年 12 月创办的浙江胜利轮船股份有限公司，集资 300 万元，租用上海航轮"国泰""国安""闽南""茂霖""福宝""新宁余""嘉隆""新大"等 8 艘，以及拖驳船多艘，行驶杭州—桐乡、杭州—诸暨、杭州—上海、杭州—湖州等线，采取客货并重、自运自销兼营贸易的经营方式。又如成立于 1947 年的太平轮运股份有限公司（后因与其他公司名称雷同，交通部指令改名为"大禾"），是战后浙江省内较大的新建的轮船公司，集股金 7 亿元，拥有"泰平"（36.6 吨，拖力 400 吨）、"太禾"、"太顺"（18.83 吨，拖力 120 吨）、"太利"（18.83 吨，拖力 120 吨）等 5 艘轮船，其营运路线以杭州—上海为干线，从杭州—湖州、苏州和上海—苏州、无锡为两大支线，其余杭州—塘栖、杭州—嘉兴、杭州—吴兴、杭州—泗安、杭州—南浔均视业务需要随时驶行。

由此可见，杭、嘉、湖一带的运河轮船航运业，在战后初期发展是比较快的。据 1947 年的档案资料统计：海宁县硖石、长安两镇有

26 家,业主 24 人,拥有大小轮船 31 艘,经营航线 2 条,每日往返 106 个班次,行驶总里程 601.3 里,为民国历史上及航线最多的一年。[①] 到 1948 年,湖州城内有大小轮船公司(行)33 家。湖申线有申湖、中国、永昌、联合、惠通、民通、伟大、捷浦、民浦、泰山、集信、通利等轮行 12 家,备有汽船 15 艘;湖嘉线有一飞、顺利 2 家;湖苏线有源吉、源通、鼎鑫等 3 家,备有轮船 4 艘;湖杭线有庆兴、鑫发 2 家;湖泗线有永新、长安 2 家;湖锡线有新兴 1 家;湖梅线有新裕顺、湖州裕、利新、大同等 4 家;洞庭西山线有联华 1 家;洛舍、合溪、南浔、新市等线有重庆、岳云、永庆、新兴等轮行数家。其他地区的运河轮航业战后也有不同程度的恢复和发展。1945 年 10 月,中断了 4 年多的宁波—慈溪、宁波—余姚航线复航。接着,其他航线也先后复航,有"鄞慈""新同兴""镇新""梅浦"等轮定期航行宁波—余姚线,有"顺安""新鸿庆""甬川"等轮航行宁波—镇海、奉化航线,还有鄞溪商轮公司的"鄞安""宝安"轮,鄞南商轮公司的"鄞甬""鄞溪"轮航行内河各线。到 1948 年,宁波营运各地的客船已有 18 艘,年客运量达 27.74 万人次。萧绍地区也有宏济、越济商轮公司、大华轮船局分别派轮航行绍兴—萧山、绍兴—曹娥、绍兴—临浦等线。根据不完全统计,战后经浙江省交通管理处、宁波航政办事处等主管部门登记的杭嘉湖地区、萧绍地区和宁波地区的内河、内江轮船(不包括拖船)共有约 150 余艘,其中杭、嘉、湖地区最多,约占 85%。这些轮汽船吨位小(其中不少都在 10 吨以下),经营灵活,有利于物资交流和商品流通,便利了人民交通往来,促进了运河航运的发展。

大运河浙江段沿线水网密布,而民船又具有经营灵活等许多优点,因而抗战后在轮船、公路运输有所恢复和发展的同时,运河民船运输仍具有较强的生命力,继续得到发展,以杭州市为例,便可看出这种情况。据该市的统计资料表明,1946 年 1—6 月发放的民船牌照共 8 129 个,实收船舶牌照税 925.465 万元,平均每月收 154.2442 万元,而该市 1945 年 9 月 16 日—12 月 31 日,实收船舶牌

① 《嘉兴市交通志·第七内河航运》

照税为 2.19 万元,平均每月收 6 257 元。扣除物价上涨的因素后,1946 年上半年船舶牌照税每月平均数为 1945 年 9 月 16 日—12 月 31 日的 77 倍。由此可以看出,当时杭州民船运输的迅速发展,其他各地也有类似情况。

1948 年,国民党在乡军官(即退伍军官)李国钧、廖家居、王凯等 10 人集资在嘉兴嘉禾桥西建造露天轮船公共码头,他们依靠政治背景胁迫各客班集中停靠,提出按营业额的 5% 收取码头费(后经轮船业主向国民党政府请愿,减为按 2.5% 收取),并在码头两旁又造了一批平房开饭店、茶馆和供军官家属居住。当时,杭州通向各地的定期民船的停泊地有 6 处:菜市桥、万安桥、松木场、传芳桥、大关小河、江干,专营客货运输船户 148 家,并成立了杭州市民船复业公会,参加民船 140 余艘。公会之业务以整理航线、分配船只为主,并设货运服务部。水运较发达的县,如桐乡等县,也相继于 1946 年成立民船航业公会,民船才开始有自己的民间组织。

航行大运河浙江段的民船除浙江本省的外,还有上海、江苏、福建、广东等省市管辖的民船,数量也颇为可观。如战后不久,上海市在浙江省航行的民船就有 950 艘左右,载重计 9 500 吨,主要航行嘉兴、平湖、杭州、绍兴等地的运河。

大运河浙江段航运业出现复苏局面后,某些航线由于轮汽船发展较多,以致出现了竞争、兼并、纠纷的现象,成为战后航运业的一个特点。当时,浙江省营运业绩颇佳的运河航线不多,航运不仅要与公路、铁路竞争,更经常的是航运公司之间的激烈竞争以及轮船与民船间的竞争。从 1947 年 3 月开始,萧绍正大轮船局与大华便为争夺道墟至西兴的航线而展开竞争。大华轮船局在激烈的竞争中,能够对内部设备进行更新,淘汰了航速缓慢的用木柴作燃料的水汀发动机轮汽船,购置性能良好的轮汽船取而代之。同时,抢先修筑码头,制定最佳航班时间。这些措施使正大轮船局的航班受到影响。经过一个多月的竞争后,正大轮船局迫不得已退出该航线,大华轮船局终于赢得胜利。类似竞争在运河航运发达的杭嘉湖地区也经常发生。

那些以战前旧公司名义复航的轮船公司，由于航运的发展、收入及利润的增加，也不断发生纠纷。如萧绍正大轮船局负责人之一的凌定甫，1946年新建"祥兴"小轮船，顶用战前俞幼章创办的卓章轮船局名义，经营绍兴—瓜沥航线。但同年11月，俞幼章却以"飞鲸"船在该线对驶，后又声称要将航线收回自开。在这种情况下，凌定甫把"祥兴"轮经营收入的十分之一给俞幼章，纠纷方才暂告一段落。后凌定甫为了减少此项无形损失，特报请宁波航政办事处另组祥生商轮局。

大运河浙江段航运业多数是中小资本，在激烈竞争的形势下，有些航运公司竞争失利后，除了接受兼并外，有的还走向联合之路。临济三济联合轮船公司就是以"越济""博济""宏济"3家小公司联合起来的。这3家公司原以小客船行驶萧山、绍兴、曹娥间，联合后又发展木质拖驳，客货兼运。

另外，随着航运业的复苏，专门为航运和货主服务的运输行业也发展起来。他们的业务以客货订约联系、起卸驳运、报关纳税、保险押运为主，还包括供给客商膳宿、代为垫款等。这类运输行业仅杭州市就有25家，对便利货物运输和运河航运起了一定的促进作用。

四、航运管理的变化

抗日战争胜利后，战时限制航运的措施已无必要。1945年10月4日，第三战区司令长官顾祝同电令浙江省建设厅，指出战事业已胜利结束，本战区所有港口等应即一律开放通航。至此，军队限制和管理航运工作宣告结束。但抗战胜利之初，国民党政府急于调兵遣将，军队在浙江仍然插手船舶调配工作，甚至强行扣留船只，以应对军运的需要。到1946年年初，这些情况方得到改变，航政管理工作才得以正常进行。

军队插手船舶调配

抗战结束后,第三战区司令部为了满足军事调动的紧急需要,除了抢修浙江境内以及通往福建、江西等外省的主要公路外,还积极筹建浙江省船舶调配所,以便直接掌握船舶调配权。军事委员会战时运输管理局东南分局提出的关于建立此项机构的计划书中说:"第三战区所辖各部队、机关,急需赴杭(州)接收,而曾成为沦陷区的公路、铁道多已破坏,即时可供输送者,厥惟舟楫,沿途船舶原不充分,调度失宜",因此要求批准"于沿江冲要地点,设立船舶调配所,妥为调度,增强运力"。① 1945 年 9 月 20 日,军事委员会战时运输管理局正式建立浙江省船舶调配所,并在淳安、杭州、嘉兴、湖州四地各置一等船舶调配所,在兰溪、桐庐、江山三地各置二等船舶调配所,在建德、衢州、富阳三地各置三等船舶调配所。同时,浙江省船舶调配所增设水运科,专办水运事宜兼督察巡视所属各所及各河道之责。

浙江省船舶调配所设立后,即制定了统一调配船舶办法,修订军事征雇木船给与标准等规章制度,并提高了木船征雇给与标准。至于小轮船征雇给与标准,按照交通部航政机构规定之军运价发给,如未经该机关规定,则按当地商运价八折发给。大轮船征雇给与标准另行规定。

军运索取无度,管理混乱不堪,各地船舶调配所之设立,也不能完全满足军运之需。于是,有的国民党军队就强行征调民船。国民党军队强行征调和擅自扣押民船,船民风闻派差就逃之夭夭,致使浙江驿运管理处时常无船可调。

国民党军队武力扣船,有的是为军运,有的则是为了走私。各船舶调配所及驿运办事处虽订立调配措施,但收效甚微,水上运输秩序混乱,军运挤压民运的情况十分严重。直到 1945 年年底,浙江

---

① 浙江省交通管理处档案"军委会战运局东南分局《计划书》"

省内的军事调动和机关还都返杭等运输高潮接近尾声,浙江全省各地船舶调配所均告结束,浙江省驿运管理处亦自行撤销,所属驿运机构改归浙江省交通管理处管辖。1946 年 2 月 22 日,国民党军事委员会战时运输管理局东南分局拟定了各船舶调配所职员遣散办法。时至结束之际,各船舶调配所的遣散经费仍未经中央核准,还是向各驿运站暂借的。

航政机构的变化

浙江省交通管理处是战后省唯一尚存的管理机构。1945 年 12 月 11 日和 1946 年 1 月 17 日,上海航政局温州办事处和宁波办事处分别重新设立。

根据交通部的规定,凡行驶沿海及内河水道之大小轮船,皆由交通部所属的航政机构办理登记手续。但杭嘉湖地区水网密布,河流纵横交错,运河航运较为发达,所以抗战结束后,便有许多商人要求设立轮船公司。但温州、宁波航政办事处地处浙东沿海,管理全省航运有诸多不便。所以,战后,浙西各地申报登记轮船公司呈文仍送浙江省交通管理处。该处设在各地的办事处及站,也纷纷代电要求迅速颁布航政法规,以便有法可依、照章办事,以利于复航。为了能够迅速恢复运河等内河航运,增强水上运输能力,在交通部所属航政机构尚未对内河轮船业实施管理前,浙江省交通管理处于 1945 年 11 月制定了《浙江轮汽船登记领证暂行办法》。该办法规定:对各区段轮运需要进行调查,划分各内河航线区段,对曾领有航政局船舶国籍证书、船舶航线证书等轮船公司,查明战时并无为日伪服务情者,得优待准于复航原航线;申请者均应交呈船籍及造船或购置证件,防止航商私占日伪汽船。但交通部认为该处所订《浙江轮汽船登记领证暂行办法》超越了其职权范围,因此于 1946 年 1 月 17 日代电浙江省建设厅,要求予以取消,并饬浙江省一切航政应由宁波、温州航政办事处办理。浙江省交通管理处被迫于 1946 年 3 月 1 日起停办船舶全市发照。事实上,地处浙东沿海的宁波、温州两航政办事处无法全面顾及浙西航政工作,各县呈文仍送浙江省交通管理处,以致延误时间,申请者意见纷纷。因此,杭州、嘉兴、湖州一带的船舶丈量登记事宜,曾划归无锡航政办事处负责。对此,浙江航运界始终有着不满情绪。到1947年3月1日,浙江省交通管理处奉令撤销,改为浙江省公路局,而在浙江省建设厅第三科置航政股。全省航政管理最终被统一于交通部上海航政局,其间,也反映了中央与地方争夺航政管理权的斗争。

到了1947年4月,经交通部批准施行《浙江省船舶登记给照暂行办法》,对于浙江省容量未满200总担的各类船舶的登记发照等问题,做出了规定。① 该办法第二条称:本办法所称船舶,包括容量未满200总担的各种货运船、定期客货船、拖船、驳船、游船、义渡船、救生船、公用船、螺丝船、贫民船、农民自用船;第九条称:定期客货船之设置,因航线发生争议时,得视各该船设备及营业历史之先后核定之;第十条称:客货轮不得超载,定期客货船需按班次航行,不准擅自变更航线等。

1947年8月27日,浙江省内河水上警察局针对当时内河轮船航行秩序混乱现象特制定了《内河轮汽船管理暂行办法》,以维护内河轮船航行安全秩序,减少事故和行业纠纷。其主要内容有:规定依法登记的航业公司不准航行的范围;提出了对供过于求的定期轮船的航线加以限制的意见;经核准行驶的航线,不得转移或租赁与他人;航行轮船须切实遵守内河航行章程;各轮船开航时间由该局规定,不得争先恐后和午夜开船;内河航行轮船应具有必要的救生、灭火、声号、灯号设置;行驶有街市河道,慢速鸣笛;两船交会,慢车鸣笛,优势轮船让弱势轮船;按各江河情况限定拖带客货船拖带数量;不得在非码头处停靠;规定了修筑码头标准及要求等。这个管理暂行办法的出台正好是在浙江省内河轮船航运业复苏的高潮之时,它对于加强内河航运管理,减少内河航运的混乱现象,起到了一定的作用。

---

① 浙江省经济建设汇刊,1948年1月期刊

五、航运的衰落

抗战结束不久，国民党政府便发动了全面内战，使军费支出急剧上升，致使通货膨胀、物价飞涨、人民购买力下降，但此时社会上却出现了商业投机、囤积居奇的狂热。棉纱、粮食和黄金被称为"三只老虎"，形成"工不如商，商不如囤"的倾向，严重破坏和阻碍了生产力的发展，不仅社会扩大再生产被扼杀，连简单再生产也难以维持，经济走向崩溃。

1948年8月19日，国民政府为了挽救其即将崩溃的经济，宣布实行"币制改革"，发行金圆券，并强行限价政策，冻结一切物价。但金圆券发行后不久，它的发行额以天文数字猛增，从最初的9亿元猛增至1949年5月的68亿元，以致市场上出现了由纸币交换退到硬币交换，又由硬币交换退到物物交换的境地。

在严重的通货膨胀、物价飞涨的情况下，浙江的工商业逐渐萎缩，航运业也从1947年下半年开始逐渐陷入困境，并不断走向衰落。加之各地水上盗匪的抢劫和"护航队"的敲诈勒索，特别是国民党部队在1949年5月从宁波溃逃的前夕，劫持了许多航运船舶和港口设施，又给已衰落的浙江航运业造成沉重的打击。

在社会生产力受到破坏后，产品减少，加上囤积居奇，进入流通领域的商品更少，使航运的货源逐渐缺乏。

在物价飞涨的情况下，轮船客货运价的增长远远落后于物价上涨的速度，使航运企业入不敷出，连维持职工生活也很困难，更谈不上什么扩大再生产。据1937年全国趸售物价部指数，若以103计算，轮船客货运的指数分别为101和103，到了1945年，全国趸售物价总指数已剧增至163 160，为1937年的1 584倍。轮船客货运价指数只分别达到26 726和24 614，仅分别为1937年的265倍和239倍，只有物价总指数的16.7%和15.1%。招商局、民生、三北、强华、合众、三兴、佛亨、永昌等八大轮船公司尚能领到行政院的补贴费来维持,但浙江省的航运企业,尤其是运河航运业的诸多中小型企业,无法领到国家的补助,因而都在艰难困苦中挣扎。

1947年中秋以后,通货膨胀更为严重。当年10月中旬,杭州的米价已达每石10.7万元,到了1948年4月中旬,杭州米价又涨到每石250万元,8月中旬更达到每石5 250万元,与抗战胜利初的粮价相比较,增长了3.167万倍。轮船上使用的燃料如松柴、煤油、柴油等价格亦随之飞涨。浙江的轮船客货运价格在战后曾多次调整,但总是跟不上物价上涨的速度,使各航运公司难以维持。《湖州商报》曾刊文记载了1947年6月时湖州航运企业的困境:"现在湖州的轮船业,实在是不信(幸),因为乘客量少,一个苏州班全赖一点货物来维持这个在残喘中的交通。每天要亏耗30万元。一艘轮船的开支实在大得使你不能相信,船底和舱面的薪给要近200万元,再加上船租及杂支……在这样的轮船业将总崩溃的前夕,政府当局不知有什么办法帮助他们……"实际上,湖州轮船业的困境是当时浙江全省轮船业的一个缩影。

1947年,国民党政府又修正公布使用牌照税法,对使用公共河流的船舶进行课征,进一步加重了轮运企业的负担,许多轮船公司的经营都难以为继,如海宁县丰镇—硖石、硖石—新仓、盐官—硖石等航线,均因"油价暴涨,亏本过巨"而被迫停航。还有的轮船公司迫于亏损过巨,不是压缩航班,就是宣布停业,使浙江航运业逐渐趋向衰落。

抗战胜利后,国民党政府致力于内战,对人民的切身利益和社会治安漠不关心。全面内战的爆发不仅使军运数量和次数日益增多,而且一些退伍军人和散兵游勇无票乘船,使得航运企业不堪重负。更令人瞩目的是,盗匪不断地出没横行在运河等内河上,严重危害人民生命财产安全,也阻碍航运业的正常营运和发展。浙江省内河水上警察局1947年工作报告中写道:"各线航道不时盗匪抢劫……各区驻防部队接受船商请求担任护航工作,虽颇收成效,惟固定之武装护航为时已久,难免有匪徒作有包围于袭击……"出没无常的盗匪,使水上警察防不胜防。浙江省内河水上警察在吴兴官驿埠头、塘栖轮船码头、德清城外河埠头、杭州拱宸桥、萧山闻家堰水码头、杭州南星桥、嘉善油车港、嘉兴王江泾、嘉兴荷花堤塘湾、桐乡青镇水码头、嘉兴陡门、新塍、南浔东栅等处设立联合检查点，以保护湖杭线、湖苏线、杭桐线、西嘉线、西善线、苏嘉线、双嘉线、嘉桐线、新嘉线、湖嘉线等航线的安全，同时还采用便衣护航、突击护航两种办法，但还是不能节制盗匪的横行，更加促使大运河浙江段航运业走向衰落。海宁县建设科的轮船丈验表记载，到 1949 年 3 月，海宁硖石、长安两地仅剩"利达""顺利""志成""德记""丁芦""利源""云飞""云利""仓吉""协记""四利""顺裕""永兴""建新"等15 艘客船 11 条航线，比 1947 年分别锐减了 51.62% 和 50%。到1949 年 5 月 25 日宁波解放时，宁波仅有鄞溪、鄞西、鄞五、鄞奉、鄞慈余 6 家汽船公司的数艘客船营运。

第六章
运河航运的新生

（1949—1978年）

从中华人民共和国成立至改革开放的新时期,是大运河浙江段航运恢复和发展的重要时期,按照"统一规划,综合治理,分期建设"的方针,国家对大运河浙江段及支流航道有计划地进行大规模的整治、疏浚,建设实施了一批重点港航基础设施项目,运河航运逐步得以恢复和发展,古老的大运河重获新生。同时,通过对民船的登记、组织、扶持和有计划地安排运输以及进行社会主义改造,巩固和发展水运队伍,从无到有地发展国有航运企业,形成航运体系和船舶修造体系,运河航运在国民经济建设中的作用和地位日益重要。尽管在1966—1976年运河航运受到"文化大革命"的干扰和破坏,但总体上取得了巨大的发展与成就。

第一节

航道的整治与建设

一、航道的恢复性整治

由于多年的战乱，航道长期疏于管理、养护和维修，尽管民国时期也曾有过局部疏浚，但治标不治本，中华人民共和国成立时，大运河浙江段航道总体残破不堪，大部分河道弯、浅、险，浅滩、坎头多，而且桥梁低矮，跨径狭小，净空低而通航能力差，不少河段都年久失修，有些甚至濒临倒塌。1949 年解放时，包括大运河浙江段在内的全省内河航道通航里程只有 3 575 千米，其中能通航机动船的航道仅 1 024 千米。[①] 因此，尽管国家刚刚解放，内忧外患不绝，各行各业百废待兴，资金极为有限，但党和政府仍然高度重视大运河的整治，投入大量人力、物力和财力，对运河航道进行恢复性整治。

1949 年 12 月 24 日浙江省航务局成立，为尽快恢复航运以适应日益增长的内河运输需要，贯彻"一般维持，重点建设"的内河航道

[①] 《浙江交通志》第二篇水路第一章

基本建设方针,首先疏浚阻塞严重、对内河运输影响大的大运河主干线等航道。1951 年,率先对浙西运河杭申线航道实施紧急疏浚。接着,从 1952 年开始,按照中央政府颁布的《基本建设工作程序暂行办法》,按计划分别对大运河浙江段航道进行疏浚和完善,使由江苏平望入浙,经嘉兴、石门、崇福、塘栖、武林头至杭州的浙西运河东线等老航线继续通航,航程约 130 千米,并发展新航线,由江苏平望入浙后,循澜溪塘,经乌镇、练市、新市、塘栖、武林头至杭州,航程缩短至 107 千米①,成为浙西运河的主航道(杭申乙线)。

大运河杭州段的疏浚

中华人民共和国成立初期,大运河杭州段,尤其是城内河道,淤塞严重。1951 年,杭州市建设局租用挖泥船 1 艘,另配木船 20 只,从 5 月 15 日开始先浚中河,10 月底进入东河,至 1952 年,清淤 5.3 万立方米。此后,又曾几度分段浚治城内河道。

1950 年 3 月,杭州市政府重新组织拓浚余杭塘卖鱼桥至观音桥段河道。这个 20 世纪 40 年代所遗的河道拓浚工程,事关杭县、余杭两县 8 万亩农田的灌溉和 2 万余住户的安危,长 500 多米。工程将原 5 米宽的河道拓宽至 10 米,打下礅基松木桩 1 389 根,砌筑块石礅 246 米,并新开 2 条支线,一自宋闲林至仓前岔口,入余杭塘河,一自京杭运河谢村口至杭州钢铁厂南码头。同时改建古新河圣塘闸,以增大汇水道。工程至 5 月 3 日竣工。

1950 年 10 月,疏浚浣纱河自涌金门闸至武林门外城河,长 3.75 千米,河宽 4～8 米,清淤 2 万立方米。1952 年 5 月中旬,开浚贴沙河,清淤 1.5 万立方米。

---

① 《浙江水利志》第三十五章京杭运河浙江段

杭申线浙江段的紧急疏浚

杭申线原称杭申甲线，是杭州至上海最便捷的水上运输通道，起自杭州武林头，经塘栖、崇福、石门、嘉兴，终于嘉善县的浙沪交界处，与上海段的大蒸港、园泄泾等航段相接后进入黄浦江，全长219.21千米。浙江段(杭州艮山门—嘉善清凉庵)长133.37千米①，其中，杭州—嘉兴段航道即为浙西运河东线河道。

20世纪40年代末，杭州到上海的水上运输大多数走杭申线航道。50年代初，杭申线航道因年久失修，部分航段岸堤塌毁，航道狭窄淤浅。特别是"嘉兴三桥"②航段，桥低、航道弯曲狭窄、水流湍急，是事故多发河段，被船员称为"抽筋桥""剥皮桥""短命桥"，通航条件差，严重影响繁重的支援前线运输和一般货物运输。1951年11月，华东军政委员会、交通部与水利部门一起，组织民工进行对杭申线杭州—嘉兴段航道即浙西运河东线进行紧急疏浚，并拨出大米150万斤作为紧急疏浚的专项经费。浙江省航务局局长张志飞亲自到嘉兴督办疏浚嘉兴市区段，推广疏浚手工机械化技术革新项目，推动疏浚工作的开展。紧急疏浚工程历时2个月，于1952年1月20日竣工，使航道通行得到了恢复和改善。这是中华人民共和国成立后浙江省第一次依靠地方政府发动群众进行的规模较大的航道疏浚工程。

"一五"计划(1953—1957)期间，又对杭申线航道其他若干航段实施一些规模较小的疏浚工程。1954年冬，海宁县组织民工开直运河长安塘弯道。1955年，桐乡新开运河单桥套河，同时疏浚崇福至长安塘、南沙渚塘河段，其中崇福至海宁13.5千米，疏浚土方42.2万立方米，分乡港11.3千米，疏浚土方11万立方米。1955—1956年，当时属嘉兴地区管辖的嘉兴县重点疏浚了运河三塔塘及其

---

① 《浙江省志·交通篇》(2007年8月内部版)，第二章，139页
② "嘉兴三桥"，即嘉兴市区河段上的秋泾桥、北丽桥、端平桥3座碍航桥梁

他航道,共疏浚淤塞河道 9 千米,清除坝基 10 处,计挖土 6.95 万立方米,清除暗桩 3 314 根,打捞沉石 770 立方米,拆除危桥 2 座,总计投资 4.43 万元,义务投放 3.96 万工。经过整治,至 1956 年,杭申线航道水位浅、通行条件差的状况有所改善,60 吨级船舶基本得以全线通行,通航能力大大改善,水上运输迅速得到恢复和发展,1956 年的客运量比 1949 年增加了 1.39 倍。

开辟杭申线浙江段第二航道

杭申线浙江段航道经紧急疏浚后,通航能力虽有一定提高,但崇福—嘉兴等市区航道狭小多弯,行船仍不通畅,航行事故仍时有发生,尤其是在冬季枯水时节,船舶或减载航行或被迫停航,严重影响物资运输和流通。同时,经济调查中,发现德清新市、吴兴练市、桐乡乌镇等水陆沿线物产丰富,由于运输不便、物资流通困难,当地有亟待开发航线的需求。航道勘测表明,这一水路水面较宽阔,水深一般在 2 米左右,深处近 3 米,坝基浅滩处 1.3 米,通行条件比杭申线浙江段优越(因本线路水位较深,故有“深水航道”之称),是杭州—上海水上运输理想的新航线。航道起自杭州艮山门,不经嘉兴城区,而循澜溪塘经德清新市、吴兴练市、桐乡乌镇、嘉兴鸭子坝后,进入江苏省,过吴江平望、黎里、芦墟,再入浙江,经嘉善俞家汇、池家浜进入上海市境,在泖港口入黄浦江,抵苏州河口,全长 233.07 千米。其中,浙江段为 111.40 千米。① 该航道不足之处是乌镇市河段,河面狭窄,只有 20 多米宽,河床底宽不到 10 米,30 吨船舶只能单向航行。1952 年,浙江省交通厅内河航运管理局工程队进行实地勘查,并与桐乡县人民政府多次研究,鉴于拓宽市河工程量大,决定改道,将乌镇西面日晖桥以北支流小河加以拓宽挖深,替代乌镇市河段航道。1953 年 4 月,原浙航杭州分公司组织船队沿此航线试航至上海成功。当年,乌镇市河改道工程开工,改线 300 米,使该河道

---

① 《浙江省志·交通篇》(2007 年 8 月内部版),第二章,140 页

从原来只能通行木帆船,成为可通轮船(实行一列式拖带运输)的干线航道。这是中华人民共和国成立后浙江省航道部门首次新开辟的轮运航道,也是 20 世纪 50 年代建立专业养护队伍后整治内河航道的主要工程之一。

1955 年 5 月—9 月,浙江省交通厅工程局又开挖了许家弯和龙腰弯两段河道,共长 500 多米,开辟了从吴兴含山,经练市,循施浩塘,接乌镇西栅的新航道,避开了事故多发航段——练市河段航道。经过疏浚和改线,被称为杭申乙线浙江段的航道成为杭州至上海的又一主干航道。由此,原杭申线则被称为杭申甲线。自 1959 年起,原浙航杭州分公司去上海等地的船队全部转入杭申乙线,浙西运河中线亦自此定型。

頔塘(湖申线浙江段)的疏浚和改线

頔塘运河又称湖(州)申(沪)线,是杭申(甲)线、杭申(乙)线以外的由浙江北部通向上海的第三条主要内河航道,起自浙江湖州三里桥,经南浔,在平望南草荡与杭申乙线衔接,至上海苏州河口,全长 178.24 千米。其中,浙江段长 53.79 千米。① 湖申线航道浙江境内南浔航段,弯曲浅窄、驳岸坍损、河床淤浅,阻航、搁船、沉船事故常有发生。1954 年,浙江省水利厅经全面勘查,外塘岸冲刷损坏,桥孔堵塞,提出整修、新建砌石护岸,拓宽、疏浚狭窄河段,拆建阻水桥梁等。经浙江省人民政府批准,南浔航道改线工程列入地方交通基建计划。浙江省交通厅航运管理局、吴兴县、南浔镇和江苏省吴江县震泽区政府等部门派员组成南浔改线工程委员会,组织实施改线工程。新开河道长 1 920 米,底宽 12 米,绕出镇区中心,开挖土方 16 万立方米,新建桥梁 2 座。另外,还疏浚该新挖段两头接线点,以及湖州东门采花泾二里桥段淤浅航道。工程于当年 7 月开工,12 月竣工,新开河道可供 40~50 吨级船舶通航。

---

① 《浙江省志·交通篇》(2007 年 8 月内部版),第二章,141 页

浙东运河航道的疏浚

浙东运河航道是浙东地区的主要内河航道,由萧绍运河、四十里河、姚江串通而成,起自萧山西兴江边,经萧山、绍兴、上虞、余姚,到达宁波。其中绍兴境内航道起自钱清下乡桥,经柯桥、绍兴市区、皋埠、上虞曹娥,进入四十里河,抵上虞安家渡,全长79.5千米。

20世纪50年代初,绍兴市区段只能通行7吨级船舶;四十里河段,在每年春分、秋分农田用水季节,水位下降,仅能通行15吨以下船只,夏季遇7天不下雨,只能通行7吨以下船只;上虞蔡山头一段,夏季遇7天不下雨,只能通行4吨以下船只,10天不下雨,则河内无水。1954年,浙江省交通厅航运管理局宁绍管理处组织疏浚蔡山头河道,航道挖深1.5米,河面拓宽至14米,整治长度350米;同时对里梁湖600米河道也按上述标准进行了疏浚。1955年,浙江省交通工程队对绍兴市区段进行了疏浚。疏浚后,浙东运河绍兴境内航道一般常水位能通行10~15吨级船只。

姚江干流自新江口至宁波三江口长82.4千米,河口建闸前为潮汐河,中华人民共和国成立前两岸无堤防。1952年3月,慈溪县人民政府发动民工兴筑陆埠以下江堤,两岸江堤总长100千米,标准按1951年最高潮位超高0.66~1米,堤顶宽1.33米。1954年洪涝灾害后,余姚县在丈亭以上兴筑江堤,两岸江堤总长100千米。至1956年,干流两岸江堤连成一体,总长280千米,一般堤高2.5~3.5米。

甬江由奉化江、姚江两江汇集而成,两江在宁波三江口汇合后,经甬江河段至镇海游山外入海,为甬江流域排水通道和宁波通航咽喉。甬江河段两岸大部为土堤,局部因保护城镇或加固险要地段加筑石堤。1949年、1956年风暴潮毁堤严重,1950年起就对毁于1949年风暴潮的江堤做了全面培修,1956年又对江堤在修复水毁地段的基础上做了重点加固。左岸江堤自招宝山脚至宁波城区新江桥北堍,长25.78千米,其中石堤10.7千米,土堤15.08千米;右岸江堤自金鸡山至宁波城区江东水文站,长21.7千米,其中石堤7.1千米,土堤 14.6 千米。同时,针对因抗战初期为防御日舰侵入而打桩、沉船的设障,进行对口门段和张鉴碶至清水浦段局部淤浅的统一整治。清除沉船后,又于 1954 年进行疏浚,挖除甬江口和清水浦 3 处浅滩淤泥 42 万立方米,使 3 000 吨级客船航道畅通,也有利于行洪。

1950 年,浙江省成立专门技术队伍,担负起航道疏浚养护、清除航道障碍、打捞沉船等任务。从 1951 年开始进行内河航道清淤治理工作,重点放在杭申线等运河航道上。据统计,1951—1954 年,共疏浚淤滩 8.68 万立方米,清除坝基 1.3 万立方米,打捞沉石 0.36 万立方米,拔出木桩 2 219 根,打捞沉船 14 艘,炸除礁石 600 立方米。1955—1956 年,又继续挖泥 27.2 万立方米,炸除礁石 82 立方米,改善和提高运河航道状况。1951—1957 年,全省内河航道,经过清障、疏浚、养护和初步建设,运河等主航道恢复通行,通航条件有所改善,特别是杭申甲线、杭申乙线、湖申线等运河干线航道的通航能力明显提高,通航里程逐年增加。至 1957 年年底,全省包括运河在内的内河航道里程达到 11 130 千米,其中可通行机动船里程 2 241 千米,分别比 1949 年的 3 575 千米、1 024 千米增加 2.11 倍、1.19 倍。[①]

二、航道的局部改善提高

1958 年,"二五"计划(1958—1965)开始实施,浙江省经济建设全面展开,为航运基础设施建设提供了发展机遇,大运河浙江段的航道建设从局部清障复航转入到局部改善提高。在不断提高原有航道等级的基础上,对碍航航段进行改善,解决了一些闸坝的碍航问题,使大运河浙江段航道的通行能力得到提高,通航里程有所增加。

---

① 《浙江交通志》第二篇水路第一章

开发闲林埠—半山航道

1958 年全国大炼钢铁,浙江在杭州市北郊半山地区兴建杭州钢铁厂,并采用闲林埠铁矿砂供应杭州钢铁厂冶炼钢铁。为解决铁矿砂的运输问题,浙江省交通厅和杭州市、余杭县三方组成闲半工程指挥部,着手对浙西运河南端的支线——闲半航道进行紧急开发。闲半航道从杭州闲林埠,经大关、义桥,至半山杭州钢铁厂,全长 31.9 千米,其中除大关—义桥 6.4 千米的运河航段能通航 60～100 吨级船舶外,其余航段浅狭,桥梁低矮、跨径小,只能通航 10 吨左右的小木帆船,难以适应铁矿砂的运输。为此,省交通厅决定按六级航道、通行 100 吨船舶的标准开挖新航道,并于 1958 年 10 月 18 日在杭州闲林埠破土动工。航道走向改由闲林埠经何母桥、徐伯公桥、仓前、女儿桥、杨家桥、三元桥,从庆隆桥新开一段长 11 830 米的航道至大关入京杭运河,经义桥至半山。在工程进行中发现,闲林埠矿砂生产能力有限,估计年运量仅有 12 万吨左右。同时,各行各业都在"大干快上",劳动力也显紧张,工程指挥部于 12 月决定降低工程通航标准,按七级航道、通行 50 吨级船舶的标准建设。到 1959 年,工程全线完成,基本达到七级航道标准,可通行 40～60 吨级船舶。

疏浚杭州北郊十二里漾航段

随着"二五"计划的全面展开和"大跃进"运动的掀起,水上运输量迅速增长。航行在杭州至上海主要航道——杭申乙线的船舶不仅数量越来越多,而且吨位也越来越大。其时杭申乙线杭州北郊的十二里漾航段狭浅,每到枯水季节水深不足,重船从上海到杭州要分三段接运(船员称之为"三接班"):上海到江苏平望航道条件好,可用大拖船把货驳船队拖到平望;而平望到塘栖段,则需改用小轮船挂拖;到塘栖后,再将货驳减载,改用小轮船挂拖,以便通过十二里漾航段到达杭州。为改变这一状况,从 1958 年开始对十二里漾航段进行疏浚,到 1959 年下半年疏浚基本结束。此后又经多次疏浚,才从根本上改善了杭申乙线航道的通航条件,结束了重船从上海到杭州要分三段接运的状况。

硖塘(湖申线)整治

硖塘(湖申线)航道,在 1954 年实施南浔市河改线工程后,能通行 40～50 吨级船舶。20 世纪 60 年代,逐年逐段按六级航道标准进行整治,使小浦桥湾桥—五里桥航段可通航 50～100 吨级船舶,五里桥—雪水桥航段可通航 60～100 吨级船舶,雪水桥—南浔航段可通航 100 吨级船舶。

杭平申线航道疏浚

杭平申线原称六(海盐六里)平(平湖)申(上海)线航道,是嘉兴地区到上海的一条重要石料出口航线。随着上海基本建设的大规模展开,建设用石料需求增长。作为石料供应基地的海盐、海宁两县,运往上海的石料数量随之增加。航行在六平申线的船舶也日益增多。该航道狭窄而弯曲,桥梁多,净空尺度小,有些基本处于自然状态,加上船舶密度大等因素,常常发生堵航、阻航现象,特别是高福桥至白荡段水浅道窄,运输受阻。为了发展石料生产,尽可能地满足基本建设需要,1963 年海盐县县委采取民办公助方式,发动群众利用冬闲对该航段进行第一次大规模人工疏浚。自 1963 年 12 月 28 日起到 1964 年 2 月中旬,拓疏航道 46 千米,使船舶通过能力提高,保证了石料的出口。

浙东运河整治

1963 年,为确保浙东运河航道畅通,按六级通航标准,改建了浙东运河百甬线上的吉山桥、马慢桥,桥体采用双曲拱,可通行100吨级船舶,投资7.3万元。同年,绍兴航道工程队维修养护钱清至泾口行塘路46千米,驳坝石方204立方米,疏浚浅滩8处,开挖土方124立方米。

1958年9月,动工兴建姚江闸,1959年6月建成。闸身全长165.2米,闸门36孔,每孔宽3.3米,总净孔径118.8米,闸孔净高4.4米,中间2孔升高作过船孔。建闸后,因集水面积大,复蓄指数高,不仅使52万亩农田灌溉水量得到基本保证,而且江道渠化,水位相对稳定,有利于船舶航行。姚江闸建成后,姚江成为内河,咸潮不入,江堤推动御潮作用。20世纪60年代起,余姚县拨航道维护费和水利资金,对沿岸因受航运机动船掀起的波浪剥蚀,岸滩冲刷严重地段,加筑块石护坡42千米。

姚江闸建成后,引起甬江严重淤积。1961年,天津航道局对镇海口至梅墟间的6段主要浅滩进行疏浚,至同年10月结束,挖至低潮位-0.14米时,平均水深3.3～3.8米,共挖泥32万立方米,至1962年10月又回淤到水深2.5～2.8米。

京杭运河浙江段工程的起落

20世纪50年代,京杭运河浙江段的建设曾出现较大的起落,但具体的情况与过程,各种资料与书籍的记载均各有出入。由于找不到确切的资料,只能如实辑录如下:

陈璧显主编的《中国大运河史》说:新中国成立以来,党和政府十分关心京杭运河的建设,在交通部的领导下,交通部水运规划设计院自1955年起即开始研究治理工程,并先后在海河、淮河、长江流域综合利用规划航运规划中,对运河的黄河以北段、黄河至长江段、长江以南段分别提出了规划建设方案,为运河的治理工程做了必要的前期准备工作。1958年4月,国家批准了交通部提出的整治京杭运河工程计划,提出了"统一规划,综合利用,分期建设,保证重点,依靠地方,依靠群众"的治运方针,交通部会同运河沿线省、市和有关部门,对运河开展了大规模的建设。后因在 1959—1961 年期间遭遇暂时经济困难,按照压缩基本建设战线分期建设的原则,"削两头,保中段",着重整治和建设江苏境内徐州至扬州长 404.5 千米的苏北运河。

王健等著的《江苏大运河的前世今生》说:1953 年第一个五年计划开始实施,国家经济建设速度加快,交通基础建设需要先行,水运在国民经济中占有举足轻重的地位,大运河航运功能的恢复受到重视,大运河整治规划提上议事日程。1955 年,交通部部长章伯钧率队对江苏、浙江两省大运河沿线进行考察,这是新中国第一次运河考察,其目的是为大运河整治进行准备。其后,大运河的现状已经远远不能满足经济社会飞速发展的需求。1957 年 2 月,淮阴部分河流冬季结冰,造成苏北运河断航,灾区用煤困难,不得不调集南京、镇江的轮船赶运煤炭。国家决定复建京杭大运河,1958 年年初成立了大运河建设委员会,交通部部长王首道任主任委员,副部长孔祥桢、水利部副部长钱正英以及沿运河的冀、鲁、苏、浙诸省副省长任副主任委员,江苏省由管文蔚副省长兼任。当时提出了分期治理京杭大运河的建设任务和"统一规划,综合利用,分期建设,保证重点,依靠地方,依靠群众"的方针。随后,京杭运河第一次大规模的整治工程上马,并延续到 1978 年,建设规模大大超过晚清、民国时期。

为使徐州地区的大量煤炭及时南运,满足华东地区工农业生产需要,1958 年,国家大运河建设委员会将徐州至扬州段列入第一期扩建工程,全面整治大运河航道,决定先完成徐州至长江口段整治目标。1958 年江苏省大运河指挥部成立,以省交通厅厅长王治平为指挥,水利厅厅长陈克夫为副指挥,各地区相应成立指挥部,县成立总队部,船闸、桥梁、地下涵洞等大型建筑物工地成立工程处,开始对江苏境内大运河进行全线勘查,进而提出了整治京杭大运河江苏段的具体规划。1958 年 10 月,京杭大运河工程计划批准后,江苏运河沿线的徐州、扬州、镇江、苏州等地区迅速组织实施。1959 年,国家决定压缩基建项目投资,根据大运河全线情况做出了"砍两头,保中间"的决定,即砍浙江段、山东及山东以北段,确保江苏段。但不久,江苏段工程也来了个"砍两头,保中间"的决定。

山东省编写的《山东运河航运史》说:1958年4月,时任交通部部长的王首道在上海主持召开鲁、苏两省有关负责人会议,研究部署沟通京杭运河南北航运,实现大吨位驳船拖队运输。同年5月,国务院成立了大运河建设委员会,由交通部、水利部部长和苏、浙、鲁、冀四省副省长任委员,交通部部长任主任委员,编制了整治开发大运河总体规划,并确定了"统一规划,综合利用,分期建设,保证重点,依靠地方,依靠群众"的治运方针,动员100多万群众,对大运河进行全面治理。山东省及济宁等市积极响应上级号召,相应成立大运河工程指挥部,拉开了山东运河大规模治理的序幕。

1958年7月,交通部会同山东省大运河工程指挥部在济宁召开京杭运河改线实施方案座谈会,确定了济宁以北的河道开挖方案。山东省大运河工程指挥部于1959年3月编报了《京杭运河十里铺至龙公河航道设计》。同年10月,根据大运河的要求,编报了《京杭运河山东段黄河以南航道工程扩大初步设计》。1959年12月,交通部批准了山东省编报的《京杭运河整治山东段黄河以南航道工程扩大初步设计》,同意对京杭运河山东南段实施大规模改线工程,将其分为梁济运河、南四湖区、韩庄运河三个区段,结合淮河流域治理分步实施。

陈桥驿主编的《中国运河开发史》说:1951年10月,浙江省人民政府提出沟通运河和钱塘江的设想,并组织专家现场踏勘,提出了从三廊庙到四堡之间选择闸址的建议。1958年2月,在交通部召开的大运河建设会议上,浙江代表提出运河和钱塘江沟通的要求,并于同年11月,对沟通地点从转塘到闸口、五堡等三处进行了方案比较。

相形之下,浙江省编写的有关资料则更加详细具体。浙江省交通厅编写组编写的《浙江省志·交通篇》说:京杭大运河工程,是国家"二五"计划的内河之一。浙江省于1958年成立浙江省大运河工程指挥部,组织、指挥京杭大运河浙江段工程的规划、设计和施工。当年7月提出京杭大运河浙江段工程修正计划任务书,出于战备需要,航道走向选定为南浔—湖州—菱湖—塘栖—杭州,主要工程有 4 项:一是按交通部统一规划,以二级航道标准(可通航 2 000 吨级船舶)拓宽、浚深大运河航道;二是改建航道桥梁 30 座,其中公路桥 10 座、人行桥 20 座;三是大运河与钱塘江沟通工程;四是杭州和湖州两个港区的建设工程。任务书还对实施沟通工程提出 3 个接口方案,即东线五堡、中线海月桥和西线转塘。经过比较,为兼顾利用钱塘江上游淡水灌溉农田和供应杭州市居民及冲刷西湖用水,倾向于采用从大关经留下穿过小和山从转塘出口的西线方案。这是京杭运河浙江段四大项目中最大的一个,造价约为 1.4 亿元。现在看来,这一选择在当时是一个标准高、规模大、急于求成、脱离实际的方案。1959 年 4 月,在上海召开的交通部大运河建设委员会会议,根据当时劳力、物力、财力紧张的实际情况,将浙江工程投资额由1 500 万元压缩至 240 万元。1960 年年底,贯彻中共中央“调整、巩固、充实、提高”八字方针时,整个京杭大运河工程被调整下马。1961 年 1 月,浙江省大运河工程指挥部奉命撤销。至此,浙江段 4 项工程,仅第四项工程中的杭州港义桥港区基本建成投产,其余项目均未动工。

《苕溪运河志》说:1958 年 3 月,组建浙江省京杭大运河工程指挥部。7 月,编制完成《京杭大运河工程修正任务书》,主要工程有 4 项:一是按二级航道标准拓宽浚深大运河航道,疏浚土方 2 100 万立方米;二是改建桥梁 30 座;三是大运河与钱塘江沟通;四是杭州和湖州两个港区建设。沟通工程提出东线五堡、中线海月桥和西线转塘 3 个比较方案,推荐“西线转塘”方案。计划从大关经留下,穿过天竺山,经转塘至钱塘江,新开航道 33.15 千米,需开挖土方 1 023 万立方米、石方 2 187 万立方米,并建 1 000 吨级船闸 1 座,4 项工程共需投资 3.41 亿元,其中沟通工程 1.7 亿元。后因国民经济计划调整,工程未建,工程指挥部于 1961 年 1 月撤销。

这一时期,大运河浙江段航道建设,是在不提高航道原有等级(大都为六级以下,少数为六级,六级航道即为可通航 100 吨级船舶的航道)的基础上,对碍航航段进行改善(挖深拓宽、截弯取直、开挖新线),并设法解决了一些闸坝的碍航问题。1960 年,运河沿线各县都建立了航道养护机构,设立桥梁工程和航道养护队、组,添置设备,专职开展运河航道的养护工作,并有重点地对运河重点河段进行较大规模的疏浚和治理,如 1965 年桐乡新开东双桥套河,为两处古环桥阻水分流,并对套河拓宽疏浚,建西双桥五孔平板桥 1 座。使运河主要航道通航能力得到改善,通航里程有所增加。到 1965 年年底,全省内河航道通航里程为 11 828 千米,其中通机动船里程为 4 258 千米,分别比 1957 年增加了 698 千米、2 017 千米。[①]

三、艰难中的建设发展

1966 年开始的"文化大革命",给浙江省航道建设带来了干扰和破坏,造成一些航道断流、碍航。浙江水运干部、职工克服困难和阻力,继续整治浙西运河、浙东运河等主要航道的碍航航段,并与水利部门配合,结合农田水利建设,组织沿河群众对主要航道以外的一些航道进行整治,并取得了一些成果。

杭申甲线浙江段的疏拓

20 世纪 50 年代,杭申甲线在实施了一些较小规模的疏浚工程后,航道水位浅、通行条件差的状况有所改善,60 吨级船舶基本得以全线通行。60 年代起,又对碍航航段进行了整治和疏拓。

1967 年,嘉兴县组织农民疏浚长水塘、火车站港及沿环城南路至运河的 1 757 米航道,拓宽挖深,缩短航程 125 米;同时还疏浚了市区南门 2 号桥至秋泾桥段的运河航道,提高了通航能力。

1970 年,对桐乡崇福市河进行"三湾取直"的疏拓工程。桐乡崇福市河是运河上的症结航道,自北门至南三里桥,全长 1.8 千米。运河经过崇德的一段(从南三里桥到北三里桥)原是一条直塘,明嘉靖

---

① 《浙江省志·交通篇》(2007 年 8 月内部版),第二章,148 页

年间,为抗倭寇,将运河改道绕城东而过。由于航道弯曲,河床狭浅,常易淤塞,往来船只经常被阻塞搁浅,而且事故频繁发生。所以,旧时有"航船老大好当,崇福三湾难过"之说。为了改善通航条件,国家投资 60 万元,其中浙江省交通邮政局拨款 30 万元,对"三湾"进行取直。当时,桐乡县组织了 29 个公社的民工,疏浚整治自南门化肥厂至北门木材仓库长 1.8 千米的航道,疏挖土方 50 万立方米,拆迁沿河房屋 1.86 万平方米,拆除旧桥 8 座,新建桥梁 3 座(工农大桥、春风大桥、人民大桥),并改建了崇福客运码头。拓宽后的运河河面宽 50 米,底宽 22 米,河底标高 -0.5 米,可通航 100 吨级船舶。同年,再次整治嘉兴市河航段,疏浚航道里程 6.92 千米,新建桥梁 4 座(西丽桥、西门大洋桥、北丽桥、端平桥)。

　　接着,1972 年春,桐乡县又组织钱林等 11 个公社的民工疏拓运河石门市河白马塘至南市茧库段,长 2.4 千米,其中河面弯道拓宽至 65 米,直道拓宽至 50 米,河底标高 -0.5 米,河底宽 22 米,挖土 27 万立方米,拆建房屋 1 万余平方米,拆除旧桥 2 座,新建桥梁 3 座(东高桥、南高桥、工农桥)。同时还投资 10 万元,建筑石帮岸 4.8 千米。经过多次疏拓,杭申甲线嘉兴市境段可通航 100 吨级船舶。

杭申乙线浙江段整治

　　1952 年,为确保农田灌溉和航道畅通,桐乡县水利、航管两部门协同对乌镇市河进行了第一期疏浚,由于是只疏不拓,乌镇市河仍然狭窄,既引排水不畅,又阻碍航运。1966 年 12 月,嘉兴地区专署决定对乌镇市河进行第二期疏拓。由省拨款 62 万元、地区拨款 2.5 万元,投入民工 10 万人,挖掘土方 55 万立方米,拆除旧桥 3 座,改建新桥 5 座,使乌镇市河河面宽度从 30 米扩大到 50 米,底宽 18 米,河底标高 -0.5 米,通航能力从 50 吨级提高到 100 吨级。拆除旧桥 3 座,改建新桥 5 座,新建客运码头 1 座,岸线长 50 米。

　　在疏拓乌镇市河的基础上,1967 年,又对金牛塘(乌镇至宗扬庙,连接运河)、白马塘(乌镇至石门连接运河)进行疏浚,使桐乡去往湖州以及江苏省方向的船舶,在一般水位下均可经乌镇的杭申乙线航行。改变了过去因这两段航道狭浅,凡40吨以上船舶都只能绕道嘉兴的状况,不仅60吨级船舶畅通无阻,而且缩短航程60千米。1967年冬,桐乡县还疏拓康泾塘,长14.34千米,改善运河和长山河之间的衔接航道。

1968年,杭州开通德胜坝,修建德胜桥、炼油石桥、中山北路桥,新建武林门客运码头和艮山港货运码头,使大运河延伸至杭州中心地带,并对原运河部分航段进行改造。1974年12月—1975年5月,对运河德清县新市步云桥航段进行改线,新辟航道长244.41米,面宽47.67米,底宽20~25米。1976年5月又建成新市大桥(单孔净跨52米,梁底标高8.50米)。通过专项整治建设和对乌镇、新高、塘栖等运河城镇段逐一进行改造以及碍航、危桥改建,杭申乙线浙江段的通航等级由原来的适航30~40吨级船舶提高适航到60~100吨级船舶,基本达到六级通航标准。

长湖申线浙江段整治和改善

1966—1976年,按六级航道标准,对长湖申线浙江段进行整治和改善。该航道是在湖申线的基础上向西延伸起自长兴小浦,向东经长兴、湖州,至湖州三里桥,接上湖申线,抵上海苏州河口,全长约143.2千米,横跨浙江、江苏、上海二省一市,是长江三角洲地区东西向重要的运输通道,其中浙江段95千米。[1]

1968年12月起,全面拓浚长兴午山桥至湖州雪水桥段航道22.4千米,底宽10~12米,再次改建雪水桥;1969年11月至1971年5月,拓宽长兴县境内三里桥至五里桥航道,投资23.4万元修筑护岸和码头810米,同时改善湖州南门西桥"S"形弯道,拆迁民房1 837平方米,拆除驿西桥和知稼桥,挖除分水墩,疏浚航道土方20余万方,建航道护岸500米,确保了20世纪70年代初期长广煤矿的

---

① 《浙江交通志》二编水路第一章航道

煤炭由三里桥码头，经水路中转运至杭嘉湖各地的水上运输。1970年6月，改善狭窄的旧馆航段330米，航道底宽拓至20米，深2.4米。1973年，裁切湖州一字桥河段弯道；1975年改善湖州市河客运航道3千米，拆除碍航旧桥4座，建新桥3座；同年整治东迁市河，航道底拓宽至30米，拆除旧桥重建新桥1座；疏浚湖州市河3千米，拆建驳岸2.15千米，拆旧桥4座，建新桥3座，挖土方14.72立方米，砌石0.7万立方米，投资64.93万元，1979年6月竣工。1977年3月至1979年4月改善八里店航道278米，达五级航道标准，新建双曲拱跨航公路桥1座，新筑护岸332米，同时改善升山狭航道720米，底宽至30米、深2.4米，护岸1205米，拆除碍航老桥、新建钢筋混凝土双曲拱桥各1座。通过改造，这条航道基本能通航150吨级船舶。

浙东运河整治

1970—1973年，绍兴航道队重点疏浚绍兴大城湾、黄瓜山等航道，疏浚后该段航道从原1米深开深至2～3米，砌坝、拓宽江面计1500米，投资30余万元，达到六级航道标准，缩短航程70米。又对上虞三角站至丁坝底、老坝底航道进行疏浚。1972年和1974年，先后两次疏浚百官至前江航道，完成土方6300立方米，砌护岸1450立方米，拓宽桥梁4座，投资10.42万元。1974年，交通局投资16.13万元，完成昌安至大土畚1010米航道疏浚，并疏浚大土畚塘至大城湾航道和绍兴五云街河，整修了百沥河、四十里河，共完成土石方5万立方米。1975年10月，疏浚百甬线马漫桥至长坝一段航道中五夫街河段，长1.34千米，修建桥梁5座，总投资19.36万元，航道疏浚后底宽11米，达到八级航道标准，为日后沟通杭甬运河工程打下了基础。1976年，江坝头砌石护岸250米，完成石方1万立方米，土方0.35万立方米，投资1.5万元。

1959年姚江闸建成后，因潮汐吞吐被截，甬江潮波变形，水沙关系失衡，引起闸外尾闾和甬江干流泥沙大量淤积，过水断面缩小，严重影响航运,也不利于排涝。1967 年起,浙江省水利电力厅派配备了链式挖泥船的疏浚队到宁波开始疏浚。确定疏浚标准:江道平均断面面积 0.14 万平方米,为建闸前的 75% 左右,江底高程为 -4.23 ~ 4.87 米,可通过最大流量为 1 200 立方米/秒。

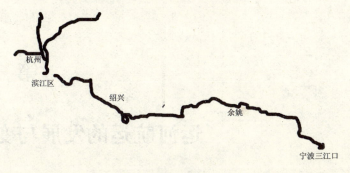

图 10 浙东运河示意图

这一时期,全省航道建设,包括大运河浙江段在内的航道,大都按六级航道标准进行疏浚整治,通航能力普遍提高,在正常水位的情况下,大多能通航 60 ~ 100 吨级的船舶。到 1976 年年底,全省内河航道通航里程为 11 723 千米,比 1965 年减少了 105 千米;其中通机动船里程为 8 678 千米,比 1965 年增加了 4 420 千米。①

① 《浙江省志·交通篇》(2007 年 8 月内部版),第二章,158 页

第二节

运河航运的发展与变革

一、航运的恢复和发展

　　中华人民共和国成立时,政府面临的是一个百废待兴的烂摊子。由于战争破坏和经济萧条,物价飞涨,生产萎缩,民生凋敝,大运河浙江段沿线的轮船局不少都缩减航线船舶,有的轮船局甚至破产、倒闭。新政权一建立人民政府便立即着手恢复航运,并按照党的一系列方针、政策和过渡时期总路线,将国营轮船业、民船运输业和私营轮船业这三支队伍都有效地组织和调动起来,投入运河航运,使大运河浙江段航运又走上发展的道路。

客运的恢复与发展

　　1949 年 5 月,大运河浙江段沿线的杭州、嘉兴、绍兴、宁波等地相继解放,溃逃的国民党军残部为了阻拦人民解放军,竟切断陆上交通,制造混乱,炸断石湖荡铁路大桥,造成沪杭铁路运行中断,旅客、物资运送受阻。大运河浙江段沿线各地在军管委和新政权的督促和帮助下，除组织民船承担支前任务，运送粮食、武器、弹药等军需物资外，一些轮船行想方设法抽调和向外地求援，组织了"盐嘉"号、"顺新"号、"江南一号"等七八艘较大型的客船和客货轮，投入到杭州、嘉兴至上海的旅客和零星物资的运输，当月便恢复了运河上的客货运输。

中华人民共和国成立后，在党和人民政府的扶持下，民族工商业得以重新复苏，大运河浙江段沿线各地政府和航运主管部门为了维持客运航线的畅通，对各私营轮船行进行调查、整顿和登记，督促和帮助原有的轮船行停航的复航、破产停业的筹资重建。在短短的几个月时间里，大运河浙江段沿线的客运航线基本得到恢复。到1950年年初，仅嘉兴县就有19家轮船行（局、公司），19艘客船行驶于嘉兴至湖州、苏州、双林、南浔、海盐、平湖、桐乡、乌镇、芦墟等县境内16条航线。海宁、桐乡、平湖、嘉善等县有108艘客船，分别行驶于至上海、杭州、苏州、湖州以及县际及县境内航线。另外，各县均有300~400艘航快班船行驶，从事客货兼营。50年代中期起，航快班船逐渐退出客运，专营货运。

"三支"运输

1949年5月，杭州、嘉兴、绍兴、宁波等地相继解放后，人民解放军挥戈东进，展开了解放上海的战役。国民党残部在溃逃时炸断沪杭铁路沿线桥梁，破坏嘉（兴）平（湖）公路、平（湖）申（上海）公路及沿线主要桥梁，并设置路障，妄图切断陆路运输，阻止解放大军东进。当月，嘉兴等运河沿线各地开始就组织民船承担支前任务，通过水路运送粮食、武器、弹药等军需物资，支援解放大军解放上海。在嘉善县魏塘镇，当地政府委托船业公会、米业公会组织了货轮1艘、民船48艘支援前线，在嘉善县东门外禾丰米行装运粮食，分三路出发：大船出泖港至黄浦江经闵行、龙华抵达上海；中等船舶出金泽，经黄渡、北新泾到上海；小船出枫泾经松江、泗泾、七宝到虹桥机场。粮食卸空后,船返回泗泾镇,再装运粮食、草料、武器、弹药到虹桥机场。7月,海盐县政府财粮科组建两个运粮大队,张荣贵为一队队长(负责41艘木帆船),汤有福为二队队长(负责39艘木帆船),把各乡征集的军粮运送到嘉兴、杭州等地,供人民解放军第三野战军68师之用。海宁县解放后仅几天,硖石"永利"轮即为解放军23师装运后勤物资。另外,还有"振华"轮运送炮弹至平湖泗顾桥,支援解放上海。

1949年5月,人民解放军展开解放舟山群岛战役,当时公路、桥梁均被溃败的国民党军队毁坏。浙东运河沿线各地组织船民和搬运工人在曹娥江江面上用木帆船搭起浮桥,保证了大部队在3天内渡江。绍兴县组织木帆船122艘,装载量共计550吨,嵊县组织木帆船30艘,装载量共计328吨,为解放军运送粮食、武器、弹药等军用物资。11月,吴兴县组建支前船队支援解放舟山战役,其中南浔区出船8艘。各地支前船队均到嘉兴集中后,从海宁过杭州湾,长长的船队在运河上浩浩荡荡,蔚为壮观。杭州、富阳、余杭、萧山等地也调动数万吨粮食,均由航运发出支援前线。

1950年,解放初的上海市场粮食价格急剧上涨。为了控制上海市场粮价,稳定上海局势,按照上海市军事管制委员会主任陈毅的布置,嘉兴专区突击运送粮食1万吨支援上海。当时,嘉兴专区组织了2艘拖船、10艘驳船、48名船员,成立了两个船队,把集中在崇德、海宁、嘉善、嘉兴等地的1万吨粮食通过运河等水路运往上海。

1950年3月,政务院发布《关于一九五〇年航务工作的决定》,确定航务工作的基本任务是"继续支援解放战争,并为恢复生产服务"。处在国防前线的浙江航运系统在党委和政府的坚强领导下,大力开展支援前线、支援重点建设工程、支援抗灾救灾(简称"三支")的物资运输任务,从1949年5月—1950年5月,由民船所完成的支援前线和人民生活必需品的运输量,占了全省总航运量的90%以上。[1]

---

[1] 《浙江省志·交通篇》(2007年8月内部版),第二章,177页

1951 年,抗美援朝战争进入高潮时期。朝鲜战场上志愿军伤员增多,亟须运往后方治疗。当时由铁路运送到嘉兴的伤员,需经水路转运至南浔、震泽、湖州等地医院进行治疗。1951 年 9 月,嘉兴军区专门成立"抗美援朝输送委员会",负责伤员转运工作。大运河浙江段沿线各县在当地政府的统一部署下,动员轮船、民船组成运输船队投入伤病员运送。嘉善县抽调 6 艘客船组成一个中队,由张贵林负责带队;海宁县抽调一批 20 吨以上适合载送伤员的驳船,由马力较大的 12 艘客船拖带。这 12 艘客船是硖石的"振华""云利""云飞""合众""德记""顺利""江洽""生记"和长安的"民企""大达""振兴""同昌"轮。两县船舶集中于嘉兴,并被编列为嘉兴专区抗美援朝输送委员会四大队一中队。嘉兴县的"谊兴"轮为中队联络船,"谊兴"轮驾驶员陶一童为联络员。平湖县调派轮木船 16 艘承担转运嘉兴至南浔的伤员任务,海盐县有盐嘉等 2 艘客船参加运送伤员工作,仅海盐一县的客船就运送伤员 110 人。

1949 年 5 月,国民党军队溃逃时,将嘉平、平申公路桥梁破坏,造成公路交通中断。1952 年上半年,为继续解放沿海各岛屿和加强国防,国防部投资 80 余万元,修建嘉兴—平湖—乍浦公路。航运部门组织船只支援公路建筑物资的运输。国营华东联运公司嘉兴办事处配合浙江省公路工程局建筑总队,为修筑路基和桥梁组织了各县大量船只承担物资的运输。嘉兴—平湖—乍浦公路自 1952 年年初开工修建,至 1952 年冬工程竣工,计修建桥梁 13 座,1953 年 11 月全线恢复通车。

航运秩序的恢复和建立

中华人民共和国成立初期,运输市场混乱,私营轮船业从业人员及船舶的构成十分庞杂,有的户主有名有船,有的有名无船,还有的有船无名。各类木民船的从业人员及经营活动更是繁杂、混乱,"黄牛""掮客"活动猖獗,他们操纵航运市场,给大运河浙江段全面复航造成了很大的困难。

1949 年 12 月,浙江省航务管理局成立,负责包括运河航运在内的全省江海、内河航运管理。大运河浙江段沿线各地的军管会、人民政府为了维持运河航运的畅通,对各私营轮船行和民木船进行调查、登记和整顿。接着,各地都相继建立民船业同业公会。由于有些民船不雇用船员,很难界定和划分劳方、资方,故凡从事民船业运输者均可参加同业公会。其中嘉兴民船业同业公会于 1950 年 11 月成立,会址设在嘉兴新马路,王炳仁在成立大会上被选举为船业同业公会筹备会主席。

大运河浙江段沿线各地的民航业同业会,不仅在恢复运河航运等方面做了大量工作,而且政府部门也通过同业公会,施行了发放贷款、协助打捞、修理船舶,承租、代理、预付运费等一系列优惠政策,使大部分私营民船摆脱困境,恢复航运生产,也恢复和建立起大运河浙江段的正常航运秩序。

1951 年,按照华东军政委员会交通部内河航运管理局分发的《华东内河木帆船暂行规定》,浙江省航务局船舶丈量队对船舶进行登记。

1952 年年初,为了加强管理,浙江省航务管理局会同运河沿线各县政府的交建、公安、税务等部门,将已进行船舶登记的专业运输船舶以及往返于城乡、县域之间装货兼搭客的航快船(小型,一般5~6 吨)组织起来,成立木帆船联合运输社和航快船联合运输社。1953 年 7 月,遵照中央交通部的规定,将木帆船联合运输社改称为民船联合运输社。在运输管理上实施统一调度、统一运价,以便加强运能控制,健全正常的航运秩序。

1953 年,根据中央人民政府政务院颁布的《船民协会组织通则(草案)》,在公安和航政部门的帮助下,各地都通过水上民主改革,进行组织整顿,建立了船民协会和民船工会,其中杭州市就建有船民协会 47 个,入会船舶 2 683 艘 31 451 吨位(内缺萧山县船舶数),入会人员 7 702 人(内缺杭县协会人数)。船民协会和民船工会的成立,使长期处于社会最底层、长期分散从业的船员、船工有了自己的组织,并开始摆脱少数人垄断和具有封建帮会色彩等弊端,使他们在新的历史条件下发挥作用。后来,随着木帆船合作化运动的开展,船民协会即自行消失。

在运河航运秩序初步建立的基础上,浙江省水路运输管理部门通过建立、发展国营航运业,利用、扶持私营轮运业和整顿维持民船运输业,采取公私联(合)营、租赁经营和私私联(合)营等方式,恢复、发展运河等水上客货运输生产。货运实行统一调配货源、统一调派船只、统一核定运价的"三统"管理,一切公私物资均由省、地(市)、县三级物资调度机构,按先公营、后私营,先主要、后次要的计划进行运输。1954年起实行"分级递送、分区平衡"的管理办法。1955年10月,浙江省航运管理局颁发16条禁令,明确规定:非营运船舶未经港监部门许可私自装运货物,非载客船舶擅自载客,未设有拖带或顶推设备的船舶拖带或顶推船舶,超过规定航线航行,均属禁止之列。

民船运输业的整顿与发展

中华人民共和国成立初期,基于当时的历史条件和社会经济发展状况,民船是水上的主要运输力量,浙江全省民船运输业拥有民船2万余艘,共计10多万吨位,从事民船运输的劳动力约有6万人[①],其中仅杭州市在钱江和运河上从事运输的木帆船就有700余艘、12 000余吨位,在轮船业尚未得到恢复和发展的情况下,民船是运河航运一支不可或缺的重要的运输力量。

贯彻党和政府对民船运输业"充分利用、限制发展、自我改造、逐步淘汰"的政策,浙江各地政府和航运主管部门结合本省的具体情况,全面加强对民船的行政和组织管理。1950年,浙江省航运管理局在杭州市新登进行试点,于1951年元旦建立新登红力运输社。1951年4月开始在全省全面推广。1951年8月,根据中央人民政府交通部颁布的《民船联合运输社暂行组织通则》,省航运管理局又在

---

① 《浙江省志·交通篇》(2007年8月内部版),第二章,177页

拱埠搞典型试验，成立了拱埠木帆船联合运输社，之后在全省各地推广。在航管部门的领导下，各地都逐步建立起了船民自愿结合、联合互助的负责组织民船运输生产的群众性组织——民船联合运输社（简称"联运社"）。其中嘉兴县40多只民船，每船吨位在20～30吨，成立木帆船联营总社，分为联营一社、二社及民船短驳运输组。木帆船联营一社有10多只民船，绍兴籍居多，每船吨位30多吨，社址设在东门公共码头。木帆船联营二社有20多只民船，每船吨位为20～30吨，社址设在荷花堤。民船短驳运输组设在中基路。1952年，杭州市成立浙西民船联合运输总社，在其属下即有万安桥、小河2个航船分社。绍兴县建成、联达、大众、大利、三泰等5家私营轮船行合并，组成私私合营群益轮船公司，其他个体分散经营的木帆船等民船经过民主改革，成立联运社。当年，绍兴松陵乡25户个体船户也组成第一联合造船生产合作社，入社木船50余艘。另有一批船户组成船业合作社和篷业合作社（后者专业生产船竹篷）。1953年1月杭州宁绍翔安、胜利、长杭、湘越、协鑫等轮船行组成"五行联营处"。到1954年1月，全省共成立了189个联运社，90%以上的民船都参加了联运社。

各地联运社成立后，一方面，航管部门采取发放贷款修船，调剂航区之间的船舶运力，减少或补偿民船因停空、调空、放空等而造成损失的一系列措施，帮助民船运输业解决一些实际困难，维持一定数量的运力，并提高运输效率，适应水上运输生产和发展的需要；同时，也采取措施限制新造木帆船和木帆船扩吨，限制陆上人口流向水上，并对有条件的木帆船进行技术改造，改装为机动船，促使木帆船逐步减少和淘汰，由先进工具来代替。但联运社也存在组织不纯等问题。1954年1月，经中共浙江省委批准，在全省范围内逐步取消联运社，到6月底，基本撤销完毕。

通过党和政府对私营轮船业采取利用、限制、改造的政策，私营轮船业接受航管部门的管理，照章合法开展经营活动。其唯利是图、投机倒把、争夺货源、把持航线、违法违章等不利于国计民生的一面得到了限制，运输混乱状态有所改变，盲目发展有所遏制。

国营轮船业的发展

1950 年 9 月,浙江省航运公司建立,标志着浙江省国营轮船业的诞生。原国民政府浙江省交通管理处所属钱江轮渡所为人民政府航政机关接收,1950 年 10 月浙江省航运公司钱江分公司在南星桥成立,通过接管、调入、购置、租用等手段,解决和发展运输工具(船舶),从事包括运河航运在内的内河(江)、沿海运输。1951 年 1月,由苏南行署所属的公营建华内河运输公司在杭州设立营业处,并奉命划归浙江组建国营华东内河轮船公司浙西分公司,经营杭嘉湖地区运河等内河客货航运业务。先是从浙江省航务局所属钱江管理所,接收了原钱江渡轮管理所的拖船 1 艘(主机功率 32 马力,折合 24 千瓦)、驳船 5 艘(载重量共 125 吨),继续经营钱江轮渡业务。接着,浙江省航务局从华东交通部先后调入内字号机帆船 6 艘(每艘 60 吨)、拖船 1 艘,钱江管理所又购置"民力"号客船 1 艘,经营杭(州)桐(庐)线客货运输业务。浙江国营轮船业的内河运输由此发端。1951 年 8 月,相继开辟了杭州至上海、无锡、苏州 3 条跨省运河航线的货运业务以及宁波至余姚的浙东运河客货班轮运输业务。

1951 年 9 月,根据运输实行专业化的规定,华东内河轮船公司浙江省公司及其分支机构的经营范围大大缩小,只能由本公司及其分支机构的自备船舶从事内河轮船客货运输业务。1952 年 3 月,根据中央人民政府政务院的有关规定,华东内河轮船公司浙江省公司及其分支机构分别接收了当地机关生产单位的内河轮船和驳船近40 艘,自备运力得到扩充,增辟了一些新的航线,业务重新得到恢复和发展,其中国营华东内河轮船公司嘉兴营业处就有 4 艘小客船,经营嘉兴至苏州、海盐,嘉善至芦墟,平湖至金丝娘桥等航线。1953 年4 月,国营华东内河轮船公司浙江省公司改称为国营浙江省内河轮船公司,6 月又改称国营浙江省轮船公司,业务范围扩展至沿海,同时又陆续接收了一些单位的船舶,并投资新建了一批拖船、内河客船、客货船、铁驳船,业务经营进入了稳定发展时期。1954 年 8 月,国营浙江省轮船公司撤销(保留公司名义),业务并入浙江省交通厅航运管理局。1956年,随着社会主义改造的完成,又有公私合营的178艘轮船、88艘驳船并入浙江省轮船公司。到1957年年底,浙江省轮船公司拥有机动船和驳船共870艘、0.7万客位、3.13万吨位(其中机动船127艘、0.39万客位、0.19万吨位),比1953年的129艘、0.29万客位、0.46万吨位分别增加了5.74倍、1.41倍、5.8倍,逐渐发展成为浙江省水路运输业的骨干力量。1956年1月,杭州拱埠由宁绍翔安、胜利、长杭、湘越、协鑫等轮船行组成的五行联营处以及光明、联达、兴安、鸿翔等9家轮船行,经批准成立公私合营拱埠轮船公司,并于当年9月并入浙江省轮船公司浙西分公司,其他外港籍的客船根据总行所在地接受改造。自此,杭州运河轮船客运,除苏杭线由苏州轮船公司经营外,一直由省属国有航运企业独家经营。1956年,嘉兴市国有与公私合营轮船公司客船增至25艘、客驳4艘,客座由1950年的1 325座增至2 000余座。海宁、平湖、嘉善、海盐、桐乡等县客船增至78艘,客驳增至6艘,共564座。此后,各县公私合营轮船公司并入国有航运企业,客、货运皆由国有企业统一经营,其中嘉兴的主要客运航线有28条,贯联嘉兴和周边各县城,较大集镇全部通航,上海、杭州、苏州、湖州等城市及邻省(市)邻区的大镇都有航线直达。

促进经济社会发展

经过三年的经济恢复,在党和政府的正确领导下,浙江工商业逐渐复苏,国民经济开始根本好转,运河航运业也在恢复过程中得到发展,并且对促进工商业复苏、保障城乡物资交流、配合军需运输起到了积极作用。1953—1957年被确立为第一个五年计划时期,根据1952年党中央提出的过渡时期总路线,浙江省进入了有计划、大规模的经济建设时期,大运河浙江段航运业随之得到了较好的发展,并在支援国家重点建设和全省经济建设、抗灾救灾以及促进经济社会发展等方面做出重要贡献。

1953年,人民解放军兴建嘉兴机场,并于当年5月成立中国人民解放军后勤部基建委员会嘉兴分会,简称嘉兴修建分会。嘉兴机场工程建设所需大量建材的运输任务均由航管部门组织船舶承担。嘉兴地区东片各县均抽调船舶集中编队,统一船舶调度,及时地完成运输任务,其中海盐县两个分队三个组共60多艘船舶,约950吨,从甪里山、半山、钟文山等石厂转运石料到嘉兴,计运石料5万余吨。当时水上民主改革正在紧张进行中,为确保完成这项运输任务,水上民主改革工作人员随船边组织学习边开展工作,边进行水上民主改革边组织生产。浙江省联运公司嘉兴分公司还专门进行运价的核算研究,于1953年6月13日行文下发各县联运站统一规定:凡嘉兴修建分会托运军需物品的服务费一律八折优待。嘉兴合营轮船行还派出一艘小客船,往返于嘉兴和机场,保障部队生活必需品的供应。而在此前的1952年下半年,嘉兴、嘉善等还曾组织船队,通过运河等航线,为空军后勤建设西安机场和扩建杭州笕桥机场运输了大量的建筑材料。

1954年上半年,根据上级指示,为配合省重点工业企业浙江麻纺厂出口麻纺织制品的生产,由海宁等棉、麻主要产地的政府主管部门牵头,协调供销社、航运部门成立棉、麻收购及运输组织,其中海宁县专门成立了浙江省海宁县棉、麻收购工作委员会,在全县各镇建立了37个棉、麻收购、贮运库(点),负责棉、麻的收购、贮运。其他各县亦相应建立健全棉、麻收购及贮运网点、库点,确保棉、麻的收购以及贮存和运输。

1954年5月—7月,太湖流域发生特大洪水,大运河浙江段沿线的杭嘉湖和萧绍宁两大平原受灾严重,全省洪涝受灾农田面积达522万亩,房屋倒塌3 331间,经济损失惨重。各地抗洪指挥部统一指挥,航管、航运部门抽派轮船、木船抢运低仓物资和抗洪物资。七、八月间,在党委和政府的统一领导下,各地又动员轮船、木船为涝区紧急抢运秧苗,进行抢季节补种。仅嘉兴地区就抽调轮船50艘,木船1 014艘,计10 844吨,还抽出可以代用进行抽水的客船18艘,动员能开抽水机的轮船船员177人,木船船工、船民6 870人,航管干部34人，支援嘉兴以及湖州的菱湖、荻港、东林、庙西、下行等农村抗洪排涝、护苗、补苗。

抗洪期间，根据浙江省防汛指挥部指示精神，嘉兴地区各县还抽调了客货船11艘，由浙轮湖州营业处冯涌兴带队支援安徽省芜湖市、江苏省淮阴地区的抗洪救灾抢险工作。

1953年起，随着第一个五年计划的实施，全省掀起了第一轮经济建设高潮，经济建设所需的黄沙、石料、砖瓦等建筑材料和煤炭、原油及工业原材料等大部分由船舶承担运输，尤其是随着上海、杭州、苏州、无锡等中心城市建设步伐的加快，大量的建筑材料和工业原料等都经过运河航运，源源不断地从浙江各地运往上海、杭州、苏州、无锡等地，城乡物资交流扩大，货运量增加。其中嘉善县的砖瓦生产历史悠久，明万历年间干窑镇就开始生产各种砖瓦，各地城市建设大都采用嘉善砖瓦。因此，"一五"期间，上海无论是朝阳新村等大批住宅，还是1954年中苏友好大厦(今上海展览中心)和上海汽轮机厂等重点建设工程所需的砖瓦、水泥、石料等材料的运输，浙江组织民船通过运河等水路运送占了相当大的比重。

中华人民共和国成立前，大运河浙江段等内河航运的轮船货运大多由客运行兼营，范围小，航线少，唯杭州至上海、南通、湖州3线有货运船行专营。中华人民共和国成立后，随着经济建设发展，城乡物资交流的扩大和运输货源的增加，以及轮驳运输的发展和航道的改善，使轮船货运航线单独形成航线网。1953年4月，省轮船公司浙西分公司新辟杭申乙线的深水干线以适应大吨位轮队的航行。1956年1月—10月，又配备3个轮队开行杭州至南京货班，旋因航道和货源不顺而停运。到1957年，国营为主经营的航线有浙西运河的杭苏线、杭申甲线、杭申乙线，浙东运河的临绍、西曹线等，各线以租赁木帆船和驳船沿途拖挂，开行定期或不定期货班。1957年，仅杭州市的内河航运就运送各类货物264万吨，比1952年的69万吨增长2.8倍。货运量的增加促进了航运业发展，"一五"期间，浙江省民船的数量虽然逐年有所减少，但货物运量却有所增加。1957年年底，全省内河民船为2.07万艘，共计12.82万吨，完成的内河运输量为 744 万吨、37 240 万吨千米。而国营轮船业随着船舶运力的增加和航线的增辟,以及在全省沿海、运河各主要港埠各分枝机构的设立,运输网络初步形成,运输生产得到不断发展。1957 年,国营浙江省轮船公司货物运输量达到 309 万吨、48 233 万吨千米,旅客运输量达到 966 万人、22 245 万人千米,分别比 1953 年货物运输量 40 万吨、6 497 万吨千米,旅客运输量 105 万人、4 109 万人千米增加 6.73 倍、6.42 倍、8.49 倍、4.41 倍。国营轮船公司所完成的运输量在全省水上运输总量的比重也大幅度提高,如 1953 年国有船舶所完成的货物运输量和货物周转量,仅分别占全省船舶总货物运输量和货物周转量的 6.2% 和 13.4%,而 1957 年则分别提高至 27.2% 和 49.1%,既发挥了国有经济在航运业中的领导骨干作用,又为促进经济社会的发展做出了贡献。

社会主义改造

中华人民共和国成立之初,包括运河航运在内的浙江省内河航运业除分布在全省 16 个城市和集镇 149 家私营轮船行外,主要运输工具是木帆船,多为一船一户,设备简陋,流动分散经营,航行于浙西运河、浙东运河及钱江、瓯江、灵江和沿海港口、岛屿之间。针对浙江私营轮船行力量弱小,经不起同行业之间的相互倾轧、排斥,特别是经营跨省、市航线的私营轮船行,更没有力量与上海等地较大的航运企业进行竞争,以致出现亏损,以及一些私营轮船行因经营管理不善,难以继续营业等实际情况,浙江航运管理部门遵循党的过渡时期总路线精神,在组织船民开展水上民主改革的同时,根据中共中央"积极领导,稳步前进"的方针和"自愿互利、典型示范、国家帮助"的原则,采取互助合作、公私合营等多种形式,开始对民船运输业进行社会主义改造。1950 年,嘉兴轮船业同业公会成立,有 28 家轮船航商参加,同年 10 月新增 3 家,公会的业务受浙江省航运局管理。嘉兴轮船业同业公会成立后,首先接管了 1949 年成立的"轮船业临时办事处",并整顿航运秩序,协调航运纠纷,带领航商积极缴纳国家税收,组织完成认购国债、捐献飞机大炮、组织军运等任务。

1954年,浙江省航运局及各地区航管部门大力开展党的过渡时期总路线的宣传教育,并根据有关社会主义改造的方针政策,由点到面,对私营轮船业进行有计划、有重点的公私合营的社会主义改造工作。

1955年1月,由嘉兴振利、振兴、新胜、福昌、顺新、光明、新联和同鑫轮船行组成的嘉兴合营轮船行和顺新(一号)、永和、庆大、梅利、万顺、俭业7家轮船行实行联合管理,由嘉兴市政府指派"交通改造"工作组进驻。经过近4个月的调整、整顿和清产核资,于1955年5月1日成立公私合营嘉兴轮船公司。1956年,其又批准工联、长风、利兴、新兴、胜利5家轮船行并入,后又有便星、永利、三星、华星客驳和协记成轮船行等加入,实现了全行业公私合营,当时计有客船25艘、货轮2艘、客驳4艘,经营嘉兴至湖州、桐乡、乌镇等15条客运航线及上海零担货班2艘。

1955年2月,平湖县新生、新兴、发记、正利、新利、胜利、利群等7家轮船行、8艘客船和7条航线实行联营,1955年8月成立公私合营平湖轮船公司。1956年1月又批准福达、便利、胜利、华通4家轮船行转入公私合营,当时计有客船12艘,经营平湖至新埭、乍浦、嘉兴等9条航线。

海宁县的硖石、长安两大镇,水上交通发达,中转旅客较多,是当时私营轮船业的两个中心。1953年11月,长安企民、顺裕、振兴、建新、工商、永兴、四达、协鑫等9家轮船行组成长安合营轮船行,实行联合经营。1954年10月,硖石振华、顺利德记、江洽、仓硖、生记、合众、民生等13家轮船行建立硖石轮船业联合经营管理处,实行联营。海宁县政府派出工作组统一领导,并进行清产、清账、整顿和建制等工作,1955年5月1日成立公私合营海宁轮船公司。

1955年,绍兴大华、长兴、和济、大达等私营轮船行改为国营,由华东轮船公司萧绍虞分公司接收。由建成、联达、大众、大利、三泰等5家私营轮船行合并组成私私合营的群益轮船公司,改为公私合营。1956 年 10 月,群益轮船公司按国家赎买政策收归国营,隶属于浙江省轮船公司宁波分公司绍兴航运管理站统一领导。

截止到 1955 年年底,全省共改造私营轮船行 35 家,成立嘉兴、平湖、海宁、海盐和临海 5 个公私合营轮船公司,合营船舶 52 艘,从业人员 465 人。此时,全省还剩有私营轮船行 133 家,从业人员 1 823 人(私方 300 人、职工 1 523 人),拥有以小拖船为主的轮船 178 艘、驳船 88 艘,合计 6 067 马力(4 459 千瓦)、674 载重吨、13 959 客位。

1956 年 1 月,浙江全省掀起私营工商业社会主义改造高潮,杭州、宁波、温州、金华、嘉兴、湖州、绍兴等市(地)和各县城的私营轮船业主纷纷申请公私合营。杭州市对江干区的杭钱永、杭兰、新民、之江、钱塘 5 家实施全行业公私合营,并入钱江分公司。拱埠一地的五行联营处,光明、联达、兴安、鸿翔等 9 家轮运行成立公私合营拱埠轮船公司,并于同年 9 月并入浙西分公司。对大华(下江)、和济公司按政策由萧绍虞姚分公司接收,对建成、三太、大众、联青、联达 5 家轮行,除联青自行歇业外,其余 4 家则参加"私私合营群益轮船公司",并按赎买政策分别划归绍兴航运公司和钱江航运公司,其他外港籍的客船则根据总行所在地接受改造。自此,杭州航区形成由国营航运统揽轮船客运的局面。当年,全省私营轮船业基本实行了全行业的公私合营,不到半年又并入国营轮船公司统一经营。

各地成立公私合营企业后,原客船的船名取消,统一编制船号,起号是:嘉兴"101"、平湖"201"、海宁"301"、长安"401"、嘉善"501"、海盐"601"等。私营轮船业的社会主义改造完成,改变了旧的生产关系,解放了生产力,许多企业改善了经营管理,运输效率和运输质量有所提高。

继私营轮船业的社会主义改造,1956 年起对木帆船进行社会主义改造。30 吨以上的木帆船纳入浙江省轮船公司,并转入国营单位参加运输;30 吨以下的船舶先后组织起运输合作社。1956 年 1 月 25 日,嘉兴成立航快船运输合作社。2 月 15 日成立木帆船运输第一社,5 月 1 日成立木帆船第二社,后又成立了新丰木帆社。这 3 个木帆船运输合作社,当时计有船舶276艘,载重合计3 459吨。航快社有船舶66艘,载重合计522吨。1956年2月23日,嘉善县成立魏塘镇航快船运输合作社;3月27日成立魏塘木帆船运输合作社。随后,西塘、干窑、下甸庙、洪溪等地也先后成立起木帆社和航快社,全县计有船舶445艘,吨位合计5 442吨。1956年1月29日,桐乡县成立木帆船运输合作社;4月15日成立航快船运输合作社,两社计有船舶69艘,吨位合计633.5吨。1956年2月1日,海宁县成立航快船运输合作社;5月1日成立木帆船运输合作社。2月7日、2月28日和5月10日,盐官、斜桥和长安木帆船运输合作社先后成立,5个社计有船舶286艘,吨位合计3 935吨。1956年,绍兴所有个体分散经营的木帆船经过水上民主改革,均成立运输合作社。1957年,杭州浙西民船联合运输总社改建为2个运输合作社,有船舶34艘,吨位合计416吨。

到1956年6月底,全省已有运输合作社225个(其中高级社71个)、互助小组19个、合营公司3个,参加组织的船舶数、吨位数、人员数分别占总数的85.25%、76.77%、79.73%,基本实行了全行业的合作化。运输合作社成立后,根据"组织起来、发展生产"的精神和"民主办社、勤俭办社"的方针组织生产经营,调动了人的积极因素,并使分散的个体运输有了一个集体的组织,对组织货源、船舶调度、合理运输、安全管理、提高效率都起了积极作用。

这一时期,通过社会主义改造和对国营轮船业、民船运输业的有效组织和调度,在船舶运力方面,落后的民船有所减少,先进的机动船特别是国营机动船有了较快的发展,船舶运输效率有了提高。到1957年,全省机动船及其附拖驳船的艘数、吨位、客位分别达到1 154艘、39 311吨、19 530客位,为1950年的3.98倍、18.83倍、1.54倍。在完成运输任务方面,运河等内河运输量明显多于沿海运输量。1956年,中央交通部部长章伯钧来嘉兴视察了交通运输工作。

二、在调整中曲折前进

浙江航运业在基本完成对私营轮船业和木帆船运输业的社会主义改造以后,运河航运生产力得到解放。但是,1958 年的"大跃进"使大运河浙江段航运出现了畸形发展,运量急剧增长,运输质量下降,运输生产一度处于严重失调的不正常状况。不久,国民经济和航运的异常发展便受到了经济规律的报复和自然灾害的影响而消失。随后,贯彻党和政府实行的"调整、巩固、充实、提高"八字方针,运河航运才得以逐步转入稳步发展的轨道。

三年"跃进"运量剧增

1958 年,"大跃进""大炼钢铁"运动展开后,大运河浙江段运输生产进入了空前的繁忙时期,尤其是从 1958 年下半年开始,运河的运量大幅度上升。1958 年,嘉兴地区东片嘉兴、嘉善、平湖、海宁、海盐、桐乡等 6 县以运河为主的内河货物运输量达到 323.01 万吨和 21 390.2 万吨千米,分别比 1957 年增长 47.84% 和 28.55% 。

到了 1959 年,浙江省提出"要比 1958 年实现更大、更好、更全面跃进"的口号,并以交通运输为重点之一,要求交通运输部门当好"先行官",因此各种指令性运输物资计划,尤其是铁矿石、焦炭的运量急剧增长。1959 年和 1960 年,嘉兴地区东片嘉兴、嘉善、平湖、海宁、海盐、桐乡等 6 县以运河为主的内河货物运输量分别达到 469.94 万吨和 570.3 万吨,与 1957 年相比增幅分别达到 1.15 倍和 1.61 倍。运量的迅速增长与船舶动力不足的矛盾十分突出,港口普遍出现压船、压货现象。为此,不少受货港站不断要求发货港站暂停发货。运河航运交通面临巨大压力。

面对运输物资大幅度增长的情况,大运河浙江段沿线的航运企业普遍卷进了"跃进"的浪潮,一场你追我赶、争创纪录、千方百计加速船舶周转、提高船舶运输能力的活动全面展开,涌现了不少新人、新事。如在海宁县,1959年硖石客运站创建"三八"号客船,驾驶、机务等由戴桂兰、徐桂花等7名妇女承担。1959年3月8日,"三八"号客船投入硖石至海盐航线运营。5月4日,海宁另一艘全部由青年船员组成的"青年"号客船投入运营。10月,海宁县交通运输公司在开展技术革新、机驾合一、机械化拖带等方面取得成绩,被评为省先进单位。"4121"船队在各方面都走在公司前列,10月20日推出代表出席在北京召开的全国劳动模范群英会。

然而,在争相"跃进"的浪潮中,不少企业受"大跃进"思想的影响,不惜拼人力、拼设备,甚至把船舶超载、拖船超拖等盲目蛮干的做法视为"解放思想",以致正常的船舶维修保养制度被打乱,不顾现实条件的蛮干行为十分普遍,造成管理混乱、船舶技术状况下降、事故增多。

全民办运输

经过1956年前后大规模的社会主义改造和合作化运动,农村的社会主义集体经济日益壮大,在物质方面有了一定的实力。1958年开始,全国掀起了"大跃进"运动,面对运输市场需要大量运力,而交通运输跟不上工农业生产"大跃进"需要的状况,1958年9月17日,交通部向全国发出"全民办交通"的紧急指示,明确提出"人民公社和乡一级,都要普遍成立强有力的运输指挥部"。

在此背景下,"全民办运输"的群众性运动在浙江全省蓬勃展开,其主要内容一是发动行业内外群众参加港站突击装卸和疏运;二是组织以社、队运力为主,包括社会机关企事业单位多余运力的社会运力参加运输。

发动行业内外群众参加港站突击装卸和疏运。1958年,继海门、温州等海港抽调大批人员和工具,并动员家属、居民、干部、战士、学生和农民等突击装卸煤炭等物资,连放"卫星",大运河浙江段沿线等内河港口也纷纷组织以突击装卸货物、缩短船舶留港时间为内容的放"卫星"活动,并不断刷新装卸货物速度的纪录。当然,这些放"卫星"活动是含有水分的,虽然也反映了当时广大干部群众建设社会主义的积极性,但这些高速度、新纪录是拼人力、拼设备的结果,不能代表在通常条件下的效率和效益,因此是不可能长久地坚持下去的,更不可能成为提高运输生产效率、促进和发展运输事业长期有效的办法。

组织以社、队为主的社会运力参加运输。从1958年第四季度开始,各地在县、乡政府和人民公社的领导组织下,把流散的各种船只和生产队已有的农副业生产用船、筏、手拉车等统一组织起来,参加运输。到1959年6月,据403个人民公社的调查,建立专业运输组织的有236个,占58.56%,拥有木船2 744艘(15 835吨位)、机动船12艘、竹筏1 823张、汽车2辆、手拉车12 147辆、从业人员19 116人。这支运输力量在短途运输中发挥了巨大作用,"成为交通运输战线上一支新生力量"。

1959年9月25日,中共中央、国务院发出"关于开展群众短途运输运动"的指示后,浙江全民办运输掀起了新高潮。到1960年1月,全省638个人民公社中有430个建立了900多个规模不等的专业运输单位,拥有木船5万余吨,竹筏2 000余张以及手拉车、畜力车2万余辆,运输队员达3.8万人。

全民办运输,从某种角度来讲,是在行政干预下建立起来的,由于一哄而上,不免有许多缺陷。有的条件不成熟,有的准备不充分,尤其是在缺乏调查研究的情况下,有的采取了一刀切的做法。为了凑数,有的将一些陈旧、破损的船舶也纳入运输队。运输单位建立后又缺乏系统管理和有效的内部管理,在生产方面出现调度不当、船舶利用率低、人员浪费严重等问题,因而经常造成货损、货差以及设备事故和人员伤亡事故等。在全民办运输中,最突出的问题是,存在着不同程度的"共产风"。社队运输队的船舶有不少是用"一平二调"方式组织起来的,其中大量的木帆船都是从生产队无偿抽调的。1960年11月,中共中央发出《关于农村人民公社当前政策问题的紧急指示信》(即"十二条")后,这些错误才得以纠正,并且对社队运输队的经营作风、经营方向进行了改进和调整。

但就总体而言,全民办运输对缓解地区性短途运输紧张局面发挥了重要作用。据1960年的统计,全省900多个规模不等的专业运输单位,有组织地参加短途运输达千万人次,出动木船竹筏178万吨次,手拉车、畜力车270万辆次,运送木材、毛竹、柴炭、粮食、矿石、经济作物、畜产品等物资800余万吨(包括水陆运量),平均每天运出7万吨,占全省日货运量的1/4以上。运出物资的种类,据10月和11月两个月的分类统计为:木材21%,毛竹10%,柴炭9%,粮食12%,矿石10%,农副产品22%,其他16%,共计280万吨。这些物资的运送,为工业和基建提供了原材料、燃料,为城镇人民提供了生活资料,具有积极的社会效益。尤其是1961年后,由社队办运输队运输的粮食、棉花、蔬菜、肥料、农药、饲料、社员日用品等物资的比例逐年提高,有力地支援了农业生产。

"一条龙"运输大协作

"大跃进"来势迅猛,一开始就打乱了原来的计划部署,使交通运输全面紧张。1957年以前行之有效的计划运输制度,因运量剧增和管理混乱而无法实施。有的地方为完成本地大炼钢铁任务,多报物资调动计划,甚至直接命令船只长途放空到外地运煤炭、矿石等冶炼物资,人为地造成运力紧张和待运货物积压的状况,使计划运输制度通常坚持贯彻粮食、水利器材等重点物资的优先运输得不到保证。

1959年12月2日,浙江省运输指挥部组织交通、冶金、建工、林业、粮食、商业和铁路等7个厅局,召开有生产、运输、销售300余个单位参加的全省"一条龙"运输大协作电话会议,拉开了全省"一条龙"运输大协作的序幕,其实质就是货物专线运输,包括经营大运河浙江段航运的浙江水运企业都积极加入这一行列,学习和推广中央运输指挥部肯定的秦皇岛路、港、航"一条龙"运输大协作的经验,开辟了多条一线相连、环环相扣、水陆全程连续不断的运输线路,如宁波地区组织的绍兴(当时属宁波地区)漓渚—杭州钢铁厂的矿石运输"一条龙",做到矿石、车、船三对口,劳力、机具两统一,挖掘了运输潜力,从而加速了车船和货物周转,扩大了路港通过能力,推动了江海、江河之间的直达运输,也节省了运输费用,对完成当时大量的运输任务起到了积极作用,也取得了良好的经济效益。"一条龙"运输前后相比,平均日运量提高37%。为此,职工群众纷纷赞扬"一条龙"运输说:"龙船龙车满地跑,段段衔接牢,多快又好省,效率成倍跳。"

木帆船和装卸机具的"双革"

1958年,中共中央发出"大搞技术革命和技术革新运动"(简称"双革"运动)的号召。浙江水运业积极响应,迅速地在木帆船和装卸搬运两个方面开展"双革"运动。

1957年年底,浙江全省共有专业货运船舶23 588艘、204 803吨位,其中木帆船有22 429艘、165 723吨位,分别占95.09%和80.92%,是水上尤其是大运河浙江段最主要的运力。这种木帆船靠纤、篙、橹、桨行驶和货物装卸搬运主要靠手提、肩挑、背负的原始落后的运输方式,不仅劳动强度大、生产效率低,而且难以适应社会主义建设的需要。同时,大运河浙江段沿线的码头、港站都基本没有机械化装卸设备。而1958年"大跃进"带来的运量骤增和运力不能适应的矛盾,更促使水运企业把木帆船和装卸搬运的"双革"提上重要议事日程,试行木帆船的机动化、拖带化和装卸机具的机械化。

木帆船的机动化最先采用的办法是在原有的木帆船安装用人力带动的推进工具,1958年8月起,各地水运企业先后在300多艘木帆船上安装脚踏翻水板以代替手摇桨橹,对提高航速收到了一时的效果。1958年11月,在江苏南京召开的全国民间运输工作会议上提出,木帆船要实行"一清、二改、四化"的要求,即清舱加载,改良船型、改良属具,拖带化、机动化、篷帆化、翻水板化。可是,脚踏翻水板虽制作简易,但机械构造和原理不尽科学,容易损坏,船民劳动强度大,加之维修保养措施跟不上,坏了难修理。因此,这种半机械化的木帆船改造方式很快就被淘汰了。脚踏翻水板安装后未及半年就全部拆毁报废,浪费了大量木材、钢材和劳力。广大干部群众从这次教训中认识到,要从繁重的体力劳动中摆脱出来,只有真正走机械化的道路。

1958年年底召开的中共八届六中全会,总结了当年"双革"的经验,发出"鼓干劲要与科学分析相结合"的指示。"双革"运动进入了第二阶段,采取"以土为主,土洋结合,土中出洋"的做法,木帆船的机动化、拖带化步伐明显加快。到1959年1月,各地仅利用旧发动机就改装机帆船94艘。1960年3月6日,浙江召开全省交通运输"双革"经验交流大会后,浙江水运业的"双革"运动进入第三阶段,开始采取"能洋则洋,能部分洋则部分洋,不断提高"的做法,加快推广木帆船机动化。由于木帆船机动化技术简单,可利用现有木帆船改造,不须大拆大改,投资少、见效快,因此被各地运输单位普遍采用。

木帆船的机动化又为拖带化创造了条件。早在1953年,浙东运河上便已经开始尝试局部的突击性货物机动船拖带。1958年,水运量剧增,木帆船机动化,新建货拖船、货驳增加,货轮航线也从15千米增至226千米,由浙东运河干线发展至支线。1959年,漓渚铁矿数十万吨铁矿石外调,当时以3艘机船为拖船,开辟了漓(渚)柯(桥)航线,自此也开始了浙东运河的大规模货船拖带运输。1959年,浙东运河的货物拖带运量占比达到70%左右,基本上实现了水运拖带化。浙西运河货运的拖带化也发展迅速。到1960年6月,全省实现轮木结合拖带化的木帆船吨位达7.2万吨,占全省木帆船总数的46%。用机动船拖带木帆船航行,不仅节省了劳力,减轻了船员劳动强度,而且加快了船舶周转,提高了运输效率,同时增加了载重量,降低了运输成本。因而,机动船拖带木帆船很快成为大运河浙江段运输中一种主要的运输方式。

在此基础上,通过"双革"运动,拖带方式也不断革新改良。货船拖带队型编结,对提高航行速度、马力效率发挥有很大作用。根据浙西运河和浙东运河等河床阔狭幅度大、支流密布、弯道多、桥梁众多、一时尚难以适应的特点,开始时采用一列式短缆拖带。经过实践发现,采用长缆一列式拖带,能提高航速,相应增加拖带量,发挥马力效率,因长缆拖带的船只头部不受机船推进器后水浪的冲击,能减少机船前进力量的消耗,同时缆绳放长,着力点位置起了变化,能更有力地利用船队前进中的惯性,使机船牵引力得到充分发挥,不会因拖船行驶惯性冲力咬机舱尾梢,影响转舵,驾驶技术也容易掌握。经过一段时间的摸索,又先后创造出花缆、半长缆、长缆、歪缆等拖带方式,其中长缆和歪缆拖带法尤可称道。在浙西运河主航道等宽阔的航道上,拖缆长达 100 米,拉开拖船与驳船的距离,使推进器打出的水花冲力自然消耗。在较窄的航道上,则采用歪缆法,使拖船尾与驳船头位置错开,以减少水花阻力。据当时测算,这两种拖带方式相宜并用,可使船队提高航速 15% 左右。拖驳造型也几度改良,逐渐改为鸭尾型小圆关,桡多旁浅,底平吃水浅,阻力小,用料省、造价廉、载重量大的新型拖驳。

在"双革"运动中,还逐渐推广轮船的"机驾合一"。"机驾合一",就是将机舱操作由驾驶员根据航行需要由舱面直接控制。而传统的操作则是由驾驶室摇钟发令,再由机舱轮机员根据指令,操纵发动机及传动装置或顺或倒、或快或慢、或开或停,而且操作麻烦。1956 年起,推广机械式的遥控系统,利用杠杆传动原理,由驾驶员通过操作柄控制发动机,简化了航行操作程序。到 1960 年 6 月,浙江已有 127 艘内河轮船实现机驾合一,占 45%。

装卸搬运的"双革",从 1958 年 8 月的"双革"运动的第一阶段起便"土法上马",通过在手拉车上安装滚珠轴承,制作土吊车、土输送机,建筑土码头等方式,进行技术革新。到 1959 年 1 月底,仅木帆船运输系统就新建土码头 40 余座,制作土吊车、土输送机 40 余台,在 3 000 余辆人力车上安装了滚珠轴承。这些"土产品"虽技术水平较低,仅仅运用了杠杆、滚动、滑动等一些最基本的物理原理,对一些设施、工具只做简易的改进,但其操作比单纯体力操作前进了一大步,对完成当时激增的运输生产任务起了一定的促进作用。

"双革"运动进入第二阶段后，围绕装卸机械的系统化和电动牵引化、搬运列车化、起重土吊化、输送机械化，采取"以土为主，土洋结合，土中出洋"的做法，运河沿线的主要港埠装卸搬运机械化、半机械化程度不断提高，全省工班效率也从平均 5 吨左右逐渐提高到 10 吨左右，运河沿线的内河轮驳留港时间从平均 40 小时压缩到 34 小时。到 1960 年 6 月，全省参加装卸搬运技术革新活动的达 15 万人次，实现革新项目 2 万余件，主要有各种输送机 480 台 4 819 米、土洋吊杆 1 664 台、卷扬机 169 台、起仓机 38 台、土码头 504 座、联动作业线 153 条等，使全省装卸搬运机械化、半机械化程度提高到 80%（其中机械化约占 25%）。

支援农业

1960 年前后，中国遭受连续三年的自然灾害。为了响应党和政府各行各业全力支援农业的号召，大运河浙江段沿线航区的各运输单位都动员了大量人力、物力和财力支援农业，其中仅嘉兴交通运输公司魏塘营业处在 1960 年一年中就组织人员 6 968 人次下乡支援"双抢"，送化肥 10 万斤、猪肥 60 900 斤、支农储蓄 4 775.5 元，客船运输下乡支农人员 4 392 人次，并抽调 1 艘轮船下乡，巡回为农民修理农具。当年，嘉兴县委和县人委（当时嘉善县并入嘉兴县）给魏塘营业处颁发了荣誉奖状。

1960 年春耕时节，杭嘉湖地区农村普遍严重缺肥。经勘察，发现杭州湾近海荒岛上鸟粪覆盖，肥源丰富。在嘉兴地区的组织下，平湖县交通局组织外海机帆船 3 艘以及黄姑、全塘、山湾等一批渔业船队和 10 艘内河船舶接运，全力投入运肥作业，1 个多月共运鸟粪 15 000 余吨，分运至嘉兴地区各县农村，有力地支援了农业生产。1961 年，嘉善县交通运输公司畜牧场又支援各地农村标准猪粪肥 3 500 担。

1961 年 10 月，吴兴县等地遭受严重水灾，嘉兴交通运输公司调集 22 艘抽水船、2 艘拖船，急赴吴兴县重灾区道场公社荡口，投入抢救工作。

　　1962年，绍兴遭受罕见洪灾，绍兴航管所决定在孙端、姚家埠工地建闸排水，以支援农业生产，并确保萧山、绍兴、上虞等县的水上运输。航管所指派专人对工程材料运输的来源和数量进行调查摸底，同时召开运输社社长会议，成立由240吨位船只组成的支援大闸工程运输队进行突击推动。到1963年3月底，抢运水泥589吨，木材406立方米，钢材169吨，石料2 970吨，黄泥、黄沙5 800吨，大型运输机械设备18台，最大的打桩机重达21.5吨。另外，组织68艘农副船，吨位共计310吨，运输大闸工程向东湖石料厂订购的22 700立方米石块，实行专船专用。到1963年6月，共完成运输量32 769吨，其中运送石料22 201吨，黄泥2 513吨，机械设备1 027吨。

　　1963年的第12号台风侵袭上虞县。在县委的统一领导下，航运企业组织机动船7艘、木帆船71艘，吨位共计843吨，干部群众310人，2天的突击抢运，抢运农民17户45人，抢运物资1 250吨，其中粮食621吨，棉种子167吨，化肥55吨。

　　1963年上半年，浙江航运企业全力支援舟山、崇明等地海塘围垦，其中仅上虞县就组织木帆船7艘，119吨位，帮助运送石料一月余，运石5 639吨。

　　1965年8月，浙江省航运管理局组织了476人的农村工作队，深入桐乡县农村进行调查访问，听取批评，征求意见。通过调查，航运管理部门认识到地方交通部门，尤其是运河等水上运输，应当立足当地，为农业生产和农民生活服务，从而调整交通运输布局，使水上航运深入小港支流。当月下旬，海宁县也组织交通系统职工35人，对全县5个大镇、12个重点公社、41个大队和生产队进行了为期7天的农村服务调查工作。通过这些调查，全省航运企业在组织管理、运输服务等方面都进一步确立了转轨支农的思想，在此基础上，嘉兴航区等成立了航运联合办公室。1965年12月，桐乡县在梧桐、乌镇建立了集航管、航运和搬运为一体的航运联合办公室，以方便群众、方便货主。1966年1月，海盐县建立运输业务联合办公室，实行航运的统一计划、统一调度、统一运价，并统一安排运输工具，强化为农业服务。

1966年3月，上虞南汇地区发生塌江，由沥海、百外、庵东、上虞三江、新建、南汇等公社副业船以及赫山运输社、宁波航运公司等到港船舶67艘，突击抢运救灾物资4 488.4吨，而且抢险物资以八折计算运费。1966年5月，上虞南汇地区第二次塌江，赫山运输社、百官外海运输社、沥海运输社、南汇运输社等9个单位参加抢险，5月14日—29日，完成灾区39户盐民的搬迁工作。

在调整中复苏兴旺

"大跃进"时期，国民经济的异常发展不久就受到经济规律的报复和自然灾害的影响而告消失。1960年冬，中共中央决定对国民经济实行"调整、巩固、充实、提高"的方针，压缩基建规模，理顺农业、轻工业、重工业之间的比例关系，调整国民经济发展比例的失调状况。随着基建规模压缩，工业建设速度放慢，大宗货物如基建材料、工业原料等物资的运输大幅度减少，包括运河在内的内河运输量开始下降。1961年，全省内河完成货运量1 858万吨，比1960年的3 639万吨下降48.94%，1962年的全省内河货运量进一步减少到1 398万吨，比1961年又下降了24.76%。运量下降最多的是大炼钢铁所需的矿石和生铁。木材、矿建材、化肥、农药等物资的运量也有不同程度的减少。水运企业运力不能满足运量需求的矛盾骤然变为运力相对过剩。

货源不足、运力过剩迫使一些专业和非专业运输单位不得不采取停航、封船等措施来缓和矛盾。即使这样，水运船舶仍处于"吃不饱"的状态，并且随着运量逐年下降，效益下跌，成本则逐步上升，多数运输单位处于亏损的边缘和亏损之中。面对这种状况，省交通运输主管部门和各级运输指挥部认真贯彻"调整、巩固、充实、提高"八字方针，遵照交通部和浙江省政府的部署权衡全局，统筹安排，恢复运力，休养生息，提出"国营企业不亏本，集体企业有饭吃"的渡"淡"方针。各水运单位积极改善经营状况，广泛开展技术革新和技术革命,提高船舶运输和港站货物装卸效率,并且在1962年调整组织机构,紧缩编制,精简职工。由于加强了管理,货运质量有所提高,事故率下降,经济效益有所好转。

1961年11月起,随着国民经济的调整,对运输企业的所有制性质也进行了核实调整。各地政企合一的地方国营交通运输公司开始解体,恢复原来的建制,其中嘉兴专区航运公司仍分为嘉兴、湖州两个建制单位,木帆船、航快船、搬运装卸等企业恢复原来的集体所有制经济性质,改称为"社""站"。

同时,运河运输业的主要调整精力放在运输服务方向的转移上,将服务方向转移到大力支援农业生产建设上。杭州交通运输公司与江苏协商恢复已停行的杭苏线,后又延至无锡。同时还开辟支农航线,开办农鲜快班,每天由杭州定时开航,专运杭州、塘栖、德清、新市、练市、乌镇等运河沿线站点的农产品和支农物资。

随着支农目标的确立,农业物资在运河运输货物中比重迅速上升为第一位,其中又以肥料的比重增长最快。在调整中,运输企业也改变经营作风,主动找米下锅,尤其对支农物资采取优先承运、优先配载、优先装卸等办法,逐步实现了向以支农为重点服务方向转移。

随着调整后的国家经济建设深入贯彻,浙江以及全国的国民经济逐渐好转,水上客、货运生产也随之逐渐复苏、兴旺起来。1963年,全省内河运输完成货运量1 446万吨,比1962年增长了3.43%,1964年完成1 744万吨,比1962年增长了12.45%,包括运河在内的内河航运又逐步走上稳步增长、健康发展的轨道。至1965年年底,全省机动船及附拖驳船达到2 765艘、10.7万吨、4.3万客位,分别比1957年增加1.4倍、1.7倍、1.2倍;木帆船减至1.48万艘、16.1万吨,分别比1957年减少34%、2.9%。1965年,全省完成水路货运量2 255万吨、货物周转量22.8亿吨千米,分别比1957年增长9%、1.3倍。

客运的持续发展

20 世纪 50 年代初，浙江以运河为主干的内河客运经过 3 年恢复，到 1953 年已有较大的发展，当年全省内河旅客输送量 820 万人次、19 032 万人千米，分别比 1949 年的 236 万人次、5 268 万人千米增长 247.46%、261.27%。随着"一五"计划的实施和社会主义改造的完成，内河客运持续稳定发展。1957 年完成内河旅客输送量为 1 236 万人次、24 196 万人千米，又分别比 1953 年增长了 50.73%、27.13%。1958 年开始了"大跃进"，各行各业的"跃进"也推动着内河客运的发展，尤其推行"托拉斯"管理方式后，政企合一、全民集体合一，客运企业下放地方，各地从运能、运量到客运航线都有所增长，使内河客运持续稳定增长。从 1958 年到 1960 年的 3 年间，内河旅客输送量从 1 376 万人次增加到 1 998 万人次，增幅为 45.2%，旅客周转量从 25 918 万人千米增加到 36 405 万人千米，增幅为 40.46%。

1960 年年底开始，贯彻中共中央"调整、巩固、充实、提高"八字方针，货物运输出现明显下降，但由于受自然灾害等影响，农村有大量人员外流，"五匠"手艺人纷纷进城谋生，使得人员流动增加，内河客运量仍然保持上升的势头。1961 年，全省内河旅客输送量 2 614 万人次，旅客周转量 53 124 万人千米，分别比 1960 年的 1 998 万人次、36 405 万人千米增长 30.83%、45.92%，1962 年又进一步增加到 3 173 万人次、61 541 万人千米，环比又增长 21.38%、15.84%。

1963 年，随着国民经济的好转，农村外流人员减少，人员流动呈现下降趋势。但在"调整、巩固、充实、提高"八字方针和"交通运输应更好地为农业服务"方针的指导下，各地航运主管部门和客运企业纷纷面向农村，调整客运布局。杭州、嘉兴、湖区等区航运局所属各客运站纷纷组织人员深入农村，进行客源流量流向的调查工作，根据经营支流少、间隔站距长、班次重复等问题和农民的需要，实事求是地调整客运运行布局，并且挖掘工具潜力。到 1963 年 11 月底，仅嘉兴航区就调整客运航线 20 条, 其中恢复和延伸 13 条, 新辟旧仓、王店、横港、新埭、丁栅、马厩等 7 条客运航线, 增加客运班次 30 个, 增加航运里程 265 千米, 增设停靠点 67 个, 光这新辟的 7 条航线就年增加客运量 25 万人次。1964 年, 嘉兴航区又增加 2 个区间班和 11 个停靠点。在调整航线的同时, 也调整船舶过夜点, 将原来在县城过夜的船舶, 大部分改在农村(集镇)过夜。嘉兴航区参加营运的 59 艘客船, 48 艘改在农村(集镇)过夜。这样既便利了旅客, 又增加了客源, 提高了船舶的运输效率。杭州内河航运公司也先后新开辟临平至塘栖、上塘河艮山门至临平客、货航班, 长安至临平上河线、瓶窑至德清客货航线。

另一方面, 各地客运企业营运的小客船绝大部分是私营企业转化过来的, 船型多, 机型杂, 有"万国牌"之称, 加上"大跃进"期间拼设备, 不注重维修保养, 造成设备技术状况下降。因此, 从 1963 年开始, 各地客运企业都抓紧船舶技术改造和设备更新工作。首先根据小客船数量多、机种复杂、检修困难、配件不易购置的实际情况, 确定技术改造重点, 逐步淘汰杂牌机, 逐步实现机型定型化。在 1963—1965 年的 3 年中, 仅嘉兴航区就在大修理期间对 79 艘客船进行旧机更新、内部调整机型, 一般采用国产"2135""4110""4135""6135"等型号柴油机和解放牌汽车引擎, 也安装了一部分苏式吉斯五型汽车引擎, 使机型由原来的 46 种减少到 10 种。另外, 还把一部分绍式机器快班改建和扩建为客船。同时, 加快船舶更新, 1964 年开始, 由杭州大运河造船厂等建造的新型钢质客船不断投入运河等客运航线。这些新型钢质客船设置软座, 具有安全、舒适、快速等优点, 而且客位多、马力大, 经济效益好, 受到普遍欢迎。由木质机动船发展到钢质小客船, 是运河客运事业发展中的一个重要进程。

1963 年前, 大运河浙江段沿线的客运码头大多设备简陋, 即便是主要客运码头, 候船室面积也都很小, 与日益增长的旅客吞吐量要求不相适应。而沿线站点更是大多利用河埠、帮岸停靠, 既不安全, 又常使候船旅客受日晒雨淋之苦。为此, 从 1964 年开始, 各地都对各客运站泊位岸线、候船室等进行了新建、改建和扩建。杭州运河码头原在湖墅桥北,1956年公私合营时并入省航浙西分公司。站屋系租用民房,码头仅长19米。1964年租借珠儿潭25～42号民房,由省交通厅拨给经费6万元,改建为621平方米的候船室,扩建雨棚46平方米。1964年年底,嘉兴、平湖、海盐客运码头和候船室相继建成。1965年,嘉善、桐乡、海宁客运码头和候船室建成。同时,各地还在运河等航线沿途梧桐、乌镇、石门、炉头、宗扬庙、屠甸、长安、新塍、油车港等主要站点改建和扩建了一批码头和候船室。不少招呼站也相应建起了一批小码头和候船亭,改善了客运设施,方便了旅客,提高了客运服务质量。

1965年,全省内河水路完成客运量2 557万人,旅客周转量39 051万人千米,分别比1957年的1 236万人次、24 196万人千米增长1.06倍、61.39%。

三、在艰难中发展

1966—1978年是"文化大革命"和拨乱反正时期,对大运河浙江段航运业产生至关重要的影响。"文化大革命"给大运河浙江段航运生产带来了严重的干扰和破坏。航运企业船舶失修失养,陷入停运、半停运状态;航运生产秩序混乱,造成压船压货现象。然而,全省水运干部、职工排除干扰,克服困难,冲破阻力,使大运河浙江段沿线的船舶运输能力、货运生产和客运生产都在逆境中艰难发展,取得了来之不易的成绩。

运河航运陷入混乱

1966年,"文化大革命"处于发动阶段,全省包括运河航运在内的水上运输生产一般还比较正常。当年,全省内河货物运量达到1 942万吨,货物周转量达到139 581万吨千米,仅比1965年分别下降1.02%和0.39%。

从 1967 年开始,无政府主义思潮泛滥,从航管部门到航运企业领导干部都受到冲击和"靠边站",原有的规章制度被废除,航运和企业管理都无章可循,生产调度失灵,航运企业随意停航停产,货运生产呈现较大幅度的下降。

"文化大革命"初期,运河航运受到了严重的创伤。1967 年,全省运河等内河的货物运输量下降至 1 625 万吨,周转量下降至 120 022 万吨千米,分别比 1966 年减少 19.5% 和 16.3%。从 1968 年开始,运河等内河货物运输稍有回升,1969 年,全省内河货物运量为 1 831 万吨,周转量为 139 437 万吨千米,仍低于 1966 年的水平。

在整顿中有所恢复

1970 年以后,社会秩序有所好转。当年,省革委会大批"浙江无煤论",决定在全省范围内大搞夺煤大会战。省、地(市)、县三级成立夺煤指挥部,省抓重点煤矿,地、市、县大搞"小土群"煤窑,抽调几十万农民,使煤炭运输和运往矿区及各地的物资大量增加,浙江省水上运输生产有所恢复和发展。1970 年,运河等内河货物运量增至 2 308 万吨,周转量增至 162 276 万吨千米,分别比 1969 年增长 26.1%、16.4%。

1971 年 11 月,为接待美国总统尼克松访华,为了满足美国总统巨型座机着陆需要,中央作为政治任务布置突击扩建杭州笕桥机场。当时该工程简称"118 工程",在杭州成立浙江省"118 工程"指挥部。所需的砖瓦、黄沙、石料等建材由嘉兴、嘉善、海宁、海盐以及上虞、嵊县等地提供并运送。因此,各县均以联运指挥部为主组织铁路、航管、航运、搬运等负责人成立"118 工程"运输领导小组,负责统一调度船只、运输、组织搬运工人装卸。发动公社农民帮助,验收建材规格质量,确保在两个月内如期完成任务。上虞、嵊县组织动员曹娥江上所有捞沙船只昼夜突击捞沙,到 12 月,如期完成 22 000 吨黄沙的捞运。嘉兴、嘉善、海宁、海盐等县先后将 14.225 万吨砖瓦、黄沙、石料等建材通过浙西运河等水运到沪杭铁路就近车站,中转运送至机场工地。由于工程对建材质量要求高,将近40%因质量不符合要求在中转途中就地处理转为他用,实际运量达20余万吨。

1971年,林彪反革命集团被粉碎后,国务院着手纠正经济工作中极左的错误。1971年年底,交通部做出"要把整顿企业加强管理作为第一重要任务"的决定,要求把岗位责任制、考勤制度、技术操作规程、质量检验制度、设备管理和维修制度、安全生产和经济核算等和企业的基本管理制度,全面恢复、建立和健全起来。全省航运企业积极响应,自1972年开始进行不同程度的企业整顿。这次整顿声势不大,涉及面不广,深度也不够,许多问题都没能得到很好解决。如由于得不到正常的维修和保养,船舶技术状况持续恶化。据1973年年初统计,浙江省内河船舶完好率仅为60%,远远低于历史上一般完好率在80%以上的水平,一部分船舶不得不采取减载等措施,有的船舶不得不停航。

然而,这次整顿在当时的条件和环境下,对扭转运河航运生产、经营、管理等方面的混乱状况确实收到了良好的效果,水上运输生产出现上升的势头。1973年,杭州内河航运公司组成两个水泥船轮队涉足杭申线运输,打破历来由全民所有制企业经营省际航线的先例。1973年,全省运河等内河货物运量达到2 880万吨,货物周转量达到190 669万吨千米,分别比1970年增长24.8%和17.5%。

货运生产再次起伏

1972—1973年的整顿好景不长。1974—1975年,浙江各地社会秩序混乱,不少企业处于停产、半停产的状况,工农业生产受到严重破坏。受此影响,全省的水上运输生产秩序再次出现混乱现象,内河运输量再度出现下滑的态势。浙江的煤运因大轮船往往集中到上海,再通过运河等水上运输转运,由于运力不足,时常造成浙江煤压港。1974年,包括航运在内的各行各业生产都很不稳定,杭州等地航运企业的船队处于无政府状态,使驻沪营业部时常无船舶可调度而出现煤运脱节,造成杭州等地厂矿企业及燃料单位的煤场库存逐渐下降,甚至出现白煤断库现象。为此,1974 年起,省市只能以采取行政命令"大会战"的方式组织突出运输。煤运大会战的时间以重大节日前夕和二、四季度为多。这种情况一直持续到 1977 年运输秩序全面恢复正常才终止。1974—1976 年的三年间,年煤运量达到 30 余万吨。

1975 年,邓小平主持国务院日常工作,同"四人帮"展开针锋相对的斗争,并着手纠正"文化大革命"中的一些错误,做出"企业要整顿"的指示。浙江航运部门又进行了第二次整顿,使运河航运秩序和生产得到了一定的恢复和发展。加上浙东炼油厂、北仑港、北仑港电厂和铁路等国家重点建设项目在浙江动工建设,为运河航运提供了发展的机遇。1975 年起,上虞、嵊县又组织动员曹娥江上的捞沙船只突击捞运黄沙 153.47 万吨,支援宁波浙东炼油厂、北仑港、北仑港电厂等项目的建设,但货运生产始终起伏不定。

1976 年,全省运河等内河货物运量和周转量分别从 1973 年的 2 880 万吨和 190 669 万吨千米减少至 2 770 万吨和 176 217 万吨千米,分别下降 3.8% 和 7.6%。

客运呈上升态势

"文化大革命"期间,与货物运输不同的是客运生产在总体上呈现上升的态势。1966 年下半年起,"大串连"活动使全省各地的流动人口急剧增加,由此全省运河等内河旅客运量为 3 097 万人次、周转量为 45 072 万人千米,分别比 1965 年上升 21.12% 和 15.84%。而到了 1967 年,由于各地群众组织活动频繁,时常造成水陆交通瘫痪。由此,1967 年,全省运河等内河旅客运量 2 930 万人次,旅客周转量 44 924 万人千米,分别比 1966 年减少 5.4% 和 0.3%。到了 1968 年,客运量即行回升到 3 183 万人次,旅客周转量达到 47 044 万人千米,分别比 1967 年增长 8.63% 和 4.72%。

"文化大革命"期间,虽然因动乱等因素,有些年份客运量有所减少,但下降的幅度不大,如 1971 年旅客运量达到 3 429 万人次,周转量达到 48 927 万人千米,比 1970 年分别下降 5.1% 和 3.6%。到了 1972 年,客运量又回升到 4 113 万人次,旅客周转量达到 56 759 万人千米,分别比 1971 年增长 19.95% 和 16.01%。

至 1976 年,全省运河等内河旅客运量和周转量分别达到 5 052 万人次和 69 479 万人千米,与 1966 年相比,分别增长了 63.1% 和 54.2%。

航运新起色

1976 年,"文化大革命"结束,社会各方面都有了新的起色。在全国社会主义建设的大好形势下,浙江航运工作逐渐克服"左"的影响,步入良性发展轨道。

据统计,1977 年,全省机动船及其附拖驳船达到 9 530 艘、27.5 万吨和 9.3 万客位,分别比 1965 年增加 2.45 倍、1.58 倍、1.15 倍;木帆船减至 5 849 艘、4.2 万吨,分别比 1965 年减少 60.6%、73.8%。到 1978 年,全省运河等内河完成水路客运量、旅客周转量、货运量、货物周转量 5 573 万人次、7.5 亿人千米、3 764 万吨、35.81 亿吨千米,分别比 1965 年增长 1.18 倍、92.06%、91.84%、84.16%。航运业对促进全省,尤其是运河沿线各地工农业生产、经济建设和人民群众生活仍起着十分重要的作用。

第三节

运河船舶及修造业的发展

中华人民共和国成立后,国家积极推进船舶更新。国有企业率先推行拖驳运输,各类机动船迅速发展,运河等内河轮驳船数量、载重吨位逐步超过木帆船。20 世纪 60 年代水泥船迅速普及,到 70 年代钢质船舶逐渐兴起。而船舶修造业从组织各种合作社到公私合营和国营企业迅速发展,从简单的木船修补到各类船舶的修理,从小木船的建造到逐步发展能够建造木质、水泥乃至钢质的驳船、客船、拖船、货船等各种船舶,吨位和技术水平都不断提升,逐步形成较为完整的船舶工业体系。

一、木质船的演变

中华人民共和国成立之初,浙江省的运河运输船舶基本上都是木质船,尽管运输效率低下,但水上运输仍然是当时运输的主要方式。

1950 年,浙江全省包括运河在内的内河约有木质船 2.7 万艘,20 余万吨位,全部为个体经营和私营,基本上都是非机动船。这些木质船按营业性质主要分为航船、快船、运输船、客船和划船等,其中航船及快船主营客运,兼载商货;运输船以货运为主,有西漳船、码头船、杭驳船、绍兴船等;客船、划船专营载客,而且兼容各种类型的船舶,有方头、平底、身狭的苏、沪式船型,有船头短小、平底、船身狭长、后梢高翘的绍式船型,有尖头、圆底、身狭的江山式船型,也有首尾较窄、船腹阔大、底平的本地船,归纳起来有30余种。这些木质船在大运河浙江段沿线各地都有建造,多为装载量20~50吨不等的中小型木质船舶。

50年代起,按照"利用、限制、改造"政策对民营运输企业和船舶进行扶持和社会主义改造,加快发展机动船和驳船。1950年,省航钱江分公司有渡驳5艘、小驳船2艘,省轮船公司杭州分公司有客驳4艘。1952年,浙江省轮船公司杭州分公司投资发展货驳33艘(1 780载重吨)。1953年,杭州市已有拖船22艘。尤其是1954年,国有航运企业率先全面推广货拖船,或以轮驳结合,或拖船挂货驳的一列式拖带运输。运输社也逐步实施轮驳拖带,木驳船迅速增多。1956年,湖州有木质驳船250余艘,大多原为载重30吨以上的木帆船。到1957年,全省机动船及附拖驳船增加到1 154艘、39 311吨位,木质船减至2.24万艘、16.57万吨位,其中运河等内河木质船为2.07万艘、12.82万吨位。1957—1958年,杭州船厂曾建造过不少装载量为75~100吨的货驳。1952—1956年,仅杭州船舶修造厂就先后修理各类木质船舶276艘。

1958—1960年,对木帆船进行"双革"①,先是在船上装脚踏翻水板以代替手摇桨橹提高航速,接着便利用旧发动机改装机帆船。随着国产柴油机生产的发展,机动船的发展速度不断加快。1958年,浙江轮船公司杭州分公司就自造机动船舶100艘、3 650吨位;1959年,建成自载货拖船1艘,自载150吨,拖带500吨位,行驶于杭申线。1957—1960年,杭州船厂先后自行设计建造功率44.16千瓦、排水量为35吨的浅拖船和功率88.32千瓦、装载量为100吨的

---

① 指技术革命和技术革新

自载货船。1958年,红旗船厂亦试制成功"乘风1号"拖船,之后连续生产24艘。各地运输社则把20吨以上的木帆船改装成驳船,凡是新船一律建为木驳。至1960年3月,各地轮木结合拖带化的木质船达7.20万吨,占全省木质船总吨位数的46%,其中在杭州的省市航运企业就有木驳船644艘、2 123客座、21 327载重吨位。在对木质船进行"双革"的同时,还通过租船、买船、造船等途径,增添了不少机动船舶。到1965年,机动船的比重由1957年的19.6%上升到39.7%。机动船的总艘数、客位、吨位和拖船功率,由1957年的312艘、10 680座、2 392吨、5 103千瓦增长到1965年的994艘、21 168座、31 636吨、18 968千瓦,分别增长218%、98%、1 223%、271%。还接收上海市交通运输局所属公私合营内河航运所的机动船23艘(拖船9艘、客船3艘、机帆船11艘)、客驳4艘,以及第四运输民船合作社的全部船舶。20世纪60年代末,因木材供应不足,大多数航运企业停止木驳制造,仅靠技术改造增加木驳数量,以适应轮拖的需要。到70年代,木帆船被逐步淘汰,水上货运逐步由机动船承担。

20世纪50年代,大运河浙江段上营运客船大多为木质小客船,原型为尖头弧圆尾,艏柱半露于船中间外部,形似象鼻,俗称"鼻梁筋",筋下连底龙筋至艉柱,首尾为菱形骨架,呈尖底形,机舱地轴弄前至驾驶室,后为元宝形骨架,呈圆平底,船体外部呈流线型。客舱、机舱上装木板舱棚,铺油漆帆布。舱棚以上置天篷,俗称"百脚棚"。船首上甲板设驾驶室,两侧设有小扶梯通入客舱,中间上甲板为走廊。驾驶员在前驾驶室转动方向盘,牵带左右舷的铁链,使艉部舵机转动舵片,并用铅丝拉动机房钟铃,传递信号,指挥机匠做快慢或倒顺车。1956年,嘉善西塘工场建造了嘉善县第一艘木质小客船,以后又建造了两艘。1958年7月,上虞百官运输社自行组装绍兴地区第一艘机动客船,以16匹柴油机为动力,船体由上虞造船厂制造,木质船身长9.6米,宽2.6米,吃水深度0.77米,载重7吨。同年9月,诸暨运输社将一艘小火轮改制成60座位的木质柴油机客船。1960年,杭州船厂设计制造的木质柴油机客船,船总长23米,吃水1.2米,主机功率99.37千瓦,客位200个。

60 年代起,木质小客船船体通过改建,逐步扩大,船头放长加宽,改尖头甲板为平甲板,俗称"蚱蜢头",可乘载 80～100 人。主机从原来杂牌旧汽车引擎,逐渐更换为国产柴油机;动力从不到 20 马力增大到 40 马力、60 马力、80 马力;燃料种类从汽油、火油、柴油、煤炭统一为柴油。驾驶操作通过技术革新,逐渐改为"机驾合一",即驾驶员直接操纵快慢及倒顺车,安全系数增大,司机任务减轻。到 1960 年 3 月,全省内河轮船就已有 127 艘客船实现机驾合一,占 45%。

二、水泥船的出现和普及

1958 年"大跃进"运动开展后,运输任务剧增,运力骤然紧张,需新建大量船舶。建造船舶要耗用大量的木材或钢材,而当时全国上马工程多,基建项目多,钢材、木材普遍短缺。为了解决建船钢材、木材紧张的矛盾,在交通部和建工部的重视和支持下,交通部船舶设计研究院、上海船舶科学研究所、建工部建筑材料研究院协同进行了水泥造船的科研、设计工作。其中上海船舶设计所成功设计载重 50 吨的水泥货驳船,比较适宜在航道较窄、桥梁净高和桥孔宽度有限的浙西运河及支流上航行,试生产后,即拖往湖州地区装运石灰石,进行长途运输试验。长途运输作业试验表明水泥船有较大的使用价值和经济效益。它的主要长处在于防火、防腐性能好,保养维修方便,制造工艺简单,尤其是与钢结构或木结构船舶相比,有建造周期短、造价低等优点,其综合成本分别是钢质驳船的 29.6%、木质驳船的 46.77%。其缺点是韧性差,易撞坏,经不起搁浅。

1958 年秋,杭州船舶修造厂借鉴上海经验,率先设计建造成功浙江省第一艘装载量 20 吨的钢丝网水泥货驳船。这种水泥货驳船以圆钢为骨架,铺设钢丝网三四层,用 500 号以上水泥浇制而成。首尾呈小圆形,淌水部位有钢筋水泥"象鼻头"3～5 道。中间为统舱,舷口内向甲板。船舱与木驳不同,高出舷口 1 米左右,为船员生活住宿之处,上为操舵系统,无自航能力,由机动船拖带行驶。接着,杭州船舶修造厂又研制成功88.32千瓦钢丝网水泥拖船,先后建造9艘投入使用。1965年经国家交通部检验、鉴定,10月28日以交技〔65〕字第265号文件签发《120马力钢丝网水泥拖轮技术鉴定书》,成为部审定型水泥船,向全国推广。

随着水泥货驳船和水泥船体拖船的成批建造和普及,1966年前后,杭州大河船厂等企业开始制造水泥质客船。水泥质客船船体以三角钢为骨架,圆钢为经,水泥制作,首尾为气舱,设圆形铁盖启闭,客舱与后舱舱橱相连,中间作腰弄。客船设车厢式条木椅,定额客位75座,大的100座。后舱略高,用作机房。主机为2110型柴油机。舷口上棚板为木质构造。上舱棚有白铁皮覆盖的双夹层纤维板,后因夏天舱内太热,船棚以上置帆布天篷,上舱棚散席客位也因之增加到25人。船体水线以上天蓝色,上棚乳黄色。船式新颖,呈流线型。这些水泥质客船由省航运公司先后拨给嘉兴、湖州、绍兴等地各县客运站经营,直到20世纪70年代中期才被逐渐淘汰。

水泥船的研制应用,冲破了历来造船材料只限于木材与钢材两种主要材料的局限,解决了当时造船钢材、木材紧张的困难,为运河运输单位解决了运输工具缺乏的矛盾。因此,全省尤其是运河沿线的各地造船厂纷纷改产水泥船,1964年,绍兴县松陵造船厂(后改名绍兴造船厂)试制全地区第一艘3吨位钢丝网水泥农船成功,并于当年生产3~3.5吨水泥农船5艘,并采用省内首创"翻模涂浆""蒸汽养护"等新工艺,生产周期缩短,水泥结性增强,产品质量提高。同期,上虞造船厂、绍兴县双溇造船厂也相继投产钢丝网水泥船。1964年4月,由嘉兴南门造船社等合并而成的嘉兴水泥造船厂被确定为浙江省定点生产水泥船的重点骨干企业,专业生产钢丝网水泥船。1965年年底,嘉兴县交通运输公司船厂试制成第一艘水泥货驳投入使用,到1968年更名为红旗运输公司船厂,又成功地试制了多艘水泥船体货拖船。由此,大运河浙江段等内河运输的木质船舶逐渐被水泥船舶取代。1969年,杭州内河航运公司添置水泥船15艘,1973年建造60吨级水泥驳船队驶于杭申线。后省内各水运企业也陆续建置水泥驳船队。1979年杭州共有水泥质驳船341艘、13 045载重吨,分别占非机动船总数的19.89%、23.34%;绍兴有221艘,其中货驳212艘、5 191载重吨,客驳9艘、989客位。

1971年,地方水泥船生产第一次被正式列入国家计划,全国交通系统安排建造内河航运使用的水泥船13万吨,为1958—1970年水泥船制造总量16万吨的80%,而且各地水泥船生产的能力、技术工艺和质量也普遍提高和普及。由此,水泥船的生产如雨后春笋遍地开花,仅绍兴地区就有上虞县造船厂、绍兴市二轻造船厂、绍兴市交通造船厂、绍兴市二航公司造船厂、绍兴孙端造船厂、上虞新建造船厂、上虞南湖船木社、诸暨航运公司船舶机械修造厂、嵊县马岙船舶修造厂等企业生产水泥船,其中绍兴造船厂拥有造船生产线3条,船台43/580座,船排16座,滑道27条,100吨位船坞1座,各类专用设备166台(套),年生产能力15 000吨位,成为交通部颁发的全国第一家获颁交通部水泥运输船生产许可证的企业,产品也日益丰富,从1.5~10吨位农用船、15~40吨位货船、7~25吨位机动船以及12~17米跑艇、消防艇、7米、9米管渔船到40~80客位客船、53~106千瓦拖船、工程宿舍船、打捞船、商业趸船等。杭州船厂制造的水泥船舶有客船(60~80客位)、货驳、趸船和各种规格农用船。海宁县碳石合作船厂,1965年转为海宁造船厂,初期以制造1.5~2吨水泥农副船为主,70年代逐渐开始制造40吨水泥运输船和100客位的水泥船体客船。嘉善县魏塘运输站船厂,1974年7月试制25吨4135型柴油机货拖船和30吨货驳各1艘。1975年,又建造了30吨6135型柴油机钢筋网水泥货拖船1艘,并生产40吨水泥船体货驳10艘。1976年建造20吨水泥船3艘,40吨水泥船21艘,25吨4135型柴油机水泥船体货拖船1艘。嘉善干窑运输装卸站船厂自1976年起也开始建造水泥船舶,当年就建成40吨货驳5艘,60吨货驳10艘。

迅速普及的水泥船很快在各地的运河等内河航运中广泛应用。20世纪60年代中期起,日益普及的水泥农用船还纷纷在后梢装上小型柴油机,将叶片悬垂水中,推动船体前进,成为水泥挂桨机船,以其航速快、吃水浅、在支流小港均可行驶而风行一时。水泥挂桨机船有5吨、7吨、10吨、12吨及15吨,甚至30吨等规格,其中30吨以上的水泥挂桨机船还往往安装2台195号柴油机和2支挂桨。

到20世纪70年代末,水泥船已形成运输船、工程船、农用船三大类别的造船体系。由于水泥船抗沉性、适航性差,80年代初开始,各地先后停止生产水泥运输船舶。

三、钢质船的兴起

钢质船是以型钢及钢板为主要材料制造的船舶,主要包括客船、拖船、钢驳、机动货船及挂桨机船等类别。

中华人民共和国成立时,大运河浙江段上无论是货运还是客运,都几乎没有钢质船。1952年9月,浙江省轮船公司杭州分公司始建80吨级钢驳10艘,1954年又建100吨级钢驳8艘,成为大运河浙江段上最早的钢质驳船。

1958年,国营浙江省轮船公司杭州修理厂(后称杭州船厂)成立,当年试制成功装载量150吨的钢质电焊结构货驳,1964年又试制成装载量100吨的丙型铁驳4艘。但直到60年代中期,钢质船舶也只有少数几家省、市属船厂能承建,且仅限于单船生产。1966—1971年,杭州大河造船厂相继建造装载量60~100吨的货驳37艘。之后,省、市航运业船厂和各县船厂都相继开始研制钢质船舶,建造的钢质船舶数量和种类也越来越多。

1960年,杭州船厂设计建成载重量100吨、主机功率为88.32千瓦自载货拖船;1964—1969年,共建拖船8艘,主机功率为88.32~117.76千瓦。70年代,杭州船厂、大河船厂和钱江航运公司船厂纷纷建造主机功率为88.32千瓦浅吃水钢质拖船和99.32~132.43千瓦内河钢质拖船,以替代水泥拖船,其中杭州船厂建造19.9米长、110.4千瓦的钢质拖船23艘,17~20米长的钢质拖船6艘。1977年起,对内河船舶的蒸汽机、柴油机、煤气机等进行技术改造,一批低效、高耗和安全性能差的木质和水泥质船舶被钢质轮替代。全省交通运输部门各类钢质船舶的吨位比重逐渐上升。

钢质客船的建造始于 1961 年。当年，杭州船厂设计建造成功全省第一艘主机功率为 110.4 千瓦、253 客位的较大型内河客船——"布谷"号。1964 年，杭州船厂设计、制造出省内第一艘内河钢质客货轮"喜鹊"号，100 个客位；随后，又建造了"云鹊"号、"金鹊"号、"百灵"号、"白鹤"号等钢质客船投入嘉兴等县营运。1969 年，杭州大河船厂亦建造 88.32 千瓦、220 客位的内河钢质客船 2 艘。到 70 年代，浙江省航运公司嘉兴分公司船厂等均能建造钢质客船，并且数量逐渐增多，开始逐渐替代木质客船和水泥船体客船。

进入 70 年代后，钢质船的种类也不断增多。1971 年，嘉兴红旗运输公司船厂先后试制机动交通艇、卫生救护艇等钢质船。1973 年，浙江省航运公司嘉兴分公司试制成功的救护艇投入批量生产，并在此基础上，试制了同系列的交通艇、港监艇、公安艇、工作艇等钢质船。嘉兴、海宁等地船厂还开始设计建造用于运输散装燃油或食用油的钢结构油轮。这种主要航行于运河等内河的钢质油轮船头较尖，前部为驾驶室，中部为油舱，机舱在后部，可载油 20 ~ 100 吨。

四、运河船舶修造业的发展

浙江的船舶修造业尽管历史悠久，但到中华人民共和国成立时，船舶修造业仍处于经营分散、技术落后、设备简陋的状态，只能修造木质小船，而且工匠常处于"晴天三家叫，下雨无人要"的境况。

中华人民共和国成立后，党和政府为了发展运河等水上运输事业，高度重视并积极扶持船舶修造业的发展。在政府和航管部门的领导下，大运河浙江段沿线各地都先后成立了船匠业工会，由工会把修造船工人组织起来，除继续修理运输、农用的小船外，由工会出面承接修理中型运输驳船，而且还分别成立民船护修委员会，调查并摸清木帆船、航快船等各种船舶的技术状况,提出逐年护修计划,审批无息贷款,分批分期组织民船护修工作。1952 年 9 月开始开展以贷款扶持船舶修护活动,仅杭、嘉、湖地区就贷款 318 579.44 万元(旧币),到 1953 年 7 月,共修竣船只 1 782 艘,计 28 476 吨位。1952 年,绍兴松陵乡 25 户个体船户组成第一联合造船生产合作社,入社木船 50 余艘。另有一批船户组成船业合作社和篷业合作社(专业生产船竹篷)。

同时,国营船舶修造业也开始起步。1951 年 3 月,国营钱江轮船公司以 1 500 万元(旧币)购进私营和昌船厂和钱江机器修理所,专修钱江轮船分公司的机动船舶。1953 年 7 月 5 日与国营华东内河轮船公司浙江省分公司船舶修建组(筹)合并,成立国营浙江省轮船公司杭州修理厂,为省交通厅下属单位,以后即发展为浙江轮船修造骨干企业之一。1951 年 3 月,省内河轮船公司在杭州市南星桥浙江第一码头 6 号建立船舶修理组,1953 年 6 月扩大为杭州修船厂,主要负责轮驳船修理业务,以适应当时国营航运系统的船舶迅速增加的需要。

1954 年起,大运河浙江段沿线各地开始对船舶修造业进行社会主义改造,先是通过成立互助组、合作社等方式,把工匠和私营船厂业主组织起来,建立工场,发展船舶修造业。1956 年 1 月,嘉兴 36 名工匠成立嘉兴第一造船生产合作社,在嘉兴西门建立工场,主要承修嘉兴专署交通运输局所属航运企业船队的驳船和客运船舶,并建造抽水机船、运粪船等木质农用船。当年 7 月,54 名雇佣工人和兼营租赁业务的船厂业主又成立嘉兴第二造船生产合作社,以修造木质农用船为主,兼营船只租赁业务。这些工场、合作社的船舶修造能力虽然有所提升,但仍然远远不能适应运河等水上运输日益发展的需要。因此,各地航运单位也纷纷自行筹建船舶保养场。

1956 年,运河航运业实行全行业社会主义改造,各地的生产合作社、工场、船厂等通过公私合营等方式,成立和组建船舶修造企业,或归属手工业和工业系统,或归属航运部门。如 1952 年 2 月由 68 人入股成立的私营桐乡乌镇造船工场,1956 年组建为公私合营乌镇造船厂。嘉善县的船舶修造工匠 1954 年开始成立互助组,1955 年全县各乡镇建立造船社。1956 年全县造船社合并,成立嘉善县城关造船社。1956 年,绍兴松陵船业、篷业社合并为松陵船业生产合作社,有船作、篷作工 198 人,7 个简易船棚。同年,嵊县嵊曹港船业运输合作社、上虞百官船业社、东关船业社、沥海船业社等相继成立。

同时,水上运输推行"托拉斯"管理方式,全民集体合一、政企合一。1956 年,浙江省联运公司、浙江省内河轮船公司在杭州、嘉兴、湖州等地的分公司以及各县的公私合营轮船公司都先后并入当地航运管理处或交通运输局。各地航管处或交通运输局为了改变船舶维修的被动局面,都进一步加强了保养场的建设,自行护修运输船舶。如浙江省联运公司嘉兴分公司、浙江省内河轮船公司嘉兴分公司以及各县的公私合营轮船公司先后并入嘉兴航运管理处后,当年便在嘉兴轮船码头北侧建立保养场,成为浙江省航运公司嘉兴分公司船厂的前身。以此为起点,保养场几经迁徙和扩大,逐渐发展成为嘉兴地区规模最大、实力最雄厚的专业造船企业。

通过公私合营等社会主义改造后,这些船舶修造企业不仅经营规模扩大,而且船舶的修造技术、能力都大大提升。乌镇造船厂公私合营后,在乌镇西栅马家坟滩新建分厂,在北栅陈家厅建立机修车间,员工扩大到 180 余人,除继续建造小型船只外,开始建造 50 吨左右的船舶供杭州、嘉兴、湖州等地航运单位使用。

1958 年,船舶修造业的社会主义改造继续推进,各地公私合营的船舶修造企业纷纷并入地方国营运输公司,扩大船舶修造规模。1958 年 7 月,嘉兴第一、第二造船生产合作社合并为嘉兴市造船合作工厂,当年 10 月 1 日成立地方国营嘉兴县交通运输公司。接着,木帆船社、航快船社、搬运装卸站以及各航运单位的船舶保养场等企业也都全部并入,改为交通运输公司下属的船舶修造厂,简称交运公司船厂,规模进一步扩大。1958 年,嘉善县成立了 6 个人民公社,每个公社都成立了运输营(军事化编制),其中惠民、魏塘、干窑、天凝 4 个公社都在原来保养场的基础上扩大生产能力、更新技术设备,着手新建木质客货拖船。

　　同时,国营船舶修造企业迅速发展。1958 年,国营浙江省轮船公司杭州修理厂(后称杭州船厂)成立。各地的省、市、县航运企业都先后建成和扩建附属修造厂,其中仅杭州市就新建起大河、胜利、东风、富春江等专业船厂。嘉兴专区航运公司以原在嘉兴县轮船码头北侧建立的船舶保养场为基础,又在嘉兴光明街底的荒冢上建立起修船厂基地,并且不断地加大投入和使用力度,为浙江省航运公司嘉兴分公司船厂奠定了基础。绍兴县东浦人民公社以双渎各船业合作社为基础,创办东公船厂,时有农船 2 600 余艘。松陵船业生产合作社并入地方国营绍兴运输公司,更名为地方国营绍兴运输公司松陵船厂,生产第一批 30 吨级"东风"号木质运输船 70 艘,总吨位达 2 100 吨。上虞沥海、东关、啸唫等 6 家船业社合并,组建地方国营上虞造船厂,在制造近海用木帆船的同时,兼营修造内河农船。诸暨湄池造船厂增置机械设备,具备自造木质客船和 80 吨级木驳船生产能力。湖州等地航运企业建起的船厂都发展迅速,其中浙江省航运公司湖州分公司船厂职工发展到 608 人,湖州内河航运公司船厂有职工 303 人,长兴县运输公司船厂有职工 151 人。

　　尽管从 1958 年开始的"大跃进"波及全国,全省各地的船舶修造企业也随之一哄而上,盲目扩大生产经营规模,随着国民经济的调整,许多船厂都陷入困境,但在"调整、巩固、充实、提高"八字方针和"交通运输应更好地为农业服务"方针的指导下,船舶修造企业积极调整产品结构,纷纷面向农村和农业建造各类木质和水泥农副船只,并且整顿企业,加强管理,逐步走上了稳定发展的轨道。如 60 年代初,绍兴运输公司松陵船厂更名地方国营绍兴县松陵造船厂(后称绍兴造船厂)后,经济上实行独立核算,添置电动锯板机、舂灰机、圆盘机等设备,设船业、篷业等生产车间,制造大吨位"东风"号机动客船、抽水机船、挖泥机船、运输机船等新产品,实现了稳步发展。绍兴县双渎造船厂(原双渎东公造船厂),年生产 1～3 吨农用木船 100 艘以上,兼修农船 200 余艘,经济效益明显。因此,到 60 年代中期,船舶企业的修造能力和技术水平都有质的飞跃,已从原来只能进行简单的木船捻缝修补,逐步发展到具有恢复修理、大修、中修、小修和航次修理木质、钢质船舶的能力,进而承担各类船舶内燃机、蒸汽机、锅炉等设备的修理。船舶制造也从原来只能建造中小型木质船,逐步发展到能够建造木质、水泥乃至钢质的驳船、客船、拖船、货轮等各种船舶,吨位也不断提高。

1966—1976年是浙江船舶修造业发展的第三个时期,和其他行业一样,经历了动荡不安。初期,各地船厂的造船数量锐减,生产停滞不前。中期开始复苏,尤其是在周恩来总理亲自过问水运工业,并就地方水运工业做出"要抓地方中小船舶的建造"的指示这一特殊的大背景下,浙江的船舶修造业得以冲破"文革"造成的阻力和逆境,突围而出,有了新的发展,不仅水泥船的生产规模有所扩大,各地船厂都能自行设计、制造60马力、80马力、120马力的水泥拖船以及40~100吨的水泥驳船,而且一些主要船厂开始向建造钢质船舶转化。1969年,浙江省交通厅驻上海办事处撤销,周嘉渡船厂的员工及设备迁到杭州船厂旧址——大皇庙(杭州船厂另选新址),更名浙江省东方红工程船厂。船厂归浙江省航运公司管理(时为浙江省航运公司、浙江省航运局管理,合署办公),主要修造钢质拖船、驳船以及疏浚内河的挖泥船等。1971年,嘉兴红旗运输公司船厂为嘉兴电力局试制了10米长钢质机动交通艇,1974年又为卫生部设计制造了卫生救护艇。1973年浙江省航运公司嘉兴分公司试制成功10.8米救护艇并通过鉴定后,开始投入批量生产。接着,又在此基础上,按不同工作需要适当更改船舶脑舱装置,试制了同系列的交通艇、港监艇、公安艇、工作艇等。

从简单的木船捻缝修补到能够修理各种船舶以及各类船舶内燃机、蒸汽机、锅炉等设备的修理,从只能建造小木船逐步发展成为能够建造木质、水泥乃至钢质的驳船、客船、拖船、货轮等各种船舶,吨位和技术水平不断上升,至1978年,浙江已初步形成较为完整的船舶工业体系。

修造船工业的发展以及通过购买和调入的途径,大运河浙江段的船舶运力有了增长。1976年,全省机动船及其附拖驳船的艘数、吨位和客位,分别达到 9 141 艘、25.684 4 万吨和 8.869 5 万客位,比 1966 年分别提高 53.4%、52.2% 和 56.3%。其中,机动船为 2 493 艘、10.261 8 万吨位、4.958 6 万客位、3.383 6 万千瓦(拖船),分别比 1966 年增长 125.8%、297%、87.1%、71.3%。至于全省船舶总数从 1966 年的 1.704 8 万艘减至 1976 年的 1.512 1 万艘,下降 11.3%,则是机动船及附拖驳船取代了木帆船,致使木帆船数量显著减少的缘故。

第四节

运河港口、码头及
航运设施建设

一、运河港口建设

　　浙江的运河航运以浙西运河流经的杭嘉湖平原和浙东运河流经的宁绍平原最为发达,杭申甲线、杭申乙线、杭(州)湖(州)锡(无锡)线、六平申线及苏(州)嘉(兴)乍(浦)线纵穿南北,长湖申线、钱塘线、杭甬线等航道横贯东西,所及区域面积达3.149万平方千米,占全省面积的31%,并有乍浦、钱塘江和甬江三处出海口。其内河港口主要分布在运河沿线的杭州、嘉兴、湖州、绍兴等地。

　　中华人民共和国成立初期,大运河浙江段沿线的码头多为自然岸坡,靠人力装卸。直到20世纪70年代,运河港口建设的投入力度也不是很大,但杭州、嘉兴、湖州、绍兴、宁波等运河主要港口以及余杭、临平、塘栖、海宁、海盐、平湖、桐乡、乌镇、嘉善、吴兴、南浔等浙西运河沿线港口和萧山、东关、百官、余姚等浙东运河沿线的港口建设都不同程度地迈出坚实的步伐,并且取得了一定的成就,初步改变了船舶在自然坡岸停靠的简陋状况,旅客上下和货物装卸条件大为改善。

杭州港

　　杭州港位于钱塘江下游北岸和京杭大运河的南终点,是中国内河 28 个主要港口之一,是浙江省江河运输、水陆联运、水水中转的重要枢纽。杭州港水陆交通发达,水路从浙西运河北上可达杭嘉湖地区和沪、苏、皖、鲁及长江沿线各省市港埠,沿钱塘江而下经杭州湾出海可至宁(波)、温(州)、台(州),以及福建、广东等省沿海港口。溯钱塘江而上经富春江、新安江水库连接皖南地带。过钱塘江南岸入浙东运河可达绍兴、宁波地区,并连接出海口。

　　杭州港由钱江河口港和运河内河港两部分组成,其中运河内河港历年最高水位为 5.22 米,最低水位为 1.67 米,常水位为 2.7～3 米,最高通航水位为 4.25 米,最低通航水位为 2.3 米。运河港区曾以跨越运河之拱宸桥而名拱埠、拱埠航区和京杭运河杭州港。1958 年划定港区后,在港区内又划分第一至第六 6 个港作区和 15 处空船停泊处。

　　1949 年中华人民共和国成立后,杭州港开始了港口码头的基础设施和装卸机械化的建设。50 年代,在瓦窑头至艮山门建成卖鱼桥(客运)、小河、哑巴弄、德胜坝等码头,多为石砌岸壁式简易码头,以替代船埠,并建有相应仓储库场和装卸机械。1959 年投资建设杭州港第一个工矿企事业单位专用码头——半山杭州钢铁厂码头区。1959 年之前主要利用自然岸坡装卸,1960 年后按货种逐步建成煤炭、废钢、建材、精矿粉、耐火砖、石灰石和水渣等共 7 个码头,岸线长657 米,泊位 14 个,靠泊能力 150 吨级。70 年代中期,投资建设包括客货码头、桥梁改建、航道开浚等项目的艮山港,到 1976 年 7 月建成件杂货码头泊位 13 个,靠泊能力 100 吨级。1959—1961 年,在京杭运河义桥港建成煤炭码头,岸线长 508.2 米,1962 年启用。

　　到 70 年代中期,在杭州运河港区进行码头建设和从事营业性或非营业性生产的单位有 76 家。其中,港口专业企业为杭州港务管理处内河港区,其前身是成立于 1950 年的杭州市搬运公司拱墅办事处,1958 年改为杭州市拱墅区码头装卸搬运站,1962 年改为杭州内河航运公司所属拱墅装卸搬运站,系集体性质。1967 年改为杭州市码头装卸公司。1978 年 3 月划归杭州港务处管理,定名为内河港区。该港区设于朝晖路 97 号,下设艮山港、德胜坝、哑巴弄 3 个作业区。

嘉兴港

嘉兴港地处浙北杭嘉湖水网地区,连通杭申线、湖嘉申线等航道,经浙西运河上行可至杭州,下行至上海以及苏州等地,经海盐塘、长水塘、嘉善塘至海盐、海宁、嘉善等县(市)。陆路有沪杭铁路、杭枫公路和苏(州)乍(浦)公路过境,北至上海、苏南,南至杭州,西至湖州、皖南,东至平湖、乍浦。

中华人民共和国成立时,大运河嘉兴段沿线大部分地区无固定码头泊位停靠船舶。即使有少量固定码头泊位,大多也是根据自然坡岸,由当地人公助集资筹建于集镇的市梢,且客运与货运混用。乡村船舶大多依乡间货栈、米行而泊。集镇之间的航快船,则分航向分别停泊。1949 年 12 月,成立浙江省航运管理局浙西管理所嘉兴分所,1953 年 7 月更名为浙江航运管理局嘉兴管理处。随着运河等水路交通运输的发展,逐年在航线上建起站点、埠头,主要集镇建起码头,逐渐改变了以前船舶在自然坡岸停靠的简陋状况。旅客上下和货物装卸条件大为改善。

20 世纪 50 年代的嘉兴港区,东起东栅,西至三塔,南起嘉桐公路四号桥,北至嘉北百步桥,分布于东西长 6 千米、南北宽 6 千米的范围内。1958 年 10 月,在嘉兴火车站附近建设杂货码头,60 年代几经改造,岸线长 100 米。1964 年,在嘉兴环城东路建成浆砌块石岸壁式客运码头泊位,岸线长 100 米,码头泊位 9 个,候船室 476 平方米。1968 年在甪里河北岸码头扩建泊位 8 个,岸线长 184 米,能靠泊 60 吨级船舶。1973 年又兴建黄沙码头,岸线长 95 米,泊位 4 个,能靠泊 120 吨级船舶。到 70 年代中期，逐渐建成由杂货、散物、食盐、粮食、木材、黄沙等 8 处码头组成的嘉兴铁水中转码头，岸线总长 621 米，多为浆砌块石重力式驳岸，36 个泊位，能靠泊 30 ~ 120 吨级船舶。

湖州港

湖州港处于浙西运河水网和东、西苕溪汇流处，自古便是粮船贾舶的交汇地，是全国 28 个主要港口之一，为浙江省第二大内河港。

湖州长期无港口设施。中华人民共和国成立初期，船舶靠泊、货物装卸、旅客上下都利用自然岸滩或河边埠头搭跳作业。1951 年成立浙江省内河航运管理局湖州分所。从 50 年代起，陆续在湖州、菱湖、南浔、双林、练市、德清、新市等地建造了 400 余座大小码头。

1954 年 9 月，在新开河建成湖州城区第一个客运专用码头，为浆砌块石重力式结构，岸线长 137.5 米。1961—1978 年，湖州港共建成码头泊位 36 个，其中 100 吨级 32 个，300 吨级 4 个，码头泊位长度合计 650.4 米，吞吐能力达 169.4 万吨。

绍兴港

绍兴港位于越城区东湖镇朱尉村以东、谢家岸村以南、窑湾江以北，在浙东运河岸线上，自然条件优越，通航条件较好，连通绍兴乃至长三角发达的内河水系，经水路可直达宁波、杭州、上海、山东等地。

中华人民共和国成立时，绍兴港船舶靠泊和装卸均利用河道自然岸坡。1949 年后，交通部门和各物资部门先后在火车站和大城湾等地建设了一批客、货运码头。1952 年成立宁绍航管处绍兴航管站，1958 年与 5 个运输企业合并成立绍兴运输公司，1961 年恢复航管机构，成立绍兴县航管所，隶属宁绍航管处。1976 年隶属绍兴航管处，负责航运管理部分。1958 年，绍兴搬运公司在火车站、南娄等地挖深河道，砌筑石坎，使船舶能直接靠岸卸货，此后又陆续装置吊机、输送带、溜板、牵引机、铲车等机械工具代替体力劳动。1964—1970年，绍兴燃料公司、烟糖公司、偏门酒厂、蔬菜批发部、粮食仓库为方便本单位物资装卸，先后在火车站、城北桥沿河一带建造自用码头5个。1971年起，绍兴航运公司、绍兴第二航运公司在城北桥河道两岸建造客运码头和旅客候船室，绍兴化肥厂、钢铁厂、西郭粮化厂、昌安木材公司也建造了自用码头。

宁波港

宁波港兴自8世纪30年代，内连大运河水运体系，外通日本、高丽、东南亚、中东等国家和地区，贸易发达，鸦片战争后被迫辟为5个通商口岸之一。但到中华人民共和国成立时，宁波港原有码头久用失修，几近破坏，只剩下4座尚可勉强使用。甬江航道又经沉船封江、泥沙淤积，货物吞吐减至4万吨，客运量减至27万人次。1950年开始修理江天、宁绍、宁兴、美孚等残存码头，至1956年基本修复，其中江天首先恢复3 000吨级泊位。接着陆续兴建了7座货主码头。1956年10月，萧甬铁路修复至庄桥，将货运线接至白沙，开辟"水铁联运"。1957年在白沙新建300吨级浮码头，定名"联运一号"。1958年货运量大增，又于"联运一号"码头下游新建3 000吨级煤栈专用码头，定名"联运二号"。之后，货运业务逐渐转移到白沙，白沙形成宁波港区装卸三区，而称原江北岸外马路老装卸区为一区、江东装卸小区为二区。1964年开始计划改造白沙联运泊位，延迟于1968年完成。1972年，在白沙和江东建成小泊位5座。1972—1977年，改建、新建三区整体式固定码头4座、浮码头1座，新建3座货物码头。到1973年，港内已有500吨级以上泊位12座，其中3 000吨级4座、2 000吨级2座、1 000吨级5座。年货物吞吐量138万吨，客运量92万人次。宁波港又开始振兴。

20世纪70年代初期，来宁波港的巨型轮船日增，原有港口设施已不能适应港运，外轮压船、压货严重。1973年10月，全国港口建设会议明确指出,东南沿海的港口布局应以上海港为骨干,宁波港可在镇海建设新区,经杭州、浙赣线同全国铁路网连接,以分流上海港运量,同时承担浙江地区的物资进出。1974年,镇海新港工程动工,1978年连接游山的拦海大堤建成,延长港口岸线3.16千米,建成万吨级煤码头。宁波港由此实现从内港到河口港的历史性转变,泊位由千吨级上升到万吨级。到1978年,宁波、镇海两港区有500吨级以上泊位24座,其中万吨级1座、千吨级16座,年货物吞吐量214万吨,首次突破200万吨,客运量达109万人次。

二、运河码头建设

码头是专供停靠船舶、上下旅客和装卸货物的水工建筑物。按形式分,有顺岸式、挖入式、突堤式码头等;按结构分,有岸壁式、栈桥式、浮式码头等;按用途分,有客运、货运和专用码头等。

中华人民共和国成立初期,大运河浙江段沿线大部分地区没有固定码头停靠船舶,即使有少量固定码头,大多也是根据自然坡岸,由当地人公助集资建于集镇的市梢,而且客运与货运混用。乡村船舶大多依乡间货栈、米行停泊。集镇之间的航快,则分航向分别停泊。20世纪50年代起,大运河浙江段沿线各地逐年在主要城镇上建设客运码头,在各航线上建造站点、埠头,逐步改变了以前船舶在自然坡岸停靠的简陋状况,旅客上下、货物装卸的条件也大为改善。

客运码头建设

中华人民共和国成立初期,公路交通还很不发达,旅客往来,尤其运河沿线和杭嘉湖水网地区的旅客出行主要依赖水路,但大部分客运航线都没有固定的客运码头。即便在杭州,运河轮船码头也只是在拱宸桥大同街104号河岸建有木质码头1个,石坎驳岸,小而简陋。有的客船则靠泊在松木场、卖鱼桥及上塘河艮山门等地,也均无码头设施。20 世纪 50 年代起，随着国民经济的逐步好转，城乡物资交流趋于频繁，旅客逐年增多，各地在增加航班、航线的同时，纷纷投资建设客运码头，以方便旅客，但规模都很小，如杭州将拱宸桥轮船码头内移，先至哑巴弄，后定于卖鱼桥。1956 年公私合营时并入省航浙西分公司，租用民房作站房，码头宽仅 19 米。1951 年，海盐县政府建设科在武原镇天宁寺河埠投资建造钢筋混凝土前挑式客运码头，1954 年 9 月才装置木栅栏，实行检票上船。1953 年，乌镇在实施市河改道工程中，当地政府投资，在乌镇南星桥河西岸建造挖入式浆砌条石客运码头，岸线长 50 米，并配备候船室等设施，俗称乌镇公共码头。同年，平湖县也在东门外白地东湖边建成平湖客运码头，码头长 55.1 米，面积 305 平方米，其中候船室为 127.2 平方米。同年，湖州修建菱湖客运码头，岸线长 74 米，面高 4.55 米，前沿水深 2.2 米，有 100 吨轮船泊位 2 个，站屋面积 1 200 平方米。

1954 年 9 月，湖州在城区新开河建造第一个客运码头，为二级顺岸浆砌块石重力式结构。岸线长 137.5 米，候船室 203 平方米，雨棚 400 平方米。修建出入码头道路面积为 600 平方米，护岸 275 立方米。同年，修建南浔客运码头，岸线长 150 米，面高 5.35 米，前沿水深 2.45 米，有 100 吨轮船泊位 4 个，站屋面积 260 平方米。1956 年，湖州修建双林客运码头，岸线长 63 米，面高 4.65 米，前沿水深 1.7 米，100 吨轮船泊位 1 个，站屋面积 490 平方米。1957 年，绍兴航运公司在城北桥两岸建造客运码头和旅客候船室。

从 1953 年开始执行"一五"计划，到 1958 年的"大跃进"，大运河浙江段客运发展迅速，尤其是 1960 年年底开始国民经济调整后，航运部门贯彻"调整、巩固、充实、提高"八字方针，面向农业和农村开辟了许多客运支线航线。随着航线深入到农村支流小港，各地都在客运航线上新设了许多停靠点，并逐渐开始建设农村停靠小码头。1963 年，海宁县在袁花试建成第一个农村停靠小码头后，丰镇、许村和平湖县的新仓也很快建起了 3 座马鞍式小码头。1954—1964 年的 10 年间，嘉善县修建了块石结构的农村停靠码头 8 处，而平湖县仅 1965 年就在平湖至新埭航线沿途建造了越家庙、诸仙汇、坍牌楼和红庙渡 4 座小码头。起初,这些农村小码头的长度一般在 2~3 米,而且大多都无附属设施。随着轮船客运的发展和客流量的增加,又纷纷建起了候船亭等设施。到 20 世纪 80 年代,大运河浙江段沿线各地仅嘉兴市就建成乡、镇、村小码头 308 个,站点码头分布大量增加,如嘉善至平湖的 27 千米航线上,原来只有大云、钟埭 2 个集镇设有中途停靠站,1965 年后陆续增建简易码头 11 处,使全线平均每1.92 千米就有一个停靠站。这些停靠站中有相当一部分建造了候船亭。

同时,大运河浙江段沿线各主要客运站也都分别改建、扩建和新建客运码头。1954 年,平湖将客运码头拓宽近 3 米,总面积扩大到 459 平方米。1956 年 2 月,海盐县将金刚殿辟为旅客候船室;1958 年冬,又在码头上搭建瓦房,扩大候船室面积。1962 年,上虞百官运输社在百官镇新建旁修造百官轮船码头,石砌岸线 30 米,并建有候船棚 3 间。

航班、航线和停靠站的增加以及客运服务设施的改善,有力地推动和促进了运河客运的发展。而客流量的不断增加,使大运河浙江段沿线各地的客运站均感到原来的码头设施远远不能满足需要。于是,从 1964 年起,各地纷纷投资改建、扩建和新建客运站。

1964 年,杭州租借珠儿潭 25~42 号民房,由省交通厅拨资 6 万元,翻建客运轮船码头候船室 621 平方米,搭建雨棚码头 46 米。但由于客运量增加较快,站屋、码头仍显狭窄拥挤,很不适应。1972 年 7 月,杭州市交通管理局革委会提出建造杭州客运轮船码头计划任务书,遂决定移建湖墅客运码头,选址武林门环城北路 140 号,新建运河客运码头,于 1974 年 9 月开工,至 1979 年 11 月竣工,占地面积 15.136 亩(10 530 平方米),建筑面积 3 925 平方米,其中候船用房 3216 平方米,其他用房 709 平方米,码头采用框架式阶梯和平台型相结合的钢筋混凝土结构,岸线总长 198 米,码头泊位 5 个,长 115 米,靠泊能力 100 吨级,码头面积 3 485 平方米,建雨棚 1 261 平方米,为全省内河最大的客运码头。

1964 年,嘉兴在环城东路扩建客运码头,建成浆砌块石岸壁式码头,岸线长 100 米,房屋建筑面积 1 304 平方米,其中候船室 476 平方米,并安装吊机 1 台(起重能力为 0.5 吨)。同年,海宁县在硖石镇塘桥堍兴建混凝土实心方块重力式新客运码头,岸线长 60 米,候船室建筑面积 606 平方米,同时还新建了 280 平方米的办公楼。1968 年,码头又向北延伸 20 米,可停靠轮驳船 20 艘左右。

1965 年,上虞扩建百官客运轮船码头,将 3 间候船棚改建为候船室,计 82.4 平方米。1967 年又建造石级台阶,石砌岸线 30 米。

1966 年,桐乡县开挖乌镇市河第二期工程,由浙航嘉兴分公司将南星桥西岸码头迁建至乌镇中市卖鱼桥河东岸。新建的码头系浆砌条石重力式,岸线长 70 米,前沿平台高程 3.71 米,码头建房 320 平方米,候船室使用面积 250 平方米,成为当时运河沿线各县镇中最大的客运站。

1968 年,海盐县在海滨西路 307 号(八尺弄口)新建客运码头和站房,1969 年竣工,建成浆砌块石重力式驳岸码头,岸线长 83 米,前沿水深 1.75 米,码头面高程 4.05 米,有泊位 4 个,靠泊能力 40 吨级。站房面积 758 平方米,其中候船室 205 平方米。

1969 年 9 月,平湖将候船室折旧建新,使用面积扩大到 399 平方米,于翌年 5 月 1 日建成并投入使用。1971 年,桐乡县在实施康泾塘水利工程时,将原在梧桐镇北门的客运码头拆迁至梧桐镇南门。新码头为浆砌块石重力式,岸线 60 米,前沿为高低平台,高程为 3.8 米、4 米两级,建有办公用房 340 平方米,旅客候船室 280 平方米。

1972 年,绍兴市航运公司扩建城北桥客运码头,码头长 250 米,码头高程 6.8 米,前沿水深 2 米,有 12 个泊位,靠泊能力 60 吨,综合通过能力 128.4 万人次。接着,绍兴市二航公司也在城北桥建造客运码头,码头长 35 米,码头高程 6.8 米,前沿水深 2 米,有泊位 6 个,靠泊能力 60 吨,有候船室 1 幢,通过能力 128.4 万人次。绍兴东浦、齐贤两运输社也在城北桥投资修建了东浦、齐贤小客班码头,绍兴县交通局补助 1.2 万元,码头长 45 米,有泊位 6 个。

据不完全统计,到 1978 年,大运河浙江段沿线各地县城、乡镇都普遍建造和更新了客运站、候船室等,沿线农村也普遍设置了客运码头。

货运码头建设

中华人民共和国成立初期,大运河浙江段沿线各地都没有正规的货运码头,货运船舶或利用空旷坡岸,或私家河埠,装卸货物均靠人力背扛、肩挑和手提。从20世纪50年代起,随着工农业生产的恢复和发展,城乡物资交流频繁,货运量逐年增多,各地港航管理部门和运输装卸公司都开始重视货运码头建设,以加速货物运输周转,提高效率,保证安全。杭州市卖鱼桥至大关一带是有着悠久历史的芦荡埠和喻陈埠装卸搬运作业的中心地段,杭州市搬运公司以这里的两个挑运土码头为基础,建立哑巴弄货运码头。码头作业范围南至粮库专用码头、北至明真宫,沿运河西岸设置码头泊位7个,靠泊能力200吨,专门装卸百杂货和工业品。

1958年,各地港航和运输装卸部门都积极响应中共中央"大搞技术革命和技术革新运动"的号召,开展装卸技术革命,在学习、借鉴南京、无锡、苏州等地先进经验的基础上,发动群众,修筑土码头。这些土码头可以用车子装卸,从此改变了靠人工背扛、肩挑装卸的状况。其中嘉兴就修筑了100多处土码头,大大减轻了工人的劳动强度,劳动效率也成倍提高。

在建设中,运河码头逐渐由简趋繁。杭州德胜坝码头一直是京杭运河南端终点的一个活水码头,物资过坝十分繁忙。50年代初,杭州市搬运公司建为过坝物资装卸码头,有场地1 000余平方米。1958年11月,杭州市对码头进行扩建,沿运河线内挖土方5 200立方米,砌石坎170米,使码头由原来的1 000余平方米扩大到7 000平方米。1960年、1966年和1972年,又分别在杭州德胜坝码头新建港口仓储和堆场设施、平整场地、浇筑混凝土通道和货场、修建和增建码头泊位等工程。1969年9月,德胜坝码头在新建艮山码头延伸航道开挖工程中,拆除古坝,拆迁民房,扩大场地4 000平方米,达

12 000平方米。

同时,运河码头的装卸设备也不断更新完善。1958年杭州哑巴弄货运码头工人率先制造出第一台木桅杆吊,能起重3吨,工效提高183%;同年,杭州江干修配厂工人首先造出手摇输送机,输送散装物资由人工装车20分钟缩短至8分钟。嘉兴、湖州、绍兴等地的交通部门也以自力更生、土洋结合为特点开展技术革新,实现"搬运车子化",以加速车船周转、压缩搬运装卸时间。当年,嘉兴县搬运公司使用的人力货车包括榻车76辆、平板车20辆、畚斗车58辆、独轮车12辆、油桶车1辆、纸板车1辆。次年,又自制输送机12台、电动吊杆2台,进一步提高了搬运装卸机械化程度。1959年下半年,杭州市交通管理局以德胜坝码头作为"双革"蹲点单位,组建起重机试制小组,发动工人开动脑筋搞革新,创新出土洋结合的老鹰钩抓斗桅杆吊、螺旋式起舱机、起重车和堆装机等,攻破了长期未能解决的煤炭起舱关和实现机构堆装。各种机械先后上马后,从实际出发,因地制宜地把德胜坝码头划分为上岸物资、下河物资、过坝物资3个装卸作业点,组成吊杆输送、电动轨道、吊杆车子等9条作业线,使各种物资从起舱到堆放场地、车船装卸等一环扣一环,密切地衔接成搬运装卸系统。经过"双革"运动,德胜坝码头初步实现装卸机械化和半机械化,提高了搬运装卸效率,每人每天从7.9吨提高到15.4吨,船舶留港时间缩短一半以上,每日港口吞吐量能力从800吨提高到2 500吨。1960年8月2日,杭州市交通管理局在"关于转发中交部推广几种出仓、装卸机械"的命令中要求推广德胜坝试制的4种装卸机具,即抓斗、链式出舱机、轻型皮带机、船底皮带出舱机。在"学德胜坝、赶德胜坝"的热潮中,杭州各码头都革新了搬运装卸工具。1967年2月,杭州市码头装卸公司对德胜坝、哑巴弄、半山三个作业区统计,共有桅杆吊12台、输送机8台、少先吊15台、抓斗吊3台、起重卷扬机4台。1969年,杭州市又对哑巴弄货运码头进行修建和安装部分起重吊杆,岸线长100余米,有泊位7个。

1958年10月,嘉兴在火车站西侧洋桥边建成了杂货码头,岸线长60米,设置了4台固定电动吊杆,每台起重能力为0.5吨,主要用于装卸水泥、机械零件、纸张等物资,日吞吐量一般在 1 500 ~ 2 000 吨,最高日装卸量为 3 500 吨,成为嘉兴当时的主要货运码头。1961 年初,码头部分驳岸倒塌,4 月份开始重建,全部采用浆砌块石,建成直立式码头,近水面用 50 厘米厚粗料石面层,并设置了 4 台塔式转运吊杆,每台吊杆的起重能力为 1 吨。码头至仓库呈 2.5°的坡度,利用这个坡度,又筑了两道溜槽,使货物通过溜槽直接运往仓库,既省时又省力。1965 年,码头又进行了扩建,由省航第三工程队承建钢筋混凝土框架式码头,岸线长 40 米,设置了 6 台塔式起重机。

1957 年,柯漓(渚)线铁矿石运量激增,从漓渚航船运到柯桥后,需转装火车运杭钢、鞍钢。为及时装卸,加速车船周转,柯桥运输社投资,绍兴县交通局补助 2.6 万元,在火车站旁挖河,砌筑石坎,建造铁水中转码头,全长 450 米,水深 1.5 米左右,有泊位 40 个,设置 3 吨行吊、抓斗、输送带等机械设备,年吞吐量达 20 万 ~ 40 万吨。

1958 年起,绍兴搬运公司在火车站大滩、南溇等地挖深河边、砌筑石坎,使船舶能够直接靠帮卸货,以后又陆续设置吊车、输送带、溜板、牵引机等机械,代替人工,逐渐建成包括南溇、大滩、东炮台、钢森、石料、粮库、老煤库、永乐桥等 9 个货运码头,码头总长 698 米,共有泊位 44 个。

1964 年,海宁县航快社在硖石镇九曲港投资 15 万元,自建零担货运码头。岸线长 175 米,零担仓库 12 间,计 386 平方米,货场 285 平方米,使长期分散停泊和装卸的定期定线航快船有了固定泊位和专用码头,方便了货主托运、交接等内部的调度、管理。

1969 年 8 月,航管部门在海宁县长安镇投资 7 万元,扩建长安火车站断河头码头,将岸坡修筑成壁岸式,全长 180 米,并挖深港池,使靠泊能力从原来的 60 吨级 4 艘提高到 10 艘,起重机从 3 台增加到 9 台。

1956 年,省航运局就规划在杭州密渡桥至上塘河口修建包括货运码头在内的艮山港。1959 年,省大运河指挥部对艮山码头进行了规划、勘察和设计。但直到 1969 年 9 月,杭州市才动工兴建艮山港。整个建港工程包括 5 个单项工程,总投资为 355 余万元,其中货运码头建设是主要单项工程,至 1976 年 7 月建成并投产启用。码头占地面积 4.5 万平方米,有钢筋混凝土砖混结构仓库 4 座(计 7 722 平方米),金属架结构货棚 3 个(计 1 764 平方米),水泥混凝土堆场 6 处(计 6 851 平方米),水泥道路(面积 10 038 平方米),另有办公、港作、机修、配电设施等建筑(近 4 000 平方米)。码头系浆砌块石实心方块重力式结构,岸线长 522 米,宽 18 米,长 372 米,面高程 5.2 米,前沿水深设计 2.50 米,有泊位 13 个,最大靠泊能力 100 吨级。船舶锚地长 150 米,允许锚泊 70 艘,配备起重机等装卸机械 13 台,最大起重能力 20 吨,年吞吐设计能力为 40 万吨。

据不完全统计,到 1978 年,大运河浙江段沿线各地都普遍修建了能停靠 50 吨级以上船舶的货运码头,货物装卸条件大为改善,效率明显提高。

专用码头

中华人民共和国成立之初,大运河浙江段沿线的工矿企业很少,几乎无专用码头。20 世纪 50 年代起,随着国民经济的好转和发展,各地新建的不少工厂企业,以及粮食、建材、化工、能源等部门的仓储单位,纷纷在浙西运河和浙东运河沿线修建本部门(企业)专用的货运码头。这些专用货运码头起初都设施简陋,以后经不断改造和扩建,大多建成以机械装卸为主的货运码头。

其中杭州市的主要专用码头有:

小河码头位于运河杭州老大关桥十字水路的东北角,西靠小河,南临运河。中华人民共和国成立时系私营木行,靠自然岸坡装卸木材。1949 年由省交通厅航务管理局接管和改造,1952 年移交省航运公司浙西分公司管理和使用,当年便建造木结构货运仓库 2 座,计 384 平方米。1953 年 12 月,又修建岸线长 55 米的砌石驳岸码头。1954 年 6 月,在码头前沿建造 150 平方米的货栈、180 平方米的码头雨棚和走廊连接货运仓库。1955 年 2 月,在哑巴弄码头向省人民银行租用仓库 4 间,露天堆场面积约 5 000 平方米。1956 年,省航运局正式拨交土地 14.8 亩（合 9 859.5 平方米），百什货运量从 1952 年的 7.1 万吨增加到 1955 年的 14.5 万吨。后又逐步建设 3～4 号前沿仓库，使仓库总量增加到 1 516.57 平方米，并设置吊机 3 台，总负荷 6 吨。

谢村港码头位于杭州市拱墅区康桥镇谢村，原名京杭运河义桥港，原属交通部治理京杭运河浙境段工程的组成部分，于 1958 年 6 月正式兴建，旋因支援半山电厂码头建设曾一度停建。1960 年 6 月，省大运河指挥部成立筑港工程队接收续建。1961 年 2 月，杭州筑港工程队属浙江省交通厅工程队，成立第一工程队，负责扫尾工程。当时已完成工程为码头 1 座，岸线长 508.2 米，堆场面积为 6 260 平方米，道路 2 082 米，房屋 7 019 平方米，水井 2 口。1962 年 11 月，省交通厅批复杭嘉湖航运局，为解决堆放煤炭需要，同意启用义桥港埠。后为杭州航运公司专用码头，装卸本企业运输船舶的货物。

半山码头，1958 年 1 月，为杭州钢铁厂建设配套，国家在杭州半山划拨土地，投资 32 万元修建，修筑简易斜坡式结构岸线 260 米，用人工装卸红砖、石料、水泥制品等建材，设计年吞吐量 20 万吨。

杭州钢铁厂码头，1959 年之前主要利用岸坡装卸，计 3 处总长 650 米，可停靠 30 吨船舶 130 余艘，仅 1 座混凝土踏步式码头长 60 米，码头前沿高水位时水深 3.43 米，低水位时仅 1.43 米，一般为 1.93 米，可停靠 100 吨船舶，平时 30 吨船舶可同时停靠 17 艘。1960 年后，码头逐步修建，为了便于物资分类装卸，沿杭钢河自西向东建有煤码头、废钢码头、建材码头、精矿粉码头、耐火砖码头、石灰石码头和水渣码头等 7 个码头，岸线长 657 米，有泊位 14 个，靠泊能力 150 吨，并建有仓库 12 座，堆场 5 处，设置吊机 12 台。

半山电厂码头，位于运河杭州康桥支流上。1959 年，杭州在建设发电厂的同时修筑半山电厂码头。1974 年又进行了码头改造和增建工作。码头结构为高桩梁板式，岸线长 200 米，主要用于起卸水路运来的电煤。

杭州炼油厂码头有两座，一座位于运河东岸杜子桥油库，1967

年杭州市修建,1970年投产使用。其占地21.225亩,建筑总面积
833.26平方米,为框架式结构码头,岸线长96米,码头长85米,靠
泊150吨船舶,有大小油罐8只。另一座原油码头位于运河东村,建
于1974年,为简易浅基浮动岸坡式码头,岸线长68米,码头长65
米,靠泊100吨级驳船。

据不完全统计,到1978年,杭州、嘉兴、湖州、绍兴、宁波等地工
厂企业以及粮食、建材、化工、能源等部门的仓储单位均在浙西运河
和浙东运河沿线建造专用码头,规模大的岸线长400~500米,有泊
位10个以上,停靠吨级在100吨以上,而规模最小的岸线仅1米,1
个泊位只能靠泊30~40吨船舶。

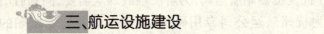

三、航运设施建设

杭州七堡船闸

杭州七堡船闸又名上游船闸,位于九堡镇上游桥东侧,是一座
利用外江和内河的水位差,引钱塘江水补充上塘河水源和钱塘江与
大运河航道沟通的综合工程。1970年4月动工兴建,1971年7月竣
工通水。

七堡船闸是船套闸,上闸首在钱塘江北岸,闸门宽8米,闸栏高
2.5米(吴淞基面),闸底高2米,闸顶高10.5米,闸身长10米,闸门
提升高度11米;下闸首与新开和睦港(又名大寨港)连接,门槛高2
米,闸门提升高度9.3米,上下闸门均为平板钢门,尺寸为4米×8.6
米,2×25吨和2×26吨双吊卷扬机启闭,上下闸首均为沉井基础,
分离式底板,闸墙、工作桥部分为混凝土重力墙,其他部分为浆砌块
石重力墙。闸室长150米,闸底宽13米,闸室为半重力浆砌块石斜
式护岸,船闸设计引水流量30立方米/秒,设计通航100吨级。因受
沪杭铁路155号桥和航道闲置影响,仅通航30吨级的船舶。每年出

（浙江篇）
大运河航运史

港、进港运输船舶 3 万~4 万艘。1987 年 9 月 10 日起,实行日夜开闸通航。1989 年,三堡船闸建成通航,7 月份起,七堡船闸进出船舶骤减,原每月进出 4 000 余艘,年末只进出 2 000 余艘。1990 年,由于钱塘江潮带进大量泥沙,航道淤塞严重,每月只有大潮汛期间才能行驶 10 吨以下船只。1993 年,停止运行。

升船机

大运河浙江段航道,尤其是浙东运河航道闸坝众多,碍航情况严重,仅宁波地区就有 29 处。这些闸坝除极少部分因水系、水位不同必须设置外,绝大部分是因农田水利需要而修建的,在农田排灌、挡咸保淡、防洪防潮等方面有着一定的作用,但未能兼顾航运需要,没有过船设施,制约着航运事业的发展,经济耗费巨大。1963 年,仅浙东运河航道上的 17 个闸坝在上岸陆运、过坝倒载、迂回倒流、船舶修理等方面增加的运输和修理费用即达 102.373 万元。

为改变这种状况,各地在实践中摸索出不少过船方法,修建一些过船设施。但是过船方法仍很简陋,设施结构简单、通过能力低,且全靠人力为之。为了提高过坝效率、降低劳动强度,在 1958 年技术革新活动中,杭州航运公司三坝工人首先试制出电动简易木排过坝机。1961 年为满足农船过坝的需要,经过改进,试制出简易升船机。1964 年 3 月 3 日,国务院发布的《关于加强航道管理和养护工作的指示》指出:"对于全国已经修建的闸坝,凡妨碍航行的应分别轻重缓急,力争在 10 年左右的时间内分期分批采取措施,恢复航行条件。"为此,1965 年年初,浙江省交通厅航运局海港养护队在原三坝简易升船机附近建设新三坝升船机。该机是水运科技成果,且属首创工程,于 1966 年 4 月建成。新三坝升船机与原简易升船机相比,操作性能得到改善,通过效率大大提高,年通过能力可达 9 万吨。由于竹木、船舶以及液体化肥船都能平运过坝,不用倒驳,农民称便,取得了良好的经济社会效益。与此同时,宁波地区闸坝职工也着手改建大通堰人力车坝,于 1964 年 7 月建成大通堰升船机。继三坝、大通堰之后，宁波地区又在莫枝堰、澄良堰、胜利堰先后改建了同类升船机。

升船机置有一个较大的乘船车(乘船车的大小根据过载能力而设计)，通过伸入河中的铁轨沉入河底。船只进入乘船车，通过室内电动机、卷扬机的拖拉，使乘船车缓缓上升，并越过堰坝，把船只输送到另一端，乘船车在此沉入水底，船只入水继续航行。

升船机与传统船闸比较，有以下5个方面的优越性：(1)不消耗水，对一些流量不大的河流，在枯水季节不与灌溉、发电与航行争水；(2)有较强的适应性，不受总体布置及地形、地物限制；(3)在现有水利闸坝碍航点修建斜面升船机，不须破坏堤坝，工程量少，节约投资，在新辟航道上也较新建船闸方便；(4)在小河支流上，若单船航行多，升船机的过往较为方便；(5)斜面升船机设备材料简单，较易解决。升船机的优势使其成为解决不同水位航道间通行的一个有力工具，不仅是浙江内河航道建设的成就和进步，而且为解决众多的闸坝过船问题闯出一条新路，为实现闸坝复航找到了新的技术方案。

航标设置

航标是设置在航道两侧为船舶指引航向、标示航道状况、指示风情水汛信号和警示注意危险等特定的标志物，是确保船舶实现安全航行和停泊的助航设施。中华人民共和国成立时，浙江全省包括运河在内的内河航道航标仍是一片空白。1953年，航运管理部门开始在运河等内河航道上设置航标。当年，为开通杭申乙线而设置了竹木结构的简易航标273只。国营华东内河轮船公司在塘栖至新市设航标16处，新市至乌镇58处，乌镇至平望31处，平望至俞家汇168处。

1954年，交通部颁发《内河航标规范》。大运河浙江段沿线各地航运管理部门着手制作和设置比较规范的航标，按其功能，可分为航行标志、信号标志和专用标志三类。航行标志是指指示航道方向、界限和碍航物的标志,包括过河标、沿岸标、导标、过渡导标、首尾导标、侧面标、左右通航标、示位标、泛滥标及桥涵标 10 种。桥涵标是设在桥梁通航孔迎船一面的桥梁中央,标示船舶通航桥孔的位置。航段指示标志,标明该段航道的名称及通航能力;在新建桥梁的上下游分别设置了桥梁净高标志,标示在最高通航水位时桥梁的净空调度。如 1954 年 6 月,嘉兴航运管理处制作的首批航标,其中第一只木质白色三角浮标,设置在嘉兴杉青闸河墩石基上,说明苏嘉线在这段航运,左岸有水下障碍。同时制作的木质棒状浮标 2 组,红、白色各 5 根,设置在杭申甲线枫泾港口湾角两侧浅滩处,以示两侧滩基与深水槽界限。至 1956 年,仅嘉兴就已设置有航灯 15 处、航标 300 余处(包括一般的安全标志)。

1963 年,运河航标实施规范化建设。1964 年,嘉兴航运航道养护队在嘉善县西塘镇设立航标站。1965 年 3 月,在六平申线航道新设置航标 60 处。同时,嘉兴专区航道养护队在平湖宝塔桥设立航标站,管理嘉兴、海盐、海宁、桐乡和平湖等县的航标。由于浙西运河航道总体条件较好,再加上国家不断投资疏浚开拓航道,60 年代后航标设置有减无增。

1956 年起,航运管理部门开始在浙东运河上设置航标。1960 年,为保证漓渚铁矿矿石外运需要,绍兴县在疏浚、挖深绍(兴)漓(渚)、漓(渚)柯(桥)航道的同时,沿线设置了航标,确保 10 吨位以上的运矿船的畅通。到 1978 年,仅宁波市境内段就有蜀山、小隐、河姆渡、城山、东江岸、乍山 6 座接岸标,标高均在 2.6 ~ 3.4 米,均系白色灯光,灯器规格 90 厘米,标身采用方形水泥杆表面涂色,直流电源,射源 1.5 千米。

护岸建设

护岸是一项保护水道岸坡,使之免遭水流冲刷的工程。大运河浙江段护岸堤塘的建设虽然历史悠久,但到中华人民共和国成立时,只有浙西运河部分河段和城镇市河才建有护岸,一般采用排桩基础,水侧盘石、直立砌石驳岸,多为临河建屋所需。20 世纪 50 年代起,各地在疏浚市镇河道时利用拆卸旧石,开始少量局部兴筑。1951 年,桐乡县拓疏乌镇市河建木桩基础条石帮岸 1 576 米。1957 年春,崇德县拓疏石门堰桥浜(港),雇海宁海塘建筑石工兴建堰桥至新木桥段木桩基础条石护岸。1958 年 8 月,拓宽湘溪河(今崇福镇跃进桥港运河入口),在跃进桥北岸至西兴筑 1∶1.5 斜坡块石护岸 120 米。1964 年,海盐结合水利工程在西塘桥集镇市河,首次兴建斜坡砌石护岸 300 米。同时,其他地方也逐步在河、湖、荡等沿岸易冲易坍地段兴建护岸工程。1951 年 4 月,嘉善县用城墙条石砌筑夏墓荡、蒋家漾、符家湾至蟛蜞桥段堤岸,砌成高 3 米、宽 2.5 米的石驳岸。

随着航运事业的发展,船队增多,船行波造成河岸崩坍,河道淤浅。1957—1958 年,每年秋冬运各地政府都组织力量培修河岸。嘉善县重点对夏墓荡、蒋家漾、南许荡等处砌筑石驳岸,并在河荡沿岸,投入 57.5 万工日,抢修险段河岸 167.85 千米。1962—1963 年连续发生秋季大涝。运河崇福镇至余杭县接界段年久失修,人行纤路坑洼不堪,圩堤破损,洪水漫顶。1963 年,副省长王醒赴桐乡检查灾后工作,实地察看后,决定兴建砌石护岸工程,为浙江大规模兴建运河砌石护岸之始。工程分三期进行,第一期于 1964 年 11 月 15 日动工。桐乡县护岸工程指挥部举办施工技术培训班,雇请新昌县石工 20 余人,选拔民工 33 人,实施操作砌石护岸,培训骨干,并抽调上市、永秀民工 400 人,以师带徒,培养土石工,两个公社的 1 200 余名民工进场施工,至 1965 年 1 月 30 日竣工。共投工 6.9 万工,筑斜坡式块石护岸 5.003 千米。1965 年,桐乡县上市、永秀两个公社实施第二期护岸工程,投工 3.31 万工,砌石护岸 2.397 千米。1966 年,实施第三期护岸工程,由桐乡县永秀、大麻两个公社施工,向西延伸至余杭县界接壤,长 3.3 千米。砌石护岸工程共砌筑斜坡式护岸 10.7 千米,投工 16.32 万工,耗用块石 4.28 万吨、水泥 321 吨,群众义务输送碎砖瓦片 6 000 余吨,投资 29.25 万元。

1963 年开始,省专列运河护岸工程补助拨款,专项用于航道护岸,各地也采取"民办公助"的办法,使护岸建设由土方圩岸变为砌石护岸。1968年,桐乡县金牛塘全线拓疏,砌筑大方脚斜坡护岸7.6千米。1969年冬,桐乡县晚村、河山公社筑澜溪塘、含山塘砌石护岸900余米。嗣后,开挖、拓疏市河及骨干河道,大多均配套建筑块石护岸。1971年11月,桐乡县在吴兴县青山公社红山大队茧王山创办桐乡县石矿,历时10年,共采石50多万吨,为砌石护岸提供石料,至1980年1月停办。

1965年,平湖县以"民办公助"的形式,在新埭公社东方红大队(今平南村)境内上海塘西岸修筑斜坡干砌块石护岸1.06千米。次年,在新埭公社东风大队(今泖口村)、卫星村(今杨家浜村)境内的上海塘建驳岸1.32千米。但干砌块石斜坡式结构整体性差,底土层容易流失,致使块石沉陷。1967年起改用斜坡式干砌块石沙浆勾缝,以减少底土流失。1977年后又改为直立式干砌块石沙浆勾缝,坍塌渐有好转,但下部勾缝容易脱落。

1975年1月,绍兴县疏浚绍夏线夏履至西江段航道,长2 520米,同时修筑砌石护岸3 216米。

第五节

运河航运管理

　　随着社会经济和运河航运的不断发展,大运河浙江段航运管理机构从无到有,在不断调整中逐步发展,运政管理、船舶管理、港政管理、安全管理等各方面的管理也不断加强和完善,为保障和促进运河航运的发展发挥了重要作用。

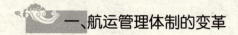

一、航运管理体制的变革

航运管理的集中统一

　　中华人民共和国成立后,人民政府组建政、企、事合一的航运管理机构,履行行业管理、企业经营、港航建设与养护等职能。

　　1949年5月3日杭州解放,设立杭州市军事管制委员会,在其财经部内设交通处,负责全省交通管理工作,进行军事接管,组织并监督其迅速恢复运输生产与各项工作。8月,杭州市军事管制委员会将财经部交通处接管的民国政府交通部公路总局第一区局和浙江省公路局调整改组为浙江省交通管理局,交通处同时并入该局办公,负责全省水陆交通行政业务管理和工程建设养护工作。12月24日,组建浙江省航务局,交通管理局属航政科并入航务局,负责管理全省航务。掌理航业、船舶、船员、引航、海事等行政管理,组织调配、经营运输及核定运价,掌理港务机埠和船舶、港埠、佐航设备等工程设计、修造、检验暨航道疏浚等事项。

1950年1月14日,在杭州拱宸桥和萧山临浦分设浙江省航务局拱埠管理站和萧(山)绍(兴)虞(上虞)姚(余姚)管理所、临浦分所。7月,在湖墅设浙江省航务局浙西管理所,下属嘉兴、湖州分所;浙西管理所和拱埠管理站隶属航务局杭州办事处;萧(山)绍(兴)虞(上虞)姚(余姚)管理所、临浦分所属宁波办事处。从1950年1月开始设航管机构,直到1958年1月调整全省航运管理体制,上自省航务局,下至各地站、组,为垂直领导。

1950年4月3日,按照国家统一航务的指示精神,成立浙江省交通厅,厅机关设秘书科、人事工资科、计划科、财务科、行政科、运输科,厅属单位有公路局(前身为成立交通厅后的省交通管理局)、航运局(前身为省航务局)、省运输公司(前身为省交通公司)、省轮船运输公司(前身为省航运公司),负责全省水陆交通行政业务管理和工程建设养护工作。运河沿线的杭州、嘉兴、湖州、绍兴等地则由当地政府下设的建设科或实业科兼管交通。1950年9月,华东区第一届内河航务会议通过决议,制定《华东区木帆船舶管理暂行办法(草案)》,指出:"为了发展水上交通,开展航运贸易,建立航行秩序,统一管理手续,保障航行安全及船舶产权,凡营运的木帆船一律由航务机关登记、检查、管理,营运船舶须受航务机关之领导。并在航务机关协助下,组织水上联运社、运输公司、运输合作社等。取消封建剥削制度,逐步达到组织统一调配。"因此,1951年下半年至1952年上半年,杭州、嘉兴、湖州、绍兴等地都将木帆船先组织起来,在航务机关的领导监督下,对参加营运的船舶实行统一管理、统一承揽交运、统一船只管理和统一结算及交付运费,以维护水上交通秩序,确保国民经济建设实施和保障船民的合法权益。

1953年，交通部在全国交通会议上提出"统一计划、统一调度、统一运价"的"三统"管理办法。浙江省运输计划委员会以及杭州、嘉兴、湖州、绍兴、宁波等地、市以及各县运输计划小组相继成立，开始对运输实行计划管理。每月下旬，省、地（市）、县分级召开一次运输平衡安排会议，以确保物资运输按计划进行，加快流通速度。

1954年8月，浙江省交通厅撤销厅公路局、厅航运局、省运输公司和省轮船运输公司机构，建立厅公路运输局、厅工程局、厅航运管理局（保留省轮船运输公司名义）。厅航运管理局建立后，杭州、嘉兴、湖州、绍兴和宁波等地、市相继设立交通运输管理局，内设航运科，对内处理运河等交通运输业务，对外进行航政、航运管理和开展航道养护等工作。1955年5月起，物资运输实行"分级递送、分区平衡"的管理办法。运输计划会议也改由各级航管部门召开，原来各地（市）、县的各级运输计划小组只做最后审定，不再召开会议。

航运管理体制变动频繁

1955—1956年，浙江内河航运业实现全行业社会主义改造后，在国民经济全面发展的过程中，航运管理体制变动频繁。

1957年8月12日，根据中共中央"精简机构，下放事权"的决定，航管体制下放给所在地政府。1958年1月，省级机关着手进行精简上层、充实基层的机构调整工作，浙江省交通厅的工程局、航运管理局、公路运输管理局及所属机构被撤销，三局业务由厅办理，成立杭州、湖州、嘉兴、钱江、舟山区航运局及厅驻沪运输经营处（后改称交通厅驻沪办事处），同时撤销各地航管处和省轮船公司营业处，把航管工作划归为地方管理。企业经营由各区航运局负责，其中嘉兴区航运局在原来各县公私合营轮船公司的基础上，下设嘉兴客运营业所和嘉善、平湖、海宁、崇德四个营业站（海盐当时划归平湖站管理）。

接着，又根据"以条为主，条块结合，加强地、县航运管理权、航运企业经营权"的指示，各地航管部门与运输企业合并，成立政企合一的国营运输公司，各区或公社成立交管站，如1958年11月，嘉兴、湖州两个区的航运局撤销,成立嘉兴专区航运公司(设在湖州)统一管理和经营全专区国营航运业务。嘉兴、嘉善、海宁、海盐、平湖、桐乡等东片6县设嘉兴、平湖2个营业站。与此同时,大运河浙江段沿线航区运输组织,根据"大跃进"的精神,推行"托拉斯"经营管理方式,实行企事业合一、全民集体合一,将木帆船运输合作社、航快船运输合作社、造船生产合作社和搬运装卸站等单位合并成立地方国营××县交通运输公司,并撤销航管机构,由企业管理和经营本县运输任务。原杭州、湖州、嘉兴等区航运局所辖各县的营业(客运)站,除保留平湖—上海、海盐—上海等少数航线外,全部下放地方,并入各县的地方国营交通运输公司,成为其下属组织——××县客运站。1958年6月,交通部将原来由上海市交通运输局经营的上海—浙江的运河运输业务交浙江省统一经营,并把公私合营上海内河航运所的23艘机动船(拖船9艘、客船3艘、机帆船11艘)、客驳4艘无偿移交浙江。另其所属第四运输民船合作社的全部船舶、设备和人员也全部划归浙江领导管理。1960年11月,杭州区航运局与钱江航运局合并组建浙江省杭州区航运局。

事权下放后,各县的水上运输业都有不同程度的增长,运能、运量均有所增长,如海宁县1959—1961年三年的平均客运量比1958年增长50.76%,周转量增长40.25%。但是,随意改变所有制性质、政企不分、管理与经营合一的模式所带来的弊端也随之显现。1961年4月,恢复浙江省航运管理局建制。6月,浙江省杭州区航运局恢复分设为杭州区航运局、钱江航运局。11月,拱埠、钱江航管所合并成立杭州市港航,下设六和塔、南星桥、拱宸桥、临平、瓶窑、上塘河、半山、闲林埠管理站。1962年7月,成立浙江省杭嘉湖航运局,下设杭州、嘉兴、湖州三个分局,原下放到各县的客运站全部收归三个分局统一领导、统一经营、统一管理。1961年11月起,随着国民经济的调整,政企合一的企业开始解体,各县地方国营交通运输公司的体制改变,仍恢复原来的建制,其中嘉兴专区航运公司,仍分为嘉兴、湖州两个建制单位。木帆船、航快船、搬运装卸等企业转为集体所有制,改称为"社""站"。

由于杭州、嘉兴、湖州三个分局经营范围各异,加上面广、业大,领导困难,1963年1月,撤销浙江省杭嘉湖航运局,分别恢复杭州、湖州、嘉兴区航运局,并建立钱江和浙西航运管理处,下辖拱埠、余杭、塘栖、临平、德清、临安站以及上塘河、德胜坝、三墩、闲林埠工作组,负责包括京杭运河在内的内河航运管理。客运体制归属不变。同时将绍兴、上虞、诸暨、嵊县等地航政划归钱江航管处。1965年1月,恢复成立浙江省轮船运输公司,杭州、湖州、嘉兴区航运局分别改名为浙江省轮船运输公司杭州、嘉兴、湖州分公司。1966年1月,浙江省轮船运输公司改称浙江省航运公司,杭州、嘉兴、湖州分公司也随之改为浙航杭州、嘉兴、湖州分公司。

1958—1966年,尽管水运行业管理体制多变,政企离合,但是,对国营或集体所有制经济性质的水运业的"三统"管理,包括运输计划的平衡安排等,则始终没有改变。

航运管理从混乱到恢复

1966—1978年是"文化大革命"时期和拨乱反正阶段,浙江省的运河航运管理经历了从航运生产受到严重破坏,航运管理陷入混乱,到航运秩序和管理都逐步恢复的过程。

1966年下半年,"文化大革命"一开始,全省各地交通运输部门就受到了巨大的冲击,包括运河航运在内的水上运输生产的正常秩序被打乱,大部分货运船队都昼航夜停,尤其是1967年开始,从航管部门到航运企业领导干部都受到冲击,原有的规章制度被废除,航运和企业管理都无章可循,生产调度失灵,航运企业随意停航停产,货运生产呈现较大幅度下降的局面。

1967年3月,浙江省成立交通厅军管小组,对交通厅机关实行军管,直至1970年5月。军管期间,军管小组设政工办和生产办,交通厅原党政领导和机关内部处室停止工作,一切工作由军管小组领导。1968年,交通厅驻沪办事处撤销。

1970年5月,浙江省革命委员会决定,将浙江省交通厅和浙江省邮政局合并成立浙江省交通邮政局。行政领导为局革命领导小组,党的组织为局核心小组。刘涛任党的核心小组和革命领导小组组长,军管小组的正副组长作为军代表结合进党政领导班子。局机关设办事组、政工组、计财组和邮政组。9月,经浙江省革命委员会生产指挥组批复同意,省属各地区的航运管理处及所属单位等,全部下放给地区革命委员会领导,省航运公司再次撤销。1971年1月,钱江、浙西航管处易名为浙江省杭州地区钱江、内河航管处。6月12日,成立浙江省交通厅浙西航运管理处革命委员会。11月15日,杭州市革命委员会批复交通局,将钱江、浙西两处合并,组建杭州港航处。1973年5月,浙江省委决定,浙江省交通局和浙江省邮政局仍分设,建立浙江省交通局革命领导小组和党的核心小组。

1976年10月,"文化大革命"结束,大运河浙江段航运管理机构逐步恢复与建立。1977年10月,撤销浙江省交通局革命领导小组,原正副组长改任正副局长;局党的核心小组改为党组。省交通局机关设立航运处。

1978年,经浙江省革命委员会同意,成立浙江省航运公司和浙江省交通局航运管理局(两块牌子,一套机构),并将1970年下放给地区(市)的省属交通企事业单位上收到省局,实行省局与地区(市)双重领导、以省局为主的领导体制。全省各地也都撤销港航管理处,恢复局、公司建制,实行港务机构分设。从1955年8月开始的港航合一体制,如浙西(航运)分公司与拱埠管理所合一办公、统一编制,在历经37年之后,终于分立。在此基础上,从省、地(市)到县各地都着手恢复各级航运管理机构,建立健全各项规章制度,恢复和发展运河航运生产,运河航运管理的各项工作开始重新纳入正常运转的轨道。

 **二、运输管理**

1950年1月,大运河浙江段沿线各地(市)、县航务管理所,着手

整顿恢复水路运输。杭州率先会同市工商局对 25 家轮行办理轮船运输业登记审核,核发营业执照,同时对木帆船实行定港管理。

1950 年冬,浙西航务管理所、浙江省航运公司浙西分公司和海员工会、民船轮船业同业公会及杭州市水上公安局组建浙江省航运公司浙西分公司统一运输委员会,管理京杭运河等水路运输市场。接着,浙西航务管理所以及嘉兴、湖州分所对杭州、余杭、崇德、桐乡、嘉兴、海宁、海盐等地的水上运输进行了全面整顿,对运输船舶进行检验、丈量、发证,并规定取得核准的航行证件方可营运。

货运"三统"管理

1950 年,政务院颁布《关于废除各地搬运事业封建把持制度暂行处理办法》赋予搬运公司统一承揽货物、统一调配劳动力、统一搬运价格的职能。9 月,国营华东联运公司浙江省公司成立,并在杭州、嘉兴等地设办事处,承揽十大国营商业公司花纱布、粮食等所有货物运输的代理工作,控制主要货源。

1953 年,全国地方交通工作会议提出统一货源、统一调配、统一运价的"三统"管理,由航管部门直接行使"三统"管理职能。浙江省成立运输计划委员会,受理、下达国家重点运输任务。1955 年 5 月,省运委颁发《关于公路、航路托运计划采取分区平衡的规定(草案)》。1963 年 5 月执行省计委批准的《浙江省水运货物月度运输计划管理暂行办法》(简称《办法》),实行集中领导、分级原则,对追补计划运输和未完成运输计划的责任方实行罚款(1966 年取消)。1971 年 1 月修订为《浙江省水运货物月度运输计划管理办法(试行草案)》(简称《办法》)。《办法》几经修订,平衡安排的原则仍然是,货物的核定是先重点、后一般,先计划内、后计划外;运输工具的平衡是先全民、后集体,先本港、后外港。

1963 年 5 月起执行《浙江省水运货物月度运输计划管理暂行办法》,实行集中领导、分级管理。凡属短途、本航区内的货物运输,由地(市)航管处综合平衡、核定;凡属跨航区、跨省的货物运输,由省航运管理局综合平衡、核定;根据先计划内、后计划外,先重点、后一般,先全民、后集体,先本港、后外港的原则,确定和下达省、地(市)、县属各航运企业的运输计划。各承运单位根据计划调度船舶,按时完成运输任务。"文化大革命"期间,运政管理工作受到冲击,有所削弱。

1965 年 11 月,嘉兴航运管理处发文,对开辟定期定线机动船、航快船规定审批权限:县内定期定线航快船的新辟、停驶、延伸、增减班次等由当地航管站审批,抄报航管处备案。县内、航区内的机动船及航区内的航快船定期定线的货班的新辟、停开、延伸、增减班次等集体运输企业向当地航管站提出申请,航管站联系对方航管机关提出意见后,转报航管处审批,报省航运管理局备案。跨航区、跨省的机动船、非机动船定期、定线货班的开辟、停开、延伸、增减班次等由地、市航运管理处转报省航运管理局审批。

1974 年浙江省交通局在转发交通部 1973 年下发试行《水路货物运输规则》(〔73〕交水字 2246 号)通知的同时,附发《浙江省水路货物运输规则补充规定》(浙交运〔74〕字第 8 号),并于 1974 年 7 月 1 日起实行,对承运人和托运人(发货人和收货人)之间的权利、义务和责任界限做了明确的规定。

20 世纪 50 年代初,航管部门对木帆船实行挂牌挨号调配。木联社和运输合作社时期,运河等内河运输由各社自行调配本社船舶。60 年代,各地组建县航运公司,运河等内河运输由企业自主调度。

1950 年 12 月 1 日起,浙西航务所实行主要航线定价,杭州—上海轮船运价每吨 5.4 万元(旧币),木帆船运价 3 万元(旧币)。1951 年 4 月,国营华东轮船公司浙西分公司降价 10% ~30%。8 月,民船业劳资协商提价 10%。12 月初,省内河航运管理局指示木帆船运价增加 10%。杭州—上海的运费调为 3.6 万元(旧币)。

1952 年 5 月,华东军政委员会交通部颁布《华东内河运价管理暂行规则》,规定运价必须由航管机关管理,其他任何单位不得自定运价,开始确定内河运价的管理部门和权限。同年 11 月,浙江省内河航运管理局又制定《浙西地区木帆船统一运价（草案）》和《货物分等表》，经浙江省运价审议委员会批准，以经物〔52〕字6684号通知下达各地，自12月11日起试行。于是，运价计算更为明确，它规定一切货运价格的计算，由装卸成本、航运成本、航行里程和装卸吨数四个部分组成，每吨装卸成本为8 901元(旧币)，每吨千米的航运成本为205元(旧币)，其计算公式为：[装卸成本＋(航运成本×航运里程)]×装载吨数＝全程运价。但是，由于它规定除本港短驳外，最短航程不满30千米按30千米计算，以致产生船户乐于短驳，不愿远运；货主则认为起点偏高，因而执行产生困难的问题。所以，后来又修改为最短航程起码6千米，6千米以上一律按实际里程计算。这是中华人民共和国成立后杭嘉湖地区内河最早的统一运价。

1954年3月，杭嘉湖地区内河运价开始第一次调整。嘉兴航运管理处调低短驳的装卸基价为0.666元。这次调价，因各地短驳条件不同，执行上难求一致，又修正为各地按实际情况决定。1955年6月，石料、木帆船运价下降10%，作为特定运价。1958年，根据省交通厅指示停泊基价调为0.8元，航行基价调为0.018元，下降11.5%。1958年以后萧绍运河的22.08或14.72千瓦以下机动船仍援用木帆船运价。

1965年2月，浙江省航运管理局下发《关于木帆船应按1958年调整运价执行的通知》，指出"查浙西水系的木帆船运价，浙江省交通局曾在1958年7月通知，自当年8月开始调整执行。根据浙西水系几年来的运量发展和船民收入情况，不宜再维持原来运价"。因此，自1965年3月1日起按照1958年通知的调整运价执行，即木帆船运价装卸基数由原来的0.890 1元调低为0.8元；运距3千米以内的装卸基数由0.666元调低为0.6元；航运基价由原每吨千米0.020 5元调低为0.018元。总的调价总幅度约降低10%。

1952年9月，国营华东内河轮船公司浙江公司颁发《浙江省轮船货物运价（初版）》。1956年，省人委批准《浙江省轮船运输货物运价规定》，于1957年1月起开始试行，其主要内容有：(1)将各类货运物资分为75项270多类，费率划分为25个等级计算运费，最高为 1 级,最低 025 级;(2)轮拖驳船的货运,满 5 吨以上为整批,5 吨以下为零担,整批货运距离至少 10 千米;(3)一律按所附里程表计费,表内未定的按当地航管部门规定办理;(4)根据不同货物、航线、分裂特定运价,如嘉兴出运上海大米每吨按运价率加 0.5 元;(5)零担货物,按每件立方体积折合重量(公斤)计费,起点至少 10 公斤。执行这一规定,计算虽较前复杂,但不同货种的费率更趋于合理,运价也比原来下降 20% 左右。

客运管理

1956 年全省航运系统完成全行业的社会主义改造,一部分并入省级国营航运企业,其余成为地、县(国营、集体)航运企业。全省运河等水路客运主要航线由省级航运企业为主经营,地、县航运企业经营部分短途支线和农村小客班。浙江水路运输经营与管理机构合一的体制,一直延续至 1983 年省级航运企业(公司)与航运管理机构(局)分设。

1974 年,交通部颁发并试行《水路旅客运输规则》和《水路旅客运输管理规程》,对旅客运输及其管理做出了规定。1951 年 4 月 24 日起,实行旅客意外伤害强制保险。保险费按基本票 3% 计收,当时保险额为 1 500 元。1959 年起,浙江省水路旅客意外伤害强制保险由省交通厅接办,后授权于省航运管理局办理。

1950 年 1 月,浙江省内河航运管理局核定客运票价每人千米 240 元(旧币),5 月起,客票价核减 25%。1953 年,浙江省航运公司第一次规定了客运票价。票价由四部分组成,其公式为(保险费 0.01 元 + 底分 0.01 元)+(每人千米基价 0.018 元 × 运载千米)= 全程票价。

1971 年 7 月 1 日,浙江省交通邮政局颁发《关于公布杭嘉湖内河客运里程、票价的通知》,自 7 月 1 日起实行。按照统一里程、统一基价的精神,对票价做了新的调整,其基本内容:(1)客票基价,每张客票底分 0.02 元,每人千米 80 千米内 0.017 5 元,80 千米以上递增

0.08 元(含保险费);(2)实行分票制,废除 1961 年 11 月起实行的五分进舍制,改为以分为单位(分以下四舍五入)分票制,每张客票的最低计价,不分全票半票一律为 0.05 元(含保险费);(3)一律按新的客运里程表计算票价(客运里程以 100 米为单位,不满 100 米的四舍五入);(4)儿童票价按普通票价的 50% 计算。军人票价,凭军人通行证半价优待(革命残废军人凭证半价优待)。

1978 年,由于客运站点增多,为简化票价计算,自同年 6 月 1 日起,在每张客票最低价 0.05 元的基础上,对尾数采用"二舍三入"办法,即满 0.03 元的按 0.05 元计算,不满 0.03 元的不计。

1955 年 10 月,浙江省航运管理局颁发 16 条禁令,规定:非营运船舶未经港监部门许可退出私自营运货物,非载客船舶擅自载客,未设有拖带或顶推设备的船舶拖带或顶推船舶,超过规定航线航行,均属禁止之列。

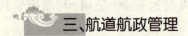

三、航道航政管理

航道管理

中华人民共和国成立后,大运河浙江段沿线各地的有关地(市)、县、镇都设置航政机构,并配备人员从事航道疏浚管理工作。1955 年和 1956 年,省交通厅分别在浙西和浙东组建航道疏浚养护专业队伍。

1963 年 1 月 7 日,国家计划委员会转发交通部报送的《〈全国天然、渠化河流及人工运河通航试行标准〉的通知》。标准将通航载重 50 ~ 3 000 吨船舶的航道分为六级。规定一至四级航道等级由交通部会同由各省、市、自治区人民委员会批准,或由有关省、市、自治区人委联合批准,并报交通部备案。

通航标准的主要尺度,详见表 11:

表11 全国天然、渠化河流及人工运河通航试行标准

航道等级	通航驳船 吨级/吨	航型尺度 型长	型宽	满载吃水	航队尺度 (长×宽×吃水)/米	枯水期最小航道尺度/米 天然及渠化河流 浅滩水深	底宽	人工运河 水深	底宽	曲度半径	船闸闸室有限尺度/米 长	宽	门槛水深	桥梁净空尺度/米 净跨宽 天然及渠化河流	人工运河	净高
一	3 000	90	14	3.2	230×14.5×3.2	大于3.2	75~100	5.0	60	900~1 200	245	18	5.0	70	50	12.5
二	2 000	86	14	2.5	216×14.5×2.5	2.5~3.0	75~100	4.0	60	850~1 100	230	18	4.0	70	50	11
三	1 000	70	12	1.8	180×12.5×1.8	1.0~2.3	60~80	3.0	50	700~900	190	16	3.0	60	40	10
四	500	58	9	1.5	150×9.5×1.5	1.5~1.0	45~60	2.5	40	60~750	160	12	2.5	44	26~30 ○	7~8
五	300	45	8	1.2	121×8.5×1.2	1.2~1.5	35~50	★2.5	30	200~500	130	12 (9)	2.5 2.0 1.5	32~39.5 (40) 20	25 (40) 13	4.5~5.5 3.5~4.5
六	50~100	32	5	1.0	94×5.5×1.0	1.0~1.2	20~30	★2.5	15	150~400	100	7	2.0	70	(25)	

注:(1) ★系按拖船吃水大于驳船的情况而定,适用于人工运河;
(2) ( )船队尺度系指过闸船队尺度;
(3) ( )系通航船只木排过水道采用的标准;
(4) 〇铁路桥梁采用32米预应力钢筋混凝土时,其净空不少于28米。

同年,浙江省根据本省情况,公布《浙江省内河通航标准(试行)》,除一至五级航道按"国定"标准执行外,将通航载重100吨至5吨船舶航道分为六至十三级,分别通航100吨、60吨、40吨、20吨、15吨、5吨级船舶。

1964年3月3日,国务院下达《关于加强航道管理和养护工作的指示》,明确指出:"为了保证航道畅通和航行安全,改善通航条件,提高通航能力,充分发挥水运在国民经济中应有的作用,必须认真加强对航道的管理和养护工作。"并规定在通航河流上,修建拦河闸坝、桥梁、渡槽、架空电线、过河电缆、码头、栈桥、贮木场、抽水站等建筑物或拦蓄饮用水源,进行河道治理以及其他设施时,必须与交通、林业部门进行协商,不得破坏通航和木材流放。1964年4月7日,交通部也发文,要求认真贯彻国务院《关于加强航道管理和养护工作的指示》。

1974年11月26日,浙江省革命委员会生产指挥组印发《浙江省内河航道管理暂行规定》及《浙江省内河航道分级管理办法(试行)的通知》。

全省各地(市)、县港航管理部门都设有航道科,专事航道的疏浚管理工作,对航道整治、新建规划均依照上述规定实施。

1975年,绍兴县革命委员会发布《关于维护水上交通秩序,确保航行安全的通告》,规定:杭甬运河线,自钱清至泾口,自西小江至陶堰的主要航道,岸边种植水生植物不得超过20米,通航标准为水面宽度30米以上,一般航道通航江面20米以上,如不足25米的狭窄航道,环城航线以及桥梁、渔泊前后10米,一律不准种植水生植物;任何单位若需要在通航道上修建桥梁、码头、闸坝渔泊以及跨设架空电线、过河电缆等建筑物,必须事先取得航道主管部门同意才能施工。航道两侧不得倾倒泥土、垃圾和设置障碍物,严禁破坏航道、纤塘、避塘、码头、航标和一切其他交通设施。

船舶管理

1950 年 9 月，华东区第一届内河航务会议通过决议，制定《华东区木帆船舶管理暂行办法（草案）》，指出："为了发展水上交通，开拓航运贸易，建立航行秩序，统一管理手续，保障航行安全、船舶产权，凡营运的木帆船一律由航务机关登记、检查管理；营运船舶须受航务机关之领导。并在航务机关协助下，组织水上联运社、运输公司、运输合作社等。"根据会议精神，由各地航务机关对木帆船办理船舶登记、检验营运木帆船。营运船舶统一使用"木帆船航行簿"。

1951 年 2 月 20 日，浙江省航务局发布《举办萧绍虞甬姚线内河木帆船丈量登记通知》，绍兴、曹娥、嵊县、百官、梁湖内河各地木帆船所有人或使用人自 3 月 1 日起向萧绍虞姚管理所曹娥管理所办理丈量、检查、登记手续。

1955 年 10 月，《浙江省港航监督组织工作实施细则》公布，其中规定凡发现船舶证书不完备、船员配备不足、船只破损、设备不全以及超载等，港航部门有权禁止。

1958—1960 年，因"大跃进"，船舶登记、签证工作一度中止。1960 年 9 月 6 日起，执行交通部颁发的《船舶登记章程》。但因"文化大革命"，1966—1969 年船舶登记、签证工作再度中断。1970 年起逐渐恢复船舶签证。1978 年后，对个人或联户购置机动船，常年或季节性从事营业性运输的船舶，只要持有当地政府证明，经检验合格，均予办理船舶报户或过户手续。

在船舶管理上，1958 年起按交通部《船舶吨位丈量规范》、1959年《船舶检验规则》和《浙江省船舶管理监督暂行办法》与 1962 年浙江省《钢船检验标准》《木质机动船舶船体修理技术标准》和交通部 1965 年《船舶检验条例》等，对内河小型船舶进行制造或改建的建造检验和营运船舶的定期检验。随着大运河浙江段等水运事业和造船工业的发展，检验船舶类型趋多，船舶吨位趋大，总量增加。

船员管理

1953 年起,船员管理工作统一执行交通部颁发的《内河船舶船员职务规则》《关于内河小型轮船船员鉴定考试暂行办法》,以及浙江省交通厅颁发的《浙江省内河船舶船员职务规则》等法规,对船员考试手续、船员考试发证机关、申请考试者应具备的资历、船员考试、船员证书、船员职务签证、船员体格、船员配额、船员职务等都有明确规定。在职船员报考,需年满 18 周岁,具有 3 年(54.4 千瓦以下船舶船员为 1 年)以上的船上工作时间,实际担任所报证书低一级的职务满 1 年半以上时间,由本人填写"轮船船员考试发证申请书"并附"船员体格检查表",经所在主管单位同意后报送考试机关核准,发给准考证方可参加考试。考试范围包括内河船长、驾驶员、轮机员等。

1961 年起,全省各地都先后举办机动船舶船员技术培训班,其中杭州市港航管理处 1961 年就举办 4 期为期两个月的技术培训班,参加学习驾驶、轮机员共 70 多人。1964 年 6 月起,由航运企业自办,不定期组织船员检定考试,合格者发给船员证书。1958—1962年、1966—1969 年,因"大跃进"和"文化大革命"的原因,证书发放工作基本停顿。

1966 年 9 月,嘉兴等地港航部门对轮船驾驶、轮机员的任职,采用群众推荐、船舶单位领导同意和航管部门核准的"三结合"办法。1971 年,浙江省交通邮政局贯彻落实中共中央〔70〕71 号文件精神,重新制定《浙江省轮船船员考试发证规则》及《持证船员审验换证的规定》。1973 年 2 月,恢复船员考试发证工作,后又对以"三结合"办法领证的船员进行补考。

安全管理

中华人民共和国成立初期,港航管理部门就提出"生产必须安全,安全为了生产"和"安全质量第一"的方针,从中央到省、地(市)、县等各级交通和港航管理部门都先后制定和实施一系列航运安全法规、章则。1951 年起,执行华东军政委员会交通部颁布的《华东区内河航行章程》。1955 年制定和实行《浙江省轮驳船航行操作制度》。1954 年、1955 年在全省范围开展两次声势较大的航行安全大检查。

1956 年起执行《国际海上避碰规则》。1963 年 1 月,交通部颁布《小型机动船安全管理守则》,规定:没有经过船舶检验部门准许搭载客货的船舱、甲板、顶篷等处所,不得搭载客货;装载客货的小型机动船如果临时需要附拖货驳或者客驳,事先应当报请港航行政管理部门审查批准,不准擅自拖带。

70 年代初,贯彻中共中央 1970 年《关于加强安全生产的通知》和 1971 年交通部、公安部等五部《关于加强运输船、渡船、渔船安全管理的规定》,进行水上安全整顿。

1978 年前,执行交通部批准制定的《长江避碰规则》。1979 年 9 月 27 日,统一实施交通部颁布的《内河避碰规则》。

中华人民共和国成立后,水上救助系航政机关职责之下。营运船舶配置救生设备,新建船舶一次性配齐救生艇、救生圈、救生衣以及消防泵、黄沙箱、灭火器、堵漏等安全设备,并规定,救生圈客运船舶每层甲板配备 2~4 只,其他船舶 2 只,救生衣客货船及工程船等船舶,船员每人一件。

1963 年,浙西航管处发布《农散船航行安全须知》,规定发现遇难船舶或人员落水,要全力救助。《浙江省内河船舶船员职务规则(试行)》规定,船舶应急部署和定期进行应急演习,包括救生、消防、堵漏、弃船等项目,每年至少进行两次。

1954 年,交通部颁布《船舶装运汽油暂行规则》《船舶装运危险品暂行规则》。1972 年,交通部又颁布《危险货物运输规则》。实施上述法规,船舶装卸、载运火器、爆炸品、压缩气体、液化气体、剧毒品、一级易燃固体、一级易燃物品、一级腐蚀物品以及其他与上述物品性质、危害程度相当的物品,均须事先向港航监督办理《船舶装卸危险货物准运单》,经批准后,向有关部门办理托运手续。

第七章
运河航运再创辉煌

党的十一届三中全会后,中国进入了改革开放的历史新时期,大运河浙江段航运也步入了黄金发展期,港航现代化建设取得了辉煌成就。国家把运河整治和建设列为能源和交通建设的重点,相继建设完成了一批航道、船闸、港口等基础设施建设项目,大运河浙江段主航道由六级提升到三级,船闸标准由五级提升到二级标准;船舶运力快速增长,结构改善,档次上升,大运河浙江段航运初步实现了航道网络化、船舶标准化、港口现代化和管理信息化,构筑起配套联运、管理科学的航运体系。港航经济规模成倍增长,文明程度不断提高,开发领域全面突破,综合实力明显增强,大运河浙江段航运在浙江国民经济发展和综合运输体系中的地位和作用不断提升,多项指标在全国名列前茅,成为促进浙江经济社会发展的强大动力和重要支撑,极大地促进了城乡经济社会的发展和繁荣。

第一节

航道建设快速发展

改革开放以来，大运河浙江段的航道建设快速发展，到 2014 年，先后经历了 1978—1990 年的稳步推进、1990—2000 年的提档升级、2001—2007 年的实施水运强省工程和 2008—2014 年的新一轮跨越式发展的四个发展阶段，重点建设的八条主干航道形成"五纵三横"的大运河浙江段水网，杭申甲线与杭申乙线、杭（州）湖（州）锡（无锡）线、六平申线及苏（州）嘉（兴）乍（浦）线纵穿南北，长湖申线、湖嘉申线、杭甬线横贯东西，不仅基本形成与长江三角洲航道相适应的高等级航道网络，而且还创建了京杭运河浙江段、杭申线浙江段和湖嘉申线浙江段等文明样板航道。

一、航道建设稳步推进

1976 年 10 月，"文化大革命"结束。随着政治上的拨乱反正，浙江的经济建设逐步走上了健康发展的道路，尤其是党的十一届三中全会后，我国进入改革开放新时期，航道建设初步纳入综合开发利用的良性循环轨道，得到国家和地方各级政府的高度重视。1980 年

1月,浙江省政府明确提出"水陆并举,以水为主,先求其通"的交通建设方针,大运河浙江段等内河航道建设被摆到重要议事日程上,开始稳步快速推进,在对全省内河航道调查研究、制定规划的基础上,根据需要和可能,重点实施京杭运河与浙东运河航道的连接贯通、主要运河干线航道"卡脖子"航段改造和杭甬运河开通等工程。

京杭运河与钱塘江沟通工程

对于京杭运河与钱塘江的重新沟通,早在民国时期有识之士便有过设想、有过尝试。1958年,交通部和浙江省决定实施京杭运河与钱塘江沟通工程。由于种种原因,工程历经三起三落,直到1983年第四次拟议,方得以实现。第一次,1954年对江河沟通做了全面测量,安排施工队伍,因费用不足下马。第二次,1958年成立工程指挥机构,又因压缩基建规模而停工。第三次,1976年交通部将沟通工程列为长江水系九省一市统一航运网规划建设项目,当年6月确定沟通线路走向、投资额等,11月开工,做了大量前期工程。1980年9月,因国家缩短基建战线,工程缓建下马。第四次,1983年6月,浙江省政府决定重新恢复建设,由杭州市成立京杭运河沟通工程指挥部,下设沟通工程处,负责组织实施。主体工程有:在三堡建造船闸1座,新开新运河航道6.97千米;建造跨航桥梁11座(铁路桥1座、城市桥4座、公路桥2座、农桥4座);在濮家小区建造拆迁居民用房12幢(45 489平方米)等配合工程,共20个单项。计划征地544亩,实征519亩。

1983年11月12日,京杭运河与钱塘江沟通工程动工,开始建设三堡船闸。新建航道起自当时京杭运河最南端——原上塘河南口西侧至三堡钱塘江边,全长6.97千米。

1984年4月26日开工建设郊区段航道,自艮山门沪杭铁路桥起,穿越机场路里街,经城东桥、京江桥、顾家桥、艮山路桥,绕新塘镇再过水湘桥、土培塘桥至船闸下游引航道止,全长4 067米。1988年12月28日竣工。

1986 年杭州市区段航道开工建设,自艮山港东端起,经艮山坝、建北桥、运河桥、艮山电厂到艮山沪杭铁路桥,全长 1 495 米。1988 年 12 月 28 日竣工,1989 年 1 月 31 日试航。

京杭运河与钱塘江沟通工程于 1988 年 12 月 30 日竣工,总投资 7 391.63 万元,共计完成 20 个单项工程。1989 年 2 月 1 日新建的三堡船闸正式通航运行,京杭运河与钱塘江"双流奇汇",开拓出一条江河直达航线,使水运直达里程延伸了 400 多千米,减少了中转环节,节约了运输成本。1989 年 6 月 3 日,京杭运河与钱塘江沟通工程竣工试航后,正式通过国家验收。当年年底,共安全通过船舶 66 831 艘、406.2 万吨。据通航 22 个月统计,仅煤炭、黄沙两项物资就节省中转短驳运费 6 365 万元,相当于收回工程总投资的 91%,经济效益十分显著,是浙江省航道建设史上空前的壮举。

杭甬运河开通工程

杭甬运河,即原浙东运河,连接杭州、绍兴和宁波。最初开凿的部分是位于绍兴市境内的山阴古水道,始建于春秋晚期。经历朝历代的多次整治和疏浚,成为集灌溉、防洪、运输等多种功能为一体的水上大动脉。但浙东运河不仅有些航段的航道窄浅、弯曲,而且因沿线地势起伏、农田拦坝蓄水,被分割成六段,形成多级河道,曹娥江又横贯其中,船舶航行必须多次过坝,通航能力低下,到 1979 年还只能通过 15 吨级船舶,运河水运优势得不到充分发挥。尤其是进入改革开放新时期后,从 1979 年开始,宁波港镇海港区、浙江炼油厂、镇海发电厂等多项大型工程建设上马,杭甬之间货运量激增,仅曹娥江的黄沙运输一项,年运量就达到 100 多万吨,而铁路运输能力已呈饱和状态,运量和运能的矛盾十分突出。为缓解矛盾,按照"以水为主,水陆并举,先求大通"的方针,1979 年浙江省革命委员会批准建设杭甬运河开通工程,对航道和过堰设施,按通过 40 吨级船舶的要求进行改造建设。在充分利用原有河道的前提下,工程确定运河路线走向为:从杭州南星桥开始,逆钱塘江上行至萧山闻家堰入浦阳江,过临浦峙山闸,经绍兴钱清,沿杭甬铁路经绍兴城区到曹娥老坝底入曹娥江,再从下游赵家(百官)升船机通向驿亭、五夫、马渚、斗门入姚江,经余姚、宁波姚江闸,抵宁波三江口,全长216千米。

1980年,杭甬运河开通工程开工,拓浚改善航道约30千米,新建曹娥老坝底、陡门、西横河、姚江等4座40吨级升船机,至1983年7月1日一期工程基本通航。这是中华人民共和国成立以来浙江省第一次由省交通部门牵头,沿线地方政府参与,有组织、有计划的系统整治工程,沟通了钱塘江、曹娥江、甬江3个水系,把浙北、浙东水运网连成一片,使浙江省主要经济发达地区的水路运输实现了直达,并以杭州为中心,往东经杭甬运河到宁波出海,往北经京杭运河到上海出海,往西溯钱塘江可达建德、兰溪、衢州以及皖南各地,对全省经济社会和现代化建设事业的发展,起到了巨大的作用。

杭甬运河全线有7座升船机,除新建4座外,尚有驿亭、五夫、赵家3座建于20世纪70年代的过载能力为30吨级的升船机。1983年经试压测定仍符合30吨级标准,但为确保船舶安全过坝,暂定为25吨级。因此,受部分升船机过载能力限制和部分航段尚未达到八级航道(40吨级)标准的影响,杭甬运河全线实际通过能力为25吨级内河船舶。尽管如此,工程竣工,使得适宜于水路运输的煤炭、化肥、矿石、建筑材料等大宗低值货物能走杭甬运河,既为国家节约了大量运费,也减轻了杭甬铁路运输压力。

1986—1990年,浙江省内河航道建设集中力量对包括杭甬运河在内三条航道的"卡脖子"航段进行改造,通过对赵家、驿亭、五夫3座升船机和部分航道、桥梁的改造,杭甬运河全线基本达到40吨级通航标准。1994年改建临浦峙山闸,变5孔为3孔,1995年基本完工。1997年浚深杭州段航道,进一步提高了杭甬运河的通航能力。

主干航道"卡脖子"段改造

"六五"期间(1981—1985)浙江内河航道建设快速稳步推进,取得一定成绩。但随着浙江经济的发展,过往船舶密度增大,如京杭运河浙江段的船舶流量达到平均每分钟 2.5 艘,受航道通航标准偏低等影响,船舶轧档,造成航运受阻,出现"卡脖子"航段,有的航段"卡脖子"甚至相当严重,一堵便是几十个小时不通航,严重阻碍内河水运优势的发挥。为此,1986 年 1 月 3 日,全省交通工作会议提出浙江交通应贯彻"先缓解,后适应"的方针,同时根据"统筹规划、突出重点、实事求是、量力而行"的交通建设原则,浙江内河航道建设集中力量打歼灭战,重点对京杭运河浙江段、长湖申线浙江段和杭甬运河 3 条航道的"卡脖子"航段进行改造,即"七五"期间(1986—1990)全省交通重点建设"四四三一一"工程中的"三"。

京杭运河浙江段,曾用名杭申乙线,20 世纪 50 年代,实施乌镇市河改道工程等项目后,成为可通轮船(实行一列式拖带运输)的干线航道,经过历年整治,已基本达到可通航 100 吨级船舶的六级航道标准。但是,该段航道较弯曲,局部河段较狭,桥梁低窄,通过能力已接近饱和状态,仍然难以适应日益增长的运量需要。为此,时任国务院副总理万里为解决煤炭运输问题视察大运河浙江段时指示,要充分利用水运,继续整治京杭运河。为贯彻这一指示,适应浙江省北煤调入运输的需要,减轻上海港中转和沪杭铁路压力,浙江省鉴于这条航道经江苏平望、嘉兴桐乡乌镇、湖州练市、德清新市、杭州余杭塘栖至杭州自然条件较好,从江苏至杭州距离最近等特点,从航运的角度出发,将此航道作为京杭运河浙江段来改造。1982 年3 月,国家计划委员会批复交通部《京杭运河济宁—杭州段续建工程计划书》,明确运河浙江段主航道由原从江苏平望经陆家荡省界入境,经王江泾、嘉兴城区、石门、崇福、五杭、塘栖至杭州,即浙西运河东线的航道,改由平望经鸭子坝进入浙江省境,经乌镇、练市、含山、新市、塘栖至杭州,即浙西运河中线航道,按五级航道标准进行改造续建。此后,杭申乙线改称为京杭运河浙江段。

1982 年 3 月,京杭运河鸭子坝至艮山港航段改造,被列入京杭运河续建工程。1985 年,国家计划委员会在《关于改造宁沪杭内河航运问题的复函》中,同意对这一地区的航道尽快改造;整治标准按可通航 500 吨级船舶的四级航道进行规划,跨河建筑物也要按四级标准进行建设,京杭运河南段按可通航300吨级船舶的五级航道进行整治;对货流密度大、航道狭窄的"卡脖子"段应先安排整治。"七五"计划(1986—1990)期间,重点对新市、练市、塘栖、韶村弯道按五级通航标准进行改造,改造航道9.02千米,开挖土方105.2万立方米,砌筑护岸7.76千米,建成桥梁9座,累计投资2 938万元。

长湖申线是一条位于江南水网平原的千年人工运河,横跨浙江、江苏、上海二省一市,与杭湖锡、东宗线、乍嘉苏、京杭运河等航道连接相通。中华人民共和国成立后,经过历年整治,原先弯曲浅窄、驳岸坍塌、河床淤浅的长湖申线基本达到六级航道标准。1985年1月,国家计委和交通部批复,长湖申线航道建设标准按"湖州以上近期六级,远期五级标准;湖州以下近期五级,远期四级,跨航建筑物按远期标准建设"。

1986年4月,长湖申线"卡脖子"段南浔市河改善工程开工建设,按五级航道标准改善2.34千米,航道底宽40米,面宽65.6米,水深2.5米,最小弯道半径400米,总投资654.4万元,于1988年10月完工,当年12月通过验收。1987年8月,湖州市河改线工程开工,按五级航道标准建设2.4千米,航道底宽40米,水深2.5米。全部工程由新开航道、新建300吨级船闸1座和城东大桥等多项工程组成,总投资2 436万元,于1990年10月完工。

通过对京杭运河浙江段等干线航道的部分航段(主要是"卡脖子"航段)按五级航道标准进行整治改善,大运河浙江段航道建设呈现出稳步快速推进的大好局面。尤其是"七五"期间,航道建设资金投入总计达1.3亿元,占"七五"期间港航基础设施建设总投资的31.7%,是中华人民共和国成立以后内河航道建设资金投入最多的5年。到1990年年底,全省通航里程达到1.062万千米,比1976年减少1 105.5千米,但全省主要干线航道通航等级和通航能力都有所提高,其中五级航道11.42千米,实现了五级航道零的突破。

二、航道建设提档升级

1991—2000年,我国进入第八个五年计划(1991—1995)和第九个五年计划(1996—2000)的建设时期。按照交通部90年代初以建设"三江两河"(长江、珠江、黑龙江、京杭运河、淮河)为主的内河航道建设方针以及"八五"中后期启动的建设"一纵三横"(一纵:京杭运河,三横:黑龙江、长江、珠江)内河主通道的长远发展规划和"九五"期间首先重点建设"一纵两横两网"(京杭运河济宁—杭州段、长江干线、西江干线、长江三角洲江南航道网、珠江三角洲航道网)的部署,浙江省结合全省经济和社会发展的需求,继续贯彻"抓重点,通干线,先缓解,后适应"的方针,在"七五"期间取得成绩的基础上,高起点、高标准地对大运河浙江段航道全面改造,不仅排堵保畅,全面推进京杭运河等干线航道,而且实现了由部分航段改造向全线改造和较低通航标准改造向较高标准改造的转变,使大运河浙江段航道不断提档升级。

杭嘉湖干线航道排堵保畅

进入20世纪90年代,尤其1992年邓小平同志南方谈话发表后,我国掀起新一轮的改革开放热潮。随着浙江经济的全面快速增长和上海浦东大规模的开发开放,使得大运河浙江段,尤其是浙西运河运输量猛增,密度过大的船舶流量,再加上行驶中船舶轧档和碰撞、沉船等事故的不断发生,在一些通航条件较差的航段时常造成堵航,形成瓶颈航段。据当时的调查统计,杭嘉湖地区浙西运河干线航道上存在着18处瓶颈航段,严重的瓶颈4处,主要瓶颈14处,其中杭申线浙江段航道7处,京杭运河浙江段航道4处,长湖申线航道浙江段4处,乍嘉苏线浙江段航道1处,六平申线浙江段航道2处,严重阻碍了大运河浙江段航道的安全畅通。

大堵航引起了各级政府的高度重视。浙江省政府领导深入实际调查研究,提出了"近期抓缓解,长期抓发展,突出抓瓶颈,坚持抓管理,根本在落实"的思路。浙江省交通厅和有关市、县政府,根据浙江省政府的思路,在加强对干线航道管理的同时,贯彻"统筹规划、条块结合、分层负责、联合建设"的方针,落实瓶颈航段总体整治方案,于"八五"期后三年(1993—1995),在按浙江省水运建设既定规划对浙西运河干线航道进行建设时,重点实施打通杭嘉湖地区内河干线航道瓶颈航段的艰巨工程。

1993年,浙江省政府颁发《关于加快杭嘉湖内河航道网改造工程建设的通知》,开始全线改造杭申线浙江段。1994年,首先对桐乡延寿桥航段、东双桥航段、嘉兴秀洲区陡门航段按五级航道标准进行改造。在改造瓶颈航段的基础上,根据省计经委《关于杭申线(浙江段)航道改造工程初步设计的批复》,按五级航道等级标准进行全线技术改造。

改造京杭运河浙江段瓶颈航段,按规划等级五级通航标准进行全线整治。首先开工建设的有乌镇养鸭场—新市、鸭子坝—乌镇、新市—义桥段等,重点建设三堡二线船闸一座,距一线船闸近100米,总投资1.4亿元,工程于1994年3月开工,1996年11月18日通过验收通航。1994年,交通部明确批复浙江省境京杭运河航道技术等级为四级航道。

经过各级港航管理部门的共同努力,到"八五"末期,相继完成京杭运河塘栖、韶村弯道,乌镇—新市,杭州市河和长湖申线雪水桥—吕山航段以及主要碍航航段的改造;打通杭嘉湖内河航道18处瓶颈航段中的16处,共计完成按五级航道通航标准改造内河航道73千米。

杭嘉湖航道提档升级

1995年10月,全国内河航运建设工作会议在南京与杭州召开,这是中华人民共和国成立以来,首次召开的全国性研究和部署内河航道建设的工作会议。1996年4月1日,浙江省政府在湖州召开浙江省首次内河航运建设工作会议,根据全国内河航运建设工作会议精神,按照《浙江省公路水路交通建设规划(1996—2010)》,贯彻"规划高起点,建设高标准,工程高质量"和"重规划、上等级、成网络、增效益"的指导思想,确定浙江省内河水运基础设施的总体布局和建设重点是强化杭嘉湖航道网,集中力量全线改造京杭运河、杭申线、长湖申线、乍嘉苏线、六平申线5条干线航道的浙江段,并将改造标准从五级(300吨级)提高到四级(500吨级),全面提档升级,其中对嘉兴、平湖、崇福、塘栖等市(镇)河段,结合城镇规划,采取绕城改线方案,新辟航道。这样虽然投资有所增多,但可从根本上解决市河航道将来可能再次成为瓶颈的弊端。1996年4月,浙江省交通厅受浙江省政府委托,就京杭运河浙江段、杭申线和长湖申线3条航道的浙江段改造,分别与杭州、嘉兴、湖州3市签订工程建设协议书,认真做好五级改四级实施的衔接工作,并按年度计划组织实施。

1996年3月29日,财政部与浙江省人民政府签订世界银行贷款项目关于内河航运项目的转贷协议,将总额2.1亿美元贷款中的4 000万美元转贷给浙江省,用于实施包括京杭运河、长湖申线、杭申线、乍嘉苏线、六平申线五条航道浙江段和杭州、嘉兴、湖州三个内河港口等八个子项目的浙西运河航道网改造工程,成为国内第一批向世界银行贷款的内河建设项目,首开引资用于内河航道改造的先河。

1995年10月,交通部调整杭申线浙江段的航道规划,将航道改造从五级提高到四级。整个工程从1994年8月开始,按四级航道标准改造,实际改造里程106千米,投资6.75亿元,其中利用世界银行贷款1 800万美元。1995—1998年,重点改建桥梁7座,净跨55～60米,净高均为7米。1999年,京杭运河杭州段改造工程竣工通航,与杭申线杭州段线路相连,不走广济桥。2002年7月,杭申线浙江段航道改造工程完成,全线达到四级航道标准,可通300～500吨级船舶,极大地提高了杭申线的航行条件和通过能力。2001年试运行期间,货运量为3 950万吨,比改造前的1990年增长2.5倍;船舶平均吨位为 160 吨,比 1990 年增长 4.5 倍。2002 年 12 月 25 日通过竣工验收。

改造工程期间,同时完成了杭申线浙江段护岸完善工程和杭申线航道标志标牌工程。对"五改四"后仍处于自然状态的两岸砌筑新护岸进行完善,全线改造里程 92.57 千米。新设 752 座标志、标牌,使杭申线成为浙江省第二条全线实施标志、标牌标准化工程的四级航道。2005 年 8 月 29 日,交通部授予杭申线浙江段塘栖至红旗塘航道"文明样板航道"称号。2007 年 5 月,杭申线浙江段获"交通部全国内河水运建设优秀项目"称号。

1995 年,根据交通部水运主通道规划和全国内河航道建设工作会议精神,调整京杭运河浙江段规划,按五级航道标准建设的航道全部提高到四级标准进行改造,除京杭运河沟通工程 7 千米,杭州市河 10 千米,限于铁路桥梁净高 4.1 米,不可能抬高以外,其余京杭运河浙江段全线整治,共整治航道 83 千米,新建护岸 61.3 千米,开挖土方 433 万立方米,改建桥梁 17 座,征用土地 94.1 公顷,工程总投资 44 562 万元。同时,根据交通部对京杭运河全线护岸的要求,增加了京杭运河浙江段护岸完善工程,新建护岸 54.6 千米,投资 19 852 万元。

1998 年,京杭运河塘栖市河改线工程开工。横跨运河的塘栖镇广济桥建于 1494 年,是一座七孔石拱桥,它以独特的造型被列为省重点保护文物,但也给现代航运带来了诸多麻烦。几百吨的船舶只能从很窄的桥中孔穿行而过,经常擦碰桥身,而且随着船舶流量的增大,塘栖市河成了整条航道的"卡脖子"航段。为妥善解决广济桥航道堵航问题,经过反复论证,浙江省政府最终决定开挖新航道以保护古桥,大运河因此而改道。

京杭运河塘栖市河改线工程,是浙江省利用世界银行贷款改造内河航道网工程最后一个开工的合同段,按国家四级航道标准新开 3.64 千米航道,砌筑护岸 9 149 米,开挖土方 102 万立方米,建设桥梁 4 座,总投资 7 494 万元,工期 3 年。该工程由浙江省交通设计院设计,杭州港口开发公司航务公司与湖州镇西桥梁工程公司联合中标承建,1998年6月18日开工。征用土地31.88公顷,拆迁房屋2 319平方米及一批高压线、通信线、农用机埠等。

2000年11月29日,京杭运河浙江段航道改造工程通过国家验收,可通航300~500吨级船舶。2001年8月20日,京杭运河浙江段被交通部正式命名为国家级文明样板航道。京杭运河浙江段除杭州市河外的航道均已达到四级航道标准,可通行500吨级船舶。2001年,京杭运河浙江段航道改造工程先后荣获2001年度交通部"水运勘察设计"一等奖、2001年度交通部"水运勘察设计质量奖"、2001年度浙江省"钱江杯"二等奖、全国第十届优秀工程设计铜质奖等荣誉。

全线改造长湖申线浙江段航道。1993年6月—2000年12月,长兴交界茅柴园—雪水桥按五级航道标准改造6.188千米;自雪水桥至省界南浔按四级航道标准改造44.71千米,两处实际改造50.898千米。改造后长兴小浦—雪水桥航段31.8千米为五级航道,湖州市区段(雪水桥)至南浔省界44.71千米为四级航道,可通航300~500吨级船舶。2001年4月18日,长湖申航道三期工程镇湾桥至黄土港口改造工程完工。该工程全长8.15千米,总投资8 000万元。2002年10月,长湖申航道黄土港—五里桥段(即长兴市河段)改造工程完工,累计完成投资192万元。2002年11月20日,长湖申线航道改造工程湖州市区段完工。长湖申线航道改造工程湖州市区段全长50.9千米,其中长兴交界茅柴园—雪水桥按五级航道标准改造6.2千米,雪水桥—省界南浔按四级航道标准改造44.7千米,新建桥梁7座,总投资8 215万元,其中利用世界银行贷款127.6万美元。2003年12月23日,长湖申线(长兴段)航道改造工程完工。长湖申线航道长兴境内25.7千米,除长兴县城段5.48千米按六级航道标准改造外,其余均为五级航道标准,工程总投资1.3亿元。

乍嘉苏线是浙北沟通苏南的跨省航道,沟通京杭运河、长湖申线、杭申线、杭平申线等航道,是区域内高等级航道成网的重要连接通道。由于历史的原因,长期以来航道大部分处于自然状态,尤其是穿越平湖、嘉兴市区航段航道等级低、通航条件差、通过能力小,部分航段只能通行 30～50 吨级驳船。1996 年 4 月 30 日,乍嘉苏线航道浙江段按五级航道标准实施改造,嘉兴、平湖市区航段实施了改线工程,至 2000 年 5 月完工,共改造 49.2 千米,实际完成投资 15 046 万元,其中世行贷款 3 255 万元。共开挖土方 358.58 万立方米,新建护岸 31.482 千米,新建桥梁 18 座,征地 1 208.88 亩,拆迁 4.98 万平方米。2001 年 12 月 18 日通过竣工验收。建成后,全线可通行 300 吨级船舶。1996—2000 年,对新开拓和因浚深造成岸坡失稳段修建了护岸工程。2003 年 9 月,航道护岸完善一期工程开工,2005 年 11 月完工。开挖土方 71.98 万立方米,修筑护岸 35.22 千米,实际完成投资 5 346.24 万元。一期工程总改造里程 32.9 千米,共分为两段,其中五里亭至省界段长 18.57 千米,按四级航道标准改建,其余 14.33 千米按五级航道标准改造。工程质量为优良。

1996 年,杭平申线浙江段航道改造工程开工。杭平申线原称六平申线,是沟通浙江与上海之间的跨省市航道。该航道狭窄而弯曲,桥梁多,净空尺度小,有些基本处于自然状态,加上船舶密度大等因素,曾经常发生堵航、阻航现象。20 世纪 60 年代进行第一次人工疏浚后,船舶通过能力有了较大提高。1996 年 1 月起,袁花—欤城—泖口按六级、五级航道标准改造(欤城以上是六级,欤城以下是五级)。至 2000 年 12 月底,主体工程基本完成,投资概算 2.5 亿元,可通航 100～300 吨级船舶。2003 年 10 月 29 日,通过竣工验收并交付使用。

浙西运河航道网改造工程项目从 1993 年开工至 2003 年 8 月全部竣工验收,历时 10 年,全线改造浙西运河 5 条干线航道,共改造航道里程 408.135 千米,其中四级航道 233.999 千米、五级航道 128.778 千米、六级航道 45.358 千米,实现了浙江省四级航道零的突破。新建护岸 489.43 千米,修复护岸 43.99 千米,新建、改建桥梁 125 座,两岸绿化 418 千米,设置助航、安全、信息等航道标志 1 698 座,征地 666.95 公顷,拆迁房屋 48.87 万平方米。整个工程规模大、技术标准高,有效地推动了杭嘉湖地区水运生产力的发展,取得了良好的社会经济和环境效益。到 2000 年年底,全省内河航道通航里程 1.040 8 万千米,居全国第三位。其中四级航道 533 千米,五级航道 1 122 千米,基本形成以京杭运河、杭申线、长湖申线、乍嘉苏线和杭平申线 5 条航道浙江段为主的杭嘉湖内河五级以上主要干线航道网,杭嘉湖地区水路运输的紧张状况基本缓解,也为长江三角洲江南航道网的"成网、直达"打下了基础(见表 12、表 13)。

表 12　五条航道项目建设规模

项目		京杭运河	杭申线	长湖申线	乍嘉苏线	杭平申线
改造里程/千米	合计	83.277	106.012	76.554	49.165	93.127
	四级	83.277	106.012	44.71	0	0
	五级	0	0	26.364	49.165	53.249
	六级	0	0	5.48	0	39.878
开挖土方/万方		596.04	1 007.46	463.18	358.58	544.3
新建护岸/千米		136.36	199.73	39.14	31.48	82.72
修复护岸/千米		36.24	7.75	—	—	—
新建、改建桥梁/座		14	42	15	18	36
两岸绿化/千米		186	212	5	—	15
航道标志/座		690	752	241		47
征地/公顷		143.2	248.93	72.4	80.59	121.83
拆迁房屋/万平方米		7.42	17.94	7.35	4.98	11.18

表 13　五条航道改造项目建设标准　　　　　　　　　　单位:米

建设标准	京杭运河	京申线	长湖申线			乍嘉苏线	杭平申线	
			雪水桥—南浔	小浦—雪水桥	黄土港口—杨湾		钦城—泖口	袁花—钦城
航道等级	四	四	四	五	六	五	五	六
设计水深	2.5	2.5	2.5	2.5	2.5	2.5	2.5	2.5
最小底宽	40	40	40	30	20	30	36	15
面宽	≥60	≥60	≥60	≥55	45	≥55	≥55	≥32
最小弯曲半径	330	330	3307	260	105	260	260	150
桥梁净高	7	7	7	5.5		5	5	5
桥梁最小净跨	55	55	55	38		55	50	≥30

经过"八五"计划（1991—1995）和"九五"计划（1996—2000）期间高起点、高标准地重点建设与长江水系相通的浙西运河航道网，进入21世纪后，浙江水运大省的优势日益凸显，京杭运河等内河水路运输在全省经济和社会发展中的作用和地位不断提升。2003年，贯彻党的十六大精神，落实省委、省政府实施"八八战略"的部署，围绕"两个率先"，即率先在全国同行业中实现现代化，率先在省内各行业间实现现代化的奋斗目标，港航系统组织实施了水运强省工程。

实施航道"四自"改造工程

2003年11月3日，浙江省政府以浙政函〔2003〕173号文件将余杭武獐线、嘉兴嘉于硖线、湖州武新线、湖州妙湖线航道等4个航道改造项目列为全省第一批"自行筹资、自行建设、自行收费、自行还贷"的"四自"工程，分别由项目所在市、县政府组织实施。这是自浙江省政府1993年批准京杭运河三堡复线船闸为第一批"四自"工程以来，首次将航道项目列为"四自"工程。

2004年3月31日，浙江省政府以浙政函〔2004〕51号文件批复省交通厅，为拓宽资金筹措渠道，加快杭甬运河航道的改造，促进"水运强省"工程建设，同意将杭甬运河全线列入省"四自"工程项目。2004年11月5日，为加强对内河"四自"航道的管理，维护"四自"航道经营管理者和使用者的合法权益，促进浙江内河航运事业的发展，浙江省政府制定出台了《浙江省内河"四自"航道管理暂行办法》（浙政办发〔2004〕105号），为全国首个规范内河"四自"航道管理的省级政府规范性文件，在全国率先引入市场机制，在内河航道建设上运用公路建设的"自行贷款、自行建设、自行收费、自行还贷"的"四自"工程模式。

2004年4月，妙湖线航道开工建设。妙湖线航道位于湖州市吴兴区西南，起自妙西渡善桥，经田漾、草田漾、摇铃山、金鸡山、夹山漾，终于郭西湾大桥并汇入长湖申线，长8.6千米。1992年、1997年先后初步整治航道，仍满足不了妙西矿区的矿业运输需求。2003年被批准列入首批航道"四自"改造工程，改造航道6.35千米，新建桥梁1座，总投资4 680万元，通航能力由六级升至五级。至2006年8月底完工，通航条件和通过能力都大大改善。

2005年1月18日，浙江省政府以浙政发函〔2005〕7号文件批准，将京杭运河、杭申线、六平申线、乍嘉苏线等整个浙北干线航道网改造项目列为"四自"航道工程。其中连接杭申线、杭平申线、乍嘉苏线的嘉于线航道改造工程起着优化完善浙北地区航道网的作用。嘉于碶线航道总里程41.95千米，投资概算8.43亿元。全线按4级航道标准建设，分南郊河西段、嘉于段和于碶段。

南郊河西段起于嘉兴市西郊杭申线航道乍嘉苏高速公路桥，在王店四联村进入海盐塘，航道全长10.72千米。于2004年11月25日开工建设，其中嘉杭大桥(纵二路桥)于2007年7月1日通车，完成土方271.2万立方米，新建护岸20.5千米，建设特大桥梁1座。

嘉于段起于南郊河西段终点，沿海盐塘南下，终于海盐县于城镇，全长19.8千米。嘉于碶线南郊河西段按四级航道(通航500吨级)标准建设，航道面宽60米，底宽40米，设计水深2.5米，桥梁净高5.5米。于2010年1月1日开工建设，同年12月10日完工，完成土方55.53万立方米，新建护岸6.08千米，修复护岸2.06千米，大塘桥防撞墩4个。

于碶段起于海盐县于城镇，终于海盐、海宁交界处，全长11.07千米。2006年10月23日开工建设，2009年12月31日完工，完成土方194.3万立方米，新建护岸18.08千米，新建桥梁8座、锚泊服务区1个。为打造高标准的生态航道，该工程首次试验建设475米"F"形护岸，即一个个预制好的圆形水泥筒并排斜式插入河道而成，这既削弱了过往船只形成的波浪，又节省了石料。此外，在"圆筒"

中填上泥土,种上植被,还能使护岸更加充满生气。试验建设圆筒型护岸在浙江省航道建设中尚属首次。

到2010年年底,嘉于硖线航道全部建成,累计完成投资8.43亿元。2013年2月1日,嘉于硖线航道改造工程通过省发改委与省交通运输厅联合组织的竣工验收。

武猺线航道起自杭州武林头京杭运河岔口,西至猺湾石矿,连接杭申线、京杭运河、杭湖锡线。1996年开始对航道进行局部疏浚,2003年疏浚8 300立方米,投资11.6万元。由于武猺线航道窄浅,猺山港区众多码头沿岸设立,船舶装卸占用航道水域,使船舶交会、超越困难,导致猺山港经常发生船舶堵航事故。2003年武猺线航道被批准列入首批航道"四自"改造工程后,于2004年6月完成招标,但由于受国家宏观调控政策和土地市场治理整顿的影响,至2005年年底一直未开工建设。2005年12月,根据省交通厅《关于同意暂缓实施武猺线航道"四自工程"的复函》(浙交函〔2005〕314号),因武猺线航道实施"四自工程"的外部条件发生较大变化,暂缓实施改造工程,同时为解决航道部分航段拥堵总量,要求杭州市余杭区政府对该航道进行必要的疏浚养护,以保障船舶通行。

2007年,省港航局批准同意通过养护工程对部分航段进行疏浚,新建和加固护岸,以确保船舶通行。工程按照六级航道标准改造,部分航段结合实际情况适当加大底宽,起点为杭州武林头岔口处,终点在仁和镇猺山大桥以东,全长6.863千米,概算2 000万元。工程分两期实施,2006年9月14日一期工程开工,2008年12月22日二期完工,疏浚土方13.89万立方米,新建护岸352米,加固护岸929米。

建设杭嘉湖高等级航道网络

2004年11月,按照"八八战略"的部署,浙江省政府确立"水运强省"发展战略,制定"六线三连",即京杭运河、长湖申线、杭申线、乍嘉苏线、杭平申线、杭湖锡线和东宗线、湖嘉申线、嘉于线的浙北干线航道网新建和改建工程计划,共计785千米,部分航道通航标准提高到三级,全面建设和完善杭嘉湖高等级航道网络。

杭湖锡线航道是杭嘉湖地区的干线航道之一,南起杭州,经湖州,穿越太湖至江苏省无锡市,与京杭运河、长湖申线、湖嘉申线、杭申线等长三角高等级航道相通,是连接江、浙两省经济发达地区和中国著名风景旅游城市的一条重要省级航道。航道起自杭州三堡,沿京杭运河至武林头进入德清县境,经黄婆漾、雷甸、大海漾、干(澉)山、山水渡、钟管、沈家墩入湖州市境,经菱湖、荻港、和孚漾、钱山漾至三里桥,再沿长湖申航道过湖州船闸至雪水桥叉口后入旄儿港、长兜港达太湖新港口至省界,再从小雷山西面穿越太湖到达江苏无锡市,其中三里桥—雪水桥航段(12.9千米)与长湖申线重合。三堡至武林头段30.17千米,为京杭运河杭州段、杭申线航道杭州段共同线。航道全长180.7千米,其中浙江省境内长106.2千米。1990年前,杭湖锡线航道条件较差,基本处于自然状态,大部分航段为六级航道标准,局部仅满足七级航道标准,通行40～100吨级船舶。

1991年,对武林桥及桥位处300米航道按五级标准进行改造,1992年完工。2002年2月,经省发改委批准,杭湖锡线浙江段航道按五级航道标准进行改造,除去与京杭运河、长湖申线重合部分,实际改造总里程为49.45千米,工程概算2.05亿元。项目按行政划分区域分为湖州段与德清段,其中湖州段24.78千米,德清段24.67千米,工程于2003年2月开工。2004年上半年,根据实施“水运强省”战略和干线航道高等级化要求,考虑到杭湖锡线大部分航段河面宽阔的有利条件,经发改委批准,工程改为航道按四级、桥梁暂按五级标准实施,总概算调整为2.4亿元。项目于2004年11月完工,通过交工验收并投入试运行,2005年通过竣工验收。航道实际改造里程为48.46千米,完成投资1.44亿元。改造完工后的杭湖锡线湖州段,航道尺度除武林头、白云桥、雷甸、运河桥、澉山五处共4千米航道底宽为36米,全线底宽均达到40米,基本达到四级航道标准。

2005年8月中旬,杭湖锡线湖州段航道标志工程开工,12月完工。该工程是杭湖锡线浙江段航道改造工程的重要配套工程,全线共设置了253座航道标志,其中助航标志45座、信息标志14座、安全标志34座。2008年8月1日,杭湖锡线浙江段荣获浙江省建筑工程最高奖——"钱江杯"奖。

2001年开始对东宗线按四级标准进行改造。东宗线航道起自湖州市南浔区南浔镇东迁,向南经马腰、花林,在四家村桥与京杭运河汇合至北召林(与京杭运河重合2.07千米),过洪塘戴家村进入嘉兴桐乡市,终于宗阳庙,与杭申线相连,全长32千米。改造前的东宗线航道基本处于自然状态,除东迁至伍林高桥约5千米河面较宽外,其余航段面宽为30~35米,底宽仅为4~16米。桥梁除应家桥、马腰大桥达到五级通航标准外,其余桥梁的跨径和通航净空不足六级通航标准,绝大部分航段只能通航40~60吨级船舶(小部分航段可通航100吨级船舶),且船舶密度低,货运通过量小。随着京杭运河、长湖申线、杭申线3条主干航道等级的提高,通航条件偏差的东宗线造成大吨位船舶不能干支直达,形成瓶颈航段。2001年2月8日,东宗线湖州段航道改造工程开工。该航段起自湖州市东迁,终于与桐乡交界的戴家村,全长23.66千米,按四级航道通航标准改造。开挖土方226.49万立方米,建设护岸38.91千米,新建桥梁7座、管理用房645平方米,征用土地35.16公顷,实际完成总投资1.17亿元,至2003年11月6日通过竣工验收。2005年12月14日,东宗线湖州段危险品船舶应急锚泊区建成,并交付使用。应急锚泊区位于东宗线湖州段东迁以南约2.5千米处,全长320米,共完成水下土方疏浚16 500立方米,设置应急系缆桩和航道标志牌。工程自2005年9月下旬开工至2005年11月底完工。2005年12月初通过验收。东宗线湖州段航道改造工程曾荣获2006年度浙江省建筑质量最高奖——"钱江杯"奖。

东宗线湖州段航道改造完工后,位于马腰航段的市级文保单位永丰塘桥的异地保护方案尚未获得批复,成为东宗线航道的一处瓶颈。永丰塘桥建于清末,是一座三孔石拱桥,中孔为运输船舶通航孔,跨径12米,有效通航净宽仅7米,净高4.5米,船舶只可单向通行,古桥所在航段多次发生堵航和船舶撞桥事故。2005年5月,浙江省政府委托湖州市博物馆对永丰塘桥进行异地拆迁重建,同时对桥位处的航道进行拓宽,工程于当年年底完工,投资360万元。

至2010年年底,东宗线湖州段航道尺度全线达到四级航道标准,底宽40米,水深2.5米,最小弯曲半径330米。全线共有跨航桥梁12座,其中与京杭运河重复段3座,共配布各类航道标志67座。

2002年10月10日,东宗线嘉兴段航道改造工程开始施工。该段航道起于嘉兴(乌镇)与湖州交界的戴家村,沿金牛塘与杭申线交会后进入新板桥港,全长17.82千米,其中:四级航道12.42千米,六级航道5.4千米。共开挖土方355万立方米,砌筑护岸35.8千米,拆迁房屋12.1万平方米,拆建桥梁22座。其中一期改造工程起自乌镇戴家村桥,止于振兴西路桥,长12.59千米,按四级航道标准改造,自2002年11月28日开工,到2006年9月30日主体工程基本完工(除振兴西路桥西侧三跨因征迁原因外),2007年12月27日通过竣工验收。累计完成土方243.7万立方米,新建护岸24.52千米,新建桥梁11座,概算投资34 597万元。

至2010年年底,全线共有跨航道桥梁39座,其中与长湖申线、湖嘉申线航道重复段10座,共配布各类航道标志157座(其中发光航标11座)。

杭甬运河改造工程

杭甬运河是浙江省第一条人工开挖的现代运河,是全省内河航道网络联通宁波-舟山港发展河海联运的重要工程,也是国家规划建设的全国内河"一纵二横二网"及长江三角洲航道网改造的重要组成部分。

进入21世纪后,随着宁波港的开发,港口运输成本日渐提高,改建杭甬运河被提上重要议事日程。2000年起,浙江省对杭甬运河按四级航道标准改造,改造工程贯穿杭州、绍兴、宁波三个地区,起自杭州三堡,终于宁波甬江口,穿越浙赣、萧甬铁路,横跨京杭运河、钱塘江、曹娥江、萧绍内河和甬江五大水系,全长约 239 千米,其中杭州段 56.5 千米,宁波段 94 千米,绍兴段 88.5 千米,工程概算总投资达 74.2 亿元,完工后可通航 500 吨级船舶。宁波、绍兴、杭州三市分别于 2000 年、2001 年、2003 年分段实施航道改造工程。改造后里程总长 101.73 千米。全线桥梁 99 座,其中由交通部门建设桥梁 77 座;调整后的概算投资为 39.31 亿元。

2003 年 9 月 28 日杭甬运河杭州段开工建设,2007 年年底基本建成,2009 年 1 月 1 日完成交工验收(除萧甬铁路桥段航道外)并投入试运营,2013 年 12 月 15 日完成了最后的 1.27 千米萧甬铁路桥建设影响段航道交工验收,实现了按四级航道标准的全线通航。该段航线起于三堡船闸,经钱塘江入浦阳江,过新坝船闸,终于杭州与绍兴的界点瓦泥池东,共长 55.787 千米。本项目概算投资 19.144 7 亿元,建设规模为全线按四级航道标准改造,新建 500 吨级船闸 1 座,改建桥梁 23 座(其中浙赣、萧甬 2 座铁路桥由铁路部门代建,杨汛人行桥划归绍兴属地建设)、船舶锚泊服务区 1 处,以及全线航道标志、绿化、信息化系统等工程。至此,京杭大运河将向东延伸 240 千米,改名为京杭甬大运河;杭州首次实现河海沟通,杭州内河枢纽港的地位大大提高,进一步发挥了水运在杭州市综合运输体系中的作用。

杭甬运河绍兴段起自绍兴县杨汛桥镇渔临关钱家湾,经镜湖灵芝镇、袍江斗门镇、越城区东湖镇和皋埠镇,沿萧甬铁路北侧,穿上三高速公路,由上虞西塘角入曹娥江,在大库接四十里河,经通明入姚江,终于上虞永和安家渡桥,改造里程 101.4 千米。全线建设桥梁 77 座,船闸 3 个,征地 360.6 公顷,投资概算 15.89 亿元,按四级航道标准建设。绍兴段按行政区划又分为市区段、绍兴县段、上虞市段。市区段主要实施航道改造 23.972 千米(疏浚土方 17 万立方米、新建护岸 30 千米),新建桥梁 9 座,建设运河养护管理中心 1 处。单家水上服务区 1 处,绍兴县段主要实施航道改造 40.772 千米、新建护岸及疏浚约 43 千米、新建各类桥梁 46 座,建设运河养护管理中心 1 处。上虞段主要建设航道 36.966 千米、桥梁 22 座、船闸 3 座。

2002年3月14日，杭甬运河绍兴市区段航道建设指挥部建立。2003年11月18日，杭甬运河上虞段开工。2007年10月20日，杭甬运河绍兴市区段跨度最大的跨运河桥新洋江大桥顺利合龙。2007年12月20日，杭甬运河绍兴市区段的富陵大桥、念眼大桥、百盛大桥、五联大桥、新洋江大桥接受交工验收。2007年12月29日，杭甬运河基本建成庆典仪式在杭州新坝船闸举行。2009年7月，杭甬运河绍兴段建成并经交工验收投入使用，全线达到四级航道通航标准。杭甬运河绍兴段改造工程投资概算和资金来源见表14。

表14　杭甬运河绍兴段改造工程投资概算和资金来源一览表

单位:万元

市		总投资	部、省资金	地方资金		
				地方资本金	贷款	合计
绍兴段		393 034	192 587	82 537	117 910	200 447
其中	绍兴县段	130 909	64 146	27 491	39 273	66 764
	市区段	98 563	48 296	20 698	29 569	50 267
	上虞段	163 562	80 145	34 348	49 068	834 163

杭甬运河宁波段航道改造工程分三期实施:姚江船间节点工程（五级航道，通航300吨级船舶）为一期工程;余姚段工程（四级航道，通航500吨级船舶）为二期工程;规划预留姚江和甬江的二线沟通（500吨级标准）方案，即大通方案作为三期工程（远期）。一、二期工程于2009年4月通过通航前阶段性验收。杭甬运河宁波段一、二期工程总投资约8.42亿元，新建船闸2座（余姚蜀山船闸及姚江船闸），改造桥梁15座、锚泊服务区1处，修建护岸38.67千米，开挖土方430.45万立方米，征地117.02公顷，拆迁房屋13.73万平方米。

1999年10月，宁波市交通局先行成立杭甬运河宁波段工程建设指挥部。2000年10月26日，宁波段一期工程姚江船闸工程正式开工。2005年2月5日，宁波段一期工程节点工程，姚江船闸工程正式完工。2007年6月6日，杭甬运河全线跨度最大的跨运河桥梁东藩大桥顺利合龙，并于9月21日通过质量鉴定。2007年12月29

日,杭甬运河宁波段基本建成。姚江船闸上游姚江航道投入区间运营,并于 2007 年组建船闸运营公司,招聘人员,建章立制,规范企业管理;2008 年 10 月 24 日通过交工验收;2009 年 4 月全线通过通航前阶段性验收,省政府于 2009 年 10 月批准航道收费方案,航线具备通航条件。

2013 年 12 月 30 日,杭甬运河实现 300 吨级航道全线试通航。杭甬运河改造工程的建成,不仅标志着京杭运河向东延伸有了出海口,开启了浙江水运江河海联运的新时代,而且也给一体化效应日益显著的宁波 - 舟山港构筑了一条疏港货运大通道。因此,杭甬运河建成通航后,立即成为繁忙的水道。

首条三级航道建设

2004 年 12 月 23 日,浙江省首条可通千吨级船舶的三级内河航道改造工程湖嘉申线湖州段开工建设,被浙江省交通运输厅列为全省内河航道建设"典型示范和精品工程"实施项目。

湖嘉申线起自湖州船闸西,向南沿东苕溪经吴沈门水闸转向东,经和孚、双林,至日晖桥与京杭运河相接,沿京杭运河北上入嘉兴市境内,于石汇头入嘉乌线,东行经新桃线、嘉桃线、新板桥港与乍嘉苏航道交会后,向东 2 千米入北官荡,北行接上嘉澄线,在嘉兴市秀城区油车港镇与红旗塘相连,终于红旗塘沪浙交界处,全长 104 千米,沟通京杭运河、长湖申线、杭湖锡线、乍嘉苏线、杭申线等主干航道,连接湖州、嘉兴、上海等城市,其中湖州段,即湖州船闸西至日晖桥,长 43.2 千米。

湖嘉申线湖州段航道在改造以前,除与东苕溪重合的 6 千米航段达到四级航道标准外,其他航段只达到六级航道标准,大部分航段未进行过整治。改造之前,湖州船闸西至吴沈门,长 6 千米,宽80 ~ 160 米,水深除局部地段外,基本超过 3.2 米,为四级航道;吴沈门水闸至和孚段,长 5 千米,一般航段面宽 60 ~ 100 米,底宽 25 米,水深 2.5 米,可通航 100 吨小船;和孚至双林西,长 13 千米,航道宽度除湖漾段较宽外,其余航道最小面宽只有 25 米,最小水深 2 米,最小弯曲半径 130 米,仅可通航 100 吨小船;双林市河段,长 4.6 千米,最小水深 2 米,底宽 18 米,航道顺直,基本达到六级航道标准;双林东至日晖桥,长 12.5 千米,最小水深 2 米,面宽 50～65 米,最小弯曲半径 330 米,基本达到六级航道标准。湖嘉申线湖州段航道改造工程按三级通航标准建设,改造里程 43.2 千米,开挖土方 585.6 万立方米,新建护岸 60.2 千米、桥梁 21 座、水闸 1 座、锚泊服务区 1 个,并同步配套建设航道标志、视频监控和航道绿化景观等设施,征地 168.87 公顷,拆迁房屋 12.8 万平方米。2006 年,湖嘉申线湖州段航道改造工程被交通部确定为全国内河水运建设示范工程,2007 年 12 月完工后,2008 年 1 月通过交工验收并投入试运行,2009 年 12 月 28 日通过竣工验收,工程实际完成总投资 8.11 亿元。湖嘉申线湖州段航道建设在施工质量、设计水平、科技含量、节能环保、综合效益等方面均达到了同期国内领先水平。2012 年荣获交通运输部颁发的"2012 年度水运交通优质工程奖"。2013 年 11 月,荣获 2012—2013 年度国家优质工程奖银奖。湖州市港航局副总工程师郑宏被授予"国家优质工程奖突出贡献者"称号。

四、新一轮跨越式发展

2008 年,根据党的十七大提出的实现全面建设小康社会的新要求和省委提出的"创业富民、创新强省"的发展战略,1 月 10 日,浙江省交通厅召开全省交通工作会议提出,今后五年交通发展的战略目标是推进现代交通"三大建设":建设大港口,建设大路网,建设大物流。7 月 15 日,全国内河水运建设示范工程会议在湖州召开,包括大运河浙江段在内的内河航道、港口的建设越来越被各级政府和交通、航运系统所高度重视。各地都着力把握内河交通运输的发展机遇和规律,创新发展理念,转变发展方式,破解发展难题,不断加大运河浙江段等航道建设的投资力度,有力地推动了运河等交通运输的又好又快发展。

2011年1月,国务院印发《关于加快长江等内河水运发展的意见》(国发〔2011〕2号),指出,我国长江、京杭运河等内河水运发展水平与国民经济和综合运输体系发展的要求仍然存在较大差距,并要求利用10年左右的时间,建成畅通、高效、平安、绿色的现代化内河水运体系。2013年3月,浙江省政府制定《浙江内河水运复兴行动计划(2011—2015年)》,明确提出深入贯彻落实科学发展观,全面实施"八八战略"和"创业富民、创新强省"总战略,以科学发展为主题,以加快转变经济发展方式为主线,以大水运建设为目标,把复兴我省内河水运作为贯彻落实浙江海洋经济发展示范区建设国家战略的具体行动,加快构建畅通、高效、平安、绿色的现代化内河水运体系,为建设大交通、促进大发展提供重要的基础保障。

由此,浙江以"提升京杭运河、重振钱江水运、构建内河枢纽、发展海河联运"为重点的新一轮航道建设的投资力度不断加大。京杭运河、长湖申线、湖嘉申线、东宗线、杭平申线等一大批航道改造、扩建项目,推动着大运河浙江段航道实现新的跨越式发展。从2008年起,全省港航建设的投资每年都超百亿元,力度全国罕见,其中2014年全省完成水运建设投资146亿元,创历史新高。水运建设投资中内河完成总投资36.95亿元,其中内河港口完成投资9.14亿元,内河航道完成投资27.81亿元。到2014年,全省航道总里程达到9 769.27千米,其中四级以上航道里程达到1 441.17千米,高等级航道比例占到全省航道总里程的14.8%,提前完成"十二五"高等级航道里程规划建设目标。此外,五级至七级航道3 539.83千米,占36.23%,等外航道4 788.27千米,占49.01%,以大运河浙江段为骨干的"北网南线、双十千八"的航道体系初步呈现。

京杭运河提升工程

京杭运河浙江段北起苏浙交界处的鸭子坝,南至杭州市的三堡船闸,全长约98千米,其中鸭子坝至北星桥83千米为四级航道,北星桥至三堡船闸15千米为五级航道。根据2007年6月国务院批准实施的《全国内河航道与港口布局规划》《长江三角洲地区高等级航道网规划》《浙江省内河航运发展规划》，京杭运河是国家内河航运规划"两横一纵"两网之一纵，是"十一五"计划（2006—2010）期间重点建设的国家干线航道，浙江段全线达到内河三级航道标准。

2008年4月，浙江省发改委等联合全省各有关部门及杭州、嘉兴、湖州市政府，对《京杭运河浙江段三级航道整治工程的可行性研究报告》进行了预评审，并于同年11月起全面开展21项专项工作，12月底国家发改委批复项目建议书。通过拓宽、挖深、改道等工程，使通航标准从四级提高到三级，即从500吨级的通航能力提高到1000吨级。该工程建设规模为建设三级航道121.6千米，其中利用现有航道扩建95.2千米，新开挖航道26.4千米，新建三级双线船闸1座，改建桥梁17座，新建桥梁32座，新建服务区6处、博陆至八堡段水利设施和八堡出口海塘加固等配套工程。

2011年5月16日—18日，《京杭运河浙江段三级航道整治工程可行性研究报告》通过受交通运输部综合规划司委托的交通运输部规划研究院的审核。2012年1月5日，省环保厅批复《京杭运河（浙江段）三级航道整治工程环境影响评价报告书》。2015年12月28日，京杭运河浙江段三级航道整治湖州段工程获得交通运输部初步设计批复。2016年1月4日，京杭运河浙江段三级航道整治湖州段工程开工建设，包括改建三级航道43.61千米，其中南浔区境内19.8千米，德清县境内23.8千米，改造桥梁12座，新建服务区2个、锚泊区1个，总投资17.9亿元。2016年12月30日，京杭运河浙江段三级航道整治杭州段工程和嘉兴段工程同时开工建设。其中杭州段工程主要由"四改三"，即原有的四级航道改造成三级航道段（长33.9千米）和二通道新开挖段（长26.4千米）等组成。嘉兴段工程起自苏浙两省交界处的鸭子坝，沿两省界河及插花地段往西南，建设里程17.7千米，按三级航道标准改造，分为三个标段：江苏省苏州吴江区段长6.7千米、秀洲区段长5.3千米、桐乡区段长5.7千米，工程总投资概算9.68亿元。预计于2020年建成后，京杭运河航道等级将达到三级，届时 1 000 吨级的船舶可从山东东平湖直达浙江杭州，运力提升 40%。

长湖申线浙江段航道扩建工程

长湖申线浙江段航道在区域经济和社会发展中起着非常重要的作用，地位十分突出，素有"东方小莱茵河"之称。据 2008 年湖州南浔流量观测站统计，年通过船舶 43.54 万艘次，吨位 8 610 万吨，货物通过量为 4 320 万吨，主要以煤炭、石油、钢铁、矿建材料、水泥等大宗货物为主。从 20 世纪 60 年代到 2002 年，长湖申线浙江段航道进行多次整治、改造和扩建，但仍难以满足沿线运输的需求。

2008 年 7 月 29 日，长湖申线浙江段航道扩建工程开工。扩建工程改造航道 77.7 千米，其中长兴小浦合溪—帅家村段（15.1 千米），按四级通航标准改造；帅家村—湖州南浔段（62.6 千米），按三级通航标准改造。新建护岸 139.1 千米，新改建 24 座跨航桥梁，新建水闸 1 座，改建枢纽 1 座，新建服务区 3 处和锚泊区 3 处。概算总投资 18.59 亿元，工期五年，分两期实施。2008 年 11 月，长湖申线浙江段扩建工程长兴段开工建设，新开挖航道为帅家村—大树下段，全长 9.13 千米，涉及雉城镇等 5 个行政村，航道疏浚 17.1 千米，总挖开土方 474.16 万立方米，其中开挖陆上土方 338.3 万立方米，水下土方 135.86 万立方米；新建护岸 46.7 千米，修复护岸 1.2 千米；改建、新建桥梁 14 座（含铁路桥 1 座、新建服务区 1 座、航道管理站 1 座）。

2010 年 7 月 28 日，长湖申线浙江段二期航道工程动工建设。该工程西起杨家埠镇施家门村，终于湖州船闸，长 16.7 千米，按千吨级航道标准改造建设，新建护岸 16.213 千米，修复护岸 8.835 千米，航道疏浚 16.763 千米，建设资金 1.01 亿元。工程涉及杨家埠镇、道场乡、康山街道、爱山街道 4 个乡镇和街道。

2011 年 1 月 18 日，控制船舶上下行的湖州枢纽改建工程动工建设，标志长湖申线浙江段航道扩建工程进入关键性阶段。2011 年

12月20日,长湖申线湖州段航道扩建工程指挥部组织有关部门对长湖申线湖州段一期航道工程及南林大桥工程进行交工验收。经检验,9个单位工程均核定为合格,同意通过交工验收,并投入试运行。2013年4月26日,长湖申线湖州枢纽改建工程通过交工验收。

2012年12月,长兴段航道扩建工程完工并顺利通航。长兴段概算投资为8.82亿元,其中省交通厅负责安排筹措补助资金(含交通运输部补助资金)6.17亿元,占70%,长兴县政府负责筹措安排配套资金2.65亿元,占30%。

至2013年12月底,长湖申线浙江段航道扩建工程主体完工,累计完成投资19.09亿元,其中湖州段10.33亿元,长兴段8.76亿元,占总投资的102.7%,完成陆上土方506.49万立方米,水下疏浚土方344.52万立方米,新建护岸97.31千米,修复护岸50.09千米;改建枢纽1座、锚泊区3个、服务区3个和航道管理站1个;桥梁工程已开工20座,完工13座。2013年该工程被省交通运输厅评为全省交通"平安工地"示范项目。2014年1月20日,长湖申线湖州段航道扩建工程二期航道及八字桥等工程通过交工验收并移交。2014年11月长湖申线长兴段二期航道及桥梁工程完成交工验收。

长湖申线浙江段扩建后,可通航1 000吨级船只,与千吨级航道湖嘉申线并驾齐驱。它不仅大大提升浙西运河航道网的通航能力,降低船舶运输成本,有效减少航道堵航的发生,而且改善沿线水运环境、生态环境和城镇的投资环境,成为长三角地区水上绿色经济走廊。同时与"四改三"的京杭运河连接贯通,与上海洋山港、宁波-舟山港对接,实现海河联运,使浙江水运经济迎来新一轮跨越式的发展。

湖嘉申线嘉兴段改造工程

继2008年1月,湖嘉申线湖州段交工验收并投入试运行,从原100吨级航道直接提升为1 000吨级航道,2008年开始实施湖嘉申线嘉兴段改造工程。

湖嘉申航道位于浙北平原水网地区,是长湖申线的复线和分流航道,沟通京杭运河、长湖申线、杭湖锡线、乍嘉苏线、杭申线等主干航道,连接湖州、嘉兴和上海等大中城市,和长湖申线、杭申线、杭平申线航道共同组成浙北东西水运大动脉,并沟通了杭湖锡线、东宗线、京杭运河、乍嘉苏线等航道,为交通运输部规划的长三角高等级航道网的骨干航道之一,是浙江省第一条千吨级船舶的三级内河航道,被浙江省交通厅列为全国内河航道建设"典型示范和精品工程"实施项目,2006年又被交通部确定为全国内河水运建设示范工程验收。

　　湖嘉申线嘉兴段起于京杭运河与湖州交界的通河桥,沿京杭运河于石汇头入嘉乌线,东行经新桃线、嘉桃线、新板桥港与乍嘉苏航道交汇后,向东新开挖1.5千米航道后入北官荡,北行接上(即拓宽和改造)嘉澄线,在秀洲区油车港镇与红旗塘相连,终于杨树浜杭申线交界处。

　　湖嘉申线航道嘉兴段工程分两期实施,一期工程起于乍嘉苏航道口,终于杨树浜,全长14.76千米,概算总投资6.5亿元。工程内容主要包括挖掘土方248万立方米,新建护岸16.87千米,新建芦花荡和嘉善2个锚泊服务区、桥梁11座、水闸9座,建设配套管理用房、航道标志、视频监控等设施及航道绿化工程。

　　2008年12月,湖嘉申线航道嘉兴段一期工程开工建设。在建设过程中,由于航道流经区域地势低洼、小河小荡众多、沿途地区生态破坏严重等问题,给建设带来了一定的困难,但嘉兴港航部门迎难而上,通过把防洪堤加高到3.86米(1985国家高程),扩大航道水体承载量,打通了东排通道,并实施圩区的水利补偿工程,在9个支线河口都建立水闸,防止洪水倒灌,完善和发挥排涝、蓄洪功效,保护沿线良田不受侵害,显现出航道建设的综合效益。同时在湖嘉申线北官荡段等地种植大片的水生植物且形成一条直线,成为生态"软隔离",并安装反光块,引导船舶航行,特别是在夜间,能有效防止船舶走偏。湖嘉申线穿越的秀洲区王江泾镇染织企业众多,废水经常排放到小河中,造成对水土的污染。湖嘉申线嘉兴段一期开通后,水体流动速度加快,不仅死水变成了活水,而且依托航道走向由地方实施了污水管道联网工程,从而使航道建设的诸多难点变成了亮点,使湖嘉申线航道建设成为生态航道。

2011年7月1日,湖嘉申线航道嘉兴段一期工程芦花荡综合服务区动工建设。服务区位于嘉兴市城区禾兴路北端、北郊河的外侧,紧靠杭申线和乍嘉苏线,主要包括新建护岸工程866.42米,土方工程20.25万立方米,房建工程2 116平方米,工程总造价约2 400万元,2013年4月30日完工,8月16日通过交工验收。该服务区的投入使用满足生产供给、生活供给、船舶维修管理、环保、节能、休闲等六大功能,对提升航道服务能力、提高水运行业服务水平、促进内河水运经济发展具有十分重要的意义。

2013年9月11日,湖嘉申线嘉兴段航道一期工程嘉善锚泊服务区工程通过交工验收。嘉善锚泊服务区工程布置7个1 000吨级泊位,护岸长478.5米,陆域建筑面积975平方米,该项目的建成能使该航区的船舶、船民得到更好的服务,同时也为管理上提供了方便。

到2013年年底,湖嘉申线嘉兴段一期工程全线航道贯通,工程建设期间克服了征迁、材料物价上涨、四座桥梁重大设计变更等问题的影响,截止到2014年年底,项目累计完成投资7.103 5亿元(占概算总投资的110%)。2014年12月,湖嘉申航道嘉兴段一期工程开始试运行,为浙江省通航1 000吨级的三级内河航道又增加里程15千米。2015年2月13日,湖嘉申线航道嘉兴段一期工程完成交工验收。

接着,湖嘉申线嘉兴段二期工程建设被提上议事日程,目的是贯通湖嘉申全线,优化长三角高等级航道网结构,完善综合运输体系,发展海河联运,并且改善沿线区域环境,加速产业沿河布局,推动经济结构转型升级,促进水资源综合利用,助力"五水共治",建设资源节约型环境友好型社会。2014年5月,湖嘉申线嘉兴段二期工程涉河、涉水许可获省水利厅批复,水土保持和环境影响评价均编制完成。2016年10月12日,湖嘉申线航道嘉兴段二期工程可行性研究报告获省发改委批复。2017年6月,湖嘉申线航道嘉兴段改造二期工程获得浙江省海洋经济发展专项资金2 000万元的专项资金补助。2018年12月27日,湖嘉申线航道嘉兴段改造二期工程正式动工建设。湖嘉申线航道嘉兴段二期工程起于与京杭运河交汇的石汇头,入嘉乌线,东行经新桃线、嘉桃线、新桥港,终于乍嘉苏航道口,涉及秀洲区北部新塍、王江泾两镇,全长14.92千米,总投资20.6亿元,建成后,湖嘉申线航道全线将成为三级航道,可通行千吨级货船,直接与上海黄浦江贯通,助推长三角区域一体化的建设进程。

2014年8月起,湖嘉申线航道还实施了疏浚工程。湖嘉申线航道湖州段起自湖州船闸西,终于日晖桥,全长43.2千米,通航1 000吨级船舶。经6年多时间运行,受上游水流带来的泥沙影响,航道护岸坡角边缘和边坡产生淤积。航道疏浚有助于恢复其设计通过能力,确保船舶安全、畅通航行。疏浚工程设计最低通航水位0.66米,设计最高通航水位2.36米。主线部分按原航道三级标准疏浚,起点为镇西大桥,终点为日晖桥西,全长20.357千米,疏浚土方33.4万立方米。同时对航道沿线淤积严重叉口进行同期疏浚,疏浚土方约4.2万立方米。整个工程共计疏浚37.6万立方米,概算1 048.39万元,其中工程费用882.2万元。

杭平申线浙江段航道改造工程

杭平申线原称六平申线,自湖州市德清县新市到嘉兴市平湖泖口,是浙江省内河的十条干线航道之一。20世纪90年代改造后,该航道延伸至杭州,改称杭平申线,其中杭平申线浙江段航道改造工程,于2003年通过竣工验收并交付使用。

杭平申线航道是交通运输部《长江三角洲高等级航道网建设规划(2011—2015年)》中的21条高等级航道之一,是浙北地区高等级航道网的重要组成部分,也是浙江省内河航运复兴行动计划的重要实施项目和省领导重点联系的项目,对实施水运强省战略、大力发展河海联运和海洋经济具有重要意义。

杭平申线航道起自杭平申线长山河段与杭申线交叉口,经桐乡、海宁、秀洲、海盐、平湖至浙江上海交界处泖口,按三级标准改造116.43千米,工程总投资65亿元。从最初规划的提出到真正落实开工,杭平申线前期规划历经了十年,经历三次工程可行性研究报告文本调整,两次工程可行性研究报告审查,2012年4月全线工程可行性研究报告获省发改委批复。为有利工程推进和争取上级资金,初步设计开始分平湖段、海盐段、五星桥—长生桥段、桐乡段、铁路桥五个项目分别报批、分别实施。

其中,平湖段包括杭平申线主线平湖境内段(盐平界至平沪界)和支线黄姑塘段。杭平申线主线起点为海盐与平湖交界的斜桥,终于平湖上海交界的泖口,按内河三级航道标准改造。工程主要包括扩建航道31.95千米,其中改建桥梁3座,护岸60.94千米,土方工程264.15万立方米,新建横塘桥服务区1处,以及标志标牌、信息化以及绿化工程等。航道年设计通过能力为9 000万吨。

海盐段全长35.56千米,包括杭平申线主线海盐境内段和支线海塘线。主线采用三级航道双线通航标准建设,全长31.93千米,海塘支线采用三级航道单线通航标准建设,全长3.63千米。工程主要包括扩建航道35.56千米,改建桥梁7座,护岸69.99千米,土方工程399.19万立方米,新建白苎服务区1处、元通待泊区1处以及标志标牌、信息化以及绿化工程等。

五星桥—长生桥段全长16.48千米,按限制性三级航道标准改造,涉及桐乡、秀洲、海盐和海宁四个县市区,改建桥梁13座。

沪昆铁路桥改建长度4.8千米,主跨采用64米下承式钢桁梁。

2012年8月23日,杭平申线浙江段航道改造工程平湖段初步设计通过由省发改委和省交通运输厅联合组织的审查,10月26日获省发改委批复。11月5日,杭平申线浙江段航道改造工程海盐段工程初步设计通过由省发改委和省交通运输厅联合组织的审查。2013年4月和7月,海盐段和五星桥—长生桥段初步设计分别获省发改委批复。8月2日,杭平申线浙江段航道改造工程五星桥—长生桥段施工图通过审查。9月11日,杭平申线浙江段航道改造工程桐乡段(杭申线—五星桥段)初步设计获省发改委批复。2014年4月10日,杭平申线浙江段航道改造工程沪昆铁路桥初步设计通过上海铁路局技术审查。

2012年12月18日,杭平申线航道改造平湖段工程率先开工。2013年10月底,又在沿线各县(市、区)中率先实现了全线开工。2014年年初,由于受春节长假、雨雪天气等客观因素的影响,杭平申线航道改造平湖段工程进度有所减缓。为此,2014年2月27日,平湖市杭平申线航道改造工程指挥部组织各项目部、监理单位召开工程建设攻坚动员大会,号召全体参建单位及人员继续发扬敢为人先的拼搏精神,全面打响2014年工程建设攻坚战,同时建立健全进度通报制度、现场观摩制度、问题约谈制度、责任包干制度、专项督查制度、协调会商制度等6项工作制度,用更加完善的制度强化工程全方位管理,在确保质量的前提下加快推进工程进度。2014年9月下旬开始,杭平申线航道改造平湖段工程又开展以"奋战一百天,实现全年红"为主题的"百日会战"行动,积极采取有效措施,千方百计攻坚克难,加快推进工程建设进度。全线6个项目部拟订"百日施工计划",确保"时间节点到,投资额度到"。组织指挥部征迁处、镇(街道)、施工单位现场办公,实行三方会商、优势互补、联合排解,通过"定完成时间、定责任落实、定保障措施",加快突破一批征迁难点问题,扫除最后的施工障碍。坚持"安全第一,预防为主,综合治理"的方针,落实项目安全生产主体责任,加强施工现场隐患排查,全方位落实安全防范措施,创造安全稳定顺畅的施工环境。"百日会战"加快了工程施工进度,取得了明显成效。

2013年8月13日,杭平申线浙江段航道改造工程海盐段第3～7标段和监理第1、2标段在浙江省公共资源交易中心公开开标和评标,标志着杭平申线航道海盐段工程建设正式开局。2015年12月24日,杭平申线航道改造工程桐乡段开工建设,标志着杭平申线航道改造工程全线动工。

至2015年年底,杭平申线航道改造工程平湖段主线累计完成投资 9.42 亿元,占总投资的 93.06%,主线航道建设进入扫尾阶段;海盐段累计完成投资 9.26 亿元,占总投资的 57.85%;五星桥—长生桥段累计完成投资 12.32 亿元,占总投资的 86.58%;桐乡段累计完成投资 1.02 亿元,占总投资的 6%。整个航道改造在 2018 年全线建成,成为开通千吨级船舶的内河大动脉,与京杭运河、杭申线、湖嘉申线、乍嘉苏线等构成浙北高等级航道网,成为环杭州湾北岸产业带的骨干航道和杭州、嘉兴与上海港相连的便捷通道,为浙江发展河海联运提供有力支撑。

东宗线航道——改造嘉兴段二期工程

继 2007 年东宗线航道改造嘉兴段一期工程通过竣工验收,2008 年开始实施东宗线航道改造二期工程建设。东宗线航道改造嘉兴段工程是沟通京杭运河、杭申线的一条重要航道,与东宗线湖州段相连,共同承担着长湖申线、京杭运河、杭申线三条四级主干航道的沟通及分流作用,在确保航道畅通,更好地发挥浙北地区内河航道的网络效益方面具有举足轻重的作用。

东宗线航道改造嘉兴段一期工程起于桐乡市振兴西路桥(即东宗线嘉兴段一期工程的终点),终于杭平申线长山河,长 6.4 千米,按四级航道标准建设。2008 年 3 月二期开始启动工程征迁工作。2009 年灵安港以北段(3.9 千米)开工建设,至 2010 年 4 月,完成交工质量鉴定。2010 年 12 月 23 日何家桥线航道改造工程开工建设。到 2011 年年底,累计完成投资 2.55 亿元,占总投资的 78.9%。2017 年年初,灵安港以南段(2.5 千米)动工建设,至年底,东宗线航道嘉兴段二期工程全线贯通,通过交工验收。

首条生态养护航道——芦墟塘航道

2014 年开始,嘉兴港航部门组织开展了芦墟塘生态航道养护试点工作,通过采用生态环保新理念、新工艺,努力践行绿色发展的目标,打造生态航道,以推进"五水共治"生态护岸及绿化适用性研究试点工作。

芦墟塘连接杭申线、湖嘉申线和太浦河,是沟通苏州和嘉兴的水路连接线。芦墟塘从杨树浜红旗口至野猫塘,共 11 千米,为五级航道。芦墟塘航道作为全省 20 条骨干航道之一和全省首条生态养护航道,养护工程对下甸庙集镇以北航段的 4.01 千米航道实施改造,从六级航道提升为四级航道,并且保障行洪安全。传统护岸一般采用石料类、水泥混凝土类等材料实心结构,阻碍水土交换,对土质和水环境都有不利影响。养护工程采用在原挡墙基础前加打木桩加固的方式,在木桩之间充满空隙,既不妨碍水土交换,微生物、浮游生物也能通过缝隙自由来去,同时在河床种植芦苇、蒲苇、荻等水生植物净化水质,提高水体自净能力,改善水环境。配合护岸的全新构想,沿岸种植云南黄馨、珊瑚树、木槿等灌木植物,落叶与常绿相结合,既有四季常青,又不乏落叶之美,既利于水土保持,又彰显江南水乡风貌。

2015 年 6 月 20 日,芦墟塘航道养护一期工程开工建设,至 12 月底全部完工,共新建生态护岸 6 850 米,绿化面积 23 000 平方米,完成投资约 900 万元。该项目不仅在土方清淤、修复护岸等方面具有功效,同时还兼顾净化水质、水土保持、美化航道等作用,增强了河道生态修复功能,达到航道维护与自然生态的协调统一,而且节约工程造价。如果采用传统养护方式,拆除老护岸,新建重力式护岸或在原护岸前打预制板桩加固,每延长米单价将在 4 500 元以上,而采用生态护岸每延长米造价仅为 1 200 元,以节省约四分之三以上的建设费用。由于生态护岸采用纯天然材料,不仅生态美观,而且结构简单,无须开挖、不用借地,不用混凝土、石材、模板,无污染,施工方便,部分水下淤泥土方还能就地用于水生植物的绿化土方回填,减少了疏浚土方外运及堆土处理的工程量,施工周期大大缩短。

杭州干线航道疏港保畅应急工程

　　杭州干线航道疏港保畅应急工程范围涉及京杭运河三堡船闸—邵家村段（36.9 千米）、杭申线三堡船闸—桐乡交界段（约10.03 千米，不计入与京杭运河重叠段里程）、武獐线航道武林头—獐山段（10.9 千米）三条航道。主要工程内容为在杭州市域范围内的三条航道上整治完善已有 3 个锚泊点、新增 8 个锚泊点并利用京杭运河三家村至武林头主航道两侧的适宜水域建成应急待泊区，设置钢管砼系缆桩 119 根、疏浚土方 387 916 立方米、加固原有护岸630 米、设置标志标牌 35 块，总投资概算 2 000 万元。2011 年 1 月动工建设，到 11 月中旬全线完工。其中余杭区新建成三家村、清水湾、邵家坝、龙光桥、博陆、獐山 6 个锚泊点，新建系缆墩 116 个，对原有的塘栖、新华锚泊点进行疏浚，完成辖区主干航道疏浚 30 余万立方米，有效保障和解决了干线航道的畅通和船舶临时待泊、停靠问题。

第二节

助航设施日臻完备

随着运河航运的发展,越来越多的助航设施被人们运用到大运河浙江段的航运当中,用来帮助船舶安全顺利地完成航行任务。进入改革开放新时期后,大运河浙江段上的助航设施建设发展迅速,日臻完备的助航设施在运河航运中发挥着越来越重要而巨大的作用。

一、船闸工程建设

航道是运河运输的基础和先决条件,船闸则是确保航道安全畅通的重要助航设施。随着航道治理与建设的发展,大运河浙江段船闸建设也不断发展,并且日臻完善。

杭州三堡船闸

三堡船闸位于杭州市东南方,钱塘江与京杭运河的交汇处是京杭运河沟通钱塘江的枢纽工程,由一线船闸和二线船闸组成。

三堡一线船闸为五级航道标准船闸，1983 年 11 月动工兴建，1989 年 2 月 1 日正式通航运行，总投资 1 100 万元，设计年吞吐量 300 万吨，船闸全长 192 米，闸室长 160 米、宽 12 米，上下游水位差 2～4 米，全部运行操作采用中央自动控制系统。船闸通航船舶设计标准为五级航道 300 吨级，年通过能力为 300 万吨。由此，京杭运河与钱塘江实现联通，开辟出一条江河直达航道，扩展直达水运里程 400 千米。1990 年，一线船闸工程被授予中国建筑最高奖——"鲁班奖"。

1993 年 9 月，杭州三堡二线船闸开工建设。船闸位于三堡船闸（即一线船闸）西侧，两闸中心距离为 100 米，按五级航道 300 吨级一拖四驳过闸设计，年通过能力为 550 万吨。该船闸是经浙江省政府 1993 年批准的第一批 28 项交通设施"四自工程"中唯一的一项水运工程。整个工程由市第二污水干管穿越引航道倒虹管、上闸首公路桥、上游引航道、船闸主体、江干区灌溉倒虹吸、下游引航道、下游江干区排涝闸、金属结构及机电设备制作安装、船闸启闭机房、唐家村新桥、进闸道路和办公楼等 12 个单项工程组成。

1996 年 12 月 1 日，三堡二线船闸建成通航。1997 年 12 月全部完工，历时 4 年，实际投资 14 820.49 万元。二线船闸室长 200 米，净宽 12.5 米，深约 2.5 米，上闸首门槛水深 3 米，上游引航道长 600 米、宽 60 米、深 3 米，下游引航道长 450 米、宽 46 米、深 2.5 米，经浙江省交通厅工程质量监督站组织竣工验收，有 9 个单项工程质量等级为优良。2002 年 12 月 26 日，交通部批准杭州三堡二线船闸工程获交通部 2002 年度水运工程质量奖。

三堡二线船闸自 1998 年 7 月正式运行后，虽然大大缓解了三堡一线船闸的运行压力，有效提高了整个船闸枢纽的通过能力，2001 年三堡二线船闸过闸货运总量就达到 1 345 万吨，但是由于技术上的原因，存在着安全可靠性差、能耗大、运行成本高、维护难等问题，需要进行改造。经过 4 次专家论证会和多套方案的慎重选择，2003 年 5 月改造工程开工建设，至 2004 年 1 月完工。改造后的二线船闸启闭机和自动控制系统均达到设计要求，不仅结构简单、运行平稳、同步性能可靠,而且采用了包括电气、机械等多重安全保护装置,新设备的耗电量仅为原设备的29.7%,船闸的运行速度也有所提高,大大降低了运行成本。

随着经济社会的发展、区域经济的活跃度和大宗物资运输的不断增加,水路运输市场景气度日益向好,三堡船闸的过闸船舶和过闸货运量持续增长。2008年,三堡二线船闸完成过闸货运量2 847.05万吨。到2013年,三堡船闸总过闸船舶达到90 077艘,首度突破9万艘,日均过闸船舶248艘,单船平均过闸吨位达512吨。面对通航压力居高不下的状况,三堡船闸本着"安全、畅通、高效"的原则,充分挖掘通航资源,提高通航效率,保障航道的安全畅通,船舶通过量稳步增加。2013年11月,三堡船闸又实施船舶过闸调度管理系统改造项目。经过6个多月时间的需求调研、系统开发及项目实施,2014年4月在三堡船闸进行测试,5月起在钱江、内河等锚地进行联网测试,7月1日正式上线试运行。新系统通过GPS实现了船舶与管理平台的信息交互,自动获取船舶到达闸区引航道的时间,同时自动反馈GPS确认通知给船户,并根据到闸时间顺序安排过闸调度,做到调度过程有序、便捷、高效,大大提高了船闸通航效率和方便了船民。2014年全年过闸量达到5 596.29万吨,实现过闸船舶102 440艘,安全运行30 797闸次,其中12月份过闸量达到547.08万吨,突破单月历史最高水平,再创新高。

杭甬运河新坝船闸

杭甬运河新坝船闸位于萧山义桥镇新坝,是沟通浦阳江与杭甬运河的第一道船闸,为杭甬运河杭州段工程建设的关键性节点工程。工程于2003年9月28日开工建设,由杭州市港航管理局杭甬运河工程建设处负责建设,是杭州市已建船闸中通航能力最大的船闸。闸室长200米、宽12米、深2.5米,上闸首门槛水深3米,上游引航道长400米,底宽50米,下游引航道长400米、底宽50米、深2.5米,系按四级航道500吨级,按年最大过闸设计能力860万吨标准设计。此次施工共征用土地15.8公顷,拆迁房屋3 100平方米,实际投资8 000万元。船闸由船闸主体(含上下游引航道和闸首公路桥,闸阀门金属结构和启闭机)、上下闸首启闭机房、船闸综合楼(含供配电、给排水)、船闸闸区景观绿化、船闸机电(自动控制、监控、调度收费)等单项工程组成。

新坝船闸作为杭甬运河杭州段的标志性建筑,是杭甬运河沟通河海的第一座关键枢纽。船闸主体于2006年1月建成,同年6月6日交工验收并交付使用,2009年1月1日开闸运行。自2009年试运行以来,过闸船舶数量和过闸运量双双递涨,从2009年的过闸船舶61 242艘、过闸运量1 278万吨逐年上升至2012年的过闸船舶65 000艘、过闸运量1 871万吨。为了提高运行效率,杭州地方海事部门加强与新坝船闸营运部门沟通,三次延时通船时间,从2009年1月最初每天运行11小时,到2009年10月1日起延长到每天16.5小时,2011年3月1日起又延长至每天24小时,提高了船舶进出新坝船闸的效率。同时,船舶大型化、标准化也提升了货物过闸效率。

2013年12月15日,随着杭甬运河杭州段的全线贯通,新坝船闸的过闸船舶又进一步增加。2014年,仅一季度新坝船闸过闸船舶12 426艘次,完成过闸运量418万吨、过闸货运量264.7万吨,同比分别增长4.95%、16.3%和27.8%。而且外港船舶数量增加,船舶大型化趋势明显,过闸单船平均吨位达336吨,较上年同期的304吨增加32吨,增幅为10.5%。

湖州船闸

湖州船闸位于长湖申线航道湖州市区段,主要担负着防止东、西苕溪洪水东泄和保持航运畅通的任务。该船闸于1987年8月开工的湖州市河改线工程中建设,1990年10月完工,1991年11月通过竣工验收。设计等级为五级,常年通行300吨级船舶。由一座五级通航标准船闸和2孔16米防洪节制闸组成,船闸布置在航道北侧。船闸闸室宽12米,长160米,门槛水深2.5米,上闸首工作门使用升降式平板门,下闸首为"人"字门。防洪闸闸门使用升降机式平板门,上闸首建公路桥1座,通航孔净高5.5米。

进入21世纪后,随着经济社会的发展,水路运输发展迅猛,长湖申线作为湖州通往上海的水上大动脉,日均船舶流量达1 200艘次。由此,湖州船闸便成为这条"黄金水道"的"咽喉",通航压力大,时常引发航道堵航。2011年,政府投资5 495万元,实施船闸枢纽改建工程,拆除原一线船闸、2孔16米节制闸和交通桥,新建2孔20米净宽的通航节制闸,同时改造闸顶交通桥,最大通航船舶1 000吨级。这是自20世纪90年代初湖州船闸竣工后进行的首次全面改造。为配合长湖申线湖州船闸枢纽改造工程,从2011年1月1日零时起,湖州航区实施为期两年的交通管制,长湖申线施工水域成为只通行下行船舶的"单行道",上行船从长湖申线南浔东迁三岔口经东宗线绕道湖嘉申线航道,最大限度地缓解船闸施工水域船舶通航压力,确保航道安全有序畅通。

经过两年的改建,湖州船闸枢纽于2013年1月1日建成并试通航。海事部门解除了长湖申线航道单向下行交通管制,恢复双向通行,最大通航吨位提高到1 000吨级,大大改善了浙北航道通航环境,提升了通江达海的能力。

湖州二线船闸

湖州二线船闸建于2005年,位于长湖申线航道南侧,由湖州市水利部门建设,湖州市水利水电勘察设计院设计。设计等级为四级,常年通行500吨级船舶。船闸闸室长295米,宽23米,门槛水深3米,上游闸首公路桥通航孔净高7米。闸室工作门使用"人"字门,上游引航道长320米,下游引航道长126米。该工程于2006年4月22日投入使用。

蜀山船闸

蜀山船闸位于杭甬运河节点余姚城东姚江干道上,是杭甬运河首座 500 吨级船闸,于 2005 年 10 月建成并通过了通水验收,总投资为 6 000 多万元。该船闸船箱的有效尺度为 200 米 × 12 米 × 2.5 米,上闸首采用卷扬式闭机,下闸首采用液压式"人"字门,上下流引航道各长 400 米,可一次性通行 500 吨级船舶 4 艘。该工程还建有管理用房 2 000 多平方米、变电站 1 座。

蜀山船闸采用先进的自动化操作系统、电子监控系统和远程控制系统,自动化操作系统配有可以相互切换的中央控制室操作系统、手动应急操作系统和现场实地操作系统。电子监控系统可对船闸营运实行二十四小时全方位监控;远程控制系统可为杭甬运河全线信息化管理提供服务,实现信息互通。随蜀山船闸同时建成的还有 8 孔各宽 12 米的水闸,两者统称为姚江蜀山大闸。蜀山大闸的总投资为 1.55 亿元,是宁波历史上首座船闸与水闸合一和规模最大的大闸,被列为浙江省的重点工程。蜀山大闸的建成除了改善杭甬运河的通航条件,有利宁波内河航运业的发展外,还对城镇防洪抗旱和姚江水资源环境的改善起到很大作用。

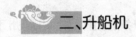 二、升船机

20 世纪 60 年代起,随着杭甬运河等航道上船只吨位的增大和远距离运输航线的扩展,升船机以其无论上下河水位落差有多大,来往船只均能安全又省力地通过堰坝的优势而发展迅速。90 年代中期以后,由于杭甬运河改走南线等因素,杭甬运河沿线的不少升船机逐渐被废弃。

斗门升船机

斗门升船机位于斗门小戴家村,跨杭甬运河甲线余姚段航道,始建于1979年10月。当年,马渚中河作为杭甬运河甲线进行改造,南端河道截裁,直接进入姚江,于小戴家村一带新造升船机,于1983年7月1日建成启用,共投资42万元。

斗门升船机采用高低轮斜面平运电子自控,惯性过顶。承船架长11米,宽5.5米,钢轨长118米。传动系统平均运行速度40米/分,过坝时间2.5~3分钟,最大通过能力40吨级。1986年,东排工程新西横河水闸的建造使斗门老闸难以承担东排流量,遂新造斗门水闸于升船机西侧。水闸于1987年10月完工。水闸总净宽21米,闸3孔,孔宽约7米。闸高6.8米,两侧有钢架楼梯,闸顶置机械动力。闭闸时内外高差约0.5米,开闸时过闸流量130立方米/秒。升船机和水闸之间筑有狭长分水岛,两侧拖船坝延伸,南北长约250米。正中和东侧都建有管理用房及配桥设施,现皆废弃。拖船坝最北端建有戴家大桥,东北—西南走向,混凝土结构梁桥,全长70米,分东西两段,东段过船入斗门升船机,西段过水入斗门水闸。

西横河升船机

西横河升船机位于马渚镇西横河村,跨杭甬运河甲线余姚段航道,始建于1979年10月。在杭甬运河甲线进行较大规模改造时,原西横河箱式船闸被改建成杭甬运河40吨级升船机站。1983年7月1日建成启用。

西横河升船机改建,采用高低轮斜面平运电子自控,惯性过顶。升船机承船架长11米,宽5.5米,钢轨长136米。传动系统平均运行速度40米/分,过坝时间2.5~3分钟,最大通过能力40吨级。为减轻上游河道压力,解决西上河区内涝问题,1986年12月,省水利厅制定东排工程,同年12月初,作为东排工程枢纽工程的新西横河水闸开始动工,并于 1987 年 6 月竣工,总造价 76.2 万元。新西横河水闸为 3 孔,每孔宽 7 米,闸身总宽 34.6 米,高 4.2 米。闸底高程 0.5 米,平均排涝流量 130 立方米/秒。闸顶置机房及办公室。闸前设水泥桥,2 墩 3 跨。升船机与水闸之间筑有狭长分水岛,两侧拖船坝延伸,东西长约 200 米。正中建有管理用房,现已废弃。拖船坝最西端建有过河大桥,南北向,混凝土结构梁桥,全长 60 米,分南北两段,南段过船入升船机,北段过水入水闸。

驿亭升船机

驿亭升船机位于上虞县五驿乡泗洲驿亭闸北面的杭甬运河甲线航道上,为小型斜面高低轮升船机。上虞县交通局设计并组织施工,于 1975 年 3 月 26 日动工,1976 年 8 月竣工通航。升船机轨道长 95 米,坡度 1∶8,宽轨轨距 3 米,窄轨轨距 2.2 米,设计过载能力为 30 吨级。整个工程国家投资 18 万元,工程决算 17.44 万元,填挖土方 7 950 立方米,浇灌混凝土 197 立方米,耗用钢材 26.12 吨、木材 25 立方米、水泥 156 吨。

驿亭 40 吨级升船机位于驿亭镇泗洲塘驿亭闸南面的(老)杭甬运河甲线航道上。1986 年 12 月开工,1988 年 4 月竣工,同年 6 月交付使用。轨道长度 124 米,坡度 1∶10,宽轨轨距 3.8 米,窄轨轨距 2.8 米,过载能力 40 吨级,整个工程国家投资 136.6 万元。由浙江省交通设计院设计,浙江省海港养护大队施工。

20 世纪 90 年代中期以后,随着河运功能的逐渐衰落,加之杭甬运河改走南线,马渚中河基本不见船只。斗门升船机和西横河升船机皆被废弃,管理用房也改作他用,但水闸依旧发挥功能。驿亭 40 吨级升船机也因失养失修而失去功能,至 2010 年末被废弃。

曹娥老坝底升船机

曹娥老坝底升船机位于曹娥江西岸的杭甬运河航道上,原有曹娥堰,即六朝浦阳北津埭,为杭甬运河上重要的交通堰坝和货物盘驳点。萧山、绍兴、余姚、宁波等地往来船只都经过此坝。20 世纪 80 年代,杭甬运河沟通后,由浙江省交通设计院设计,于 1982 年 4 月 25 日在原坝址上动工建造了 40 吨级小型斜面高低轮升船机。升船机轨道长度 150 米,坡度 1∶8,宽轨轨距 3.35 米,窄轨轨距 2.35 米。由上虞县交通工程队负责土建施工,上虞县运输公司负责机械设备加工安装,上虞县升船机管理所负责电气设备安装。1983 年 6 月 20 日,主体工程完工,同年 7 月 1 日正式通航。其附属工程于 1983 年年底全部竣工,整个工程国家投资 100 万元。

三、航标的设置与制改

航标是供船舶定位、导航、避开危险物或其他专用目的(如测速、校正罗经)的人工助航标志及设施的简称,旨在引导船舶选择适航水道、保证船舶安全运行。从 1953 年开始,浙江省在运河等航道上设置航标。进入改革开放新时期后,运河航道标志标牌的布设和建设日臻规范、科学和完善。

大运河浙江段从 1963 年起实施航道标志规范化建设,到 70 年代末,仅杭申乙线浙江段就设有助航标志 273 处。由于浙西运河主航道航行条件大都较好,加上国家不断投资疏浚开拓航道,航标设置有减无增。1978 年时,杭甬运河宁波段设有蜀山、小隐、河姆渡、城山、东江岸、乍山 6 座接岸标。标身高均在 2.6~3.4 米,均系白色灯光,灯器规格 90 厘米,标身采用方形水泥杆表面涂色,直流电源,射程 1.5 千米。从 1980 年起,运河航道航标开始使用空气硅电及锌空电池作为能源,使航标发光性能趋于稳定和耐用。1983 年,杭甬运河沟通后,从杭州三堡—临浦峙山闸—马社桥航线,计设置助航标志 20 座(发光标 4 座),其中:河口标 1 座、停船界限标 2 座、泛滥标 1 座、侧面标 1 座、通行信号灯 2 座、指路标 9 座、鸣笛标 5 座。

1986 年 2 月 17 日,国家标准局颁布在交通部原颁布的《内河航行规范》(1959)和《湖泊、水库、运河、船闸航行规范(草案)》(1960)基础上修改补充的两项新编国家标准:《内河助航标志》(GB863 - 86)和《内河航标的主要外形尺寸》(GB5864 - 86),自1986年11月1日起实施,以改革和统一中国内河助航标志,设置功能明确、易认好记、经济可靠的内河航标,更好地保证船舶航行安全。新国标确定航道的上、下游和左、右岸。左岸标志为白色(黑色),右岸标志为红色;夜间左岸为绿色光(白色光),右岸为红色光。

为宣传、贯彻实施国标,交通部下发了《关于认真贯彻实施〈内河助航标志〉等两项标准的通知》(〔86〕交河字431号)。1987年1月17日—20日,浙江省交通厅航运管理局在台州临海召开全省内河助航标志制式改革工作会议,初步确定改革规划、步骤,落实制改宣传工作由港监部门承办。10月16日—18日,又在宁波召开全省布置内河航标制改任务会议,确定各航线制改方案,统一全省灯质标准、杆形标志安装标准、各航线设标规格等一系列制改的具体实施标准。

根据省航运管理局的统一步骤,杭州、嘉兴、湖州等地航管部门都成立航标制改领导小组,下设工作班子具体开展制改工作,按照"先干流后支流,先上游后下游"的原则,对辖区航段进行实地勘察,对航标标位的设置进行实地落实。同时,各地航管部门把国标《内河助航标志》列入机动船员培训教育大纲、考试大纲,并对在职船舶驾驶员分期分批举办国标《内河助航标志》与《内河管理条例》学习班。当年,仅嘉兴市就有2 802人次参加学习,共发放航标宣传手册计1 780份,有力地宣传了新的《内河助航标志》,推动了航标制发工作。

运河航道航标制改,浙江省从1987年9月份起开始安装新的航标、指路牌等,到10月底基本完成,其中仅嘉兴市就改建、新建航标49座,新增指路牌32块、鸣笛标30座,清除报废指路牌2块、油漆指路牌2块。杭甬运河宁波段的6座航标均改建为沿岸标,采用太阳能电源,标身为电信杆结构;新建的4座航标,其中小西坝2座为侧面标;姚江口及升船机旁2座为示位标,标质系钢筋混凝土圆锥,太阳能电源,灯色为白色莫尔斯信号。

经过制改,大运河浙江段等航道主要标示航道方向、界限与碍航物的助航航标,有发光与不发光之别,按用途分为鸣笛标、风讯信号标、水深通行信号标、过河标、接岸标、过河导标、左右通航标等,其形体有灯标、浮鼓、三角浮标和棒形浮标等。到 1990 年,杭申线嘉兴段设置助航标志 19 座,其中指路牌 13 座、鸣笛标 6 座,发光标有13 座。而京杭运河嘉兴段则设置助航标志 7 座,其中发光标 6 座,左右通航标 1 座。

随着科学技术的进步,运河航道的发光航标灯器也不断更新换代。20 世纪 90 年代初以前,运河航道航标灯器基本都沿用以前的机械式换泡灯器,电源一直沿用太阳能板或镍镉电瓶或锌空电池。1994—1998 年,航标灯器逐步更换为内置配套闪光仪及电子换泡机,其中运河航道的航标灯器均采用 87 航标制改形态,岸标标杆均采用水泥杆,标牌采用铁构搪瓷牌,标灯采用上海航标厂等企业生产的 150 毫米灯,内置 TS – 1 闪光灯及机械换泡机,电源采用太阳能硅板及镍镉电瓶。1999—2004 年,航标灯器逐步推广发光二极管即LED 冷光源。2008 年起,航标灯器又逐渐改为集充电设备、电池、LED 冷光源于一体的免维护一体化航标灯。

运河助航航标制改工作完成后,各地港航部门都加强了助航航标的养护、管理工作,不仅分别着手完善航标资料,绘制所辖航区航标配布图,而且建立了航标专业管理维护队伍,配备专业航标艇和摩托艇等,并健全相应的维护标准及制度。每月查标维护 2 次,间隔一般 15 天,若遇汛期、暴风、雨雪等情况时增加检查次数。一类维护航航标正常率必须达到 90% 以上,其他航道航标维护正常率必须达到 95% 以上。2004 年起,大运河浙江段航道航标开始安装电子遥测监控系统,有效地提高航标维护效率,降低航标维护成本。

随着运河航道建设的不断加强和航道等级的提升,助航航标的布设也日臻完善。1999 年,京杭运河浙江段航道标志标牌进行重新配布,并首次运用航道信息标志,其中嘉兴段布设助航标志 14 块、安全标志 16 块、信息标志 34 块,使京杭运河浙江段全线达到美化、标准化。当年 9 月,京杭运河浙江段统一的航道标志牌工作通过竣工验收。2005 年,为配合京杭运河文明样板航道的创建,京杭运河、杭申线的 5 座航标灯器改为内置配套闪光仪及电子换泡机,标杆及顶标改为涂锌钢管及铝合金顶标。

2006 年,交通部组织力量对《内河交通安全标志》进行修改。根据修订后的《内河交通安全标志》,"九五"期间,浙江结合航道改造,对原有的不符合船舶安全航行要求的航道标志标牌进行了全面改造。其中嘉兴市 2007 年新建航道标志标牌 179 座(块),维护标志标牌 1 116 座(块);2008 年在京杭运河等主干线航道上增设航道标志标牌 1 088 块;2009 年又结合形势对杭申线航段等 6 块有损坏的大型宣传牌及时进行了重新设计和更新,完成六级以上航道桥梁和河口标等设置 866 块,维护航道标志标牌 2 094 块(座),使航道航标完好率达 99% 以上,使运河等航道标志标牌设置日益规范、科学和完善。

2014 年,对全省助航标志进行摸底与排查,对一些不符合规范的标志标牌进行撤换和改造,尤其是对一些重要航道或重点部位进行重新布置,并逐步安装遥测监控设施,推广智能数字化航道。2014 年全省设置标志标牌里程达 2 245.64 千米,比 2013 年新增 1.05%,设置助航标志标牌 4 406 座(块),比 2013 年新增 17.12%,使得内河航道的助航标志标牌布局更科学合理,设置更全面规范,清晰而富有现代气息的航道标志牌展示了大运河浙江段航道的风姿,为航道的安全畅通提供了保障。2014 年全省各地运河航标配布具体情况详见表 15。

表 15　2014 年全省各地运河航标配布情况

序号	维护单位	航道名称	设标里程/千米	配布类别里程/千米				设标数量		
				一类配布	二类配布	三类配布	重点配布	设标数量	发光航标	专设航标
1	杭州	杭甬运河	20.9		20.9			9	9	
		京杭运河	36.94			36.9		4	4	
		杭申线	13.41			13.4		1	1	
2	嘉兴	京杭运河	17.35				17.4	94	4	30
		杭申线	92.27				92.3	702	1	192
		六平申线	116.43				76.9	94		51
		乍嘉苏线	66.32				66.3	216	1	55
		东宗线	16.32				16.3	104		33
		嘉于硖线	41.60				41.6	252		72
3	湖州	京杭运河	40.09				40.1	43	13	30
		长湖申线	75.58				75.6	94	10	84
		湖嘉申线	36.87				36.9	51	11	40
		杭湖锡线	51.62				51.6	69	11	58
		东宗线	21.59				21.6	18		18
4	宁波	杭甬运河	97.28				97.3	175	12	101
5	绍兴	杭甬运河	101.73				102	261		

——摘自《2014 年浙江港航发展报告》

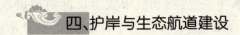

四、护岸与生态航道建设

大运河浙江段护岸堤塘建设历史悠久。中华人民共和国成立后，人民政府重视对运河等航道护岸的修筑。20 世纪 70 年代后，尤其是进入改革开放新时期后，随着水上运输量的迅猛增长和机动船的日益增多，河水对运河等航道的堤岸冲损加剧。据嘉兴地区水利学会 1981 年对京杭运河等河道的典型调查,河道单面年坍损量达 0.3 米左右。因此,从国家到省、市、县各级政府都高度重视航道护岸建设,运河等航道的护岸建设力度不断加大。

1981 年,省人民政府批转由嘉兴地区行署和浙江省交通厅拟定的《关于认真做好嘉兴地区河道护岸工作的纪要》,确定护岸资金来源,除列入包干的运河护岸工程补助费(每年 70 万元)和各县(市)安排地方护岸经费(每年 100 万元)外,从地区航管部门征收上缴给省的航养费中,每年返回 150 万元用于护岸建设。撤地建市后,分配给嘉兴市 110 万元、湖州市 40 万元。

1982 年,嘉兴地区林业水利局编制《嘉兴地区航道、主要河道及湖荡护岸规划》,经地区行政公署批转各县执行。按该规划,嘉兴市域需筑护岸长度 4 255 千米,其中亟须建设 1 950 千米、近期建设 1 234 千米。从 1982 年 3 月起,嘉兴地区按运费的 3%,征收航道护岸专项资金。1986 年又在全省改为按吨位由航管部门征收,交财政储存,每年由各地政府下拨各单位使用。自此,全省各地结合航道建设,大力修筑航道护岸工程。1980 年 3 月,海盐县首次在海盐塘北岸兴建直立式护岸,从武原镇西首至王道宅,长 17.7 千米,于 1983 年 12 月竣工。1982 年起,平湖县对上海塘等主要河道采用混凝土齿墙基础的直立式浆砌块石护岸建设,避免下部冲刷。1983 年,海盐县在海盐至嘉兴航线的海盐境内修筑护岸(右岸)21.34 千米,左岸 2.79 千米,国家投资 169.5 万元。1982—1996 年,平湖市利用省拨航道护岸补助经费,新建航道护岸 42.6 千米,并全部采用直立式浆砌块石勾缝方式,质量有了提高。1985—1988 年,嘉兴市对平湖塘、新塍塘、海盐塘、长水塘、三店塘和杭申线等市区航道砌筑块石护岸,新建 10.12 千米,重建 1.16 千米,维修 0.008 千米。1989—1990 年,再次在杭申线嘉兴段、京杭运河嘉兴段等市区航道砌筑块石护岸 5.88 千米,其中新建护岸 4.69 千米,重建护岸 1.19 千米,国家投资 140.73 万元,自筹 8.13 万元。1990 年,在三塔湾南侧砌筑石护岸 300 米。据统计,1983 年至 1990 年年底,仅嘉兴市就累计新建直立式块石和斜坡砌石护岸 355 千米(不含南排工程),重建 28 千米,总投资 3 157 余万元。从 1993 年开工至 2003 年 8 月完工的杭嘉湖内河航道网改造工程项目,历时 10 年,全线改造杭嘉湖 5 条干线航道 408.135 千米,在实现浙江省四级航道零的突破的同时,新建护岸 489.43 千米,修复护岸 43.99 千米,两岸绿化 418 千米。1995 年实施的京杭运河浙江段改造工程,由五级航道全线改造提高到四级标准,整治航道 83 千米,同时根据交通部对京杭运河全线护岸的要求,增加了京杭运河浙江段护岸完善工程,新建护岸 54.6 千米。

2000 年 7 月 1 日,浙江省政府根据交通部有关文件,取消内河航道护岸费项目。尽管航道护岸费项目取消,但嘉兴市等地继续加快航道护岸建设步伐。2000 年 12 月起,嘉兴在市区河道整治中,砌筑块石护岸 16.51 千米,其中一期市河整治包括南湖、西南湖、环城河、蒋水港、青龙港等河段,修筑护岸 4.2 千米,到 2001 年 10 月完工;二期市河整治包括穆湖溪、苏州塘、清河、月河、新塍塘等河段,修筑护岸 8.06 千米,到 2003 年年底基本完工。1996—2005 年,秀洲区重点对京杭运河嘉兴段、杭申线嘉兴段等主干航道及湖荡进行堤岸建设,共新建和维修河道护岸 289.64 千米,其中新建 206.47 千米,维修 83.17 千米。2001—2005 年,海宁市在境内累计兴建护岸工程 186.5 千米。

"九五"期间,由于经费少,浙江省只对新开拓和因浚深造成岸坡失稳的航道修建了护岸工程,使航道两岸遗留了大量未护的土坡和年久失修的简易护岸。到"十五"期间便着重做好护岸的完善工作。2003 年 9 月,乍嘉苏线浙江段航道护岸完善一期工程开工,至 2005 年 11 月完成,开挖土方 71.98 万立方米,修筑护岸 35.22 千米,实际完成投资 5 346.24 万元。2004 年 12 月 23 日,浙江省首条可通千吨级船舶的内河航道改造工程湖嘉申线湖州段开工建设,按三级通航标准建设,改造里程 43.2 千米,开挖土方 585.6 万立方米,新建护岸 60.2 千米。

到了"十一五"期间,航道养护开始贯彻"建养并重,协调发展,强化管理,提高质量,保障畅通"的指导思想,运河等航道护岸建设与河道绿化相结合,向生态化扭轨转型。

20世纪的运河航道护岸修筑最初大多采用斜坡和直立两种形式砌石护岸。1980年11月,嘉兴地区水利学会在桐乡召开块石护岸经验交流会。因肋型底座护岸能有效防止波浪对护岸基础冲刷淘空,被确认应用推广,遂全面推广混凝土砌肋型底座块石护岸。1982年嘉兴地区林业水利局编制《嘉兴地区航道、主要河道及湖荡护岸规划》,对护岸断面的结构进行分析,推荐在平原地区以直立式为主要型式,不管哪种型式都不宜用干砌块石。为防止船行波下跌而淘刷,护岸基础要牢固,推广混凝土肋型和挡板型基础,各地试验以工程措施与植物护坡相结合的方式建设复合型护岸。由此,砌石护岸开始与河道绿化相结合。各地结合农田防护林网建设,沿河岸种植水杉、池杉、落羽杉等防护林带,在一系列航道建设工程中都实施绿化工程。尤其是90年代后期开始,河道绿化由以"固堤护岸,保持水土"为主发展为以"改善生态环境"为主要目标,河道绿化建设发展迅猛,继而又进一步发展成为美化环境的景观建设。绿化的花卉苗木品种也由原来的以梧桐、香樟、榆、杨等为主,进一步扩大到广玉兰、栀子、含笑、杜鹃、石榴等200多种。到2003年,嘉兴市区完成的河道绿化主要有环城河绿化带、平湖塘角里街沿河绿化带、秀洲新城沿新塍塘河滨绿地、外环河北郊河绿化带等,河道绿化总面积至少500公顷。

与绿化相结合的航道护岸建设使航道护岸在满足挡水护土功能及自身安全的同时,日益成为航道景观中的重要因素,因而逐渐打破岸线的界面僵化所造成的闭合感,根据周边环境风格、地形和水面的变化,平面和断面形式的设计建设越来越多样化、艺术化,其主要形式有:

假山石护岸,利用湖石缀砌成凹凸相间、纹理相顺、颜色协调、体态多异的护岸,并在缝隙凹槽中种植花草,体现出变幻美丽的水面轮廓与对景倒影。

规则块材砌体护岸,利用花岗石、青石等条石或蘑菇石等人工加工的规则块材或用预先加工成各种形式的彩色或素混凝土预制等错缝砌筑,增加立面细部的造型和色彩。

冰纹式块石砌体护岸,利用具有自然纹理的毛石按重力式挡土墙砌筑,临河面顺自然纹理冰纹式建成凹缝或平缝。

板桩式护岸,采用竹、林、混凝土桩等构筑护岸,大多为混凝土桩,低水位以上混凝土桩表面做成原木饰面。

跌落式多阶护岸,将直立式挡土墙化整为零分成多阶的挡墙砌筑,中间做成休闲步道和绿化平台,既解除视觉上的庞大、笨重感,又能增加护岸的亲水性。

钢筋混凝土护岸,表面做成斩假石形式或者喷涂真石漆,将卵石或贝壳嵌于表面,组成各种形式的花纹和图案,增加观赏效果。无防洪要求的钢筋混凝土护岸还能结合雨水管,在墙身上开设多管口,营造壁泉效果。

挑台式护岸,结合航道地形,护岸顶部出挑形成挑台,平面形式有弧形、半圆形、三角形、多边形等,加栏板、栏杆,结合灯具,临河布置座椅,成为休闲场地。平台下采用柱下独立基础或桩墙支撑。

生态护岸,是具有自然河岸可渗透性的人工护岸。它拥有渗透性的自然河床与河岸基底、丰富的河流地貌,可以充分保证河岸与河流水体之间的水分交换,并且在护岸压顶处理还时常加设花槽,种植耐水性藤蔓植物,遮掩部分护岸。2004 年,海宁市开展生态河道建设试点,在对唐家堰港和辛江塘疏浚的同时,在两岸种植树木。同年,嘉善县西塘镇荷花村也开展了同样的试点。2005 年,海宁市完成了总长 22 千米的辛江塘生态河岸建设工程。嘉善县则对大云镇十里水乡的 7 千米河道实施生态河岸建设。

助力"五水共治"的生态航道建设

2013 年年末,浙江省委十三届四次全会做出"治污水、防洪水、排涝水、保供水、抓节水"的"五水共治"重大决策,通过治好水、用好水等综合治水为突破口,推动经济转型升级,实现社会经济不断发展,生活环境不断改善,生活品质不断提高,实现建设物质富裕、精神富有的"美丽浙江"的美好目标。2014年4月，国务院总理李克强在考察长江黄金水道建设时指出，"要加强生态系统修复和综合治理，做好重点区域水土流失治理和保护。在全流域建立严格的水资源和水生态环境保护制度，控制污染排放总量，促进水质稳步改善，确保一江清水绵延后世、永续利用"。为切实贯彻好中央和省委的要求，既加快航道建设，发展现代水运事业，又确保在自身行业建设中保护好生态环境，尤其是水资源环境，实现航道建设与生态保护"两同时"，浙江省港航系统提出"建设生态航道、助力五水共治"的发展目标，并于2014年年初制定、印发了港航管理系统"五水共治"实施方案，助力"五水共治"的生态航道建设在全省蓬勃展开。

首先是强化科学研究，推动航道建设集约化发展，实现资源节约与环境保护。传统的航道建设模式是严格根据航道标准，对同一等级航道确定统一的底宽和水深、弯曲半径、断面系数、净空高度、净空宽度等技术参数，没有与航道的货运量、主要功能、船舶航速和通道类别等相关因素建立直接、合理联系，存在着一定程度的自然资源、社会资源和资金成本的浪费以及对自然环境的破坏，也在一定程度地增加了内河航道高等级航道少、干支通达性差、网络化程度低、建设推进难等实际困难。为有效节约资源、化解困难，浙江省港航管理局开展"资源节约型限制性Ⅲ级航道建设关键技术研究"，从经济发展、社会民生和综合运输对内河水运发展的巨大需求与我省地少人多、资源承载能力有限的客观实际严重制约内河航道建设的矛盾出发，针对浙江省内河航道高等级航道少、干支通达性差、桥梁瓶颈较多、海河联运较弱的现状，提出了资源节约型航道建设的新理念及实施途径。历时四年，通过理论分析、数值模拟、物模试验、实船试验等方法，研究航道尺度、护岸、桥梁等影响资源占用的主要因素对航道通过能力和船舶航行安全的影响，在保证航道通过能力和航行安全要求的前提下，提出通过加大水深、缩小面宽来实现最少的土地占用，通过建设单线单向、双向航道并采取综合管理措施来实现干支直达，通过适当降低非主要航道的跨航桥梁的改造标准来实现节约建设资金和降低实施难度，最终以最大化的合理利用资源实现水运效益的最大化。

2014年9月27日，研究成果通过行业权威专家鉴定。鉴定专家委员会一致认为该项目立题新颖、技术路线科学准确、研究手段先进全面，研究成果丰富、结果可信、应用性强，是对现有标准技术规范的进一步细化和深化。研究成果对长江三角洲水网航道建设具有积极的借鉴意义，对促进平原河网地区内河航道等级提升和干支线航道贯通成网的建设及航道养护具有实际的理论指导意义和工程应用价值，成果达到国际先进水平。

注重优化设计，因地制宜设计生态航道，体现资源节约与环境友好。在航道设计过程中，贯彻落实"五水共治"相关要求，注重生态设计理念，坚持"以人为本、安全至上"的原则，努力做到全寿命周期成本控制，坚持保护环境、保护文物，与自然、人文历史相协调，坚持统筹兼顾、节约资源，设计与水资源环境相协调的生态航道。

航道线型柔性化。航道线位的布设充分考虑自然、环境、文物及人文景观的现状，合理选用技术标准，采用柔性化设计理念，结合新农村建设，统筹兼顾水利防洪、水土保持、环境保护、文物保护，进行全方位优化和比较，选择最优路线方案，最大限度地保护和恢复原有生态环境、人文景观。如湖嘉申线湖州段双林市河段河面宽30～50米，两岸房屋密集，企业、工厂众多，另有3座清代石拱桥，不能于原地拆除重建。在满足城镇规划的基础上，结合新农村建设，采用了改线方案，既避免与城镇规划的矛盾，又保护文物。对特殊困难河段，通过方案比选，采用极限弯曲半径。如湖嘉申线湖州段湖州船闸起点段和双林改线尖家斗处等特殊困难地段，考虑到航道沿线的工厂、桥梁、民房、加油站等综合因素，在满足航行安全的情况下，将三级航道正常情况下的最小弯曲半径由480米降低到330米，同时进行弯道内侧加宽，设置助航标志，达到了减少拆迁量、降低工程投资的效果。

航道结构生态化。在航道具体设计中，细化设计内容，结合航道沿线地形地貌、水域特征以及资源、材料分布情况，因地制宜，开展各种形式的生态保护工程。在湖嘉申线、杭平申线、京杭运河等内河平原航道改造工程设计中,因地制宜,采用多种形式的生态护岸结构,建设生态航道。如透水性预制砼沉箱式护岸,该护岸预制空箱的墙前后设置了多个孔洞,墙前后水体可交换,有利于水质改善和水生动物生长,改善河中生物的栖息环境;箱体可工厂化预制,施工便捷;护坡上采用废弃的椰子壳做成的椰丝毯固土,这种椰丝毯若干年后可自然分解,属环境友好型新型材料。杭嘉湖内河水网地区航道建设经常会经过湖漾,里面往往有大量的养殖水产,为了减少对养殖业的影响,需要在湖漾段采取隔离措施。为了不生硬地分隔水体、破坏生态,采取了软隔离的方案。如湖嘉申嘉兴段一期工程有北官荡、沉石荡等几个湖漾,设置了软隔离透水方案,运用预制桩来固定竹篱笆,在两排篱笆围成的 5 米宽水域内种植浮游植物,可阻隔油污、垃圾和部分船行波,使航道与其他水域泾渭分明,但又有利于水体交换和水生动物的自由迁徙,在桩顶设置太阳能航标灯或反光膜用于夜间导航。相对于筑坝回填,在满足航运功能的同时,既保护和改善生态环境,又节约大量的建设资金。

加强科技创新,引领低碳环保,建设生态航道。内河航道建设紧紧围绕科学发展,坚持走生态环保和资源节约路线,坚持"结构安全,形式新颖,生态环保,经济合理"的发展理念,加强科技创新,积极探索新工艺、新材料和新技术的应用,在航道建设节约土地、节约资源、保护生态环境等方面进行了研究和尝试,并取得了一定的成果。

应用桥梁顶升新工艺。鉴于航道建设中桥梁改造任务重的特点,对某些老桥采用桥梁顶升的方法来提高净空高度。桥梁顶升技术的运用,不仅做到对老桥最充分的利用,节约资源,节省投资,并且最大限度地减少工程建设对周边交通、环境的影响,缩短工期,创造良好的经济效益和社会影响,为内河航道建设工程中符合条件的桥梁改造提供良好的示范。如湖嘉申湖州段的屺风大桥仅用 3 个月时间、投资 197.5 万元成功完成顶升,并创下了迄今国内桥梁主桥引桥整体一次顶升 2.5 米的最高纪录,顶升后该桥梁满足三级通航标准。与拆除老桥、重新建造的方案相比,节省了 956.5 万元建设资金和土地资源,缩短了一年多工期。海宁市对辛江塘河上的蒋家大桥进行了顶升工程,使大桥一昼夜"长高"了65厘米,航道通航能力增加100吨级。2013年海宁对有条件的18座桥梁进行顶升,其中蒋家大桥顶升工程投资900万元,使桥梁平均抬升80厘米,航道通航能力增加100吨级以上。

应用劈离块新材料。秉承"不破坏就是最大的保护"的理念,对施工和拆迁较为困难的城镇地段采用混凝土劈离块护面修复护岸,既减少扰民又节约资源。混凝土劈离块利用电炉渣等工业废料作为辅助材料,可就地取材,具有制造技术先进、工程质量可靠、工程造价合理、外观简洁大方、维修复原性好等特点。既降低全寿命周期成本,又便于运营养护,起到了很好的节约矿产资源、保护生态环境的作用。混凝土劈离块护面护岸结构已在全省全面推广应用。在此基础上形成的《预制混凝土组合结构型航道护岸工程质量检验规范》已广泛服务于全省内河航道工程建设。

应用混凝土板桩新技术。应用预制混凝土板桩技术,可减少土地资源占用。长湖申线、湖嘉申线等航道建设和养护施工中,积极应用混凝土板桩技术,在不增加航宽的情况下,通过加固原有护岸并浚深航道来提升航道等级。在前期混凝土板桩的基础上,"U"形板桩技术在运河航道护岸工程中试验应用。"U"形预应力混凝土板桩是一种具有基础加固、挡土、护坡及水土保持作用的维护性新型结构,也是一种比矩形混凝土板桩材料更省、挡土面积更大、消浪作用更强、抗弯抗剪等力学性能更优良的结构形式。

重视绿化效果,突出人文景观和自然生态风光,烘托文化内涵与地域特色,使航道建设既促进沿线水运经济的高速发展,也改善了城市生态环境。为进一步落实内河航道生态建设,深入实施绿色通道工程、景观展示工程,高标准建设航道绿化、景观工程,全力打造航道绿色生态长廊、文化景观展示平台。绿化景观设计结合当地历史文化,突出重点,贴近自然,着重选择有代表性的航段进行重点绿化和景观设计,营造真正"船在水中行,人在画中游"的水路交通环境。武獐线航道两岸间隔设置了游步道、栏杆和亲水平台,供居民休憩;湖嘉申线城镇附近桥梁进行景观设计,分别采用桥体镶嵌龙凤图案浮雕,配以灯光亮化组合,营造大桥长虹卧波的气势,成为当地一道靓丽的风景线,航道选点设置《牧鹅少年》雕塑,文化与自然景观情景交融;吴沈门水闸段采用中式风格的建筑,在水闸导流墩上设置中国传统神兽镇水兽;杭申线航道上种植了20多万株树木,有香樟、夹竹桃、黄山栾树、海桐球、杜英等,一律按四季变化错位栽种,出现了"春—夏—秋—冬—春"的景观循环变化,形成了一道道靓丽的生态绿墙,一幅幅"四季常青江南岸,八方货船画中游"的江南水乡柔美风情画卷。

航道绿化建设与地方城市绿化景观建设相结合,实施拼盘建设,实现"一次投资、双重功效",并在杭平申线航道工程中开展试点,先后完成了杭平申线平湖段航道1.2千米单侧航道绿化。2014年完成航道沿岸绿化建设及养护约270余万平方米,投入资金500余万元,以点带面,打造湖嘉申线"五水共治"样板生态航道,进一步提升生态航道的内涵,为实现内河航运与生态环境的可持续协调发展及构建"畅通、高效、平安、绿色"的内河航运体系奠定基础和条件。同时,深入开展以"三不一推"为主题的内河船舶水污染防治专项整治行动;突出危货监管,突出排污监管,运用船舶签证等有效手段,督促做好船舶垃圾、油污水定期上岸交送及回收工作,推广危险品船舶 AIS 免费安装,落实危险品船舶申报制度;加强对内河新建船舶防污设施设备、营运船舶、船用产品等的检验,加快推进内河船型标准化;积极推进船舶清洁能源应用。通过一系列强有力的持续的举措,有效降低污染事件发生率,持续保障航道清洁,努力营造"畅、洁、绿、美"的生态航道环境。

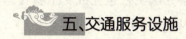

五、交通服务设施

航道服务区

在不断加快航道建设步伐,全面提升航道等级和通航能力的同时,浙江各地港航部门还强化服务理念,在运河航道沿线建设水上服务区,以"以人为本,全方位为民服务"的宗旨全面提升航运服务水平,创建生态航道、文明航道。2004 年,湖嘉申线湖州段开工建设首个航道服务区——和孚服务区。和孚服务区占地 2.7 公顷,建筑面积 1 995 平方米,建设 1 000 吨级码头 350 米,供船舶停泊水域面积 17 500 平方米,为船舶提供加油、免费加水、便民超市、船舶配件、港航等一站式服务。2007 年建成后,湖州港航处根据广大船民需求,积极引进新项目,不断提升和孚水上服务区的功能。完善后的和孚水上服务区集油品提供、生活用水免费提供、便民超市、接电提供、船员之家、生活污水接收处理、船舶油污接收处理、生活垃圾处理、港航站式服务、船舶配件等十大服务功能为一体,航行于湖嘉申线上的运输船舶,随时可以靠泊这一"水上驿站",享受到和陆上高速公路服务区一样的便利服务。随后,浙江省港航管理局制定并实施了省级地方标准《内河航道服务区总体设计规范》,促进航道服务区规范、科学发展。

大运河浙江段航道服务区,包括锚泊区和服务区两类,其中锚泊区仅提供船舶锚泊,不考虑陆上服务设施。2010 年,长湖申线湖州段先后建起升山锚泊区和旧馆锚泊区,其中升山锚泊区位于湖州市吴兴区八里店镇,码头长 420 米,停泊水域 71 700 平方米;旧馆锚泊区位于湖州市南浔区旧馆镇,码头长 340 米,停泊水域 39 700 平方米。2013 年,绍兴县完成钱清岭江和齐贤兴浦锚泊服务区两个水上加油站建设并移交经营;实施杭甬运河应急系缆桩项目,专门在运河沿线6处航段共设置了应急系缆桩30个。2013年湖嘉申线航道嘉兴段航道一期工程中两个锚泊服务区工程也完成交工验收,其中嘉善锚泊服务区工程布置7个1 000吨级泊位,护岸长478.5米,陆域建筑面积975平方米。

2010年10月,浙北首个水上服务区全新亮相湖嘉申航道。为推进湖嘉申线(湖州段)厅级文明航道创建,航道服务区内除设置常规的管理楼、加油加水设施、维修保养设备、小超市、医务室等,还设置生活污水和油污水处理站、公共厕所和浴室、垃圾集中回收站等环保设施;除提供锚泊服务外,还包括航运管理服务、船舶生产供给、船舶生活供给、船舶维修保养、水上交通应急保障、环境保护等。2013年8月16日,湖嘉申线航道嘉兴段一期工程芦花荡综合服务区(水工、房建)通过交工验收并投入试运行。该项目投入使用后满足生产供给、生活供给、船舶维修管理、环保、节能、休闲等六大功能。2013年年底,杭平申线航道改造工程项目中的白苎锚泊服务区和元通待泊区两个航道服务区开始投入建设,水工结构按靠泊1 000吨级船舶设计,总投资3 507万元。两个航道服务区建成后,为往来的船只提供船舶靠泊、加油(水、电)补给、船舶日常维修、船舶配品配件及船民生活消费等一站式服务。其中白苎锚泊服务区设置泊位3个,泊位长度250.6米,陆域用地面积20.53亩,布置综合楼、机械间等6个单体建筑;元通待泊区设置泊位3个(可并靠船舶三档),泊位长度223米,陆域用地面积6.03亩,布置综合楼、调度房、门卫共3个单体建筑。

此外,运河航道沿线还设置了系缆桩、应急锚泊区、电子可变告示牌、垃圾集中回收点,可满足广大船员的生产生活供给、停泊休息等服务需求。如2006年和2009年,湖州市分两期在杭湖锡线建成太湖应急避风锚地,锚泊岸线4 500米,码头长65米,停泊水域225 000平方米,陆域面积2 000平方米,建筑面积200平方米,以为船舶提供临时应急停泊为主。

风情信号台

风情信号台是为长期穿梭于运河以及太湖等航线的船舶及时提供大风情况等服务的信号台,以避免船舶冒险出航。2004 年 9 月,湖州市港航管理局在杭湖锡线湖州新港口太湖港航管理站码头建设浙北航区风情信号台,年底竣工,2005 年 3 月正式投入使用。

港口强劲崛起

中华人民共和国成立初期，大运河浙江段的码头多为自然岸坡。尽管 20 世纪 50—70 年代各地都对运河港口和码头进行了一些建设投入，但除杭州港建成艮山港区外，其他的运河码头和港口仍然大多利用自然岸坡、人力装卸。1978 年后，顺应改革开放的时代大潮，大运河浙江段港口建设进入新的发展时期，开始较大规模的投入建设，强劲崛起。杭州港先后建成濮家和管家漾作业区、三堡码头，嘉兴、湖州、绍兴先后建成铁水中转区，初步形成以杭州为中心、嘉兴、湖州、绍兴等主要市港为骨干，众多小港为基础的运河港口群。

进入 21 世纪后，杭州港、湖州港、嘉兴港、绍兴港、宁波港 5 个运河重点港口相继制定规划，并获得批复。在规划指导下，港口建设步伐不断加快。杭州港管家漾码头等运河码头相继建成投入使用，靠泊能力大幅提高。"十二五"期间，全省内河水运发展以"提升京杭运河、重振钱江水运、构建内河枢纽、发展海河联运"为重点，进一步加快骨干航道建设，着力推进公用泊位和集装箱泊位建设，全面提升内河水运服务能力和信息化水平，为海洋经济发展示范区及全省产业集聚区的发展提供运输保障。

大运河浙江段港口经历了从小到大、从弱到强、从无序到规范，从落后到繁荣的发展和演变，实现了由量变到质变的跨越式发展，成为综合运输，尤其是水路运输体系中的重要枢纽，为调整产业结构、扩大对外交往、发展沿运河经济提供了强有力的支撑。

 一、杭州港

　　杭州港位于钱塘江下游北岸和京杭大运河的南终点，是中国内河 28 个主要港口之一，是浙江省江河运输、水陆联运、水水中转的重要枢纽。杭州港水陆交通发达，水路从运河北上可达杭嘉湖地区和沪、苏、皖、鲁各省及长江沿线各省市港埠，过钱塘江南岸入杭甬运河可达浙东地区。沿钱塘江而下经杭州湾出海可至宁（波）、温（州）、台（州），以及福建、广东等省沿海港口；溯钱塘江而上经富春江、新安江水库连接皖南地带。

建设与发展

　　隋唐至五代时期，是杭州港的发轫时期。隋代州城的筑成和大运河的凿通，使杭州成为大运河的南大门。至五代吴越国建立，扩筑州城，修筑百里捍海石塘，建造龙山闸，消除钱塘江碍航"罗刹石"，形成"南有浙江，北有运河"相连的两大港区，成为中国东南的国际贸易大港。两宋时期，杭州港鼎盛，到了元明清时期，逐渐转变为以内河港为主，既是运河货物的集散大港，又是旅客上下的客运大港。但直到 20 世纪 40 年代末，杭州港的轮埠码头都是临时搭就的木码头或利用河埠或石砌壁岸。中华人民共和国成立后，杭州港开始了港口码头基础设施和装卸机械化的建设。1978 年后，杭州港的建设与发展都真正进入了一个新历史发展时期。

　　1980 年，杭州武林门客旅码头建成并投入运行，运河水系的水上客运出现了一个鼎盛期，并一直维持到 20 世纪 90 年代初。20 世纪 90 年代后，随着城市化、水利和交通建设的发展，杭州全市港口、

码头经历增减消长过程,基础设施发生"新陈代谢"变化。自内河三堡码头工程建设,港口建设标准逐步现代化。1989年5月,建成拥有8个300吨级泊位、16个100吨级泊位,设计年吞吐能力达100万吨的濮家件杂货作业区。1994年,建成钱江三堡散货作业区和六堡海运作业区。1995年随着三堡外海码头的建成,码头最大靠泊能力已达钱江1 000吨级、内河500吨级;已有了最大年吞吐能力300万吨的码头,集疏运设施配套,生产功能齐全。

1996年,占地280亩、设计年吞吐能力达200万吨的管家漾件杂货作业区投入建设。1998年5月,濮家作业区吊装转运第一只集装箱,标志着杭州港的内河集装箱运输开始起步。始建于1929年的浙江第一码头,经过历次改造完善,又于1999年服从钱塘江防洪建设需要移址改建。2001年,谢村作业区进行技术改造,设计吞吐量达140万吨,拥有500吨级泊位8个、300吨级全天候作业泊位2个。为服从城市总体规划建设的需要,杭州濮家件杂货作业区实施整体搬迁,京杭运河北星桥以南的货运码头、钱江港区三堡至八堡黄沙码头于2005年年底完成搬迁。

原杭州港由钱江河口港和运河内河港两部分组成。2003年开始,杭州港进行布局调整,将萧山、余杭两区港口列入港区统计范围,成为杭州港的重要组成港区。2008年6月公布的《杭州港总体规划[修编](2005—2020年)》确定了杭州港的功能和定位,明确了杭州港由钱江、运河、萧山、余杭、富阳、桐庐、建德、淳安、临安9个港区组成。到2010年年末,杭州港拥有生产用码头泊位1 298个,泊位设计年通过能力散装、件杂货物8 443万吨,旅客667万人。杭州港货物吞吐量达到8 752.74万吨,旅客吞吐量400.18万人。

2011年,东洲综合码头完成交工验收。2012年,杭州港完成建设投资22.69亿元,其中规划公用码头完成投资18.47亿元,企业自备码头新(改、扩)建完成投资3.84亿元,水上巴士码头完成投资0.34亿元,新增300~500吨级泊位311个,新增吞吐能力3 234万吨,新增客运(旅游)泊位145个,吞吐能力200万人次。建成了余杭崇贤散货作业区、余杭仁和散杂货作业区等,开工建设了余杭仁和危险品作业区等。2013年,鸦雀漾三期锚泊区工程正式开工,余杭港区崇贤作业区一期工程通过省级竣工验收,并正式交付使用。2014年,杭州港在建项目投资4.58亿元,其中航道工程完成投资3.87亿元,港口工程完成投资0.64亿元,其他工程0.07亿元。

到2014年年底,杭州港拥有950个码头、1 303个生产用码头泊位,泊位长度达51 163米,其中152个码头泊位可停泊500吨级以上的船舶,水路运量占杭州综合运输总量的30%,是国内28个主要内河港口之一,连接三大河流(京杭大运河、钱塘江、杭甬运河),将杭嘉湖水系、钱江水系和萧绍甬水系融为一体,成为具有往北能伸入长江、往东能驶向沿海的通江达海的航运能力。2014年,杭州港货物年吞吐量一举突破亿吨大关,达到1.007 1亿吨,跻身全国十大内河港行列。

港区建设

杭州港共设钱江、运河、萧山、余杭、富阳、桐庐、建德、淳安、临安9个港区,可利用岸线长约154千米,其中运河港区6千米、钱江港区3千米、萧山港区25千米、余杭港区12千米、富阳港区30千米、桐庐港区20千米、建德港区25千米、淳安港区30千米、临安港区3千米。这九个港区中,运河港区、萧山港区和余杭港区为运河水系港口。

运河港区位于京杭运河杭州市区段两岸、半山北河(半电河)两岸和半山南河(杭钢河)两岸。陆域港界自义桥至三堡船闸,自然岸线长36.3千米,可利用岸线长8.053千米。

运河港区曾以跨越京杭运河上的拱宸桥而名拱埠、拱埠航区和京杭运河杭州港。1958年划定港区后,在港区内又划分第一至第六6个港作业区和15处空船停靠区。1985年年底,京杭运河杭州段及支港实际已形成港区(包括市区管辖上塘河段),岸线全长19千米。

1990年起,小河、哑巴弄、德胜坝、艮山港等码头均因城市建设先后撤销或补偿迁移。1998年,港区有濮家件杂货作业区、谢村件杂货作业区、三里洋件杂货作业区、三堡内河码头、市燃料总公司码头、省燃料总公司码头、杭州建筑材料公司码头和武林门客运码头8

个作业区码头,共计81个泊位,另有货主专用码头17个,泊位96个。是年,完成港口货物吞吐量870万吨,公用作业区完成的货物吞吐量约占总量的三分之二。经营货种以矿建材料(黄沙为主)、煤炭、石油、钢铁及粮食为多,每年运往上海、嘉兴、湖州等周边地区的矿建材料300余万吨,由上海、江苏、山东等地流入本市的煤炭、钢材、石油及制品、粮食等货物达到270万吨。武林门客运码头主要从事杭州至苏州、无锡、常州及太湖的旅客运输和水上旅游。是年,旅客吞吐量约22万人次。2000年年底,杭州内河散货作业区通过交工验收并交付使用,时为浙江省最大的内河散货作业区。次年3月,建于1989年的濮家码头整体搬迁至内河散货作业区(也称管家漾作业区)。

运河港区陆域面积125.69万平方米,利用岸线长度7 995米,岸线使用单位49家,设置生产用码头泊位151个,其中公用码头泊位27个,其余均为货主专用码头泊位及临时码头泊位,最大靠泊能力500吨级。港区内有管家漾件杂货作业区、谢村件杂货作业区、三里洋件杂货作业区3个公用码头,有义桥国家粮食储备库、杭州钢铁厂、杭州半山发电厂、杭州炼油厂、市燃料公司杜子桥煤库等货主专用码头。港区进出港主要货种为件杂货、煤炭、石油、钢铁、矿建材料、粮食等,是杭州市能源、原材料物资的主要接纳港,也是杭州产品的输出港,又是省内外水运货物的水陆中转港,年货物吞吐量达2 484万吨。

萧山港区位于萧山区境内的杭甬运河两岸、浦阳江西岸、西小江北岸、钱塘江南岸。港区陆域面积77.27万平方米,利用岸线长度11 962米。

1990年年底,萧山境内有萧山、临浦、瓜沥三港,当年客运吞吐量17万人次,货运吞吐量154.6万吨。20世纪90年代起,随着水路运输的萎缩和水运结构的调整,三港口原有码头装卸作业量日渐减少,部分货运码头偶尔有少量货物装卸。1993年起,新建一批货运码头,建设标准较高,码头泊位功能更为专业化,如萧山电厂煤码头、闻堰货运码头、富春玻璃中转码头、义桥油库码头、浙江中穗省级粮食储备库码头、瓜沥液碱码头等。港区货物吞吐量逐渐增加,1990年货物吞吐量仅为102万吨,2000年达到569万吨,主要为矿建材料、煤炭、非金属矿石等。水上客运逐步萎缩。1994年年底，萧（山）临（浦）航班歇航，城厢南门客运码头和临浦内河客运码头停用。20世纪90年代后期，随着杭州市钱江客运旅游公司在浦阳江上客运航线的歇航，闻堰客运码头、临浦客运码头、义桥客运码头停用，至此，萧山境内所有客运码头停用。

2003年，萧山港列入杭州港统计范围，成为杭州港的一个港区。至2005年，萧山港区有货运码头泊位40余个，其中设计吞吐能力10万吨以上的码头6个，泊位292个，泊位长度14 032米，最大靠泊能力内河500吨级。当年港区完成货物吞吐量1 176万吨。除萧山电厂煤码头作业区初具规模，设施较完善，其他码头和泊位主要为货主自建和专用码头。

萧山港区设置生产用码头泊位228个，年货物吞吐量达955万吨，建成浙江萧然钢材物流中心有限公司、杭州义桥金属材料市场有限公司等公用作业码头泊位。萧山港区是杭州港重要组合港区，是已初步形成了以能源、钢材、煤炭、矿建材料为主，功能比较齐全的综合性港区。

余杭港区位于余杭区境内京杭运河、杭申线、杭余线等两岸。港区陆域面积133.76万平方米，利用岸线长度10 978米。余杭境内航道成网，水路四通八达。20世纪50年代，进出余杭港的大宗物资主要为竹、木、粮食、茶叶等农副产品和食盐、轻化工业产品。

1990年年底，有余杭、獐山、塘栖、瓶窑、安溪、闲林、三墩、临平共8个港口，年货物吞吐量532.5万吨，旅客吞吐量16.61万人次。1996年，因三墩行政区划调整至杭州城区，原三墩镇辖区码头泊位划归于杭州港内河港区管辖;1999年瓶窑片码头泊位统一归良渚港航管理站纳入统计。安溪矿区码头于2002年因良渚文化保护需要关闭全部石矿而关停。此后，余杭境内逐步形成了以余杭、良渚、塘栖（含獐山）、临平（五杭、博陆）为中心的码头泊位发展格局:獐山以矿建材料出口为主;老余杭以矿建材料、非金属矿石出口及黄沙、煤炭、水泥厂原料进口为主;塘栖、临平以黄沙、煤炭、化工品、钢材等货物进口为主。

根据杭州市委、市政府对京杭运河（杭州段）综合整治与开发利用的决策，运河市区段货物吞吐功能弱化，为发挥京杭运河（余杭段）"黄金水道"的价值，《杭州港余杭港区总体布局规划》于 2003 年 1 月 30 日由省交通厅批复同意。根据规划，启动崇贤、仁和、临平三大作业区建设，其中仁和作业区又分散杂区和石化区两个区块。2003 年年底，港区三个作业区四个项目一期工程可行性研究报告由省发改委和省交通厅联合批复立项。港区建设采取总体一次性规划，分期分阶段性实施。2005 年 6 月，崇贤作业区一期和仁和作业区一期共 141 公顷土地获国务院批复，于次年相继开工建设。

2003 年，余杭港区纳入杭州港统计范围，成为杭州港四港区之一。至 2005 年，港区有货运码头 123 个，泊位 263 个，利用岸线长度 14 684 米，最大靠泊能力 500 吨级，主要有余杭、獐山、塘栖、临平、瓶窑、杨梅山、闲林共 7 个主要港口码头群，其中余杭、瓶窑各建有一个公共码头，泊位分别为 10 个、7 个。是年完成货物吞吐量 862 万吨，主要货种为矿建材料、煤炭、非金属矿石和化工产品。余杭港区设置生产用码头泊位 177 个，年货物吞吐量达 1 538 万吨。

港口设施建设

杭州有装卸机械的码头，始于 20 世纪 50 年代后期，经 30 年建设已初具设施完善的现代港口码头。1990—2010 年，杭州港运河、萧山、余杭等港区的码头建设从未间断。随着经济社会的快速发展，货物运输弃水路走陆路现象突出，水上客运直线下降。自 20 世纪 90 年代后期，因城市建设需要，钱江沿岸杭州市区段的货运码头全部被征用而拆除，内河不少码头被拆除或移址改建，港口建设逐步呈北移南扩的发展趋势。港口设施情况见表 16—表 18。

主要客运码头

杭州客运轮船码头（武林门轮船码头）

杭州客运轮船码头建于 1974 年 9 月，1979 年 1 月竣工。1995

年5月前,码头由浙江杭州航运总公司经营管理,后由杭州港航实业总公司经营,主要经营杭州至苏州、无锡的水上旅客运输业务。2000年,杭州港航实业总公司以该码头土地和部分实物资产与杭州坤和投资集团有限公司合资成立杭州坤和旅游客运中心有限公司。2003年后,该码头改建为杭州武林门旅游客运中心。该中心是集旅游码头、商场、写字楼等多功能为一体的综合性公共建筑,与杭州西湖文化广场隔河相望。

"水上巴士"码头

2004年4月,杭州市结合道路行车难、居民出行难的问题,充分利用京杭运河整治保护功能转换提出开通"京杭运河杭州段'水上巴士'"的构想。2004年8月第一期"水上巴士"码头停靠站武林门站、信义坊站、拱宸桥站相继开工建设,均于年底前建成并投入使用。2005年4月建设港航锚泊站,同年9月完工;第二期水上巴士工程于2005年9月开工建设艮山门站和大关停靠点,于次年1月底完工。

2007年1月,杭州市港航管理局委托编制《杭州市水上巴士站点布局规划》,规划钱塘江线"水上巴士"站点为六和塔点、第一码头点、钱江新城点和滨江点,每个站点建设一个"水上巴士"停靠泊位;运河增设濮家站点,建设2个停靠泊位;同时在余杭塘河新建"水上巴士"西溪湿地停靠站、古墩路停靠站、古翠路停靠站3个站点。13个水上巴士站点全由杭州市水上公共观光巴士有限公司经营管理。

主要货运码头(作业区)

濮家码头(杭州港三堡内河作业区)

濮家码头位于京杭运河钱塘江沟通工程新开航道京江桥至顾家桥北岸,是京杭运河钱塘江沟通配套工程,于1987年3月开工建设,占用土地12.85公顷,作业岸线1 236米,建有挖入式港池4个,陆地纵深 200 米,300 吨级泊位 8 个,100 吨级泊位 16 个,堆场 2.23 万平方米,仓库 1.32 万平方米,设计吞吐能力 100 万吨。主要装卸机械设备有 5 吨门机 4 台、30 吨门机 1 台、5 吨桥吊 3 台等。该码头于 1989 年 5 月建成,1990 年 3 月投产,是杭州首次使用外币贷款建设的件杂货作业区。2000 年完成吞吐量 134 万吨。2002 年 4 月 28 日,濮家码头搬迁到内河散货作业区(管家漾码头)。

管家漾码头(杭州港内河散货作业区)

管家漾码头位于拱墅区石祥路 350 号,是使用世界银行贷款的浙江省内河航道网改造项目之一。岸线总长 1 602 米,其中作业区岸线 773 米,占地 19.77 公顷。码头利用原有支流河道和池塘建成挖入式港池,高桩板梁式结构,有 500 吨级泊位 3 个,300 吨级泊位 13 个,堆场 4 500 平方米,管理生产用房 3 250 米,市场经营用房 3 600 平方米。装卸机械有 5 吨级以上门机 16 台,固定转盘吊 5 台,流动吊 5 台,汽车吊 4 台,叉车 3 台,铲车 7 台,移动式皮带输送机 20 台等共 5 类 43 套,最大起重负荷 35 吨,设计年吞吐能力 300 万吨。

码头于 1996 年 11 月开工,2000 年 12 月完工,总投资 1.18 亿元。2002 年 4 月濮家码头整体搬迁至此后正式启用,实际货种以钢材为主。该码头的建成投运缓解了杭州港散货装卸能力不足的压力。依托码头组建的杭州运河钢材市场已成为省内乃至华东地区的钢材集散中心,年钢材成交额达数百亿元。

谢村码头(杭州港谢村件杂货作业区)

杭州港谢村件杂货作业区位于杭州城北京杭运河东岸拱墅区康桥镇谢村,建于 1985 年,原为浙江杭州航运总公司专用码头,占地 6.13 公顷,作业岸线长 577 米,有 100 吨级及 300 吨级码头泊位 11 个,年设计吞吐能力 100 万吨。1995 年杭州市港航企业重组后,转为公用码头。2002 年 8 月—2003 年 1 月,对该码头进行第一期改扩建。2003 年 10 月—2005 年 9 月,对该码头进行第二期技术改造。两期改扩建总投资 3 469.5 万元。经过改扩建,码头占地面积 6.87

公顷,岸线 623 米,建有 500 吨级泊位 8 个、300 吨级泊位 2 个、堆场 27 729 平方米、仓库 10 334 平方米、生产生活配套用房 3 000 平方米,装卸机械有门机 11 台、轮胎起重机 3 台、汽车起重机 2 台、叉车 5 台、铲车 7 台,设计年吞吐能力增至 150 万吨。

杭州港三里洋件杂货码头(作业区)

杭州港三里洋件杂货码头位于杭州市拱北康桥镇谢村西侧,紧靠京杭大运河东岸。占地 23.3 公顷,岸线长 610 米。码头为沿河岸壁式和挖掘式港池,建有仓库 6 万平方米、堆场 2.65 万平方米;各类港口起重设备 50 余台,其中 200 吨级固定式起重机 1 台、10～20 吨汽车起重机 2 台、5～10 吨门式起重机 7 台。年吞吐能力达到 250 万吨。

1989 年 10 月,开始建设件杂货码头泊位,建成岸线 240 米,500 吨级泊位 6 个,库场 2.5 万平方米,年吞吐能力 150 万吨。2003 年,在杭钢河扩建二港区,建设 300 吨级件杂货泊位 7 个,岸线长 370 米,堆场 55 900 平方米,新增吞吐能力 100 万吨。一、二港区总投资 16 847 万元,进出货种以钢材为主,以及出口超大件设备等,是杭州港件杂货主要集散地之一。三里洋件杂货作业区功能覆盖码头装卸、仓储运输、加工配送、钢材贸易、市场管理、金融服务等领域,形成一条以港口为龙头的现代物流产业链。

杭州港大松树集装箱码头(作业区)

杭州港大松树集装箱码头位于余杭区良渚镇运河村,运河西岸,杭长铁路南面,占地 32.7 公顷,规划建设 500 吨级泊位 15 个(其中集装箱泊位 7 个,钢材泊位 8 个),设计年吞吐能力 300 万吨、18 万标准箱,概算总投资 3.1 亿元。该码头是经浙江省政府批准的水运重点工程,于 2005 年 11 月 28 日举行开工仪式,开创杭州首个专业集装箱港口作业区。

余杭港区崇贤作业区

余杭港区崇贤作业区位于京杭运河杭州段东岸、余杭区崇贤镇,杭州绕城高速公路运河大桥北侧,利用京杭运河 2 300 米岸线。崇贤作业区规划利用岸线 2 300 米,陆域纵深 900 米左右,采用挖入式港池,占地面积 164.7 公顷,总投资 5.81 亿元。其中一期工程位于杭州绕城北线、运河特大桥北侧,余杭区崇贤镇四维村,占地面积 56.4 公顷,建设规模为挖入式港池 2 个,新建 500 吨级泊位 23 个,陆地建设项目(仓库及部分配套房建),设计年通过能力 581 万吨。该工程于 2006 年 6 月开工,至 2008 年年底完成投资 3.68 亿元,2009年 8 月投入试运行。

杭港区仁和作业区

余杭港区仁和作业区规划建在仁和镇姚斗村附近,京杭大运河的西岸。作业区以危化品、油品码头为主,件杂货码头为辅,规划中间以 205 米范围高压线走廊作为隔离带。一期主要是吸收杭州运河段外迁码头。作业区距余杭东西大道约 2 000 米,通过该大道最终可连接至杭宁高速公路和杭州绕城高速公路。仁和作业区规划利用岸线长 1 430 米,陆域纵深 370~650 米;采用挖入式港池,占地77.3 公顷。作业区的南侧以油品、危化品泊位为主,采用 1 个挖入式港池,作业岸线长 580 米;北侧以散货、件杂货泊位为主,采用 2 个挖入式港池,作业岸线长 1 760 米,总投资 5.77 亿元。

仁和作业区散货区位于余杭区仁和镇东侧东西大道旁,与杭州绕城高速、杭宁高速、320 国道、104 国道、申嘉沪杭高速及 09 省道紧密连接。作业区码头水工工程建设 2 个 500 吨级(兼顾 1 000 吨级)挖入式港池,包括散货及件杂货泊位 24 个及相应的附属和配套设施,设计年通过能力 550 万吨。该工程于 2006 年 3 月开工建设,2011 年 11 月完工。项目用地 403 316 平方米,决算投资 39 772万元。

仁和作业区石化区北港区(杭州宇行石油储运有限公司码头),

位于京杭运河仁和街道平宅村,于2010年8月31日开工建设,建有500吨级泊位3个,岸线长度300余米,6 000立方米油品储罐12个,年设计吞吐量为85万吨,主要为杭州、湖州、绍兴等地供应汽柴油。2015年7月6日,进油工作正式开启。

仁和作业区石化区南港区,建设规模为挖入式港池2个,500吨级泊位8个,设计年通过能力170万吨;工程占地25.5公顷;核定投资概算10 421.56万元。陆域房建部分于2008年3月开工,码头工程于2009年9月3日开工。

表16　2010年杭州港运河码头设置一览表

辖区	辖区内岸线使用单位/个	岸线/米	泊位/个	其中			2010年吞吐量	
				煤炭泊位	危险品泊位	件杂货泊位	货物/万吨	旅客/万人
合计	322	28 496	388	27		82	6 173	5
运河港区	36	7 023	144		14	45	2 535	
萧山港区	178	10 607	193		2	9	1 230	
余杭港区	108	10 866	181	10	11	28	2 408	5

——摘自《浙江交通志》第二编第二章

表17　杭州港运河生产用码头泊位一览表

杭州港	生产用码头泊位						泊位设计年通过能力		非生产用码头泊位
	泊位	长度	万吨级以下码头泊位				散装、件杂货物	旅客	
			500~1 000吨级	400~500吨级	300~400吨级	300吨级以下			
计算单位	个	米	个	个	个	个	万吨	万人	个
合计	396	30 935	61	0	122	303	6 281	5	0
运河港区	151	7 995	32	0	41	78	2 539	0	0
萧山港区	228	11 962	9	0	13	206	1 329	0	0
余杭港区	177	10 978	20	0	68	89	2 413	5	0

——摘自《浙江交通志》第二编第二章

表 18　2008 年杭州港运河生产用码头泊位主要用途一览表

杭州港	专业化泊位/个							通用散货/个	通用件杂货/个	客货/个	其他泊位/个	合计/个
	小计	煤炭	原油	成品油	液体化工	散装粮食	散装水泥					
总计	42	10	4	15	6	6	1	432	138	1	5	556
运河港区	14	0	4	10	0	0	0	93	44	0	0	151
萧山港区	0	0	0	0	0	0	0	214	9	0	5	228
余杭港区	28	10	0	5	6	6	1	125	23	1	0	177

——摘自《浙江交通志》第二编第二章

港口生产

　　1978 年,杭州港务管理处建立。1979 年 11 月,杭州客运码头和候船大厅建成并投入使用。该码头位于杭州市武林门,占地面积 15.15 亩,主要从事杭州至嘉兴、湖州、苏州、无锡等地的旅客运输业务,时为浙江省最大内河客运码头。到 1985 年,杭州港口旅客年吞吐量达到 230 万人次。

　　进入改革开放新时期后,随着经济建设的飞速发展,杭州港的港口生产逐年增长,吞吐能力不断提高,业务范围不断扩大,货运量日渐增长,年货物吞吐量达数百万吨。杭州港物资的吞吐以进口为主,主要的产品有煤炭、石油、建材、钢材、木材、工业盐、粮食等,由上海、富阳、桐庐等地运入,出口的产品主要是黄沙、石料、石灰石等,流向宁波、嘉兴及江苏、上海等地。

　　1979 年,谢村作业区(京杭运河义桥港)新建简易直立式壁岸码头 110 米,靠泊能力 100 吨级,年吞吐能力 23.80 万吨。1984 年 5 月交通部投资技术改造,1987 年建成直立式壁岸码头及配套设施,岸线 158.5 米,泊位 3 个,靠泊能力 300 吨级,年吞吐能力增至 100 万吨。1985 年,杭州港港口货物吞吐量 1 198.58 万吨,其中进口 1 078.6 万吨,出口 119.98 万吨。

　　1987 年 3 月,三堡内河(濮家)作业区开工建设,为京杭运河钱塘江沟通配套工程,是国内第一个部分利用外资(瑞典政府优惠贷款)建设的内河码头,1989年5月31日工程通过交工验收。建有挖入式港池4只(系国内内河水系首家控入式货运码头),300吨级泊位8个,100吨级泊位16个(其中8个为遮盖式全天候作业泊位)及配套设施,成为国内内河最大的配套较为完善、机械化程度较高的件杂货码头。

1986—1995年,杭州港生产(即港口货物吞吐量)呈波浪形发展,高峰在前、后3年,中间4年为低谷。1988年货物吞吐量1374万吨,1990年降至908万吨。其货物吞吐量发生波动,主要有四方面原因:一是江河沟通中转变直达;二是新老码头交替;三是国家压缩基建,矿建材料下降和为保护黄沙资源实施总量调控;四是整顿违章临时码头(泊位)。当新码头功能逐渐发挥,适应有序的新环境后,港口生产开始回升,1995年完成1671万吨。

1994年,位于杭州城北京杭大运河东侧的管家漾码头经浙江省计经委批准建设,定为杭州港内河散货作业区,工程为世界银行贷款项目之一,被列为省市重点工程。1996年11月开工,2000年12月完工,总投资1.18亿元。岸线总长1602米,其中作业区岸线773米,占地19.77公顷。码头系利用原有支流河道和池塘建成挖入式港池,高桩砼梁投式结构,有500吨级泊位3个,300吨级泊位13个,堆场4500平方米,管理生产用房3250平方米,市场经营用房3600平方米,装卸机械有5吨以上门机16台、固定转盘吊5台、流动吊5台、汽车吊4台、叉车3台、铲车7台、移动式皮带输送机20台等共5类43台套,最大起重负荷35吨,设计年吞吐能力300万吨。2001年濮家码头整体搬迁至此,成为具备件杂货、散货功能的综合性码头,至2005年,资产近1.3亿元人民币,投产后实际货种以钢材为主,成为杭州港最大的钢材经营市场之一。

1996年后,随着经济建设、城市建设和房地产业的发展,杭州港吞吐量大幅度增长,主要以基建、能源和原材料等大宗货物为主。在杭州港建立起多个钢材、沙石料等交易市场,为港口增添新的经济增长点,同时吸引众多省内外企业驻港贸易。管家漾、三里洋码头钢材市场,年吞吐量均超100万吨。水运通道改善后大吨位船舶逐年增加,货主专用码头也开始改扩建原有码头,临时泊位又有新的增加。1997年港口普查显示:杭州港的公用码头、企业专用码头(当时为钱江、运河港区)共有码头泊位403个,年综合通过能力为1 975万吨,其中公用码头泊位126个,吞吐量413万吨。专用码头泊位120个,吞吐量520万吨;临时泊位157个,吞吐量1 042万吨,专用和临时泊位及完成量分别占总泊位和总吞吐量的68.7%和79%。

2001年年初,随着杭州城市化进程的加快和杭州港总体规划的调整,杭州市政府做出决定,将濮家码头整体搬迁到管家漾码头。随后,濮家码头上千万吨的设备、物资逐步拆解、运送到管家漾码头。至2002年4月28日,濮家码头设备整体搬迁完毕。2001年谢村作业区开始进行第二次技术改造,改扩建原有码头、作业棚,增添起重设备等,由杭州港航实业总公司负责建设。2005年有岸线623米,占地6.87公顷,有500吨级泊位8个,300吨级泊位3个,码头为浆砌块石重力式结构,堆场27 729平方米,仓库9 000平方米,生产生活配套用房3 000平方米,装卸机械有门机11台、流动吊4台、汽车吊1台、叉车5台、铲车7台、桥吊3台,年设计通过能力已达140万吨,资产6 000万元,成为杭州港件杂货主要集散地之一。

2000年4月,经交通部和海关总署批准,京杭大运河杭州—上海首条国际集装箱内支线开通,正式投入运营。这一集装箱班轮航线由杭州港务集装箱有限公司投资,共投入4艘大吨位船舶,在杭州濮家码头专设了集装箱泊位,配备了有关装卸设备。浙江省人民政府口岸办和杭州海关在濮家码头开设海关监管站,实现了杭州—上海"直通关"。

2002年6月10日,浙江省人民政府正式批复杭州港总体布局规划。2003年,萧山、余杭港区数据归入杭州港统计,港口行业结构发生新变化。2005年,杭州港辖区内岸线使用单位有424家:余杭、萧山港区363家都为货主单位;运河、钱江港区61家。其中公用码头仅4家(有的按二级法人算),完成吞吐量仅701万吨,占总吞吐量的 14%。货主专用码头和临时泊位（实际是民营企业）的生产能力则占总吞吐量的 86%。

2005 年 11 月 28 日，杭州大松树集装箱码头举行开工仪式。该工程位于杭州市余杭区良渚镇运河村，占地 32.7 公顷。该码头是经浙江省人民政府批准的水运重点工程，开创杭州首个专业集装箱港口作业区。

至 2010 年，杭州港口生产持续保持良好的增长势头，当年全港 9 个港区共完成货物吞吐量 8 753 万吨，与上年同比增长 15.95%，其中进港量 5 214 万吨，出港量 2 391 万吨。主要货种有矿建材料（4 819 万吨）、钢铁（1 253 万吨）、煤炭（869 万吨）、非金属矿石（534 万吨）、石油（292 万吨）等。旅客吞吐量完成 400 万人次，与上年同比增长 19.76%。至 2010 年年底，杭州港有生产性码头泊位 1 365 个，码头占用岸线长度为 54 124 米，其中货运泊位 863 个，旅游客运泊位 502 个，最大靠泊能力 500 吨级，靠泊能力 500 吨级以上泊位 134 个，最大靠泊能力 300 吨，有港口经营企业和专用码头单位 496 家。

二、嘉兴内河港

嘉兴内河港，原名嘉兴港，地处浙北杭嘉湖水网地区，连通京杭运河、杭申线、湖嘉申线等航道，嘉兴内河港陆路有沪杭铁路、杭枫公路和苏（州）乍（浦）公路过境，北至上海、苏南，南至杭州，西至湖州、皖南，东至平湖、乍浦；水路有杭申线通过，上行可至杭州，下行可至上海，沿嘉平乍航道可直达乍浦港。此外还可经海盐塘、长水塘、嘉善塘至海盐、海宁、嘉善等县（市），经京杭运河可达桐乡和苏州。

2002 年，原乍浦港更名为嘉兴港。为协调解决好乍浦港更名"嘉兴港"后与原内河嘉兴港称呼重复的问题，2002 年 6 月 10 日，浙江省交通厅港航管理局在杭州组织召开了嘉兴港、乍浦港更名协调会,本着避免重名、利于工作的基本原则,进行了协商、研究,充分听取各方意见后,提出一致意见:按照交通部批复(交水发〔2002〕142号),将乍浦港务管理局更名为嘉兴港务管理局,乍浦港同时改称"嘉兴港",原嘉兴港改称"嘉兴内河港"。

嘉兴内河港是嘉兴城市和经济发展的依托,是发展临港产业和实现河海联运的主要基础,承担着腹地经济发展所需物资、原材料的中转运输,随着嘉兴内河集装箱码头的建成,集装箱港口业务成为嘉兴内河港的一项新业务,嘉兴内河港逐步发展成为现代化、多功能、综合性港口。

建设与发展

中华人民共和国成立前,嘉兴航区大部分地区无固定码头泊位停靠船舶,20 世纪 50 年代起,逐年在主要集镇上建起码头,在航线上建起站点、埠头,旅客上下、货物装卸的条件大为改善。

1949 年 12 月,嘉兴航区成立浙江省航运管理局浙西管理所嘉兴分所。随着水路交通运输的发展,逐渐建起码头泊位。1953 年 7 月,浙江省航运管理局浙西管理所嘉兴分所改名为浙江航运管理局嘉兴管理处。1986 年,根据交通部《关于开展全国港口普查工作的通知》的精神,嘉兴市航运管理处成立嘉兴市港口普查工作组。普查工作从 1986 年 6 月 24 日—8 月 28 日,历时两个月零五天。根据"一城一港、一县一港、一镇一港"的普查要求,在全市范围内共确定26 个港口,其中河港 25 个。到 1990 年年底,嘉兴市境内共有内河港口 25 个,包括嘉兴港、王店港、新丰港、新塍港、硖石港、长安港、许村港、斜桥港、袁花港、魏塘港、下甸庙港、西塘港、干窑港、平湖港、新埭港、新仓港、武原港、甪里山港、沈荡港、官堂港、通元港、西塘桥港、梧桐港、崇福港、乌镇港等。经过测量的码头有 581 个,泊位 930个,近 1 000 台装卸机械设施。

1997 年 9 月 11 日—12 日,根据国家统计局要求,嘉兴市航运管理处成立嘉兴市第二次港口普查工作组。普查工作从 1997 年 9 月

13 日开始,历时一个月。1998 年 1 月 12 日,嘉兴市人民政府颁发《嘉兴市港区管理暂行办法》,明确规定嘉兴市交通局是嘉兴港区(现嘉兴内河港)的行政主管机关。

1999 年,内河港口码头泊位进行整治,嘉兴市区拆除环城路以内的码头泊位,市区三环路以内不再设置经营性码头;已设置的经营性码头,结合城市建设需要进行拆除或外迁。同时,内河港口码头新作业区选址工作同步进行,结合城市建设需要,确定三环路以外的平湖塘、海盐塘和杭州塘航段为市区外迁码头设置区。

1999 年 6 月 22 日,嘉兴市铁水中转港区工程通过省交通厅验收,成为嘉兴市首家建设的大型综合性内河港口。2001 年 12 月 7 日,嘉兴市铁水中转港和中国远洋运输(集团)公司,共同开通嘉兴至上海国际集装箱内河支线。由于运输比价优势明显、通关手续便捷,深受货主欢迎,呈现出良好的发展态势。截至 2004 年 6 月,累计吞吐量近 1 万标准箱。

到 2005 年,全港共有生产性码头泊位 2 337 个,泊位长度共82 984 米,其中 100 吨级以上生产性码头泊位共有 1 718 个,占总数的 73.5%,年综合通过能力 7 697 万吨。分吨级泊位构成情况如下:500 吨级以上泊位 69 个,300～500 吨级泊位 362 个,100～300 吨级泊位 1 287 个,100 吨级以下泊位 619 个。靠泊等级以 100～300 吨为主,占泊位总数的 55%。

2007 年 10 月,嘉兴内河港总体规划经交通部和浙江省人民政府批复,25 个内河港口合并设立嘉兴内河港,并以行政区划设置城郊港区、嘉善港区、海宁港区、海盐内河港区、平湖港区和桐乡港区。2008 年下半年,嘉兴内河港多用途港区正式开工建设。2010 年 8 月通过交工验收,9 月投入试运营。

到 2010 年年底,拥有内河码头泊位 1 784 个,港口经营企业1 053 家,泊位总长度 78 600 米,港口吞吐量达到 9 486 万吨。嘉兴内河港生产性码头泊位主要分布于杭申线、乍嘉苏线、杭平申线、嘉于硖线、东宗线、京杭运河等主干线航道两岸,其他支线航道上也分布着一些简易码头泊位。

2010 年 11 月，嘉兴内河港多用途港区开港试运营，成为浙江省第一个专业化的内河集装箱专用港区和嘉兴市现代物流发展重点项目，开辟了省内第一条国际集装箱内支线，海关、国检及地方海事入驻，提供就地清关、就地检验检疫等服务，可实现内支线通关、陆路转关、空运转关等业务，成为浙江省首个内河口岸，2011 年集装箱中转量突破 6 万标准箱。

2011 年，嘉兴市有序引导社会资金投资内河码头建设，全市新建、改扩建港口项目 22 个，完成社会投资 1.51 亿元，完善以城郊、海宁等六大港区为主的"一港六区"内河港口体系，以杭州湾钢贸城、华洋仓储有限公司码头为代表的钢材现货、期货交易市场逐渐形成，而且大力发展港口物流业，建设和培育了一批临港物流园区，实现内河港口建设和发展新的提升。8 月，中粮集团海宁经济开发区专业码头开工，设计年吞吐量 105 万吨。10 月，桐昆集团股份公司码头开工，设计年吞吐量 40 万吨。11 月，中远普泰物流园区项目一期工程奠基，该项目总投资 2.87 亿元，占地 379 亩，建设 1 000 吨级多功能泊位 8 个，具有"一关三检"功能。全年新增码头泊位 55 个，其中 1 000 吨级泊位 20 个，500 吨级泊位 11 个，300 吨级及以下泊位 19 个，100 吨级泊位 5 个，新增泊位吞吐能力 870 万吨。当年，嘉兴内河港完成货物吞吐量 10 689.5 万吨，成为全国第 23 个亿吨大港。

2012 年嘉兴内河港多用途港区二阶段工程交工验收累计完成投资 6 900 万元，新建重箱堆场 14 546.4 平方米、空箱堆场 24 240.6 平方米、件杂货堆场 44 315 平方米。实现年通过能力 38 万标准箱的集装箱，货物年吞吐能力达到 250 万吨，并可提供全天候装卸服务。

2013 年，嘉兴市完成现代综合物流园北区农产品交易中心市场、浙江盐业集团嘉兴配送中心、嘉兴石化有限公司等 6 个较大型的港口工程建设；开工建设海盐县中心粮库配套码头等工程。2014 年，嘉兴内河港口建设完成投资 1.87 亿元，建成码头泊位 26 个，其中 500 吨级泊位 10 个，300 吨级泊位 15 个，100 吨级泊位 1 个，增加港口吞吐能力 511 万吨。

到 2014 年,嘉兴内河港拥有内河码头泊位 1 830 个,拥有港口企业 1 156 家,内河港口年货物吞吐量 1.01 亿吨,在全国主要内河港口中排名第九。

港区

嘉兴老港区为原嘉兴港,东起东栅,西至三塔,南起嘉桐公路四号桥,北至嘉北百步桥,分布于东西长 6 千米、南北阔 6 千米的范围内。港区岸线长 11.77 千米,水域面积 30.6 万平方米,陆域面积 26.86 万平方米。嘉兴港有 6 个作业区,包括货主码头在内共有泊位 235 个(内物资部门码头泊位有 167 个),码头总长 6 745 米,最大靠泊能力为 120 吨。泊位总数中有客运泊位 9 个,候船室 476 平方米。1988 年 12 月建新客运码头 1 座,码头长 250 米,候船厅 1 281 平方米。交通部门有仓库 219 平方米、堆场 2 万平方米、货棚 284 平方米;装卸、搬运机械共 124 台,最大起重能力 15 吨。沿港河道有众多的砖瓦厂、水泥厂,大多利用自然岸坡装卸,物资部门利用自然岸坡的地段长 776 米。承担港区装卸任务的主要有嘉兴市运输装卸公司,有 4 个装卸作业区分布在全港各码头;其次由嘉兴市第三运输装卸公司分担全港的装卸任务,部分量少、难度小而可全由人力作业的装卸业务,则由街道装卸组织经营。

嘉兴内河港共有城郊、海宁、海盐内河、平湖、嘉善、桐乡 6 个港区。

城郊港区

流经城郊辖区的主要有京杭运河、杭申线、乍嘉苏线、嘉于硖线 4 条主干线航道。辖区有沿河码头企业 230 多家,形成了以杭申线、乍嘉苏线、长水塘、嘉于硖线为主的沿河码头企业产业带,主要装卸建材、煤炭、粮食、油料、散装化学品等。2009 年完成港口货物吞吐量 1 875.7 万吨。其中,建材码头企业主要集中在杭申线、乍嘉苏线、长水塘、嘉于硖线 4 条航道两侧。油料、化学危险品码头企业主要集中在杭申线塘汇辖区与乍嘉苏线新丰辖区,全年吞吐量约55万吨。粮食中转码头企业主要集中在杭申线塘汇辖区与乍嘉苏线新丰辖区,全年吞吐量约65万吨。钢材全年吞吐量约40万吨。煤炭全年吞吐量约270万吨,以境内热电、化工、印染企业等自用为主。

海宁港区

海宁港区有148家港口企业,215个码头泊位。其中,有4个水上加油站,2家经营危险化学品装卸、仓储业务,142家经营普通货物装卸、仓储业务。大部分企业自建码头泊位,沿河分散分布,特别是临港工业码头泊位和建材装卸码头泊位大部分是简易码头,大多分散无序,缺乏规模较大、集约化程度相对较高的公用码头港口群。

海盐内河港区

海盐内河港区有102家港口企业,内河码头泊位238个,100吨级码头泊位195个,300吨级泊位53个,岸线长度10 008米,泊位设计年通过能力2 209万吨。

海河联运码头:已建成5 000吨级、3 000吨级(兼顾5 000吨级)沿海散杂货泊位各1座,2009年接卸货物115万吨,2010年达到135万吨,主要通过内河流向杭州、绍兴等周边地区。

内河港口物流园区:城北作业区东至盐平塘,西至盐嘉公路,北至杭平申线,南北纵深700米,用于城北综合物流仓储基地,为周边企业及主城区建设提供运输仓储服务。建设规模为三期,第一期已完成。主要布置6个300吨级、3个100吨级泊位,年吞吐能力100万吨,使用岸线380米,面积41 000平方米。

主要物流企业:有海盐神舟三鑫装卸储运有限公司和浙江祥龙物流股份有限公司2家。前者位于杭平申线海盐大桥下游右岸(即城北作业区一期),占地78亩,堆场2万平方米,办公用房500平方米,使用岸线380米,布置300吨级码头泊位6个、100吨级泊位3个,设计年吞吐能力100万吨,年进口钢材40万吨,专业提供钢材装卸、仓储等服务,已吸引10余家钢材贸易商入驻。后者位于杭平申线黄桥下游 200 米,占地 80 亩,堆场 4 万平方米,仓库 1 万平方米,办公用房 2 000 平方米,使用港口岸线 300 米,布置 500 吨级码头泊位 1 个、300 吨级泊位 3 个,设计年吞吐量 60 万吨,以储存公司自营煤炭为主,装卸量较小。

平湖港区

平湖境内河流众多,自古交通以水路为主,商周之际即有舟楫之利。多年来,随着地方经济的快速发展,平湖水运经济蓬勃发展起来,从事建材行业,煤炭、原油、钢铁等原材料行业,粮食行业,造纸行业及船舶制造行业等企业纷纷落脚境内两条主干线航道沿岸,水运对推进平湖市的经济快速发展起到了举足轻重的作用。

平湖港区即原平湖港,经济建设促进了港口的发展,于 1951 年成立航运管理站负责航运管理。1979 年改为平湖县航运管理所,2002 年 8 月改为平湖县航运管理处。1990 年,全港有客运码头 1 个,货运码头 41 个,设泊位 57 个,最大靠泊能力 120 吨级船舶,其中交通部门码头 6 座,泊位 11 个,客运泊位 3 个,可靠泊 60 吨级船舶,仓库 29 座,面积 13 745 平方米,堆场 32 个,计 42 223 平方米,吊机 24 台,最大起重能力 5 吨,输送机 23 台,共计长 235.5 米。平湖港码头岸线分散,总长 12.4 千米,物资部门码头占 83%。陆域 2.5 万平方米,物资部门码头占 32%;水域 14.6 万平方米,物资部门占 78%。

1969 年 9 月,浙航平湖营业站建新候船室,翌年 4 月竣工,使用面积 399 平方米。码头亦扩建,其扩建后长 71.8 米,面积 485 平方米。1989 年 7 月起,站屋分批拆旧建新,建筑面积 1 224 平方米,其中候船厅 365 平方米,售票处 190 平方米,3 层办公楼 669 平方米,于 1991 年竣工投入使用。1990 年 12 月,码头向外扩宽 1.3 米。旅客发送量在 1985 年前持续增长,1985 年达 104.72 万人次;此后逐年下降,至 1990 年约下降 60%。北门教化桥畔原有嘉善线客运小码头一座,因 1986 年年底航线撤销而关闭,后改建为航管所用房。

1978 年,交通部门在西宝塔桥北线湖边,用挖深主航道,以废土填滩方法建货运作业区,包括码头 5 个,共围地 21.6 亩,填土 7.2 万立方米,砌筑挡土墙 260 米,岸线长 360 米,1980 年建成投产。有 120 吨级泊位 4 个,60 吨级泊位 3 个,仓库 4 座,计 682 平方米,简易堆场 5 个,计 12 642 平方米,由平湖装卸运输公司设吊机 4 台,输送机 10 台,计 94.5 米,安排 70 余名工人装卸作业,主要货种为煤炭及建筑材料。1981 年吞吐量为 10.85 万吨,1985 年为 22.8 万吨,1990 年为 25.43 万吨。2010 年,全港有码头 41 个,岸线 1 779 米,泊位 60 个。其中 35 个货主码头中,有 120 吨级泊位 1 个、100 吨级泊位 11 个,余为 60 吨、40 吨级不等。安装吊机 19 台,由平湖装卸运输公司 8 个班组共 50 余名工人装卸作业。港区物资进大于出,进口主要为矿建材料与燃料,出口主要为大米、食油、水泥、标准件及橡胶制品等,运往上海、杭州、嘉兴等地。1985 年全港货物吞吐量为 108.49 万吨,其中进口 69.31 万吨,出口 39.18 万吨。1990 年,全港货物吞吐量为 142.60 万吨,其中进口 82.15 万吨,出口 60.46 万吨。

经过"十一五"计划(2006—2010)期间的建设,平湖境内通航能力的提高,吸引了社会力量对码头的投资,浙江华洋建设有限公司、平湖市粮食收储有限公司、杭州湾钢贸城等企业先后在流经平湖市的两条省级主干线航道上建造 500 吨级码头泊位,浙江大明玻璃有限公司等企业在平金线航道上建造了 300 吨级码头泊位,浙江荣成纸业有限公司在平金线航道上建造了 3 个 500 吨级码头泊位。另外,乍嘉苏线乍浦闸桥至关桥段近 9 千米的航道上货主码头林立,沿河产业带已成雏形。

嘉善港区

至 2009 年年底,嘉善港区共有沿河企业 300 多家,其中建材、船舶修造、木业企业 250 多家,石油制品、煤炭等批发零售企业近 60 家,拥有内河 500 吨级码头泊位 20 个、100 吨级泊位 204 个,沿河企业依靠自己的码头组织运输,形成了数量众多的水运自营物流。2009 年,内河港完成货物吞吐量 1 128.11 万吨,同比增长 14.02%。

桐乡港区

桐乡市属于"资源进、商品出"的两头在外的经济类型,即原料来源和产品销售终端都在桐乡之外,因此,工业企业的生产销售对物流运输的依赖性较大。一般来说,工业企业的大宗原材料(特别是能源、建材等物资)长途运输主要依靠运河水运,而成品运输则大部分通过公路运输完成,据统计,水路运输则在60%~70%。2010年,桐乡市拥有3家水路普通货物运输企业。

2010年,桐乡港区有港口码头作业点248家、内河泊位394个。桐乡港区有梧桐作业区、乌镇作业区和崇福作业区。已建成的内河港口物流企业有浙江宇石国际物流公司和成辉化工仓储物流项目。

港口设施建设

客运码头

自20世纪60年代起,嘉兴航区各航线根据客流量大小等实际需要,自行安排建造站点。至1985年,嘉兴市共建成乡(镇)、村小码头308个,其中相当一部分还建造了候船亭。这些小码头的建造经费,除自筹外,还从省航养费中以及省航运公司补助一部分,共补助了36万元。"六五"计划(1981—1985)期间,嘉兴市水上客运空前兴旺。1985年完成客运量1 411.27万人次,客运周转量21 056.72万人千米。1991年以后,嘉兴市已乡乡通公路,水上客运进入衰退期,客运量急剧下滑,客运码头则因航线萎缩而逐年减少;至1999年3月23日,全市所有客运班线全部停航,全部客运码头被废弃或改作他用。

货运码头

嘉兴航区的货运码头起步于20世纪50年代末,逐渐由简趋繁、由小到大,设备也不断更新完善。许多工厂企业出于生产需要也自行修建码头,尤其是 1978 年后,建设步伐不断加快。

1979 年,在平湖县城关镇西宝塔桥北侧湖滩,即南门外虹桥路沿湖,用挖深主航道、以废土填滩的方法建造货运作业区(亦称货运专用新码头)。该货运作业区包括码头泊位 5 个,共围地 18.5 亩,填土 7.2 万立方米,砌筑挡土墙 260 米,岸线长 360 米,于 1985 年年底建成。码头设有 120 吨级泊位 4 个,60 吨级泊位 3 个;仓库 4 座,计 680 平方米;简易堆场 5 个,计 12 642 平方米;设吊机 4 台,最大负荷 5 吨;输送机 10 台,计 94.5 米。主要货种是煤炭和建筑材料。日吞吐量 1 500 吨,1985 年吞吐量为 22.8 万吨。

1984 年 1 月 16 日组建浙航嘉兴分公司零担站。零担站位于杭申公路 4 号桥。码头上设置吊机 3 台,实行自动装卸,100 吨级驳船畅通无阻。站内拥有 480 平方米的仓库两座,露天场地 1 571 平方米。码头岸线长 166 米。该站有 60 吨级铁驳组成的船队两个,航线延伸至嘉兴各县,零担货物经上海中转至大连、青岛、烟台、天津等地的港口。

根据浙江省人民政府关于加强港口建设、港口管理的指示和海宁县城镇总体规划的布局,1984 年 3 月 2 日经浙江省人民政府土地征用办公室批准,建设硖石塘桥港口码头。工程建设规模为货物年吞吐量 30 万吨,内河 100 吨级泊位 4 个,码头岸线全长 140 米,港池 700 平方米,堆场 4 845 平方米。设 3 吨起重机 3 台,5 吨起重机 1 台。码头工程从 1984 年 4 月 19 日开始,历时 8 个月,主体工程到年底完成。东西两端各建踏步式码头 2 个,共长 17.5 米,左右连接起来码头岸线总长度为 157.5 米。至 1985 年 11 月底全部竣工。塘桥码头是当时浙江省县一级码头中规模较大、设施较全的港口码头之一。

1984 年 3 月 26 日,海盐县人民政府盐政〔1984〕22 号文件发布,批准海盐县交通局投资建造海盐县武原港区南门货运码头。总投资为 42 万元,于 1984 年 12 月开工,1987 年 7 月竣工。码头总面积为 5 300 平方米,其中管理用房面积为 150 平方米,堆场面积为 5 150 平方米。该码头长度为 170 米,是浆砌块石重力式驳岸码头。码头高程为 4.7 米,前沿水深为 2.25 米。港池面积为 544 平方米,共有停靠泊位 6 个,能靠泊 60 吨级船舶。码头装有 5 吨吊机 2 台,3 吨吊机 4 台。

截止到 1985 年年底,嘉兴市交通部门和物资部门共建有码头泊位 552 个,大部分码头泊位设有装卸机械。

"七五"计划(1986—1990)期间,嘉兴新建码头有:上海粮油进出口公司嘉善仓库码头投资 35 万元,建于 1989 年 2 月,由上海第二航运设计院设计。码头为钢筋混凝土重力式结构,总长 77 米,前沿水深 3.5 米,泊位 4 个,靠泊能力为 100 吨级。装卸粮油商品,有流动吊机 2 台,日装卸货物 700 吨,于当年 7 月竣工使用。嘉兴热电厂吊机码头由嘉兴市建筑安装公司承建,投资金额 73 万元。码头结构形式为钢筋混凝土桩承台式,前沿水深 4 米,码头长 135 米,4 个泊位,靠泊能力为 100 吨级。装有固定吊机 4 台,每台负荷 5 吨,日装卸原煤 1 000 吨。于 1989 年 11 月 23 日开工,1991 年 11 月竣工并投入使用。

随着基础建设的迅猛发展,电、煤、石油,以及工农业生产和生活必需品需求量大增,为适应需要,市城、郊两区及各县不少工厂、公司都相继新建了仓库码头,包括部分工厂建新厂房迁址后新建的码头,以及原有的码头因塌损或不适应需要而新改建的码头。五年中新建、改建货运码头共 63 个(其中装吊机 65 台),嘉兴市城、郊区 35 个,嘉善县 14 个,海宁市 5 个,平湖县 6 个,桐乡县 3 个,同时废弃 3 个码头,从而提高了装卸作业的能力,缩短了船舶留港时间,加快了货物周转,为上海经济区、嘉兴市振兴经济、搞活流通,发挥了良好的作用。

到 2010 年年底,嘉兴市内河港港口经营企业 1 053 家,码头泊位总数 1 784 个,生产性码头泊位 1 629 个,泊位总长度 78.6 千米,年通过能力 10 987 万吨,最大靠泊能力 1 000 吨,完成港口吞吐量 9 486.48 万吨。

城郊港区码头主要分布于杭申线、乍嘉苏线、嘉于硖线等高等级航道两侧,京杭运河由于距离城区相对较远,码头泊位比较少。

此外,其他支线航道上还分布着一些中小码头。城郊港区中规模比较大的码头包括嘉兴铁水中转港、浙江嘉化物流有限公司码头、嘉兴市汇丰储运有限公司码头、嘉兴市矗娃建材有限公司码头、嘉兴市龙业建材有限公司码头等,还包括嘉兴新嘉爱斯热电有限公司码头、嘉兴市锦江热电有限公司码头、嘉兴市协鑫环保热电有限公司码头、嘉兴市中华化工有限责任公司码头、浙江嘉兴三塔建材股份有限公司码头、嘉兴市郊区水泥厂码头、浙江欣欣饲料股份有限公司码头等一批企业专用码头,主要经营煤炭、矿建材料、水泥、钢材、粮食、工业原材料及产品等货种运输。

至 2009 年年底,城郊港区拥有生产性泊位 308 个,其中 300 吨级以下泊位 137 个,300～500 吨级以下泊位 99 个,500 吨级及以上泊位 72 个。泊位岸线总长 13 070 米,占嘉兴内河港生产性泊位岸线总长的 20.1%。泊位年综合通过能力 2 038 万吨,占嘉兴内河港泊位通过能力的 19.7%。拥有库场总容量 251 万吨,其中:生产性堆场 798 940 平方米,容量 224 万吨;生产性仓库容量 27 万吨,其中仓库 73 027 平方米,容量 18 万吨,圆筒仓 15 000 立方米,容量 25 500 吨,油库 88 500 立方米,容量 70 800 吨。各类装卸机械 282 台,其中起重机械 239 台,输送机械 21 台,专用机械 22 台。到 2010 年年底,城郊港区完成港口吞吐量 20 557 800 吨。

海宁港区中规模比较大的码头包括:海宁市公用码头、浙江海丰煤炭有限公司码头、海宁长荣商品混凝土有限公司码头、海宁市许村镇科同恒丰码头、浙江鸿集团有限公司海宁商砼分公司码头、钱江生物化学股份有限公司码头等一批企业、工厂建设的企业专用码头,以石料、矿建材料、工业原材料及产品、粮食、煤炭等货种运输为主。

至 2009 年年底,海宁港区拥有生产性泊位 215 个,其中 300 吨级以下泊位 169 个,300～500 吨级以下泊位 46 个。泊位岸线总长 10 444 米,占嘉兴内河港生产性泊位岸线总长的 16.1%。泊位年综合通过能力 1 464 万吨,占嘉兴内河港泊位通过能力的 14.2%。拥有库场总容量 134 万吨,其中:生产性堆场 431 714 平方米,容量 121

万吨;生产性仓库容量14万吨,其中仓库43 124平方米,容量6.5万吨,圆筒仓40 513立方米,容量68 872吨,油库2 750立方米,容量2 200吨。各类装卸机械459台,其中起重机械219台,输送机械52台,装卸搬运机械166台,专用机械22台。2010年年底,海宁港区完成港口吞吐量15 027 329万吨。

海盐内河港区中吞吐量规模比较大的码头包括:海盐县通六石料有限公司、海盐新安矿业有限公司等一批石料厂的自建码头,以石料出口为主;浙江省虎溪水泥有限公司码头、浙江齐家水泥有限公司码头、海盐秦丰水泥厂码头等一批水泥厂自建码头;海盐秦山混凝土有限公司码头、海盐安泰混凝土有限公司码头等码头,以水泥、矿建材料等大宗散货运输为主;另外,还有海盐神舟三鑫装卸储运公司码头、浙江恒洋热电公司码头、浙江一星饲料集团有限公司码头等一批沿河企业专用码头,这些企业专用码头以工业原材料及产品、水泥、矿建材料、煤炭、粮食等货种运输为主。

至2009年年底,海盐内河港区拥有生产性泊位238个,其中300吨级以下泊位185个,300～500吨级以下泊位53个。泊位岸线总长10 008米,占嘉兴内河港生产性泊位岸线总长的15.4%。泊位年综合通过能力2 209万吨,占嘉兴内河港泊位通过能力的21.4%。拥有库场总容量216万吨,其中:生产性堆场464 504平方米,容量130万吨;生产性仓库容量86万吨,其中仓库146 832平方米,容量22万吨,圆筒仓376 470立方米,容量639 999吨;各类装卸机械361台,其中起重机械229台,输送机械63台,装卸搬运机械69台。到2010年年底,海盐内河港区完成港口吞吐量15 895 280吨。

平湖港区中规模比较大的码头包括平湖兴平港务有限公司码头、三塔建材公司平湖分公司码头、平湖市热电厂码头、浙江星阁建材集团有限公司码头、六店港务有限公司码头、乍浦国家粮食储备库码头、平湖芽芽商品混凝土有限公司码头、浙江物产燃料集团有限公司乍浦煤场码头、浙江晋晟能源有限公司码头、浙江宏建建设有限公司当湖混凝土分公司码头、平湖市兴平港务有限公司码头、平湖市粮食收储有限公司码头、杭州湾钢贸城码头、浙江荣成纸业有限公司码头、平湖二轻水泥有限公司码头、景兴纸业有限公司码头、凯宇化工集团码头等一批企业专用码头,主要经营建材、水泥、化肥、煤炭、农贸产品、工业原材料及产品等货物的运输。

至2009年年底,平湖港区拥有生产性泊位233个,其中300吨级以下泊位88个,300~500吨级以下泊位145个。泊位岸线总长9 724米,占嘉兴内河港生产性泊位岸线总长的15%。泊位年综合通过能力1 160万吨,占嘉兴内河港泊位通过能力的11.2%。拥有库场总容量146万吨,其中:生产性堆场454 608平方米,容量127万吨;生产性仓库容量19万吨,其中仓库15 200平方米,容量22 800吨,圆筒仓80 760立方米,容量137 292吨,油库32 150立方米,容量25 720吨;各类装卸机械394台,其中起重机械130台,输送机械8台,装卸搬运机械256台。到2010年年底,平湖港区完成港口吞吐量17 526 963吨。

嘉善港区中规模比较大的码头包括嘉善交通运输公司码头、下甸庙装卸站码头、东庄水泥制品厂码头、振大水泥有限公司码头、嘉善天凝南方水泥有限公司码头、嘉兴市沪嘉构件有限公司码头、嘉善南方水泥有限公司码头、浙江宝泉码头、登峰麦芽公司码头、浙江嘉善银粮国家粮食储备库有限公司码头、嘉善县粮食收储有限公司码头等一批沿河企业的专用码头,这些企业专用码头以工业原材料及产品、粮食等货物运输为主。

至2009年年底,嘉善港区拥有生产性泊位224个,其中300吨级以下泊位204个,500吨级及以上泊位20个。泊位岸线总长8 642米,占嘉兴内河港生产性泊位岸线总长的13.3%。泊位年综合通过能力1 543万吨,占嘉兴内河港泊位通过能力的14.9%。拥有库场总容量163万吨,其中:生产性堆场488 411平方米,容量137万吨;生产性仓库容量26万吨,其中仓库60 950平方米,容量79 235吨,圆筒仓99 448立方米,容量169 062吨,油库18 690立方米,容量15 887吨;各类装卸机械551台。至2010年年底,嘉善港区完成港口吞吐量13 041 320吨。

桐乡港区中规模比较大的码头包括梧桐装卸运输公司码头、浙江森源煤炭有限公司码头、浙江新都热电有限公司码头、浙江新都水泥有限公司码头、桐乡市河山南方水泥有限公司码头、浙江佳供钢铁科技有限公司码头、桐乡新都混凝土有限公司码头、桐乡南方水泥有限公司码头、桐乡市桐加石油产品有限责任公司码头、桐星混凝土有限公司码头、振石集团码头、巨石集团和桐昆集团码头等一批企业专用码头,以煤炭、水泥、矿建材料、砖瓦、工业原材料及产品等货物运输为主。

至 2009 年年底,桐乡港区拥有生产性泊位 270 个,其中 300 吨级以下泊位 6 个,300~500 吨级以下泊位 113 个,500 吨级及以上泊位 151 个。泊位岸线总长 13 159 米,占嘉兴内河港生产性泊位岸线总长的 20.2%。泊位年综合通过能力 1 922 万吨,占嘉兴内河港泊位通过能力的 18.6%。拥有库场总容量 122 万吨,其中:生产性堆场 307 001 平方米,容量 86 万吨;生产性仓库容量 36 万吨,其中仓库 110 702 平方米,容量 302 815 吨,圆筒仓 15 319 立方米,容量 26 042 吨,油库 36 690 立方米,容量 30 819 吨;各类装卸机械 487 台,其中起重机械 277 台,输送机械 69 台,装卸搬运机械 141 台。2010 年桐乡港区完成港口吞吐量 12 816 129 吨。

嘉兴市铁水中转港为嘉兴市建设的首个大型综合性内河港口。该工程自 1994 年 3 月 22 日正式动工建设,1999 年 6 月 22 日通过省交通厅交工验收。工程总投资 6 426 万元,占地 26.4 公顷,设计货物年吞吐能力 172 万吨。1 号作业区岸线长 80 米,有全天候仓库 6 400 平方米,作业面 1 300 平方米,办公用房 7 间,机修车间 2 间;500 吨级泊位 2 个,300 吨级泊位 3 个;配备 5 吨移动吊 2 台,3.2 吨桁架吊 2 台。2 号作业区岸线长 160 米,作业面 3 700 平方米,仓库 2 600 平方米,办公用房 8 间,机修车间 2 间;设有 300 吨级泊位 6 个,配备 5 吨移动汽车吊 2 台。

2001 年 12 月 7 日,嘉兴市铁水中转港和中国远洋运输(集团)公司,共同开通了嘉兴至上海国际集装箱内河支线。由于运输比价优势明显、通关手续便捷,深受货主欢迎,呈现出良好的发展态势。截至 2004 年 6 月,累计吞吐量近 1 万标准箱。

　　嘉兴内港河多用途港区地处嘉兴市南湖区七星镇,位于杭申线航道右岸,南接沪杭高速公路,北连申嘉湖高速公路,总占地32.6万平方米,泊位长570米,建有1 000吨级多用途泊位8个,是浙北地区最具规模的内河港口物流基地和浙江省第一个建成并投入使用的内河多用途港区,也是交通运输部第一个列入全国内河水运工程建设项目管理绩效考核的项目。

　　2004年7月,嘉兴市政府决定将铁水中转港集装箱码头功能调整为内河粮食码头,重新规划建设嘉兴内河港国际集装箱港区(嘉兴内河港多用途港区)。2007年4月,省发改委同意将原嘉兴内河港国际集装箱港区工程项目调整为嘉兴内河港多用途港区工程项目。2008年下半年,嘉兴内河港多用途港区正式开工建设。2010年8月通过交工验收。工程设计年吞吐量为250万吨(其中集装箱18万标准箱、件杂货106万吨),依托杭申线航道(规划1 000吨级)建设500吨级(水工结构1 000吨级)泊位10个(其中多用途泊位8个、待泊泊位2个),港区占地480亩,码头泊位长度570米,后方陆域建设相应的集装箱、件杂货堆存区和生产、生活辅助配套设施等。2010年9月,嘉兴内河港多用途港区投入试运营。2011年集装箱的年吞吐量突破6万标准箱,2012年更是一举突破10万标准箱。

　　嘉兴内港河多用途港区是浙江省最早建设的内河集装箱标志性项目,在浙江省海河联运发展中具有开创性效应,以集装箱运输高效、便捷、环保、安全的特点,成为交通综合运输的重要组成部分,对凸显嘉兴内河水运优势,实现嘉兴水运和地方经济可持续发展,促进内河水运经济发展具有十分重要的意义。该项目成功引进外资,对民营资本投资交通基础设施的思路和途径有很好的探索和实践。2012年,嘉兴内河港多用途港区二阶段工程通过交工验收,累计完成投资6 900万元,为计划总投资6 000万元的115%。新建重箱堆场14 546.4平方米,空箱堆场24 240.6平方米,件杂货堆场44 315平方米。实现年通过能力38万标箱的集装箱,货物年吞吐能力达到250万吨,并可提供全天候装卸服务。2012年和2013年,嘉兴内港河多用途港区又分别追加投资6 900万元和4 000万元,使集装箱港区的总投资达到 4.778 亿元,注册资本金由原来的 1.878 亿元增至 2.078 亿元。嘉兴内河港多用途港区具备口岸功能,本地区企业可在此实现就地通关、报检,实现了码头装卸、物流服务、一关三检和保税仓储"四合一",形成一个完整的物流网络,大大降低了企业的物流成本。

港口生产

为了适应日益增长的客流量,1988 年 12 月,在中山西路桥堍北侧新建客运码头,码头为浆砌块石岸壁式,岸线长 240 米,泊位 12 个(其中零担 4 个),候船厅 1 284 平方米,年发送旅客 2 000 万人。

嘉兴内河港出口以大米、纸张、皮革、丝绸为大宗;进口以煤炭、钢材、石灰石和百杂货等为主,化肥、建材等为港区的中转物资。

1994 年 3 月 22 日,在嘉兴秀城区塘汇乡,沪杭铁路复线新货站北侧动工兴建铁、水中转港区,1998 年建成。铁、水中转港区占地 25.4 公顷,陆域 11.9 公顷,北接杭申航道,南连乍嘉苏航道,码头为重力式码头,长 518 米,有 500 吨级泊位 2 个,300 吨级泊位 9 个,以及相应仓库、堆场、装卸设备,年吞吐能力 172 万吨。货主单位专用码头较大的有:市燃料公司煤场码头,为浆砌块石重力式驳岸,长450 米、泊位 15 个;嘉兴石油分公司油库码头,为钢筋混凝土高桩承台结构,长 30 米、泊位 3 个,可靠泊 120 吨级船舶。到 2004 年年底,嘉兴内河港共拥有内河码头(100 吨级以上)1 145 个,泊位 2 311个,长度 77 304 米,泊位年综合通过能力 7 000 多万吨。

2007 年 10 月,交通部和浙江省人民政府联合批复《嘉兴内河港总体规划》。嘉兴内河港跻身为全国 28 个内河主要港口之一,成为嘉兴市经济发展的重要支撑和沿河产业布局、城市建设的重要依托,是区域综合运输的交通枢纽。

2010 年 11 月嘉兴内河港多用途港区开港试运营,当年集装箱中转量突破 6 万标准箱,成为浙江省第一个专业化的内河集装箱专用港区和嘉兴市现代物流发展重点项目,开辟了省内第一条国际集装箱内支线。海关、国检及地方海事入驻,提供就地清关、就地检验检疫等服务,可实现内支线通关、陆路转关、空运转关等业务,成为浙江省首个内河口岸。港区有集装箱运输船舶7艘,运力288标准箱;已与太平船务等8家知名船公司签署了支线运输协议,有驻港口企业14家。每天进出港班轮各4艘次,船舶实载率超过85%,高峰时,每天进出港班轮达到各5艘次。同时,港区还利用自身的便利条件成立了储运公司和集卡公司,开展仓储、陆路短驳及甩挂运输等业务。

2013年,由香港保华集团旗下(香港)嘉兴内河港投资有限公司和嘉兴港航建设开发有限公司共同投资建设的嘉兴内河港多用途港区,上半年集装箱中转量不断创出新高。该港区快速的发展,赢得了投资方的肯定,继2012年追加投资6 900万元后,2013年再向港区增资4 000万元。完成此次增资后,集装箱港区的总投资达到4.778亿元,注册资本金由原来的1.878亿元增至2.078亿元。

作为浙江省海河联运的样板示范项目和省内首个内河水路口岸,嘉兴内河国际集装箱码头经营势头良好,凭借内河水运方便、快捷、低成本的优势,得到了越来越多客户的认可。2014年,全港完成内河港口货物吞吐量1.01亿吨,位列全国内河港口第九名。内河港多用途港区完成集装箱中转量16.03万标准箱。嘉兴内河港2001—2010年港口吞吐量见表19。

表19 嘉兴内河港2001—2010年港口吞吐量一览表

单位:万吨

项目年份	合计	进港	出港
2001 年	5 295	2 654.3	2 640.7
2002 年	5 694	3 007.5	2 956.5
2003 年	6 488	3 423.5	3 064.5
2004 年	6 554	3 410.4	3 143.6
2005 年	6 920	3 283.7	3 636.3
2006 年	8 002.4	5 361.6	2 640.8
2007 年	8 164.6	4 991.6	3 173
2008 年	7 871.4	5 334.7	2 536.7
2009 年	8 404.2	5 538.6	2 865.6
2010 年	9 486.5	6 372.2	3 114.3

 **三、湖州港**

湖州港是交通运输部公布的全国 28 个主要港口之一,为浙江省第二大内河港。湖州港位于浙江省西北部湖州市吴兴区,地处杭嘉湖水网地区,东、西苕溪汇流处。东起八里店,西至杨家埠镇弁南,南始东林镇青山,北至太湖小梅口。港界内水域面积 31.3 平方千米,陆域面积 486.7 平方千米。它是浙北地区的一个枢纽港,主要出口物资为石料、水泥、非金属矿石,进口物资为煤炭、非金属矿石。

建设与发展

湖州境内曾长期无港口设施。1961—1978 年,湖州港先后建成码头泊位 36 个,其中 100 吨级 32 个,300 吨级 4 个,码头泊位长度合计 650.4 米,吞吐能力为 169.4 万吨。1982 年 5 月,在湖州南门菜花泾新建湖州客运码头,1985 年 8 月竣工,新客运码头在长湖申航道左岸,挖入式港池,码头长 250 米,150 吨船舶泊位 5 个,时为浙江省内最大内河客运码头。

1995 年 4 月,建设湖州铁、水中转港区,1997 年 4 月完工,是浙江省首次利用世界银行贷款改造内河航道的项目之一。新建 500 吨级码头泊位 1 个,300 吨级码头泊位 9 个,码头总长 620 米,建仓库以及生产、生活用房 2 万平方米,堆场、道路 5.5 万余平方米,布设 5 股铁路装卸作业线,同时配备 32 吨龙门起重机和链斗式卸煤机等装卸作业机械 40 余台,年吞吐能力 131 万吨。湖州铁水中转港区,充分利用宣杭线这一浙江省通往中原腹地的铁路运输捷径,使湖州铁、公、水三路交通运输优势得以集中发挥,从根本上改善了湖州地区铁路进出物资依靠外地中转的状况。

1997 年,经全国第二次港口普查,湖州市内河港口共计 21 个,即湖州港、菱湖港、南浔港、双林港、练市港、埭溪港、善琏港、和孚港、织里港、小浦港、李家巷港、雉城港、泗安港、和平港、陈湾港、座山湾港、新市港、武康港、德清港、梅溪港和安城港,共有码头单位589个,码头泊位1 675个,码头泊位长度共计58 296米,年通过能力4 888万吨。

2000年年底,湖州市有生产用码头泊位302个(其中公用10个),总长度12 981米(其中公用620米),货物年综合通过能力为1 866.70万吨(其中公用130万吨),旅客100万人次,还有非生产用码头泊位13个,长度总计400米。

2004年3月15日,湖州市第一条民间筹资建设的港区航道——长兴县吴山乡青山港航道开挖动工。该航道长4.5千米,按五级航道标准建设。10月,湖州港被交通部列为全国内河主要港口。2006年1月,南浔港航管理检查站专用码头经过5个多月的重建,顺利完成整体工程,成为湖州航区第一个靠泊能力为千吨级的内河码头。2009年2月28日,交通运输部和浙江省人民政府联合批复《湖州港总体规划》。根据规划,湖州市21个内河港整合为1个湖州港。湖州港区域直接经济腹地从整合前的湖州市区扩展为湖州市行政辖区,即吴兴区、南浔区、长兴县、德清县和安吉县;间接经济腹地为与湖州交界的安徽广德、宁国地区以及杭州临安地区。湖州港港区水陆域面积从原市区范围的48.3万平方米扩展为陆域面积392.75万平方米,水域面积86.57万平方米。湖州港区岸线(码头)总长度从整合前的6 043米扩展到56 756米。

为整合港口资源,2009年湖州市关闭不符合《湖州港总体规划》且严重影响通航安全和城市环境的散、乱、弱、小码头泊位22个。新建成码头泊位15个,其中500~1 000吨级泊位14个、300吨级泊位1个,在建码头泊位10个,累计完成投资2.2亿元。

2010年,湖州港区全力推进港口综合整治,全年共关闭不符合《湖州港总体规划》的码头23座。全年建成码头泊位15个,在建码头泊位7个,累计完成投资额2.43亿元。到年底,湖州港拥有港口企业435家,码头总长度56 756米,泊位数1 131个,最大靠泊能力1 000吨级,泊位通过能力13 791万吨(见表20)。其中按泊位性质分:危险品泊位116个、旅客泊位8个、集装箱和多用途泊位8个,其余均为普货泊位。全港在建码头泊位大型化趋势明显,其中投资超2亿元的浙江长兴捷通物流有限公司码头扩建工程顺利推进,安吉川达物流有限公司码头工程(水工部分)于9月份通过交工验收,11月份已投入试运行。全年完成货物吞吐量1 435万吨,其中出港11 311万吨,进港3 046万吨。出港物资以矿建材料、水泥、熟料和非金属矿石为主,进港物资以煤炭、原木、钢材为主。

2011年,湖州市全面清理辖区港口企业,积极推进港口资源整合,共关闭不符合《湖州港总体规划》的小、散、乱码头22座,新建成码头泊位18个,其中500吨级泊位9个、300吨级泊位9个,累计完成投资2.06亿元。2012年湖州市围绕"大港口"建设目标,加大对小、散、乱码头的整治力度,共关闭不符合总体规划的小、散、乱码头20座;建成300吨级泊位16个,在建泊位8个,累计完成投资2.27亿元。2013年,各级港航部门主动加强协调,依靠地方政府加大码头整治力度,全市共整治码头193座,超过了前两个五年计划的总和。港口建设有序进行,共建成300吨级泊位15个,累计完成投资3.23亿元,华能长兴电厂等一批大型码头项目建设顺利推进。

2013年10月31日,位于湖州市德清县乾元镇新材料园区的德清县多功能港区项目开工。截至2013年年底,完成投资11 320万元。该项目由浙江德泰港务有限公司投资3.6亿元,占地346亩,泊位岸线总长510米,建300吨级多用途泊位7座,年吞吐量为250万吨,计划2015年开港营运。

2014年,湖州港在建港口项目共16项、71个生产泊位,年设计通过能力达到2 545万吨,其中大型公用和专业化港口项目有5项、48个生产泊位,年设计通过能力达到2 280万吨。全年完成港口建设投资4.79亿元,创历史新高,同比增长48.3%,建成生产泊位10个,新增通过能力420万吨。同时,港口资源整合强势推进。全年关闭码头66座,注销港口经营企业26家,减少泊位89个,完成21座在产矿山专用码头的综合整改提升。

表20　2010年度湖州港靠泊能力与通过能力一览表

港区名称	港口企业/家	最大靠泊能力/万吨级	泊位年通过能力		
			货物年通过能力/万吨	集装箱年通过能力/万标准集装箱	旅客年通过能力/万人
吴兴港区	86	1 000	3 925	4	6
南浔港区	101	1 000	985	4	0
长兴港区	124	500	5 795	0	12
德清港区	102	1 000	2 588	0	9
安吉港区	22	500	498	20	0
合计	435	4 000	13 791	28	27

港区及设施建设

　　中华人民共和国成立后,湖州港码头建设逐步加快。到1990年年底,湖州市共有客货运输码头477座,岸线总长13 200米,1 028个泊位,最大靠泊能力300吨级。

　　20世纪90年代初,港口码头多为企业自备,以满足企业自身货物装卸要求为目的,投资少、规模小、装卸设备落后,大多采用"船—码头吊—堆场"的简单装卸工艺流程。1997年4月30日,湖州铁、水中转港区建成。该港区工程于1995年4月15日开工,建有500吨级泊位1个、300吨级泊位9个,年吞吐能力131万吨,是浙江省首次利用世界银行贷款改造内河航道的项目之一,被列为省重点建设工程。港区建成后,可充分利用宣杭线这一浙江省通往中原腹地的铁路运输捷径,使湖州铁、公、水三路交通运输的优势得以集中发挥,改善湖州地区铁路进出物资依靠秦皇岛、上海、苏州、杭州等地中转的状况。2000年后,又陆续建成南浔鑫达国际物流码头、长兴捷通物流码头、德清升大物流码头、安吉川达物流码头等一批规模较大的货物码头,湖州港区总体面貌得到改观。2008年1月,湖州21个内河港口整合为一个湖州港,下辖吴兴、南浔、长兴、德清、安吉、太湖六大港区。

2010 年年底,湖州港六大港区 435 家码头单位拥有生产性码头泊位 1 109 个,码头泊位总长 56 800 米,泊位年通过能力 1.4 亿吨,最大靠泊能力 1 000 吨级。按泊位专业分:危险品泊位 116 个、旅客泊位 8 个、集装箱和多用途泊位 8 个,其余均为普通泊位。按码头使用性质分:公用码头 63 座,其余为企业自有。湖州港服务功能总体较弱,仍以传统的装卸、储存、转运为主,缺乏仓储、分拨、配送、拆装箱等延伸服务和增值服务。

吴兴港区是湖州港的核心港区,地处湖州市中心城区,由原湖州港、埭溪港整合而成。其主要运输货种为:煤炭、石油、天然气、钢铁、粮食、矿建材料、化肥、工业制品、水泥、非金属矿、集装箱等。

到 1990 年年底,原湖州港区有码头 63 座,长度共计 1 986 米,泊位 160 个,最大靠泊能力为 300 吨级;原埭溪港有码头 3 座,长度共计 165 米,13 个泊位,最大靠泊能力为 80 吨级。

到 2010 年年底,整合后的吴兴港区共有码头单位 86 家,码头泊位 245 个,码头总长 12 066 米,最大靠泊能力为 1 000 吨级,泊位年通过能力 3 925 万吨;港区全年完成货物吞吐量 4 835 万吨,其中:出港 4 091 万吨,进港 744 万吨。

湖州铁、公、水中转码头占地 500 亩,设计年吞吐量能力 131 万吨,中转量 183 万吨。港区共铺设 5 股铁路装卸线;有挖入式港池一个,码头岸线长 620 米,沿线布置 10 个泊位,其中 500 吨级泊位 1 个,300 吨级泊位 9 个;仓库 2.2 万平方米,堆场 5.5 万平方米;配有大型装卸机械 15 台,小型装卸机械 5 台,集卡运输车辆 6 辆。布局按功能区分为 4 个独立的作业区:煤炭及散货作业区、重件作业区、全天候作业区和综合作业区。主要货类有钢铁、煤、木材、食品及烟草制品等。

南浔港区是由原南浔港、练市港、双林港、菱湖港、善琏港、织里港整合而成的。港区以矿建材料、件杂货和集装箱运输为主,是湖州市经济开发区、临港工业园区和城市发展服务的主港区。1990年,原南浔港、练市港、双林港、菱湖港、善琏港、织里港等 6 个港口公有码头 104 座,总长 3 853 米,泊位 183 个,最大靠泊能力 100 吨级。

至 2010 年年底,整合后的南浔港区公有码头单位 101 家,码头泊位 215 个,码头总长 9 856 米,最大靠泊能力 1 000 吨级,泊位年通过能力 985 万吨;港区全年完成货物吞吐量 726 万吨,其中:出港 149 万吨,进港 577 万吨。

南浔鑫达国际物流码头占地 268 亩,内设 5 万平方米的原木和建材堆场,3 500 平方米的综合办公大楼,5 000 平方米的监管仓库以及 5 000 平方米的出入境货物(集装箱)的固定堆放地和与之配套的机械设备、辅助用房。2004 年,湖州南浔海关监管点和湖州检验检疫局南浔办事处入驻南浔鑫达物流中心。2005 年 9 月,南浔监管点检验检疫设施通过省级验收。监督点内设有集海关监管仓库,检验检疫的熏蒸用房,监管查验区域,内支线码头,集装箱堆场,集报关、报验、船代、货运、集运为一体的综合办公大厅。

长兴港区是由原雉城港、小浦港、李家巷港、泗安港、和平港、陈湾港和座山湾港整合而成的港区,主要以水泥、矿建材料、煤炭、非金属矿石运输为主。港区为城市发展、对外开放、临港工业服务,为腹地内外向型经济发展服务,为湖州市资源开发和煤炭供给服务。至 2010 年年底,整合后的长兴港区公有码头单位 124 家,码头泊位 348 个,码头总长 17 309 米,最大靠泊能力 500 吨级,泊位年通过能力 5 795 万吨;港区全年完成货物吞吐量 3 854 万吨,其中:出港 2 995 万吨,进港 859 万吨。时下规模较大的码头有长兴捷通物流码头。

长兴捷通物流码头,占地约 450 亩,其中现有码头占地 270 亩。园区分两期建设:一期工程于 2006 年 6 月改建竣工,拥有 165 米 × 62 米开挖式港池一个,500 吨级泊位 8 个,岸线总长 750 米。为打造江、浙、皖三省交界处现代物流集散区,二期工程于 2010 年 4 月开工,新建 3 个煤炭泊位(300 吨级兼靠泊 500 吨级)、2 个多用途泊位(500 吨级兼靠 1 000 吨级),泊位总长度 251 米,同时建设长兴地区物流交易信息平台,总投资约 2.3 亿元。

德清港区是由原德清港、武康港、新市港整合而成的港区,主要为当地资源开发和物资外运服务,为城市发展和临港工业服务,为腹地内外向型经济发展服务,主要以水泥、矿建材料、化工原料运输为主。至2010年年底,整合后的德清港区共有码头单位102家,码头泊位244个,码头总长13 477米,最大靠泊能力1 000吨级,泊位年通过能力2 588万吨;港区全年完成货物吞吐量4 294万吨,其中出港3 514万吨,进港780万吨。时下规模较大的码头为德清升大物流码头。

2007年,德清升大物流码头依托京杭大运河、09国道及申嘉湖杭高速公路等众多交通优势,筹建以德清新市为基地,向江浙及周边地区辐射的钢材板材交易集散中心。项目规划总投资8 000万元,占地120亩,分期实施建设,建有码头泊位5个,其中:1 000吨级泊位1个、500吨级泊位4个,占用岸线长度450米,堆场3个,16~36吨行车7台,5吨吊车1台。

安吉港区是由原梅溪港、安城港整合而成的港区。港区主要以水泥、矿建材料及竹制品运输为主。至2010年年底,整合后的安吉港区共有码头单位22家,码头泊位57个,码头总长4 048米,最大靠泊能力500吨级,泊位年通过能力498万吨;港区全年完成货物吞吐量648万吨,其中:出港562万吨,进港86万吨。时下规模较大的码头为安吉川达物流码头。

安吉川达物流码头总投资4 500万美元,其中香港旭达国际物流公司持90%的股份,安吉亚川物流有限公司持10%的股份。码头位于安吉县地铺镇马家村,2007年年底正式开工建设,占地198 676平方米,建有500吨级集装箱泊位5个,年设计吞吐能力20万标准箱,2010年9月该工程水工部分通过交工验收,2010年11月投入试运行。

太湖旅游港区为新建港区,主要为太湖水上旅游客运服务。2010年6月25日,太湖旅游度假区组织港口、航道、海事、水利等部门对太湖名爵游艇俱乐部码头项目的初步方案进行技术咨询。太湖名爵游艇俱乐部按照国际白金五星级会所标准设计,占地168亩,规划水上游艇码头泊位300个,总投资达3亿元,其中涉水项目投资约1.5亿元。项目于2009年10月21日奠基。

港口生产

湖州港出港货物以矿建材料、水泥、非金属矿石为主,进港货物以煤炭、成品油等能源物质为主。自 1994 年开始,湖州市港口生产统计工作开始规范化。2003 年,湖州港区出现集装箱装卸业务,同年,集装箱吞吐量列入统计范围。2003 年度,湖州港完成货物吞吐量为 2 338 万吨,其中出口 2 156 万吨、进口 182 万吨。主要货种有矿建材料 2 039 万吨、水泥 104 万吨、煤炭及制品 68 万吨、非金属矿石 53 万吨。完成内河集装箱吞吐量 757 标准集装箱(其中出港 390 标准集装箱)、4 773 吨(其中货重 3 201 吨)。

2008 年,根据《湖州港总体规划》,将湖州市 21 个内河港整合为 1 个湖州港,下辖 6 个港区。2009 年 1 月起,下辖的吴兴、南浔、长兴、德清、安吉和太湖旅游 6 个港区被纳入湖州港统计范围。

当年,湖州港完成货物吞吐量 14 945 万吨,其中出港 12 127 万吨,进港 2 818 万吨,进入亿吨大港行列,排名全国内河港口第二位,仅次于苏州港。

2010 年,湖州港完成货物吞吐量 14 357 万吨,其中出港 11 311 万吨,进港 3 046 万吨。码头泊位设计年通过能力 13 804 万吨,集装箱 23 万标准箱。与苏州港、南通港、南京港并列成为全国四大内河亿吨大港。

到 2014 年年底,湖州市拥有持证港口经营企业 320 家,生产泊位 889 个,码头泊位长度 45.2 千米,泊位年通过能力 1.12 亿吨,最大靠泊能力为 1 000 吨级。当年,湖州港共完成货物吞吐量 8 486.92 万吨,其中出港 5 803.67 万吨、进港 2 683.25 万吨;完成集装箱吞吐量 121 085 标箱,其中出港 59 696 标箱、进港 61 389 标箱。

四、绍兴港

绍兴港是浙江省重要的内河港,为浙江内河"十线五港"之一。绍兴港地处绍兴市越城区东湖镇,处于杭甬运河终端,连通绍兴乃至长三角发达内河水系,地理位置优越,拥有优越的内河港天然条件,经水路可直达宁波、杭州、上海以及山东等地。绍兴港以发展货运为主,是为地方农业和工矿企业及城市服务的综合性港口,兼顾客运,重点发展区间的旅游运输。

建设与发展

绍兴港前身是越州港。但中华人民共和国成立前一直没有码头,船舶靠泊装卸利用河道自然岸坡。1949年后,交通部门和各物资部门先后在火车站和大城湾等地建设了一批客、货码头。1971—1980年,绍兴航运公司、绍兴第二航运公司在城北桥两侧河岸建客运码头和旅客候船室2个。绍兴化肥厂、钢铁厂、西郭粮化厂、昌安木材公司各建自用码头1个。

1981年11月修建大城湾码头,岸线长250米,100吨级泊位9个,1983年12月建成投产,年吞吐量达30万吨(2000年因城市规划建设需要被拆除)。

2000年年底有生产用码头泊位76个,长度1 803延长米,年综合通过能力货物186万吨。

2006年8月16日,绍兴港总体规划通过专家的评审,规划从2006年开始到2020年,绍兴市将投资50多亿元建设绍兴港。根据已通过评审的总体规划,绍兴港由七大港区组成,包括越城港区、柯桥港区、上虞港区、诸暨港区、嵊州港区、滨海港区和上虞新港区,规划作业区34个,泊位312个,其中60%的作业区建在杭甬运河和浦阳江、曹娥江两江处。在规划期内绍兴港总投资估算约50.17亿元。

2011年9月5日,绍兴港越城港区中心作业区D区码头工程(水工结构)开工建设,2012年10月10日通过交工验收。绍兴港越城港区中心作业区码头位于绍兴市越城区东湖镇,其规模为新建500吨级全天候泊位3个(水工结构按1 000吨级设计),整个中心作业区码头设计年吞吐能力为185万吨。

2011年12月1日,绍兴港中心作业区码头一期工程投入试运行。该工程10月底完工,建成1 200多米长的码头岸线,钢铁物流展示交易区占地近2万平方米。到2012年,港口物流园区钢铁交易量计划达200万吨,水泥等大宗物资吞吐量达200多万吨,园区年销售额达150亿元以上。由民营企业独家投资建造港口,在浙江尚属首次。

2013年,绍兴市港航管理局启动新一轮绍兴港总体规划修编及港区控制性详细规划编制前期调研工作。调研主要针对港口总体规划实施现状、各港区港口发展情况、各规划作业区建设情况及存在问题;深入了解各港区港口发展形势,水运市场需求,港口建设的陆域、水域以及岸线资源分布及利用情况;收集各港区水运、港口及物流业发展的相关规划资料,了解各地与港口相关的集疏运体系、水资源利用、土地利用、城镇建设、环境保护等相关规划内容;同时调查当前港口规划与绍兴市实际需求的适应度,研究分析港口总体规划修订、港区控制性详细规划和岸线利用规划编制的必要性。

2014年,杭甬运河上虞港曹娥作业区(西区工程一期)散货码头项目工程通过交(竣)工。曹娥作业区位于杭甬运河上虞区道墟镇济生桥西侧,2012年10月开工,由上虞港通源物流有限公司投资建设,总投资3.58亿元,是省重点建设物流项目。曹娥作业区占地面积138 785平方米,共建设500吨级泊位8个,500吨级锚泊位3个,仓库用房16 000平方米,建成后年吞吐量可达131万吨。

港区及设施建设

绍兴港原港区包括绍兴、曹娥、百官、柯桥、东关、蒿坝、通明、湄池、凰桐、三界十大港区,总面积45.87万平方米,其中陆域面积12.74万平方米,水域面积33.13万平方米,自然岸线长8.03千米,有泊位308个,码头总长为5 648.1米,其中货运泊位282个,总长4 989.4米。其他部门码头108个,总长1 885米;其中客运泊位32个,总长675米。有靠泊能力200~3 000吨级的码头1个,50~300吨级的码头70个,50吨级以下的码头233个。十大港区拥有装卸机械59台,最大起重能力15吨级;输送机30台,长度1 199米;还有其他装卸搬运机械14台。库场总面积为142 600平方米。大量的个体民营码头以装卸钢材、黄沙、石子等建材物资为主。除少量码头建设永久性码头设施外,大多利用自然岸坡,场地面积以几十平方米到近千平方米为多。据2002年6月的不完全调查,在航管部门登记的码头有38个,靠泊能力为40~1 000吨级,年装卸货物为0.5万~33万吨。

根据《绍兴市港口总体规划》,绍兴港由越城港区、柯桥港区、上虞港区、诸暨港区、嵊州港区5个内河港区和滨海港区、上虞杭州湾2个外海港区及11个旅游码头组成。绍兴港规划占地面积达18 266亩,有规划作业区35个、泊位309个,有旅游码头11个、55个泊位。绍兴港口主要有绍兴、柯桥横、湄池、东关、曹娥、蒿坝、三界7个内河港口。2010年年底,绍兴港生产用码头泊位达到151个,总长度11 437米,泊位设计年通过能力散装、件杂货物1 521万吨。

绍兴港越城港区中心作业区原称绍兴港,位于越城区东湖镇朱尉村以东、谢家岸村以南、窑湾江以北,在杭甬运河岸线上,自然条件优越,通航条件较好。设计年通过能力480万吨。近期建设500吨级码头泊位16个。远期建设500吨级码头泊位8个,规划岸线总长度875米,作业区占地面积1 200亩,其中第一期占地面积478亩;堆场及仓库面积为45 000平方米。该港主要为绍兴市区及周边工业园区的建设生产生活服务,以集装箱、危化品和件杂货等货物中转、仓储运输为主,在作业区建设一个大型的物流中心。

1971—1980年,绍兴航运公司、绍兴第二航运公司在城北桥河道两岸建造客运码头和旅客候船室,绍兴化肥厂、钢铁厂、西郭粮化厂、昌安木材公司也建造了自用码头。1982 年,杭甬运河疏浚工程开工,绍兴市航运管理处和绍兴市第二运输公司联合投资,修建了大城湾北、南、东 3 个码头,装置了行吊和转盘,建造了仓库和货场,使绍兴港区码头初具规模。1990 年,绍兴港区总面积 16.7 万平方米,自然岸线长 2.78 千米,利用自然坡作业的长度为 180 米。码头长 2 701.8 米,拥有泊位 151 个(包括货运码头 133 个,码头长度共计 2 416.8 米,其中物资部门泊位 60 个,码头长共计 1 128 米;客运码头 18 个,码头长共计 285 米)。拥有靠泊能力 360～1 000 吨级码头 13 个,50～100 吨级码头 39 个,50 吨级以下的码头 99 个。库场总面积为 6 584 平方米。港区原先的大城湾联运码头、火车站南潘和大滩码头、下大路航快码头、石家池航快码头、绍兴市航运公司城北桥客运码头、绍兴市第二航运公司城北桥客运码头、大城湾水泥厂码头、绍兴钢铁厂新开河码头、轧钢厂码头、化肥厂码头、化肥厂煤码头、亭山水泥厂、城北河粮油码头、西郭化肥厂码头、城北河沿厂码头、昌安木材码头、辕门桥码头、东郭门码头、南门码头、偏门码头、西郭码头、偏门酒厂码头、城北河烟糖码头、城北河蔬菜码头等因城市建设的需要均已拆除或移建到城市郊区。绍兴港中心作业区现有城东交运公司码头、城东绍兴市航运有限责任公司搬运装卸公司码头、城东绍兴市汽运集团公司码头、城东大众码头、城西码头、新民热电厂码头等。

2007 年 5 月 9 日,省发改委和省重点建设领导小组联合下发《关于印发 2007 年浙江省重点建设项目名单的通知》(浙发改基综〔2007〕303 号),绍兴港越城港区中心作业区工程被列为 2007 年浙江省重点建设预备项目。工程建设规模为新建 500 吨级泊位 17 个,设计年吞吐能力 185 万吨,堆场总面积 46 267 平方米,化工储罐20 000 立方米,化工中转库 2 759 平方米,生产及生活辅助设施5 080 平方米,同时建设进港道路、进港航道、绿化等配套工程,总投资 5 亿元。

2010 年 11 月 18 日,绍兴港越城港区中心作业区工程施工图通过审查。其中作业区 B 区码头工程自 2011 年 2 月 28 日开工,至

2011 年 10 月 30 日完工,C 区码头工程自 2011 年 4 月 5 日开工,至 2011 年 10 月 30 日完工,D 区码头工程自 2011 年 9 月 5 日开工,至 2012 年 8 月 20 日完工。

绍兴港柯桥港区原称柯桥港,位于绍兴市区北 12 千米的柯桥镇,杭甬运河横贯该港,公路、铁路、水路相互衔接,交通便利。港区东起柯桥镇新区码头,西至西官塘粮管所仓库,岸线长 113 米。港区总面积为 3.25 万平方米,其中陆域面积 1.15 万平方米,水域面积 2.1 万平方米,利用自然坡作业长度为 80 米。共有泊位 45 个,均为货运码头,码头总长 842 米(其中物资部门泊位 20 个,码头共长 400 米)。港口历年最高水位 4.83 米,最低水位 2.94 米,年均水位 3.83 米,最大靠泊能力 40 吨级。该港库场设施总面积为 2 240 平方米。其拥有各类装卸机械 27 台,包括各类起重机 13 台,最大起重能力 8 吨;输送机 14 台,输送长度共计 234 米。出口物资主要为轻纺产品、煤炭、石料和粮食;进口物资主要为铁矿粉、矿建材料和非金属矿石,港口全年吞吐量为 20 万 ~ 50 万吨。港口主要码头有柯桥镇火车站货运码头、柯桥镇街河货物装卸码头和轻纺市场码头。

绍兴港五星牌作业区含原东关港。原东关港位于上虞县东关镇,距县城百官镇 6.1 千米,杭甬运河、杭甬铁路、104 国道平行穿越港区,沿东 107 千米达宁波,向西 135 千米至杭州,交通便利。港区处萧绍内河水系,历年最高水位 4.65 米,最低水位 2.9 米,平均水位 3.77 米。港区内河水常年流速平缓,港池无明显冲淤变化。

港区南起东关水泥厂码头,北至东关火车站码头,自然岸线长 0.32 千米。港区总面积为 1.1 万平方米,其中陆域面积 0.3 万平方米,水域面积 0.8 万平方米。利用自然坡作业长度为 180 米。港区内共计有泊位 10 个,均为货运码头,码头总长 140 米(其中物资部门专用泊位 6 个,码头共长 80 米),最大靠泊能力 20 吨级。该港出口货物主要是曹娥江的黄沙,进口货物主要为石灰石。港口全年货物吞吐量为 20 万 ~ 50 万吨。

绍兴港百官作业区原称百官港,位于上虞市百官镇,杭甬运河穿越港区,杭甬铁路、329 国道通过港区南面。港区处内河水系,历年最高水位 3.86 米，最低水位 0.97 米，平均水位 2.88 米。常年流速平缓，冲淤变化不大。

百官港西起曹娥江南侧上源闸码头，东至大坝头货运码头，自然岸线长 0.445 千米，总面积 3.07 万平方米。利用自然坡作业长度为 150 米。拥有泊位 12 个，码头总长 185 米（包括货运码头 8 个，码头长共计 120 米；客运码头 4 个，码头长共计 65 米），最大靠泊能力 20 吨。库场设施总面积 1 593 平方米，其中仓库总面积 93 平方米，堆场总面积 1 500 平方米。拥有各类起重设备 4 台，最大起重能力 2 吨级。港区自 1857 年在大坝村建造广济涵洞后，开始就有货物进出港口，余姚、宁波等地的货物均在此中转。

百官港以上虞市为经济腹地，出口货物以曹娥江黄沙为主，其数量占全部吞吐量的 85% 以上，主要流向余姚、宁波等地；出口货物还有石灰石及粮、棉、麻等农副产品。进口货物主要是化肥、农药及粮食。港区全年吞吐量为 50 万～100 万吨。港区内主要码头有大坝头码头、园山桥码头、百官轮船码头、2 号桥码头。

绍兴港曹娥作业区原称曹娥港，位于上虞市曹娥镇，南起孝女庙砂场，北至曹娥江大桥以北上虞市建材公司码头，内河东起曹娥升船机，西至三角站作业区。港区总面积为 8.15 万平方米，其中陆域面积 2.13 万平方米，水域面积 6.02 万平方米。自然岸线长 0.74 千米。利用自然坡作业长度为 224.6 米。有泊位 21 个，均为货运码头，码头总长 307 米（其中物资部门泊位 5 个，码头长 80 米），最大靠泊能力 40 吨级。杭甬运河、杭甬铁路、329 国道均通过该港，交通便利。港区地处曹娥江感潮河段，历年最高潮位 8.92 米，最低潮位 1.69 米，平均潮位 3.74 米，最大径流量 1 950 立方米/秒，年平均流量 76.2 立方米/秒。

港区物资吞吐集中在丁坝底、老坝底、下沙等埠头，年吞吐量在 50 万吨左右。1990 年，港区库场总面积为 9 240 平方米，其中仓库面积 380 平方米，堆场总面积 8 860 平方米。拥有输送机 4 台，输送长度 610 米，其他装卸专用机械 6 台。港区全年货物吞吐量为 100 万～220 万吨。

2009 年 7 月 7 日，曹娥作业区工程可行性研究报告通过评审，计划新建 10 个 500 吨级泊位及相应配套设施。作业区分为东西两个，西侧为综合性作业区，主要服务于煤炭、矿建材料、钢铁、水泥等大宗物资运输，东侧为粮食专用作业区，设计年吞吐量为 16 万吨。

绍兴港蒿坝作业区原称蒿坝港，位于上虞市蒿坝乡，东临曹娥江和 14 国道。港区处于杭甬运河的支流断头，距杭甬运河 6 千米，东可达宁波、镇海，西可至杭州。该港系内河水系，常年流速平缓，冲淤变化不大；历年最高水位 4.65 米，最低水位 2.9 米，平均水位 3.77 米。

蒿坝港南起蒿坝公路桥，北至蒿庄清水桥。港区面积为 1 万平方米，其中水域面积 0.6 万平方米，自然岸线长 0.35 千米，利用自然坡作业长度为 50 米；共有泊位 10 个，均为货运泊位，码头总长 245 米。最大靠泊能力为 20 吨级。港区库场总面积 3 570 平方米，容量 3 212 吨级，其中仓库面积 270 平方米，堆场面积 3 300 平方米，主要承担曹娥江的黄沙中转。此外，嵊县、新昌、天台、仙居等县的粮食、化肥、食糖、石灰石等物资也在此中转。港口全年吞吐量为 20 万 ~ 50 万吨。港区主要码头有蒿坝码头、蒿庄码头。

绍兴港通明作业区原称通明港，位于上虞市东部通明乡，西起上河砂码头，东至航管所联办码头。港区面积 0.98 万平方米，其中水域面积 0.59 万平方米，陆域面积 0.39 万平方米。自然岸线长 0.21 千米，利用自然坡作业长度为 75 米。港区分为东、西两部分。闸东为姚江，俗称下河，顺此可达余姚、宁波。自 1959 年下游建姚江大闸后，受潮汐的影响，历年最高水位 5.62 米，最低水位 1.27 米，平均水位 2.74 米。闸西是四十里河，俗称上河，系内河水系，顺此可达曹娥江边的江坎头，历年最高水位 4.14 米，最低水位 2 米，平均水位 5.01 米，内河流速平缓，常年变化不大。该港距县城百官镇 13.6 千米，永（徐）丰（惠）公路通过港区北侧。现该港以中转黄沙为主。黄沙产自曹娥江，在江坎头过驳，进四十里河到该港，再经通明坝过驳运往余姚、宁波等地。港区内有货运泊位 12 个，码头总长 133 米，最大靠泊能力 30 吨级。库场设施堆场总面积 1 200 平方米，全年货物吞吐量为50万~100万吨。港区内主要码头有通明码头。

绍兴港三界作业区位于嵊州曹娥江上游西岸三界镇附近,是曹娥江4级航道与6级航道的交界,近期设计年通过能力90万吨,建550吨级码头泊位8个;中远期设计年通过能力187万吨,增加500吨级码头泊位4个,规划岸线总长度为660米,作业区占地面积165亩,仓库及堆场面积16 900平方米。该港主要为嵊州市经济开发区以及各城镇的物资运输服务,主要装卸、中转矿建材料、钢铁、煤炭、非金属矿石等物资。

绍兴港三界作业区含原三界港。原三界港位于嵊州市三界镇北端的剡溪西岸,顺溪而下入曹娥江,与杭甬运河相沟通。向西有公路与104国道相接,交通便利。三界港处曹娥江感潮河段,每月受潮汛影响的半个月中,最大潮差达6米以上,一般在0.4米左右。港区全年最高水位7.13米,最低水位1.33米,平均水位1.73米。

1984年,建三界码头,码头长50米,港区自然岸线长0.217千米,内有货运泊位3个,码头总长96.6米,靠泊能力均在50吨级以下。该港主要吞吐货物以黄沙为主,全年吞吐量约10万吨。

绍兴港店口作业区位于诸暨市店口镇湄池浦阳江东江与西江的交汇处。设计年通过能力252万吨,建设500吨级码头泊位9个,规划岸线总长度为600米,作业区占地面积35亩,仓库及堆场面积3 600平方米。该港主要为浦阳江的沿线乡镇的临江企业生产建设服务,以装卸中转煤炭、钢材等物资为主。

绍兴港店口作业区含原湄池港。原湄池港位于浦阳江中游,诸暨市北端的湄池镇,东邻绍兴,北接萧山,船舶经萧绍内河东行237千米可达宁波,北行50千米可至杭州。有公路同萧山、绍兴相连,浙赣铁路穿越港区,交通十分便利。港区自下湄池起至南塘湖口渡船埠止,自然岸线长1千米,总面积为8.05万平方米,其中陆域面积1.05万平方米,水域面积7万平方米。该港有泊位14个,码头总长285米。其中货运泊位11个,码头长共200米;客运泊位3个,码头长共85米。其中100吨级泊位1个,50~100吨级泊位4个,50吨级以下泊位9个。库场设置总面积为4 060平方米,堆场总面积为

4 000 平方米。

湄池港处于浦阳江感潮河段,历年最高潮位 10.45 米,最低潮位 1.77 米,平均潮位 6.13 米。1954 年成立湄池航管站,负责港口的搬运装卸业务。港口主要吞吐货物有黄沙、大米、砖瓦、石灰石等,全年吞吐量为 20 万~50 万吨。2003 年,完成出港货物 5 万吨,进港货物 46.17 万吨。港区内主要码头有湄池客运码头、桥上码头、桥下码头等。

港口生产

绍兴港为综合性河港,2005 年,全市港口完成吞吐量 806 万吨,其中利用自然岸坡完成吞吐量为 390 万吨。绍兴港货物主要流向上海、杭州、嘉兴、湖州等地及绍兴市境内中转。绍兴港进出口货物主要有钢材、水泥、建材、粮食、煤炭等。其中进口货物煤炭、钢材和矿建材料等占进口量的 65%,矿建材料大部分在绍兴市境内中转。绍兴市 2004—2010 年港口吞吐量见表 21。

表 21　绍兴市 2004—2010 年港口吞吐量

单位:万吨

年份	合计	越城港区	柯桥港区	上虞港区	诸暨港区	嵊州港区	利用岸坡
2004	618.3	42.6	9	77.8	110	3.9	375
2005	1 196.1	45	150.7	398.7	161.7	50	390
2006	1 352.7	116.2	388.3	421.7	194	50.2	182.3
2007	1 341.9	221.3	380.8	426.33	220.5	83	10
2008	1 238.9	119.8	462.7	380.5	198.4	77.5	0
2009	1 173	154	472	204	257	86	0
2010	1 162	143	542	125	288	64	0

五、宁波内河港

宁波境内内河港口开港较早，各港围绕三江口，沿姚江、奉化江分布。自北向南有长河港、周行港、逍林港、观城港、浒山港、横河港、马诸港、余姚港、陆埠港、丈亭港、慈城港、骆驼港、姚江港、湾塘港、浩河港、新河鄞江港等内河港口。宁波内河港通往宁波各地，中转物资运往杭州、上海。随着杭甬运河及宁波－舟山港的不断发展，宁波内河港作用逐渐减小。

宁波内河港主要由北仑海河联运港区、镇海海河联运港区、宁波城西港区、余姚东港区、余姚西港区、慈溪浒山港区、奉化江方桥港区、奉化江钟公庙港区等内河水域和陆域组成。

2009年4月14日，宁波市政府通过《宁波内河港城西港区总体规划》。城西港区位于姚江北岸、宁波市慈城镇半浦村，是宁波市重要水陆物流节点，主要为杭甬运河与宁波各港区的集装箱和件杂货提供水陆中转服务，兼为城市建设及生活提供所需物资运输服务。根据规划，城西港区近期作为杭甬运河宁波段三期工程过渡方案，主要为杭甬运河与宁波海港各港区的集装箱和件杂货提供水陆中转服务，并兼为城市建设及生活提供所需物资运输服务。城西港区规划分近期、远期两个阶段实施，其中近期工程的起步建设规模为：顺岸式布置500吨级泊位14个，其中集装箱泊位2个；使用岸线1 700米；陆域面积40万平方米；设计年吞吐量260万吨，其中集装箱年吞吐量4万标准箱，钢材年吞吐量110万吨，其他件杂货年吞吐量116万吨。

第三次全国港口普查资料显示，至2008年年底，宁波内河港共有300吨级生产用泊位15个，其中煤炭泊位2个，客货泊位1个，其他泊位12个。港口拥有固定式起重机14台，库场机械24台，水平运输机械17台。

第四节

运河航运业的蓬勃发展

1978年后,浙江抓住改革开放的历史性机遇,率先推进市场化改革,伴随着国民经济的发展和人民生活水平的提高,水路运输市场呈现出开放活跃的景象。大运河浙江段航运业在开拓中快速前进、在改革中蓬勃发展,先后经历了1979—1990年的以改革开放谋发展、1991—2000年的深化改革突破发展、2001—2007年的营造优势发展和2008—2014年的复兴水运转型发展的四个发展阶段,并发生了一系列深刻变化,实现了历史性的跨越,在社会主义市场经济建设中日益发挥出不可或缺的重要作用。

一、改革开放谋发展

改革开放给大运河浙江段航运业带来大发展的机遇。水路交通体制改革,放宽搞活,浙江水上运输市场出现了国营、集体、个体一齐上的局面,因此使大运河浙江段航运业的结构和格局产生深刻的变化。个体运输在弥补专业运输能力不足、推动航运发展等方面发挥了重要作用。国营航运企业则着手内部体制变革,扩大生产经营自主权,实行各种形式的承包经营责任制和以经理负责制为主要内容的经营体制改革,使大运河浙江段航运业在改革中发展迅速。

市场化改革不断推进

20世纪80年代初以前,大运河浙江段航运由交通专业运输部门独家经营,经济形式主要是单一的公有制经济,个体或私营的运输几乎被取消,其他经济部门的运力也只是自货自运。1979年和1980年,大运河浙江段运输还执行交通部修订后颁发的《水路货物运输规则》《水路货物运输管理规则》《水路旅客运输规则》《水路旅客运输管理规则》,重申客运实行安全、正点的定船、定线、定班、定时、定码头泊位的"五定"制度。

中共十一届三中全会后,随着改革、开放、搞活方针的贯彻执行,大运河浙江段航运的市场化改革不断推进。1983年,根据交通部提出的"有河大家行船,有路大家走车"方针,鼓励扶持社会运输力量发展,个体户、联户(简称"两户")运输在农村蓬勃兴起。农村全面实行联产到户的家庭承包经济责任制后,大大促进了农业生产和农副业生产的发展,农民除从事农业生产外,剩余劳动力从事发展乡镇工业和运输业,"两户"运输随之兴起,从事营业性搭客兼附货的"农客班"发展迅速。他们立足为本乡、本村服务,具有轻巧、灵活、方便,随叫随到等优点,深受欢迎,生意兴隆。

异军突起的"两户"船舶担负起了部分工农业生产资料、人民生活资料的水上运输任务,补充了国营和集体船舶运力的不足,对于加快商品流通、促进市场繁荣和工农业生产的发展都起了一定的作用。如1984年嘉兴市石料、砖瓦、水泥三项物资生产和运输总量约2 218万吨,其中由"两户"承运的达950万吨,占42.8%。另外,"两户"水上运输的兴起,也大大地便利了人民的交通往来。

因此,"两户"的客货运输船舶迅速成为大运河浙江段航运的一支不可或缺的重要力量。中共中央、国务院充分肯定"两户"船舶对搞活水上运输和商品流通的积极作用。1984年2月,国务院颁发

《关于农村个体户或联户购置机动车船和拖拉机经营运输业的若干规定》，允许农民个人或联户购置机动车船经营运输业。交通部又下达《关于积极扶植农村水运专业户的通知》，使"两户"经营的水上运输又得到进一步的发展。据统计部门统计，1984年年底杭州、嘉兴、绍兴等市所属部分县的"两户"船舶总吨位，都接近甚至超过专业运输船舶。1985年，全省"两户"船舶5.4万艘、载重46万吨，相当于全省专业运输船舶的81%。到1990年，全省"两户"船舶增加到4.7万艘，载重78万吨。

"两户"运输业的蓬勃发展，促使农村经济结构发生了很大变化。许多原来从事农业、渔业的劳动力都改行从事运输业，在绍兴、嘉兴、德清、桐乡等大运河浙江段沿线还出现了运输专业村。运输业开始成为农村经济的一个重要组成部分，不仅解决了农村劳动力过剩问题，也增加了农民的收入。如嘉兴市郊区澄溪乡姜家村的一艘15吨运输船，年净收入达6 000元。

"两户"运输业的蓬勃发展也深刻地改变了大运河浙江段等内河运输的结构和格局。1986年，"两户"运输的客运量、客运周转量和货运量、货运周转量分别达到3 853万人、3.6亿人千米和5 334万吨、22.7亿吨千米，在整个水运中所占比重分别为42.5%、21.3%和43.7%、16.4%。其中，继货运量1986年超过专业运输部门之后，1987年"两户"运输业的客运量也超过了专业运输部门。

长期以来，大运河浙江段等水路运输生产实行交通专业运输部门独家经营，社会运输工具的使用只限于自货自运的范围。1984年10月，中共十二届三中全会通过《中共中央关于经济体制改革的决定》，所有制结构的改革迈出实质性步伐。浙江在运输政策上进一步放宽，缩小计划运输范围，扩大市场调节，着重对重点物资运输实行计划安排，允许社会运力参与市场客货运输，鼓励国营、集体、个体一起，专业、事业大家干，促进社会运输力的发展。1985年4月，浙江省航运管理局颁发《关于水上旅客运输审批程序的通知》，规定县(市)境内和市(地)范围内跨县(市)的客运航线，由县市(地)航管处审批，同时向省局报备；跨市(地)、跨省(市)的客运航线由有关港航管理部门签署意见后,报省局审批。1985 年,杭州、嘉兴、湖州三市航运管理处联合提出《浙江省杭嘉湖内河货物运输计划管理改革意见》,经省航运局同意试行。当年 7 月,浙江省改革杭嘉湖内河货物运输计划管理和旅客运输审批程序,放宽计划运输范围,下放审批权限,允许货主择优托运,凡市辖境内货物运输原则上免提运输计划。1987 年 6 月,国务院发布《中华人民共和国水路运输管理条例》,交通部发布《水路运输管理条例实施细则》,提倡多家经营,鼓励竞争,变封闭型运输市场为开放型运输市场,实行指令性计划、指导性计划和市场调节相结合,并逐步缩小指令性计划,扩大指导性计划和市场调节范围,逐步形成以公有制为主体,多种所有制经济共同发展的新格局。

"国营、集体、个人一起上,各地区、各单位、各部门一起干"的新的运输经济政策日益深入人心,在"两户"运输蓬勃发展的同时,其他经济部门的船舶也纷纷参加到社会运输的行列之中,出现了国营、集体、联户、个体户、其他经济部门 5 种经营性质的船舶一起竞相从事运河水上运输的活跃景象,形成了多种经济成分并存和多种经营方式并举的多层次、多形式、多家经营的水路运输新格局。1988—1990 年浙江省水路运输部门与非水路运输、货物部门旅客运输量见表 22、表 23。

表 22   1988—1990 年浙江省水路运输部门与非水路运输部门旅客运输量一览表

年份	总计		水路运输部门		非水路运输部门			
					工矿企事业		个体联户	
	万人	万人千米	万人	万人千米	万人	万人千米	万人	万人千米
1988	8 382	174 927	3 825	130 159	759	10 116	3 798	34 652
1989	7 275	157 823	3 195	115 316	643	8 945	3 437	33 562
1990	6 213	144 852	2 746	106 101				

——摘自《浙江省志·交通篇》第二章水路交通

表 23　1988—1990 年浙江省水路运输部门与非水路运输部门货物运输量一览表

年份	总计		水路运输部门		非水路运输部门			
					工矿企事业		个体联户	
	万吨	万吨千米	万吨	万吨千米	万吨	万吨千米	万吨	万吨千米
1988	11 497	1 712 096	5 105	1 285 477	1 144	129 406	5 248	297 213
1989	10 093	1 697 390	4 602	1 321 046	849	110 464	4 642	265 880
1990	8 904	1 554 659	3 959	1 200 061				

——摘自《浙江省志·交通篇》第二章水路交通

　　水路货运实行计划运输和市场调节相结合,取消"数量额度"的规定,原来规定,凡是满 30 吨以上的物资都要提送运输计划,经省、市两级平衡后才能组织运输。放宽计划运输范围,下放审批权限,允许货主择优托运,凡市辖境内货物运输原则上免提运输计划,由承托运双方直接办理;跨市、跨省货物运输,一次托运量在 100 吨以下者免提运输计划,100 吨以上者实行计划运输(1987 年调整为凡满 30 吨的整批货物及全月累计托运量满 100 吨的零星物资均应提送月度托运计划,进行综合平衡)。货物托运计划由航管部门独家受理改变为多家受理,航运企业自主调配船舶,执行合同运输,保证重点,兼顾一般。县(市)、地(市)范围内的客运航线由地(市)航管处审批,跨地(市)、跨省客运航线由省航运管理局审批。

　　同时,减少纳入计划运输管理的物资品类和重点关键性的物资运输。如在煤炭的若干用途中,只保电厂用煤和生活用煤;在粮食的若干用途中,只保市场供应粮;在砂石等建筑材料的若干用途中,只保国家的重点工程建筑和防洪抢险用砂石,等等,其余放开,由物资部门择优选择运输单位。对需要进行综合平衡的重点物资、联运物资、外贸进出口物资、军事运输和矿建材料以及县以上人民政府下达的突击性运输计划,实行省、市(地)两级综合平衡;水运企业和其他从事营业性运输的单位和个人,在保证完成综合平衡下达的运输计划前提下,可在批准的经营范围内自行组织货物运输,谁受理,谁承运。

　　多年来,贯彻执行"薄利多运"的原则,大运河浙江段货物运价一直偏低,特别是1953—1958年的5次调整,实质上是在原运价基础上的逐次下降。1975年对水运运价进行改革,简化运价结构,将货物运价号由25级改为8级,实行大、小船和轮、木船运价的统一,但仍然维持原运价的总水平。进入改革开放新时期后,燃料、材料等价格由计划供应逐渐转为"平、议价结合",而且价格不断上涨,其中柴油价格由每吨400元陆续调至525元,议价由每吨680元调至1 165元。加上物价上涨、物价补贴、工资调整等各种因素以及航养费、航行补贴等政策性开支增大,使得运河水路运输成本大大增加,而运价不变,使得运河水运企业处境维艰,甚至难以维持简单再生产。

为此,1980—1990年,水运货物运价做了4次调整:

1980年颁发《浙江省内河货物运价规则》,调整杭嘉湖内河货物运价,总体提价10%左右。货分8级,级差率由原1~25级的7.35倍降为1~8级的3倍。调整运价基价,停泊基价每吨原1.17元,调为1.25元;航行基价每吨原0.011 8元,调为0.014元。零担货物按整批运价率加30%计算。

1984年7月起,水上货运实行浮动运价,在浙江省原定运价率的基础上上浮10%。县境内短途、零星货物运价率由地、市物价、交通主管部门商定,报省物价、交通主管部门备案。1985年起调整机动船客运票价,旅游航线的客票可根据船舶设备条件和淡旺季节按同航线票价在20%幅度内上下浮动。杭嘉湖内河轮船客运基价80千米内每人千米由1971年的0.017 5元调至0.02元,超过80千米部分递增值由原0.008元调至0.01元。

1989年,根据国务院《关于做好提高铁路、水运、航空客运票价工作的通知》,决定同步调整省管水上客运票价,实行优质优价,新船新价,不同船型、不同航线不同价。机动船客票基价,内河每人千米按0.035元计算,运距长短一个价。调整客船舱(铺)、座位级差系数,内河客船卧铺按同席座位票价加80%计价,高速、豪华客船票价在批准的幅度内上浮。1990年3月起,调整内河货物运价,内河杭嘉湖停泊基价每吨调为3元,航行基价每吨千米,150千米内为

0.03 元,150 千米以上部分调为 0.024 元;同时调高部分货物等级和加成率。

1984 年 10 月,中共十二届三中全会通过的《关于经济体制改革的决定》公布后,以城市为重点的经济体制改革逐步全面展开,大运河浙江段航运企业也开始向改革之路迈进。

增强企业活力是经济体制改革的中心环节。长期以来,政府对企业管理集中过多,统得过死。在这种高度集中的体制下,企业缺乏应有的自主权,一切听从上级安排。生产任务由国家规定,燃料由国家调拨,计划由国家平衡,盈亏由国家包干,结果企业成为一个单纯的"生产"单位。在经济管理体制改革中,政府对航运企业扩大生产经营的自主权,使企业从原来的无权决策逐渐变为有一定的决策权,由原来的只管生产转变为既管生产又管经营,并开始从"生产型"向"生产经营型"转变。在国家方针、政策允许的范围内,许多企业充分运用价值规律的作用,参与市场调节,改变作风,变"坐商"为"行商",变"等货上门"为"出门揽货"。在货源组织上,改变过去"单打一"的做法,采取"长期客户和临时客户兼顾,整批和零担兼顾"的经营方法。许多企业强调以信誉取胜,组织送货上门和实行购、提、运、储配套服务;推行水运、陆运、仓储一条龙服务,扩大联运,实行一次托运、一票到底等,受到广大货主的欢迎。各企业经常派人深入了解港口、货源、船队等情况,加强经济信息的搜集、反馈工作。有的还建立了驻点人员每月定期开会,反馈、交流信息的制度,根据信息资料及时修改船流计划,合理安排船舶,并通过维修抓周期、港口抓缩短留港时间、货源抓回程运输等方法来提高船舶周转率和实载率,达到充分发挥运能效率和降低运输成本的目的。

完善各种形式的承包经营责任制是这个时期大运河浙江段航运企业内部改革的一个重要内容。1985 年以前,浙江各港航企业逐步改革奖励制度,推行各种经济责任制。有的实行计分计奖制度;有的实行吨千米奖励制度;有的实行节约指标奖励制度;有的实行"利润包干""联运计酬""联户计酬""承包责任制"等。这些经济责任制形式,由于把责、权、利紧密结合起来,不同程度地调动了干部职工的生产积极性，促进了生产经营的发展。如1983年，浙航嘉兴分公司货运量首次突破200万吨，为企业建立33年以来货运量完成最多的年份。

1984年11月后，各地港航企业开始在所属各基层单位全面试行以利润或产值为主要指标的经济承包责任制。1985年后，承包责任制全面推行，企业纷纷修订内部经济承包责任制细则，对上实行"一包五保"（包上缴利润；保实现利润总额、产量、质量、单位成本和流动资金、定额流动资金周转天），对下通过经济承包责任制细则将指标分解落实到各归口责任部门及下属单位。推行经济承包责任制后，干部职工责任心加强。生产热情高涨，对生产和经营有较大的促进作用，服务态度和运输质量也有明显的改进。

在国家关于"放宽、搞活"的经济政策指导下，针对市场竞争激烈、运量锐减、利润下降，甚至处于经济亏损的情况，各港航企业根据自身的特点，纷纷开展"一业为主、多种经营"的生产性变革，以摆脱困境求生存。如1988年，浙航嘉兴分公司针对所属六个客运站经营亏损达165万元的状况，当年6月各客运站都成立劳动服务公司，主要经营水上饭店、车船修理综合厂、新客站招待所、水果批发部、客运饭店、旅游服务部、综合商店等，扩大多种经营，提高经济效益，取得了一定成效。许多运河航运企业不但实现维持简单再生产的要求，而且有了较多的经济收入可用于扩大再生产。

在改革的浪潮中，浙江各运河航运企业除进行以上改革外，还在领导制度、劳动人事制度和经营体制等方面进行一些改革和探索。实行党委领导下的经理负责制；废除干部终身制，按革命化、年轻化、知识化、专业化的要求配备干部，各航运企业的领导的文化素质有了提高。有的企业将干部的任命制改为聘用制，在干部聘用中打破正式工、合同工、临时工的界限。这些改革促进了企业劳动生产率和经济效益的提高。

随着运输市场的开放搞活，民间营运船舶急剧增加，外省市船舶大量涌入，导致浙江省运力超过运量需求，不正当竞争加剧，水运秩序混乱。遵照中共中央十三届五中全会关于必须"整顿经济秩序,克服生产、建设、流通、分配领域的严重混乱现象"的精神和交通部、浙江省政府的部署,从 1988 年开始对全省水路运输市场进行全面治理整顿,严把市场准入关,加强宏观调控,合理投入运力,加强货源管理,保证重点物资、指令性物资和大宗物资的运输,查处水路运输中经济违法活动,加强监督、管理力度,取得了阶段性成效,运输秩序渐趋好转。

货运生产稳步增长

中共十一届三中全会后,党的工作重心转移到经济建设上来,交通运输在国民经济中的重要战略地位也得到确立。在"改革、开放、搞活"方针的指引下,一方面运河航运业改革管理体制,国营、集体水运企业和个体户、联户运输一起上,活跃了运河航运市场,扩大了运河水运能力;同时,以经济建设为中心,各行各业的发展步伐加快,尤其是农村由自给半自给经济向商品经济转化,城乡的商品流通和货物运输量明显增长,使得航道和运输一时跟不上发展的需要。

从 20 世纪 80 年代初到 80 年代中期,大运河浙江段过往船舶密度不断增大,1985 年,京杭运河浙江段的船舶流量达到平均每分钟2.5 艘,受航道通航标准偏低等影响,船舶轧档,造成航运受阻,出现"卡脖子"航段,有的航段"卡脖子"情况甚至相当严重,一堵便是几十个小时不通航,严重阻碍了内河水运优势的发挥,"运输难"的矛盾突出。1986 年起,浙江以"先缓解,后适应"为方针,对航道建设集中力量打歼灭战,重点对京杭运河浙江段、长湖申线浙江段和杭甬运河 3 条航道的"卡脖子"航段进行改造。京杭运河浙江段先后改造和整治了鸭子坝至艮山港航段以及新市、练市、塘栖、韶村弯道等航道。长湖申线改善"卡脖子"段南浔市河,湖州市河改线。1983 年7 月,杭甬运河一期工程基本通航,沟通了钱塘江、曹娥江、甬江 3 个水系。1986 年起,又通过对赵家、驿亭、五夫三座升船机和部分航道、桥梁的改造,使杭甬运河全线基本达到 40 吨级通航标准。1988

年 12 月,京杭运河与钱塘江沟通工程竣工。1989 年 2 月三堡船闸通航运行,京杭运河与钱塘江"双流奇汇",开拓出一条江河直达航线,使水运直达里程延伸了 400 多千米,减少了中转环节,节约了运输成本。1989 年安全通过船舶 66 831 艘,406.2 万吨。1986—1990 年,内河航道建设资金投入总计达 1.3 亿元,占"七五"期间港航基础设施建设总投资的 31.7%,是中华人民共和国成立以后内河航道建设资金投入最多的五年。

通过对"卡脖子"航段的整治改善和航道建设,京杭运河浙江段等干线航道的通航等级和通航能力都有所提高,为大运河浙江段货物运输生产的发展奠定了扎实的基础,有力地促进了大运河浙江段的货运生产持续稳步增长。1978 年,全省内河完成货运量 3 764 万吨,周转量 258 073 万吨千米。到 1986 年,全省内河完成货运量 12 201 万吨,周转量 764 331 万吨千米,分别增长 2.24 倍和 1.98 倍,其中运河水运网较为发达的嘉兴市 1978 年完成内河货运量 720.12 万吨,周转量 59 158.16 万吨千米。到 1986 年,嘉兴市内河完成货运量 1 415.15 万吨,周转量 160 330.05 万吨千米,分别增长 96.5% 和 171.02%。

1979—1990 年,浙江内河货物运输主要承担大宗货物运输,以及件杂货和各种长、大、重件货物的运输等。随着经济建设和商品经济的快速发展,京杭运河浙江段和杭申线等运河水运在浙江内河货物运输中发挥越来越大的作用,为浙江全省,尤其是杭嘉湖地区物资交流做出了重要贡献。大运河浙江段水运的主要货种出口,以粮食及农副产品、砖瓦、石料和石灰石、熟料等等为主,进口则以煤炭、化肥、钢铁、石油、食盐、日用百杂货等为主。杭嘉湖平原地处长江三角洲中心,土地肥沃,物产丰富,素有"丝绸之府""鱼米之乡"的美称,是浙江省的主要商品粮基地。1990 年,仅嘉兴市的粮食产量就达 229 万吨,其中通过运河调运的商品粮为 70.01 万吨,占总数的 30.5%;同时,蚕茧干茧入库运输 656 537 包,约合 2.83 万吨;其他包括大小麦、蚕豆、油菜籽等农副产品都是大运河浙江段水运的大宗物资。

嘉善县是浙江省重要的砖瓦产地,历史上就依靠舟楫之便,将砖瓦运销至杭州、上海、苏南等地。20世纪70年代开始,砖瓦生产逐步转向嘉兴、桐乡、海宁、海盐、平湖等地,在生产方式上,提高了机械化程度,土窑改轮窑,产量也大幅提高。进入改革开放新时期后,随着经济建设的快速发展,推动了嘉兴砖瓦生产的发展。1985年,嘉兴市生产标准砖53亿块、平瓦4.6亿张以及其他品种砖瓦共1 400万吨左右。随着基本建设、住宅建设的发展,海宁、海盐以及杭州、湖州、绍兴等地的石料生产发展也很迅猛。海盐县1978年年产石料130万吨,到1985年生产块石以及多种规格石子、瓜子片等达到778万吨。海宁县1985年总共办有乡办石料厂26家,年产各种规格石料254万吨。此外,小水泥生产也快速发展。1985年,嘉兴市有独立核算的大小水泥石59家,年产水泥162.7万吨。因此,砖瓦、石料和水泥三项地方矿建材料成为大运河浙江段水运的主要货种。"七五"头三年,在经济高速增长期间取得了空前兴旺的发展,其中嘉兴市1986年砖瓦总产量9.5标准砖51.6亿块,计1 341.6万吨,石料产量1 305万吨,水泥总产量190.7万吨。1987年生产砖瓦56.27亿块、石料1 379.38万吨、水泥230.5万吨。1988年生产砖瓦62.187亿块、石料1 320.198万吨、水泥242.12万吨。这些砖瓦、石料和水泥绝大部分都通过运河水运省内外各地,约占当地运河运输发运量的65%以上。

大运河浙江段水运的主要货种进口,以煤炭、化肥、钢铁、石油、食盐、日用百货等为主。就全省而言,浙江省属于资源短缺地区,能源以及钢铁等材料都需要进口,运河水运是经济建设和社会发展所需能源、建材等最重要的运输方式。1979—1990年,在京杭运河浙江段、杭申线浙江段以及长湖申线浙江段等运河主骨干航线上,杭嘉湖地区至上海的矿建材料、非金属矿和上海至杭嘉湖地区的煤炭,上述三大货种约占航线总运量的86.2%[①]。

1979年起,为支援宁波镇海炼油石化重点工程建设,绍兴市交

---

① 《浙江交通志》第四篇水路运输

通局与航管部门组织绍兴上蒋、城东、双梅、樊江、东浦、富盛、亭山等公社的社会船舶参加突击运输，历时 5 年。其中，东浦公社 1979 年参加支持运输的船舶 64 艘、460 吨位，次年增加到 84 艘、475 吨位。1981 年，浙江省经委下令抢运漓渚铁矿精矿粉，保证杭州钢铁石正常生产。绍兴航运公司、柯桥运输公司组织 2 个货运拖船队，负责把精矿粉从下庄运送到柯桥火车站，经半年多的日夜抢运，共抢运漓渚铁矿积存的精矿粉 9 万多吨。

1979—1990 年，大运河浙江段船舶运输方式主要采用一列式拖带运输，驳船吨位较小，以 80、100 吨为主，拖船功率以 90、100、150 马力为主，挂桨机船占有相当比重。此外还有少量 200 吨机动驳船，船舶航行速度一般为 6~7 千米/小时。

20 世纪 70 年代末，经济建设的迅猛发展，使铁路运输日趋饱和。1979 年 6 月，由绍兴县交通局直接组织，绍兴航运公司出拖船，柯桥、东浦、斗门、富盛等运输社各出一艘 20 吨以下木拖驳进行互拖，首次开辟绍兴—上海跨省水上货运航线。因往上海的货源不足，船舶吨位小，效率低，航道不熟，致使经营效益不佳。一年后，其他运输社都退出船队，由绍兴航运公司独家经营。1982 年，上海经济区横向经济联系扩大，绍兴航运公司定制 30 吨级适航铁驳 10 艘，绍兴—上海的货运航线日趋兴旺。绍兴东浦运输社、绍兴市第二航运公司、绍兴县航运公司、上虞县航运公司等也先后组建船队，沿浙东运河西跨钱塘江，往来于浙西、湖州以及省外的上海、苏州、无锡等地。上虞县航运公司针对运力过剩的情况，把 35 艘钢质船组成 4 个上海船队。鉴于上海船队的回载货源不足，多数货物只到萧山和杭州，公司在杭州实行三角调度，回载的上海船队在杭州卸完货后，立即在杭州装运石灰石，在桐庐装运石煤回上虞，既解决了石灰石运输紧张问题，又解决了船舶回载放空问题，提高了船舶实载率。1986 年，绍兴—上海货运航线运量达到 4.13 万吨，周转量达到 1 277.42 万吨千米。1987 年，绍兴市二航公司又从江苏江阴、黄田等港口出发，跨过长江，进靖江县十墟船闸，通过泰县、海安到达如皋。20 世纪 80 年代，浙江杭州航运公司和杭州内河航运公司也在獐山、安溪等地石矿投资建立货源基地,并与上海、杭州等地基建单位建立密切的供货协作关系,推动货运发展。

1989—1990 年,受基建规模压缩、财政控制投放、工业生产回落、市场疲软的影响,以运输矿建材料、煤炭和非金属矿石为主的内河运输的货物运输量明显下降,到 1990 年仅有货运量 2 826 万吨、货物周转量 439 489 万吨千米。1979—1990 年浙江省内河货物运输量、周转量见表 24。

表 24　1979—1990 年浙江省内河货物运输量、周转量一览表

年份	运输量/ 万吨	周转量/ 万吨千米	年份	运输量/ 万吨	周转量/ 万吨千米
1979	4 083	302 751	1985	5 491	562 765
1980	4 390	339 343	1986	12 201	
1981	4 431	374 342	1987	9 441	764 331
1982	4 801	422 783	1988	9 668	818 469
1983	4 721	430 406	1989	8 410	747 390
1984	5 191	499 372	1990	8 883	

——摘自《浙江交通志》附表

运河客运的变化

20 世纪 70 年代,浙江省认真贯彻面向农村为广大旅客服务的方针,大运河浙江段等内河客运得到较快的发展。1978 年,全省完成内河客运量 5 573 万人次,完成内河旅客周转量 75 000 万人千米。进入改革开放新时期后,随着经济建设和商品经济的发展以及运输市场的开放,大运河浙江段等水上客运业得到进一步的发展,迎来近十年的辉煌期。

1979 年 1 月,根据浙江省革命委员会(78)170 号文件,部分县的内河客运站重新归属浙江省航运公司地(市)航运分公司统一经营、管理,如嘉兴、嘉善、海宁、海盐、平湖、桐乡六县的客运站都重新归属浙江省航运公司嘉兴地区分公司统一经营管理。为扩大客运

业务,各县客运站都对旅客流量、流向进行摸测,根据需要,恢复部分过去停航的老航线,并开辟一些新航线,增开客运班次,发展水上客运;同时积极开展客运附货业务和挖掘潜力,增加企业收入,提高经济效益。其中,嘉兴市 1979 年与 1978 年相比,客运量增加 124.23 万人次,旅客周转量增加 1 690 万人千米,分别增长 12.1% 和 12.5%,六个客运站无一亏损。

在"改革、开放、搞活"方针的指引下,"有河大家行船,有路大家走车",蓬勃兴起的"两户"运输迅速成为大运河浙江段水上客运的重要力量。据 1985 年的资料统计,仅分布在嘉兴航区的村办、"两户"的搭客兼附货的农客班,计有机动船 28 艘,1 224 客位,5 649 马力,客驳 2 艘,95 客位,经营市郊、县境范围内的航线 27 条 68 个班次,营运总里程 354.3 千米,客运量为 2 000～2 500 人次/天。此外,嘉兴市还有水运集体企业客船 2 艘,经营 3 条区间航线,全年完成客运量 12.35 万人,93.13 万人千米。

因此,从 1979 年至 20 世纪 80 年代中期,大运河浙江段的水上客运呈现持续增长的势头。1978 年,杭州内河客运航线逐步恢复正常。1979 年,杭州湖墅客运所与平湖营业站对开杭州至平湖线,每日各发 1 班。同时开始在京杭运河上运行卧铺和软座结合的钢质客驳,并增开夜航班船。当年,杭州还受理由海盐营业站开行杭州至海盐线业务,隔日开班。绍兴市从 20 世纪 60 年代起机动客船逐步发展,到 1979 年,交通部门已有客船 29 艘,1 687 客位,客驳 72 艘,3 505 客位,完全替代了木帆船客运,当年完成客运量 486.45 万人,6 181.16 万人千米。1981 年 4 月,杭州航运公司客运所(湖墅客运所改名)移至艮山港新建客运码头营业,日发客班 15 班次。1981年,绍兴市交通部门完成内河客运量 607.67 万人次、7 524.45 万人千米,创历史最高纪录。1985 年,运河水网较发达的嘉兴市有营运客船 77 艘,营运 64 条航线 156 个班次,营运航线里程 5 962.4 千米。当年,全省内河水上客运完成旅客 5 787 万人次、96 804 万人千米,分别比 1978 年增长 3.84% 和 29.07%;其中嘉兴市内河水上客运完成旅客 1 411.27 万人次、21 056.72 万人千米,分别比 1978 年的

1 053.12万人次、12 637.17万人千米增长34.01%和66.62%；湖州市内河水上客运完成旅客397.45万人次、10 741.32万人千米，分别比1977年的289.25万人次、6 724.3万人千米增长37.41%和59.741%；1985年杭州航运公司客运所武林门（即艮山港）轮船码头开行航线有13条，内河水上客运完成旅客1 111.30万人次、32 342.7万人千米。1986年，浙江省以运河为主的内河水上客运量达到9 066万人次，创下历史最高纪录。

　　从20世纪80年代初起，尤其是1985—1990年，浙江省的公路建设突飞猛进，四通八达的公路网日益覆盖全省各地乡镇，汽车站点星罗棋布，遍及乡村，基本上实现了乡乡通公路。公交车、自行车、摩托车等交通工具发展速度快，往来便利，城乡旅客纷纷弃船乘车，运河等内河水上客运逐渐萎缩，客运量连年减少。即使在"人家尽枕河""出门就乘船"的杭嘉湖地区，"舟楫之利"的水乡优势也开始不复存在，昔日水上客运熙熙攘攘，运河等水上客运居全省之冠的兴旺景象逐渐消失，其中嘉兴市的客运航线由1985年的64条减少到1990年的32条，班次减少更多。昔日生意兴隆、出行称便的"农客班"也因客流量的剧减，开始减少班轮，逐渐停航。到1990年，嘉兴航区村办、"两户"农客班计有机动船12艘、549客位、5 649马力，客驳1艘、82客位，分别比1985年减少57.14%、64.7%和59.38%。经营市郊、县境范围内的航线也减少到12条24个班次，营运总里程171.3千米，日平均客运量698人次，比1985年分别下降55.55%、64.7%、51.65%和72.08%。

　　由于客运量下降，客运单位成本大幅度提升。客运票价于1987年、1989年进行了两次调整：1987年9月20日起，客票从原来底分5分，80千米以内，每人千米2分，超过80千米以上每人千米1分调整为底分8分，每人千米2分8厘。跨省市每张客票底分仍为5分，每人千米1分。1989年9月5日，每张客票调整为底分0.2元，每人千米4分。客票两次调整后，水上客运收入虽有所增加，但油料、钢、木材等物资价格均大幅度上涨，职工工资、福利等政策性开支，以及离退休人员增多，营业外支出也增长较快，票价调整增加的收入仍低于成本支出,造成运河等水上客运连年亏损的不景气局面。

为了摆脱水上客运的困境,早在 20 世纪 80 年代初,各地便已经开始探索开展旅游业务。1981 年 5 月 29 日,杭州航运公司客运所(湖墅客运所改名)与江苏江南轮船公司协议新辟杭州经太湖至无锡的省际航线,投入豪华卧铺旅游船"龙井号",由杭州出发,穿越太湖水域,到达无锡,并迅即确定为正式游览航线,双方直达对开,每日 1 班(夜班)。1983 年 3 月 10 日,遵照交通部关于苏杭客运实行"共同管理、共同经营,尊重历史,照顾现实"的指示,按照平等互利原则,经协商规定,日班自 1985 年 1 月 1 日由双方对开,夜班于次年元旦双方对开。在对开之前,杭方投放 2 个船组、762 客位,苏方投放 6 个船组、2 238 客位。接着,又开辟了湖州——太湖西洞庭山客运新航线。1983 年起,嘉兴市各县客运站先后开辟杭州、苏州、无锡、淀山湖(大观园)、南北湖等定点旅游航线和为"借佛游春"的香客专放客班,如杭州、连泗荡、龙华、百雀等。

这些旅游航线的开辟和营运,迎合了人们在城乡经济日益发展、生活水平提高及生活观念随之改变的背景下而出现的"旅游热",因此,在水上客运继续下降的同时,旅游客运则出现逐步上升的趋势,不仅春秋旅游旺季水上客运量增长,而且群众性旅游活动呈现常年化的趋势。1984 年,嘉兴市完成旅游客运量 10 多人次,1985 年达到 15.84 万人次。

为此,各地都大力发展水上旅游。1986 年,浙江省航运公司杭州分公司与中国国际旅行社杭州分社合营成立"古运河旅游公司",投入"天堂号"豪华型游览船组,自元旦起开行杭州至苏州旅游专线,组织中外游客游览古运河;同时在与江苏江南航运公司双方对开杭州经太湖至无锡的直达游线航线上,投入 3 艘高级客船扩大营运。1989 年 5 月起,杭锡线杭方改开当日 18 时至次日 6 时半 1 个夜班。当年,杭州武林门轮船码头共开行航线 10 条,日发 12 个班次。1990 年"天堂号"转由浙江杭州航运公司客运所经营,航线未变。又新辟杭州至上海青浦淀山湖大观园新景点的游览航线,颇受游客欢迎。同时,各地也都加强水上旅游服务,开展"一条龙"服务活动,出售往返船票,供应旅客餐食,联系公共汽车,安排住宿,代售旅游地图等,深受旅客好评。

水上旅游的开拓和发展,在一定程度上增加了运河等水上客运。据嘉兴市航运总公司的统计资料,1986年完成客运量28.6万人次、2 420.72万人千米;1987年完成客运量32.2万人次、2 270.77万人千米;1988年完成客运量32.516万人次、2 660.84万人千米;1989年完成客运量40.4万人次、3 661.29万人千米;全公司1989年春游的人千米数,相当于平湖客运站一年的客运周转量,也相当于公司1989年完成人千米数的四分之一。① 但是运河等水上客运由盛转衰的趋势总体上难以扭转。到1990年,全省内河水上完成客运4 848万人次,比1986年减少46.52%,其中嘉兴市全年只完成客运量345.58万人次,5年下降75.52%,减少四分之三,并且还在继续下降。1979—1990年浙江省内河旅客运输量、周转量见表25。

表25　1979—1990年浙江省内河旅客运输量、周转量一览表

年份	运输量/万人次	周转量/万人千米	年份	运输量/万人次	周转量/万人千米
1979	5 865	79 154	1985	5 787	96 804
1980	6 328	86 772	1986	9 066	
1981	6 621	91 519	1987	7 158	104 725
1982	6 625	91 997	1988	6 920	101 878
1983	5 940	87 950	1989	5 924	87 321
1984	6 086	97 498	1990	4 848	75 558

——摘自《浙江交通志》附表

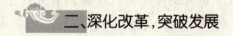 二、深化改革,突破发展

进入20世纪90年代后,改革开放带来国民经济的全面复苏,大

---

① 《嘉兴市交通志》第七篇内河航运

运河浙江段航运生产在不断深化改革中突破发展。水上运输市场持续开放,个体运输船舶迅速发展,逐渐占据主导地位,国有和集体运输企业通过改革和转制,重获新生。航道运输量的迅速增长,航道标准偏低造成堵航现象频现,通过对航道进行排堵保畅和提档升级的全面改造,大运河浙江段的通航能力大大提升,水上运输能力不断增强,水运动力规模大幅攀升,不仅货物运输有了新的发展,而且水路客运由出行工具转换为水上旅游观光载体。大运河浙江段重新焕发青春,在浙江综合运输网中占据主导地位,发挥越来越大的作用。

市场化改革继续深化

1983 年起,大运河浙江段水上客货运输市场逐步放开。进入 90 年代后,尤其是 1992 年邓小平南方谈话和党的十四大召开后,提出建立社会主义市场经济体制的改革目标,全国上下掀起了新一轮的改革开放热潮,大运河浙江段的客货运输市场进一步放开搞活。水路货运实行以指导性计划和市场调节相结合的原则,缩小指令性计划,扩大自行组织货源,谁受理,谁承运。

1992 年后,浙江不再下达运力额度计划。京杭运河浙江段、杭申线浙江段、长湖申线等航道所在的杭嘉湖内河计划运输管理率先进行改革,市辖境内营业性运输和一次托运 100 吨以下的免提运输计划,县属航运受理托运计划,自主调配船舶,执行合同运输,托运单位可择优选定承运单位。改革有效地促进了水上运输市场的形成和发展。计划外组织运输的乡镇运输队、厂矿自备船和个体、联户船在加快商品流通、促进城乡物资交流中发挥积极的补充作用。个体、联户船以其自装、自运、自卸的优势,几乎占领所有支港小流航线的货运市场,部分干线短途货物也因托运单位选择其运输而逐渐取代专业运输。加上,外地外省船舶涌入大运河浙江段营运,争抢货源,专业航运企业客货运输范围日益缩小,仅局限于京杭运河、杭申线、长湖申线和杭甬运河等长途航线业务。由此,水运主管部门开始从专业运输管理逐渐转向全行业宏观调控管理,加强对水运市场的监督力度和水运秩序治理整顿,确保运河水运市场规范有序、公平竞争。

随着开放搞活,水路运价也逐渐放开。继1986年、1990年两次调整水路运价,1992年因燃油供应计划取消而再次调整水路运价。自春运开始,对客船运价实行视情临时上浮,以弥补企业燃油供应平价转议价增加的费用支出。接着从8月起内河杭嘉湖客运实行燃油平议差价补贴,每人千米0.006元,向旅客收取,不作为营业收入,用于冲抵燃油运输成本。9月起调整货物运价,内河停泊基价由每吨3元调至4元,航行基价每吨千米运距在150千米内由0.03元调至0.04元,运距在150千米以上部分由0.024元调至0.034元。1993年7月,水路客货运输开始执行国家指导价,企业可在规定运价的基础上,上下20%的幅度内浮动定价。水路煤炭运价等级由4级调至5级。粮食、化肥运价继续实行优惠,按新运价的85%计收。同时调整省管水路客运票价,内河杭嘉湖客票基价每人千米从0.035元调为0.06元,燃油补贴政策停止执行。1997年再次调整省管水路客运票价,按原省定客运基价,高速客船上调15%,其他客船上调20%,执行省定具体票价的客船同幅上调,省管汽车渡运收费标准上调10%。随着市场经济体制的建立,运价逐渐放开,实行承托双方协商价格,水运市场价格基本由货主和船方根据市场价自行协商定。2000年内河重点物资运价在原规定费率基础上,每吨千米提高0.01元。

自1983年起,水上客货运输市场逐步放开,大运河浙江段的客货运由原来以公有制企业为主导逐步向民营、个体经营为主体的经营格局转变。90年代初,尽管个体户、联户船、乡镇运输队和厂矿自备船等非交通部门从事营业性的运输组织发展很快,其中杭州市的个体、联户船就增至8万余载重吨,完成货运量852万吨,运力和运量都超过航运企业,但大运河浙江段水上运输经营实体仍然以国有和集体水路运输企业为主,主要客运航线和长途货运由水运企业一列式拖带船队承担。1990年,杭州有航运企业14家,其中全民所有制企业 4 家,集体所有制企业 10 家,拥有 10.3 万吨载重吨,完成年货运量 742 万吨,13.98 亿吨千米,分别占内河货运总量的 47% 和 77%。1991 年,湖州市有水运企业 8 家,拥有船舶 1 965 艘、133 888 载重吨、2 760 客位,除湖州市航运总公司为全民所有制企业,其他 17 家均为集体企业,其中湖州市航运总公司和湖州市内河航运公司同时经营水路客运和普通货船运输。1991 年,湖州全市水上个体运输船户近 5 000 户,营运船舶 5 332 艘,总运力 14 万吨。这些水上个体运输船户以短途运输为主,运力规模、船舶吨位、市场占有率均还处于弱势地位。

进入 90 年代后,随着水路客货运输市场的开放搞活和公路的发展,公路运输迅速扩展,水路货源,尤其是件装工业品等物资的流失,发运货种日趋单一,主要集中在煤、粮、油、工业盐、钢铁和矿建材料等大宗散装物资,而个体、联户船及私营运输企业的蓬勃兴起和外地外省船舶大量涌入浙江争抢货源,使得水上运输市场的竞争日趋剧烈。在剧烈的市场竞争中,个体、联户和私营水上运输船户经营灵活、营运成本低廉等优势不断显现,在激烈的市场竞争中夺得先机和主动,从而赢得了持续快速的发展。到 1995 年,杭州和湖州市的个体、联户船的载重吨分别增加到 18.52 万吨和 26.16 万吨,分别比 1990 年增长 76.72% 和 86.86%。1989—1999 年,水上个体、联户运输船户自发地形成船舶更新换代热潮,一大批新建船舶投入营运,运力总规模快速提升,营运船舶平均吨位大幅度增长。到 2000 年,个体船舶运输替代水上运输企业占据市场主导地位,其中湖州市个体船舶完成的年货运量为 2 650.94 万吨、365 974.08 万吨千米,分别占湖州全市水上年货运量 3 212.36 万吨、468 278.3 万吨千米的 82.5% 和 78.2%。1991 年杭州市个体船舶完成年内河货运量和货运周转量占内河水路货运总量的 44.48% 和 18.02%,而到 2000 年,个体船舶完成的年内河货运量和货运周转量在内河水路货运总量中的占比已分别上升到 81.68% 和 65.07%(见表 26)。

表 26　1991—2000 年杭州内河货运运输完成情况一览表　单位:万吨

年份	货运量			货运周转量		
	总数	其中个体	占比(%)	总数	其中个体	占比(%)
1991	1 675	745	44.48	201 604	36 331	18.02
1992	1 836	792	43.14	230 015	35 812	15.57
1993	2 148	1 148	53.45	252 991	54 703	21.62
1994	1 907	1 006	52.75	227 360	45 148	19.86
1995	2 482	1 971	79.41	286 055	108 748	38.02
1996	2 780	1 966	70.72	305 785	138 398	45.26
1997	2 676	2 026	76.68	302 899	151 952	50.16
1998	2 713	2 126	78.36	279 092	153 895	55.14
1999	3 241	2 622	80.90	303 902	188 850	62.14
2000	3 172	2 591	81.68	295 697	192 399	65.07

——摘自《杭州交通志(1991—2008)》

　　与此同时,国有和集体水运企业企业老、机制旧、人员多、包袱重、负债高等问题逐步显露,难以适应剧烈的市场竞争,生产经营逐渐出现颓势,纷纷陷入亏损的困境,有的甚至企业生存都难以为继。创建于 1950 年的嘉兴市航运总公司,40 多年中体制、机构、名称多次变更,曾是浙江省内河运输规模最大、效益最好的国有水运骨干企业之一,1983 年年货运量突破 200 万吨,名列全省内河水运企业之冠。1990 年,嘉兴市航运总公司拥有船舶 389 艘,其中客船 53 艘,5 898 客位;客驳 23 艘,2 251 客位;拖船 31 艘,油货船 24 艘,1 409 吨位;货驳 258 艘,23 138 吨;全部实现钢质化,当年完成客运量 320.11 万人次、8 907.74 万人千米;货运量 188.05 万吨、26 230.5 万吨千米,但已经开始出现亏损。随后,嘉兴市航运总公司连年亏损,尤其是 1994 年以后连续出现巨额亏损,连企业生存都受到威胁,被列为嘉兴市属特困企业。同样,始建于 1951 年的浙江省航运公司湖州分公司,1989 年 5 月下放湖州,改名为湖州市航运总公司。1991 年时拥有机动船 76 艘,非机动船 443 艘,货驳 4 万吨位,年货运

300 万吨,有职工 5 136 人,开始出现亏损。1993 年 9 月停开所有客运航班,1994 年更名为湖州航运实业总公司后,连年亏损,成为湖州市属特困企业。

1991 年 12 月,嘉兴市将市属 3 家规模较大的集体所有制航运企业嘉兴市航运公司、嘉兴市第二航运公司和嘉兴市第三航运公司合并组建为嘉兴市内河航运公司。企业合并后实力虽有所增强,但是企业负担重、生产设备差、船舶吨位小、经营机制不活、运输成本高的状况难以改变,效益不断下降,亏损逐年增加,到 90 年代中期后陷入困境。湖州市规模最大的集体航运企业湖州市内河航运公司,1990 年有职工 2 136 人,拥有钢质拖船 53 艘、货驳 291 艘、客船 2 艘、客驳 2 艘,年货运量 140 万吨,25 372 万吨千米,年客运量 15.7 万次,399.7 万人千米。1993 年更名为湖州市汇通实业总公司,1996 年始,运输量持续下降,严重亏损。

于是,改制成为国有、集体水运企业的唯一选择。1997 年,嘉兴、湖州等市被国家列为优化资本结构试点城市后,企业产权制度改革全面启动。浙江各地的国有、集体水运企业纷纷实行改制,如到 2000 年,湖州市 3 家县级集体水运企业陆续改制为私营企业,其余 14 家集体水运企业都以破产方式退出水运市场。同时,国有骨干水运企业则实行分立重组、人员分流等改革。1989 年 12 月下放杭州市属的浙江省航运公司杭州分公司更名为浙江杭州航运公司,1993 年再次更名为浙江杭州航运总公司,1995 年与杭州内河航运总公司等 4 家企业合并组建杭州港航实业总公司,按照"专业分工,区域划分"的调整思路,对原五家企业的资产、人员进行了统一调配和重组,成立杭州港航实业总公司航运公司、杭州港航实业总公司客运旅游公司、杭州港务总公司、杭州港航工贸总公司、杭州港航实业总公司牧业开发公司和杭州运河船舶修造厂等 7 个专业公司,拓展水上货物运输、客运、港口、装卸、仓储、货运代理、中转联运等。1998 年,嘉兴市航运总公司由国鸿集团配合、协助有关部门"办理"银行欠款等有关事宜,并注入资金。2000 年实行分立重组,人员分流的改制。重组企业从嘉航总公司划入核定的企业有效资产,同时分担与资产等额的负债,重组固有净资产为零。安置到重组企业的职工,按各自应得经济补偿金,从嘉航总公司带资产到重组企业。重组被安置的职工募股,募集的资金作为生产经营流动资金和企业注册资金。重组企业建立起适应社会主义市场经济体制的竞争现代企业制度,成为自主经营、自负盈亏、独立核算的独立法人实体。1998 年起,湖州市航运总公司实施"调整结构、改革改制、水陆分离、化整为零、精干主业、减员增效、辅之必要政策扶持",消化冗员,维持生产经营。下属 18 家单位先后改制或关停并转,其中湖州市自强水泥厂有偿转让给湖州弁南茅柴园灰石矿业主;湖航船厂整体划出,作为一级法人单位由湖州市交通局委托湖州市航管处管理,2001年 12 月由湖州市中级人民法院裁定宣告破产;湖州旅行社成建制划给湖州市青年联合会,湖州交通医院有偿转让给湖州市青年科技发展中心;湖州客运码头转让改建成湖州汽配市场。同时,湖州市航运总公司优化运输方式,调整船舶结构,发展以 300 吨级为主体大吨位新型自航驳,逐步替代传统一列式拖带运输方式。至 1999 年 5月,有 5 艘新建的 300 吨级自航驳投入营运,再次走上发展之路。2000 年 7 月,杭州港航实业总公司按照"边合资,边改制"的精神,将所属武林门客运码头的资产、人员与杭州坤和投资集团有限公司成立杭州市坤旅游客运中心有限公司,经营运河旅游客运。

突破堵航谋发展

进入 20 世纪 90 年代,尤其 1992 年邓小平同志南方谈话发表后,我国掀起新一轮改革开放的热潮,经济建设步伐明显加快。随着浙江经济的全面快速增长和上海浦东大规模开发开放,使得杭嘉湖内河运输量,特别是运往上海浦东的建筑材料迅猛增长,大运河浙江段航道基础设施难以适应经济社会快速发展的矛盾集中显现。尽管经过"六五""七五"期间的局部改造,大运河浙江段航道的技术条件和通航能力都有所改善,但是,全面快速增长的运输量,密度过大的船舶流量,再加上行驶中船舶轧档和碰撞、沉船等事故的不断发生,京杭运河浙江段、杭申线浙江段、长湖申线浙江段等几大主干航线都连续出现了严重的堵航现象。

1992年2月11日,京杭运河发生大堵航,从江苏的吴江一直堵到浙江的乌镇,被堵的船舶连绵几十千米,航道被堵得水泄不通。2月25日—28日,京杭运河桐乡段的羔羊、崇福芝村、华丰水泥厂等航段连续发生堵航现象。10月21日—24日,杭申线乌镇段连续发生阻航现象,受阻航段长达七八千米。10月27日,凌晨5时许,海盐县"副运10号"船队满载块石下行,途经六平申线白苎桥下游300米处头档驳沉没在航道中心,造成堵塞,受堵航道长达3千米多。12月24日,由于受长湖申线江苏段堵航的影响,引发杭嘉湖地区历史上堵航时间最长、受堵船舶最多、堵塞里程最长的大堵航,受堵船只2万多艘,堵航里程20多千米,直到1993年1月4日晚11时45分,堵航时间长达12天的京杭运河嘉兴航段和杭申线、长湖申线才恢复通航。1993年2月1日—4日、17日—19日,桐乡上市水泥厂至崇福丝厂航段、大麻松老高桥航段分别发生堵航。1993年8月21日,杭嘉湖地区遭受洪涝灾害,河网水位超过危急水位,嘉兴航区全线停航5天,万余船舶和数万名船员被困水上。8月29日,横跨杭申线的嘉桐2号桥被船舶碰损后,致使杭申线被迫停航。

面对大运河浙江段连续出现的航道大堵航,沿线各地港航部门干部职工克服常人难以想象的困难,不仅都在堵航发生后的第一时间内紧急赶赴现场处理事故,疏导交通,安抚船员,而且始终坚守在堵航现场,在尽力疏导船舶的同时,为被堵船舶和船民送水送菜、送医送药,排忧解难,解决各种困难。1992年2月11日,京杭运河发生大堵航,被堵的船舶连绵几十千米,嘉兴等地的航管干部职工,整整13个昼夜都坚持在现场,疏导交通,为船员服务。2月25日—28日,京杭运河桐乡段的羔羊、崇福芝村、华丰水泥厂等航段连续发生堵航现象,桐乡航管所70余人次赴现场开展疏通工作。在1992年12月24日—1993年1月4日,长湖申线、京杭运河、杭申线等主干航道长达10多天的大堵航中,沿线各地港航部门干部职工也都日夜守护在现场,直到恢复通航。同时,浙江各地港航部门也都积极采取措施,加强航道、船舶和运输管理,维持交通秩序。1993 年 12 月 16 日,嘉兴市政府专门召开保障干线航道安全畅通工作座谈会,市和县(市、区)政府领导和交通局、航管处(所)领导等有关部门一起研究部署,疏通航道,确保运输的办法和措施,千方百计地避免和消除事故和堵航现象发生,防患于未然,有效地减少了堵航现象的发生。

大运河浙江段连续出现的大堵航引起了各级政府的高度重视。浙江省政府领导深入实际调查研究,本着"水陆并举,宜水则水,宜陆则陆"的原则,决定在加快公路建设的同时,加快运河航道工程建设的步伐。浙江省交通厅和有关市、县政府,根据浙江省政府的思路,在加强对干线航道管理的同时,贯彻"统筹规划、条块结合、分层负责、联合建设"的方针,落实航段总体整治方案,在按浙江省水运建设既定规划对运河干线航道进行建设时,重点实施了打通干线航道瓶颈航段的艰巨工程。1993 年 12 月 19 日,杭嘉湖内河航道网改造工程第三次工作会议在嘉兴召开。12 月 22 日,杭申线、乍嘉苏线航道改造工程在嘉兴通过初步设计审查。当年,浙江省政府颁发《关于加快杭嘉湖内河航道网改造工程建设的通知》,开始全线改造杭申线浙江段。1994 年,首先对桐乡延寿桥航段、东双桥航段、嘉兴秀洲区陡门航段按五级航道标准进行了改造。在改造瓶颈航段的基础上,根据省计经委《关于杭申线(浙江段)航道改造工程初步设计的批复》的批复,按五级航道等级标准进行全线技术改造。

1995 年 10 月,全国首次内河航运建设工作会议在南京、杭州召开,邹家华副总理亲临杭申线嘉兴市河段考察并做重要指示。根据全国内河航运建设工作会议精神,提出对京杭运河、杭申线、长湖申线等运河干线航道进行改造,并且审时度势地提高航道的建设标准。1995 年 3 月起,包括京杭运河、杭申线、长湖申线、六平申线、乍嘉苏线等运河干线航道改造工程开始逐步实施,投入改造资金14.34 亿元人民币,其中向世界银行借贷 2 546 万美元。1996 年 4 月22 日,浙江省政府在嘉兴市举行世行贷款高速公路项目、内河航道改造项目转贷协议签字仪式,世行借款支付正式启动并全面进入实施阶段。经过 5 年的不懈努力,大运河浙江段,尤其是浙北地区的航道建设发生质的飞跃,初步形成了以 300～500 吨级航道为主骨架、50～100 吨级航道为支线的运河航道网络,干线航道的通航条件大大改善,船舶轧档堵航现象减少,水路运输紧张状况得到初步缓解,为大运河浙江段航运业的持续稳定发展奠定了基础。

货物运输持续稳定增长

进入 20 世纪 90 年代后,随着国民经济的发展和人民生活水平的提高,水路、公路、铁路、民航、管道等五种运输方式竞争十分激烈,尤其是公路运输发展迅速。到 1995 年,全省已建成由 6 条国道、66 条省道组成的干线公路网,与分布全省各地的县乡公路一起,形成以杭州为中心的接外连、四通八达的公路网。1991 年,全省拥有货车 10.69 万辆,完成公路货物运输量 1.75 亿吨、68.95 亿吨千米。到 1995 年年底拥有货车 16.69 万辆,完成公路货物运输量 4.5 亿吨、245 亿吨千米,分别增长 53.26%、1.57 倍和 2.55 倍;到 2000 年拥有货车 33.78 万辆,完成公路货物运输量 5.5 亿吨、280.02 亿吨千米,又比 1995 年分别增长 1.02 倍、22.22% 和 14.28%,道路运输量已占全社会运输总量的 70% 左右。相形之下,包括大运河浙江段在内的内河货物运输所占的比例有所减少和萎缩。

然而,1991—2000 年,既凭借着开放搞活,国有、集体、民营、个体运输一起上的崭新格局以及市场化改革的不断深化,也得益于航道建设的迅速发展,通航条件大大改善,通航能力不断提升,从而使包括大运河浙江段在内的内河货物运输生产始终保持持续稳定增长的势头。到 2000 年,全省共完成内河货物运输量 12 319 万吨、116.54 亿吨千米,货物量比上年分别增长 3.938%,货物周转量减少 0.07%,与 1991 年相比,分别增长 65.24% 和 68.894%。这期间尽管有几年出现幅度不大的起伏,其中交通部门的货物运输量、周转量逐年下降,2000 年交通部门的内河运输量为 1 182 万吨、20.79 亿吨千米,分别比 1990 年的内河运输量 2 826 万吨、43.95 亿吨千米下降58.17%和52.69%,但包括运河在内的全省内河货物运输生产总体呈逐年上升态势,并为浙江经济社会的发展发挥了不可或缺的积极作用。

1991—2000年,大运河浙江段货物运输依然主要承担大宗货物运输,以及件杂货和各种长大重件货物的运输等任务。随着浙江国民经济的快速发展和商贸业的大量增长,京杭运河浙江段的两条主要航线,即自杭州经平望向东去上海的航线和自杭州经平望向北去苏州方向的航线以及长湖申线浙江段3条运河航道集中了浙江省主要内河货物运输量,经过较大规模的基础建设,在浙江内河货物运输中发挥越来越大的作用,为地区物资交流做出了重要贡献。京杭运河浙江段两航线的主要货种有杭州至上海的矿建材料、非金属矿和上海至杭州的煤炭,上述三大货种占航线总运量的86.2%。船舶运输方式主要采用一列式拖带运输,驳船吨位较小,以80、100吨为主,拖船功率以80、100、150马力为主,挂桨机船占有相当比重。此外,还有少量200吨机动驳船,船舶航行速度一般为6~7千米/小时。长湖申线浙江段的主要货种是煤炭、矿建材料和非金属矿石,三者占运量的86%。该航线运输繁忙,船舶密度之大为国内所罕见,是浙江省运量最大的一条航道,占全省内河货运量的45%。主要船舶运输方式为小吨位的一列式拖带运输和机动驳运输,挂桨机船占有较大比重。杭申线浙江段是杭州—上海最短的航线,主要货种为杭州、嘉兴地区上水以煤炭为主,下水以建筑材料、非金属矿石为主,船型与上述类似。

2000年4月,京杭大运河杭州—上海首条国际集装箱航线开通,并投入运营。这条集装箱班轮航线由杭州港务集装箱有限公司投资,共投入4艘大吨位船舶。杭州港濮家码头专设了集装箱作业泊位,配备了30吨/32米进口门吊,设计通过能力3.5万标准箱,初步达到了国际集装箱散货码头标准。省政府口岸办和杭州海关在濮家码头开设了海关监管站,实现了杭州—上海"直通关"。

客运萎缩向旅游发展

进入 20 世纪 90 年代后,大运河浙江段旅客运输处于常规旅客运输航线萎缩与旅游运输航线发展的变动时期。由于铁路、民航等其他运输方式,尤其是公路客运的迅速发展,运河客源分流现象进一步加剧。1991 年,全省有道路客运班线 4 441 条、50.28 万千米;民用载客汽车 5.86 万辆,完成客运量 6.07 亿人、201.36 亿人千米;到 2000 年道路客运班线 8 127 条、155.75 万千米,分别比 1991 年增长 82.99% 和 209.76%;民用载客汽车 32.32 万辆,完成客运量 11.7 亿人、449.51 亿人千米,又分别比 1991 年增长 4.51 倍、92.75% 和 1.23 倍。因此,从 90 年代初开始,大运河浙江段常规客船运输继续连年出现滑坡和萎缩。

大运河浙江段旅客运输主要集中在运河河网较为密集的杭嘉湖地区。90 年代,杭州内河水上客运由浙江杭州航运公司经营,时有航线 24 条,为沿浙西运河向北,至余杭塘栖,江苏苏州、无锡等地,是公路交通客运的重要补充,其中杭州—苏州、杭州—无锡两条航线最为重要,有客船 22 艘,12 396 座席/395 卧席,功率 7 081.57 千瓦;有客驳 18 艘,座位 680/1 300。另外,还有杭甬运河萧山、绍兴等航线。1991 年,运河旅客运输最发达的嘉兴市有水上客运航线 44 条,其中国有企业水上客运航线 32 条,农客班客运航线 12 条,当年完成水路客运量 259 万人、7 842 万人千米。随着各县(市)、乡镇的迅速发展,道路客运蓬勃发展,旅客纷纷弃水走陆,水路客运日渐萎缩。1993 年,嘉兴全市水路年客运量减少到 97 万人、4 551 万人千米,比 1991 年分别下降 62.54% 和 41.96%。1991 年,湖州市的水上客运量占全行业客运总量的 6.4%。1993 年 9 月湖州航运总公司停开所有客运航班。到 1995 年全市水上客运量占比下降到 0.94%。2000 年 7 月,湖州市航管部门整顿个体经营水上小客船,禁止个体户经营 30 客位以上客船,到年底全市仅存 19 艘从事营运的个体小客船全部停航注销。湖州运河水网延续数千年的旅客航运经营画上句号。随后,全省各地包括运河在内的内河旅客运输航线相继停开。

1994年,根据嘉兴市政府的决定,嘉兴市航运总公司所属的平湖、嘉善、海宁、海盐、桐乡分公司成建制下放给所在县(市)管理,为自主经营、独立核算的经济实体,具有法人资格。客运体制下放后,水路客运业进一步萎缩,航线和客运班次逐年减少。1996年全市完成水路客运量33万人、1 381万人千米,又比1993年下降65.98%和69.65%。继嘉兴、嘉善、桐乡等地先后停开客运航班,1997年平湖市大利船务有限公司所经营的平湖—三叉河、平湖—新仓两条航线停航,标志着嘉兴国营企业经营的水上客运航班全部取消。1997年,萧山境内水上客班全部停开,杭州市的水上客运也全部退出市场。

而与之相反,随着旅游业的发展,内河旅游运输却有了一定的发展。处于江南水网地区的大运河浙江段客运,以名胜古迹为依托,开展旅游运输业务,主要航线有杭州—无锡、杭州—苏州等。1986年浙江省航运公司杭州分公司开辟杭州—苏州和杭州—无锡两条旅游航线后,1989年5月起,杭锡线杭方改开当日18时至次日6时半的1个夜班。1991—1995年,杭州航运总公司组建客运旅游公司,每年以春秋季节为重点,开展"太湖一日游""西湖一日游"等经营项目,积极组织旅游客源。1995年4月5日,浙江杭州航运总公司投资135万元改建的豪华型客船"龙井号"投入杭州—无锡旅游航线。当年春游期间,杭苏线接送旅客1.63万人次(含客班),杭锡线接送旅客1.59万人次,还利用充裕的运力,组织香客业务,运送香客3 000余人次。

1996年起,杭州港航实业总公司运河客运旅游公司抓住全国职工实行五日工作制和江南水乡旅游资源开发的机遇以及水路交通客班日渐萎缩的困境,及时调整经营策略,变纯客运为旅游客运,以游促客。强化杭苏、杭锡二线的旅游客运业务组织,在苏州、无锡、杭州等地宾馆、饭店、疗养院等常年设立业务联系点,与华东地区及国内多家旅行社加强联合,互送"客源",并拓展陆上国内旅游,使业务"水陆衔接",推销苏杭、锡杭船票,使旅游多线发展。对苏杭又适时撤销停靠站点,变为直达客船。同时,不断开拓水上特色旅游线路,陆续推出同里、周庄、乌镇、新市、南浔、塘栖等名镇古镇游和"运河一日游"等经营项目,抓住"双休日"和春节、"五一"、"十一"的旅游大好时光,开行赴上述各地的直达专船旅游,实行包吃包住、包行包游的一条龙服务;推出"江南船菜"和"水上家庭式出游"等具有水乡风情的服务内容,以吸引游客。在暑假期间又开设学生团队专船专线旅游活动。采取这些措施后,该公司旅游客运量迅速超过客班运量。学生春游秋游、香客的祭庙拜寺、社团的节假日游,西塘、乌镇、南浔等的江南古镇游带来了河涌港堵的人潮。

定线定时客运航线逐渐淡出市场,水路客运运力从90年代初的定线定时正班客船,逐渐转化到90年代末的旅游客船和不定期运送香客等旅客的客运船舶为主。到2000年初,原属嘉兴市航运总公司旗下的客船只剩下13艘船舶,10年间客船数量下降了75.47%。

定线定时客运航线的全面停航,1998年后的浙江内河水路客运量全部为水路旅游运量。2000年全省完成内河旅客运输量为1 069万人次,周转量为19 013万人千米,其中交通部门分别为223万人次、7 974万人千米。1991—2010年浙江省内河航运运输量见表27。

表27　1991—2010年浙江省内河航运运输量一览表

年度	客运		货运	
	货运客运量/ 万人次	旅客周转量/ 万人千米	货运量/ 万吨	货物周转量/ 万吨千米
1991	3 694	60 447	7 455	690 038
1992	3 412	58 788	8 149	791 357
1993	2 901	47 381	8 872	883 749
1994	2 577	38 118	9 273	873 222
1995	2 105	41 906	11 239	1 055 259
1996	1 793	28 010	10 955	1 088 324
1997	1 499	24 879	9 993	1 071 245
1998	1 360	21 111	9 427	953 337

年度	客运		货运	
	货运客运量/ 万人次	旅客周转量/ 万人千米	货运量/ 万吨	货物周转量/ 万吨千米
1999	1 213	20 749	11 853	1 166 197
2000	1 068	19 014	12 319	1 165 400
2001	623	13 128	13 265	1 383 391
2002	267	6 167	16 218	1 795 058
2003	199	4 826	18 516	2 118 857
2004	342	8 902	20 811	2 478 086
2005	399	8 868	23 617	2 928 509
2006	386	7 550	24 479	3 194 379
2007	426	7 123	24 957	3 366 009
2008	461	6 152	24 103	3 258 030
2009	555	6 644	21 913	3 030 601
2010	683	7 614	26 735	3 786 630

——摘自《浙江交通志》

三、营造优势加快发展

进入 21 世纪,随着社会主义市场经济体制的基本确立和全面建设小康社会的加快推进,中国加入世贸组织,全球经济一体化趋势愈加明显,城乡经济日益繁荣,经贸往来更加频繁。贯彻党的十六大精神,落实省委、省政府实施"八八战略"、建设"平安浙江"的战略部署,围绕率先在全国同行业中实现现代化、率先在省内各行业间实现现代化的"两个率先"奋斗目标,浙江省组织实施水运强省工程等六大工程,加大运河航道等建设投入,积极营造水运优势,不仅大运河浙江段航道不适应经济社会发展的状况得到显著改善,而且水路运输加快发展,大运河浙江段航运迎来了难得的黄金发展期。

实施水运强省工程

1996 年起,大运河浙江段航运在历经改革开放近 20 年的赶超发展,进入全面发展阶段,到 2000 年,水路交通紧张状况开始得到全面缓解。进入 21 世纪,京杭运河、长湖申线、杭申线、乍嘉苏线和六平申线等"十线三连"的大运河浙江段航道网和 105 个年综合通过能力 2.7 亿吨的内河港口,形成浙江得天独厚的水运优势,而浙江作为能源输入大省和上海的重要建材基地,又极大地促进了水运的发展和繁荣,让浙江成为当之无愧的水运大省。2000 年,浙江内河航道通航里程 10 408 千米,全年完成内河货物运输量 1.23 亿吨、116.54 亿吨千米,名列全国前茅。同时,随着全面建设小康社会的加快推进,中国加入世贸组织,全球经济一体化趋势愈加明显,城乡经济日益繁荣,经贸往来更加频繁,尤其是经济社会的快速发展在成就"浙江现象",也给浙江水运带来新的尴尬局面。浙江省包括大运河浙江段在内的水运基础设施总体仍然较为落后,航道等级和网络化水平较低、沿海港口资源布局不合理、船舶装备水平低等问题在运量日渐增大的情况下逐渐浮出水面。随着党的十六大提出全面建设小康社会,加快推进社会主义现代化的宏伟目标和浙江省接轨上海、融入长三角战略的深入实施,如何发挥水运优势,变水运大省为水运强省,以进一步增强水运在加快推进社会主义现代化建设中的作用,被党委、政府提上重要议事日程。

2003 年,为贯彻落实党的十六大精神,浙江省委、省政府提出了"八八战略"和建设"海洋强省"的奋斗目标,围绕率先在全国同行业中实现现代化、率先在省内各行业间实现现代化"两个率先"奋斗目标,组织实施"水运强省"等六大工程,要求到 2010 年,使水运业适应国民经济和社会发展需要;到 2015 年,水运业基本实现现代化,并适度超前;到 2020 年,建成水运强省。

为此,2003 年起,先后编制《浙江省公路水路交通建设规划纲要

（2003—2010）》《浙江省公路水路交通"十一五"规划》《浙江省内河航运发展规划》等一系列水运建设的综合、区域和专项规划。其中《浙江省公路水路交通建设规划纲要（2003—2010）》在水路建设方面重点突出沿海港口建设，以推进宁波－舟山港口一体化进程为核心和温台港口、浙北港口为两翼的布局体系，强调港口资源整合开发。内河航道建设集中力量抓京杭运河、长湖申线、杭申线、乍嘉苏线和六平申线等"十线三连"骨干航道和杭州、嘉兴内河、湖州、绍兴、兰溪港等内河五港的基础设施建设，提高航道等级，完善航道网络。

2004 年 9 月 16 日，《浙江省内河航运发展规划》通过了省政府和交通部的评审。2005 年 9 月 29 日省政府和交通部联合批复该规划。规划目标是按照全面、协调、可持续的科学发展观，用 20 年左右的时间，逐步建成与浙江省经济社会发展相适应、与其他运输方式相协调、网络畅通、结构合理、系统完善、技术先进、保障有力的现代化内河航运体系。进一步巩固和提升浙江省骨干航道在长江三角洲高等级航道网中的重要地位，其中杭嘉湖地区骨干航道覆盖 80%以上的县（市、区），500 吨级船舶可开展直达运输，骨干航道船舶堵航现象基本消除，内河运输营运成本明显降低。根据规划，浙江省内河航道以京杭运河、长湖申线等航道为核心，以杭嘉湖地区高等级航道网为主体、其他地区航道为补充，形成"北网南线、双十千八"的骨干航道布局。"北网"指杭嘉湖地区航道网，"南线"指浙江南部地区相对独立航道，"双十千八"指 20 条、1 825 千米骨干航道。规划骨干航道里程占全省内河航道里程的 17.3%，其中三级航道 366千米，四级航道 1 459 千米，分别占规划航道里程的 20% 和 80%。规划重点港口包括杭州港、嘉兴内河港、湖州港、绍兴港、宁波内河港、金华兰溪港和丽水青田港等 7 个，其中杭州港、嘉兴内河港、湖州港为全国内河主要港口。

建设水运强省的号角吹响，全省各地都迅速行动，水运建设的浪潮一浪高过一浪。2003 年，浙江省政府将余杭武獐线、嘉兴嘉于碳线、湖州武新线、湖州妙湖线航道等 4 个航道改造项目列为首批航道"四自"工程,自行建设、自行筹资、自行收费、自行还贷,拓宽筹资渠道,加快内河航道建设。2004年11月,制定"六线三连",即京杭运河、长湖申线、杭申线、乍嘉苏线、杭平申线、杭湖锡线和东宗线、湖嘉申线、嘉于线的浙北干线航道网新建和改建工程计划,并出台《浙江省内河"四自"航道管理暂行办法》(浙政办发〔2004〕105号)。2005年1月18日,京杭运河、杭申线、六平申线、乍嘉苏线等整个浙北干线航道网改造项目列为"四自"航道工程。

2004年4月,湖州妙湖线航道开工建设。12月23日,首条可通千吨级船舶的三级内河航道改造工程湖嘉申线湖州段开工建设。为打破行政区域限制,整合港口资源,2006年1月1日起"宁波－舟山港"名称正式启用,两港一体化跨出历史性步伐。而作为宁波－舟山港配套的现代化集疏运综合运输体系支持的杭甬运河,早在2000年起就开始按四级航道标准改造,贯穿杭州、绍兴、宁波三大经济活跃城市,连接京杭运河、钱塘江、曹娥江、萧绍内河和甬江五大水系,使千年京杭运河有了出海口,"东方明珠"宁波－舟山港有了疏港大通道。到2007年,东宗线、乍嘉苏线、嘉于线、杭平申线于硖段、湖嘉申线湖州段、杭湖锡线等6条骨干航道新建和改建工程相继完成,基本形成与长三角航道网相适应的杭嘉湖航道网络,大运河浙江段航道不适应经济社会发展的状况得到显著改善,也为长江三角洲江南航道网的"成网、直达"打下基础。

实施水运强省工程,不仅加大投入,建设和提升大运河浙江段航道和等级,而且全面建设和完善大运河浙江段航运体系。船舶结构优化升级,水泥船和挂桨机船彻底退出内河运输市场,越来越多的大吨位、低污染、安全舒适的新型船舶投入运营;被船户称为"数字灯塔"的浙江省水上交通指挥中心全面建成,实现对全省80%重要站点和重点航段的视频监控,基本实现水上交通安全的现场监管、事故报警、搜寻救助、疏航应急反应、船户服务等网络化管理。港航部门驳坎护岸,栽树绿化,挖泥疏浚,航道更加"畅、洁、绿、美"。随着京杭运河和杭申线先后创建成部级文明样板航道,千深线等航道也迈开创建的步伐。

2005 年，浙江省完成水路货物运输量 4 亿多吨、周转量 2 600 亿吨千米，分别比上年增长 12%、26%，水路运量连续 3 年位居全国第一。沿海港口全年完成货物吞吐量 4.35 亿吨，内河港口完成货物吞吐量 2.65 亿吨，同比增长 13% 和 15%，继续排在全国前列。浙江省以占全国 7.8% 的航道里程，完成了占全国近 1/5 的水路运量和 15% 的港口吞吐量，由水运大省向水运强省快步迈进。

为市场经济添活力

进入 21 世纪，社会主义市场经济体制的基本确立，为大运河浙江段航运业注入无穷活力。水运市场价格全面放开，2001 年 3 月 6 日，经国务院批准，国家计委、交通部联合发文，除抢险、救灾、军运等重点物资运价继续实行政府定价，其他货物运输实行市场调节，由承托运双方依法签订运输合同，协议商定运价。2001 年 4 月 1 日，交通部《国内船舶运输经营资质管理规定》实施。浙江加大水运市场整治力度，重点审查无自有运力、无办公场所、无管理人员，只靠委托管理他人船舶生存的企业。各市港航局(处)对符合经营资质条件及整改后达到经营资质条件的企业上报资料进行审核、评估。2002 年 12 月 1 日起实施《浙江省水路旅客运输经营资质评估管理规定》，规定评估人员的基本条件，明确评估工作程序。2003 年 1 月 1 日起施行《浙江省水路运输管理条例》，规范水路运输经营活动，建立统一开放、公平竞争、规范有序的水运市场体系。

从 80 年代开始起步的市场化改革，开放搞活，既给当时占主导地位的国有、集体水运企业带来改革红利，促进航运生产的发展，如浙江规模最大的国有内河航运企业之一的浙航嘉兴分公司 1983 年货运量突破 200 万吨，创历史最高纪录；但市场化改革也形成日益激烈的市场竞争，使国有、集体水运企业企业老、机制旧、人员多、包袱重、负债高，难以适应市场竞争的弱点不断显现，运输生产持续萎缩，经济效益连年下滑，乃至连续出现经营亏损。

从 20 世纪 90 年代末到 21 世纪，国有、集体所有制航运企业都先后实施改革和改制。原浙航嘉兴分公司在体制下放更名为嘉兴市航运总公司后,2001年实施"分立重组、人员分流"的改制,企业母体被法院裁定宣告破产。而部分客船和部分职工被南湖旅行社收购收编,成立嘉兴市南湖旅行社有限公司,经营省际水上客运等。2002年6月,杭州港航实业总公司所属的航运公司改制设立浙江杭州航运有限公司,公司股东会由职工持股会和18名自然人股东组成,总股本542万股,主要从事杭州半山电厂的电煤运输和杭州炼油厂的原油运输等运输业务,2008年完成货运量70万吨,货运周转量1.75亿吨千米。2006年7月,杭州萧山航运公司由县属集体企业改制为民营企业。

通过改革和改制,全省各地难以适应市场经济发展的国有、集体所有制航运企业先后被改制、撤销和破产,有效地化解了运输生产萎缩、人员下岗、经营亏损、巨额债务等一系列矛盾和总量,而改制、分立和重组的水运企业则卸下包袱、转换机制、轻装上阵,不仅以崭新的面貌和机制获得新的发展机会,而且市场竞争力大大增强。

与此同时,随开放搞活而兴起的个体运输船户,不仅以其经营灵活、营运成本相对低廉等优势发展迅速,而且在激烈的市场竞争中,运输船舶不断更新换代,竞争实力不断增强,运力规模不断提升,到进入21世纪时已替代水上水运企业占据了市场主导地位。2000年,杭州市个体船舶完成的年内河货运量和货运周转量在内河水路货运总量中的占比分别达到81.68%和65.07%。而湖州市个体运输船舶完成年货物运输量2 650.94万吨、36.60亿吨千米,分别占全市水上年货运总量的82.5%和78.2%。

随着社会主义市场经济体制的确立和水运强省工程的实施,以水上个体运输船户为主导的大运河浙江段航运业经营主体发展步伐不断加快。2001—2004年,浙江省水上个体运输船户船舶更新换代步伐进一步加快,一大批新建船舶投入营运,运力总规模快速提升,担起了浙江由水运大省向水运强省迈进的重任,建设有力地推动了运河航运业的发展。1995年,湖州全市个体运输船户拥有机动船舶6 033艘,净载重吨位26.16万吨,平均单船载重吨位43.36吨。到2005年,湖州市个体运输船户拥有的机动船舶减少到4 917艘,减少18.49%,但净载重吨位增加到79.18万吨,增加2.02倍,平均单船载重吨也提高161.03吨位,提高2.71倍。而杭州市个体运输船户的发展势头同样强劲。2001—2007年杭州内河货运运输完成情况见表28。

表28　2001—2007年杭州内河货运运输完成情况一览表

年份	货运量/万吨			货运周转量/万吨千米		
	总数	其中个体	占比/%	总数	其中个体	占比/%
2001	3 398	2 874	84.58	333 972	235 129	70.40
2002	3 504	3 040	86.76	350 533	263 305	75.11
2003	4 253	3 678	86.48	418 319	315 020	75.31
2004	5 289	4 629	87.52	563 945	430 362	76.31
2005	5 833	5 283	90.57	772 850	572 672	74.10
2006	5 754	5 085	88.37	1 010 066	698 455	69.15
2007	5 500	4 802	87.31	975 074	691 683	70.93

——摘自《杭州交通志(1991—2008)》

国有、集体所有制航运企业的改革、改制和个体运输船户的强劲发展,使大运河浙江段航运的行业结构、经营方式、市场构成及客货运输等都发生了根本性的变革,市场竞争力明显增强,生产经营充满活力,运输生产持续增长。2007年,全省内河完成货物运输量2.49亿吨,货物周转量336.6亿吨千米,分别比2000年的1.23亿吨,116.54亿吨千米增长1.02倍和1.88倍。

货物运输高速发展

进入21世纪后,大运河浙江段水上货物运输高速发展,水运在综合运输中的份额和地位不断增长。2001—2007年,包括大运河浙江段在内的内河水路货物运输量、货物周转量始终保持增长的态势。增幅最大的 2002 年,货运量比上年增长 22.26%,货物周转量比上年增长 29.76%。与 2001 年相比,2007 年货运量增长 88.14%,货物周转量增长 1.43 倍。2001—2007 年浙江省内河货物运输量、周转量见表 29。

表 29　2001—2007 年浙江省内河货物运输量、周转量一览表

年份	货物运输量					货物周转量				
	运输总量/万吨	增幅(%)	其中内河/万吨	增幅(%)	占比(%)	周转总量/万吨千米	增幅(%)	其中内河/万吨千米	增幅(%)	占比(%)
2001	75 651	3.73	13 265	7.68	17.53	11 651 208	15.06	1 383 391	18.70	11.87
2002	89 148	17.84	16 218	22.26	18.19	13 936 339	19.61	1 795 058	29.76	12.88
2003	100 506	12.74	18 516	14.17	18.42	17 945 606	28.77	2 118 857	18.04	11.81
2004	106 779	6.24	20 811	12.39	19.49	23 733 717	32.25	2 478 086	16.95	10.44
2005	112 676	5.52	23 617	13.48	20.96	30 750 902	29.56	2 928 509	18.17	9.52
2006	136 864	21.46	24 479	3.65	17.88	40 629 683	32.12	3 194 379	9.08	7.86
2007	149 872	9.5	24 957	1.95	16.65	46 263 217	13.86	3 366 009	5.37	7.27

——摘自《浙江省交通志》

　　大运河浙江段水路货物运输的高速发展得益于党的十六大后全国上下全面建设小康社会的步伐加快推进,浙江省委、省政府围绕率先在全国同行业中实现现代化、率先在省内各行业间实现现代化的"两个率先"奋斗目标,实施"八八战略",城乡经济日益繁荣,经贸往来更加频繁。

　　浙江是经济大省,同时又是资源小省,经济社会发展所需的煤炭、钢铁、石油及制品等资源都主要依赖从省外调入。随着"八八战略"的实施,全面建设小康社会步伐加快,势必伴随着煤炭、钢铁、石油及制品等资源调入的大量增加,而水运是这些大宗物资最重要的运输方式。据有关统计资料,2005 年,仅嘉兴煤炭消费量就在 1 350 吨左右,除嘉兴电厂用煤 617 万吨由海运直接调入、嘉兴港热电厂用煤 22 万吨由嘉兴港进口陆运外,其余 711 万吨煤炭全部由内河运输设施调入,其中从上海调入 40 万吨,嘉兴港中转内河 111 万吨,其余

560万吨煤炭都通过京杭运河沿线的兖州煤田和徐州港口调入。内河煤运量中电厂用煤350多万吨,其余主要供应纺织、丝绸、水泥,轻工及其他工业企业用煤。2006年,嘉兴全市调入煤炭800多万吨,比2005年增加12.5%,其中70%的煤炭通过乍嘉苏线从山东、江苏等地调入,20%的煤炭通过嘉兴港中转内河调入,其余的通过杭申线等从上海等地调入。

2005年,上海港黄浦江码头外迁,大量原从上海港中转内河的煤炭改由嘉兴港中转,2006年1月—8月,嘉兴港煤炭吞吐量959吨,同比增长84.87%,其中通过内河港池等公用码头的吞吐量454万吨,同比增长276.57%,其中内河港池发送往嘉兴、杭州、萧山等地的煤炭有217万吨。2006年,嘉兴内河港口煤炭吞吐量为860万吨,其中调入800万吨。

同样,浙江省经济建设所需的钢铁、石油及制品主要依赖从外省调入。2005年,仅嘉兴市内河港口的钢铁吞吐量就达140万吨,其中从上海、江苏和杭州等地经运河等水运调入90.3万吨,同时,嘉善有47万吨废钢铁水运至上海。2006年,浙江省仅嘉兴的成品油销量就有97.5万吨,其中嘉兴港进口32.2万吨,其余主要是从上海等地经内河调入和少量由周边地区陆运调入。

在大量调入煤炭、钢铁、石油及制品等资源的同时,湖州、嘉兴、绍兴等地也是当地及周边城市建筑材料的主要供应地,每年都有大量的沙石等通过运河等水路运往杭州、上海、苏州等地。进入21世纪,随着全面建设小康社会步伐的加快,尤其城市化进程和房地产开发的兴起,城市基础设施建筑材料需求量不断增长,沙石等建筑材料运量大幅上升。2002年,湖州市的石料运量首次超过2 000万吨,达到2 228万吨,占全市水路货物运量的59%。嘉兴市的石料产量由于受环保和可持续发展等因素的限制,产量逐年减少,但当地及周边城市基础设施建设快速发展,仅2004年开工建设的"三高速一改造"(申嘉湖高速、杭浦高速、杭州湾跨海大桥北接线和07省道改建工程)所需填筑路基的岩渣等就需要近6 000万吨,基本上都靠运河等水路来运送。再加上对石料质量要求的不断提高,从湖州等地发运的石料,尤其是岩渣明显增加。因此,2005 年嘉兴市内河水运的货运量中,岩渣等石料超过 50% ,其中用于申嘉湖高速公路 652.37 万吨,用于杭州湾跨海大桥北接线 44.26 万吨,用于 07 省道改建工程 179.83 万吨。

2005 年,受上海世博会和房地产市场不断升温等因素的影响,大运河浙江段水路运输业掀起了又一次高潮,再加上运力的稳步提高,使货运量呈现上升趋势。2005 年,全省内河水路完成货运量 2.3 亿吨,周转量 292.85 亿吨千米,分别比上年增长 13.48% 和 18.17% ,其中嘉兴市完成水路货运量 6 806 万吨,81.25 亿吨千米,分别为上年同期的 124.27% 和 125.89% 。2006 年,受宏观调控政策影响,政府采取了一系列货币和土地政策来协调建筑行业市场的有序发展,上海等地所需建材需求量减少,加上燃油、钢材价格的持续上涨,造成水路运输生产不景气,航次经济效益下滑,使大运河浙江段水路运输受到一定的影响,增速有所减缓,但全省水路货运量和货物周转量比上年分别增长 1.95% 和 5.37% 。

在水路货物运输的高速发展中,京杭运河浙江段、杭申线浙江段和长湖申线浙江段三条运河骨干航道,经过"六五""七五"期间较大规模的基础建设,焕发青春,担起重任,发挥出越来越大的作用,为浙江物资交流做出了重要贡献。其中京杭运河浙江段是杭州—上海最短的航线,比杭申线要短 13.86 千米,运送的主要货种为杭州、嘉兴地区上水以煤炭为主,下水以建筑材料、非金属矿石为主。三大货种占航线总运量的 86.2% 。杭申线浙江段水道比较深,是杭州—上海的深水航线,主要货种有由杭州运往上海的矿建材料、非金属矿和由上海运往杭州的煤炭。船舶运输方式主要采用一列式拖带运输,驳船吨位较小,以 80、100 吨为主,拖船功率以 80、100、150 马力为主,挂桨机船占有相当比重。此外,还有少量 200 吨机动驳船,船舶航行速度一般为 6~7 千米/小时。

长湖申线浙江段运送的主要货种是煤炭、矿建材料和非金属矿石,三者占运量的 86% ;运输繁忙、船舶密度之大为国内所罕见,是浙江省运量最大的一条运河航道,占全省内河货运量的 45% 。主要船舶运输方式为小吨位的一列式拖带运输和机动驳运输，挂桨机船占有较大比重。

随着浙江国民经济的快速发展和商贸业的大量增长，大运量的内河集装箱船舶运输也开始起步。1998年3月28日，湖州市第一艘集装箱船舶（湖新1号）在湖航公司造船厂顺利下水，设计可装载300吨普通散货或16个标准集装箱，主要从事湖州—杭州、嘉兴集装箱支线运输，由湖州市航运总公司经营。进入21世纪，浙江内河集装箱船舶运输加快发展。2000年4月，杭州—上海首条国际集装箱内支线开通，由杭州港务集装箱有限公司投资经营，共投入4艘大吨位船舶运营。

2001年12月7日，嘉兴—上海国际集装箱内河运输航线开通，其首航仪式在嘉兴铁水中转港举行。从此，嘉兴地区外向型企业在与世界各国进行贸易时有了自己的国际集装箱口岸。该航线由16标准箱集装箱船进行承运，每周一、三、五定时发班，通常每月吞吐量为400~500标准箱，并且呈明显逐月上升趋势。出口集装箱货物主要发往欧洲、东南亚、地中海等23个国家和地区，进口集装箱主要来自澳大利亚、新加坡、意大利和美国。2002年，嘉兴市国际集装箱内河支线完成吞吐量5.17万吨、4 163标准箱。2003年，嘉兴市国际集装箱内河支线完成吞吐量4 407标准箱。2004年7月，洋浦新良有限公司在嘉兴铁、水中转港又新辟了一条嘉兴至上海内河内贸集装箱运输航线，深受货主企业的欢迎。截止到2004年年底，集装箱累计吞吐量为近1万标准箱。

2003年，嘉兴市政府提出组织实施"水运强市"工程，另行选址新建内河国际集装箱港区，并配套建设"一关三检"直通关服务区。新建的内河国际集装箱港区位于嘉兴市南湖区七星镇，工程占地面积约为490亩，新建500吨级（水工结构1 000吨级）专业化集装箱泊位12个，以靠泊24标准箱和36标准箱集装箱船为主，设计年吞吐能力为35万标准箱。

2003年，湖州市新增1艘集装箱船舶（"湖新33号"），设计可装载12个集装箱标准箱。2004年，湖州鑫达国际物流有限公司开通了南浔—上海吴淞港区和外高桥港区外贸集装箱内支线。当年,湖州集装箱运输量为 2 358 标准箱,2.29 万吨。2005 年降至 1 273 标准箱、16 190 吨;2007 年,又降至 727 标准箱,9 031 吨。到 2007 年年底,浙江全省内河港口集装箱吞吐量为 987 标准箱,列全国第四位。

客运转型水上旅游

进入 21 世纪,随着公路、铁路、民航等交通的快速发展,大运河浙江段等水上客运市场进一步萎缩。2001 年 1 月,交通部颁发《国内船舶运输经营资质管理规定》(2001 年交通部令第 1 号),规定从 2001 年 4 月 1 日起,为保障安全,经营水路旅客运输必须取得企业法人资格,原从事水路客运的个体客船或组建企业或退出水运市场。国有、集体航运企业经营的水上客运航线也都逐渐难以为继,纷纷停航。2001 年 2 月 8 日,鄞县航运公司从鄞江镇驶往宁波的"鄞航 45 号"船靠泊南门鄞西客运站码头后停航。这是宁波市内河最后停航的客船,标志明清以来兴起的"三江六塘河"和"三北内河"客运从此结束。2001 年,绍兴市水上客运也全部停止营运。2003 年 2 月,平湖市水上(旅游)客运停止营运。

浙江省航运公司杭州分公司自 1986 年开辟杭州—苏州、杭州—无锡两条运河旅游线路以来,不断增加特色服务,拓展水上特色旅游线路,旅游客运一度增长迅速。但由于旅游季节性强,陆路旅游竞争激烈,进入 21 世纪后,旅游客运量始终不大,并有萎缩的趋势,经营状况不佳。2003 年"非典"期间,杭州—无锡线停航,全年班线客运量仅完成 85.4 万人次。2004 年,杭州—无锡线停航。至 2005 年,杭州市只有两家企业经营 13 条班线客运,其中杭州坤和旅游客运中心有限公司经营杭州—苏州航线,为苏杭双方对开航线。杭州坤和旅游客运中心有限公司营运船舶 5 艘,总客位 4 050 个,员工 118 人,班次每日发夜班 1 班,17:30 开航,次日早晨 7:00 到达。但到 2005 年仅完成旅游客运 3.8 万人次。2007 年,杭州坤和旅游客运中心有限公司因经营亏损注销了杭州—苏州航线。2001 年 5 月

31 日,嘉兴南湖旅行社在收购收编嘉兴市航运总公司部分客船和部分职工后,成立嘉兴市南湖旅行社有限公司,经营省际水上客运等。到 2007 年,拥有客船 3 艘、356 客位。但终因水路客运业务日趋减少,于 2010 年 7 月 9 日办理了水路旅客运输业务的注销手续。

2002 年起,水上旅游业逐渐兴起,各地都相继成立游船公司,经营水上旅游客运航线。嘉兴、绍兴等地先后开辟了环城河,南湖、东湖等景点的水上观光线路游览。2002 年 5 月,湖州太湖乐园游船公司成立(后更名为湖州太湖地效翼船有限公司),在南太湖率先开通了太湖旅游观光、湖州—无锡、湖州—苏州 3 条省际高速客运航线。2002 年 6 月 6 日,嘉兴市南湖名胜发展有限公司成立,拥有客船 15 艘、108 客位,主要经营南湖风景区等嘉兴市境内水路旅客运输。2002 年,嘉兴市有水路客运企业 4 家,拥有客船 25 艘,1 216 客位,主要经营不定期的水上旅游客运航线。其中嘉兴环城河游“坐船游嘉兴,从古看到今”,仿古画舫从南湖出发,可停靠七一广场、梅湾古街、范蠡湖公园、船文化博物馆、月河历史街区、狮子汇等景观站点。2003 年嘉兴市有水路客运企业 3 家,拥有客船 25 艘、1 016 客位。2004 年嘉兴市有水路客运企业 4 家,拥有客船 30 艘、1 053 客位。2005 年嘉兴市有水路客运企业 3 家,拥有客船 16 艘、1 460 客位。2006 年,随着南湖风景区环境的改善以及杭州湾跨海大桥的落成,来嘉兴南湖“红船”特色游的游客增幅较大,绕环城河夜游逐步升温,南湖风景区的旅游客船从以摆渡为主的 3 艘游船,发展到 2007 年既有 165 客位的较大游览船,又有 20 客位左右的小型电瓶游览船和小型手摇船等不同类型的客船,嘉兴市水上旅游客运量有上升的趋势。2007 年嘉兴市共完成客运量 32 万人,客运周转量 272 万人千米。绍兴市从 2002 年开始旅游客船逐年增加。2003 年绍兴全市拥有客船 31 艘,计 1 513 客位,主要是各旅游景点的旅游船。2005 年绍兴市有内河客运企业 8 家,内河客船 55 艘,计 1 980 客位。随着绍兴旅游业的不断发展,特别是环城河整治后,其秀丽的景色吸引了大批游客,环城河上的游船应运而生,绍兴乌篷船可达市区各个景区与站埠。2001 年 5 月起,绍兴市鲁镇旅游开发有限公司相继投入 8 艘用增强纤维建造的游船,其中 6 艘为双体的敞篷船,以及 1 艘钢质游船。绍兴市河道管理委员会办公室也相继投入 3 艘游船。2004 年,绍兴市共有游船 12 艘,计 250 客位。

2004 年 10 月 28 日,全国通航水域首条水上公交巴士线路在杭州正式开通,具有开创性的意义,成为展示运河文化旅游的新亮点。杭州市水上公共观光巴士初有水上巴士船 2 艘,杭州水上公共巴士项目一期工程开辟了武林门至拱宸桥之间共 5.6 千米的水上巴士线路,沿途设立拱宸桥、信义坊、武林门三个站点(码头),分公交和观光两时段,前者每人次票价 3 元,后者每人次票价 5 元。2005 年,水上巴士船增加到 6 艘,开通京杭运河杭州—塘栖休闲旅游线。2005年 5 月,双休日定期班次,散客每人次票价 48 元,团队双方面议定价。另外,还开通钱塘江杭州段日、夜航线,采用有偿运营,钱塘江一日游亦面议确定价格。2005 年共完成客运量 8.28 万人,周转量62.58 万人千米,运输收入 68.05 万元。

在开通水上公交巴士线的同时,兴建水上公共交通码头和观光旅游码头。2004 年建成 4 个,均设在京杭运河杭州段的闹市区,2005 年又建成 2 个,于次年 1 月通过验收。这 5 个水上公共交通码头分别是:武林门(客运码头东侧,南岸)、信义坊(卖鱼桥北,西岸)、大关(新大关桥北,西岸)、拱宸桥(桥北,东岸)、艮山门(南岸)和一个杭州港航锚泊站。2008 年,又完成了濮家站、钱塘江线六和塔站、浙江第一码头站、滨江站,余杭塘河线古墩路站、古翠路站、西溪湿地站。码头设置各不相同,岸线长 35~80 米,泊位 1~2 个。码头结构有浮式和固定式,浮式由趸船和引桥组成,固定式为桩基梁板,均铺设条木硬面。各站点占地为 0.06~0.14 公顷不等,廊道、站房等建筑面积自 200~300 平方米不一,锚泊站建雨棚 900 平方米。旅客上下船有左、中、右三道石阶过道,均较宽敞,临水壁岸和石阶壁岸装修有石柱和图案石板作护栏。整体设计富景观意识,别具风格,与周边绿化带和谐一致,且安全实用。至 2007 年年底,由杭州市水上公共观光巴士有限公司和杭州坤和旅游客运中心有限公司等水运企业经营的杭州运河旅游运输主要以水上巴士运河市河段季节性、阶段性的旅游项目为主,如塘栖枇杷节一日游、运河夜游等。

2007年,浙江全省以完成水上旅游为主的内河旅客运输426万人次、69 099万人千米。

四、复兴水运转型发展

2008年,根据党的十七大提出的实现全面建设小康社会的新要求和省委提出的"创业富民、创新强省"的发展战略以及交通部组织实施加快发展现代交通运输业的大港口、大路网、大物流"三大建设",浙江着力把握大运河浙江段航运的发展机遇和规律,实施港航强省战略,创新发展理念,转变发展方式,破解发展难题,推动运河航运业的转型发展。2011年1月,国务院印发《关于加快长江等内河水运发展的意见》,2013年3月,浙江省政府制定《浙江内河水运复兴行动计划(2011—2015年)》,加快构建畅通、高效、平安、绿色的现代化内河水运体系,推动水运复兴。大运河浙江段航运进一步加快转型升级步伐,全面转变发展方式,运力结构持续优化,集装箱运输迅猛发展,加快发展河海联运,运河航运规模和效益都跃上新台阶。

实施港航强省发展战略

2007年6月12日召开的浙江省第十二次党代会上,省委书记、省人大常委会主任赵洪祝在报告中提出建设港航强省发展战略。2008年1月10日,浙江省交通厅召开全省交通工作会议,根据党的十七大精神和省委"创业富民、创新强省"发展战略及港航强省发展战略,全面部署推进现代交通的大港口、大路网、大物流"三大建设",着力把握交通运输发展规律,创新发展理念,转变发展方式,破解发展难题,提高发展质量和效益,实现交通事业又好又快发展。

2009年6月12日,省委书记、省人大常委会主任赵洪祝等省委领导赴新组建的省交通运输厅调研,进一步提出加快建设港航强省的五条意见,强调加强交通和港航建设,能够有效扩大社会投资,促进市场消费,带动相关产业发展,增强经济发展后劲,对经济社会发展具有重要的支撑和先导作用。要大力推进宁波－舟山港一体化、港口集疏运网络体系、港口现代物流业和全省港口联盟的发展和建设,着力形成大港口、大路网、大物流的格局,加快推进港航强省建设。

浙江省委提出的港航强省发展战略,使包括运河航运在内的浙江港航发展方向更加明晰,目标更加明确,港航部门也进一步明确工作思路,充分发挥港航资源丰富、运输需求旺盛的优势,强化龙头"宁波－舟山港",做大两翼"温台和浙北港口";以京杭运河为重点,全面提升浙北航道网;以杭甬运河为主干,完善浙东航道体系,使浙江航运在经济社会建设中发挥出更大作用,做出更大贡献。

2008年起,由美国次贷危机引发的国际金融危机席卷全球,浙江省又多发、频发洪涝、台风等自然灾害。但航运系统的干部职工在港航强省战略的引领下,坚持围绕中心、服务大局,不断创新发展理念,破解发展难题,转变发展方式,全力推动大运河浙江段航运又好又快发展,充分运用市场机制,破融资难点,逐步形成多元化、多渠道的投融资格局。港航建设投资力度不断加大,包括大运河浙江段航运在内的全省港航业进入新一轮快速发展期。

开展新一轮的航道建设,实施京杭运河提升工程,通航标准从四级提高到三级,通航能力从500吨级提高到1 000吨级;开工建设京杭运河二通道,将京杭运河浙江段航道等级全部提升到三级,千吨级船舶可从山东直达杭州,浙北、浙东及浙中西部的航道完全贯通成高等级内河水运网,嘉兴、杭州、绍兴等杭州湾地区会连成一片。扩建长湖申线浙江段航道,与千吨级航道湖嘉申线并驾齐驱,连接贯通"四改三"的京杭运河,与上海洋山港、宁波－舟山港对接,实现海河联运。从2008年起,全省港航建设的投资每年都超百亿元,为"十五"期间投资的3.3倍,投资力度全国罕见。其中,仅2010年全省水运建设就投资105亿元,建成长湖申线航道扩建工程一期、嘉于硖线航道等工程,开工建设长湖申线航道扩建工程二期等工程。至 2010 年年底,浙江省不仅沿海港口货物吞吐量达到 7.88 亿吨,其中宁波－舟山港货物吞吐量达到 6.3 亿吨,跃居世界首位,万吨级以上泊位达到 159 个(不含洋山港区),等级航道里程达到 4 832 公里,而且以京杭运河、杭甬运河为主干的内河通航里程达到 9 704 千米,其中高等级航道总里程达到 1 326 千米。

实施港航强省发展战略,全省港航规划体系日益完善。宁波－舟山、嘉兴、台州、温州沿海四大港口和杭州、嘉兴、湖州、绍兴等内河主要港口的总体规划先后获得部、省批复,《浙江省内河航运发展规划》等行业规划相继制定,初步形成层次分明、内容全面、功能清晰、相互配套的港航规划体系。同时,通过实施多种扶持政策,积极推动运输船舶向大型化、专业化、标准化发展,船舶运力结构不断优化。运河等内河航运通过实施船型标准化工程,先后淘汰营运钢质挂桨机船 1.4 万余艘,船舶平均吨位由 2005 年的 114 载重吨提高到 187 载重吨,增长幅度达到 64%,运力结构优化成效居全国前列。

航道等级的提高、通航能力的提升和船舶运力结构的不断优化,有力地促进了大运河浙江段航运的持续稳定发展。2010 年,全省完成内河水路货物运量为 26 735 万吨、378.66 亿吨千米,分别比 2007 年的 24 957 万吨、336.6 亿吨千米增长了 7.12% 和 12.49%。

开展内河水运复兴行动

2011 年 1 月,国务院印发《关于加快长江等内河水运发展的意见》(国发〔2011〕2 号),指出我国长江、京杭运河等内河水运发展水平与国民经济和综合运输体系发展的要求仍然存在较大差距,并要求利用 10 年左右的时间,建成畅通、高效、平安、绿色的现代化内河水运体系。

为贯彻国务院的文件精神,再一次把大运河浙江段航运等内河水运发展存在的差距和加快发展的紧迫性摆到了全省各级党委政府的重要议事日程上。浙江的内河水运作为交通基础设施的重要组成部分,在中华人民共和国成立,尤其进入改革开放新时期后,有了长足的发展。但是,与其他运输方式的快速发展相比,内河水运的发展仍然严重滞后。2010年,浙江全省内河完成水路货运从1977年的3 161万吨、21.04亿吨千米增长到2010年的26 735万吨、378.66亿吨千米,分别增长8.45倍和17.99倍,但占全社会货运量的比重却分别从55.03%和53.04下降到16%和5.5%;全省通航1 000吨级船舶的三级航道仅为251千米,占比2.6%,远低于全国7%的平均水平,更远低于世界发达国家。美国约4万千米航道基本都是高等级航道,与浙江省航道总里程相当的德国、法国高等级航道比例分别达75%、25%以上。内河水运具有运能大、占地少、投资省、成本低等优势。一条通航500吨级船舶的四级航道货运能力相当于两条6车道高速公路或一条干线铁路;水运每吨千米运费仅为高速公路的16%、铁路的46%;每千米航道建设用地和资金均约为高速公路的1/4、铁路的1/2。内河水运还具有能耗低、污染轻、防洪排涝等特点,水运的单位周转量能耗及碳排放量仅为高速公路的1/6、铁路的2/3;内河航道改造和养护能有效增强防洪行洪排涝能力、水体自净能力和水环境容量,改善沿岸的生态环境和城镇市容。大运河浙江段等内河水运既是浙江交通基础设施短板中的短板,更是制约浙江经济社会发展的瓶颈。浙江内河水运承担着大量基础性、服务性商品物资供应,水路运输保障了杭州生产约30%用电量所需的电煤运输,80%的住宅建筑用料,60%的基本粮食供给,对优化产业布局、降低物流成本、改善生态环境、强化民生保障等有着重要作用。建设中国特色社会主义现代化,全面建成小康社会,必须补齐内河水运短板,加快大运河浙江段等内河水运发展。

为此,2013年3月,浙江省政府制定了《浙江内河水运复兴行动计划(2011—2015年)》,指出:加快内河水运发展是事关加快转变经济发展方式、建设资源节约型和环境友好型社会的重大战略。内河水运具有运能大、占地少、能耗低、污染小等比较优势,是低碳环保的运输方式。浙江省水运资源丰富,既是全国内河水运发达省份,同时也是海运大省,具有发展内河水运和海河联运的良好基础条件。改革开放以来,特别是近10年来,浙江省形成了以大运河浙江段为主体的内河水运格局,有力地促进了经济社会发展。加快发展浙江省内河水运,是加快大水运建设的重要内容,是综合交通运输体系建设的战略重点,对于推进浙江海洋经济发展、促进经济转型升级和发展方式转变都具有重大意义。

《浙江内河水运复兴行动计划(2011—2015年)》,提出要深入贯彻落实科学发展观,全面实施"八八战略"和"创业富民、创新强省"总战略,以科学发展为主题,以加快转变经济发展方式为主线,以大水运建设为目标,把复兴浙江省内河水运作为贯彻落实浙江海洋经济发展示范区建设国家战略的具体行动,加快构建畅通、高效、平安、绿色的现代化内河水运体系,为建设大交通、促进大发展提供重要的基础保障。到2015年,全省四级以上高等级航道里程达到1 500千米,纳入长三角高等级航道网规划的航道达标率超过70%,杭嘉湖地区内河船舶平均吨位达到300吨,内河货运船舶千吨千米油耗量下降8%。"十二五"期间,全省内河水运基础设施投资总额超过250亿元,比"十一五"时期翻一番。

到2020年,基本完成规划的20条骨干航道建设,形成"北提升、南畅通、东通海、西振兴"的内河航道格局。

北提升,即加快京杭运河航道建设,实现与江苏段航道相对接,与杭甬运河、钱塘江航道相衔接;推进长湖申线和湖嘉申线嘉兴段航道建设,开工建设杭平申线(含黄姑塘、海塘线)和武新线航道建设工程,实施杭申线、乍嘉苏线、丁渚线和芦墟塘建设工程,全面提升浙北航道网,构建江(河)海联运通道。

南畅通,即建设瓯江航道,打通丽水出海通道,实现与温州港的江(河)海联运,带动浙南地区经济发展。

东通海,即实施杭甬运河宁波段三期航道建设工程和浦阳江航道整治工程,加快推进与宁波–舟山港的有效连接;建设曹娥江航道整治工程和杭甬运河萧绍复线航道建设工程,提升浙东航道网通过能力。

西振兴,即推进钱塘江中上游航运复兴工程。建设衢江、兰江航道,加快安仁铺、红船豆、塔底、小溪滩、游埠和姚家等枢纽通航设施建设,实施富春江船闸扩建改造工程,实现钱塘江与京杭运河、杭甬运河高标准贯通,积极发展江(河)海联运。

到2020年,全省内河水运货运量达到4亿吨,四级以上高等级航道里程达到1 800千米,其中三级以上航道里程超过400千米,比2010年翻一番,全省内河航道通过能力比2010年提高30%。杭嘉湖地区内河船舶平均吨位超过400吨,比2010年翻一番,内河货运船舶千吨千米油耗下降10%。内河水运优势与潜力充分发挥,内河重点港口水陆物资转运枢纽的功能地位确立,在综合运输体系中的地位进一步加强,对经济社会发展的带动和促进作用显著增强。

为开展内河水运复兴行动,浙江成立省内河水运复兴行动领导小组,由分管副省长任组长,省交通运输厅、省发改委等省级相关部门和各市政府共同参加,并在省交通运输厅设立办公室,建立协调考核机制,制订细化工作目标,落实工作责任,加强督促检查,为行动计划的有效实施提供组织保障。各市、县(市、区)政府作为内河水运建设的责任主体,因地制宜地制定具体落实方案,抓好组织实施,承担本地项目实施机构的组建、征地拆迁、地方配套资金的筹措等职责,确保按照基本建设程序、批准的工程规模、建设工期和有关的技术标准完成项目建设任务。省级有关部门根据各自职能分工,加强协调配合,认真落实各项任务。

由此,围绕"提升京杭运河、重振钱江水运、构建内河枢纽、发展海河联运"等工作重点的浙江内河水运复兴行动在全省全面展开。加快高等级航道网建设,以三级、四级航道建设为重点,完善航道布局,改善等级结构,提高通过能力,拓展服务范围,发展海河联运,对接沿海港口物流,为"三位一体"港航物流服务体系建设提供集疏运支撑。长湖申线四改三、湖嘉申线嘉兴段(一期和二期)、东宗线嘉兴段二期、京杭运河四改三、杭平申线等一大批航道改造、扩建项目,有力地推动了大运河浙江段航道实现新的跨越式发展。

加快内河港口枢纽建设,完善内河港口布局,加快港口功能调整,重点建设内河公用型码头,基本完成嘉兴内河港(城郊港区)、杭州港(余杭港区)、湖州港(长兴港区)、绍兴港(中心港区、上虞港区)等综合性公用码头建设。拓展内河港口物流服务功能,促进港口现代物流发展。依托内河主要港口,加快建设煤炭、钢材、粮食、矿石、建材和液体化工等货物的区域性物流中心,打造具备物流集散及货物存储、分拨、配送等功能的物流服务平台,构建专业化、现代化物流服务网络。以港口和航道引领沿河产业布局,充分发挥水运优势,带动地区经济社会发展。2011—2014年,全省港航建设的投资每年都超百亿元,仅2014年全省就完成水运建设投资146亿元,创历史新高,其中内河完成总投资36.95亿元,内河港口完成投资9.14亿元,内河航道完成投资27.81亿元。到2014年,全省航道总里程达到9 769.27千米,其中四级以上航道里程达到1 441.17千米,高等级航道比例占到全省航道总里程的14.8%,提前完成"十二五"高等级航道里程规划建设目标,此外,五级至七级航道3 539.83千米,占36.23%,等外航道4 788.27千米,占49.01%。内河"北网南线、双十千八"的骨干航道体系初步呈现。

推进内河航运转型发展。加快运河等内河水运运力结构调整步伐,推进实施船型标准化,加大内河船型标准化、大型化的扶持力度,重点发展500~1 000吨级标准化船舶,大力发展集装箱、油品、江(河)海直达等专用船舶。到2014年年底,全省内河船舶14 058艘,运力350.33万净载重吨,比2010年的17 758艘、333.47万载重吨,内河船舶减少20.83%,运力则增长5.05%。

加快调整优化运输市场结构,重点开拓集装箱运输市场,积极推进多式联运,大力发展内河集装箱运输和江(河)海直达运输,鼓励发展水上旅游运输。鼓励、引导企业加强船舶节能技术改造,优化运输组织,推进智能化管理,提高船舶载重量利用率。到2014年,全省已拥有内河集装箱船43艘、1 887标准箱位、38 128净载重吨、14 049千瓦(其中个体营运船舶4艘、120个标箱位、3 110净载重吨、653千瓦),内河集装箱船舶平均标准箱位从2010年的20标准箱/艘增长到2014年的44标准箱/艘,五年增长了216.69%。

努力破解发展难题

随着港航强省发展战略的实施和内河水运复兴行动的开展,大运河浙江段等内河航运呈现良好的发展势头。2011年,紧紧围绕"内河管理一体化"和"千船万户共建文明诚信航区"这两大主题,有效推进水运事业发展,在京杭运河等河网持续低水位的不利条件下,维持正常的通航秩序,运河等内河航运稳定增长。其中杭州市航区完成货运量6 722.66万吨,同比增长5.6%,完成港口货物吞吐量8 929万吨,同比增长2%。湖州市完成水路货物运输量和货物运输周转量分别比去年同期增长14.7%和17.1%。海宁、海盐的部分矿山重新投入生产以及嘉绍大桥等大型建设项目的刚性需求的拉动,使嘉兴内河运输的矿物性建筑材料大幅增多,当年水路运输完成6 970万吨,同比增长23.43%,加上石油及其制品、钢铁等货物吞吐量均有上升,使嘉兴内河港货物吞吐量首破亿吨,达到10 689.5万吨,比上年增长12.68%,跨入亿吨大港行列。其中公用码头完成758.1万吨,同比增长7.58%,货主专用码头完成9 931.4万吨,同比增长113.08%;货物出港3 167.73万吨,进港7 521.77万吨,同比分别增长1.71%和18.04%。

2013年,受杭州区域经济向好等因素的影响,连通钱塘江和京杭运河的三堡船闸延续高效运行的强劲势头,三堡船闸单日过闸量连创历史新高。继4月23日单日运量达17.48万吨创历史新高后,5月18日,三堡船闸运行108闸次,过闸船舶348艘,若计18.5万吨,再次刷新单日过闸量历史新高。到6月底,三堡船闸过闸运量达2 100.4万吨,通过船舶40 681艘,同比分别增长12.6%和8.5%。其中,过闸货运量为1 990.7万吨,较2012年同期净增300万吨。过闸货物中,石子、矿建、煤炭和液碱的运量都大幅增长,增幅分别为21.7%、44.3%、17.7%和32.5%。

2013年,杭甬运河实现全线贯通,更给大运河浙江段航运发展注入强大动力。2007年,浙江省委书记赵洪祝启动通航船闸,宣告全国第一条现代人工开挖运河杭甬运河基本建成,成为中国大陆历史上单项工程投资规模最大的内河改造建设项目。由于杭州段因萧山铁路桥下工程未能如期施工,宁波段因市河姚江上桥梁达不到通航要求,改建投资巨大,杭甬运河一时难以全线通航。但自2009年试通航后,杭甬运河承担杭州、绍兴地区大量适水货物的运输,受杭州区域经济发展向好因素影响,杭甬运河水运物流发展良好,为杭绍地区货物运输做出了积极贡献。

在省领导的直接关心和支持下,以及沿线各地市政府、交通港航部门的共同努力下,萧甬铁路桥桥下航道开挖和宁波段开通这两个难点被攻破。2013年12月30日,杭甬运河全线通航,实现通江达海的历史跨越,立即成为浙江最繁忙的运河航线,发展势头迅猛。全线贯通的杭甬运河,航道条件更加优越,船舶航行更加安全畅通,航道通航潜力和效益迅速显现。2014年年初,杭甬运河新坝船闸上行船舶货运量显著增加,其中重载船舶数1 033艘次,货运量达41万余吨,而2013年仅为万余吨,增幅巨大。这些重载船舶多为装石料船,而货源地都在绍兴。近年来,曹娥江边石矿销路不断拓展,其石料不仅在质量上较富春江上游富阳等地产石料有一定优势,而且从价格上计算,曹娥江石料运至杭州虽需过新坝、三堡两个船闸,但总成本两者却相差无几,因此绍兴运往杭州的满载石料船明显增多。杭甬运河的全线贯通,原来驶往杭州必须绕道钱清的船舶,可直接经萧甬铁路桥到达目的地。当然,石料成本的大大降低,最重要的是,由于杭甬运河全线贯通带来的石料需求格局调整,更多的船舶实现了双向重载,使得新坝船闸过闸空船数量有所下降,过闸船舶空载系数38.3%,同比下降2.5%,船舶的营运周期缩短,效益显著提高,推动了节能减排和打造低碳绿色航运的发展。2014年,新坝船闸过闸运量呈大幅增长趋势,新坝船闸过闸船舶63 935艘次、过闸总运量2 191.9万吨、过闸货运量1 352.7万吨,较上年同期均呈现较大幅度增长,分别为7.1%、18.4%、23.4%。

随着杭甬运河的全线通航,沿线企业所需原材料的水路运输途径更为通畅,煤炭、黄沙、石子等大宗适水运输货物运量持续增长,并且首次有集装箱通过内河水路运输。位于绍兴越城区的绍兴港现代物流园,利用杭甬运河航道优势,着手开辟内河集装箱航线。集装箱从重庆寸滩码头上船,走长江干线直达上海港,再通过"水水中转"运达绍兴港。根据绍兴港现代物流园的统计数据,自2014年8月集装箱运输首航至年底,共通过集装箱船38艘次、627标箱、1.48万吨。到2014年12月31日,仅通过杭甬运河姚江船闸货物已达18 206.5吨,其中煤炭17 070.5吨、石子1 136吨。杭甬运河宁波姚江船闸过闸船舶艘数为161艘,其中宁波至绍兴煤炭运输达66艘次。三堡船闸也同样过闸运输日益繁忙,超负荷运行"高烧"不退,2014年3月—5月,过闸船舶28 737艘,过闸运量1 544.07万吨,过闸货运量1 452.60万吨,同比分别上涨16%、20.09%和18.87%,连续三个月月度运量突破500万吨。其中进口煤炭342.21万吨、黄沙186.33万吨,出口石子710.6万吨,仅石子同比净增258万吨。2014年三堡船闸过闸运量5 596.3万吨,同比增长18.8%,首次突破5 000万吨。

然而,与杭甬运河不同的是,由于全省各地积极推进腾笼换鸟,淘汰落后产能,加大生态环境整治,特别是湖州等地深化矿山综合整治,导致以矿建材料等为主的传统内河货源产出量大幅萎缩,大运河浙江段,尤其是浙北航区的内河水路运输遭遇了发展的瓶颈和难题。受产业投资结构变化和环境污染治理进一步深化的影响,矿建材料和煤炭吞吐量出现较大幅度的下降;海宁、海盐两地的矿建材料生产量下降以及三改一拆、码头整治工作的开展,自2012年起,嘉兴市内河货物运输呈现下降态势。2012年,嘉兴市全行业完成水路货运量8 415.34万吨,货运周转量138.38亿吨千米,分别为上年同期的99.49%和95.67%。2013年,水路货运量为8 382.88万吨,货物周转量138.87亿吨千米,分别为上年同期的99.61%和100.35%。

2013年,全省累计完成水路货运量75 289.94万吨,其中内河完成25 102.89万吨,同比增长2%,内河完成水路货物周转量3 730 148.93万吨千米,同比增长9%,但运河等水路运输的煤炭、石油及制品以及矿建材料等大宗物资则呈现下降的态势。2013年,全省港口累计完成煤炭吞吐量21 661.34万吨,同比增长7.3%;其中内河港口累计完成3 140.4万吨,同比减少2.9%;累计完成石油及制品吞吐量14 454.83万吨,同比增长1.9%,其中内河港口累计完成328.41万吨,同比减少18%;累计完成金属矿石吞吐量20 486.3万吨,同比增长11.1%,其中内河港口累计完成193.6万吨,同比减少15%;累计完成矿建材料吞吐量39 538.8万吨,同比减少1.6%,其中内河港口累计完成25 203.7万吨,同比减少7.5%;累计完成水泥吞吐量4 771.8万吨,同比增长22.3%,其中内河港口累计完成3 167.2万吨,同比增长19.1%;累计完成粮食吞吐量1 114.5万吨,同比减少12.6%,其中内河港口累计完成269.4万吨,同比减少12.8%。

湖州是内河水路货运大市,占全省内河货运量的40%左右,而水运出港货种90%以上是矿建材料、水泥及水泥熟料。尽管近年来周边城市矿建材料需求依然较为旺盛,但湖州市为切实保护生态环境,加大矿山整治工作力度,明确2014年建筑石料矿山实际开采量控制在5 000万吨以内,并配套采取了一系列铁腕措施,加快矿山企业关、停、并、转的步伐,湖州港矿建材料的货源点与产出量明显减少。2013年,湖州内河运输下降非常明显,与2012年相比相差0.295亿吨,下降23.8%。2014年上半年,湖州全市水路货物发送运量完成2 756.64万吨,同比减少60.2%;完成水路货运量2 570.83万吨、货物周转量40.03亿吨千米,同比分别减少48.6%、50.5%。水路货物运输量的减少,船舶周转速度明显下降,运输成本大幅上升,经济效益受挫,水运业面临较大的发展困境。

面对内河水运发展瓶颈和难题,浙江各地都以改革的姿态,积极采取措施,转型发展方式,努力破解发展难题。2014年2月,湖州市委托上海海事大学,开展"湖州市水运经济转型发展战略研究"的课题研究,针对湖州水运货物结构发生明显变化的实际,从水运经济转型发展的必要性、水运经济发展现状分析、水运经济发展的环境分析(SWOT分析)、指导思想与发展目标、发展主要任务、政策扶持建议等六个方面进行分析,就如何实现湖州水运航道网络化、港区集约化、船型标准化、运输专业化、经营规模化、管理智能化等做出整体部署,努力促使湖州水运经济更好地满足城市经济转型发展和生态城市的建设要求。运河水网相对比较密集的浙北各地也都认真研究制定产业扶持政策,积极争取市、县政府的政策扶持,加大对内河航运发展的金融和财政支持,由市财政配套,对集装箱港区建设和生产经营在税收、规费等方面给予优惠和减免。同时,加大财政补助力度,对从事集装箱物流服务的码头装卸、航运、货代企业,设定不同的集装箱经营业务量门槛,对超基数部分按不同标准进行奖励,并对新增内河集装箱船舶给予一定奖励,对集装箱船舶通行费用给予减免。

同时,加大运力结构调整力度,引导水运业主淘汰落后产能,发展特种船舶运输,进一步优化运河等水路运力结构。淘汰落后产能,引导水路运输经营者发展大吨位船舶,淘汰老旧落后产能。嘉兴市创造条件引导和扶持船户发展大吨位船舶,2013年,运力规模比上年增加2.78万吨,船舶平均吨位比上年增加32.23吨。2014年,湖州新增船舶63艘、36 132载重吨,注销船舶202艘、55 653载重吨,新建船舶平均吨位达589吨。全市营运船舶单船平均吨位快速提升,其中200吨级以上船舶3 550艘、130.4万载重吨,分别占全市总运力的70.1%和86.8%。同时,推动产业发展新模式。鼓励企业发展内河集装箱船等特种船舶运输,推进"散改集"运输模式和低碳绿色水运。2014年,湖州市已拥有特种船舶262艘、7.6万载重吨,分别占全省内河特种船舶的57.6%和50.2%。

推动经营结构调整,各地内河航运企业纷纷加快转型升级步伐,加强与上海、宁波-舟山、嘉兴等沿海港口合作,以资产、资源和业务为纽带,加强横向联系,推进航运与港口企业的战略合作。安吉川达物流公司与上海国际港务集团签订共同投资1亿美元建设安吉国际物流园的合作协议,上港集团入资安吉川达公司资产进行重组,成立安吉上港国际港务有限公司。双方在"两港一航"合作协议的基础上进一步推进合作,开辟了上海共青码头中转平台,大大提高了安吉集装箱船舶的周转率。加快培育市级重点水运物流龙头企业,积极推进个体船舶公司化管理,提高水运行业规模化经营水平,仅湖州市 1 万载重吨以上市级重点水运物流企业已发展 7 家(其中 2 家达 3 万载重吨以上),5 000 载重吨以上骨干企业 5 家。

通过从硬件环境升级、政策扶持、市场培育等多角度入手,优化运力结构,调整经营结构,加速自身转型升级,尽管 2014 年全省内河完成货物运输量 2.1 亿吨、294.46 亿吨千米,同比分别下降21.8%和 15.3%,其中湖州完成内河货运量和货物周转量分别下降54.9%和 52.8%,但大运河浙江段航运业运力结构、产业结构和经营格局都明显优化,实力大增,效益提高,为实现新的发展和飞跃奠定了坚实的基础。

2014 年浙江省内河累计完成货运量 2.11 亿吨,同比下降15.94%,从 2010 年以来,内河货运量持续下降,平均增长率为0.16%,2014 年降幅为 15.94%。2010—2014 年全省内河货运量趋势见图 11。

图 11 2010—2014 年全省内河货运量趋势图

——摘自《浙江交通年鉴(2015)》

2014 年全省内河累计完成货物周转量 294.65 亿吨千米,同比下降21.01%,近五年内河货物周转量增幅持续下滑,平均增长率为0.74%,从 2012 年起内河货物周转量持续负增长,2012—2014 年三年的平均降幅为 11.38%。2010—2014 年全省内河货运周转量趋势见图 12。

图 12　2010—2014 年全省内河货运周转量趋势图

——摘自《浙江交通年鉴（2015）》

集装箱运输迅猛发展

进入"十一五"后,大运河浙江段等内河集装箱运输运量大、成本低和节能环保等优势日益显现,从而始终保持着迅猛发展的良好势头,成为全省内河水运复兴的新增长点。

2009 年,上海国际航运中心建成启动,对浙江内河集疏运体系发展提出了新要求。上海港集装箱 85% 源自长江三角洲地区,长期以来主要依靠水路运输完成。根据湖州运输企业调查,湖州到上海每标箱综合水运费用为公路运费的 70%,其中南浔木材水路运输成本仅为公路运输的 1/3,而且水路运输对环境污染更小。利用运河等内河水网优势,大力发展集装箱水水中转,成为上海国际航运中心建设的重要任务之一,浙江集装箱运输由"陆"转"水"成为趋势。

2010 年 5 月 12 日,嘉兴市第一艘内河集装箱船舶"嘉集 001 号"在嘉兴内河港多用途港区投入使用,嘉兴市以内河港多用途港区为平台,实现了集装箱内河运输的水水中转和水陆中转,使嘉兴集装箱通过内河运输直达上海外高桥。10 月,湖州港—上海各码头集装箱内河支线获交通运输部批准。12 月 16 日,安吉—上海集装箱内河支线班轮运输开通,由安吉川达船务有限公司的 2 艘普通货船、1 艘集装箱船经营安吉—上海集装箱班轮内河支线运输,集装箱船设计可装载 900 吨普通散货或 30 个标箱。

2011 年 11 月,嘉兴内河港多用途港区开港试运营,海关、国检及地方海事入驻区内,成为全省第一个专业化的内河集装箱专用港区,开辟省内第一条国际集装箱内支线。港区有集装箱运输船舶 7 艘,运力 288 标准箱,并已与太平船务等 8 个知名船运公司签署支线运输协议,有驻港企业 14 个。2011 年,嘉兴内河港多用途港区完成集装箱吞吐量 3.84 万标准箱,完成陆路转关 2.09 万标准箱。2012 年,嘉兴市建成内河港多用途港区二期工程,新开通太仓和乍浦港区集装箱航线,增加班轮密度,实现每天班轮运输五进五出,平均实载率达到 94%,完成集装箱吞吐量突破 10 万标准箱。2012 年 5 月,两艘内河集装箱船("浙钱江货 00351""浙钱江货 00352")从嘉兴乍浦港区驶抵杭州东洲综合码头,杭州也开始试水集装箱内河运输。

2013 年,全省内河航运企业加强与上海、嘉兴等沿海港口合作,加快发展集装箱运输。8 月,嘉兴市又一家从事外贸集装箱内支线班轮运输企业——嘉兴市港星集装箱运输有限公司经交通运输部批复,获准开业,依托嘉兴内河国际集装箱码头,投入 2 艘各 54 标准箱的集装箱船从事嘉兴—上海的外贸集装箱班轮运输业务。其中第一艘投入营运的集装箱船"嘉集 008 号"每月承担约 650 标准箱的运输,有效缓解了嘉兴内河集装箱船舶运力紧张的局面。8 月 26 日,湖州鑫达国际物流有限公司和上海汉升国际物流有限公司合作联手经营内河集装箱运输正式启动,第一艘上海—南浔承运 20 个空箱的内河集装箱船舶——"荆准 2188 号"在浙海巡 0321 艇的护送下,驶入湖州鑫达国际物流有限公司集装箱专用码头靠泊。宁波—华东地区铁水联运示范项目建设扎实推进,铁水联运集装箱运输量快速增长,达到 10.5 万标准箱,同比增长 77%。2013 年,全省内河港口集装箱吞吐量达到 23.1 万标准箱,实现连续翻番。

2014 年 8 月 29 日,绍兴汇海航运有限公司"汇海集 006 号"集装箱船在绍兴港中心作业区成功首航,绍兴—上海集装箱运输航线开通,使绍兴成为继嘉兴、湖州、杭州之后浙江省第四个开展内河集装箱运输的城市。"汇海集 006 号"集装箱运输船总长 54.15 米,船宽9.6米,型深3.1米,总吨位为1 000吨,可载36个标准箱,造价300万元,当年便承运882标准箱。

发展内河集装箱运输,大运河浙江段等内河航运发达、运输距离适中和箱源腹地广阔的优势不断凸显。杭州市位于富阳市东洲岛南部的东洲综合码头,是杭州最大的内河综合码头,2011年12月30日投入运营,发展内河集装箱运输。东洲综合码头地理位置优越,公路、铁路、航空等交通便捷,水路的优势更为明显,沿富春江可抵达桐庐、建德、衢州等地;往东过杭州新坝船闸进入杭通运河可抵达绍兴、余姚、宁波等地;往北经富春江过三堡船闸与浙北航道网相通,可抵达嘉兴、湖州以及上海、江苏等地,辐射地区不仅外贸集装箱货源充足,内贸集装箱货源运输需求也较为旺盛。内贸集装箱主要货种为来自南方的洁具和来自北方的玉米等,主要去向为富阳的纸张、家具、轮毂、电机、电器等。富阳地区造纸业发达,2010年进口废纸集装箱量为24万标准箱,2011年为东洲港区提供集装箱量32万标准箱。

湖州安吉川达物流码头出港货物以家具和竹制品为主,其中农具占80%。川达物流码头规划建设5个500吨级内河集装箱码头,设计年吞吐能力20万标准箱,规划实现码头装卸、物流服务、海关三检和保税仓储"四合一"。湖州市及周边地区企业为降低运输成本纷纷"弃陆改水"。依托安吉县竹制品、椅业、医疗敷带等特色产业外贸集装箱生成量大的独特优势,湖州市积极与杭州临安、富阳等周边外贸进口企业开展业务洽谈,全面拓展进出口货源,吸引更多的外贸企业弃陆走水,确保出港箱源充足,而杭州富阳永泰纸业有限公司等4家外贸进口企业的废纸则解决了进港箱源,使集装箱箱源稳中有增,双边运输效益明显提高。安吉内河集装箱运输迅猛发展的示范效应,带动了湖州其他县区内河集装箱运输发展。8月,南浔鑫达物流码头与上海汉升国际物流有限公司合作开通南浔—上海港的内贸集装箱运输业务。8月底,长兴捷通物流码头与嘉兴港达成合作意向,从嘉兴市嘉康运输有限公司租船从事内贸集装箱运输业务;而长兴综合物流园区经省发改委批准,建设10个500吨级泊位,其中有 2 个多用途泊位。10 月 31 日,动工建设德清多功能港区项目,总投资 1 亿美元,设计年吞吐能力 250 万吨,集装箱码头吞吐能力达 16 万标准箱;11 月 5 日,长兴捷通物流码头开通长兴—乍浦的内贸集装箱运输。湖州市内河集装箱运输由安吉拓展至南浔、长兴和德清,呈现由点到面、多面开花的良好发展态势。2012 年,湖州市内河集装箱运输突破 9 万标准箱,比上年 4.7 万箱量实现翻番。

嘉兴内河港多用途港区作为首个内河水路口岸凭借运河水运方便、快捷、低成本的优势,主攻纸业、木材、玉米、白糖等货源市场,并尝试第五方物流,组建供应链,实行产、供、销、港、航、贸营销一体化,通过为客户提供定舱、报告、报验、门到门等服务,让客户坐在工厂就能收货和发货,真正做到一条龙服务。2013 年,继大力发展散改集、引进玉米集装箱运输后,煤炭集装箱化成为嘉兴内河港集装箱运输的新亮点。煤炭集装箱化运输不仅能避免扬尘对环境的污染,在转运过程中还可避免洒漏现象,比散装运输更加环保,而且能有效减少运输损耗,运输也更加方便灵活,因此受到了煤炭企业和用户的青睐。2013 年,嘉兴内河港煤炭集装箱到港量达 1 000 多标箱,计 3 万余吨。全年,嘉兴内河港集装箱运输中转量达到 15.1 万标准箱,比上年增长 43%,其中港口吞吐量完成 14.25 万标准箱,比上年增长 54%。

为发展内河集装箱运输,浙江省深挖发展潜力,不断发展和巩固与上海国际港务集团的战略伙伴关系。2011 年 10 月 30 日,安吉川达物流有限公司与上海国际港务集团签订"两港一航"战略合作伙伴协议,以上海港为水水中转平台,签约合作远洋干线船公司 18 家,全面拓展内河集装箱运输。2013 年 11 月 19 日,安吉川达物流有限公司又与上海国际港务集团分别以 70% 和 30% 的出资比例,签订共同投资 1 亿美元建设安吉国际物流园区的协议,计划新增码头泊位 10 个,年设计吞吐能力 80 万标准箱。上海国际港务集团还专门为川达集装箱船舶设立中转平台,提高船舶转运效率,享受上海港水水中转优惠政策待遇。安吉国际物流园区码头吞吐能力达到百万标箱,成为上海港的重要喂给港、枢纽港和辐射浙西北、皖南地区重要的内河集装箱集疏运基地,同时也进一步扩大投资,新增 5 艘 48 标准箱集装箱船舶和 1 台 30.5 吨轨道式集装箱门式起重机,使运力规模扩大到 17 艘 732 标准箱,装卸能力提高了近 50%。

2014 年,嘉兴内河港多用途港区新增加 2 艘集装箱船,分别为 45 标箱和 64 标箱,集装箱运输能力增强;引进 4 家内贸船公司,通过与上海中谷新良海运有限公司、民生轮船公司等合作,进一步开辟长江航线业务,内贸市场增长 30%;通过四通八达的内河航道连通到上海、太仓等,与 29 家干线船公司开展合作,扩大外贸集装箱业务,业务面覆盖海宁家纺、平湖服装、洪合针织、海宁经编、桐乡玻纤、海宁皮革等嘉兴六大出口基地并拓展到了冰柜、羽绒制品、户外用品等新的领域;强攻出口重箱,实现翻番增长。以中海、海华为主的进口船公司和以中谷新良、海丰为主的出口船公司,重箱作业量上升 18%。其中,进口重箱大于出口重箱数量,但出口重箱上升幅度大,同比增长 117.64%。2014 年,嘉兴内河集装箱吞吐量为 151 548 标箱,同比增长 106.34%,中转量为 160 304 标箱,同比增长 106.08%,其中 12 月创单月历史新高,集装箱吞吐量为 18 580 标箱,中转量为 19 220 标箱。

浙江以及毗邻的江苏等地的外贸集装箱是绝大多数通过上海、宁波、嘉兴等港口转运至世界各地,内河集装箱运输的发展使运河航道相连,四通八达的长三角区域联系更加紧密。建立区域合作联动机制,加强长三角区域之间的沟通与交流,有利于保障长三角内河航道、港口码头、集装箱船舶的规划与协调发展,形成长三角内河集装箱运输的发展合力。2013 年 7 月 26 日,在上海市交通运输和港口管理局倡议下,上海、浙江、江苏二省一市港航管理机构共同发起,长三角内河集装箱运输发展合作联席机制筹备会在上海召开,长三角内河集装箱运输发展联动合作机制也就此启动,来自江、浙、沪的省级港航管理机构,湖州、嘉兴、无锡的市级港航管理机构以及内河集装箱运输企业、上港集团和相关服务企业的代表参加了会议,通过了《长三角内河集装箱运输发展合作联席会章程》《关于促进长三角内河集装箱运输联动发展倡议书》,建立了由内河集装箱运输及其相关服务企业、行业协会和地市级港航管理部门共同参与的协调议事制度，以进一步发挥低碳、节能、高效的内河水运优势，合力推动长三角地区内河集装箱运输联动发展，加快内河航运转型升级，促进长三角地区经济社会发展。

2008—2014年，浙江集装箱运输企业成倍增加，内河集装箱运量持续增长，内河集装箱运输呈"井喷式"发展。2014年，全省完成内河集装箱运量25.2万标箱，集装箱货运量212.7万吨，分别比2011年的5万标箱、42.6万吨货运量增长4.04倍和3.99倍。

河海联运创造水运复兴新契机

2010年12月16日，湖州安吉—上海集装箱内河班轮运输开通，由安吉川达船务有限公司经营集装箱的河海联运，实行码头装卸、物流服务、海关三检和保税仓储"四合一"，率先开通河海联运。开通初期，湖州—上海集装箱第二标箱可节省运输成本20%，全面运行后可节省运输成本30%~40%，因此湖州及周边地区越来越多的企业纷纷"弃陆改水"，到2012年，河海联运的集装箱年吞吐量为4.74万标箱。

2012年5月28日，两艘内河船舶（"浙钱江货00351""浙钱江货00352"）各满载36个集装箱驶离乍浦港区内河港池，经内河航道前往杭州东洲码头。这是杭州首次试水集装箱海河联运。这次集装箱内装载的高岭土由广东湛江海运至嘉兴港，经内河运输至杭州富阳供当地造纸企业生产使用。72个标准集装箱原本需要36辆集装箱卡车运输，通过海河联运航线运输只需2艘内河船舶，相比公路运输每个标箱节省运费400~500元。

6月14日，嘉兴港首次开通从嘉兴内河多用途港区到乍浦港区的集装箱外贸航线，航线首次试航历时约6个小时，36个标箱通过内河集装箱船从嘉兴内河多用途港区运到乍浦港区。这条外贸航线的开通标志着嘉兴港与嘉兴内河港实现了海河联运无缝对接，开创了"海口岸"转"河口岸"的通关先例，为嘉兴港进一步发挥"海河联运"优势,拓展浙北腹地的集装箱业务注入强有力的后劲。同时,湖州市河海联运的发展步伐也不断加快。2013 年 11 月,长兴捷通于开通长兴—乍浦的内贸集装箱运输,2014 年 8 月又开通长兴—乍浦—宁波外贸集装箱航线,当年河海联运共完成集装箱吞吐量 1.1万标箱。

2013 年 12 月 30 日,杭甬运河全线开通,首艘船"鄞通顺 210"于 31 日上午 9 点 50 分,在通过姚江船闸从杭甬运河进入甬江,从此实现了江河海联运的蓝图。杭甬运河的建成通航,使浙江沿海运输通道和京杭运河南北水运大动脉实现了有机联系,不仅使宁波－舟山港多了一条疏港货运大通道,有效缓解了杭绍甬地区陆路运输压力,进一步推动了浙江的河海联动。10 月 14 日,"浙越城货 0006"船从镇海港区装载煤炭 214 吨驶往绍兴以来,宁波天统航运有限公司所属的"天统 3""天统 5"等 6 艘船舶相继投入该航线运输。

2014 年 12 月 9 日,绍兴内河港至乍浦港外贸水路支线船运输开始试运行。绍兴港内河港于 2012 年 5 月 28 日建成启用,它东连宁波,西接杭州,南承温台,北进上海,打通了绍兴所有内河与杭甬运河及甬江入海的水路,使绍兴内河航运开始河海联运迈进。绍兴港首批"弃陆改水"的外贸集装箱,取道杭甬运河,经浙北航道网到乍浦港,使绍兴外贸出口又多了一种新的运输方式。经测算,集装箱运输采用河海联运,可为绍兴出口企业节约物流成本约 300 元/标箱,从而使大批量的进出口物资运送依靠河海联运的水运成为新常态。

河海联运使浙江众多的小河小港通过运河等内河航道与上海、宁波－舟山等大港直接相连,国际远洋航线也延伸至内陆腹地,如浙江最早开通河海联运的安吉上港码头已通达全球 2 700 多个港口和地区,不仅一艘艘集装箱船往返江海大港间,而且吸引马士基、地中海、海运、中外运等 23 家船公司入驻,外贸企业可在家门口享受属地申报、检验检疫、通关等一条龙服务,实现了企业到口岸的"一小时出口圈",成为辐射带动区域外贸经济的核心园区。而水水中转、河海联运新模式,让越来越多的企业嗅到了新商机。不仅安吉本地企业,周边的临安、富阳以及安徽宣城、广德等地的企业也纷纷将目光转向安吉,把贸易做到世界50多个国家和地区。如浙江峰晖竹木制品有限公司除了出口日本和欧美国家,还把竹木制品卖到巴西、俄罗斯等新兴市场。到2014年年底,湖州已开通至上海港、太仓港、宁波－舟山港等6条集装箱班轮运输航线,吞吐量由2010年的不足1 000标箱发展到2014年的9.72万标箱,吞吐量和增幅均位居全国同类型内河港首位。

河海联运对全省内河水运复兴,尤其是大运河浙江段等内河航运发展提供了新的动力。集装箱水路运输具有运力巨大、成本低廉、环保节能等特点,其运输成本不到公路运输成本的三分之一,从而使越来越多的企业"弃陆改水",选择河海联运,有力地促进了大运河浙江段等内河航运的发展。河海联运也使沿线地区的可通达性大幅提高,完善了区域综合交通运输体系,降低了货物运输成本,而且加速形成沿线产业带,增强沿河地区的基础设施和开发区载体功能,产生产业集聚和辐射效应,形成基地型、龙头型重大产业项目,有力地带动了沿河产业和地方经济的发展。到2014年年底,正在紧张建设中的铁路白鹿塘货场距离杭甬运河仅2千米,集中整合了杭州南(原萧山站)、萧山西、临浦站铁路货场和货运设施,建成后货场年运量将达到800万吨,远期运量达到1 000万吨,专用线年运量为184万吨,远期年运量216万吨,将成为杭州南部铁路货场物流枢纽中心。杭甬运河、03省道东复线、杭州绕城高速、白鹿塘货场共同组成该区域公铁水运输网络,形成三式联运格局,宜水则水,宜陆则陆,不同的运输方式的货物运输转换更加敏捷,为区域经济发展服务的优势进一步凸显。

为促使杭甬运河全线"真通、畅通、有效通",实现河海联运"通航效益、企业效益和社会效益"的多赢,2014年11月3日—9日,浙江省交通运输厅会同浙江海事局,由省港航局具体组织协调,宁波、绍兴两地港航以及宁波海事、航运企业和科研单位等多家单位进行了500吨级内河船实船通航试验。试验选择典型的2艘内河500吨级散货船,进一步核实试通航航段的通航条件,并重点核实宁波姚江船闸至三江口航段的航道、船闸、桥梁及潮汐水文等实际情况和实际可通航的船舶尺度，积累该航段通航 500 吨级内河船舶的航行经验，为了下一步完善该航段的通航环境，提出 500 吨级内河船舶在三江口等特殊航段航行时的航路选择、操纵要领、注意事项及保障船舶安全航行的针对性措施，打下基础。试验表明，典型 500 吨级内河船舶，不管满载、空载状态，在航道设计的条件下，绍兴到宁波姚江船闸航段可全时段安全航行；宁波姚江船闸到三江口航段，由于受桥高的限制和涨落潮的影响尚不具备全天候航行的条件，但可根据潮汐情况有条件分时段航行，可通行时间占 60% 以上。

2014 年 11 月 18 日 14 时，杭甬运河宁波—绍兴段试水大规模运输。6 艘沿杭甬运河从宁波镇海港到浙能滨海电厂的电煤运输船顺利靠泊在浙能绍兴滨海热电有限公司码头 1～6 号泊位，6 艘到港船舶合计装载电煤 1 698 吨。这次试水之旅全航程约 170 千米，航行时间为 18 小时 30 分钟左右。在杭甬运河没有全线贯通之前，浙能绍兴滨海热电有限公司所需的煤多是从上海朱家门码头走杭申线和杭甬运河杭州段而来，单程 395 千米，运输时间平均约需 10 天。据浙能绍兴滨海热电有限公司测算，杭甬运河的全线通航后，运输船舶可经杭甬运河宁波段直达电厂，按电厂最大设计年需求煤炭 340 万吨计算，运输费一年就将节约 3 000 多万元，如果能够通行 500 吨级船舶，电厂的运输成本又将大幅降低。

随着内河水运复兴行动计划的全面实施，浙江各地港航部门都紧抓各级政府重视水运的发展机遇，以"外通海、内成网、强港口、优水城"为目标，加快推进内河水运复兴。2014 年，嘉兴市制定《海河联运发展三年行动计划（2014—2016 年）》，提出将实施"嘉兴港集装箱海河联运拓展行动、大宗货物海河联运推进行动、海河联运航运业提升行动"三大行动，并以"海河联运港口建设工程、航道网络联通工程、物流平台建设工程"三大工程为抓手，加快建设"畅通、高效、平安、绿色"的水陆联动集疏运体系。根据行动计划，三年内嘉兴港计划实施海河联运项目 139 个，总投资 559.72 亿元。到 2016 年，嘉兴市将实现海河联运主干航道全部达到四级及以上航道标准,基本形成海河联运联网框架结构;嘉兴港年货物吞吐量达到8 000万吨、集装箱吞吐量达到135万标箱,海河联运中转量达到1 500万吨。

绍兴市则围绕"畅通杭甬运河、振兴两江水运、构建港口枢纽、发展河海联运"工作思路,以三条内河通海港途径,即西向通过杭甬运河至上海外高桥(390千米)或嘉兴乍浦港区中转至宁波舟山港(400千米)、洋山港(390千米),东向经杭甬运河至宁波镇海中转至宁波舟山港(175千米),北向依托钱塘江,通过规划外海港区或曹娥江船闸至嘉兴乍浦港区(55千米)或宁波–舟山港(140千米)、上海洋山港(140千米),加快河海联运基础设施建设及研究,加大水运市场培育力度,积极推动内河水运复兴。

旅游客运有所好转

进入"十一五"后,兼具旅游观光和交通出行功能的大运河浙江段水路客运开始逐步回暖,客运结构调整持续优化,运输组合效益逐步凸显。

2008年10月,杭州在全国率先推出三条围绕京杭大运河的水上黄金旅游线,投入16条仿古"漕舫船",大推复古旅游,力图将运河水上黄金旅游线打造成世界级旅游产品。三条水上黄金旅游线航道总长达60多千米,贯通杭州东、西、北三个方向的水域,分别为西溪湿地—五常港—余杭塘河—运河、运河—胜利河—上塘河、运河—钱塘江—六和塔。三大旅游线推出后,吸引了众多的国内外游客。2008年国庆期间投入运营的三大旅游线的10艘旅游船最终正式确定的船名,分别是"拱宸""通济""大关""建北""京江""潮王""艮山""江涨""北星""中北"。这些船名都是以运河市河段的桥名而命名的。新增的这10艘旅游船投入"西溪湿地—运河""上塘河—运河""钱塘江—运河"三大旅游线,使杭州市民增加了新的出行方式。此外,国庆期间还推出了6艘摇橹船投入上塘河,船名也正式确定为"漕舫1""漕舫2",依次排列至"漕舫6"。2008年,这三条水上黄金旅游线共完成客运量 19.48 万人,周转量 217.58 万人千米。

2009 年 2 月,杭州对京杭运河三堡船闸至武林门 7.8 千米航段进行河床扫测,并对部分航段进行清障疏浚,及时调整过闸船舶待泊管理方式和客货船错时航行时间,调整完善三条水上黄金旅游线水上交通组织方案,修订水上交通事故应急预案和旅游船应急预案,建立内河救助网络与快速反应机制,以保障水上黄金旅游线安全畅通。7 月 1 日起,杭余线航道货船全面禁航。实施京杭运河市区段三堡船闸至鸦雀漾全程视频监控工程,确保运河安全、高效、畅通。京杭运河市区段加强水面保洁,全年共计出动保洁船只 1 116 艘次,人员 3 472 人次,打捞水面漂浮物 3 851 吨;完成运河配水 7.09 亿立方米,计 6 770 小时。至 2009 年年底,杭州市完成 90 艘、804 客位的摩托艇改造,占总改造客位的 60%;累计淘汰旅游船舶 70 艘、6 029 客位,新建 73 艘、7 320 客位。2011 年,杭州港旅客吞吐量 454 万人次,同比增长 11.9%。全市航区完成客运量 595.1 万人次,同比增长 30.4%。

2008 年后,受益于旅游业的快速发展,湖州市以市境内旅游区、水上旅游观光为主的水路旅客运输量快速增长。市内河水路旅客运输企业和运力均有增加,2009 年完成旅客运输量 16.8 万人次,旅客运输周转量 86.2 万人千米,分别比去年同期增长 193.2% 和 152%。湖州市充分发挥丰富的水运资源优势,主动服务水上旅游客运发展,积极拓展水运新的增长点。2011 年年底,全市水上客运企业发展到 5 家,有客船 47 艘,客位突破 1 000 座,全年完成水路旅客运输量 34.3 万人次、236.2 万人千米,分别比上年增长 33.7% 和 44.6%。随着长田漾湿地景区的综合开发和长兴太湖图影景区水上客运项目配套设施的不断完善,湖州市的水上旅游客运呈不断上升的趋势,2014 年全市共完成水路客运量 62.76 万人次、旅客周转量 370.83 万人千米。

嘉兴、绍兴等地经营的南湖、东湖等景点以及环城河水上观光线路客运平稳、有序。绍兴市还在春运等节日期间开辟旅客运输。2011 年春运期间,绍兴全市水路累计完成客运量 4.57 万人,旅客周转量 15.5 万人千米。同年“十一”期间,全市投入客船 34 艘,完成客运量7.89万人,完成客运周转量28.68万人千米,全年水上客运平稳、有序。2012年年底,绍兴市完成水路客运量97.53万人、周转量263.65万人千米,分别增长12.25%和10.66%。

2014年,全省拥有内河客船1 117艘,同比增加5.68%,载客量为39 962客位,其中个体营运船舶为17艘,载客量为236客位,同比增长7.91%,从2010年起内河客运载运量增幅放缓,平均增长率为4.82%,2014年增长率大幅提升为7.91%。2010—2014年全省内河客运量趋势见图13。

2014年,全省内河累计完成客运量945万人,客运周转量9 648万人千米,同比分别增加16.96%和9.64%,而近五年来浙江省内河客运量和客运周转量平均增长率分别是12%和8.26%,说明浙江省内河客运有所好转。2010—2014年全省内河客运周转量趋势见图14。

图13 2010—2014年全省内河客运量趋势图

——摘自《浙江交通年鉴(2015)》

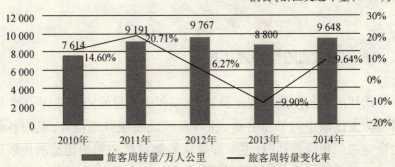

图14 2010—2014年全省内河客运周转量趋势图

——摘自《浙江交通年鉴(2015)》

第五节

运河船舶业的新发展

改革开放前，大运河浙江段上船舶的船型杂乱，平均吨位小，是航行安全的重大隐患。改革开放后，浙江船舶业围绕船舶技术改造、船舶更新换代和船型标准化等加快发展，船体由原来的木质向水泥船再向钢质船转变，运输模式由机动运输向拖带运输转变，不仅造船能力和技术水平大大提高，船舶品种日益多样化，船舶结构逐步优化，并通过实施船型标准化，大大提高了船舶营运效率，降低了运输成本，使大运河浙江段上船舶大型化、标准化、专业化和现代化水平越来越高，有效地提升了运河航运的核心竞争力。

一、造船能力逐年提高

浙江的内河船舶修造业经过30多年的建设发展，从以手工作坊修理为主逐渐走向修造并举，相继发展成船舶修造企业，成为各航运企业的船舶修造部门，逐步形成从船舶维修到船舶建造的比较完整的船舶修造体系，产品种类逐年有所增多，尤其是进入改革开放新时期后，随着改革开放和搞活企业经营、增强企业活力等一系列方针政策的深入贯彻，大运河浙江段沿线各地内河船舶修造企业稳步发展，纷纷加大内部技术改造步伐，规模逐步扩大，技术设备不断充实，船舶修造能力不断提高。

1980年12月，为解决全省造船企业分散、多头管理的弊端，浙江省交通厅根据省经济委员会的建议，在浙江省交通厅船舶办公室的基础上，成立浙江省船舶工业公司，统管全省的修造船舶企业。该公司为浙江省交通厅直属船舶工业经营性公司，成立后主要负责争取交通部、六机部和浙江省计划部门的船舶修造所需钢材等材料的计划指标，并转拨销给全省各修造船舶企业；对各修造船舶企业实行统一计划、统一经营、统一技术标准、统一材料供应；承担船舶制造行业管理，支持省内主要船厂的生产发展。

在改革开放的指引下，全省各地，特别是大运河浙江段沿线各市、县均建起一批较正规船厂，其中杭州船厂、杭州大河造船厂、浙江省航运公司湖州分公司船厂、浙江省航运公司湖州分公司船厂等一批骨干企业发展迅速。如1979年嘉兴恢复市级建制（仍属地区管辖）后，1981年5月分别成立嘉兴市航运公司，嘉兴市第二、第三航运公司，对原有船舶维修、保养以及造船力量进行重新组织，成立了嘉兴市航运保养场、二航公司船厂、三航公司船厂，增添设备机械，逐步提高技术水平，成为既修理又制造的船舶修造单位，除为航运公司本身需要服务外，还承接外单位委托的船舶修造业务。

随着农村经济体制改革的逐步实施，20世纪70年代末各地乡镇船舶兴起，乡镇办船舶修造企业也随之如雨后春笋纷纷建立，规模不断扩大，迅速成为大运河浙江段船舶修造业中不可忽视的重要力量。

至1985年，杭州市有船厂16家，形成较为完整的船舶工业体系。嘉兴市有各类船舶修造企业56家，当年造船5 759艘，47 559.8吨位，9 219马力；修船2 637艘，60 970.42吨位，94 935.4马力。1987年和1989年，省属杭州船厂、省工程船舶修造厂及杭州航运总公司船厂先后下放给杭州市。

20世纪70年代前，只有少数几家省、市属船厂能承建钢质船舶,且仅限于单船生产。70年代末起,省、市航运业船厂和各县船厂都相继研制钢质船舶,建造的钢质船舶种类颇多,货驳一般多由各航运企业船厂自制,制造能力多为40~100吨装载量,杭州船厂等建造的钢质货驳装载量达1 500吨级,并且开始建造客货船、驳船、高级旅游船、军用船艇和各种特种船舶。

在客船制造方面,1981年,杭州船厂建造出内河大型旅游客船"龙井"号和"虎跑"号,1984年起开始建造豪华型旅游客驳"天堂"号和拖船"古运河1号"。

在货船制造方面,1979年,杭州大河造船厂建造了44.16千瓦拖船。1982年5月,嘉兴市造船厂制造20吨级钢质机动驳船,一次试航成功。

在驳船制造方面,1978年,杭州航运分公司船厂制成省内第一组内河250吨级机驳"一顶一"顶推船组,总长42米,采用刚性联结结构。1979年,杭州大河造船厂建造了载重30吨、适航于萧绍运河的驳船12艘。1980年,杭州航运分公司制成内河300吨级"一船两驳"顶推船组,总长49.5米,采用分节驳刚性联结,推轮上安装自行研制的360°全回转"Z"形推进装置。1981年,上虞县航运公司造船厂自己设计制造全市第一艘B型50吨位级钢质驳船。次年,绍兴第二航运公司造船厂设计制造20吨级"港锚"牌钢质船。1982年,绍兴造船厂投资16万元,增置设备,制造40吨级钢质货驳,投入小批量生产。此后,绍兴市第二航运公司造船厂、绍兴市交通造船厂相继改产钢质船。绍兴造船厂投资50万元,建造50吨级船坞1座,扩建大吨位船台10座,年钢质船生产能力提高。1986年,安吉县航运公司与上海交通大学合作,建造艏部为雪橇式线形的首驳。1989年,嘉兴航运公司船厂设计、制造150吨级内河机动驳挠性顶推船组,比刚性顶推船组转弯半径小,较为适合杭嘉湖一带的航道条件。

在其他船舶制造方面,1980年,绍兴市交通造船厂自行设计生产全市第一艘钢质水上公安艇,交付上虞县公安局试用。绍兴市二轻造船厂生产全浮式钢质渡轮,具有良好的平稳性和抗沉性,为本省内河安全型渡轮。20世纪70年代末至1985年,杭州船厂、杭州大河造船厂先后成功建造60～100吨的泵船、水上旅馆、采砂船以及军用登陆艇、测量艇、修理艇等军用舰艇近200艘。湖州市航运总公司船厂设计生产的主要产品有军用068登陆艇、999型航标艇、94吨潜水工作船、100～250座客船、59～184千瓦拖船、120～150吨油船、60～120吨货驳、内河打捞艇等钢质船舶。

到1990年，杭州市造船工业中有市属4家、县（区）属3家，并有杭州船舶检验所认可的乡镇船厂32家，拥有各类专用设备，实力颇厚，具有千吨级钢质驳船等单船承造能力。湖州市国营、集体所有制船厂25家，其中湖州市航运总公司船厂规模最大，能制造功率较大的客货轮船、工程船、专用船和军用舰艇。

进入20世纪90年代，随着计划经济向市场经济过渡，浙江省船舶工业公司由于没有造船实体，原有的行业管理、经营服务职能逐步减弱，难以为继。1998年2月，该公司并入浙江省海运总公司。1999年4月26日，浙江省船舶工业公司行业管理职能移交浙江省机械工业厅，浙江省船舶工业公司正式撤销。

90年代后，随着经济体制改革变化，原有的国营、集体所有制企业和乡镇集体所有制企业或转制，或破产倒闭，大多成立为私营企业或私有股份制企业。随着国民经济的高速发展，水路货物运输量迅猛增长，使大运河浙江段沿线内河船舶修造企业得到了大发展，企业规模和档次大幅提高，特别是从1998年起，在大吨位船舶补助政策的推动下，浙江内河造船业进入前所未有的高速发展期，尤其是1998—2007年造船产量和船厂规模都大幅提高，而且船舶建造向钢质化、大型化、专业化、自动化、高速化、豪华型方向发展。据统计，2002—2006年，仅嘉兴市就新建船舶3 646艘，总吨位35.5万吨，产值17.4亿元，其中最多的2003年新建船舶968艘，总吨位10.53万吨，产值5亿元。

2008年，受金融危机影响，钢材价格大幅下落，国家又出台一系列扩大内需保增长的政策措施，加上大运河浙江段航道的改造升级和燃油税费的改革，浙江内河造船业的发展步伐进一步加快。2010年，仅嘉兴市就有船舶修造企业60家，能够建造500吨级以上船舶的船厂有25家，具有500吨级以上建造能力的船台100个，全市从事船舶修造业的从业人员近2 000人，其中专业技术工人1 750多人，专业技术人员190人，并涌现出平湖东昌游艇有限公司、嘉兴市浙北船舶有限公司、平湖第一船厂、嘉兴锦佳船厂等一批上规模的船舶修造企业，所建造的船舶几乎囊括了大运河航运船舶的所有种类。这些企业以建造大吨位普通散货船、专业化散装水泥船、集装箱船、危化品船等船舶为主，既有高速接待艇、各类公务艇、内河游艇、运动艇、豪华型观光艇、旅游船等，又有挖泥船、起重船、港用囤船、保洁船、航道扫测艇等，尤其是内河公务艇和交通艇在全国享有盛名。

1992年4月8日，由嘉兴市航运总公司与省海运总公司联合研制的中国首艘内河挠性顶推船科研成果在嘉兴通过部级鉴定。1999年2月9日，湖州市航管处完成的交通部重点科技项目——"浙北航道网300吨集、散两用自航驳"通过交通部科教司鉴定。其成果达到国内先进水平。2012年3月29日，嘉兴地区第一艘自行建造的内河集装箱船——"嘉集005号"集装箱船下水，这也是嘉兴地区建造的最大内河集装箱船。由嘉善伟峰船舶有限公司建造的"嘉集005号"，总造价300多万元，船身长57.7米，宽12.7米，深3.3米，为双舷、双甲板结构，设计航速15节，一次最多可装载84标准箱，相当于42辆公路集装箱卡车的货运量。

浙江企业制造的标准化大型钢质运输船舶实现了轮机、导航和舣装等方面的自动化，可减少船员人数、改善船员劳动条件，与拖带式船队相比劳动效率更高。一个拖带式船队装载500吨货物从湖州到上海需要20多个船员、航行近30个小时，一艘500吨级标准化大型货船仅需3个船员、航行15小时左右。

浙江企业的现代化游艇建造工艺也达到了世界先进水平。澳普兰游艇制造（湖州）有限公司采用玻璃钢游艇复合材料树脂闭膜真空成型技术，为国外最先进技术，没有苯乙烯挥发物，工作场地清洁，芯材与插入部件容易黏结，成型固化后强度高。游艇轮机、电气、舣装、内装、涂装等硬件全部采用高、精、尖配套件及相关设备。

所生产和开发自主品牌系列产品有 50 英尺飞桥游艇,52 英尺运动型游艇,64 英尺飞桥型游艇,78 英尺大型飞桥游艇,86 英尺大型超豪华飞桥游艇,42 英尺商务型游艇,58 英尺商务型、观光型游艇,70 英尺商务型、观光型游牧游艇,11.5 米水上巴士,46 英尺海钓艇等。

挖泥船、起重船、港用囤船等船舶的建造水平也不断提高。2007 年 12 月,嘉兴市港航管理局成功研发浙江省首艘运用于内河航道信息探测的扫测艇,并投入使用。该艇是利用"水声呐"扫测技术,实现航道水下地形的数字化测量,解决多年来航道扫测技术上的难题。

2013 年 12 月 20 日,湖州港航的"内河 250 吨起重打捞船船型研究与设计"项目在湖州通过评审,开始建造起吊能力为 250~300 吨的内河起重打捞船。此前,湖州航区最大的打捞船打捞能力为 100 吨,起重能力仅为 50 吨,已不能满足航区起重和打捞作业需求。250 吨起重打捞船能提高湖州航区沉船打捞及清障作业能力,同时兼顾水运工程起重作业需求,保障航道畅通。

2014 年 9 月 25 日,全省首艘内河航道多功能养护船"浙湖航养007 号"完成调试,正式投入运行。该船总长 32 米,型宽 8.4 米,型深 2.5 米,吃水 1.6 米,主机 133.7 千瓦,适应五级航道以上水域航行和作业,可广泛用于航道应急抢修、清障疏浚和航道日常养护工作。该船能有效提高内河航道养护的效率,达到内河航道养护精细化、高标准化的要求。

2014 年 11 月 10 日,平湖市华海船舶制造有限公司受山东省济宁市港航管理局委托,开建首艘液化天然气(LNG)混合动力公务船舶。这艘液化天然气(LNG)混合动力船舶气排放清洁,主机燃料为 LNG 与燃油混合动力,可以使用 LNG 和燃油混合动力驱动,也可以使用单一燃油动力驱动;建造工艺复杂,在具备传统船舶一般安装工艺的同时,还在气体燃料管路的焊接、保护等方面有特殊要求;安全检测设备配备高,供气管路及气体燃料发动机能被两套相互独立的固定式气体探测装置覆盖,可以快速有效地探测可能泄露的气体。

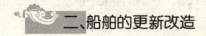

二、船舶的更新改造

1978 年后,大运河浙江段的航运船舶先后进行了淘汰木质船舶、淘汰水泥质船舶和淘汰挂桨机船等更新改造,船舶技术状况和运输能力得到很大的改善和提高。

淘汰木质船舶

20 世纪 70 年代以前,木船是大运河浙江段上最主要的航运工具。船型可分为"五舱""四舱""三舱"几种,船体材料以木质为主,最大吨位在 40 吨左右,一般为 20～30 吨。动力靠摇橹,遇无桥地段使用风帆,遇有纤道时,船工上路拉纤。60 年代末,因木材供应不足,大多数航运企业停止木驳船制造,仅靠技术改造增加木驳船数量,以适应轮拖的需要,但木质船舶仍占有相当的比例。

1978 年,第六机械工业部为贯彻国民经济各部门加强支农的号召,派出工作组到浙江、江苏等 4 省进行调查研究,并于 1978 年 12 月在江都县召开全国造船工业支援农业会议,决定把地方造船生产物资配套均列入国家供应渠道,为地方造船工业做好支农工作,有计划地进行木船更新改造。因此,从 1979 年开始,交通、六机两部国家造船计划安排浙江自产自用船舶的钢材和水泥等都逐年增加,加快了木质船舶的更新步伐。1979 年年底,杭州有木质船 1 290 艘、30 778 载重吨(含木帆船 199 艘、1 824 载重吨),占非机动船艘数的 73.72%、吨位的 56.24%。到 1986 年,杭州市交通部门专业水运企业的木质船舶占比下降到 43%。

1982 年,绍兴市交通部门拥有机动客船 33 艘,2 364 客位,其中木质客船 15 艘,986 客位,至 1989 年木质客船被全部淘汰。1990 年,嘉兴市航运总公司的 53 艘客船、25 艘客驳被全部淘汰。木质船舶比较集中的非交通部门的货运船舶,木质船的更新改造步伐也不断加快。1985 年,嘉兴市 20 个集体航运企业有木质货运船舶 220艘,到 1990 年,已减少到 27 艘。

1991 年起,全省交通部门逐步报废木帆船。非交通部门也因船厂停造而逐步淘汰木质船舶。1990 年,全省尚有运输木帆船 933艘、7 610 吨位,其中绍兴市非交通部门就有木帆船 574 艘、5 064 吨位,其中个体、联户有 565 艘、4 977 吨位。到 1994 年,浙江省的木质运输船舶基本被全部淘汰。

淘汰水泥质船舶

20 世纪 60 年代后,由于木材缺乏,浙江各地开始实施建造水泥质船舶。由于水泥质船舶具有抗腐蚀性和耐久性,造价低廉,建造设备和施工工艺简单,维修保养费用低,又具有节省钢材、木材等优点,因而很受欢迎,从而发展迅猛,产品不断增加,船舶各类也迅速增多,从 70 年代末起,逐步替代了木质船舶。驳船、机动货船、挂桨机船、农用非机动船都采用了水泥质结构。

水泥质船舶有钢筋混凝土船和钢丝网水泥船两种,其中以钢丝网水泥船较为普及,品种大体有:

4 吨钢丝网水泥船,主尺度为 9.4 米 ×1.8 米 ×0.7 米,开始用于农业生产,为非机动船,后来有不少都安装了挂桨机,主要用于运输小批量物资。

6 吨钢丝网水泥船,主尺度为 10.48 米 ×2.02 米 ×0.76 米,主要用于农业生产,为非机动船。

10 吨钢丝网水泥船,是在 6 吨水泥船的基础上发展而来的,主尺度为 14.2 米 ×2.35 米 ×0.96 米,一般都为挂桨机船,功率为 8.8千瓦。该船的生产标志着水泥船进入运输领域,也为嘉兴、湖州、绍兴等乡镇船舶的迅速发展创造了条件。

15 吨钢丝网水泥船,主尺度为 15.6 米 ×2.7 米 ×1.1 米,一般都为挂桨机船,功率为 8.8 千瓦,是 80 年代嘉兴、湖州、绍兴等地运河等内河运输的主要工具。

20 吨钢丝网水泥船,主尺度为 17 米 × 3 米 × 1.3 米,大多为挂桨机船,功率为 8.8 千瓦。在 80 年代后期和 90 年代,该类船舶与 15 吨水泥船一起承担了运河等内河主要的短途物资运输,主要运输建材、化肥、粮食等。

30 吨钢丝网水泥船,主尺度为 19.2 米 × 3.3 米 × 1.45 米,主要作为货驳,也有作为挂桨机船的。

40 吨钢丝网水泥船,主尺度为 20.1 米 × 3.5 米 × 1.5 米,主要作为货驳组成船队,运输灰石等建材。

简机船,主尺度为 11.2 米 × 2.12 米 × 0.8 米,安装 8.8 千瓦的落舱座机,80 年代广泛地被嘉兴、湖州、绍兴等地的中小企业,特别是乡镇企业作为自备船。

20 世纪 70 年代水泥船兴起后,水泥质拖船逐渐取代木质拖船,80 匹马力拖船主要尺度为 18.08 米 × 3.4 米 × 1.3 米,一般拖带由 10 艘水泥货驳组成的船队。省内各水运企业都陆续建置水泥驳船队。1979 年,杭州共有水泥质驳船 341 艘、13 045 载重吨,分别占非机动船总数的 19.89%、23.34%;绍兴有 221 艘,其中货驳 212 艘、5 191 载重吨,客驳 9 艘、989 客位。同时,水泥质机动船也逐步进入客运行业。1982 年,绍兴市交通部门拥有客船 33 艘,2 364 客位,其中水泥质客船 18 艘,1 378 客位,水泥质客船数量首次超过木质客船。1990 年,水泥质船舶拥有量达到高峰,仅绍兴市交通部门就拥有水泥质船舶 144 艘,计 1 276 吨位,723 客位,占专业运输部门水运工具的 62%,其中客船 11 艘,723 客位,功率 181 千瓦,货船 86 艘,1 276 吨位,功率 1 033 千瓦,拖船 47 艘,功率 2 370 千瓦。

迅速发展的水泥质船舶在大运河浙江段航运中发挥过很大的作用,不仅承担了大量的货物运输,70 年代末起到 80 年代,大运河浙江段沿线水乡农民纷纷购置水泥船舶从事水上运输,既繁荣了水运市场,又增加了农民收入,有力地促进了当地尤其是农村的经济和社会发展,而且也在水路客运中起到很大的促进作用。80 年代末研制开发的 90 客位水泥客船曾承担了绍兴等地内河旅客运输的主要任务,主要尺度为 20.5 米 × 3 米 × 1.105 米,功率 29.4 千瓦。但是由于水泥质船舶自重大、抗碰撞性能差,在运输,尤其长途运输中存在安全隐患。据统计,"九五"期间,仅嘉兴市就发生水泥船水上交通事故 406 起,死亡 67 人,沉船 73 艘。

随着时间的推移和社会经济的发展,大量水泥质船舶的存在,不光制约水运发展,污染河道环境,而且无证驾驶、违法载客导致的隐患很多,给水上安全生产、环境保护等带来了不少问题。许多水泥船户还在船体破烂不堪后,将废船丢弃沉入航道内。据不完全统计,仅嘉兴市弃船沉河数约万艘,严重影响了航道安全与畅通。

为保障水上交通和人民生命财产安全,改善河水水质,优化运力结构,给广大船户创造一个安全、竞争、有序的水运环境,2002 年起,港航管理部门在各级政府和交通主管部门的大力支持下,开始淘汰水泥质船舶。2002 年 4 月 1 日,嘉兴市政府印发《嘉兴市淘汰内河水泥船工作实施意见》,4 月 3 日在嘉善县西塘镇邗上村召开全市淘汰水泥船拆解现场会,动员部署全市淘汰水泥船工作。11 月 22 日,嘉兴市政府又召开全市淘汰水泥船交流会。到 2002 年年底,全市区淘汰水泥船 6 595 艘。2003—2004 年,嘉兴市采取行政和经济手段相结合的措施,进一步加大水泥船的淘汰力度,到 2004 年年底,全市累计淘汰营运水泥船舶 36 652 艘,补贴资金 699.41 万元,并实现全市砖瓦企业专用的运泥船钢质化,对部分水泥农用船舶进行统一管理。自 2004 年 7 月 1 日起,浙江省全面禁止水泥质船舶进入京杭运河等骨干航道。至此,水泥质船舶在大运河浙江段航运中完成其历史使命,全部退出运输市场。

淘汰挂桨机船

挂桨机船始于 20 世纪 60 年代中期。该船在普通 10～30 吨级的水泥农船后梢装上小型柴油机,将叶片悬垂水中,推动船体前进(30 吨以上船只需 2 只 195 号柴油机、2 支挂桨)。80 年代,农村办证营运机动船中多数为挂桨机船,时速约 9 千米,吃水浅,支流小港均可行驶。90 年代初,随着城市基础设施建设的大量投入,个体运输空前高涨,航道条件有了较大的改善,个体船户争先恐后地使用60～120吨的双挂机、三挂机甚至四挂机的钢质挂桨机船。钢质挂桨机船逐渐在大运河浙江段水运市场中占据越来越大的比重。

挂桨机船因发动机在船舱外,噪声大,污染严重,且载重量小,航行秩序差,对船户和沿线居民的生产、生活造成了很大的影响,成为水域环境和航道安全的"隐形杀手"。因此,90年代末起,挂桨机船比较集中的杭州、嘉兴、湖州、绍兴等大运河浙江段沿线地区,开始采取措施限制和淘汰挂桨机船。1998年,杭州市港航管理处采用对挂桨机船改为落舱机船给予一定的运力补助,促进挂桨机船改造。至2003年,共拆解挂桨机船400余艘。

2001年,为调整航运业结构,浙江省交通厅印发《关于加快内河挂桨机淘汰工作的通知》(浙交〔2003〕212号)、《关于推进内河船型标准化工作的意见》(浙交〔2003〕405号)等文件,出台一系列补贴管理办法,推进挂桨机船淘汰工作。2003年,根据交通部和浙江省交通厅有关文件精神,杭州、嘉兴、湖州和绍兴等地港航管理部门都先后制定了挂桨机船舶淘汰工作方案,从2004年起按照先小后大、先旧后新的步骤,采取分批、分期、限航等措施,启动淘汰营运钢质挂桨机船工作,其中嘉兴市就有6 500艘营运钢质挂桨机船需要淘汰,约占全省总数的45％。嘉兴市采取拆解、落舱机改造和拆解后更新,给予一定经济补助等方式进行,加快钢质挂桨机船的淘汰进度。针对船户更新资金不足的困难,积极与银行、保险公司商洽船舶贷款和保险事宜,为船舶更新改造建立投融资机制。2004年,嘉兴市共淘汰钢质挂桨机船861艘。2005年,嘉兴市利用经济、法律、行政等多种手段,加快钢质挂桨机船的淘汰进度,尤其是采用信贷、保险等融资手段,为34艘船舶申请贷款830万元,并发放补贴资金1 378.97万元,全年淘汰钢质挂桨机船2 458艘。

2005年7月1日,浙江省开始实施京杭运河等三条主干航道禁止挂桨机船进入航行。禁航区域为京杭运河浙江段的杭州余杭武林头—三堡船闸航段、嘉兴乌镇—鸭子坝航段,长湖申线浙江段的长兴小浦—长兴电厂航段、湖州三里桥—南浔航段,东宗线的湖州东迁—安丰塘桥航段等。

2006年11月29日,湖州市在南浔区善琏镇含山丰顺造船厂举行营运挂桨机船舶退出水运市场仪式。全市5 000余艘营运挂桨机船全部淘汰退市。截止到2007年12月,杭州区淘汰、拆解、改造钢质挂桨机船1 377艘,累计发放补贴资金796.3万元。12月13日,杭州航区最后一艘钢质营运挂桨机船在建德航区被拆解。至2007年年底,嘉兴市通过船舶拆解、落舱机改造和拆解后更新等三种方式,采取政策宣传、现场监督检查、发放补贴资金等多种措施,共计淘汰6 501艘营运钢质挂桨机船,其中拆解1 436艘、改造548艘、更新93艘,累计发放专项补贴2 870.11万元。至此,营运挂桨机船全部退出浙江水运市场,运河水路运力结构得到进一步优化升级。

三、加快船舶技术进步

进入改革开放新时期后,大运河浙江段运输船舶的技术进步步伐不断加快,新增大批技术性能较好的新型运输船只,呈现出钢质化、大吨位化和专业化的发展态势,技术水平和运输效率都明显提高,水运能力日益增强。

多年来,大运河浙江段的运输船舶船型多、机型杂,素有"万国牌"之称,不仅货物运输以木帆船为主,而且小客船、小货船数量多,机种复杂,配备件不易购置,检修困难。尽管在20世纪60年代进行较大规模的机型调整和更新,但在1966—1976年"文化大革命"期间,浙江航运生产基本上处于停滞状态,内河船舶失修失养。据1973年年初统计,浙江省内河船舶完好率仅60%(历史上一般完好率在80%以上)。一部分船舶不得不采取减载等措施,有的船舶不得不停航。为此,1978—1990年,各地都对运河船舶的蒸汽机、柴油机、煤气机等进行技术改造,一批低效、高耗和安全性能差的木质和水泥质船舶被钢质船替代,各类钢质船舶的吨位比重不断上升。1980年,全省交通运输部门钢质船舶的占比仅为26%,1985年上升为73%,1990年达到93%。1990年,嘉兴市20个集体航运企业的1 368艘船舶中,有钢质船舶1 226艘,比1985年增加415艘,船舶钢质化率达89.62%。

拖船,习称拖船,其船型短而宽,以柴油机驱动,用于拖带其他船只。由于拖船吃水深,拖带量大,有良好的操纵性,因此发展较快,逐步替代了木帆船运输。20世纪70年代水泥船兴起后,逐渐以水泥质拖船取代木质拖船。1979年,浙江水运企业有拖船278艘,但功率较小,仍以木质、水泥质居多。80年代后,钢质拖船在浙江各地兴起,其主机功率一般在80千瓦以上,其典型的主要尺度为18.1米×3.86米×1.63米。由于钢质拖船具有抗风力强、水阻小、行速快、稳性好,且坚固耐撞耐腐蚀、修理成本低的特点,因此得到较快发展。1983年,绍兴市水运企业仅有1艘钢质拖船。1988年,绍兴市仅交通部门就已拥有钢质拖船14艘,786千瓦,占当年拖船总数的73%。至1990年年底,浙江水运企业拥有拖船165艘、16 152千瓦,经改造更新,钢质船体已占多数,平均功率比1979年增长1倍多。其中绍兴市水运企业钢质机动船的拥有量为39艘、3 126吨位、功率2 585千瓦,分别占机动船总拥有量的16.7%、总装载的47.8%和总功率的29.9%。航行于大运河浙江段上的最大货拖船"浙运703号"功率为158.9千瓦,可拖带1 220吨级船队。顶推轮组,内河已有5组、341千瓦,驳船6艘、1 416吨,一般都为1轮2驳,其中"浙运182号"顶推轮,可自载156吨。

驳船由机动船拖带,分客驳和货驳两种。1979年,绍兴市交通部门驳船总数715艘,其中客驳71艘,3 503客位,货驳644艘,11 589吨位,基本取代了内河木帆船并向钢质化方向发展。1979年,杭州市的杭州航运公司等40家航运公司计有钢驳121艘、11 897吨位,仅占非机动船舶总数的20.42%和21.3%。1984年,杭州航运公司建造第一艘顶推驳船,载量210吨。1983年,绍兴历史上第一艘30吨级钢质船在绍兴市交通造船厂建造出厂,迈开绍兴驳船向钢质化发展的步伐。此类船舶最早的货驳船,后来大多安装挂桨机作为推进装置,其主要尺度为18.8米×3.4米×1.35米。至

1990年年底,杭州全市水运企业有钢驳1 205艘,1 804客位/1 300卧铺,92 699吨位,内河水运企业都已形成以钢驳为主体的非机动船舶结构。

20世纪90年代,大运河浙江段货物运输船舶以船队为主。浙江杭州航运公司和杭州内河航运公司主要经营京杭运河等水域的货运。1990年,浙江杭州航运公司有货船34艘,驳船251艘,其中专为杭州炼油厂运输的原油船队3个,同时有顶推船队5个,货船5艘,油船5艘;主力拖船为该公司船舶修造厂自己设计建造的长23米、功率147千瓦的拖船,拖带10艘120~180吨级的驳船。杭州内河航运公司有货船38艘、货驳273艘。县市的航运公司及周浦、袁浦水上运输队增多有船队、船型类似。同时,个体私有水上运输船舶发展迅速,主要为挂桨机船,船长15~25米,型深1.3~2.2米,船宽3~6米,载货量为40~200吨。1995年5月,浙江杭州航运总公司、浙江钱江航运实业总公司、杭州内河航运总公司、杭州港埠公司和杭州钱江港埠公司5家国有、集体企业合并,组建成立全民所有制企业杭州港埠实业总公司,运输船舶也进行整合,报废淘汰一批低效率的60吨、80吨、100吨级老旧驳船,保留24个船队。以国营或集体为水运主力的船队逐步演变为以个体私有性质为主的单机船舶。1995年4月,绍兴第一艘100吨级钢质货船在绍兴市二轻造船厂建造出厂,绍兴的运输船舶开始进入以大吨位钢质机动船舶逐渐替代水泥船、挂桨机船的新时代,陆续出现了300吨级、400吨级的钢质机动船。

在不断加快运河运输船舶技术进步的同时,浙江有关部门运用现代科学技术,完成了内河驳船、拖船、客船,以及短途小马力机动货船、客船等船型、机型的定型系列工作,向标准化、规范化方向迈进。其中钢质船舶的主要规格:

60吨级钢质船,主要尺度为19.1米×3.7米×1.6米,该类船舶主要作为船队的驳船,取代原来的钢丝网水泥船,有些作为双挂桨机船、三挂桨机船或座舱机船。

80吨级钢质船,主要尺度为26.7米×3.8米×1.8米,这类船舶主要以座舱机船为主,一般功率58.8千瓦,航行于全省各地运河等内河航道。

100吨级钢质船,主要尺度为27米×4.8米×1.8米,功率为88千瓦,基本都是座舱机船。

200吨级钢质船,主要尺度为35米×5.7米×2.05米,功率为110千瓦。

300吨级钢质船,主要尺度为38米×6.2米×2.2米,功率为146千瓦。

400吨级钢质船,主要尺度为40米×7米×2.3米,功率为184千瓦。

大运河浙江段的客运船舶,在20世纪70年代就由木质机动船逐步向钢质小客船发展。1978年后,随着改革开放和水运事业的发展,大运河浙江段沿线各地水上客运单位都把客船的更新改造工作放到重要位置,更新改造步伐进一步加快。1980年,仅嘉兴市就新建、改建客船13艘,1 452客位,客驳9艘,1 060客位,并淘汰一部分木质、水泥客船。1981年,嘉兴市新建和改造客船25艘,2 760客位,其中新建160客位客船2艘,130客位客船2艘,100客位客船5艘,120客位客船8艘。更新100客位客船轮船壳4艘,还把4艘水泥客船改建成钢壳客船。到1985年,嘉兴市113艘客船中,有钢质船77艘,占68.14%,木质船36艘,占31.86%,水泥船全部报废。68艘客驳中,钢质船由1981年的占3.6%提高到45.59%,木质船由92.8%下降到54.41%,水泥客驳淘汰,客位也增加了1 819个。同时更新改造客运船舶机型,调换了解放牌、吉斯五型汽车引擎,全部安装上了国产4135、6135柴油机。通过船舶、设备的更新改造,提高了航速,增强了安全系数,降低了油耗,提高了经济效益。到1990年年底,全省交通部门的客船已基本实现钢质化,非交通部门也大多采用钢质柴油机客船,其中嘉兴市拥有客船65艘,客驳25艘,全部实现钢质化,木质客船已被全部淘汰。嘉兴航区乡村办、"两户"农客班的25艘客驳中,钢质船23艘,占92%,木质客驳2艘,仅占8%。

在更新改造,实现钢质化中,大运河浙江段客船向豪华型方向发展。1978年，一艘定名为"浙航402"新型双层双引擎，246马力，229客位的钢质客船投入平湖—上海航线上。船体前中部有上下两层客舱，中部可装附货，并有售票室、男女盥洗室，下为机舱间，后部上为船员生活区，下为船员卧室。1984年，省交通厅杭州船舶修造厂制造"喜鹤""云鹤""金鹊""百灵""白鹤"等钢质客船。船体以骨钢为肋，用钢板焊接而成。半落舱驾驶室，室后顶棚向后挑出两翼。客舱与机舱舱棚相连，客舱设车厢式硬座软靠，配有小搁几，定额80～100客位，大的有150～170座，舱内附有卫生间。机舱稍高，主机为60马力柴油机。后檐挑出如鸟尾、设炉灶等生活设施。

1986年起由杭州、苏州双方的对开的杭州—苏州航线，以船组的形式航行，由1艘自载客船拖带2艘客驳。当时投入的拖带客船是1980年后由杭州航运分公司船舶修造厂建造的160客位自载拖带客船，船长27米，型宽6米，型深1.6米，单甲板，主机147千瓦，载客160人（座席），船舯低棚上附货1.5吨，代表性客船有"浙航053号""浙航059号""浙航075号""浙航076号""浙航077号"。投入的客驳有1982年由杭州船厂建造的浙航116（苏堤）、117（灵山）、118（白堤）、119双层全卧客驳，船长32.8米，型宽6.7米，型深1.4米，单甲板，载客128人，2005年报废；1985年由杭州航运分公司船舶修造厂建造的"浙航126""浙航127""浙航128""浙航129"双层全卧客驳，船长30米，型宽6.2，型深1.2米，载客100人，1994年报废；1987年由江苏省苏州轮船公司常熟船厂建造的"浙航110""浙航111"单甲板全卧客驳，船长27米，型宽6.4米，型深1.2米，载客100人，1996年报废。2006年，杭州—苏州航线停止营运，至2007年4月，杭苏航线所有客船报废。

杭州—无锡航线上的"龙井""虎跑"双层客船，1981年由杭州船厂建造完成，船长32.81米，型宽6.4米，型深1.1米，双层全卧80人，下层为4人间卧铺，艉部上层前部为餐厅，设有吧台，装有电视机，后部为4人间卧铺，艉部设露天观光平台，四周为不锈钢栏杆；主机为6 135双机，功率110.3千瓦，64千瓦交流发电机。全船采用水冷式盘管风机空调，每艘船造价40万元，是当时杭州内河航区最为豪华的客船,1981年4月投入营运,与无锡江南航运公司的"湖光""湖辉"一起正式实施杭州—无锡对开。1984年、1987年,由杭州船厂相继建造的"玉泉"号、"九溪"号姐妹双层杭锡线客船投入营运,并分别于1998年、2005年报废。此外,1983年,杭州航运分公司船舶修造厂对原浙运103拖船进行改建,改名为"双峰"号客船,客船船长25米,型宽6.2米,型深1.1米,双层坐席,载客205人,于1985年10月在太湖水域因海损事故而报废。2003年3月,杭锡线无锡方因难以维持而停止营运,4月杭州方也停止营运。至2008年,杭锡线客船仅剩"龙井"号、"虎跑"号两艘,承担一些省内零星客运,如春季的香客运输、塘栖枇杷采摘、运河一日游等。"龙井"号归属杭州市公共观光巴士有限公司所有,属老龄船;"虎跑"号归属杭州坤和旅游客运中心有限公司所有,也步入老龄船行列。

进入21世纪后,运河水上旅游兴起,水上巴士、漕舫船、游艇等新型客运船舶也随之迅速发展,既具有游览性质,也是城市公共交通的补充。

2004年7月16日,杭州市水上公共观光巴士有限公司成立。9月由珠海江龙船舶制造有限公司新建的"钱江"号、"运河"号水上巴士投入营运,为全玻璃钢结构,船长21.62米,型宽4.1米,130千瓦,核定载客48人。2005年又相继建造"西湖""西溪""富春江""新安江1"4艘姐妹型水上巴士。"西湖""西溪"为双层客船,船长23.78米,型宽4.4米,主机功率2×108千瓦,核定载客98人。"富春江""新安江1",船长11.76米,型宽2.9米,主机功率103千瓦,核定载客20人,主要用于航道较小的胜利河、上塘河、余杭塘等航线营运。

2008年9月27日,西溪湿地—五常港—余杭塘河—运河、运河—胜利河—上塘河、运河—钱塘江—六和塔3条杭州市水上黄金旅游线开始运行,同月建造的漕舫船投入运营。10艘漕舫船为仿古船型,船体钢质,外包菠萝格木板,上棚为菠萝格木结构,左右舷配大型圆弧形汽车玻璃,船型分大、中、小3种,均以运河桥梁命名。其中由杭州钱航船厂建造的"通济""拱宸"为大型漕舫船,船长22.6米,型宽5.2米,主机功率2×126千瓦,核定载客66人,棚顶为观光平台。由杭州海舟船厂建造的"艮山""潮王""涨江""大关"为中型漕舫船,船长 17.2 米,型宽 4.3 米,主机功率 153 千瓦,核定载客 42 人。由平湖华海造船有限公司建造的"中北""建北""北星""京江"为小型漕舫船,船长 9.85 米,型宽 3 米,主机功率 89 千瓦,载客 18 人,适用于胜利河、上塘河、余杭塘河等支线航道。有 6 艘为全菠萝格木质摇橹船,由舟山普陀岑氏木船作坊建造完成,依次命名为"漕舫 01"至"漕舫 06",该船型长 6.97 米,型宽 2 米,载客 10 人,适用于胜利河、上塘河、余杭塘河等支线航道。

2004 年 4 月,"浙杭州游艇 001""浙杭州游艇 002"等游艇在杭州投入营运,由杭州假日游艇俱乐部有限公司经营,主要承接包船游览运河及钱塘江业务,游艇长 8.6 米,宽 3.12 米,型深 1.56 米,核定载客 7 人,功率 110.25 千瓦。浙江省交通部门运输企业内河船舶数见表 30。

表 30　浙江省交通部门运输企业内河船舶数

| 年份 | 共计 | | | 其中 | | | | | | | | |
| | | | | 机动船 | | | 驳船 | | | 木帆船 | | |
	艘	客位/个	吨位/吨	艘	客位/个	吨位/吨	艘	客位/个	吨位/吨	艘	客位/个	吨位/吨
1949	25 968	12 075	181 241	180	6 819	643	92	5 256	475	25 696		180 123
1952	26 063	14 814	182 760	225	8 367	304	142	6 447	2 333	25 696		180 123
1957	21 786	16 792	165 459	276	7 942	327	842	8 850	36 919	20 668		128 213
1962	17 054	34 986	237 655	547	13 024	511	1 677	21 962	74 637	14 830		162 507
1965	17 325	38 278	232 717	715	16 410	1 335	1 767	21 868	70 274	14 843		161 108
1970	14 133	55 489	186 875	1 316	30 477	4 437	3 196	25 012	98 322	9 621		84 116
1975	14 592	76 937	195 225	1 765	39 652	9 953	6 621	37 285	148 850	6 206		36 422
1978	14 004	86 591	212 116	2 036	46 490	14 934	7 044	40 101	170 112	4 924		27 070
1980	13 318	88 804	246 216	2 373	49 275	15 518	7 244	39 529	207 824	3 701		22 874
1985	11 046	87 514	341 569	3 265	56 781	23 686	7 004	30 003	312 544	777	730	5 339
1990	8 471	59 173	385 683	2 598	49 038	26 912	5 805	10 135	358 509	68		262
1995	6 405	27 168	393 022	1 470	23 643	22 334	4 935	3 525	370 688			
2000	2 084	13 980	151 049	566	12 524	17 542	1 518	1 456	133 507			

注:机动船含客船、货船、客货船、油船、拖船。

四、调整运力结构

改革开放以来,尤其是进入 21 世纪后,大运河浙江段运力快速发展,航运企业积极调整运力结构,通过多种途径筹措资金,购买和建造各类新型运输船舶,淘汰船龄长、吨位小、能耗高、技术状况差的老旧船舶,运河运输船舶不断向大吨位、专业化和现代化的方向发展,运力结构由单一的散货轮逐步发展为多船型综合发展的运力格局。

积极调整船舶结构。20 世纪 70 年代末,大运河浙江段的运输船舶仍处于吨位小、载重少、功率低,而且以木船、水泥船居多的相对落后状态。80 年代随着运河航运的迅速发展,各地航运企业都加大资金投入,购置和建造钢质船舶,增大船舶载重吨位。到 1990 年年末,杭州市内河水运企业有拖船 165 艘,16 152 千瓦,钢质船体已占多数,功率比 1979 年平均增长 1 倍多。最大货拖船"浙运 703"158.9 千瓦,可拖带 1 220 吨级船队。内河 5 个顶推轮组,341 千瓦,驳船 6 艘,1 416 吨,一般都为 1 轮 2 驳,其中"浙运 182 号"顶推轮,可自载 156 吨。

20 世纪 90 年代后,浙江在淘汰木质和水泥质船舶以及挂桨机船的同时,实施增大船舶载重吨位。各地专业航运企业都投入大量资金,制订出分阶段提高船队运载能力的目标,先从 400 吨级及以下500 吨级和 600 吨级,后又发展至以 800 吨级和 1 000 吨级拖船队为主,逐步改变小功率、小拖队的被动状态。至 2005 年年底,杭州市运河等内河货运船舶全部实现钢质化;总运力比 1986 年实增 59.47 万载重吨位,增长 3.2 倍;总艘数减少,单船载重吨位增大,内河船舶平均艘吨位已达 151.45 吨/艘,增长 5.6 倍;单体货船与拖驳船载重吨比例出现质的改变,1986 年为 44.53∶55,2005 年为 91.23∶8.77,单体货船比例上升 46.7 个百分点。这些变化,有力地推动了运河货物运输的发展。

进入 21 世纪后,大运河浙江段船舶结构调整步伐不断加快,积极推进船舶吨位的增大提升。2001 年 9 月,嘉兴市建立水路运力结构调整专项补贴资金,并制定《嘉兴市新建普通钢质货船专项资金补贴方案》,明确补贴对象、条件、标准和方法步骤,并积极研发内河运输船舶标准船型,引导水路运输经营者发展大吨位船舶,淘汰老旧落后产能。大吨位船舶,基本以标准型的落舱机船为主,船舶的操纵性、安全性、经济性、舒适性和美观方面都有很大的改善,船舶运力显著增强。至 2006 年,嘉兴市共发放补贴资金 1 514 万元,全市大吨位钢质船舶增加至 859 艘,15.6501 万载重吨,全市内河船舶的运力增加到 81.73 万载重吨,船舶平均吨位为 117 吨。

"十一五"期间,全省船舶结构调整进一步加快步伐。嘉兴市淘汰 6 501 艘营运钢质挂桨机船,新增 859 艘大吨位船舶,到 2010 年年末,全市 4 983 艘营运货船载重 92.70 万吨,平均载重吨位 186.03 吨,比"十五"末的船舶平均吨位 105.07 吨增长 77.06%。其中内河货船 4 964 艘,载重 84.47 万吨,平均载重 170.16 吨。

绍兴市交通港航部门通过创造条件引导和扶持船户发展大吨位船舶,到 2013 年年底,全市 883 艘营运船舶载重 200 614 吨,2 786 客位,载重增加 5 778 吨,其中内河营运货运船舶 825 艘,载重 178 291 吨,平均载重 216 吨。

2014 年,全省 12 885 艘内河货船净载重 350.33 万吨,其中个体营运船舶 10 975 艘,净载重 287.08 万吨;1 117 艘内河客船载客量为 39 962 客位,其中 17 艘个体营运船舶,载客量 236 客位。

运河船舶吨位的增大提升,尤其是大吨位船舶的发展,有力地推动了大运河浙江段运力结构的调整,提高了船舶航行的安全,也增加了水路规费费源,也促进了船舶制造业的发展,密切了管理部门和船户船员的关系。

积极推动经营结构调整,以资产、资源和业务为纽带,加强横向联系,推进运河航运与港口企业的战略合作。2013 年,嘉兴市深化银企合作,通过贷款建造船舶 216 艘、10.02 万载重吨、贷款资金 1.12 亿元。安吉川达物流公司与上海国际港务集团签订了共同投资 1 亿美元建设安吉国际物流园的合作协议,上港集团入资安吉川达公司资产进行重组,成立安吉上港国际港务有限公司。双方在"两港一航"合作协议的基础上进一步推进合作,开辟上海共青码头中转平台,大大提高了集装箱船舶的周转率。加快培育重点水运物流龙头企业,积极推进个体船舶公司化管理,提高水运行业规模化经营水平。到 2014 年,仅湖州市 1 000 载重吨以上市级重点水运物流企业已有 7 家,其中 2 家企业达 3 万载重吨以上,5 000 载重吨以上的骨干企业 5 家。

加快调整运力结构,推进运河水运产业发展新模式。鼓励企业大力发展内河集装箱船舶、危化品运输等特种船舶运输,引导大运河浙江段水运经营者走规模化、集约化、专业化的发展道路,推进低碳绿色水运,使大运河浙江段的运力结构由原来单一的散货轮逐步发展为多船型综合发展的运力结构,其主要船舶有散货运输船舶、集装箱运输船舶、油船、工程船、航标船、公务船、旅游船以及用途的船舶。2014 年,湖州市特种船舶已达 286 艘、9.5 万载重吨。

到 2014 年年底,全省拥有内河集装箱船 43 艘,1 887 标箱,净载重 38 128 吨,14 049 千瓦,其中 4 艘个体营运船舶,120 个标箱位,净载重 3 110 吨,653 千瓦,内河集装箱船舶平均标准箱位从 2010 年的 20 标准箱/艘增长到 2014 年的 44 标准箱/艘,五年增长了216.69%。全省还拥有内河油船 31 艘,11 134 净载重吨,6 576 千瓦。

五、实施运河船型标准化

1998 年 11 月,由杭州市港航管理处申报的"研究开发钱塘江标准系列船型"的科研课题开始,推出标准系列化船型投入建造,其中萧绍内河标准货船分为 140 吨级、170 吨级、200 吨级三种。2000 年,继省交通厅科技项目"钱塘江黄沙运输船标准船型研究"通过鉴定,标准船型迅速推广后,又发展适合萧山、绍兴内河运输的标准船型。2003 年年底,交通部在京杭运河实施"船型标准化工程",京杭运河船舶从2004年1月1日起严格按照交通部确定的标准系列化船型建造,至2010年,大运河浙江段在航标准船舶达到80%以上。

2004年10月,交通部副部长翁孟勇一行来浙江嘉兴调研启动运河船型标准化示范工程。2005年,嘉兴市组织完成浙江省内河集装箱船舶标准船型开发项目,从优秀货船船型中筛选出150吨、250吨、350吨三种标准船型,交由交通部正式立项,作为交通部推荐的内河标准船型。当年,交通部和浙江等五省一市联合下发《京杭运河船型标准化示范工程行动方案》。交通部副部长翁孟勇专程到嘉兴,分别召开贯彻实施《推行船舶标准化》座谈会,10月25日,浙江省内河首条500吨级货船"浙富阳货00638号"在富阳正祥造船厂下水,浙江省内河船舶船型标准化开始迈出可喜的第一步。

2013年,交通运输部、财政部和浙江、江苏、上海、安徽等18个省市政府联合制定了《"十二五"期推进全国内河船型标准化工作实施方案》,自2013年10月1日起施行,按照"开前门、关后门、调存量、推示范"的工作思路,推进全国内河船型标准化,加快水运结构调整,促进沿江沿河经济社会科学发展。按照交通运输部公布的《内河运输船舶标准船型指标体系》的要求,对新开工建造的船舶必须符合标准要求,其中对航行于已建或在建船闸、升船机等通航设施的内河限制性航道的船舶,还必须满足交通运输部公布的船舶主尺度系列标准。严格禁止内河新建非标准船进入航运市场。对现有非标准船,特别是安全、环保性能差的船舶,以及不利于提高船闸效率的小吨位过闸船舶,和老旧运输船舶加快更新改造,限期退出市场。从2016年1月1日起,禁止200总吨以下的干散货船通过京杭运河干线船闸,禁止生活污水排放达不到现行规范要求的内河运输船舶以及单壳化学品船、600载重吨以上的单壳油船进入"两横一纵、两网十八线"水域航行。鼓励现有老旧高耗能船舶提前退出航运市场。在推广标准船型、限制新建非标准船、淘汰现有落后船舶的同时,积极采取有效措施,鼓励建造符合国家引导方向的先进、高效、节能、环保的示范船,促进内河船舶技术进步,引导船舶向现代化方向发展。

根据《"十二五"期推进全国内河船型标准化工作实施方案》要求,结合实际,浙江省制定《浙江省内河船型标准化补贴资金管理办法》,编制印发了《"十二五"期推进浙江省内河船型标准化工作实施方案(试行)》及《"十二五"期浙江省内河船型标准化工作操作指南》,明确工作任务和操作流程,组织研发《浙江省内河船型标准化资金补贴信息系统》。2014 年 7 月 3 日,浙江省内河船型标准化工作动员部署会议在湖州召开,重点讨论《浙江省内河船型标准化工作推进实施方案》《浙江省内河船型标准化工作操作指南》初稿以及内河船型标准化软件,对船龄计算、京杭运河过闸记录证明、补贴资金发放等具体问题进行详细交流和探讨,并部署了推进船型标准化工作。各地市运管部门与船检部门迅速对接,确定拆解、改造、建造定点船厂名单,明确船舶污水收集、处理装置的技术规范。

8 月 25 日,全省内河船型标准化资金补贴信息系统培训班在湖州市船员培训中心举行。内河船型标准化资金补贴信息系统是省港航管理局委托杭州市港航局开发的计算机操作软件,主要是针对内河船型标准化资金补贴工作,通过计算机操作,方便船主快捷地办理船舶拆解、改造和新建示范船舶的有关资金补贴业务。杭州、嘉兴、绍兴、金华、衢州、宁波、湖州 7 个地市的港航管理机构共计 50 余人参加培训。

9 月 2 日,第一条申请拆解补贴的船舶"浙诸暨货 0033"的申请记录录入浙江省内河船型标准化资金补贴信息系统,浙江省"十二五"时期内河船型标准化工作拉开帷幕。全省各地都根据交通运输部和省交通运输厅有关要求,加强组织领导,成立以港航管理部门主要领导为组长,分管领导为副组长,以及相关科室负责人为成员的工作领导小组,组织开展对 200 总吨以下的船舶以及船龄 15 年以上船舶的所有人在"十二五"期间提前拆解船舶意愿的摸底调查,掌握广大水运经营者拆解淘汰意愿数量。同时,研究制定具体的实施方案、补贴资金管理办法、实施指南、工作须知等,统筹、协调、推进船舶标准化工作。各级港航管理处各司其职,积极开展宣传,张贴和发放宣传资料,通过电视、报纸等新闻媒体宣传,开通微信、手机短信宣传,上门走访、召开座谈会等各种形式,向广大船户做好"十二五"期间内河船型标准化工作相关政策的宣传解释工作,积极引导老旧船舶拆解,鼓励符合条件的船主及早提出拆解申请,并针对钢材市场萧条、废铁价格低位徘徊,船主持观望态度的实际,加强沟通,引导其到周边废铁回收价格高的船厂进行拆解。同时,及时落实补贴资金。船舶标准化补贴资金由中央财政和省财政按照一定比例分担,需按程序逐级下放,湖州等地港航局预支补贴资金,率先发放给已拆解的船主,确保补贴资金及时、足额发放到位,并且组织落实拆解定点,强化现场监管。其中嘉兴市就组织落实18家拆解定点船厂、17家船舶生活污水防污染改造定点船厂、8家新建液化天然气(LNG)动力示范船定点船厂、8家新建高能效示范船定点船厂、3家内河危险品船双壳改造定点船厂,不仅规范现场监管程序,而且坚持为民服务理念,依法办理、规范操作、深入现场,及时妥善地解决在受理、审核、资金发放等工作中遇到的问题,推进工作的有序进行。

2014年,湖州市从9月初全面启动老旧船舶拆解淘汰工作,先后办理船舶拆解申请310艘、4.33万总吨,完成拆解202艘、2.72万总吨,发放补贴资金865.14万元。全市淘汰拖船2艘、驳船68艘、12 648载重吨,转出本市船舶90艘、3.4万载重吨。引导水路运输经营者发展大吨位船舶,新增船舶86艘、4.69万载重吨。本港注册营运船舶由2013年年底的5 299艘下降至2014年年底的4 934艘,净减365艘。随着拖带式驳船和船龄长、吨位小的单船退出水运市场,新建船舶平均吨位达589吨,全市营运船舶单船平均吨位快速提升,拥有200吨级以上船舶3 550艘、130.4万载重吨,分别占全市总运力的70.1%和86.8%,运力规模由2013年年底的154.1万载重吨下降至2014年年底的147.9万载重吨,净减6.18万载重吨,单船平均吨位提高了10.3载重吨,全行业节能降耗水平明显提升。

截止到2015年年底,嘉兴市共完成拆解改造船舶455艘、政府补贴资金2 799.74万元。其中,拆解小吨位过闸船舶31艘,补贴资金487.41万元;拆解老旧船舶278艘,补贴资金2 071.85万元;加装生活污水贮存柜船舶 146 艘，补贴资金 240.48 万元。已累计发放 11 期政府补贴资金，对 410 艘船舶发放政府补贴资金 2 501.65 万元。

通过实施船型标准化工作，加快高能耗、安全和污染风险大的老旧小吨位运输船舶的提前淘汰，进一步优化内河运输船舶结构，促进水运节能减排。截止到 2015 年年底，嘉兴市内河营运货船 3 509 艘、99.34 万载重吨、平均吨位 283.1 吨，与 2010 年相比，内河营运船舶减少 1 455 艘、运力增加 14.87 万吨、平均吨位增加 112.94 吨。内河船舶平均吨位明显提高 66.37%。

2014 年 11 月 19 日，"杭甬运河集装箱船舶标准船型研究"科研项目在绍兴通过验收。这个科研项目调研分析了杭甬运河航道弯曲半径、水深、船闸、桥梁净空等通航条件，以及港口条件和集装箱货运发展需求，通过船型主要尺度优化、采用偶舵技术提高船舶的操纵性能及经济性分析论证科学合理，研发的 36 标准箱集装箱船、30 标准箱集散两用货船（Ⅰ型、Ⅱ型）三种标准船型符合杭甬运河集装箱运输发展的需要。项目研究成果在绍兴市绍兴汇海航运有限公司首艘 54 米、36 标准箱集装箱船舶"汇海集 006"率先应用，投入使用后取得了良好的营运效果，开创了绍兴水路集装箱运输的先河，为推动集装箱水路运输、区域经济转型升级增添了动力。

内河船型标准化工程的实施，大运河浙江段运输船舶技术装备水平大幅提升，自动化操作程度提高，不少船舶配备雷达探测、高频通信、卫星导航等设备，所有新造船舶全部安装了污油、垃圾接收装置，使得大运河浙江段船舶安全性和运能大大提高，船舶污水和噪声污染等问题得到有效解决，绿色循环低碳水上运输体系不断完善。通航条件的日益改善，标准化船舶的不断推进，使大运河浙江段运力发展更为迅速，竞争力更强。

第六节

沿河产业带的发展

　　运河产业带是指依托运河运输等功能,形成的以运河为轴线,以码头等为节点和纽带,以手工业和传统商贸业以及工业、仓储业和服务业为主体的线性产业带。进入改革开放新时期后,随着大运河浙江段港航现代化建设的快速推进和运河航运业的迅猛发展,不仅大运河浙江段航运在国民经济发展和综合运输体系中的地位和作用不断提升,日益成为促进浙江经济社会发展的强大动力和重要支撑,而且大运河浙江段沿河产业带全面发展,从传统的航运业、商贸业、制造业向现代工业、现代服务业、现代文化产业和生态旅游业扭轨转型,形成多元化、复合型的综合产业体系,成为浙江全面建成小康社会的新引擎。

一、沿河现代工业带

　　改革开放以来,快速发展的大运河浙江段航道建设,不仅在杭嘉湖平原形成以京杭运河与杭申线、杭(州)湖(州)锡(无锡)线、六平申线及苏(州)嘉(兴)乍(浦)线纵穿南北,长湖申线、湖嘉申线、杭甬线横贯东西的五纵三横之势的运河水网,而且以浙西运河和杭甬运河等干线航道贯穿全省,实现了湖(太湖)、江(钱塘江)、海(东海)、河(运河)联运的无缝链接,使运河航运运量大、能耗小、污染轻、运费低、投资省、占地少、综合效益高等诸多优势得到了充分的发挥。从表31、表32可以清楚地看出运河航运与公路运输的效益比较:

表31　散货－运河运输与公路运输比较

运输对象	始达地	运输工具	航次	运输时间/小时	货主支付费用/元	每吨货运价/(元/吨)	燃油耗用量/升	每吨货燃油耗用量/(升/吨)	人力消耗/(人/小时)
300吨黄沙	嘉兴—上海	300吨货船	1艘次	10	3 600	12	320	1.1	20
		10吨卡车	30车次	60	18 000	60	1 875	6.25	60

表32　集装箱－运河运输与公路运输比较

运输对象	始达地	运输工具	航次	运输时间/小时	货主支付费用/元	每箱运费/(元/箱)	燃油耗用量/升	每吨货燃油耗用量/(升/箱)	人力消耗/(人/小时)
24 TEU	嘉兴—上海	24 TEU船	1艘次	10	1 200	500	320	13.3	20
		集卡车	24车次	48	21 600	900	1 500	62.5	48

　　因此,越来越多的浙江企业,尤其原材料和产品运输量较大的工业企业,在越来越多地选择运河水运的同时,纷纷集聚到运河沿线两岸,形成特色鲜明的大运河浙江段沿线现代工业带。

　　在杭嘉湖地区,沿河现代工业带依托杭州、嘉兴、湖州的港口群为集聚点,以京杭运河与杭申线、杭(州)湖(州)锡(无锡)线、六平申线及苏(州)嘉(兴)乍(浦)线以及长湖申线、湖嘉申线、杭甬线的五纵三横之势的浙西运河水网主干航道为发展主轴,发展现代工业,形成以杭州、嘉兴、湖州为中心,"因"字形的空间格局,构筑集沿河现代工业、出口加工业、物流集疏为核心支撑,一体化的,分工明确,产业链完整的制造业基地和现代物流链。

杭申线沿河工业带

杭申线西起杭州余杭博陆,途经崇福、石门、嘉兴北郊河、三店、杨树等,至嘉善红旗塘上海界,与京杭运河、长湖申线、乍嘉苏线及杭湖锡线和钱塘江相互贯通,承担着杭嘉湖地区建材、煤炭等货物运送任务。在杭申线沿线两岸,以嘉兴铁水中转港为依托,以杭州余杭工业区、桐乡经济开发区、嘉兴经济开发区、秀洲工业区和嘉善经济开发区为基础,发挥零距离接轨上海的优势,以利用外资为主,集聚着一大批现代工业企业,占地总面积约173.8平方千米。工业带东部以发展高新技术产业为主,重点发展木业家具、电子信息、生物医药、纺织服装和新型材料等产业。工业带中部重点发展汽车配件、纤维纺织、电子信息等产业。工业带西部重点发展丝织、小家电、机械制造、家具制造等。

杭平申线沿河工业带

杭平申线起于杭州三堡船闸,终于上海芦潮港内河港区,其中自湖州德清县新市到嘉兴市平湖洮口,是浙江省十大干线航道之一,主要承担杭州、嘉兴与上海之间油品,海宁和海盐的钢材和优质石料、煤、农产品、外贸商品和矿建材料等的运输。杭平申线沿河工业带以杭平申线为发展主轴,以桐乡经济开发区、海宁经济开发区,并整合皮都科技工业园、袜业园区、台商园为发展依托,集聚着一批现代工业企业,占地总面积约100平方千米。工业带北部是环杭州湾产业带中产业结构合理、竞争优势明显的现代制造业基地的重要组成部分,成为桐乡产业发展和对外开放的核心平台及城市功能的重要区块。工业带南部根据桐乡向现代化中等城市迈进的步伐,吸引了大量的外资,是桐乡成为现代化中等城市组团的一个重要经济支撑点。

乍嘉苏线沿河工业带

乍嘉苏线位于杭嘉原地区东部,起于乍浦闸桥,经平湖市、嘉兴市郊和王江泾镇,终于江浙省界的江苏硫酸化工石。该航道主要承担杭嘉湖地区和苏南部分地区油品、建材、农产品、煤炭等物资的运输。沿河工业带以乍嘉苏线为发展主轴,集聚了一批高、精、尖现代工业企业,占地总面积约 100 平方千米。其中仅沿乍嘉苏航道北郊河至平湖市河段 23 千米的航道两边,就兴起了一座新兴的工业长廊,年水运吞吐量超过 2 万吨的企业有 18 家之多。而嘉兴钢铁集团、嘉化集团的物流基地、欣欣集团及景兴纸业集团等嘉兴有名的大企业也云集于此。

长湖申线沿河工业带

长湖申线是长兴连接上海的一条千年的人工运河,主要担负建材、钢材、水泥、煤炭等大宗货物的运输,直接辐射上海、苏南、浙北、皖南地区,贯通长江、京杭运河、钱塘江三大水系,对接上海洋山、宁波－舟山港,通江达海,年货运量达 1 亿多吨,是湖州连接上海、融入长三角的水上大动脉,年货物发送量达 7 300 多万吨,其中 60% 的货物流向上海,而浙北地区急需的煤炭、成品油、钢材、木材等大宗货物从外地运入,年流入量达 1 000 多万吨,货物日均流量超 22 万吨;同时,大量的石料、水泥、黄沙等建筑材料源源不断地输出,成为上海城市建设的"生命线"。长湖申线不仅仅是一条水上大动脉,而且引来"金凤凰"傍水而居。由浙江人本集团投资的湖州哈特贝尔轴承生产基地落户于湖州经济开发区,总投资 23.33 亿元,年产值 40 多亿元,是国内汽车轴承、汽车零部件的主要生产基地。长湖申线航道还串起了物流、信息流、资金流,沿线聚集了矿产、水泥、电力、化工、木材加工等产业,成为拉动地方经济持续发展的支柱产业。

杭甬运河沿河工业带

2000年起,随着杭甬运河按4级航道标准改造工程全面实施,到2013年12月全线通航,绍兴千年的"山阴古水道"终于有了出海口,杭州首次实现了河海沟通,杭甬运河从单一的内河运输向"江河海联运时代"迈进,沿线也迅速兴起了沿河工业带。杭甬运河改造工程西起杭州钱塘江北岸的三堡,途经萧山、绍兴、上虞、余姚,东至宁波,沿途流经钱塘江、浦阳江、西小江、曹娥江、四十里河、姚江、甬江,终于宁波镇海甬江口,全长239千米。这项跨区域、跨流域,集海河航运、浙东引水、水土保持、农田灌溉于一体的综合工程,不仅全面完善了大运河浙江段航道网络,增强了宁波 – 舟山港集输运能力,更有着显著的经济效益和社会效益。杭州港的货物年吞吐量在全国23个内河主枢纽港中位居第三,萧山港区是其主要组成部分。该地区江河纵横,密布成网,年煤炭运量150万~200万吨。原有的航道只能通行10~50吨船舶,在杭甬运河改造后,500吨级船舶可直接进入萧山内河,工业园区的进口物资、设备,从山东、江苏、上海、宁波 – 舟山港运来的煤炭、钢材和化工原料以及出口成品均可通过水路直达,仅杭州一地每年的货物出口运输成本就可节约30亿元以上。因此,不少企业以敏锐的嗅觉,抓住其中蕴含的商机,纷纷向运河沿岸集聚,上虞远东照明等一大批企业的崭新厂房正在杭甬运河两岸迅速崛起。

四通八达的大运河浙江段水网,犹如一条条彩带,星罗棋布的沿河企业点缀其间,形成多姿多彩的沿河工业带。从杭嘉湖平原的浙西运河网到宁绍平原的杭甬运河沿河,一大批现代工业企业正在迅猛崛起,成为浙江新的现代工业产业高地和经济社会发展的新增长点。

二、沿河现代服务业带

大运河浙江段有着 2 500 多年的历史,历经农耕文明、工业文明和生态文明等各个阶段。随着改革开放和社会主义市场经济的发展,尤其是 21 世纪进入人与自然协调发展的生态文明新时代后,运河的生态、景观、人文功能日益凸显,有着千年历史的线性产业带开始向多元化、复合型的综合产业体系转型,形成现代物流、商务经济、创意经济、社区经济以及生态经济等有机融合发展的沿河现代服务业带。

运河沿河产业带的形成最早可以追溯到农耕文明时期,南北大运河的贯通,促进了农耕产业向传统手工业和商业提升,到唐宋时期,人们以舟当车,以船代步,以埠为库,以岸为市,大运河浙江段两岸手工业发达,商贸繁荣。清末民初,伴随着丝织、棉纺、造纸、火柴、机器制造、火力发电等近代工业依托运河便利的航运功能不断发展,与之相配套的商贸服务业也在大运河浙江段沿线不断发展。中华人民共和国成立后,特别是改革开放以来,浙江省更是充分利用大运河浙江段四通八达的运输功能以及低廉的水运成本,在大运河浙江段沿线加快发展为工业发展服务的物流仓储产业。随着社会主义市场经济的深入发展,现代科学技术的突飞猛进和人与自然的协调发展,沿河服务业带进一步扭轨转型,向现代物流、商务经济、创意经济、社区经济以及生态经济等有机融合发展的沿河现代服务业迈进,仅运河杭州段两岸就集聚运河大关商务区、运河武林商圈、运河天地文化创意产业园、杭州运河国家广告产业园、运河新城等以运河为轴线、以城市功能为依托、以现代服务业为主体、呈立体分布的现代服务业集聚区。

杭州运河商圈是典型意义上的现代商圈,它既传承运河厚重的产业积淀,又摆脱传统产业对码头的依赖,深入运河两岸腹地,以城市功能为基础,向空中、地下要空间,实现产业和城市融合发展。全面建设的杭州运河商圈面积将达到 1 000 万平方米,主要包括五大板块:运河大关商务区商业商务楼宇面积约 150 万平方米,拥有高层、超高层甲级写字楼 10 幢以上;运河武林商圈商业商务楼宇面积约 70 万平方米,该区块是目前拱墅区楼宇经济最为成熟的区域;运河天地文化创意产业园在全国首创文创园服务规范,园区面积 35 万平方米,远期将达到 50 万平方米,有着浙江省文创产业诞生地的深厚底蕴,是未来文创产业集聚发展的主阵地;杭州运河国家广告产业园规划产业用房 216 万平方米,受中央财政支持,目标是打造"全国一流、国际知名"的广告产业园。

从运河产业带到运河商圈,实现产城融合发展,是一场影响深远的城市和产业的转型。2001 年,杭州市行政区划进行调整,拱墅区由原来处于杭州市区最北端的城郊区转变为杭州市中心城区,城市功能的优化全面加速了产业带向商圈的转型,为现代服务业的持续发展提供了有力支撑,预计到 2020 年左右,以高层和超高层楼宇为载体,以旅游休闲、文化创意、电子商务、金融服务、高技术产业为内核的运河商圈将基本建成,重新定义运河沿线的产业版图,成为杭州市"四中心、一基地"中的重要一极。在转型过程中,拱墅既上接杭州市"四中心、一基地"定位的天线,又下接区域产业脉络演变的地气,走出了一条产业和城市融合发展的道路。

2006 年,杭州启动建设运河新城(拱墅)。规划中的运河新城,北至余杭界、西接京杭大运河、东临拱康路、南靠石祥路,建设定位为:打造具有运河特色、杭州特色、时代特征,集生活居住、商务办公、商贸物流、旅游休闲、文化创意、总部经济等功能于一体的城北城市副中心,形成"一带,双心、六片区"的发展格局。"一带"是运河水系与运河沿岸公园绿地共同组成的运河景观带口。"双心"即中部炼油厂工业地标性景观综合体和南部运河商贸物流综合体。六片区则由北向南分别为铁路北片区、铁路南片区、炼油厂综合体片区、杭钢河南片区、商贸物流综合体片区、工业仓储片区,总面积约 7.27平方千米,总规划人口 10 万人,计划总投资 250 亿元,再次全面提升杭州运河沿河现代服务业。

在嘉兴、湖州、绍兴等运河沿线各地，以运河为主轴，依托规模化现代化的港口码头，信息化、智能化、金融化和生态化的沿河现代服务业发展步伐也不断加快。海宁市以深化服务创新作为水运经济转型升级的突破口，重点建设集仓储、配送、加工、信息服务等多种增值功能为一体的现代化运输枢纽。仅在杭平申线海昌街道段10平方千米的区域内就聚集了海昌作业区、星光作业区、城东作业区等公铁水联运枢纽，中远普泰、海泰、光耀热电、重装等项目陆续落户，项目总金额达数十亿元。海宁经济开发区粮食产业园区内，也有中粮（海宁）面业、海宁粮食购销有限公司、浙江宝隆米业等多家企业入驻，码头岸线总长达1 000多米，粮食加工能力近100万吨，年货物吞吐量达200多万吨，初步形成以粮食加工、仓储为主的沿河产业带，成为海宁水运经济的一大亮点。同时，积极扶持"互联网＋水运"的新型水运企业，整合包括港口码头、船舶、货主等行业资源的水运物流产业链，加快货物周转率，提高水运物流效率，带动整个航运业务向智能化、金融化和生态化方向发展，港口也将转变成为内涵更广、层次更高的物流枢纽。相关统计显示，2014年，海宁运河港口每万吨吞吐量对GDP的直接贡献为100多万元，可带动20多人就业。到2020年年底，按海宁港区4 000万吨吞吐量计算，沿河产业经济可以直接贡献40亿元产值，拉动8万人就业，加上间接贡献，临港沿河产业经济对全市GDP的贡献率将超过20%，达到全国水运发达地区的水平。

三、沿河文化旅游带

改革开放以来，尤其是21世纪进入生态文明发展新时代后，大运河这条"航运的河"正向"文化的河"转变，不仅仅发挥着水运贸易、工业运输，促进经济发展的作用，还越来越多地承载着文化传递的重任，成为旅游、文化、创意、休闲、居住的载体，由此，大运河浙江段两岸已形成一条以自然生态景观为核心主轴，以历史街区、文化园区、博物馆群、寺庙庵堂、遗产遗迹为重要节点的文化休闲体验长廊和水上旅游黄金线。

在杭州,登上古老的拱宸桥,遥想当年康熙、乾隆下江南泛舟运河的盛况;抑或徜徉于拱宸桥西侧的桥西历史街区,领略清朝、民国以来的运河沿线居民的生活,参观大批由近现代工业厂房改造的博物馆区。大运河的前世今生,扑面而来。

在嘉兴,运河文化更多地体现在舟船文化上,运河因船而生,无论是文献记载还是考古发现,舟船的历史远比运河悠久。运河由船而发展,纵观运河的发展史,战争和漕运的两大需求是推动运河发展的原动力,而无论是水上战争还是漕运,都离不开船。由原嘉兴第一、第二造船生产合作社于 1958 年 7 月 1 日合并建立的嘉兴市造船厂,由于受体制、机制以及市场等多种因素影响,于 2000 年 10 月 24 日被嘉兴市秀城区法院裁定破产。2003 年,其坐落在大运河畔的四间旧船坞被改建成为国内唯一的船文化博物馆——嘉兴船文化博物馆,担当起传播和弘扬大运河舟船文化的新使命,成为爱国主义教育基地和科普教育基地,吸引了全国乃至来自美、日、韩、挪威、丹麦等 100 多个国家的游客前来参观、访问。

嘉兴船文化博物馆,主体建筑面积 8 000 平方米,它以船为主题,为行业、社会、历史、文化服务,引导人们去了解探索舟船以及运河的古老文化内涵。漫步于嘉兴船文化博物馆展厅中,历史的沧桑感扑面而来。错落有致的"舟船史话展厅",在忽明忽暗的灯光中,吴越古地先民驾舟操楫的那段历史被摇曳得异常生动、鲜活。"诺亚方舟"和"大禹制舟"向人们讲述了有关船舶最古老的传说。"武王伐纣"和"于越献舟"的故事演绎着春秋历史,战国时期的大翼战船船模,是国内目前唯一研制复原的最古老的船模。挂帆而起的战船,仿佛把人们带入了两千多年前那江水翻腾、水卒鏖战的激烈场景中。首次复原的晋代时的战船——八槽战船船模,将历史又拼凑起来,搬到人们眼前。人们对郑和下西洋的故事耳熟能详,九桅十二帆的郑和宝船,当仁不让地成为当时世界上最大的水上交通工具,哥伦布旗舰只有它的五分之一。明中叶,戚继光率"戚家军"驱倭杀敌，威震东海，此情此景，在戚继光大福船船模中可见一斑。到了明末清初，江南的粮食通过漕船源源不断地运往京城，参照明代《天工开物》图画记载、按照1∶4的比例缩小复原制作的漕舫船船模长达5米，帆高4.5米，高扬的风帆从一楼直升二楼，强烈地表现着深厚的船文化主题，激起观众进一步探究船文化的强烈欲望。接着，水乡船韵又展现着梦里水乡的诗情画意。古老的大运河孕育了一代代勤劳智慧的水乡人，小桥、流水、人家，百舸穿梭，帆影点点，构织起一幅幅江南水乡的美丽图画。历史上属吴越之地的浙江，千百年来先辈后民"以船为车、以楫为马"，择水而居，舟楫渡生。船、水、人的巧妙融合，积淀成富有浓郁水乡特色的民俗风情和深厚的船文化底蕴。风帆徐徐，客船、货船、农船、渔船，林林总总的船舶摇曳在吴水越溪上，大大小小的舟舫行驶在烟雨楼台中。老年人来到这里感叹仿佛回到了久远的童年，年轻人赞美这里就是梦里水乡。

博物馆三楼的名船世界网罗了国内外舟船精品，古今中外用途各异的船模型精彩纷呈。百宝箱般的中外名船展顿时会消弭人们心中驻留的水乡印痕。观众既可以乘坐唐代的"沙船"，宋、元的"福船"远航到朝鲜和南洋；或驾驶帆形优美如张开折扇的"广船"轻捷操舵；还可以跟随明清使者乘坐"封舟"出使琉球，随"耆英"号横渡大西洋；或乘坐英国"奋进"号，随库克船长一同去发现澳大利亚；随英国"胜利"号，在特拉法尔加海战中去击溃法国、西班牙联合舰队；甚至随"泰坦尼克"号在大西洋一起沉没……通过这些船模，还可以联想到许多历史上的重要事件，看到这些名船当年的英姿与风采。另外，人们还可以过把"船长瘾"，进入船舶模拟驾驶系统，借助国内最先进的计算机成像技术和无缝拼接宽视角环幕投影技术，虚拟出多个港口和多种船型，船迷们可选择模拟万吨海轮、集装箱运输轮、快艇等各种船舶，在惊涛骇浪或风平浪静的大海和海港中行驶和停泊，还可游览嘉兴环城河、南湖、江南古镇西塘、乌镇等大运河浙江段以及上海黄浦江等水上景观，真实体验驾船航行的感受与刺激。

大运河在湖州境内流经的距离虽然不是很长，但是大运河及其衍生的运河水系对湖州丝绸文化、笔文化、茶文化、鱼文化、园林文化、饮食文化、船文化和仓储、港埠、商业、桑基鱼塘的产生、发展,沿岸村镇群的崛起都起到了重要作用,湖州独特的运河文化也由此而生。多年来,湖州连续举办了湖笔文化节、丝绸文化节、茶文化节、鱼文化节等运河文化活动,从而扩大了运河文化的社会影响力。

绍兴作为江南水城,运河等水上旅游一直引人关注,随着旅游业的发展,仅绍兴市区就在规划建设"一环、三纵、六横、九支"19条水上旅游客运航线,总里程为219.3千米,其中"一环"即沿环城河环绕绍兴古城;"三纵"分别是高铁至柯岩线、高铁至越城线、越城至袍江线;"六横"分别是曹娥江线、高铁至钱清线、六湖线、浙东古运河西线、浙东古运河东线、鉴湖线;"九支"即9条旅游支线,分别为:大小坂湖支线、狭獴湖支线、袍江两湖支线、迪荡湖支线、青甸湖支线、大环河南河支线、古城东线支线、古城西线支线、迎恩门支线。

第七节

运河航运管理体制的健全

　　改革开放以来,运河航运管理体制几经变迁,增权扩能,转变职能。政企分开,简政放权,明确事权划分,加强服务保障体系建设,不同时期均取得了新的进展。到2014年年底,大运河浙江段航运管理已初步形成一整套与现代运河航运市场经济相适应的管理模式和手段,并不断进行新的探索。全省管理机构,在各级党委、政府的领导下,积极履行职责,促进了港航事业的健康、快速发展。

一、航运管理体制改革的不断深化

　　1978年12月,经浙江省革命委员会同意,恢复浙江省航运公司和浙江省交通局航运管理局建制,两块牌子,一套机构,并将1970年下放给地区(市)的机构、职能和航运分公司上收,实行省局、公司与地区(市)双重领导,以省局、公司为主的领导体制,统一负责包括大运河浙江段在内的航运管理工作。各地(市)港务机构分设,撤销地(市)港航管理处,建立地(市)航运管理处,统一负责当地运河等通航水域的航运管理工作,大运河浙江段沿线主要物资船舶集散地设立航运管理站。到 1979 年年底,杭州、嘉兴、湖州、绍兴等运河沿线各县都恢复成立县(市)航运管理所,并在所属物资船舶集散地恢复设立航运管理站。随着航运管理机构的恢复、调整和健全,1980 年起,各地运河等水路运输的管理工作,逐步从联合运输指挥部移交航管部门归口管理,初步形成"条块结合,以条为主"的航运管理网络体系。

1989 年,运河航运管理由省下放到市(地),由原来的"条块结合,以条为主"转变为"条块结合,以块为主",实行条块结合,以市(地)为主的管理体制。市(地)设航运管理处,县(市)设航运管理所,行使运河等水路运输管理、港航安全监督、船舶检验、港口及航道建设、养护等管理职能。各市航运管理处隶属于所在市(地)交通局,县(市)航运管理所实行市(地)航运管理处和县(市)交通局双重领导。"条块结合,以块为主",相互协调、有机结合的航运管理体制,为规范运河水运市场和加强管理奠定了基础。

1993 年,省交通厅增挂省航道管理局、省港航监督局、省船舶检验局牌子,各市(地)航运管理处和各县(市)航运管理所也都分别增挂航道管理处(所)、港航监督处(所)、船舶检验处(所)等牌子。经过几年的努力,浙江省、市(地)、县(市)三级运河等港航管理体系不断健全。

进入 21 世纪后,大运河浙江段港航管理体制改革工作进一步推进。2000 年 8 月 30 日,中华人民共和国浙江海事局挂牌成立。该局是根据《国务院办公厅关于转发交通部水上安全监督管理体制改革实施方案的通知》要求,经交通部与浙江省人民政府协商,在杭州成立的水上安全监督机构,是经国务院批准在全国设置的交通部直属的 20 个海事局之一。其主要职责是依据国家法律法规,实施浙江省宁波、舟山、台州、温州四市行政区域内的所有水域(包括沿海水域),以及嘉兴、绍兴两市的沿海(包括杭州湾)港口、水域的水上安全监督、船舶防污染、水上搜救和行政执法。当月,嘉兴市组建成立浙江省首支运航政管理支队,所属各县(市、城郊)航运管理所相应组建航政管理大队。

2002年2月19日,浙江省交通厅航运管理局更名为浙江省交通厅港航管理局;同时将浙江省港航监督局更名为浙江省地方海事局,浙江省航道管理局、浙江省船舶检验局牌子不变。随后,全省各市(地)港航管理处也相应更名为港航管理局,实行一个机构、四块牌子,即航运管理处更名为港航管理局,港航监督处更名为地方海事局,航道管理处更名为航道管理局,船舶检验处更名为船舶检验局,担负各市(地)运河等通航水域的航道航政管理、港政管理、运输管理、海事管理、船舶检验、安全监督以及有关水上交通行政执法管理等职能,同时负责水路规费和水路交通基础设施及其配套项目的规划、建设、维护等管理工作,简称为"一事、三政",即海事、运政、港政、航政。机构更名后,一套工作班子,机构规范、人员编制等均不变。在原航运管理机构基础上组建和完善的港航管理机构,职责进一步明确,进一步强化了行业管理。

2003年11月20日,浙江省交通厅港航管理局更名为浙江省港航管理局,同时挂浙江省地方海事局、浙江省航道管理局、浙江省船舶检验局牌子,并将浙江省港航管理局的机构规格由县处级调整为副厅级。2004年8月18日,浙江省港航管理局正式挂牌。

随着机构改革的进行,浙江省港航管理局的直属单位有所增减。1986年,局管杭州船厂(1953年建厂)、浙江船厂(1969年12月建厂)分别下放杭州市、宁波市。1989年,局属航道疏浚队、航道工程队、杭州工程船厂(1969年建厂)下放杭州市。到2010年年底,局直属单位只有浙江省水运职工培训中心1家。

同样,随着机构改革的进行,浙江港航管理局的行业指导单位也有所增减。1978年年底,浙江省航运管理局和浙江省航运公司恢复建制,1979年省航驻沪运输经营处成立,并于1983年改设为省政府驻沪办事处航运营业部,各地(市)航运分公司都归局管理。1989年,全省航运管理实行条块结合,以市(地)为主的体制后,市(地)航运管理处(港航监督、船舶检验所)隶属所在地市(地)交通局领导。到2010年年底,浙江港航管理局有12家行业指导单位,即全省各地12个市(地)港航(务)管理局(处),实行条块结合,以市(地)为主的管理体制,浙江省港航管理局对这些单位主要行使行业指导的职能,并且面向全行业抓管理,行业管理的能力和水平进一步提高。

二、航运管理机构的优化配置

1983年6月,航运体制改革,浙江省交通厅航运管理局和浙江省航运公司分设,浙江省交通厅航运管理局为厅属县处级事业单位,编制56名,主要负责港口、航道规划、建设、养护、管理及航标设置、养护,港航的安全监督,水运秩序、运价等组织管理。1993年6月16日,为便于对外工作和依法行政,浙江省交通厅航运管理局增挂浙江省航道管理局、浙江省港航监督局、浙江省船舶检验局的牌子,实行四块牌子,一套班子领导,编制和经费渠道不变。1996年,局机关定编100名。2001年7月,海事体制深化改革,舟山、宁波、台州、温州4市行政区域内的所有水域(包括沿海水域)和嘉兴、绍兴两市的沿海(含杭州湾)港口、水域的安全监督管理职能,划转浙江海事局。上述职能划转后,2001年9月,浙江省交通厅航运管理局机关核定编制84名。2002年2月,浙江省交通厅航运管理局更名为浙江省交通厅港航管理局;同时将浙江省港航监督局更名为浙江省地方海事局,浙江省航道管理局、浙江省船舶检验局牌子不变,更名后,仍为一个机构、四块牌子,机构规格、人员编制均不变。2003年11月,浙江省交通厅港航管理局更名为浙江省港航管理局,同时挂浙江省地方海事局、浙江省航道管理局、浙江省船舶检验局牌子;并将浙江省港航管理局的机构规格由县处级调整为副厅级。2008年6月30日,浙江省港航管理局参照公务员法管理,并于2009年8月正式参照管理登记。2010年,浙江省港航管理局内设办公室、监察室(组织人事处)、计划财务处、征收稽查处、工程建设处、船舶检验处、海事处、运政管理处、航道航政处。

浙江省港航管理局的主要职责明确为:贯彻执行国家和省有关水路交通建设与养护、水上交通安全、船舶检验、水路运输、港口、航道、水路规费稽征管理的法律、法规、规章、规划、标准及方针、政策。参与起草行业管理法规、规章,组织拟订行业发展政策及相关规章制度。参与编制全省水路交通规划,编制有关年度计划。承担规划、计划的实施以及监督、检查和指导工作。参与与相关规划的协调衔接工作。参与国家批准的水路交通项目的建设管理工作。承担省级主管部门批准的水路交通项目的建设管理工作;负责省级主管部门批准的水路交通项目的初步设计审查和竣工验收工作。负责全省法规规定的船舶、海上设施和船用产品的法定检验及管理工作。指导全省水路运输的安全生产和应急管理工作,负责省管通航水域的水上交通安全和船舶防污染监督管理,指导渡口安全管理工作。协调组织救助内河船舶、浮动设施遇险人员。负责全省水路运输市场监管,维护水运市场秩序;承担水运行业管理;负责全省水路运输经营资质、船舶交易等管理工作;组织协调全省重点物资、紧急客货水路运输和军事运输。承担全省港口的行业管理。按规定负责全省港口岸线使用的管理,监督、协调全省港口引航管理工作。承担港口经营市场监管工作。承担港口设施保安管理工作。贯彻执行国家和省有关物流方面的方针、政策及法规,参与编制全省港口物流规划并组织实施,提出全省港口物流政策和标准的建议并组织实施;组织开展港口物流管理工作。负责全省航道及航道设施的管理和养护。依法管理全省涉航建筑物的通航要求。负责水路交通行业的统计管理工作。负责全省港航事业规费的征收、稽查和使用管理。办理港航事业规费减免的审查、报批。指导全省水路交通行业技术进步和节能减排,组织、指导全省港航管理系统科技、设备、信息化工作。指导全省水路交通行业人才队伍建设,组织、指导港航系统管理人员的专业教育培训,指导港航管理系统体制改革。指导全省水路交通行业的精神文明建设。承担和监督全省水路运政、航政、港政、海事行政执法工作。

改革开放后,杭州市港航管理局不断发展壮大。1978—1996年,杭州市实行航政、港务机构分设的港航管理体制。1987年10月17日、1989年12月13日,浙江省航运管理局所属的杭州港务及杭州航运管理处分别下放杭州市,隶属杭州市交通管理局。1993 年 11 月 27 日,杭州航运管理处增挂杭州市港航监督处、杭州市船舶检验处、杭州市航道管理处三块牌子,实行四块牌子、一个机构,合署办公,人员编制及经费开支渠道不变。1994 年 11 月 1 日,杭州市交通管理局所属的浙江航道疏浚工程处并入杭州航运管理处。1996 年 6 月 21 日,为理顺港务、航运管理体制,加强港口、航道的统一管理,在杭州航运管理处、杭州港务管理处的基础上建立杭州市港航管理处,保留杭州航运管理处、杭州港务管理处为相当副县级全民所有制事业单位,隶属杭州市交通局,编制 1 300 名。统一负责原杭州航运管理处、杭州市港务管理处承担的航政、港政管理职能,负责航道养护、船舶检验、水上安全监督以及港口规划建设、公用码头管理等。1999 年 2 月 26 日,杭州市交通管理局发文明确,杭州市港航管理处挂杭州市船舶、杭州市港航监督处牌子,取消杭州港务管理处、杭州航运管理处、杭州航道管理处三块牌子,机构规格为正处级,预算形式为管理费开支,编制 1 200 名。2000 年 9 月,为进一步增强杭州干线航道设施日常管理,依法查处违法违规行为,保障船舶航行安全和航道畅通,杭州市港航管理处增挂杭州市航政管理支队牌子,各县(市)港航及内河港航管理所等共计增挂九块支队下属大队牌子。2002 年,杭州港航管理处变更为杭州市港航管理局,所挂的杭州市港航监督处牌子更名为浙江省杭州市地方海事局,杭州市船舶检验处、杭州市航政管理支队牌子不变,分支机构相应更名。

2007 年 5 月 15 日,杭州市港航管理局机构规格确定为相当副局级。内设机构为办公室、组织人事处(宣传处)、监察室、计划财务处、政策法规处、航道航政处、港政管理处、海事处、运输管理处、船舶检验处、稽查征收处、信息中心、综合执法大队、安全保卫处、规划建设处。下设机构为三堡船闸管理处、货运管理处、航道养护管理处、水上交通指挥中心(搜救中心)、杭州市港航管理局杭甬运河(浙江省杭州市杭甬运河地方海事处)、内河管理处、钱江管理处、临安管理处、萧山管理处、富阳管理处、桐庐管理处、建德管理处、淳安管理处,其后 8 个管理处同时挂地方海事处、船舶检验所和航政下属大队三块牌子,编制 1 200 名。主要工作职责为依据有关法律、法规,具体负责全市航道管理、港政管理、运输管理、港航监督、船舶检验、安全监督及其有关活动的水上交通管理工作。

嘉兴市港航管理机构也在改革开放和运河交通运输迅猛发展中不断发展壮大。1979 年 2 月 1 日,根据浙江省革命委员会有关调整交通管理体制的指示精神,浙江省嘉兴地区航运管理处再度建立(驻湖州),同时,所属各县的航运管理机构相继恢复。县航运管理所的财务、物资、劳动工资、基建计划和运管、港监、航道养护等业务归入地区航运管理处,行政、干部管理则分别接受地区航运管理处和县交通局双重领导。1983 年 7 月,嘉兴撤地建市。同年 10 月,嘉兴地区航运管理处撤销,分别建立嘉兴市和湖州市航运管理处,履行贯彻执行上级有关水运管理和法令、指示和规章制度,结合本市实际情况,担负港监安全监督、船舶检验、水上运输管理、航道工程、规费稽征、政治工作等职责。

1989 年,嘉兴市航运管理体制由省下放到市,实行条块结合,以市为主的管理体制。市设航运管理处,县(市)设航运管理所,行使水路运输管理、港航安全监督、船舶检验、港口及航道建设养护等管理职能。市航运管理处隶属于市交通局,县(市)航运管理所实行市航运管理处和县(市)交通局双重领导。市航运管理处下属 6 个航运管理所、35 个航运管理站、1 个航道疏浚队、1 个航道机械厂、1 所职工学校。1992 年 12 月,建立嘉兴市内河港务管理处,与嘉兴市航运管理处实行两块牌子,一套工作班子。1993 年 9 月,为适应对外工作和依法行政需要,嘉兴市航运管理处增挂嘉兴市航道管理处、嘉兴市港航监督处、嘉兴市船舶检验处牌子。同时,各县(市、城郊)航运管理所增挂县(市、城郊)航道管理所、港航监督所、船舶检验所牌子。

随着社会主义市场经济的建立,乡镇船舶剧增,运河航运飞速发展,地方航运管理任务日益繁重,船舶管理进一步简政放权。1994年,嘉兴等地县(市)航运管理所实行条块结合,以县(市)为主的领导体制,将原县(市)航运管理所(港航监督所、航道管理所、船舶检验所)隶属关系,从以市(地)航运管理处领导为主,调整为以所在县(市)交通局领导为主。为便于宏观调控需要,原市航运管理处根据省政府134号文件设立的水上交通控制站,隶属于市(地)航运管理处直接管理。2000年5月,建立嘉兴市航政管理支队,所属县(市、城郊)航运管理所相应组建航政管理大队。2000年,浙江省政府以浙政发〔2000〕215号文件公布嘉兴市31个港航管理检查站名单,即嘉兴市王店港航管理检查站、新港航管理检查站、王江泾港航管理检查站、塘汇港航管理检查站、三塔港航管理检查站、思古港航管理检查站、嘉善县红旗塘港航管理检查站、下甸庙港航管理检查站、太浦河港航管理检查站、杨庙港航管理检查站、魏塘港航管理检查站、平湖市平湖大桥港航管理检查站、乍浦港航管理检查站、城西港管理检查站、新埭港航管理检查站、广陈港航管理检查站、海盐县沈荡港航管理检查站、武原港航管理检查站、白苎港航管理检查站、通元港航管理检查站、官堂港航管理检查站、海宁市硖石港航管理检查站、袁花港航管理检查站(含夹山港航管理检查点)、长安港航管理检查站、斜桥港航管理检查站、桐乡市崇福港航管理检查站、乌镇港航管理检查站、石门港航管理检查站、梧桐港航管理检查站、屠甸港航管理检查站、大麻港航管理检查站,进一步强化了基层航道航政管理、运输管理、海事管理、船舶检验、安全监督以及有关水上交通行政执法管理。

2002年8月,嘉兴市航运管理处和嘉兴市内河港务管理处合并,更名为浙江省嘉兴市港航管理局,浙江省嘉兴市港航监督处更名为浙江省嘉兴市地方海事局,浙江省嘉兴市航道管理处更名为浙江省嘉兴市航道管理局,浙江省嘉兴市船舶检验处更名为浙江省嘉兴市船舶检验局。机构更名后,仍实行一个机构、四块牌子、两套工作班子,机构规范、人员编制等均不变。2006年,浙江省嘉兴市航道管理局港航监督科更名为海事科。到2010年,嘉兴市港航管理局内设办公室、人委办公室、人事教育科、计划财务科、水路运输管理科、船舶检验科、海事科、航道管理科、内河港口管理科、稽征督察科、设备管理科。

1983 年嘉兴撤地建市,10 月份嘉兴地区航运管理处撤销后,1984 年 1 月成立湖州市航运管理处,隶属市交通局,为自收自支副处级事业单位,辖长兴、德清、安吉 3 县及湖州市区航运管理所。1993 年,增挂湖州市港务管理处。2002 年 9 月 16 日,浙江省湖州市航运管理处、浙江省湖州港务管理处合并,更名为浙江省湖州市港航管理局,增挂浙江省湖州市地方海事局和浙江省湖州市航道管理局牌子,三块牌子,一套班子。所辖本级和各县港航管理所相应更名为港航管理处。2012 年,浙江省湖州港航管理局、浙江省湖州地方海事局、浙江省湖州市航道管理局分别更名为湖州市港航管理局、湖州市地方海事局、湖州市航道管理局。同时,增挂湖州市水上交通执法支队牌子。浙江省湖州港航管理局湖州管理处、浙江省湖州地方海事局湖州海事处、浙江省湖州市航道管理局湖州管理处分别更名为湖州市港航管理局直属分局、湖州市地方海事局直属分局、湖州市航道管理局直属分局。同时,分别增挂水上交通执法支队直属大队牌子。德清、长兴、安吉县港航管理处、地方海事处、航道管理处分别更名为港航管理局、地方海事局、航道管理局。同时,分别增挂水上交通执法大队牌子。浙江省湖州市地方海事局湖州船舶检验处、浙江省湖州地方海事局湖州海事处船舶检验所分别更名为湖州市船舶检验局、湖州市船舶检验直属船舶检验所。德清、长兴、安吉县地方海事处船舶检验所分别更名为德清、长兴、安吉县船舶检验所。2013 年,湖州市港航管理局编制 550 名,其中市局本部 98 名,各直属分局及执法支队直属大队 232 名、德清县港航管理机构 75 名、长兴县港航管理机构 88 名、安吉县港航管理机构 57 名,机构规格相当于副县级,经费形式为财政拨款,内设运输管理科、港航监督科、船舶检验科、航道管理科、计财稽征科、技术设备科、重点工程科、港务管理科、法制科、组宣人事科、办公室、培训科(挂航运培训中心牌子)。

湖州市港航管理局的主要职能:一是港航管理。贯彻执行国家关于水路运输的方针、政策、法规,负责对水路运输企业、各种运输船舶开业审批。负责对水力运输企业、各种运输船舶对国家和政府下达的运输计划执行情况的检查,并协调运输合同执行中发生的问题。对主管范围内水路运输情况进行研究,定期发布水运情况分析报告,负责汇总上报运输统计报表。及时汇集和发布水运技术、经济信息,为水路运输企业和各种运输船舶提供咨询服务,组织培训水路运输管理专业人员。维护运输秩序,协调各种水运业之间、运输船舶和港埠企业之间的平衡衔接,处置纠纷,督促提高运输、服务治理,组织交流先进运输经验,提高水运管理水平。负责对运输管理费的计收和使用,负责国内船舶运输经营资质管理的具体实施工作,负责对运输管理服务行业实施行业管理。负责编制港口发展规划、港口作业安全和调查统计工作;负责港区公共码头、专用码头的审查、复核和管理。二是海事管理。负责贯彻国家和上级有关水上交通安全方针、政策、法令、法规和海事条例、规章。办理船舶登记、核发船舶国籍证书、船舶所有权证书或船舶登记证书或船舶执照,编制船名录。负责核发船舶航行签证簿,办理船舶进出港口签证,检查船舶适航状况和船员配备情况,监督管理辖区内船舶航行、停泊秩序,水上危险货物的安全装运和船舶排污。负责组织船员考试,核发船员适任证书,掌握辖区内持证船员情况,负责管理技术船员档案。负责部署水上遇险船舶和人员的救助,受理水上交通事故报告,负责水上交通事故的调查处理并定期上报,编制辖区内重大交通事故专题报告,分析事故原因,提出防范措施。审核、管理辖区内岸线、水域的正常使用,监督辖区内导航设施和标志的正常使用,监督航道碍航物的及时清除,狭窄危险航道、港口及锚地通道的船舶流量和密度的测定并研究提出改进措施。综合管理船舶检验工作。三是航道管理。宣传、贯彻、执行与航道有关的法律、法规、规章,以及国家有关航道政策和技术标准。拟订航道建设规则、养护计划、航道技术等级,按规定经批准后组织实施。负责航道管理、养护和建设方面的工作,对航道养护和建设工程实施管理。审批与通航有关拦河、跨河、临河建筑物的通航标准和技术要求。配合有关部门开展与通航有关河流的综合开发与治理,负责协调水资源、河沙资源综合利用中与航道有关的事项。组织开展航道科学研究先进技术交流和对航道职工进行技术业务培训。负责对航道养护费、船舶过闸费等规费的征收和使用管理。

绍兴市运河等水上交通运输管理机构成立于 1976 年 5 月,时称绍兴地区航运管理处,下设绍兴、诸暨、上虞、嵊县 4 个航运管理所。1981 年,成立新昌航运管理站,隶属新昌县交通局和绍兴市航运管理处领导。市管县后,名称相应改变。1983 年 10 月,绍兴地区航运管理处改为绍兴市航运管理处,下设运输、港监、船检、工程财务、办公室等科室,下辖航道队、航运派出所和县(市)6 个航运管理所,1988 年 5 月,增设越城区航运管理所,编制为 488 人。1989 年 6 月,航运管理体制由省下放到市,采取条块结合的航运管理体制,绍兴市航运管理处改属绍兴市交通局领导。1991 年编制定员为 376 人,1996 年批准定员为 372 人。1998 年 8 月,绍兴县、诸暨市、上虞市、嵊州市的航运管理所的人事、劳动、工资管理权下放给所在县(市),港航事业费坚持"统收统支、专款专用、保证重点、兼顾一般"的原则,由省统一管理,分级安排。1999 年,绍兴市航运管理处批准定员为 162 人。同年 8 月 22 日—9 月 22 日,绍兴市航运管理处与各县(市)交通局签订了交接协议。1999 年 12 月 30 日,绍兴市航运管理处增挂绍兴市航道管理处、绍兴市港务管理处、浙江省绍兴市港航监督处、浙江省绍兴市船舶检验处牌子。次年,绍兴市各县(市)航运管理所同步增挂上述牌子。2000 年,绍兴市航运管理处港航监督科与船舶检验科合并为港监船检科,增设办证中心和绍兴市水上交通巡查支队。2001 年,绍兴市航运管理处批准定员为 140 人,包括各县(市)航运管理所。2002 年 8 月 9 日,浙江省绍兴市港航监督处更名为绍兴市地方海事局。2003 年 9 月,绍兴市航运管理处与新昌县交通局签订交接协议,新昌县航运管理所成建制下放给新昌县交通局管理。

2002 年,浙江省绍兴市航运管理处、浙江省绍兴市港务管理处合并,更名为浙江省绍兴市港航管理局,增挂浙江省绍兴市地方海事局、浙江省绍兴市航道管理局和浙江省绍兴市船舶检验局牌子,四块牌子,一套班子,是行使全市水上交通安全管理,运输管理,航道建设、养护、管理,港口管理,船舶检验,水路规费征收等行政执法管理的事业性单位,隶属于绍兴市交通局,业务上受省港航管理局领导。所辖本级和各县港航管理所相应更名为港航管理处。

绍兴市港航管理局的主要职责:贯彻水上运输管理的方针、政策、法令、指示和规章制度,拟报水上交通的规定和办法;在水运行业实施运政管理、航道管理、水上安全管理。具体负责管理水运市场,编报水上客货运输以及港口、航道发展规划和年度、季度运输计划,季度航道养护建设计划;审查、平衡、上报跨区托运计划和检查汇报其完成情况;审批县境内的客运航线开辟、班次,调整站点设施;指导所属水系港埠生产,合理安排港口布局,确定港区范围,制定港口生产管理办法。贯彻执行船舶机务管理制度,负责水上交通事故的处理,汇总上报水上交通事故统计,负责办理沿海和内河40匹马力机动船船员的培训、考核和职务签证,办理船舶、船用产品和200吨级以上机动船的检验和发证;负责全市航道、桥梁的养护、建设工作,编报和审查全市范围内的重大、中修单项工程的计划、设计、施工预算工作,检查进度和质量,组织竣工验收;征收航政规费、负责全市航道、航政管理和航道及航道设施的养护;负责港航设施建设使用岸线的审批工作;负责港航事业规费的稽征和使用管理;制定水运建设、港航长期规划;负责全市水运行业统计管理及信息引导;指导全市水路行业的精神文明建设和职工队伍建设。

绍兴市港航管理系统还包括运河沿线等港航管理检查站点,负责辖区水上运输管理,航道建设、养护、管理,港口管理,水上交通安全管理,以及船舶检验、水路规费征收等工作。2000年5月,绍兴市交通局对全市通航水域内设置的18个各类检查、监督、管理费站(点)进行了清理。2000年9月26日,经浙江省人民政府发文批准,撤销绍兴城区五云、城北、诸暨凰桐3个航运管理站,保留15个港航管理检查站(点),即绍兴市区(越城航运管理所辖属)偏门港航管理检查站、绍兴县钱清港航管理检查站、柯桥港航管理检查站、齐贤港航管理检查站、皋埠港航管理检查站(2000年该站划转绍兴市越城区航运管理所辖属,更名为绍兴市皋埠港航管理检查站,2003年更名为绍兴市城郊港航管理检查站）、诸暨市湄池港航管理检查站（2003年更名为诸暨市店口港航管理检查站）、五泄港航管理检查站、城关港航管理检查站（2003年更名为诸暨市城郊港航管理检查点）、上虞市盖北港航管理检查站、曹娥江港航管理检查站、百官港航管理检查站、通明港航管理检查站、三角站港航管理检查站、嵊州市三界港航管理检查站、新昌港航管理检查站。这些港航管理检查站全部实行规范化管理，建立首问工作制、服务承诺制、交通行政执法职业道德基本规范、AB角工作制、两微报备制等，明确了检查站的站长及站员岗位职责、海事岗位职责、规费征收岗位职责、运输管理岗位职责，现场巡查岗位职责，并且基本情况上墙，统一建立日志台账，包括船舶规费征收登记日记台账、巡查记录台账（含海事、航道、运管等现场检查）、行政处罚案件登记台账、气象预报日记台账、船舶进出港签证登记台账、水上交通事故登记表、码头作业船舶管理登记台账、货运船舶进出港验证登记台账、文明创建台账以及站工作日志、航行日志、轮机日志。

宁波市的航运管理机构复建于1978年。1978年12月，建立宁波地区航运管理处，管辖余姚、慈溪、鄞县、奉化、宁海、象山6县内河及沿海水域。1978年，建立交通部船舶检验局上海检验处宁波验船组，隶属宁波港务监督。1982年，宁波验船组改称宁波检验站，并从宁波港务监督析出，直属交通部船舶检验局上海检验处。1984年4月，宁波地、市航运管理机构合并，成立宁波市航运管理处，管辖市区、镇海、余姚、慈溪、鄞县、奉化、宁海、象山内河及沿海水域（除宁波港域外）。1986年，宁波检验站改称中华人民共和国船舶检验局宁波检验处，直属交通部船舶检验局。1987年10月25日，增设浙江省宁波港航监督，与市航运管理处合署办公，对内称市航运管理处港监科。当年年末，宁波市航运管理处下辖市区、镇海、余姚、慈溪、鄞县、奉化、宁海、象山9县（市、区）航运管理所和五里牌航运管理站。1988年，宁波市计划单列，宁波市航运管理处下放宁波市，并建立浙江省船舶检验处宁波检验所。1990年3月，除宁波市区航运管理所和宁波市航运代理公司外，镇海、北仑、余姚、慈溪、鄞县、奉化、宁海、象山县(市、区)航运管理所和五里牌航运管理站析出,年末在册人员 123 人。

2002 年,宁波市航运管理处、宁波市港务监督合并,更名为宁波市港航管理局,挂宁波市航道管理局、浙江省船舶检验局宁波检验处牌子,三块牌子,一套班子。所辖本级和各县港航管理所相应更名为港航管理处。宁波市港航管理局机构规格相当于正处级,经费形式为财政拨款,内设办公室、组织人事处(监察室)、安全法规处(稽查处)、规划建设处(航政管理处)、港政管理处、运政管理处、船舶检验处、行政审批处、财务审计处、科技信息处(港航监控中心)和派出机构市区航运管理所、直属航运管理所。

宁波市港航管理局的主要职责:贯彻执行国家、省及市有关港航行业的法律法规、规章和方针政策;参与起草本市港航管理的地方性法规和政府规章,制定行政规范性文件和相关政策。指导、协调各县(市)区港航管理工作。参与编制全市水路交通、港口、航道、锚地等发展规划、计划;负责重要规划实施,承担一般规划研究、编制、报批和实施、维护及评价工作。负责水路交通、港口、航道、锚地等公共基础设施建设与维护的管理;承担水运工程建设市场监督管理;具体承担水运工程建设管理工作;承担港口危险货物建设项目安全条件审查工作。具体承担港口管理工作。承担港口经营及港口设施保安履约监督管理;承担港口岸线使用具体管理工作;承担港区内危险货物的装卸、储运、驳运等相关作业安全监督管理。具体实施水路运输行业管理工作。负责水路运输企业经营资质、经营行为监督管理;负责船舶交易行业管理;协调国家重点物资、国防交通战备、节假日的水路运输和港口作业。具体实施航道管理工作。负责航道建设与维护的行业管理;负责航道保护工作;负责涉航建筑物管理;发布航道公告。承担港航行业安全生产监督管理;负责港航行政审批、现场执法工作;指导、监督全市港航行政审批和行政执法工作。承担浙江省船舶检验局授权范围内的船舶法定检验、船用产品检验、船舶设计图纸和技术资料审查备案及相关业务工作。具体负责港航规费征收及使用管理;负责港口、水运行业的经济运行分析、统计工作;负责行业科技与信息化和标准化、节能减排、社会公共服务等推进工作;组织从业人员业务技术培训、考核;负责行业精神文明建设。

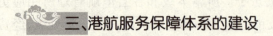

三、港航服务保障体系的建设

大力实施依法治航

浙江港航管理部门大力实施依法治航,把运河大浙江段航运事业纳入法制化管理轨道。1987 年 6 月,国务院颁发《中华人民共和国水路运输管理条例》,交通部发布《水路运输管理条例实施细则》。浙江省航运管理部门立即进行全面贯彻,对全省水路运输单位和个人重新进行登记,签发水路运输许可证、船舶营业运输证和水路运输服务许可证(简称"三证"),第一次摸清了全省水运运力及其分布情况,加强对全省水运运力的调控,抓好水路运输市场的清理整顿,为实现运河等水路市场宏观上加强管理,微观上放宽搞活奠定了坚实的基础。

1987 年 8 月 22 日,国务院颁布《中华人民共和国航道管理条例》,自当年 10 月 1 日起施行。1990 年 12 月,建设部发布《内河通航标准》,将通航 50 ~ 3 000 吨船舶航道分为 7 级,自 1991 年 8 月 1 日起施行。1991 年,交通部发布《中华人民共和国航道管理条例实施细则》,自当年 10 月 1 日起施行。根据上述条例和实施细则,1995 年 10 月,浙江省人民政府结合本省航道建设、养护、管理实际,制定颁布《浙江省航道管理办法》,1995—1999 年,开展了内河航道技术等级评定工作,确定全省四至九级航道长度为 10 405.64 千米。1996—2000 年,浙江港航系统先后制定印发《加强航道行政管理工作意见》和《浙江省航道管理、航道养护三级分工职责》等航道管理规章制度,数次组织干线航道清除航障工作。

1984 年起,根据国家经委、交通部《企业专用码头建设和管理试行办法》提出的"沿海、沿江、沿河企业,具备通航条件的,应该充分利用水运,依据'谁建、谁管、谁受益'的原则,积极建设企业专用码头,以满足本企业运输的需要"以及这些专用码头"在保证完成本企业运输装卸任务的基础上,如果能力有余,可与港务管理部门协商,……从事营业性装卸业务",浙江各地先后制定相应管理办法。根据1995 年 5 月国务院办公厅转发国家计委、交通部颁发的《关于加强港口建设宏观管理的意见》和 1998 年交通部发布的《交通部关于加强港口建设规划和港航设施建设使用岸线管理的通知》,浙江省编制了内河各主要港口总体布局规划。1999 年,浙江省交通厅对港航设施建设使用岸线实行分级管理:建设万吨级及以上各类泊位使用岸线,由省交通厅航运管理局审查后,以交通厅文报交通部审批;建设千吨级及以上各类泊位使用岸线,由省交通厅委托厅航运管理局审批,报厅备案;千吨级及以下泊位及其他港航设施建设使用岸线,各市地交通主管部门(或委托市、地港航管理部门)审批,报厅航运管理局备案。

进入 21 世纪后,浙江省进一步加强地方港航法律、法规建设,建立、完善行业管理体系,为港航事业的发展提供法制保障。2002 年12 月 20 日,浙江省第九届人民代表大会常务委员会第四十次会议通过《浙江省水路运输管理条例》,自 2003 年 1 月 1 日起施行。该条例体现了水路运输发展与国民经济和社会发展的有机结合,树立了水路运输为经济建设服务的宗旨;体现了市场经济的客观要求,有利于管理职能的转变;有利于调整和优化运力结构,促进浙江省水运装备整体素质的提高;有利于创造公平竞争的市场环境,维护良好的市场秩序。对规范水路运输经营活动,建立统一开放、公平竞争、规范有序的水运市场体系,促进浙江省水路运输事业的健康发展,为推进浙江省从航运大省走向航运强省提供重要的法律保障。

2005 年 10 月 20 日,浙江省人民政府公布《浙江省航道管理办法》。2007 年 5 月 25 日,浙江省第十届人民代表大会常务委员会第三十次会议通过《浙江省港口管理条例》。2008 年 11 月 28 日,新修订的《浙江省水路运输管理条例》经浙江省第十一届人民代表大会常务会议第六次会议审议通过,将水路运输管理职能授权给港航管理机构,变港航管理机构委托执法为授权执法,有效地推进了浙江省水路运输管理工作。2009年12月29日,浙江省交通运输厅根据修订后的《浙江省水路运输管理条例》,结合工作中出现的新情况,对《浙江省水路运输经营资质管理工作规程(试行)》进行修改,并更名为《浙江省水路运输经营资质管理工作规定》,以进一步规范水路运输经营资质管理工作。

2010年9月8日,浙江省人民政府第57次常务会议审议通过了《浙江省港口岸线管理办法》(简称《办法》),根据《中华人民共和国港口法》《浙江省港口管理条例》等有关法律、法规,结合浙江港口岸线管理现状,针对港口岸线规划、港口岸线使用和监督管理遇到的问题,研究、比较实践中所采取或者应当采取的措施,设定了相应的制度规范。《办法》的出台对建立资源节约型发展模式、合理开发利用岸线、发挥岸线最大的综合经济效益和社会效益、促进港口岸线资源的节约使用和可持续利用具有重要的意义。

2010年9月30日,浙江省第十一届人大常委会第二十次会议审议通过了《浙江省航道管理条例》,浙江省航道管理的地方性法规诞生,自2011年1月1日起施行。该条例明确县级以上人民政府应当保障航道建设、养护资金投入等职责,县级以上交通运输主管部门负责航道的管理工作,县级以上航道管理机构具体实施航道管理。《浙江省航道管理条例》的实施,有利于落实水资源综合利用,促进涉水事业多赢发展;有利于保持航道通航条件,减少安全事故和安全隐患;有利于构建现代综合运输体系,促进全省经济协调可持续发展;是适应浙江省社会发展,加强航道管理的法律武器。

2010年10月14日,浙江省港航管理局制定出台了《浙江省水路运输证照管理工作规定》,自2011年1月1日起实施,对全省水路运输许可证、船舶营业运输证、船舶营运证注销登记证明书、水路交通准予行政许可决定书等水路运输证照(重点对套印"浙江省港航管理局"印章的空白证照)的印制、申领、保管、核发、建档管理工作做出了具体规定。同时,还强调了各级港航管理机构工作责任制度和内部检查、考核制度,并对玩忽职守行为规定了相应处罚措施。

港航法规体系的建立和完善,为浙江依法治航、依法行政提供了法律依据,明确了管理机构的执法主体地位。

严格市场准入与加强监管相结合

进入改革开放新时期后,在"放宽、搞活"方针的指导下,大运河浙江段水路运输出现国营、集体、个体、联户一起上的新局面,形成多层次、多形式、多家经营的水路运输新格局。浙江港航管理部门在全面实施和不断深化航运管理体制改革,建立完善省、市、县三级航运管理体系,理顺行政管理关系的同时,严格执行《中华人民共和国水路运输管理条例》《国内船舶运输经营资质管理规定》《浙江省水路运输管理条例》等法律、法规和规章,既严把市场准入审批关,又全面加强监督管理,以准入后的现场检查、定期抽查、专项检查、预警检查等多种监督检查管理手段,有力地规范了运河水路市场,维护了水路经营者、旅客、货主等各方当事人的合法权益,逐步形成了规范有序、可持续发展的运河水路运输市场。

严格执行法律、法规和规章,严把市场准入审批关。1985 年 4 月,浙江省航运管理局颁发《关于水上旅客运输审批程序的通知》,规定县(市)境内和市(地)范围内跨县(市)的客运航线,由县市(地)航管处审批,同时向省局报备;跨市(地)、跨省(市)的客运航线由有关港航管理部门签署意见后,报省局审批。1987 年 6 月,根据国务院《水路运输管理条例》和交通部《水路运输管理条例实施细则》的规定,对水路运输经营单位和个人重新补办审批手续,重行签发水路运输许可证、船舶营业运输证和水路运输服务许可证(简称"三证")。1990 年,根据交通部《省际水路运输企业审批管理办法》,浙江航运管理部门开展了对水路运输企业的筹建、开业以及核发船舶营业运输证等相关工作,到 1990 年年底,仅嘉兴市就核发两户船舶营运证 16 085 本、专业水运企业船舶营运证 1 743 本、厂矿自备船营运证1 100本、水路运输服务许可证14本。1997年,浙江航运管理部门开展了以水路运输企业、单位及个体船舶的经营资格、经营行为和经营状况为主要内容的年度审验工作。1998年,嘉兴市航运管理部门对全市水运服务业进行检查,进一步规范水运服务企业的经营行为,使水运服务企业做到统一票据、统一收费标准、统一代理单证、统一持证上岗的"四统一"。

2001年4月1日,交通部《国内船舶运输经营资质管理规定》实施,按照该规定,浙江各市港航局(处)对符合经营资质条件及整改后达到经营资质条件的企业上报资料进行审核、评估。2002年12月1日起,实施《浙江省水路旅客运输经营资质评估管理规定》,规定了评估人员的基本条件,明确了评估工作程序。2003年起,港航管理部门对全省水路运输和水路运输服务经营者的经营资质开展定期检审工作,使各地从事水路运输业的经营者的竞争力得到有效提高。2008年5月,交通运输部颁布实施《国内水路运输经营资质管理规定》,《浙江省水路运输管理条例》完成修订,重新颁布实施。据此,浙江航运管理部门进一步严把水运市场准入关,认真做好水路经营者资质受理、审核、审批和转报工作,当年仅嘉兴市就受理、许可水路运输服务企业6家,新办、注销、年审、核(换)发船舶营业运输证6 247本。2009年12月29日,浙江省交通运输厅根据修改后的《浙江省水路运输管理条例》,修改《浙江省水路运输经营资质管理工作规程(试行)》,并更名为《浙江省水路运输经营资质管理工作规定》,进一步规范水路运输经营资质管理工作。

2012年10月13日和2014年1月3日,国务院和交通运输部先后发布新的《国内水路运输管理条例》和《国内水路运输管理规定》,依照新的法规和《浙江省水路运输经营资质管理工作规定》中的经营资质条件、程序和时限审核、审批,浙江港航管理部门认真做好水路经营者经营资质受理、审核、审批和转报工作以及普通货船运输个体经营者经营资格证书相关工作。2014年,仅嘉兴市就新办(含注销、年审、换发)船舶营运证4 532本(其中个体4 120本),普通货船运输个体经营者经营资格证书年内换证828人,新办证270人,累计换证 5 347 人,新办证 9 394 人。

同时,全面加强水运市场监督管理,健全水运市场监督管理体系,通过市场准入后的现场检查、定期抽查、专项检查、预警检查等多种监督检查管理手段,打击非法经营,规范水运市场。

加强水运市场监管,按照国家"四位一体"市场监督管理体系的总体要求,浙江省建立和健全包括行政监管、行业自律和社会监督三个子体系的水运市场监督管理体系。航运管理机构作为行政监管的主体,依据法律法规和行政规章,对水路运输经营者、水路运输服务经营者以及船舶在市场准入、经营资质、交易行为、竞争行为以及市场退出等进行全方位、全过程的监督管理。全省各地港航管理部门都狠抓队伍建设,严格行政审批和现场执法,强有力地规范水路运输管理,促进水路运输经营者合法经营,维护良好的水路运输市场秩序。2003 年 12 月,浙江省交通厅港航管理局制定并颁布实施《浙江省水路运输企业经营资质预警制度(试行)》,将预警分为绿色、黄色、橙色、红色四个警告等级,并对预警检查程序、预警扣分标准、预警机制启动等方面做了明确规定。2007 年,修订了《浙江省水路运输企业经营资质预警管理规定》。2008 年,开展了水路运输(服务)企业经营资质年度检查和经营资质预警检查,预防企业资质水平和管理能力的下滑,其中嘉兴市核查水路运输企业 30 家,企业各类运输船舶 555 艘,核查率为 100% ;核查水路运输服务企业 20 家,核查率为 100% ;依法注销了 2 家违反《水路运输服务业管理规定》水运服务公司的代理资质;3 家受到绿色预警的水运企业经过整改、复查合格后分别解除了预警。

2009 年 10 月,浙江省港航管理局又根据交通运输部《国内水路运输经营资质管理规定(交通运输部令 2008 年第 2 号)》《关于贯彻实施〈国内水路运输经营资质管理规定〉有关工作的通知(交水发〔2008〕141 号)》,颁布《关于浙江省水路运输企业经营资质预警管理的实施意见》,对预警检查项目分为一类检查项目和二类检查项目。一类项目为《浙江省水路运输企业经营资质管理规定(2007 年修订)》规定的检查项目;二类项目为交通运输部《国内水路运输经营资质预警管理办法》规定的检查项目。两类项目分别根据不同的扣分标准进行检查扣分，并分别确定预警等级。其中一类检查项目的水路运输企业经营资质预警分为绿色、黄色、橙色、红色 4 个等级，二类项目的水路运输经营资质预警分为橙色、红色 2 个等级。2010年，省港航管理局全面组织实施了《关于浙江省水路运输企业经营资质预警管理的实施意见》，重点对接受委托经营管理的企业进行定期预警检查，及时掌握企业经营资质，特别是安全资质维持情况，做到动态实时监管。全省共检查水路运输企业 1 058 家次，共有 176家企业受到不同程度的书面预警，其中 96 家企业受到绿色警告，24家企业受到黄色警告，30 家企业受到橙色警告，26 家企业受到红色警告。通过预警检查，掌握全省各地水运企业的经营资质状况。对部分经营资质下降的水运企业发出相应的局面预警和整改通知限期整改，促进水运企业经营资质的提高。

为了加大对水运市场的监管力度，严格执行经营资质管理规定，规范水运业户的经营行为，从 2008 年起，各地港航管理部门都建立了动态报备、监督检查等经营资质动态监管制度，采用年度核查和不定期抽查两种形式进行动态监管。每年开展的年度核查，即核查水路运输业经营人及其所属运输船舶遵守各类水路运输法律、法规及规章等情况，重点核查有无超越经营范围、违章经营及违反规定使用票据等行为；审核水路运输经营人经营资质保持情况，重点核查安全管理责任制度的落实和管理人员的配备情况，主要管理人员到位情况，并核查相关证书、合同；审核有关运输管理规费交纳情况，了解经营人的生产经营情况。同时审核运输船舶的经营资格和有无违规、违章行为以及事故情况，运输船舶有关证书是否相符、有效，有无篡改船龄和报废船舶继续从事营运的情况。2014 年，嘉兴市开展全市水路运输（服务）业经营资质年度核查工作，共核查各类水路运输企业 26 家，其中客运企业 4 家，液化危险品运输企业 2 家，企业各类运输船舶 461 艘；水路运输服务企业 44 家，核查率为92.9%；个体水运经营户 3 796 家。通过核查，进一步提高了水运（服务）企业、个体船舶依法经营意识，完善了水运管理信息系统数据和管理档案,增强了管理人员的服务意识,促进了水运市场秩序健康、有序发展。

加强行业自律,建立企业信用制度。2007年,浙江省交通厅发布《浙江省水路运输诚信企业管理办法(试行)》,在包括运河在内的全省水路运输企业中开展水路运输诚信企业评审活动,以加强水路运输市场信用建设,引导水路运输企业诚实守信,合法经营,自觉维护水路运输市场秩序。2018年10月,通过水运企业自愿申报,县、市二级港航管理部门逐级检查、初审,省港航管理局审核并对申报企业进行现场核查等评审程序后,经省交通运输厅批准后,嘉兴市南湖名胜发展有限公司、嘉兴市众安危险品航运有限公司、海宁市顺胜运输有限公司等10家水运企业荣获首批浙江省水路运输诚信企业称号。

"放宽、搞活"与加强行政执法

进入改革开放新时期后,浙江航运管理部门积极贯彻"改革、开放、放宽、搞活"的方针政策,倡导多家经营,鼓励竞争,搞活运河水路运输市场,同时也不断加大行政执法力度,清理整顿水运市场秩序,保护公平竞争,打击非法经营,强化水上交通安全管理,为港航事业的发展营造良好的水运市场环境。

统一、开放、竞争、有序是水运市场成熟的标志,也是港航事业发展的根本保证。1983年,浙江根据交通部提出的"有河大家行船,有路大家走车"方针,鼓励扶持社会运输力量发展。1984年2月,国务院规定,允许农民个人或联户购置机动车船和拖拉机经营运输业,提倡多家经营,鼓励竞争,变封闭型运输市场为开放型运输市场,实行指令性计划、指导性计划和市场调节相结合,并逐步缩小指令性计划,扩大指导性计划和市场调节范围,逐步形成以公有制为主体,多种所有制经济共同发展的新格局。1985年7月,浙江省改革杭嘉湖内河货物运输计划管理和旅客运输审批程序。放宽计划运输范围,下放审批权限,允许货主择优托运,凡市辖境内货物运输原则上免提运输计划,由承托运双方直接办理;跨市、跨省货物运输,一次托运量在 100 吨以下者免提运输计划,100 吨以上者实行计划运输(1987 年调整为凡满 30 吨的整批货物及全月累计托运量满100 吨的零星物资均应提送月度托运计划,进行综合平衡)。货物托运计划由航管部门独家受理改为多家受理,航运企业自主调配船舶,执行合同运输,保证重点,兼顾一般。县(市)、地(市)范围内的客运航线由地(市)航管处审批,跨地(市)、跨省客运航线由省航运管理局审批。

随着运输市场的开放搞活,民间营运船舶数量急剧增加,外省市船舶大量涌入,导致运力超过运量需求,不正当竞争加剧,水运秩序混乱。从 1989 年开始,浙江航运部门大力治理整顿水运市场,加强宏观调控,合理投入运力,加强货源管理,保证重点物资、指令性物资和大宗物资的运输,查处水路运输中经济违法活动,加强监督、管理力度,运输秩序渐趋好转。1990 年 9 月 28 日,交通部第 22 号令发布《水路运输违章处罚规定(试行)》,为加强水路运输管理、维护水运秩序、保护水路运输经营人合法权益和依法处置违章者提供了法律依据。浙江省人民政府和交通厅先后发文,要求继续开展水路客货运输市场的治理整顿工作。其中仅 8 月 11 日—17 日进行的为期 7 天的嘉兴与上海两市统一航查就查处违章船舶 4 173 艘,为水运市场治理整顿奠定了良好的基础。

1992 年后,浙江进一步放开运输市场,不再下达运力额度计划,同时水运秩序治理整顿力度也进一步加大。1993 年 10 月 20 日—11 月 10 日,嘉兴市开展了水路运政大检查,共检查船舶 7 928 艘,其中查处违章船舶 3 615 艘,无证营运船舶 314 艘,证件过期船舶 127艘,未年审船舶 87 艘,超越经营范围船舶 2 艘,持涂改或他人证件的船舶 21 艘,吨位不符的船舶 421 艘,逾期不缴规费的船舶 1 655 艘,逾期不缴运管费的船舶 1 133 艘,超载船舶 1 293 艘。1998 年,开展以深化高速客船营运管理、深化水运服务业清理整顿、深化危险货物运输整治、加强水路运输行业管理的"三深化、一加强"水运市场整治活动。2000 年,取消全省水路货物运输月度平衡会议制度,改为季度重点物资运输计划检查与水运信息分析会议制度,制定、完善水路运输管理规章制度,规范水运秩序。

进入 21 世纪后,随着水路运输的市场化机制基本确立,水运市场的治理整顿也日益规范。2001 年 4 月 1 日,交通部《国内船舶运输经营资质管理规定》实施,按照该规定,加大水运市场整治力度,重点审查无自有运力、无办公场所、无管理人员,只靠委托管理他人船舶生存的企业。其中嘉兴市先后组织 3 次大规模集中检查,检查各类船舶 19 074 艘,查处违法船舶 6 652 艘。2003 年 1 月 1 日起,《浙江省水路运输管理条例》施行,进一步规范水路运输经营活动,建立统一开放、公平竞争、规范有序的水运市场体系。当年,嘉兴市组织开展的水路运政检查,在为期 7 天的检查中,检查航运企业 22 家、水运服务企业 16 家和各类船舶 2 652 艘次,查处和纠正违章违法船舶 592 艘次,实施运政处罚案件 399 起。2005 年,推进内河运力结构调整,开发内河标准船型,强化水运市场监管,开展水上危险化学品运输船舶、船舶超载、低质量船舶、运输船舶委托经营管理、船员持假证任职等专项整治,加强水运企业经营资质动态管理,完善全省水上交通指挥系统。各市港航局(处)对符合经营资质条件及整改后达到经营资质条件的企业上报资料进行审核、评估。当年,嘉兴市开展的水路运政大检查在为期 5 天的检查中,检查航运企业 25 家、水运服务企业 19 家和各类船舶 3 921 艘次,查处和纠正违章违法船舶 460 艘次,实施运政处罚案件 352 起。

2009 年,《浙江省交通行政处罚自由裁量权实施办法(试行)》和《浙江省交通行政处罚自由裁量执行标准(试行)》实施,各地港航管理部门都组织运管人员进行了学习和研讨,并依照规定开展行政执法。当年,嘉兴市在为期 5 天的检查中,检查水运企业 20 家、各类营运船舶 1 655 艘次,查处和纠正各类违章违法船舶 218 艘次,实施运政处罚 111 件。2010 年 10 月 18 日—22 日,嘉兴市在为期 5 天的检查中,检查航运企业 425 家、各类船舶 1 437 艘次,查处和纠正违章违法船舶 105 艘次,实施运政处罚 99 起。

2000—2014 年,各地港航管理部门基本上每年都开展一次定点集中的水路运政执行大检查。同时日常的水路运政检查也日益加强和规范。在日常的水路运政执法检查中，2001—2010 年，仅嘉兴市就对各类违法营运船舶实施水路运政处罚案件 12 960 起，罚款 1 033.94 万元，没收非法所得 12.82 万元，罚没款合计 1 046.77 万元。

"放宽、搞活"与加强行政执法的双管齐下，有力地规范了大运河浙江段等水路经营者的经营行为，水路运输经营者依法经营的意识普遍明显提高，违法违章经营的船舶日趋减少，水路运输市场实现了健康、和谐、有序的发展。

完善船舶检验体系建设

1978 年后，浙江逐步建立和完善省、市、县三级船舶检验和管理体系，依法履行船舶检验和管理职责，船舶的检验和管理工作的质量和水平不断提高。

1979 年，全省各地（市）、县航运管理处（所）先后恢复和重建后，船舶检验所设在航运管理处（所）的港航监督科（室），负责船舶检验工作。随着船检事业的发展，各地的船舶检验部门先后与港航监督部门分设。1984 年 1 月，浙江省船舶检验处和湖州检验所以及所属各县检验站分别在浙江省交通厅航运管理局、湖州市航运管理处和各县航运管理所挂牌。1987 年 9 月，嘉兴市航运管理所及所属各县航运管理所都单独设船舶检验科（站），对外挂浙江省船舶检验处嘉兴检验所及各县船舶检验站的牌子。

各地船舶检验机构设立后，建立健全船检工作制度，逐步充实和培训船检人员，如 1988 年嘉兴市航运管理处就举办柴油机、轴系、焊缝探伤、船舶稳定性等 6 次培训，并派人参加省船舶检验处举办的"二级无损探伤"培训和考核。同时，在日常工作中采用传、帮、带的方法，以老带新，边带边教，使年轻船检人员的素质得以提高，技术力量不断加强。至 1990 年年底，嘉兴市船舶检验所就有船检人员 26 人，其中工程师 4 人，助理工程师 4 人，技术员 10 人。

社会经济建设的发展,促进了水运业的繁荣,带动了浙江内河造船业的发展。进入20世纪80年代后,水泥船、钢质船的建造数量明显增多。但有些船厂的经营、管理、技术、设备都较差,不少乡镇船厂盲目上马,建造的船舶质量参差不齐。为此,船检部门加强对船厂的督促管理,不仅严格规定各地船厂制造的船舶必须在船舶技术审核、批准后方可开工生产,船舶造好后经检验合格才能出厂,而且严格图纸的审批、加强上船检验,与船厂进行技术磋商,要求船厂按规范、规程设计建造船舶,杜绝无图纸造船现象。1990年,省交通厅航运管理局下发《关于加强内部管理,提高验船质量的通知》,贯彻"谁检验谁负责"的原则,明确验船人员的工作岗位和职责,要求认真做好船舶证书、检验技术文件等的填写和签发工作。各地船舶检验机构都认真完善船舶档案管理,做到一船一档,确保档案的完整性,使船检工作更趋正常。1991年12月1日,中华人民共和国船舶检验局颁布《内河钢船建造规范》,范围包括中国内河航区的各类钢质民用船舶。1992年,浙江船舶检验局出台《浙江省船舶检验工作程序和职责》,明确了船舶检验人员的工作程序和职责,确定了船舶建造检验、营运检验、改装检验应遵循的准则和要求。同年出台的《浙江省船用产品检验暂行规定》《浙江省船用产品检验工作程序》,为有效开展地方船用产品的监督检验,确保船用产品质量,保障船舶安全航行和安全作业的技术条件提供了更具可操作性的检验依据。

1993年6月,浙江省交通厅航运管理局增挂浙江省船舶检验局牌子后,杭州、嘉兴、湖州、绍兴等市航运管理处也都增挂船舶检验处,各县(市)航运管理所相应增挂船舶检验所牌子,省、市、县三级船舶检验机构由"处、所、站"改为"局、处、所"。

1990年之后,浙江开展全省乡镇船舶修造厂生产技术条件认可工作,全省226家修造厂提出认可申请,获认可证书的有195家,1993年为222家。

1995年,随着水监体制的改革,浙江省船舶检验局对原有《浙江省船舶检验三级分工职责》进行修改,颁布新的《浙江省船舶检验三级分工职责》,对省、市、县三级船舶检验机构的职责明确分工,其中由各市船舶检验机构审查的船舶,包括200总吨以下和主机单机功率小于220千瓦的船舶、载客定额在250人以下的客船、150总吨以下的油船和冷藏船,以及省船舶检验局授权的其他船舶。各县船舶检验所根据船舶检验处授权,办理除客船、油船及特种船舶以外建造(改装)初次检验和营运中船舶监督检验。1997年,再次调整处、所二级船舶检验职责分工,各种图纸审核由市船舶检验处负责(省局审核范围转省局审核),内河挂机货驳、农村渡船各种检验(制造、改装、初次、特别、中间、年度检验)由各县船舶检验所负责,各种机动船(除海船、旅游、客船、油船、危险品和化学品专用船、冷藏船、散装水泥船、工程船、特种船舶)、驳船、摩托艇、农用小客班的营运检验(初次、特别、中间、年度检验)由各县船舶检验所负责。

2001年4月23日,国家海事局发布《中华人民共和国验船人员适任考试、发证规则》。2002年,省、市、县船舶检验机构先后成立船舶检验机构资质认可和验船人员考证领导小组及工作小组。经考核,当年8月,浙江省船舶公布首批船舶检验证书审核、签发人员,其中湖州市有7人成为首批船舶检验证书审核、签发人。到2003年,各市、县申报的验船,经浙江省船舶检验局和上海船舶检验管理处审核、考试,均取得适任证书。

2002年,浙江省船检局对《船检登记号管理办法》进行了修订,重新编制"船检登记号申领表",增设"船舶报废、转港、更名时船检登记号登记表"。

2003年,浙江省船舶检验局印发《浙江省船检分支机构认可条件》。杭州、嘉兴、湖州、绍兴等市船舶检验处及所属各县船舶检验所一并获得资质认可,同时增配GPS(测航速用)、风速仪、超声波测厚仪等检验设备和工具。

2004年,杭州、嘉兴、湖州、绍兴等市船舶检验机构通过国家海事局的机构认可,获得国家海事局颁发的B类船舶检验机构认可证书,可以从事除国际航行船舶以外的船舶及其相关产品的图纸审查、法定检验及签发相应证书工作。其中嘉兴市有持证验船师26

人,在岗验船师26人。浙江省船舶检验局嘉兴检验处下辖6个船检签证机构,即嘉兴城郊船检签证机构、嘉善船检签证机构、平湖船检签证机构、海盐船检签证机构、海宁船检签证机构和桐乡船检签证机构,分别承担当地辖区船舶的营运检验和内河普货船舶的建造检验。全市还设立了太浦河港航管理检查站、思古桥港航管理检查站、王江泾港航管理检查站、梧桐港航管理检查站、平湖大桥港航管理检查站、红旗塘港航管理检查站、白芒港航管理检查站、袁花港航管理检查站等8个集中检验点,采取定时定点集中检验的方式对内河普货船舶进行年度检验。2007年起,全省各地船舶检验发证权限进行调整,各地船检签证机构统一以浙江省船舶检验局各市船舶检验处的指定范围开展船舶检验及签证工作,统一使用由浙江省船舶检验局下发的编号业务印章(签证章)。

2008年,国家海事局组织全国在岗验船师过渡性考试,浙江省仅湖州市就有28名验船师通过并取得C级注册验船师资格。2009年,根据国家海事局《关于开展注册验船资格考试工作的通知》,开始面向全社会开放验船师资格考试,考试设船舶检验专业法律法规、船舶检验专业实务、船舶检验专业综合能力、船舶检验专业案例分析4个科目。

2009年,浙江省船舶检验局调整各个船舶检验处的业务范围,其中由各市船舶检验处相应调整业务范围,包括船舶图纸审核(辖区除250客位以上客船外新建内河船舶设计图纸审核、改建和初次检验内河船舶设计图纸、内河船舶完工图纸、船检莫干山协议签署单位批准船舶图纸在辖区建造检验前图纸符合性审查、省局指定或委托的船舶设计图纸审核工作)、船舶检验(辖区新建和重大改建内河船舶建造检验、本地船籍船舶营运检验、省局或委托的船舶检验,承担其他船检机构委托的营运检验)、船用产品检验(辖区船用产品型式认可初次检验前期工作、辖区船用产品日常检验和发证工作、协调专业检验组在本辖区检验工作、省局指定或委托船用产品检验工作)。2010年,建立船舶法定检验质量体系和省船检局审图中心,船检基础建设得到加强。

2014年9月1日起,浙江省船检业务分工进行重大调整,省船检局不再承担具体船舶检验业务,不再直接面向企业收费,原由省船检局承担的船舶设计图纸审核和船用产品检验业务全部下放各地检验处。船检业务调整不搞"一刀切",按照各检验处的船检机构资质、技术能力和业务开展情况,分别规定业务范围,内河船舶检验业务相对集中于杭州检验处。省船检局从具体检验业务中解放出来,着力加强船舶检验监督管理和技术指导,加强对新型船舶、特殊船舶图纸审核的技术把关,推动全省船舶检验技术能力的提升。

到2014年,浙江省船舶检验工作保持稳定增长,全省地方船检共完成船舶检验27 677艘、1 264.97万载重吨。船舶建造检验完成1 027艘、49.3万总吨,其中河船830艘、20.09万总吨,比上年增长4.5%和28.4%。船舶营运检验完成26 650艘次、1 215.68万总吨,其中河船20 134艘次、369.95万总吨。当年,杭州市完成船舶建造检验74艘、18 700总吨,营运检验4 141艘、790 485总吨;图纸审核102套,各类船用产品近5 000件。嘉兴市共检验船舶5 262艘、112.04万总吨,其中建造检验325艘、7.48万总吨,营运检验4 937艘、105.56万总吨;图纸审核148套,各类船用产品检验243批次。

持续提升海事监管能力

进入改革开放新时期后,大运河浙江段以水上交通安全为中心的海事监管体系不断完善,海事监管能力持续提升,有效地保障了运河等内河航运业的健康、稳定、持续发展。

海事管理机构的前身称港航监督。1987年8月,浙江省交通厅《关于统一全省港航监督机构对外工作名称和印章的通知》规定,从当年10月1日起启用"浙江省××市(地)××县(市)港航监督"名称。港监人员统一着装,佩戴标志执行任务。2002年9月,全省港航监督统一更名为地方海事局(处),根据《中华人民共和国交通安全管理条例》,对所辖内河通航实施水上交通安全监督管理。

港监海事部门贯彻执行中央和省、市及主管部门其他有关水上交通安全的法规和决定,制定和实施包括运河在内的浙江航区水上交通安全管理的规章制度和各项安全措施。1979 年 9 月 27 日,统一实施交通部颁发的《中华人民共和国内河避碰规则》。20 世纪 70 年代初,执行《关于加强安全生产的通知》(1970 年)和《关于加强运输船、渡船、渔船安全管理的规定》(1971 年),进行水上安全整顿。1985 年起,执行交通部《船舶安全检查暂行办法》(1990 年修订为规则)。《浙江省船舶违章处罚规则》(1985 年)规定,对船员违章处以 5~100 元的罚款,对船舶所有人处以 10~1 000 元的罚款,对违章情节严重的除经济处罚外,给予警告、扣证、吊销执照、扣船处罚,触犯刑律的,提请司法机关依法追究刑事责任。1986 年 12 月 16 日起,贯彻实施国务院颁布的《中华人民共和国内河交通安全管理条例》。1987 年起,实施国务院颁布的《关于加强内河乡镇运输船舶安全管理条例》。

1987 年以来,根据国家、交通部和浙江省有关规定和指示,对干线航道、港口作业、船闸、渡口、乡镇船舶、客(渡)船、危险品运输等重点内容都制定了相关办法和规定,以实施依法行政。1997 年 9 月 4 日,浙江省人民政府第 88 号令颁布《浙江省渡口安全管理办法》。1998 年 1 月 6 日,浙江省人民政府第 91 号令颁布《浙江省水上交通事故处理办法》。4 月 3 日,浙江省人民政府第 94 号令颁布《修改〈浙江省内河水治安管理办法〉的决定》。

建立省、市、县三级安全检查制度,开展安全大检查工作。各地港监海事部门都建立航查队,经常组织以航管为主,企业安全部门等人员参与的航查活动。1987 年 9 月 11 日,浙江省颁发《浙江省乡镇船舶安全管理暂行办法》,开展乡镇运输船舶整顿,检查两户船舶、核发"水路运输许可证""运输服务许可证""船舶营业运输证",严禁违章航行,严禁客货超载,确保客货安全。1990 年 9 月,实施交通部颁发的《中华人民共和国海上交通监督管理处罚规定》和《中华人民共和国内河交通安全管理违章处罚规定》,其中,杭州市组织 7 836 人次,出巡 1 148 艘次,检查船舶 35 571 艘次,查处违章 13 100 艘次。1993 年贯彻《浙江省人民政府关于保障杭嘉湖地区干线航道畅通的通知》，抓源头、禁超载、清航障、勤航查、保畅通。1994年，开展制止摩托艇经营客运、制止船舶易地办证、制止船舶挂靠经营、制止内河船舶严重超载的"四制止"专项整顿活动。1996年起，各地地方海事局与县、乡建立各种形式的安全组织，签订安全目标责任书等工作制度和长效管理机制，建立稽查大队和航查队，以确保水上交通安全。当年，杭州市检查船舶20 900艘次，查处违章6 647艘次。

1997年，开展内河客运船舶、船员证照、危险货物运输安全3个专项整治活动。1997年11月5日，交通部发布《中华人民共和国船舶安全检查规则》，规定各港务(航)监督负责对进出本港的中国籍船舶实施安全检查，对船舶实施安全检查的内容、程序、处理及法律责任做了统一规定，强调船舶存在的缺陷危及船舶、船员及旅客和水上交通安全或可能造成水域严重污染的，检查人员有权禁止船舶离港。1999年，山东烟台"11·24"特大海难事故发生后，全省进行了为期1个月的水上安全大检查。2000年，杭州等地开展水上安全管理年活动，其中杭州市组织人员16 500人次，出巡港监船1 879艘次，检查船舶23 337艘，查处违章船1 067艘次。

每年在全面检查的同时，根据当年出现的安全新情况和新问题进行重点检查。1986—1999年，贯彻国务院、交通部和省、市政府下发的紧急通知和决定等，对客(渡)船严重超载进行重点检查并加强监督，严禁超载。1989—1993年，针对京杭运河经常发生堵航的情况，在重点开展整顿水路货运市场活动中，采取港监、船检、运客同时进行，重点检查"三无"(无经营许可证和营业执照、无驾驶证、无船舶登记证)证照船，严禁超载运输、非法运输。1997年，开展内河客运船、船员证照、危险货物运输安全三项专题整治活动。每年春运期间，检查人员坚持深入码头现场开展以查堵三危物品(易燃、易爆、有毒)为中心的安全检查，禁带危险品上船。2002年，浙江省根据交通部的部署，健全、落实县乡政府乡镇船舶安全管理责任制度和船舶登记责任制度，同时加强客船、液化气船、油船等重点船舶的现场签证制度；打击船舶超载，强化对危险品船舶的监管力度，规范船舶秩序;进行了特定种类船舶船员特殊培训的前期筹备工作,严格任职资格和条件审查,加强实际操作检查。2007年,杭州市海事部门共安检船舶7 286艘次,安检率占营运船舶的176%,查处缺陷8 303项,滞留2艘次。

2002年10月1日起,施行《水上交通事故统计办法》,县级以上地方人民政府交通主管部门依法主管其行政区域内单位和个人所属船舶发生的水上交通事故的统计工作,交通部直属海事局及省属地方海事管理机构负责所辖区内发生的水上交通事故的统计工作,并重新界定水上交通事故的统计范围和事故等级。

2005年后,持续开展船舶超载、无证客船载客等整治活动。当年,湖州港航处成立违章处理中心,建立调处分离制度和分级审批管理制度。各地港航管理部门积极引导当地船舶安装卫星定位系统(GPS),至2008年年末,仅湖州市就累计安装2 841台,客船、危险品船等重点船舶GPS终端安装率达100%。

同时,港监海事部门通过各站点监控和巡航检查等办法,实施水上救护,对沉船堵航、碰撞死伤人等事故及时赶赴现场抢救处理,消除隐患。2003年6月,浙江省交通厅港航管理局和湖州市港航局联合开发的船舶登记管理系统(网络版)用于地方海事部门船舶登记管理。2004年,全国内河首家水上交通指挥中心在嘉兴市港航局建成。该中心主要由航道数字远程监控、全球卫星定位系统、地理信息系统、水运通移动短信互动平台、接处警系统组成,实现24小时服务。2005年4月,宁波率先使用船舶IC卡,将船舶身份标识、基本信息、证书信息、安全检查等现场监督信息和进出港信息存入IC卡,提高办理船舶进出港签证、接受安全检查等手续时的效率。

2004年6月15日,嘉兴市智能水上交通指挥中心建成,可对水路交通实现及时有效的智能化监督管理,提高快速反应、快速处置的能力,实现管理与服务的互动。2005年4月10日,嘉兴各县市港航处水上交通指挥中心投入运行,全市水上交通指挥中心形成网络。全市水上交通指挥中心的成立,基本构成了嘉兴市水上交通安全快速反应体系,在防抗台风、寒潮和洪水等应急工作中发挥了关键作用。截至 2007 年 12 月，该指挥中心累计接处遇险报警 1 623 次，成功实施搜救行动 175 次，抢救遇险船舶 139 艘次、遇险人员 113 人次，搜救成功率始终保持 100%，取得航区遇险人员"零死亡"的成绩。

2005 年 7 月 11 日，杭州市水上交通指挥中心一期工程建成并投入试运行，总投资近 1 000 万元。中心设操作监控室、指挥会议室和中心机房三个主要功能区。中心下设千岛湖分中心、钱江分中心、内河分中心，涵盖网络系统、水上交通信息公告牌系统、水上紧急呼叫中心、船舶动态监控系统、航道视频监控系统、多媒体指挥调度系统、视频会议系统、船载 GPS 终端系统等。

2006 年，湖州市水上交通指挥中心大楼建成，10 月指挥中心启用，开通水上搜救专业电话"12395"，主要负责湖州市本级范围水上接处警和水上救助、交通管制，防汛、防台、防潮"三防"值班和指挥等。2009 年 2 月 23 日，绍兴市水上交通指挥中心系统和视频监控系统建设项目（一期）通过验收。

2010 年，全省水上交通指挥中心建成，实现对全省内河 80% 重要站点和重点航段的视频监控。在航道主要控制点建设大屏幕信息发布板等，初步实现内河水上交通安全的现场监管、事故报警、搜寻救助、疏航应急反应以及船户服务的信息化管理，提高了预警、应急救助反应能力。

全面加强危险货物运输管理。大运河浙江段危险品货物运输以散装油类为主，包装危险货物为次。据 2007 年杭州市区油品供应总量统计，水运油品量约占整个杭州市区用量的 70%，其中 68% 为汽油，杭州市区吞吐量达 205 万吨，过境运量为 50 万吨。1996 年前，大运河浙江段对危险货物没有专门的现场管理机构。1996 年 9 月，杭州北星桥谢村工作组成立，实行 24 小时现场监督管理，是杭州港第一个专门的危险品管理机构。2000 年，杭州市港航管理局成立内河管理处危险品管理站，建立危险品船舶临时锚地，安装锚地监控视频系统，实行对口管理。

危险品船舶安全管理措施及操作规程严格按照 1954 年交通部

《船舶装运汽油暂行规则》、《船舶装运危险品暂行规则》、1972 年《危险货物运输规则》、1981 年《船舶装载危险货物监督管理规则》、《国际海上危险货物运输规则》和 1983 年国务院《中华人民共和国防止船舶污染海域管理条例》、交通部《油船安全生产管理规则》、1984 年《港口危险货物管理暂行规定》及《中华人民共和国危险化学品安全管理条例》（2002 年国务院第 344 号令）等法律、法规执行，主要安全措施是把好本关，即做好危险品船舶申报关、安检关、调度关，做好一级危险货物船舶的护航关，做好危险品船舶装卸作业的现场监督关和船舶签证关以及危险品锚地安全管理制度关。

2004 年 10 月，《中华人民共和国港口法》《港口危险货物管理规定》等法律法规实施后，各地港航管理机构对单位内部危险品管理职责做出调整。港口危险品码头的管理职责由地方海事部门划归港政管理部门，并制定和实施了港口危险品管理的一系列制度、规则和工作程序，加强了有关码头危险品的安全管理。为加强对危险品码头的日常监管力度，各地都对危险品码头开展了专项安全评价工作，油库、散化危险品码头委托安全评价机构开展专项安全评价，促使企业对存在的问题进行整改，消除安全隐患。

2012 年，根据《危险化学品安全管理条例》，湖州市完成 23 家港口危化品作业场所监管范围的现场界定，并落实危货码头作业申报，推进港口安全现状评价，组织应急处置危货事故演练；积极试行"港口作业货物交接清单"，规范了港口岸线使用许可，为进一步强化港口安全管理，在全省率先实现了港口危化品监管职责的顺利交接。

2014 年 1 月 17 日，湖州市综合交通应急指挥中心正式投入使用。该中心是交通运输行业信息化管理的基础性和系统性工程，项目概算总投资 800 万元。主要以公路、港航、运管、质监四个业务部门为基础，进行资源整合、互联互通和共建共享，初步实现全市交通运输行业的"可视、可控、可测"，视频监控涵盖公路、水路、场站、车辆和重点监管区域，并基于 GIS 在地图上显示站场、车辆、公路状况等静态和动态信息。整合公路、水路、客运站场、办证大厅等固定视频以及客运车辆、执法车船、单兵装备等移动视频共计 1 300 余路。2014 年 3 月 13 日上午,京杭运河安全监控系统(鸦雀漾—博陆航段)二期工程通过竣工验收。该工程于 2012 年 10 月正式开工建设,2012 年 12 月通过交工验收,工程主要由航道视频监控、重点航段视频抓拍、GPS 自动核查、自动跟踪激光热成像、指挥中心电视墙改造、北星桥指挥分中心和武林头分中心扩容等部分组成,总投资 638 万元。二期工程的完工大大提高了水上安全监管效率,有助于管理部门及时准确地了解航道通航密度,从而提高管理部门处理突发事件的反应能力,保障运河航区各类船只的通航安全。

2014 年,嘉兴市港政部门开展港口油气输送管线安全专项排查整治和港口危险化学品安全专项整治工作,全面落实港口码头企业安全生产主体责任,做好港口危险货物建设项目安全条件审查,完成港口安全评价报告及其整改方案落实情况的备案 94 起。完成嘉兴内河港 113 家港口危险货物作业企业的"港口经营许可证"审核换发和"港口危险货物作业附证"配发工作。建立嘉兴内河港港口危险货物管理专家库,配合做好内河港口企业安全生产标准化达标工作,列入 2014 年达标范围的 13 家港口危险货物作业企业按要求及时完成达标工作。同时,组织开展全市内河港口安全生产大检查,对嘉兴内河港 113 家危险货物码头开展巡查 372 次,参加检查的人数达 1 217 人次,加强内河港口安全监督管理,保障了全市危险货物码头的生产安全。

加强船舶登记及签证管理。1978 年后,对个人或联户购置机动船,常年或季节性从事营业性运输的船舶,只要持有当地政府证明,经检验合格,均予办理船舶报户或过户手续,乡镇船舶发展迅猛。1984 年起,船舶检验机构依照《浙江省各级港航监督及船舶检验工作职责》、《船舶和船用产品监督检验条例》(1989)、《浙江省船舶检验工作程序和职责》、《浙江省船用产品检验暂行规定》(1992),加强对船舶的检验和管理。1985 年,交通部下达《关于严禁违章航行,立即制止客(渡)船超额运输,确保旅客安全的决定》,浙江全省航运管理部门都开展了对客(渡)船的检查、整顿工作,深入基层、船舶现场,重点检查安全质量。嘉兴市航运管理处经实地调查、研究,制定了《嘉兴航区核定内河船舶乘客定额和客船拖带的补充规定》,并据此,在1986年春运期间对"浙航502"轮等88艘客船的载客客位、乘客定额、客船拖带、稳性、救生、消防等设施配备进行重新核定。自1985年起,随着"两户"船舶数量的猛增,杭州、嘉兴、湖州、绍兴等地船检机构都认真做了检查、检验,对不符合检验要求的"两户"船舶不予检验登记。1987年,交通部、浙江省人民政府相继发文要求加强乡镇船舶安全管理,浙江省制定了《杭嘉湖10米以下非机动船检验规定》,部分乡镇船舶经过检验参与营运。湖州等地开始建立乡镇船舶管理机构,落实乡镇船舶管理人员,明确管理职责,加强安全管理。同时,加强船舶安全检验,在调查摸底的基础上,对老龄船舶进行检验,发现问题立即责令船主单位修、换,该报废的报废。1988年9月,嘉兴船检所就向浙航嘉兴分公司提出专业客船的整改意见,报停、报废客船14艘,消除安全隐患。

1995年前,船舶登记证书采用手写的方式,发放的证书是船舶登记和船舶执照。1995年1月1日起,实施《中华人民共和国船舶登记条例》,原船舶登记证书和船舶执照换成"中华人民共和国船舶所有权登记证书"及"中华人民共和国国籍证书"。大规格的"船舶所有权登记证书"和"船舶国籍证书",适用于50总吨或75千瓦及以上的船舶;小规格的适用于其他船舶。证书登记号确定为9位登记号码,船舶登记机关是各县港航监督所,并使用各所船舶登记专用章。

2001年9月,湖州市在市行政中心设立港航管理中心(船舶办证中心),由海事、船检、运管等主要业务科室抽调人员联合办公,所有涉及船舶办证管理条例统一受理、发放。各县港航管理处也都成立相应的船舶办证服务窗口,受理各类船舶办证申请,办证效率提高,更大大地方便了群众,受到欢迎。

2002年10月15日起,根据中华人民共和国海事局海船舶〔2002〕492号文件规定,启用新版内河船舶所有权、国籍证书、抵押权登记证书、光船租赁登记证书、注销登记证书和新的船舶登记专用章。各市(地)地方海事局根据授权,负责船舶登记的具体工作,其下属机关为国内船舶登记的受理机关,负责接受船舶登记的申请工作,不负责船舶登记的审核、批准和登记工作。

2002年,国务院决定撤销乡镇船舶管理部门。到2003年,各地乡镇船舶管理站全部撤销。8月1日起,根据《中华人民共和国内河交通安全管理条例》的规定,海事管理机构退出对乡镇船舶管理员行政管理、人事管理、经济管理等事务,监督检查乡镇船舶航行安全职能不变。

2008年,湖州市6 000多艘运输船舶全部安装《船舶垃圾告示牌》,地方海事部门在主干线港航管理站点设置船舶生活垃圾接收设施。

加强船员管理。1979年年底起,按照交通部《中华人民共和国轮船船员考试发证办法》《浙江省轮船船员考试发证补充规定》《浙江省内河船员职务规则》《浙江省船员培训工作管理暂行规定》《浙江省船员考试工作管理若干规定》等,港航管理部门恢复中断多年的船员培训、考试和证书发放等管理工作,并逐步走上正轨。

1990年前,船员培训、考试、发证等工作全部由港航监督部门负责,按照交通部和浙江省有关内河船舶船员考试发证办法和职务等文件执行,其中五等挂桨机船、三等驳船、渡船渡工由各县(市)港航监督部门负责,其他等级由市(地)自1990年起实行考试、培训分离制度,各地港航监督部门都先后单独建立船员培训机构。1991年,嘉兴市共举办船员培训48期,培训船员2 826人,有2 596名船员获得船员技术证书。到2007年,嘉兴市、县两级港航管理部门共举办三、四、五等级船员培训、发证660期,培训总人数达3.78万人,发证人数3.5万人。1991—2002年,杭州市也为杭州专业水运企业和私营船户开办内河三、四等级船员培训班20期,培训船员14 392人,其中驾驶专业900人,轮机专业539人,考试合格率86.5%。

2003年起,内河三等船员的考试、发证工作改由浙江省地方海事局负责,其他等级的则由各市(地)地方海事局负责。至2005年9月,杭州航区内河有三、四等级持证船员8 000多人,五等持证船员

3 000多人。2004年,按照浙江省交通厅港航管理局2003年5月1日下发的《浙江省内河船员培训管理办法》,开展内河客船、散装化学品船、油船船员特殊培训工作,所有客船、危险品船船员均持特培证书上船任职。2006年1月开始,根据2005年交通部1号令,浙江省对三等、四等、五等各类持证船员统一进行新证书的换发工作,进一步摸清了全省水上从业人员的持证情况。

2001年起,杭州航区开展《持证船员违章实行IC卡记点》规定,开创了全国内河持证船员违法记分先河。2003年,交通部亦出台了《中华人民共和国违法记分管理办法》,进一步加强持证船员管理。

1997年9月24日,交通部颁布《中华人民共和国船舶最低安全配员规则》,该规则适用于50总吨或36.8千瓦以上航行国内内河航线的中国籍机动船舶。此类船舶应持有相应的"船舶最低安全配员证书",并存放在船备查。2003年5月1日,浙江省交通厅港航管理局制定施行《浙江省内河船员培训管理办法》,明确各级海事管理机构在船员培训管理工作中的职责权限,同时还规定船员培训机构的资质、设施的配备标准。截至2004年年底,全省持有甲板部适任证书(船长、大副、二副、三副、值班驾驶员、值班水手)的船员为22 064人,持有轮机部适任证书(轮机长、大管轮、二管轮、三管轮、值班轮机员、驾机员、值班机工)的船员为22 143人。

2005年9月起,嘉兴市港航管理局开发并启用内河船员无纸化考试系统,船员考试从传统的纸面考试进入计算机无纸化考试时代。船员理论考试实施计算机终端考试,命题、审题、试题入库、组卷均在考试系统内完成,使同期应考人员的试卷都不同,提高了试卷的安全性和考试的公正性,对提高考试船员的整体水平起到了一定的促进作用。随后,杭州、湖州等地都先后实行无纸化考试,不仅提高了工作效率,而且在时间、资金、人力、物力、专业、社会资源等方面得到了优化整合。

加快信息化建设

1995年5月,浙江省港航管理系统综合信息网络始建,网络总投资558.39万元,其中网络设备投资503.02万元,网页开发及技术服务费为55.37万元。网络分一期工程和二期工程两个阶段建设。一期工程应用于杭嘉湖地区,实现厅航运局与杭嘉湖处、所及8个监控站的网络互联,于2001年2月20日通过厅航运局验收;二期工程实现了厅航运局与其他地区航管处、港务局及航管所的网络互联。厅航运局于2001年12月对整个网络进行了验收。

2001年,全省网络根据港航管理系统的实际情况,依靠公用电话网,通过拨号实现互联互通。在网络上运行的软件有全省港航管理综合信息系统(具有信息交流、业务查询、电子邮件的功能)、水路运政管理信息系统、稽征收费系统和港航管理综合监管系统。同年,浙江省船舶检验费实行电算化,提高了船检费收管理水平。

2002年12月6日,由厅港航管理局、嘉兴市港航管理局等单位联合开发的"浙江省水路规费稽征业务管理系统"通过省交通厅组织,省财政厅、省物价局等有关单位参加鉴定,成果达到国内领先水平。从此浙江省水路规费稽征在国内率先实行了电脑开票、网络化管理和银行卡缴费。该系统采用先进的信息技术构建了网络化的规费稽征业务数据库和管理应用平台,功能涵盖港航稽征票证业务、船舶档案管理、报表处理,实现了对港航规费征收的全过程管理,达到了票款同步,进一步规范了稽征管理工作。该系统在杭州、嘉兴、湖州等港航管理局试运行后,运行情况良好,达到了水路规费征收工作的要求,极大地提高了征收工作效率和现代化水平。

2002年,浙江省港航管理系统综合信息网经过近两年的建设,实现了省局与全省14个港航处(局)、港务局和44个所、8个监控站的网络互联。网络的建成为港航管理系统内的数据资源共享创造了条件,为业务软件的应用提供了一个技术平台。在网络上运行的软件有具有信息交流、业务查询、内部电子邮件功能的全省港航管理综合信息系统,水路运政管理信息系统,稽征收费系统和港航管理综合监管系统。利用网络还完成了杭嘉湖两万余艘船舶集中换证工作的计算机登记、资料的网络传输、网上资料的统计、查询工作。

2002年,由厅港航管理局组织开展的"水运管理信息系统推广"项目,于2002年3月通过省交通厅验收。取得的主要成果有:通过开展水运管理信息系统推广应用,建立起全省统一的水运管理信息系统,完成了水运数据录入,建立水运信息档案(营运船舶3.9万艘、460万吨),逐步实现日常管理工作计算机化,为全面实现水运管理现代化打下良好基础;促进全省港航部门装备的更新(共配置电脑40余台),改变以往手工办公的落后局面,加快管理部门现代化办公的步伐,提高全省港航管理部门的计算机应用技能和水运管理队伍的综合素质,改进管理手段,提高办事效率。

2004年,由省交通厅港航管理局和湖州市港航局联合开发的船舶登记管理系统(网络版)进入运行阶段,主要用于地方海事部门船舶登记管理。由于交通部海事局下发的船舶登记管理系统(单机版)尚不能适应浙江省港航管理实际,在部单机版的基础上重新开发了网络版的船舶登记管理系统,依托全省港航综合信息网运行,满足船舶登记业务日常管理和资源共享的要求,具有实时监控、防止登记差错、防止越权办证等功能,并具有与原系统历史数据的转换接口,减少换证数据录入工作量。

2005年10月21日,根据交通部海事局"一卡通工程"的推广计划,浙江省地方海事局向"浙萧山货23506号"的船主发放浙江省内河船舶IC卡。船舶IC卡中存储了所有由交通部海事局所要求的标准数据,在全国范围内通用。船舶IC卡的发放结束了以前船民携带大大小小资料办理签证的尴尬局面,减少了海事管理人员在检查中因人为因素而带来的纰漏,有效地避免了船舶重复登记,有力地打击了伪造船舶证书行为。当年12月30日,由省港航管理局和浙江天健软件有限公司合作研究开发的"浙江省水路运输管理信息系统",在杭州通过了由省交通厅组织的鉴定。该系统采用C/S体系结构,前端为 VB Net 开发的基于 Windows 的客户端,后端为 Microsoft SQL Server 2000 数据库的数据储存层,其主要功能有:实现运政管理部门日常管理,包括水路运输企业筹建、开业、年审、变更、注销的申请和许可,船舶新增、年审、变更、注销的申请和许可;企业、船舶各类业务数据查询、统计及报表管理等。该系统通过建立地方及省级数据库,实现网络化运作和全省数据共享,而且结构易于维护,界面友好易懂,功能实用全面,性能安全可靠,能有效提高工作效率、规范管理行为,为浙江省水路运输信息化、现代化管理奠定良好基础。

当年,省港航管理局科技计划项目——内河港口综合管理信息系统研究开发工作全面启动。根据省港航管理局的统一安排和开发计划,项目组前往杭州、嘉兴、绍兴等地进行需求调研。调研后即进入总体方案设计和需求分析设计阶段。该系统的开发旨在通过建立港口综合管理信息平台,动态地反映内河港口企业、码头单位的基本情况,以规范港口生产、统计、业务管理,实现港口经营许可证、危险货物港口作业认可证、港口岸线使用许可证等相关证书的网络化审批和管理。同时,由省交通厅港航管理局主持开发的“浙江省水上交通安全信息管理系统”“浙江省渡口安全信息管理系统”两套网络版计算机软件投入运行。新开发的两套软件是海事系统最重要的应用软件,是原浙江省港航监督局使用的两套单机版软件的升级、替代版本,是国家海事局和浙江省内河地方海事系统新的统计报表制度的配套软件,投入运行后大大提高了全省内河水上交通安全信息的传递效率,确保相关数据的时效性、准确性和完整性。

2007 年 1 月 18 日,浙江省首条内河测量船技术参数在杭州通过审查。3 月 8 日,长三角 IC 卡一卡通应用接口规范正式启用,完成卡内基础资料的读取。4 月 26 日,港航管理艇 2007 年度预招标工作完成。6 月 7 日,浙江省港航信息安全平台项目通过验收。7 月 4 日,船舶免停靠报港杭州试点项目启动。9 月 5 日,2006 年信息化项目绩效评价通过审查。9 月 23 日,全省港航信息化业务人员培训完成。10 月 17 日,浙江省港航综合数据平台通过中间验收。11 月

21日,全省在用信息管理系统编制完成并通过内部审查。11月25日,无源射频技术应用试点工作在嘉兴通过验收。11月26日,浙江地方海事业务数据处理系统通过验收。11月27日,全省港航管理系统科技设备工作会议在杭州召开。12月11日,全省港航管理艇后评估办法编制完成。12月12日,内河港口综合管理信息系统通过验收,采用B/S架构的港口管理平台,实现了港口业务数据的动态共享和信息化管理。12月18日,浙江省第一个完整的市级1:10 000地形图电子数据(湖州市)通过验收。12月24日,舟山、温州沿海两个港口船舶AIS信息上传省局,实现沿海港口船舶动态监管。

当年,浙江省内河首条千吨级航道——湖嘉申线湖州段率先在全国采用航道流量视频观测系统。该系统由清华大学自动化系研发,基于视频进行内河航道船舶检测与自动识别,可以实现航道船舶流量和货物流量的自动分析、统计。经南浔港航管理检查站试点测试,该系统与人工数据的抽样比对,船舶通行流量统计的精度白天达到96.5%以上,夜间达到93.5%以上。该系统还能准确测量船舶长度和航行速度,精度达到90%以上,并能利用船长估计船舶载重吨,准确区分船舶是重载还是空载,是单船还是船队,同时识别船队的驳船艘数。航道流量视频观测系统的投入使用,有效提高了航段的智能化管理水平,对船舶动态监管、搜集水运发展基础资料有着重要意义。该项目于2007年12月20日正式竣工。

2007年,浙江省港航局加快推进船舶动态监管服务系统建设。船舶动态监管服务系统有效地解决管理部门对船舶动态的掌握,提高管理水平,减少事故隐患。如浙北航段通过GPS及时掌握交通流量,实施有效分流,避免出现堵航情况;千岛湖航区多艘游船遭遇大雾,通过求助指挥中心实施导航,避免船舶海事事故等。省港航局在总结杭、嘉、湖等地区的经验的基础上,针对浙江省船舶动态监管服务系统的建设工作中存在的问题(主要包括政策、资金补助及船户的接受程度等)进行了研究讨论并制定了相关的支持政策。

2008年4月29日,浙江省港航局在杭州召开地方海事业务系统实施会议,明确数据交换、共享方式及相关业务流程等。地方海事业务系统是在嘉兴地方海事业务数据处理系统的基础上,将湖州的 IC 卡报港系统及杭州免停靠业务系统部分海事业务整合,按照信息数据标准规范和信息资源整合应用的要求,建立的一套海事综合业务管理系统。5 月 27 日,浙江省地方海事业务综合系统、事故处理系统及船员无纸化考试系统在湖州培训并在全省推广使用。5 月 20 日,浙江省交通厅对内河航道多视觉信息融合技术研究项目下发鉴定证书。该项目由省港航局和浙江工业大学共同完成,成果达到国内领先水平。该研究项目采用多视觉传感器的融合技术,通过大范围的视频摄像装置(或利用现有视频监控系统)及相应软件自动跟踪航道上船舶,实现了内河航道中各种交通流量数据的自动收集与统计;同时通过模式识别和标定技术,实现船名的自动识别和船舶载重量估算。该研究项目充分利用原有的投资和信息资源获取最大的效益,通过科技手段提高和扩大原系统的功能,提高港航系统的整体能力,以科技创新推动行业进步。

2008 年 7 月,杭嘉湖地区主动式 RFID 技术港航管理信息平台研究与应用成果总结报告会在嘉兴举行,就船舶 RFID 技术在内河航道试点的应用成果进行研讨。作为一种采集现场数据的手段,电子标签中的信息实现与港航业务数据库相连,一方面能够为现场港航执法人员迅速提供船舶的各类信息等,减少船舶检查的次数,提高执法效率,同时能为航道的各类统计和船舶防伪等提供即时详尽的第一手资料,便于分析研究。RFID 技术的应用有效地解决了船舶监控依靠人工的传统方式,提高港航管理的信息化水平,节约监管人力并且减少资金的投入。

2009 年 2 月 11 日,浙江省港口船舶 AIS 动态管理系统通过了省港航局组织的专家验收。该系统是省港航局 2008 年信息化重点项目。建设内容包括在全省 5 个沿海港口建立 8 个 AIS 接收基站,以及船舶安全监控、船舶引航管理、船舶状态管理等系统的开发,融合计算机软件、GPS 卫星定位、GIS、无线数据通信、AIS、航海地理学、信息管理系统等多种技术领域,建立起集港口船舶管理、船舶动态监控、海上 GIS 平台、导航于一体的导航监控指挥体系,实现港口管理部门对港口船舶的一体化监控、指挥、调度和管理。该项目的实施进一步提高了浙江省港口管理信息化水平和港口服务质量。7月27日,浙江省港航综合数据平台通过省港航局组织的专家验收,制定了全省港航业务数据规范和综合数据平台数据标准;对港航船舶业务系统进行数据抽取、转换和加载,建设港航船舶综合数据中心,并在数据中心的基础上建立信息关联查询、统计与分析展示平台和相应的业务主题模型,为港航实施信息化和科学化管理奠定了基础。

2010 年 11 月 5 日—6 日,长三角海事信息共享首次会议在杭州成功召开。上海海事局、上海市地方海事局、江苏省地方海事局、浙江省地方海事局的信息化分管领导及信息化负责人在会上达成共识,成立三地的信息工作领导小组及联席技术工作小组,确定相应的人员,具体负责信息共享事宜;在世博会原有的基础上,将三地的信息共享交换平台搭建在上海海事局,一期工作实现长三角地区签证数据的共享及小型船舶 GPS 监管平台信息的共享,以项目的形式推进各信息共享工作的有效开展。12 月 15 日,由浙江省省港航局统一开发,杭、嘉、湖三市港航局共同参与的"浙江省船舶综合监管系统"在浙北航区 8 个基层管理站点投入试运行,以进一步完善系统,提高可操作性,为系统后期的全面推广应用积累经验。船舶综合监管系统是浙北航区港航管理模式调整配套系统,是实施杭嘉湖地区扎口管理的必要科技手段。系统具有船舶监管、外省船舶档案采集、船舶报告、签证、世博安保等功能,首次实现杭嘉湖地区所有营运船舶的网上综合监管和船舶信息实时共享,达到优化管理模式、节约管理成本、提高管理水平、方便管理对象的目的,也为浙北航区港航管理资源整合、船舶科学化管理奠定了基础。

2011 年,湖州市港航管理局完成中心机房及网络改造,建成高容量核心网络平台和虚拟服务器,拓展和完善航道视频监控网络,深化船舶 GPS 终端应用,全航区船舶 GPS 终端安装数超过 1 万艘,安装率达 90% 以上,现场动态监管能力得到进一步提升。9 月 20日,湖州航区视频监控扩建项目通过验收。湖州航区视频监控扩建项目共新建30个航道视频监控点,9个扎口点船名号视频图像监控点,4个航道流量视频分析点,3个管理站大厅监控,6个港航站点多媒体发布系统等,采用先进的高清数字化监控摄像机。在全国首创建设的扎口点船名号视频图像监控系统,首次引入风光互补新能源供电系统,使湖州航区主要航道实现视频监控全覆盖。2013年,湖州航区航道视频监控网络进一步完善,完成航道视频监控平台升级改造和28个航道视频监控点建设,全航区视频监控点累计达到145个,有效提升了湖州航区船舶监管、航行安全管理现代化水平以及全航区通航水域交通管控能力。

2013年,嘉兴市在思古桥站建成了基于激光扫测技术的船舶交通流量监测系统,实现了船舶流量观测和超载、超限自动预警等功能;在海盐长山河泄洪区建设了视频监控和激光对射系统,实现泄洪区交通管制由"人防"到"技防"的转变;在浙沪交界水域设立平湖水上交通指挥分中心,实现了应急反应和处置的前移;完成了"嘉兴航区视频监控系统整合"工作,统一操作平台和更新所有模拟制式的视频监控设备。同时,在省交通运输信息中心的支持下,以尝试向第三方购买数据的方式,在航区内建成了3个AIS接收基站,接入船舶动态监管系统。

2014年,浙江省港航信息化步伐进一步加快。内河船联网示范工程建设实施方案通过专家评审,组织完成基于船联网的跨区域省级数据交换与服务中心(一期)和港航感知数据平台实施方案编制工作,统筹协调推进杭、嘉、湖港航局开展长湖申线、湖嘉申线、京杭运河杭州雅雀漾至三堡船闸段船联网应用示范工程建设,嘉兴和湖州相继研发基于激光感知和基于AIS、GPS及雷达等多技术融合的船舶动态监管系统。嘉兴市在通航密集区相继建成了14个基于激光扫测、AIS船舶识别系统、视频抓拍等多技术融合的船舶航行自动检测系统,实现了船舶航行数据与后台数据自动甄别和比对,并以市港航管理局为第一发明人申请发明专利,在全省推广;同时,相继建成了5个收发和12个单收AIS基站,实现了航区AIS接收信号全覆盖,船舶终端安装率超过90%;开展了个性化AIS终端研究,实现了船舶 AIS 终端与船舶主机同步开关。进行了多技术融合的内河航道三维测量关键技术研究,填补了国内空白;在新埭港航管理检查站建成了平湖水上交通指挥中心,提高了平湖处应急处置能力;建成了海盐长山河泄洪监控系统,实现了从"人防"到"技防"的转变;实现了省船舶动态综合监管系统与市级地方海事业务系统的融合。完成了湖嘉申线航道嘉兴段一期"船联网"示范工程建设。

当年,在全长 101.73 千米的杭甬运河绍兴段建成了 91 个监控点(144 路视频),6 处水位检测点、1 处自动气象信息站、3 个指挥分中心、改造 3 座船闸信息系统。至此,绍兴市已建成了 116 处航道视频监控点,179 路视频。完成了甚高频通信系统建设,在全市共架设 6 个模拟信号中继台和 12 个数字信号中继台,并通过交通内网进行组网联动,实现对辖区船舶统一或分布调度指挥。全市港航系统利用新建成的航道视频监控系统,尝试非现场执法,对途经杭甬运河的船舶进行视频查看,将船舶信息输入浙江港航综合监管系统进行比对查检,对发现的违法船舶进行跟踪、截图,并通过港航短信平台告知船舶经营人违章情况,要求其在规定时间内接受处理。2014 年利用非现场执法查处违法船舶 5 艘,并实施了行政处罚。

加强行业文明建设

社会主义精神文明是中华民族传统文化和传统美德在当代的传承和发展。自 1979 年 9 月 27 日中共中央提出要建设高度的社会主义精神文明以来,浙江港航人在建设社会主义物质文明的同时,努力建设高度的社会主义精神文明。经过 30 多年的社会主义精神文明建设,浙江港航和运河航运业的精神文明建设取得了丰硕成果,港航人和运河航运企业干部职工的文化、文明综合素质得到显著提高。

1983 年 6 月,中共中央批转的《国营企业职工思想政治工作纲要(试行)》提出要对职工进行系统的共产主义思想教育。1984 年起,省交通厅航运管理局按照省委统一部署,具体安排,加强组织领导,培训系统教育师资。港航系统和水运企业采取正规办学、脱产轮训办学,进行爱国主义、集体主义和社会主义教育。

1988 年,省交通厅航运管理局贯彻中央关于各行各业都要大力加强职业道德建设的指示,结合实际,广泛开展职工道德教育活动。1989 年,在职工中采取多种形式进行马列主义、毛泽东思想、党的基本路线和形势教育,深入开展创文明活动。1990 年,结合港航和水运特点,在职工中深入开展基本路线、基本国情和形势教育;坚持四项基本原则,反对资产阶级自由化。1991 年,对港航和水运企业职工继续开展基本路线、基本国情和形势教育,以及反和平演变教育。

1992—1995 年,在职工中进行社会主义市场经济教育,继续进行创文明活动。1996 年,组织职工学习邓小平中国特色社会主义理论。1997 年,对职工进行思想理论和职业道德教育,开展创文明行业活动。

1998—2001 年,在职工中开展文明窗口教育,深入开展创文明行业活动,进行行风评议活动。

2001 年,按照省委、省政府的统一部署,省交通厅航运管理局有计划、有步骤地开展了"机关作风建设年"活动。该活动自当年 4 月开始,至 12 月结束,分为动员、征求意见、分解落实、整改及总结 5 个阶段,通过广泛深入发动群众,虚心征求各方意见,做到有的放矢;坚持边查边改,立说立行,以整改的实际行动贯彻落实"三个代表"重要思想和十五届六中全会精神。活动使机关作风建设活动得到有效的延伸,取得更大的效应。2002 年,继续深入开展以"三文明一提高"为主要内容的创文明行业活动。5 月 30 日,省交通厅在杭州召开了全省交通系统创建文明行业工作会议,总结交流了"九五"时期以来创建文明行业活动的成果和经验,研究部署了"十五"时期创建文明行业工作任务,推出新一轮 46 个全省交通系统文明示范窗口。

2005 年,省港航管理局按照省委的部署,开展保持共产党员先进性教育活动。2007 年,省港航管理局继续开展"作风建设年"活动,打造"五型"机关。通过开展作风建设年活动,不接受公务迎送,不接受土特产,不搞超规定接待,不搞铺张浪费等逐步成为大家的自觉行动。

2010年,省港航管理局按照省委、省政府的部署,开展以"抓作风、提效能、促转型"为主题的深化作风建设年活动以及"之江先锋"创先争优活动,行业管理进一步加强,服务能力进一步提升,干部作风进一步转变,各项工作进展顺利。

2011年,浙江港航系统和水运业开展"解放思想、创业创新"大讨论活动,深入调研,积极查找问题、理清思路、破解难题,并结合"双服务"等工作,落实公开承诺事项,创新服务举措,增强服务意识和服务能力,推进港航系统行风建设,树立港航部门依法行政、文明服务、务实高效的管理形象。

2013年,浙江省港航管理系统开展了"十大最美港航人"和"十大最美港航品牌"推荐活动。杭州港航内河管理处孙培德、宁波港航工程科陈、温州港航规划建设处李雷、嘉兴海宁港航处顾建锋、湖州港航直属分局海事科徐建民、绍兴港航海事船检科施翔宇、金华东阳横锦港航站金大明、衢州龙游港航管理所郑建奎、舟山港航定海分局张焕章、台州港航船检处张志刚等10人荣获"最美港航人"称号;杭州港航千岛湖智慧港航品牌、宁波港航"36524"危货监管申报中心品牌、温州港航"双服务"模式品牌、嘉兴港航船文化博物馆品牌、嘉兴港航三塔港航管理检查站标准化管理品牌、嘉兴港务的品行立身和品质监港的质监品牌、湖州港航内河生态示范航道品牌、绍兴诸暨港航一站式惠民服务品牌、舟山港航船检创新管理品牌、丽水港航水上康庄工程品牌荣获"最美港航品牌"称号。

开展水路客运QC小组活动。1983年,浙航嘉兴分公司嘉善客运站,为实现质量第一、信誉至上的要求,开始采用新的管理方法,即先在"403"船和"504"船两艘客船组织QC小组活动点。"403"船首先总结以往教训,开展"避碰船员分岗、定位、加强瞭望,选道行船,主动避碰,礼让三分",B、D、C、A循环活动,又推动其他客船开展此项工作,实行一年多时间,安全航行100余航次,运送70余万人(次)旅客,做到优质服务、安全文明生产。1983年,"403"船QC小组活动获得省交通系统发表奖。1984年,交通部授予"403"船为优秀QC小组,授予嘉善客运站为"文明客运站"。1985年获省交通厅成果发表奖。"403"船小组被评为1985年度交通部优秀QC小组,这是全省交通系统QC小组在全国的唯一获奖者。

开展文明样板航道创建活动。2000年,按照交通部的部署,浙江全省各地港航系统根据各地实际情况和特点精心组织开展了文明样板航道创建活动,以进一步提高航道管理水平、防治水路"三乱"、向社会提供优质服务,涌现出一批由国家、省市命名的文明样板航道。

从2000年上半年起,根据交通部在全国开展"文明样板航道"创建活动的部署,浙江省交通厅在京杭运河浙江段全线开展了以规范水路运输市场秩序、提高航道管理和维护水平、深化行业精神文明建设为主要内容的创建活动。京杭运河浙江段(嘉兴鸭子坝—杭州三堡船闸)全长100千米,贯穿杭州、嘉兴、湖州3市,是浙江省内河水运的主干航道。该航段自1997年5月起按四级航道标准动工改造,1999年8月30日全线完工。2000年11月29日,交通部对京杭运河浙江段改造工程进行竣工验收,其被评为优良工程,并先后荣获2001年度交通部"水运勘察设计"一等奖、2001年度交通部"水运勘察设计质量奖"、2001年度浙江省"钱江杯"二等奖、全国第十届优秀工程设计铜质奖等荣誉。2001年6月8日,京杭运河浙江段文明样板航道通过了交通部组织的评审。9月5日,京杭运河浙江段航道被国家交通部(交水发〔2001〕486号)授予"文明样板航道"称号。这是继京杭运河江苏段后命名的全国第二段文明样板航道,也是浙江省首条被交通部命名的文明样板航道。

按照交通部《关于做好2004年度全国文明样板航道创建工作的通知》(交水发〔2004〕17号)精神和《文明样板航道评定办法》的规定,受交通部委托,浙江省交通厅于2004年10月18日—19日,组织复验工作组分别对京杭运河杭州段、嘉兴段、湖州段的文明样板航道创建巩固工作进行了复验。2004年12月,经交通部发文确认(交水发〔2004〕781号),京杭运河浙江段符合文明样板航道标准,继续保留"文明样板航道"称号。2007年12月,京杭运河浙江段全国文明样板航道通过了交通部复验。2012年,京杭运河浙江段再次通过交通运输部文明样板航道复查。

2003年4月开始,浙江省港航管理局、杭州市交通局、嘉兴市交通局在杭申线浙江段塘栖至红旗塘106千米航道共同开展了文明样板航道创建活动。20世纪90年代初,杭申线航道大部分航段仍处于自然状态,桥梁低矮,航道淤浅,航道等级低,通过能力弱。1993年,省政府颁发《关于加快杭嘉湖内河航道网改造工程建设的通知》。1994年,桐乡延寿桥航段、东双桥航段、嘉兴秀洲区陡门航段按五级标准进行了改造。在改造瓶颈航段的基础上,省计经委批复了《关于杭申线(浙江段)航道改造工程初步设计的批复》,同意按五级航道等级标准进行技术改造。1995年10月,交通部决定对杭申线浙江段的航道规划进行调整,将航道改造从五级提高到四级,整个工程从1994年8月开始建设,到2002年7月整个工程改造完成,共投资6.749 08亿元。

2004年1月,杭申线浙江段的文明样板航道创建活动通过了省交通厅初验,2005年5月中旬通过了交通部组织的专家组现场评审。2005年8月29日,交通部以《关于授予杭申线浙江段塘栖至红旗塘航道文明样板航道称号的通知》(交水发〔2005〕390号)正式授予杭申线浙江段塘栖至红旗塘航道文明样板航道称号。这是浙江省第二条被交通部命名的文明样板航道。

2008年7月15日,湖嘉申线湖州段建设示范工程经专家组验收并获得通过,以理念、技术和管理上的创新赢得了全国水运专家的一致肯定,成为全国内河航道建设样板。湖嘉申线航道湖州段,起于湖州船闸西,止于京杭运河日晖桥,全长43.2千米,是浙江省内首条建成通航的1 000吨级航道。2005年1月,湖嘉申线按三级航道标准开工建设。2006年,被交通部评为全国内河水运建设示范工程。2009年12月,竣工并正式交付使用。作为全省内河首条建成并投入使用的千吨级航道,湖嘉申线湖州段集运输、安全、生态、环保、人文、景观于一体,是全省内河水运工程生态航道建设的一个缩影和典范,被交通运输部评定为全国内河水运建设示范工程。

2010 年 3 月 18 日,湖嘉申线湖州段厅级文明航道创建活动正式启动,全力打造畅通高效平安绿色生态航道,成为一条"船在水中行、人在画中游"的旅游风景线。同年 12 月 8 日,湖嘉申线湖州段厅级文明航道创建通过浙江省交通运输厅验收。这是湖州市继创建京杭运河全国文明航道和杭湖锡线、东宗线厅级文明航道后的第四条文明样板航道。

2007 年,根据省交通厅的部署,湖州港航部门开展了东宗线湖州段文明航道创建活动。同年 12 月,通过省交通厅组织的验收。2008 年 1 月,省交通厅发文授予东宗线湖州段"文明航道"称号。

2006 年,杭州市港航部门开展了杭湖锡线武林头至三里桥段文明航道创建工作。2007 年 1 月,杭湖锡线航道被浙江省交通厅授予"文明航道"称号。

2014 年,围绕省委十三届五次全会提出的"建设美丽浙江,创造美好生活"的决策,省港航局结合正在开展的全国海事系统"三化"建设和"四型港航"建设(简称"三化四型"),全面启动最美行业创建活动。活动按照"六大体系、六大提升"的总框架和"三步走"的统一部署,通过核心价值引领、最美群像雕塑、美丽窗口创建、交通文化凝聚四大工程建设,力争到 2017 年年底,以人美、事美、物美(窗口阵地)、行风美为主要内容的最美行业基本建成,引领风尚;到 2020 年,完成六大体系建设,实现六个提升和"三化四型"总目标。创建活动统一理念引领。践行社会主义核心价值观,大力倡导和践行"惠民、服务、奉献"的浙江交通精神、"争当排头兵、甘做航标灯"的浙江港航精神。开展了"最美行业"创建口号征集活动,共征集到口号 333 条,经过多轮筛选、职工投票评选和党委审定,确定 6 条作为全省港航"最美行业"创建口号,连同省厅的 10 条全省交通"最美行业"创建口号,统一在港航系统各办公场所、港区码头、服务窗口、基层站点、航道航线等场所进行宣传,努力在全行业形成共同的理想信念、精神力量、道德规范,为创建最美行业夯实思想基础。

重点抓好美丽码头(港区)建设。选取宁波、嘉兴部分港区、码头为试点,重点探索美丽码头(港区)建设,下发《浙江省港口行业开展美丽码头(港区)创建活动实施方案(暂行)》;召开美丽码头(港区)试点观摩会,于2014年11月14日组织各地港航部门和试点企业参观嘉兴内河国际集装箱码头有限公司创建情况,进一步推广嘉兴、宁波美丽码头(港区)创建工作的典型经验。

全面强化文明航道航线创建。在多年创建和累积,基本形成文明单位、文明示范窗口、文明航道、文明客运航线等创建体系的基础上,整合航道管理与养护、锚泊服务区、船闸、港航管理检查站、水上综合执法、水路客运站、客船等沿线要素的联创。抓好基层站所"三基三化"建设,嘉兴市三塔港航管理检查站、湖州市太湖港航管理检查站等为试点建设站所,全面完成全系统基层站所形象外观标准化建设工作,进一步提升了港航管理系统执法形象。

"五水共治",构筑绿色低碳水运。2014年,浙江省委做出"治污水、防洪水、排涝水、保供水、抓节水"的"五水共治"战略决策,浙江港航系统立即迅速行动,紧紧抓住"船舶、水质、岸边"三个重点,多措并举,全力构筑美丽航道,打造绿色低碳水运,促进内河航运事业的绿色发展、低碳发展、循环发展。

严格落实船舶防污措施,扎实开展码头综合整治,努力降低船舶航行和港口生产对航道水体的影响。加强船舶防污治理,建立船舶垃圾上岸运行机制,先后在京杭运河、杭申线、杭湖锡线等干支线航道港口码头船舶集中停泊水域设置船舶生活垃圾收集点,免费发放船舶垃圾储存容器。杭州市对辖区船舶强制安装船舶油水分离设备,颁发船舶防止油污染证书,油水分离设备的处理量按船舶主柴油机功率做相应的配备,并充分利用运河鸦雀漾锚泊服务区设置的废油水回收处理装置,收集港区各船舶的油污水,统一处理。开展在建船舶管路专项检查,探索船舶油污水回收的工作机制。湖州市开展了以"三不一推",即运输船舶不违规排放油污水、船员不随意丢弃垃圾、液体危险化学品运输船舶确保不泄漏、推进内河船舶清洁能源应用为主题的内河船舶水污染防治专项行动,沿线船舶生活垃圾上岸率达到94%,超载船舶数量基本控制在3%以内,超限船舶管控率达94%。加强对新建船舶防污结构和设备的设计图纸审核及检验,各地港航部门深入辖区各家船厂开展在建船舶污油水、生活污水管路与设备的专项检查,确保出厂的每艘船舶生活污水箱安装到位,以船舶流动回收和辖区定点回收相结合的方式,实现船舶油污水回收、运输、处理一条龙。同时,完善垃圾上岸联动保障机制,严把船舶签证关、安检关和现场检查关,严查船舶超载、未配置防污染设备等违法违章行为,并实施船舶生活垃圾签发制度,加大现场巡航力度,把船舶垃圾、油污水上岸真正落到实处。2014年,仅嘉兴市港航管理部门就巡查航道里程4.4万千米,加大对向航道内倾倒垃圾等破坏航道水环境的处罚力度,共发现向航道内倾倒垃圾案件16起,处罚16起,处罚金额7.3万元。

加强水环境综合治理,开展航道管理提升专项行动,对部分城市航道实施禁航交通管制。开展航道养护示范专项行动,扫测干线航道河床,全面掌握干线航道淤积量,及时进行疏浚,促进河道的水体更畅通,环境更整洁,仅湖州市就完成了雪水桥—新港口14.6千米清淤疏浚和航道内1处碍航物清理、沈家墩—潞村村庄南侧14.8千米疏浚等河道清淤清障治理。2014年,嘉兴市航道养护规模和养护资金投入均创历史新高。采取一次规划、分段改造、创新技术等方式进行标准化养护,乍嘉苏线南湖区段养护工程四期二阶段等10个项目主体工程全部完工;乍嘉苏线船舶锚泊区等4个项目开工建设;乍嘉苏线平湖段四期二阶段等7个项目前期工作有序推进。通过航道扫测,及时安排对航道淤积较为严重的航段进行疏浚,如杭申线、乍嘉苏线、东宗线航道等,全年航道养护工程共完成土方疏浚83.26万立方米。推广拼盘养护模式,与海盐县人民政府拼盘养护大横线航道工程。该项目集排涝、供水、航运等功能于一体,总投资3 286万元,港航部门配套养护资金1 000万元。开展嘉善芦墟塘生态航道养护试点工作。

整治水岸环境美化,加大航道岸线的全面绿化,从源头上护水,确保骨干航道护岸整齐完好、航道畅通、绿化茂盛,仅湖嘉申线湖州段航道就绿化养护 26.6 万平方米,航道绿化完好率 95% 以上。同时,先后实施了湖嘉申线和孚服务区段护岸加固工程、湖嘉申线练市段护岸修复工程,新建护岸 401 米,加固护岸 721 米,修复护岸 795 米,总投资 742 万元。2014 年,嘉兴市按照标准化养护的要求,完成养护投资 8 566 万元,其中专项养护投资 6 394 万元,例行养护投资 2 172 万元,新建护岸 5 987 米,疏浚土方 83.26 万立方米,养护绿化 235 万平方米,种植树木 2.09 万株。开展码头综合整治,杭州港航管理局针对辖区码头多、货物品种多、船舶种类多等特点,加大对码头作业过程实时视频监控力度,一旦发现危险货物装卸作业现场防污染措施达不到要求就进行实时矫正,有效降低装卸作业期间发生重大污染事故的可能性。宁波市以"一拆二改三建",即拆除违法和废弃码头、改造现有码头、改造现有船舶、建设生态航道、建设文明码头和建设标准化船舶为重点,以此彻底整治内河骨干航道及沿线港口环境,全面改造运输船舶防污染设施(设备),加快推进水洁、航畅、岸绿、景美的绿色航运建设,力求至 2017 年基本实现港航设施的"洁化、序化、美化"。加强危险品船舶监管。运用船舶综合监管系统、AIS、GPS 等信息化手段,对危险品船舶、内河泥浆船运输船舶和码头实行全方位动态监控,加强危险品船舶航行作业及申报的监管,确保危险品运输船舶不泄漏,杜绝危险品和泥浆在装卸、运输过程中可能产生对运河水体污染情况的发生。建立健全内河危险品运输装卸事故应急处置联动机制,海事与环保、消防、公安、气象、卫生等部门协同,开展船舶溢油事故演习,提升应对船舶突发性水污染事故的应急处置能力。

发挥行业优势,以治水为突破口推进转型升级,在充分考虑航运功能的同时,兼顾生态环保、水利等多方面的功能,主动服务"五水共治"。嘉兴市港航管理局积极配合各级政府做好全市生猪无害化处理工作,配合相关部门做好航道拦污栅设置标准的制定工作。开展农业面源污染治理,湖州市先后拆除禁养区养殖场 28 个,整治限养区养殖场 23 个。工业企业深化治理,7 家企业先后完成整治提升和截污纳管、污水处理升级改造,1 家企业被关停。治理生活污染,各地乡镇、村建立健全了农村垃圾处理机制,做到垃圾日清日运,生活垃圾处理率达到 100%;农村生活污水纳管工作稳步推进。

推进清洁能源应用,推广环保节能船舶。2014 年 1 月,湖州首艘太阳能发电系统工程船——"浙湖州浚 326"抓斗式挖泥船在安吉金贵船业有限公司顺利下水,其所安装的太阳能交流发电系统,由太阳电池板、充电控制器、逆变器和蓄电池共同组成,可以给船上的冰箱、彩电、照明等设备提供日常用电。如果以船上家用电器输出功率为 300 W、每天日照 6 小时计算,扣除充电效率和各种损耗影响,能为船上家用电器持续供电 10 小时左右。相比发电机供电,太阳能发电不仅降低成本,还减少噪声和油污污染,更加安全可靠。

2014 年 5 月 29 日,"浙湖州货 3302"船在湖州吴兴新岩船厂完成内河船舶生活污水、生活用水收集系统的安装调试,并交付试运行。船舶是一个"流动家庭",对生活污水不予收集、处理,直排河道,将成为一个个流动的污染源。湖州船检部门与市矿治办、船厂代表、设计和施工等单位密切配合,在内河营运船舶上安装生活污水、生活用水收集系统试点。该系统通过对生活污水、废物的粉碎处理、分类收集储存,使用管道污水泵或码头的自吸泵定期将生活污水输送至污水池或城市污水管网中,实现船上生活污水向河道"零排放"。至 2014 年年底,湖州有 748 艘涉矿船舶安装了生活污水贮存设备。

2014 年 10 月 29 日,浙江省首艘 LNG - 柴油双动力船舶"浙安吉货 2119"船完成船体改造、气罐安装,离开支架,顺利下水。此船由安吉县远亚运输有限公司与中海油湖州新能源有限公司合作改造,是全省内河货运船舶双燃料改造试点。改造后,不仅节约燃料成本 20% ~ 25%,减少氮氧化合物排放 80% 以上,减少二氧化碳排放 15% ~ 20%,船舶噪声、油污水排放也大大降低,向船舶航行的"无污染,零排放"迈进。

这一系列的措施不仅有力地加快了运河港航和水运业的转型升级,推进运河航运事业绿色发展、低碳发展、循环发展,而且使大运河浙江段水网水质明显改善,为全省"五水共治"做出了积极的贡献。

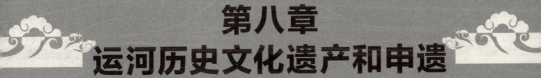

第八章
运河历史文化遗产和申遗

2014 年 6 月，在卡塔尔举行的联合国教科文组织第 38 届世界遗产大会宣布，中国大运河项目成功入选《世界遗产名录》，成为中国的第 46 个世界遗产。

第一节

运河历史文化遗产

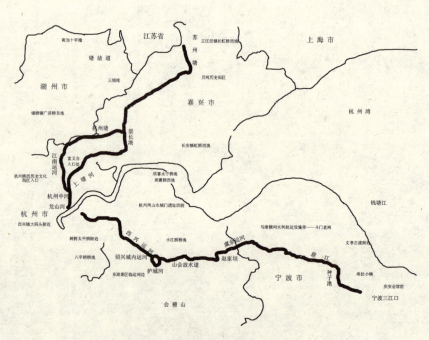

图 15　大运河历史文化遗迹示意图

一、河道

京杭运河杭州段

京杭运河又称大运河,北起北京,南达杭州,纵贯北京、天津两直辖市和河北、山东、江苏、浙江四省,沟通海河、黄河、淮河、长江、太湖、钱塘江六大水系。京杭运河镇江至杭州段称江南运河,在杭州市内流域面积为726.6平方千米,主要接受余杭泰山、石鸽、闲林及杭州城郊部分径流,经水网调节后,通过运河干线,分别注入太湖和黄浦江,还通过杭嘉湖南排工程往南,排入杭州湾。枯水时,水源由太湖补给。

京杭运河杭州段南端原起自艮山门,京杭运河和钱塘江沟通后,起点为三堡船闸,经艮山门、中山北路桥、江涨桥、大关桥、拱宸桥、义桥、武林头至塘栖,由杭申线出境。

京杭运河杭州段干流以西的支流主要有沿山河、余杭塘河、西塘河、良渚港、中塘河、东塘河、郁宅港、獐山港等。

京杭运河杭州段干流以东的支流主要有中华桥港、鸭栏港、横泾港、康桥新河、新河(杭钢进水河)、瓜山桥港、登云桥港等。

京杭运河杭州段的开挖始于春秋时期,全线开凿则从秦代起,初步形成江南河的雏形,到六朝时又有新的发展。隋唐及五代时期,江南河全线贯通,规模超过了前人所开的运河。宋代充分利用这条南北大运河,不断开辟支线航道,航道体系进一步完善。到了元代,开始大规模疏浚整治,京杭运河全线贯通,与钱塘江等水上航道连成一体。明清时期,京杭运河构建起完善的航道体系,运河运输全面兴盛繁荣,成为南北水路的主要干道。

杭州市区河道

古代杭州城内河道众多，纵横交错。由于历史久远及人为因素，市区河道变迁甚大，原来的市河、茅山河、里横河等今已湮废，浣纱河、横河等河道在1969—1970年被改建为防空坑道。现存的市区主要河道有中河、东河、贴沙河、古新河等。

中河南北纵贯杭州城区中部，唐代称沙河，宋代称盐桥河，清代始称中河。河道开凿于唐代。南宋时盐桥河南起碧波亭，经州桥、通江桥，与保安水门里横河汇合，过望仙桥北上，至梅家桥出天宗水门。民国十七年(1928)《杭州市水道沟渠调查表》载：中河自凤山门外之四驾桥到武林门外之清河闸，河长7 715米，宽8～13米，南接龙山河，水流方向由南向北汇入上塘河。经20世纪80年代大规模的治理，中河南起凤山桥，北至新横河桥，全长6 400米，河宽8～10米，河水经艮山门流入京杭运河。

中河东侧比邻中河中路、凝海巷等，西侧紧贴中河路，北与东河相连，南至钱塘江，北段长约6.1千米。南宋时为南宋皇城的护城河，与御街毗邻。

东河东临建国路，西靠小营巷、金鸡岭巷、东清巷等，南至河坊街，北与京杭大运河相通，全长4.13千米。

龙山河

龙山河原是中河通钱塘江的水道，始凿于吴越钱镠时。宋代，龙山河由西向东北流经南大通桥、小桥、南星桥，由南水门入城。清代末期，龙山河起自兴家桥，至大通桥外的闸口，水流由北向南，接纳凤凰山之水后，经龙山闸注入钱塘江，河流长度4 450米，宽度7.1～12.4米。龙山河现南起闸口，北至凤山门，连接中河，全长4 400米，与钱塘江已不相通，水源来自闸口发电厂的冷却水。

颐塘

原名荻塘,又名东塘。始建于晋代,位于湖州市东门二里桥向东迤逦,经升山、塘南、晟舍、莒南、东迁各乡至南浔镇。东达江苏平望莺脰湖与京杭大运河汇合,流入黄浦江。其流来自莒溪之水,故又与流经德清县东部的苏杭古运河联通。颐塘全长60多千米,湖州市境内长33千米,河宽80～100米。湖、嘉、苏、沪公路紧沿其塘北岸而过。塘两侧荡漾如列星,阡陌交错,桑林遍野,盛产鱼、米、蚕丝。颐塘是湖州市与嘉兴、苏州、上海等地水路交通之主要航道,有"中国的小莱茵河"之称。

荻塘,系西晋(265—316)吴兴太守殷康所开,筑堤岸,障西来诸水之横流,导往来之通道,旁溉田千顷。因沿塘丛生芦荻,故名荻塘。"在城者谓之横塘,城外谓之荻塘。"荻塘经历代修治,其中唐贞元八年(792)湖州刺史于颐动员民工大规模修筑,民怀其德,把"荻"字改为"颐"字(两字同音),故名颐塘,以作纪念。明万历十六年至十七年(1588—1589)乌程知县杨应聘又花了两年时间,组织民众整修;三十六年(1608)湖州知府陈幼学以青石修筑堤岸,塘岸面貌大为改观,为水利建设的一次壮举。清雍六年(1728)湖州知府唐绍祖重修。辛亥革命后,民国十二年至十七年(1923—1928)亦增修过一次。南浔富商庞莱臣提议:全用石不如兼用水泥黏且固,石不必远求,近可取诸升山。众议赞同。遂成立塘工董事会。塘岸砌石用水泥嵌缝,使水利工程"泥石交融,固粘不解"。塘岸上都用水泥压栏石,使塘岸坚固、塘路整齐。在这次修筑中,塘岸两边的广大群众和众多的工程技术人员做出了重大贡献。修筑工程,根据碑文记载共花银元二十八万四千七百余元,大部分由浔湖商界和群众资助,其中南浔庞氏、张氏、刘氏各捐助三万元。为褒扬此举,民国十八年(1929),在今晟舍乡旧馆建立了颐塘碑亭。亭中立"重建吴兴城东颐塘记"碑石,高约3.5米,宽1米,石碑正面刻碑文,背面列捐款单位、捐款人姓名、金额、收支等。现此碑石砌在亭的北墙之内。

20世纪50年代以来,经多次分段对其进行整治、疏浚。1969年旧馆一段挖去土方10万立方米以上;1975—1989年又挖去土方49.2万多立方米。整修了北岸石塘岸,在南岸加了水泥砌石护岸。新建拆建了八里店、升山、红旗、三济、东迁、建设、浔溪、南浔等8座跨河钢盘水泥大桥。先后用于修塘、建桥的经费共达2 000万元。古老的荻塘面貌为之一新,焕发了青春。昔时的"荻塘帆影"为吴兴十景之一。

颐塘故道

颐塘故道是1952年绕开原颐塘河道,由于南浔镇北另开一段航道,长约1.8千米,故而得以完好保留。颐塘故道现已无航运功能,主要作为城市排水与景观河道,河堤均为砖石护坡,有多处河埠,保存状况良好。

在《世界文化遗产名录》"中国大运河"中,南浔区南浔镇历史街区和颐塘故道为湖州市唯一列入的"一点一段"。"一段"系河道本体——颐塘故道,全长约1.8千米。这既是南浔古镇的组成部分,也是南浔古镇联接运河文化的一条重要水道。"一点"指运河附属遗产——南浔镇历史文化街区,即整个南浔古镇,总面积2.18平方千米,其中遗产区0.92平方千米,缓冲区1.26平方千米。

大运河嘉兴段

大运河嘉兴段曾是京杭古运河的一部分。京杭运河北起北京,经北京、天津及河北、山东、江苏、浙江,南至杭州,沟通六大水系,全长1 747千米,其中从江苏平望陆家荡口入浙江境后,自王江泾,经嘉兴市区、石门、崇福、大麻至杭州市余杭区博陆交界,为嘉兴段,长81.22千米。自江浙交界,经王江泾至嘉兴市区北丽桥段被称为苏州塘,亦称苏嘉运河,长18.98千米;自嘉兴市区原西丽桥起,经石门、崇福至大麻与杭州段交界被称为杭州塘,亦称嘉杭运河,长

60.075 千米。而环绕嘉兴老城区的河段则被称为环城运河,长 2.165 千米。水流由西从杭州塘至西丽桥转北沿嘉兴老城区至北丽桥经分水墩,一路向北入苏州塘,一路向东入东环河。

苏州塘

苏州塘,又称苏嘉运河,自嘉兴市区北丽桥起,向北经秀洲区王江泾、大坝,西北折至江浙交界入江苏平望,流向苏州,嘉兴市境内全长 18.98 千米,河底宽 52.7 米,河底高程 −1 米。4 米水位时过水断面积 336 平方米,5 米高程时平均河面宽 82.6 米。与苏州塘交汇的河道主要有新农港(东接鳗鲤港)、双桥港(东接上睦港)、虹阳港、铁店港、太平桥港、斜路港等。

苏州塘在汛期洪水北泄经大坝水路北出江苏吴江市黎里镇杨家荡、东北出章湾荡、南经尤家港入汾湖。大坝水路原走向从运河经陆家荡、塔荡、章湾荡、尤家荡至汾湖,河道深宽,河底高程 −2 ～ −2.5 米,曾是杭嘉申和长湖申线的主航道。1975 年冬至 1976 年春,章湾港荡被围垦(水面面积 1.5 平方千米),大坝水路从此被阻断。为恢复此重要排水通道,1998 年作为太湖综合治理应急工程,水路在塔荡之后改走江浙边界经嘉兴市秀洲区元黄荡入嘉善县境,穿南水道(古名光字港),过西菜花漾(古名北胜荡),进西浒荡(古名西火荡),出梅潭荡(古名茂才港),入汾湖,汇入太浦河。新开河道底宽 30～40 米,河底高程为 −0.5 ～ −2 米。

苏州塘北偏西流,东西两岸支流甚多,地势平坦,排水能力较低。如果太浦闸经太浦河排泄太湖洪水时,未能按照控制平望水位低于 3.3 米的规定运行,就会提高太浦河平望水位,太浦河洪水将南侵嘉北平原,造成苏州塘王江泾镇至嘉兴市区河段出现北水南压的倒流状况。1991 年 7 月 9 日,王江泾镇长虹桥向嘉兴市区方向最大倒灌流量达每秒 87 立方米。1996 年 7 月 17 日,长虹桥实测倒灌流量每秒 122 立方米。1999 年 7 月 13 日,长虹桥实测倒灌流量每秒 124 立方米。

杭州塘

杭州塘，又称杭嘉运河，自桐乡大麻进入嘉兴市境，经崇福、石门至嘉兴市区西丽桥，境内全长60.075千米，地势由西南向东北倾斜，其倾斜度比较平缓，东北流向。河底宽25.7～31米，河底高程-0.2～-0.5米。4米水位时过水断面积154～179平方米，5米高程时平均河面宽46.3～52.7米。

与杭州塘交汇的北排主要支河有含山塘(三洞环桥港)、大有港、泰山桥港、盐官下河、崇长港、南沙渚塘、中沙渚塘、北沙渚塘、店街塘、六里港、西圣埭港、沈店桥港、白马塘、金牛塘(南接新板桥港)、康泾塘、上塔庙港(南接丁家桥港)、永兴港、分乡港、濮院港、五灵泾港、新塍塘等。运河嘉兴市区河段因城市防洪需要建闸控制改为市区内河，由新开北郊河替代。杭州塘在汛期承转南水北排，在崇福至石门河段原承泄德清诸水折而北下。南排工程实施后，崇福至石门河段汛期洪涝水流则转向东与南流。杭州塘在枯水期全段都是承转西部来水补给南部地区的要道。

嘉兴环城河

嘉兴环城河，即原嘉兴老城的护城河和环绕嘉兴老城的运河。随着嘉兴城市的发展，环城河已是名副其实的城中河，由杭州塘、濠河和秀水以及西南湖等河流组成，总长6.6千米，其中杭州塘为京杭运河嘉兴市区段的一部分，自市区原西丽桥转北至北丽桥，经分水墩，一路向北入苏州塘，一路向东入秀水，长2.2千米；秀水原为护城河东段，北起北丽桥东分水墩，转东通长水新河，至濠河，长1.45千米。曾经多次疏浚，1980年被命名为秀水，与古秀水的流经不同。濠河原为城南护城河。西起西南湖，东至狮子汇与车站河、秀水相交，长1千米，宽50米。1969年将其拓宽，当时称长水塘，1981年命名为濠河。

嘉兴环城河肇始于城池的修筑。三国吴黄龙三年（231），当时被称为由拳县的嘉禾墩"野稻自生"。吴大帝孙权以为祥瑞之兆，下诏改由拳县为禾兴县。次年为避太子讳，改禾兴县为嘉兴县。同时，令郡县在韭溪南岸的空地上"修城郭，起谯楼，掘深池大堑"。也就是在修筑嘉兴最早的城池——子城的同时，环绕子城开凿了护城河，即后来的宝带河、锦带河。嘉兴环城河就此滥觞。

唐及五代江南河全线贯通后，韭溪成为江南河的一部分，进行了疏浚与拓宽。这样，嘉兴护城河的一部分也就成了江南河的一部分，得到了拓浚。唐文德元年（888），吴越王钱镠令其亲校、制置史阮结在嘉兴修筑大城，并调原驻守临平的将领曹信来嘉兴督办筑城。曹信以原嘉兴的城池为核心修筑大城，原嘉兴城被称作子城，新筑的大城便称为罗城。嘉兴罗城的修筑历时八年，直到唐乾宁二年（895）才修筑完成。其间，曹信因病亡故，其子曹珪子承父业，完成了嘉兴罗城的修筑。

曹信、曹珪父子修筑的嘉兴罗城，具有相当的城市规模，"罗城周围一十二里，高二丈二尺，厚一丈五尺"。同时，也环城开凿了环城河，使运河由原来的穿城而过改为经环城河绕城而过。原运河以及环绕子城的护城河则都变成了城中的市河。

元初，嘉兴城垣被拆毁，直到元至正十六年（1356），元江浙省左丞相达识帖睦儿才下令重建嘉兴罗城，但直到元朝灭亡也没有建成。明朝建立后，嘉兴府两任太守吕文燨和谢节继续修筑城垣，至明洪武年间竣工。明初重建的嘉兴城基本格局或规模未变，只是在城西南一角缩进约 3 里，使城垣周长由十二里减少到九里十三步。环绕城垣的环城河的规格则基本未变。据民国十六年（1927）拆除城墙时的实测，嘉兴罗城周围长 18 555.5 尺，合 9.8 市里，即 4 750 米。绕城四周的护城河宽 22 丈，深 1 丈 2 尺，长约 13 市里，即 6 600 多米。

清代的王凤生在《嘉兴府水道总说》中这样描述："郡城即以运河为濠，其自通越门外即西门，由西丽桥循城北流过小西门外，至城西北隅与栅堰桥西来之水会。循城东流出北丽桥，过望吴门外即北门迤转秀成桥与宣公桥南来水会。又河水於西丽桥外稍迤南通鸳鸯湖。湖水引尾流稍北出娱老桥抵澄海门即南门，又循城东流入濠股河入嘉兴境。过澻湖口在春波门外即东门，迤转出宣公桥循城北流于柴场湾上，下迎北来水，经秀成桥在城东北隅与北丽桥西来之运河接，迤东北出端平桥转而北出杉青闸，此运河抱城之水势。又自运河入通越小西门，由澻湖入澄海门者，出望吴、春波二门俱东趋于会龙桥。此又分灌城河之大略也。"从王凤生的描述中，可以清晰地看到，环绕嘉兴老河城的环城运河基本格局至今未变。

1996 年 7 月和 2004 年，北郊河和南郊河先后开挖，又形成嘉兴新的环城运河，即"外环河"，总长 24.1 千米，其中北郊河以京杭运河杭州塘北岸嘉北街道殷秀村荷花池为起点，穿越嘉北、栖真、塘汇，至三店塘塘汇街道三家村，呈半环形环绕嘉兴市区西北外围，长 13.4 千米；南郊河起自杭申线航道乍嘉苏高速公路桥边，沿乍嘉苏高速公路南下穿 320 国道、沪杭铁路、南湖大道，在秀洲区王店镇四联村接入海盐塘，以另一个半环形环绕嘉兴市区东南外围，长 10.7 千米。这样，原环城河便又成了城中的"内环河"，并退出了航道。但一般情况下，人们所说的环城河仍然是指老的环城河，即"内环河"。

崇长港

崇长港，原名长安塘，又名运塘河，起于桐乡崇福镇，南至海宁长安镇，是海宁长安至盐官一带沿钱塘江高地的排水、引水要道，长 7.5 千米，河底宽 15 米，河底高程 -0.5 米。

传说，崇长港始于东周敬王三十八年（前 482），系越王勾践时所开，古称越水道，又名漕运河，亦称长安塘河。唐及五代时期，崇长港曾是江南河的主干道，元末以后逐渐荒废。1961 年建长安翻水站，从崇长港抽水入上塘河，成为上塘河的引水河道。1963 年冬，拓浚七里亭至长安桥段，长 4.82 千米，河底宽 12 米，河底高程 0.0 米，边坡 1:1.5，开挖土方 16.34 万立方米。1966 年夏，疏浚崇福镇至七里亭段,长 2.68 千米,河底宽 12 米,河底高程 0.0 米,边坡1:1.5。开挖土方 9.46 万立方米。1983 年,用机械疏浚长安镇解放桥至七里亭段,长 5.2 千米,河底宽 15 米,河底高程 - 0.5 米,开挖土方 11 万立方米,国家投资 35 万元。2000 年,长安镇城市防洪工程建设中,在运洞桥处新建崇长港大闸。2003 年 12 月—2005 年 4 月全线疏浚,疏挖土方 19.4 万立方米,修筑护岸 5.27 千米,新建桥梁 3 座,成为德清、桐乡等县市通过水运与铁路联运的主要航道(六级)。

上塘河

上塘河是沿钱塘江北岸的一条东西向河道,位于钱塘江北岸沿江高地。沿江高地地面高程一般为 5.5 ~ 8 米。从秦代开始,通过修建堤塘、堰坝等设施节制蓄水,形成运河水系中的高水区,称上河区。区内河道比运河(也称下塘河、下河)高 1.5 米左右。上塘河起自杭州市艮山门外施家桥,经半山、临平镇入海宁市境内,经许村、长安、周王庙、盐官等镇,至盐官上河闸,全长 48 千米。上塘河在海宁境内长 22 千米,河底宽 10 米,河底高程 1 ~ 1.5 米,河面宽 30 ~ 35 米。

上塘河许村至长安段,即海宁市许村镇至长安镇段,长 11.8 千米,相传始修于春秋时期,秦代又成为陵水道中的一段,唐及五代时期是江南河的主干道,元末以后逐渐荒废。上塘河长安至盐官段,即海宁市长安镇至盐官镇段,又称为二十五里塘,今全长 11.7 千米。确切开凿时期不详。

因上塘河河床高于相近的下河,需要筑堤塘、堰、坝、闸等节制蓄水。下河中的船只进入上塘河,需要翻坝过堤塘方可入河。上塘河与其支流河道形成独立的系统,但当洪涝发生时,它排涝入相近的运河水系河道和钱塘江,当需要补给水源时,也主要提取相近的运河水系河道河水。

根据 1963 年的量算,上塘河流域面积为 351 平方千米,该面积不含海宁黄湾地区和 1960 年代以后的围涂面积,其中在嘉兴市境内流域面积为 185.6 平方千米,属沿海高地,地势由西向东、自南到北呈倾斜形,地面高程平均为 5.79 米。

20 世纪 50 年代以前,上塘河北岸与辛江塘(长安镇以西为沪杭铁路)之间,还有一条既通上塘河,又通下河,通过笕闸控制调节水源的狭长的中河地带。当时民约规定,从立夏到重阳这段用水季节,关闭通下河笕门,改为上塘河水系,抬高水位,引用上塘河水。冬、春以及内涝期,关闭上塘河闸门,打开笕门,改为下河水系排涝。1958 年发展电力排灌后,中河地带一部分改为上塘河水系,周王庙、郭店等镇通过辛江塘地段的河道,经疏深后,废除笕门,改为下河河道,但长安以西中河地带,仍在迎上塘河面建有一批节制闸,靠下河面建有一批滚水坝,既能调蓄上塘河水,又能控制下河水位。

上塘河原先没有向钱塘江的排水口门。1962 年在海宁市盐官镇西面的钱塘江海塘里程 53+310 处开口建成谈家埭闸(净宽 4 米),闸前引河连接新塘河与上塘河水系沟通,从此上塘河有了排涝入钱塘江的口门。1993 年建成南排工程盐官上河闸(净宽 8 米),进一步增加上塘河向钱塘江的排涝能力。1970 年之后,在围涂垦区先后建成向钱塘江排涝的闸有:余杭四格闸(单孔 8 米)、出江闸(位七号大堤 850 盘头丁坝旁,净宽 4 米)、海宁老盐仓出江闸(单孔,净宽 6 米)、盐仓西闸(单孔,净宽 4 米)和尖山围垦西顺堤排涝闸(单孔,宽 4 米)。新垦区基本上具有自排入钱塘江的能力,沿江各闸兼有引进钱塘江淡水的功用。

上塘河支河众多,彼此连通成网。据 1990 年 5 月浙江省水利水电勘测设计院编制的《上塘河流域综合规划报告》,将上塘河流域划分为上塘河本区、黄湾区(盐官镇以东)及围垦区,共有主要支河 38条,其中海宁市境主要有运输河、坝头港、三里塘港、西出盐港、中出盐港、东出盐港、新塘河等。黄湾区新塘河(于 1975 年开挖)从盐官镇盐官下河向东贯穿该区,因南排工程盐官下河闸泵站及其配套河道开挖,已与上塘河断开。黄湾区内主要河道有群乐港。海宁市盐仓垦区有环堤河、东堤河、中心河,尖山垦区有中心河、横河等。海宁市老盐仓垦区有大堤河、东西横河、中堤河、隔堤河和运石河等。

澜溪塘

澜溪塘,又名烂溪塘,起自桐乡市金牛塘、白马塘交汇处,向北穿乌镇市河,经秀洲区洛东、新塍至江浙交界的鸭子坝,嘉兴市段长14.1千米,河底高程为 -1.6 ~ -0.5米,河底宽44米。3米水位时过水断面积约200平方米,4米水位时过水断面积为277 ~ 361平方米,5米高程时平均河面宽65.4 ~ 83.3米。汇入澜溪塘的主要支河自西而东的有白马塘、金牛塘,上塔庙港、北永兴港、濮院港等。

据《嘉兴市志》记载:澜溪塘,五代吴越时开。此塘古时"两岸俱栽枫树",红叶烂漫,因而得名。澜溪塘系江浙边界河流,流经苏州、嘉兴两市交界地段。经桐乡和秀洲区,东北流向江苏境内,是嘉兴市域西北部经太浦河入黄浦江的主要排水通道。澜溪塘汇集了新市、练市、石门等地来水,经桐乡市乌镇附近的金牛塘、白马塘、横泾港汇入乌镇市河,从分水墩起向东北流经秀洲区新塍镇,在江、浙两省交界的鸭子坝进入江苏省境内,出省境后流经江苏省吴江市的盛泽镇、平望镇入草荡汇太浦河。澜溪塘河道走向地势顺畅,是杭嘉湖平原主要排涝泄洪和引水河道之一。澜溪塘入江苏境主流北上,经南草荡北穿新运河大桥入太浦河、东北穿竹杆桥和莺湖桥入莺脰湖分别从京杭运河、翁沙路入太浦河;部分水流在鸭子坝至南草荡之间东泄经东济港、白龙桥港、鸡鸭港等入华沙荡而东北经大坝水道等注入现太浦河穿行的杨家荡、太平荡、木瓜荡和汾湖等。浦南众湖泊均是澜溪塘的承泄调节区。

澜溪塘由于自然水深,历代少有疏浚。1954年,桐乡县新建、民西两乡组织民工整治河堤。1967—1969年砌块石护岸5.3千米。1997年起,交通部门在京杭运河浙江段航道改造工程中对澜溪塘进行了全线改造。京杭运河浙江段航道从江浙两省交界的鸭子坝起,途经乌镇、练市、含山、新市、塘栖等,至杭州三堡船闸,全长100千米,其中嘉兴市境段为鸭子坝至桐乡乌镇通河桥,长17.353千米,按四级航道改造,总投资1.051 9亿元;其中鸭子坝至乌镇养鸭场长

15.94 千米,为世界银行贷款项目,是浙江省内河航道网改造项目第一标段,至 1999 年 9 月完成。改造后为四级航道,河面宽 62 ~ 120 米,河底宽 40 米以上,河底高程为 − 0.84 米,可通 500 吨级船舶。

浙东运河

浙东运河又名杭甬运河,西起杭州市滨江区西兴街道,跨曹娥江,经过绍兴市,东至宁波市甬江入海口,全长 239 千米。

浙东运河自杭州市滨江区西兴街道,经过西兴之后进入萧山区境内,随后进入柯桥区钱清镇,与钱清江故道相交。此后运河向东南进入越城区境内,与曹娥江相交。自西兴至曹娥江的运河又名萧绍运河。过曹娥江后,运河进入上虞区境内,分为两支。北侧运河又名虞姚运河,从曹娥江东岸上虞百官的上堰头至余姚市曹墅桥连接姚江。南侧运河又名四十里河,自曹娥江至通明坝汇入姚江,另有后新河、十八里河并行。此后主河道进入自然河道,在丈亭镇分出支流称慈江,在宁波市鄞州区高桥镇大西坝分出支流称西塘河。此后干流经姚江与奉化江在宁波三江口汇合成甬江,最后在镇海招宝山东面汇入东海。慈江自西向东,在慈城南面分出支流刹子港,在小西坝连通姚江。慈江干流经过化子闸改称中大河,此后从江北区进入镇海区,最后汇入甬江。西塘河向东到达宁波老城望京门,连接护城河和城内水系,并与奉化江相连。在自然河道形成内外江平行的格局是为了避让外江潮汐并截弯取直。

古代浙东运河的主要航线:北起钱塘江南岸,经西兴镇到萧山,东南到钱清镇,再东南过绍兴城至曹娥江,过曹娥江以东至梁湖镇、东经上虞旧县城丰惠到达通明坝而与姚江汇合,全长约 125 千米,此段为人工运河。之后,经余姚、宁波会合奉化江后称为甬江,东流镇海以南入海,此段以天然河道为主,亦有部分人工改造工程。自萧山西兴镇到镇海全程 239 千米。

浙东运河最初开凿的部分为位于绍兴市境内的山阴古水道,始建于春秋时期。西晋时,会稽内史贺循主持开挖西兴运河,此后与曹娥江以东运河形成西起钱塘江,东到东海的完整运河。南宋建都临安,浙东运河成为当时重要的航运河道。元代至清代,浙东运河重要性有所下降,但仍然保持畅通。直到近代,在新式交通方式的冲击下,运河作用逐渐被取代。

中华人民共和国成立后,浙东运河经历了数次整治,疏浚航道,同时新增附属设施,以便利运输和灌溉。2002 年,针对原有运河堰坝多、通航吨位小、不能应对现代物流需要的缺陷,浙东运河进行了全线改造。改建的浙东运河以四级航道(通行 500 吨级货轮)为标准,西起钱塘江西岸的三堡船闸,依次流经钱塘江、浦阳江、西小江、曹娥江、四十里河、姚江、甬江,在甬江口注入东海。工程共兴建桥梁 130 余座、船闸 8 座,并改建沿线铁路、公路、受影响建筑物和通航标志。2009 年 9 月,工程全部完成,成为中国大陆历史上单项工程投资规模最大的内河改造建设项目。

由于浙东地区地势南高北低,河流多为南北向,因此,东西走向的浙东运河需要穿越多条自然河流。为维持不同区域的水位并使船只能够通过水位不同的河段,运河中修建了许多碶闸和堰坝设施。这与数量众多、形式各异的桥梁一起成为浙东运河的特色,也成为重要的运河遗产。2013 年 5 月,浙东运河被纳入第七批全国重点文物保护单位。2016 年 6 月,浙东运河被列入中国大运河世界文化遗产名录。

萧绍运河

西晋永康年间(300—301),司空贺循在会稽主持凿渠,即今萧绍运河一段,后又延伸,西至西陵,东与上虞曹娥江合流。到了唐朝,运河的渡、河、塘、站四项工程均纳入官办范畴,呼名为官渡(浙江渡)、官河(运河)、官塘(纤道)、官站(驿站)。南宋迁都临安(今杭州)后,为漕运需要,曾多次整治、疏浚西兴至萧山县城段河道,乾道元年(1165)又开挖西兴至江边段新河,因有北海塘相隔,未与钱塘江接通,现与北塘河相连;乾道三年(1167),又募人疏西兴至大江沙河 20 里,浚闸内运河 13 里;嘉定年间,萧山县令汪纲主持西兴通江段工程的疏浚,并在通江口建了节制闸,又在萧山西门外"创庐一所,名曰施水"。此后,运河又经过多次疏浚,其主干河道一直基本稳定。

在古代,凡到越中为官、经商、运货、访友、寻迹,无不从钱塘江上的西兴、渔浦等渡口过渡,而后坐上运行于浙东运河之上的船只入绍、甬、剡等地,返之亦然。历代水利与征战事迹,帝王与文人行踪等,为浙东运河两岸留下了众多的人文古迹,亦成为历代诗人们争相咏唱的题材,故后人有"浙东唐诗之路之头"之说。

沿浙东运河两岸,古有多处老街、集市。从西至东有西兴、县城、衙前等老街,街内店铺林立,前店后宅,甚是兴旺。元代张招的"古市直通南北路,官河不断利民船"(《萧山四咏》诗),说的就是萧山自南至北古有街市,市心桥南称南街,桥北称北街。运河两岸从东而西有古街,南面的称城河上街,北面的称城河下街,均临水而筑,"东西开水市"(清朱彝尊《萧山道中》诗)。因漕运需要,官府经常疏浚和修缮运河,故俗称官河;萧绍一带为水网地带,百姓出行、运货多用船载,因此河中各种商船、货船、客船往来不断,非常繁忙。

浙东运河绍兴段

西自钱清入境,经柯桥、绍兴、皋埠、陶堰、东关、曹娥,至驿亭长坝闸出境。绍兴市境内全长 93.7 千米。以曹娥江为界可分东西两段:西段自钱清至曹娥长 78 千米,为萧绍运河一部分,与众多河流湖泊相通,构成平原水网景观。自南而北汇入运河的主要河流均出自会稽山麓,自西向东依次有夏履江、型塘江、项里江、漓渚江、娄宫江、坡塘江、南池江、平水江、攒宫江、富盛江、石泄江等 11 条山溪性河流,经运河由河网与湖、芝塘湖、瓜渚湖、鉴湖、贺家池、白塔洋、康家湖、青甸湖等 19 个湖泊相连。运河水系在境内流域面积为 1 291.72 平方千米。主要由西小江、荷湖江、直江等经新三江闸,部分经马山闸、红旗闸注入曹娥江。运河南北平原水网密布,河密率高达2.38千米/平方千米。境内萧绍运河构成的河网水系又称三江水系(古称鉴湖水系)。

西兴运河

晋惠帝时(290—306),会稽内史贺循主持开凿西兴运河西起钱塘江边的西陵(今西兴),经萧山、钱清、柯桥到郡城的一条人工运河。运河开凿后,又组织民众修治与这条东西向运河相连接的其他河道,在山会平原上形成了纵横交织的水网,使原来各平行河道能互相流通,调节水位,保证了农田灌溉之需要。西兴运河至会稽郡城后,又可直接进入东鉴湖内之山阴古水道,而直抵曹娥江。曹娥江东有河道至余姚姚江,顺姚江可达今日之宁波,故西兴运河可谓整个浙东运河关键部分。它的开凿保证了浙东运河的畅通,为我国古代浙东交通大动脉之枢纽工程。

山阴古水道

山阴古水道是浙东运河的前身。据史料记载,浙东运河最早部分,应该是从绍兴城东郭门起一直东行到上虞东关练塘的"山阴古水道"。

山阴古水道的形成年代已经无从稽考。《越绝书·记地传》中记载:"山阴故陆道,出东郭,随直渎阳春亭。山阴古水道,出东郭,从郡阳春亭,去县五十里。"同是《越绝书》,另有一条记载:"练塘者,去县五十里。"而目前遗存的浙东运河正是从练塘村边上经过的,从绍兴东郭门到练塘村,全程为 20.7 千米,按古时的度量,差不多为 50 里。由此可知,当时的山阴古水道应该是到练塘附近为终点。

从《越绝书》记载中可以看出,"故陆道"与"故水道"是平行的,起点也相同,都是出于府城"东郭门",一路东行,也就是说"故水道"是东西走向的。这一带古称山会平原,其地势是南高北低,天然形成的河流都是南北走向的,按自然条件,在山会平原上不可能形成一条长达五十余里东西走向的河流。因此，山阴古水道显然不是天然形成的河流，而是人工挖掘的运河。

山阴古水道早在春秋越国时便已存在，形成年代已经无从稽考。其连成时间，显然早于越王勾践建城的时间，应该是随着海退后古越族人在平原活动范围的不断扩大，而逐步疏通连接形成的航运要道。至勾践到平原建城时，也许有一次比较全面的疏挖整治，形成整体，并使其更充分地凸显交通航运、水利灌溉等综合作用。总之，山阴古水道是我国历史上兴建年代最早，记录比较明确，至今还在发挥重要作用的人工运河之一。

绍兴护城河

绍兴护城河始掘于公元前490年勾践建都城时，江湖通连，历史悠远，文化深厚。护城河各景点间由河串联，由绿绵延，坐船观赏沿河风景，一路是新建的稽山园、鉴水苑、治水广场、西园、百花苑、迎恩门、河清园、都泗门等八大园景，如璀璨明珠镶嵌于古城四周，令人目不暇接。

鉴水苑东面靠近稽山园，内有大型音乐喷泉、下沉式休闲广场、悦茗楼等景点。东部是亭台楼堂组成的休闲娱乐广场，与中区以花廊相隔，悦茗楼，不论室内室外都可以品茶闲谈。迎恩门位于古城的西北角，又名西郭门，是根据隋朝越国公杨素设计的城门重建，系水陆两用城门，古时凡朝廷命官以至皇帝亲临，必经此门，故称迎恩门。相传越王勾践曾在迎恩门外建箭楼，自己在箭楼上卧薪尝胆。稽山园位于城区东南角，占地面积6.8万平方米，园内有"南浦小集""迎岚阁""浣花草堂""农家乐园"等景观，浓缩和积淀了水乡古城的清幽，颇可玩味。园中那18座形态各异的小桥，又集绍兴"桥乡"之大全。

浙东运河余姚段

浙东运河过曹娥江后,在上虞和余姚的交界处,分两处进入宁波段。一处从上虞的四十里河经通明坝[始建于南宋嘉泰元年(1201)],汇入姚江上游的干流四明江,在安家渡北侧余姚云楼乡上陈村东侧进入宁波段。在这段河道的西北侧约 1 千米处,是与之平行的十八里河[开掘于明永乐九年(1411)],在云楼乡窑头东侧进入宁波段,下行 1 千米后从云楼的下坝汇入姚江七湾处(现正在取直)。下坝即大江口坝,亦名下新坝,光绪《余姚县志》记载:下坝村"左江右河,河高于江丈有五尺,明、越舟航往来所必经。"这段塘河(十八里河)与四明江并行的航道,原是浙东运河进入宁波段的主线,现称为乙线。另一处从上虞百官的上堰头(现改道为赵家坝)起,经驿亭到五夫的长坝,接余姚的马渚横河,过斗门曹墅桥后汇入姚江干流。其中长坝以东余姚河段长 12 千米,是利用当地的湖泊沼泽经人工整理后形成的运河,与绍兴地区的运河形成过程类型一致,现称为甲线。这两处河道嘉泰《会稽志》中均已明确记载,其中乙线通明坝以上直称为"运河";甲线古称为"五夫河",后称"虞余运河",是现在虞甬运河的一段。马渚横河西称湖塘江、东称马渚中河,沿途有高桥江、牟山湖、青山港、长泠江、贺墅江等汇入。马渚古镇历史悠久,据传秦始皇东巡于此,"屯兵渚山之上,饮马于潭",故名马渚。明代开始设有市集,饮马河段历代水工密集,是这一带运河水系的交通枢纽。

姚江流经余姚县城,与这座始建于 200 年的省级历史文化名城交汇融合,原来从西往东约 2 千米长的姚江河道成为人与自然的共同结晶。姚江主航道穿城而过,南有最良江、北有候青江,东江、中江、西江会流古城的东、西、北部,与三北余慈地区的运河系统相互关联,余姚城关成为浙东运河宁波段西段的运河枢纽及重要内河港埠,沿途有武胜桥、通济桥、最良桥、季卫桥、舜江楼、龙泉山、皇山节制闸等,是各个历史时期重要的水工遗存和文化景观。

浙东运河慈溪镇海段

姚江出余姚城后,在郁家湾与旧慈溪县交界,流经丈亭古镇,与慈江交汇形成丈亭三江口,古时这段姚江又称为丈亭江,设丈亭渡和南渡以通往来。慈江在北称后江,姚江在南称前江。据夏侯曾《先地志》记载:"慈溪江分流处,有石矶十七八丈,筑方丈室其上,为老尉廨宇,旧曰丈亭。"丈亭是姚江中段的水陆交通枢纽,商贾客旅汇聚于此候潮而行,潮涨则西往,潮落则东行。丈亭古镇位于北岸,沿江 1 千米长的古街现在风貌依旧。慈江发源于镇海的桃花岭,汇汶溪之水,向南流至化子闸,以上称中大河,以下为慈江,往西至丈亭汇入姚江。中大河上溯东流,沿骆驼桥、贵驷桥等村镇直达镇海县城西门,在白龙洋与前大河汇合,船舶可过张鉴碶入甬江。前大河古称夹江河,与甬江平行,直达宁波城区江北岸。

宝庆《四明志》记载:"自桃花渡(今三江口江北岸)而东,迄定海西市,绵亘六十里,原港久湮,田畴失溉,舟楫不通,民旅病之。"淳祐六年(1246)九月,制守颜颐仲会合鄞、定、慈三县之力,共同疏浚开拓,"才越三旬,而六十里河道尽复,广五丈,深丈二尺。置堰三,跨桥六。民便其利而颂其德,因刻石曰颜公渠"。旁证其他文献,颜制守在当时结合农业水利,已经从三江口桃花渡开始,把甬江以西、姚江以北沟通鄞、慈、定三县的江北地区河道做了整体的疏通,其中从慈江经中大河到镇海的河道,基本就是现在从丈亭到镇海的杭甬运河乙线航道,总长 49 千米,为镇海沟通杭甬运河主航道。

光绪《慈溪县志》记载:"后江旧直贯县城,由聪马桥出东郭至西渡(即姚江北岸的小西坝),又与大江(即前江)会,今由太平桥、三板桥、夹田桥贯东乡。"慈溪县城南面这一段连接丈亭慈江直贯东乡的河道叫管山江,长约 5 里,是宋代吴潜于宝祐五年(1257)买民田开挖而成,"开江七百丈有奇,广三十六尺。自是水不纡曲,南抵西渡,东抵茅洲闸,鄞、慈、定三邑皆蒙其利"。夹田桥以南的直河叫刹子浦(刹子港),沟通慈江和姚江,长约 4 千米。吴潜在刹子浦的南端建小西坝,隔江与鄞县的大西坝对接。古代船舶往来,"乘潮多风险,故舟行每由小江,小江即后江也"。说明走水路往来余姚、慈溪和鄞县、镇海之间的船只,大多不走前江(丈亭以东姚江自然段),而是走已经基本人工化的慈江、刹子港和中大河。

浙东运河西塘河段

姚江南岸自岐山头周家浦以东为原鄞县地界。从慈溪刹子港南端小西坝摆渡过姚江,通过南岸的大西坝,过高桥镇后进入西塘河,经11.5千米水路直达宁波城西望京门,与宁波城内水系和鄞西平原的南塘河、中塘河等运河水系沟通。宝庆《四明志·城郭》载:"回城门凡十,西曰望京门,有水门通漕运。"西塘河完成了浙东运河从西往东到达明州府城的最后一段运河航程,因此也称为古浙东运河的末段。

明代弘治年间是中国大运河史上比较畅通的时期。弘治元年(1488),朝鲜官员崔溥和同船的42人在海上遇险后漂流至浙东台州沿海,上岸后由官府接待,沿运河北上抵达北京,北返归国。他在后来写的《漂海录》一书中详细记载了一路的见闻,其中从奉化江摆渡进入鄞县北渡的风棚碶后,一路乘船沿南塘河到宁波城南的长春门,由水门入城,出西门到西塘河时,见"江之两岸,市肆、舸舰纷集如云",说明当时宁波府城西门外一带运河码头和市场贸易的繁荣境况。到大西坝时,见"坝之两岸筑堤,以石断流为堰,使之与外江不得相通,两旁设机械,以竹绹为缆,挽舟而过"。可见大西坝是一处典型的便于江河通航的水工设施,目前还有部分遗存。

上述余姚段、慈溪镇海段、鄞县西塘河段自然与人工相间的河道,共同组成了浙东运河宁波段,其中基本由人工开掘利用的达70多千米(包括甲乙两线和西塘河)。以姚江、甬江自然河道为主的航道沿线,历史上大多沿岸修筑土塘、石塘和各种内河及外江航运码头,并利用两岸支流开浦建闸、作堰起坝,使自然江河逐步成为防洪(潮)灌溉与航运两利的航道系统。

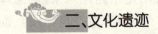

二、文化遗迹

中国大运河浙江段沿线保留了大量相关文化遗迹，主要有：

杭州富义仓

富义仓位于杭州市霞湾巷 8 号，京杭大运河畔，地处胜利河与古运河交叉口，是清代国家战略储备粮食仓库。其南面是反映接驾文化的御码头，往北是佛文化气息浓厚的香积寺和大兜路历史文化街区，东为特色临水古街——胜利河美食街，西则与运河特色画舫"乾隆舫"隔河相望。

富义仓始建于清光绪六年（1880），浙江巡抚谭钟麟因当时杭州粮食告急，遂令杭城士绅购粮十万石分别储存于原有的两个粮仓中。因原仓库不敷存储，购买霞湾民地十亩，再建仓廒。清光绪十年（1884）七月，历时四年，粮仓建成，共耗白银一万一千两，仓房共四排，可储存谷物四五万石。同年冬天，谭钟麟调任陕甘，临行前将仓库命名为富义仓，命名取"以仁致富，和则义达"之意。

它与北京的南新仓并称为"天下粮仓"，有"北有南新仓，南有富义仓"之说。民国时期，改为浙江省第三积谷仓，短时做过国民党军用仓库。解放后，杭州市粮食公司接管，作为民生仓库分库，后部分改为军区家属宿舍和杭州造船厂职工宿舍。

当时富义仓内共有五六十间粮仓，每间约 20 平方米，可存四五万石谷物，还有砻场（去稻壳的碾坊）、碓房（舂米的作坊）、司事者居室等。

门厅坐北朝南，占地面积 10 亩，原有仓库、砻场、碓房、司事房等。主仓东西相向而建，四列三进，一层砖木结构，硬山造。这里是杭州百姓最主要的粮食供应地，也是江南谷米的集散地，当年的朝廷贡粮也是从这里开始北运。

富义仓是杭州现存唯一的一个古粮仓,建国后其仓储功能也几经变迁,但作为"天下粮仓"的重要一员,运河文化、漕运文化、仓储文化的实物见证,富义仓依然屹立在运河最南端。如今的富义仓是围绕遗址保护,于2007年以原有的占地范围、用原有的材料、按原有的历史风貌原汁原味进行修复的,共有13幢建筑。其杭州的运河航运仓储古建筑,具有重要的文物价值。

广济桥

广济桥位于杭州市余杭区塘栖镇西北,南北向架于京杭大运河上,如长虹卧波,为古运河上仅存的一座七孔石拱桥。此桥造型秀丽,拱券采用纵联并列分节砌置法,水平全长78.7米,宽6.12米,矢高7.75米。2014年6月,随着大运河申遗成功,广济桥作为遗产点正式成为世界文化遗产的一部分。

据清光绪《唐栖志》卷三"桥梁"载:"通济长桥在唐栖镇,弘治二年(1489)建。"又"弘治间鄞人陈守清募建,桥计七洞。嘉靖庚寅(1530)桥裂,里人吕一素捐金修。丁酉(1537),复舍金重修。万历癸未(1583)、天启丁卯(1627)及清康熙乙巳(1655)屡圮屡葺,辛卯(1711)北塊又圮,吴山海会寺僧朱皈一与如意庵僧大生募建,甲午(1714)十月竣工"。

拱宸桥

拱宸桥位于杭州市区大关桥之北,东连丽水路、台州路,西接桥弄街,连小河路,是杭州古桥中最高最长的石拱桥。拱宸桥始建于明崇祯四年,当时举人祝华封募集资金造桥。清朝顺治八年,桥坍塌。康熙五十三年,由布政使段志熙倡导并率先捐款,林云寺的慧辂和尚竭力募捐款项相助,历时四年,建成现在的这座拱宸桥。该桥长98米,高16米,桥面中段略窄,为5.9米宽,而两端桥塊处有12.2米宽。三孔薄墩联拱驼峰桥,边孔净跨11.9米,中孔15.8米,拱券石厚 30 厘米,为拱跨的 1/52.7 和 1/39.7,中墩厚约 1 米,为大孔的 1/15.8;眉石厚 20 厘米。采用木桩基础结构,拱券为纵联分节并列砌筑。

在古代,"宸"是指帝王住的地方,"拱"即拱手,两手相合表示敬意。每当帝王南巡,这座高高的拱形石桥,象征对帝王的相迎和敬意,拱宸桥之名由此而来。1895 年,丧权辱国的《中日马关条约》签订后,杭州列为通商口岸。1896 年在此地建立洋关,抗战胜利后,洋关废除。2005 年,拱宸桥进行大修,这也是拱宸桥 120 年来头一次大修。2006 年,杭州运河集团又将长 3 米、重 2 吨的护桥石更换。古老的拱宸桥以更坚强的形象横跨在运河上。

凤山水城门

凤山水城门位于中山南路和中河路交会处,横跨在中河上,是杭州唯一真实存在的古城墙和古城门。

南宋时,临安(今杭州)城有水门五座,分别为东南面的南(入)水门和北(出)水门,东面的保安水门,北面的天宗水门和余杭水门。宋亡后,皇城废弃,皇宫先改为佛寺,后遭火焚。到了元末,张士诚割据两浙,以杭州为据点,将原皇城所在的凤凰山麓划在了城外,包括南宋时更靠近钱塘江的城门嘉会门在内,共废掉四座旱城门,并建设了杭州城的新南门(明初更名为凤山门),从此奠定了明清杭州城的基本格局。凤山原门有水陆两门,元朝开始,钱江之水,"自龙山涌入凤山水门",通过城内阡陌纵横的水道,出武林门水门,和京杭大运河连在一起。凤山门既是龙山河的北端端点,也是扼守浙西运河通往钱塘江的咽喉。凤山水城门建于元至正十九年(1359),历经 600 多年风雨,城门北面藏青色的石砖古朴而沉默。现在的城门两边都已经断头,用栅栏围了起来,只剩中间拱形的一段,顶部倒还是城墙的形状。转到南面,便能看到刻在拱门上方的"凤山水门"四个字。

长安闸

长安闸位于海宁长安镇,是古代连接长安塘(崇长港)和上塘河的一个重要水利枢纽及管理机构。采用三闸两澳复式结构,通过各设施的联合运用和严格的管理措施,达到引潮行运、蓄积潮水、水量循环利用的多重工程目的。这是中国历史上最早使用"拖船坝"和"复式坝"技术的见证,是古代中国大运河科技含量最高的船闸之一,也是我国古代领先于世界水平的先进水利技术的良好佐证。

据《浙江水利志》记载,长安埭(堰)始建于唐贞观年间(627—649),原称义亭埭,宋咸淳《临安志》也称,该闸"相传始于唐",在"县西北二十五里""即旧义亭埭"。北宋名长安堰,南宋及后世称长安堰、长安坝、长安闸等。其时,长安为运河要段,长安坝闸为运河上的重要设施。它与秀(今属嘉兴)之杉青闸、常(今属无锡)之望亭闸齐名。据《宋史》载,"神宗熙宁元年(1068)十月,诏:杭之长安,秀之杉青,常之望亭三堰,监护使臣并以管干河塘系衔,同所属令佐,巡视修固,以时启闭"[①]。此时,长安闸已建为复式船闸。北宋绍圣年间(1094—1098),重修长安三闸。崇宁二年(1103)长安闸"有旨易闸旁民田以浚两澳""上澳九十八亩,下澳一百三十二亩,水多则蓄于两澳,旱则决以注闸",以保证复闸过船用水需要,这也是运河浙江段最早设立的澳闸制。

南宋绍兴八年(1138),又将"垒木"易以"石埭",经以上两次较大工程整修,长安船闸与拔船坝并存,大船或货船经船闸出入,小船或空船则过坝上下塘河。南宋时对运河和长安闸的管理更为注重,置澳兵 20 人严禁澳水外泄,成为进出杭州必经之水路,过往船只都要缴纳过闸税。

元初,长安闸一度废弃,至正七年(1347),又在旧坝之西增建新坝,一直使用到清中期。长安复式船闸废弃情况确切年月不详,但

---

① 《宋史》志第四十九《河渠六》

从坝址碑文中可看出，至少在太平天国之前，即清代中期，复式船闸已废弃不用，但长安堰依然存在，往来船舶过坝有盘车上下。民国时称长安坝，上闸首改为滚水坝，上闸桥以下成为下河水系，并成为上塘河地区泄洪通道。20世纪初修建的沪杭铁路在中闸与下闸之间穿越而过，铁路下建有一个排水涵洞。1961年，又在铁路涵洞北侧建造引下河水补充上塘河水源的长安翻水站。此后，上闸首滚水坝废弃，排水通道变为翻水通道。现今原复式船闸亦已改建为桥梁，上闸桥于1964年5月重建，中闸桥于1983年6月改建，下闸桥今称解放桥，于1979年3月重建。长安拔船坝遗址尚存。

长虹桥

长虹桥位于嘉兴市秀洲区王江泾镇东部，东西横跨运河，是秀洲区北部沟通运河东西两岸交通的重要桥梁，也是浙北平原软土基上修建的最大石拱桥。清光绪《嘉兴府志》载："在秀水县城北二十七里。始建年代无考。"但唐佩金《闻川缀旧诗》卷二称："长虹桥，在王江泾镇，东西跨运河。明万历嘉兴计吴国仕初建，民咸其德，立祠祀之。"也有民间相传，有一道士陈复古，在静峰庵坐关三年，募银三万两建成。明清以降，长虹桥曾经多次修建。清康熙五年（1666）知府王镇率里人朱麟世、张应麟重建。嘉庆十七年（1812）里人唐秉义、谢丕勋、陈嗣昌募资重建。清咸丰年间（1851—1861）栏石兵毁，光绪六年（1880）修复。

长虹桥因宏伟壮观，形似长虹，有长虹卧波之势，故名长虹。长虹桥全长72.8米，共有三孔。中间孔净宽16.2米、高10.7米，两边孔跨各9.3米。平时水面至桥顶高18.8米，桥顶宽4.9米，两侧各有57级石阶。西坡桥孔内砌有石纤道。桥塓原有石碑坊，已毁。南侧中孔桥联为："淑气风光架领送登彼岸，洞天云汉横梁稳步长堤。"北侧桥联为："福泽长流物阜民安国泰，慈航普渡江平海晏河清。"南侧边桥联："劝世人善，原天作福。"北侧边桥联："千秋永庆，万古长龄。"长虹桥为历代文人所称颂。它的艺术价值、科学价值也为现代建筑界、文物界所注目。

八字桥

八字桥位于绍兴市越城区八字桥直街东端,处广宁桥、东双桥之间。八字桥作为我国最早的"立交桥",据嘉泰《会稽志》记载,始建于南宋嘉泰年间(1201—1204),南宋宝祐四年(1256)重建,"两桥相对而斜,状如八字,故得名"。八字桥附近一带,古民宅保存较为完整,政府已做出保护规划。

八字桥以石材构建,结构造型奇妙,八字桥陆连三路,水通南北,南承鉴湖之水,北达杭州古运河,为古代越城的主要水道之一。这里位处三街三河四路的交叉点,桥呈东西向,为石壁石柱墩式石梁桥,三向四面落坡,其中二落坡下再设二桥洞,解决了复杂的交通问题。桥面条石并列,长 4.85 米,高 5 米,净跨 4.5 米;桥面宽 3.2 米,东西长 27 米;桥东的南北向落坡各为 12.4 米、17.4 米,桥西的南向落坡为 14 米,西南落坡为 17 米。

桥上置栏,望柱头雕覆莲。桥合石壁式,高 4 米,东西两面各立石柱 9 根,主孔下西面第五根墩柱上刻有"时宝□丙辰仲冬吉日建"。西端南面的踏跺下建一小孔,跨越小河。桥下石壁转角处被纤绳磨出的痕迹至今历历在目,可见当年舟楫之盛。

八字桥历史街区

绍兴市越城区八字桥直街,为绍兴典型的"一河一路""一河两路"的亲水居住形态,与仓桥直街相比,八字桥街区民居的布局显得更为宽松,生活气息也要更加浓郁一些。登临八字桥,遥望南北河道,视野开阔,其碧水秀街、枕河人家之水城风貌尽收眼底。

古纤道

　　纤道是运河纤夫行走的道路,在中国大运河浙江段各个河段均有分布,但集中位于浙东运河萧山和绍兴市境内。浙东运河纤道始建于唐元和十年(815),全长近百里,其中以钱清板桥至上谢桥的全长7.5千米的纤道保存较为完整。浙东运河纤道具有单面靠岸和双面临水两种形式,后者又可分为实体纤道和石墩纤道。双面临水纤道中常间隔一定距离设置桥梁用于船只通行,有"白玉长堤"之称。

　　截止到2013年,位于绍兴市境内钱清镇板桥至柯桥街道上谢桥的纤道是全国重点文物保护单位,而萧山纤道、绍兴渔后桥纤道、绍兴皋埠纤道、上虞纤道被纳入浙江省文物保护单位。

第二节

八年申遗路

　　开掘于春秋、突破于隋代、畅通于唐宋、取直于元代、繁荣于明清的中国大运河,在贯穿整个中华文明史的同时,更贯通了南北的海河、黄河、淮河、长江、太湖、钱塘江六大水系。她犹如丝丝血脉,滋润着沿途的大小城市,成为闪烁的串串明珠和富庶的经济中心,并且构成了独特的自然风情、人文景观和民俗风韵,成了两千多年来中华文明史中的重要内涵之一。

一、踏上申遗路(2006—2008 年)

　　1972 年 11 月 16 日,联合国教科文组织在巴黎通过《保护世界文化和自然遗产保护公约》,决定将国际公认的、具有杰出和普遍价值的文化古迹与自然景观,作为全人类的共同财产加以保护、管理,传给子孙后代。1985 年 12 月 12 日,我国正式加入《保护世界文化和自然遗产公约》,成为缔约方。1987 年,中国开始遗产申报工作,同年 12 月在联合国教科文组织举办的世界遗产委员会第十一届全体会议上,首次将中国的故宫博物院、周口店北京人遗址、泰山、长城、秦始皇陵(含兵马俑坑)、敦煌莫高窟 6 处文化与自然遗产列入《世界遗产名录》。1999 年 10 月 29 日,中国当选为世界遗产委员会成员。

中国大运河与万里长城、埃及金字塔和印度佛加大佛塔并称为世界古代最宏伟的四大工程,其中唯独中国大运河是活着、流动着,并且仍在发挥价值的文化遗产。20 多年前我国申报长城等第一批世界遗产时,专家们就提出了"大运河申遗"的建议。但当时一些观点认为"文物是固定的,运河是流动的",而且一些河床已经干涸、部分河段污染较重、一些河道已经改变,因此大运河不适合申报世界文化遗产。大运河申遗的事情也就因此耽搁下来。2005 年,联合国教科文组织将遗存运河和文化线路作为新的世界遗产种类列入其中后,再加上国外运河成功申遗的先例,著名学者郑孝燮、罗哲文、朱炳仁以"关于加快京杭大运河遗产保护和申遗工作"为题,联名致信京杭大运河和浙东运河 18 个运河城市的市长,呼吁加快大运河申报世界文化遗产的工作,认为:"站在历史的高度来看,京杭大运河的价值和风貌千万不能在我们这一代人手中断流。"

2006 年 3 月,58 位全国政协委员联名向全国政协十届四次会议提交《应高度重视京杭大运河的保护和启动申遗工作》的提案,呼吁启动对京杭大运河的抢救性保护工作,并在适当时候申报世界文化遗产。2006 年 5 月,全国政协组织委员和专家考察京杭大运河保护与申遗活动的情况,对运河全线进行调查研究,并通过了《京杭大运河保护与申遗杭州宣言》。该宣言呼吁:第一,唤起公众对大运河重要地位和多重价值的重新认识,进一步增强各级政府的保护意识;第二,从国家战略高度,建立统一的协调机构,制定法律法规,统筹保护与发展规划;第三,重视启动大运河申遗工作,以创新的思路,正确处理自然遗产、文化遗产与非物质文化遗产的关系;第四,成立专门的研究机构,收集资料,摸清家底,开展调查研究和价值评估工作;第五,贯彻科学发展观,关注大运河的整体风貌,维护生态环境,实现可持续发展。这标志着中国对于京杭大运河申请加入联合国《世界文化遗产名录》的梦想迈出了实质性的一步。

6月,京杭大运河被列入第六批全国重点文物保护单位。10月,北京通州举办京杭大运河文化遗产保护与可持续发展高峰论坛。12月,国家文物局公布重设的《中国世界文化遗产预备名单》,将原先榜上无名的京杭大运河列在首位。2007年4月,国家文物局发出《关于做好大运河保护与申报世界文化遗产工作的通知》。6月,大运河保护与申报世界文化遗产协调会议在北京举行,旨在全面推动大运河保护工作有序开展,研究并确定具有可操作性的大运河申遗工作协调机制,为大运河申遗工作的开展奠定基础。9月,扬州成功举办首届世界运河名城博览会,40多个中外运河名城的市长和有关国际组织的代表出席。会上,中国大运河联合申遗办公室在扬州大运河东关古渡正式揭牌,标志着大运河申遗进入实际操作阶段;中国大运河沿线20余个城市的市长签署了《世界运河城市可持续发展扬州宣言》,明确提出"尽一切可能,把科学合理地保护、利用运河,促进运河与城市和谐发展作为神圣使命和永恒目标",这可以视为大运河申遗的庄严誓言。同时,国家文物局正式发文,确定将扬州市作为中国大运河申报世界文化遗产的牵头城市。2008年3月,国家文物局在扬州召开"大运河保护与申遗工作会议暨大运河保护规划编制研讨会"。会议建立大运河申遗城市联盟,达成大运河保护与申遗"扬州共识"。会议还根据有关专家的建议和论证,将通往河南洛阳的隋唐大运河整合进来,将"京杭大运河申遗"改称为"中国大运河申遗",包括京杭大运河、隋唐大运河和浙东运河,涉及城市扩大到33个。6月,全国政协组织委员和专家分三路追踪考察浙江、江苏和山东的大运河沿线,目的是加强和协调各城市申遗筹备各项工作的指导和落实,同时也希望通过调研扩大申遗城市的范围,保持运河线性文化遗产的整体性。9月,为有效推进大运河遗产保护规划编制工作,确保沿线30多个地级市按照统一标准和要求在一年内高质量地完成大运河遗产第一阶段保护规划编制任务,大运河遗产第一阶段保护规划编制工作会议在江苏扬州召开。此次会议既是大运河遗产保护规划编制要求说明会,也是大运河保护与申遗下阶段工作的部署会。大运河沿线各地代表及相关专家出席会议,共享课题研究成果,共同推进大运河遗产保护规划编制工作。11月,大运河保护与申遗工作专家组成立。为指导大运河申遗工作科学推进,探索和开创符合大运河遗产特点的申遗路径,并为申遗文本编制、保护规划编制提供全面的学术支撑,大运河联合申遗办公室成立大运河保护与申遗工作专家组,专家组学科构成包括文物、历史、遗产保护、水利、交通、规划等方面。针对大运河申遗工作中的专业和学术问题、大运河申遗文本编制、各地规划编制工作中遇到的疑难问题,专家组及时发挥咨询作用,联合申遗办将以学术会议或其他形式,组织举办与大运河申遗有关的科研活动和专家论证,积极有效地推动大运河保护与申遗工作。

二、大运河申遗全面启动(2009—2010 年)

2009 年 3 月,大运河规划编制研讨会在北京举行。来自北京、天津、河北、河南、山东、安徽、江苏、浙江 8 省(直辖市)文物部门、5 家规划编制单位、国家文物局相关司处、大运河联合申遗办的代表与部分专家学者参加会议。8 个省(市)文物部门负责人与承担分段规划编制的东南大学建筑学院、中国文化遗产研究院、中国城市规划设计研究院、北京市城市规划设计研究院、河北省古建保护研究所等 5 家规划编制单位的项目负责人分别汇报了各省运河保护规划编制工作进展情况、存在问题及下一步工作打算。

4 月,大运河保护和申遗省部际会商小组第一次会议在北京召开。会商小组由国家发展和改革委员会、财政部、国土资源部、环境保护部、住房和城乡建设部、交通运输部、水利部、文化部、国务院法制办公室、国家测绘局、国家文物局、全国政协教科文全委会、国务院南水北调工程建设办公室等 13 个部门和北京市、天津市、河北省、江苏省、浙江省、安徽省、山东省、河南省 8 个省(直辖市)有关单位领导组成,会商小组办公室设在国家文物局。会商小组第一次会议由会商小组副组长、国家文物局局长单霁翔主持,会商小组组长、文化部部长蔡武做重要讲话,成员单位的省部级成员、司局级联络员或代表近 40 人出席会议,通过了《大运河保护和申遗省部际会商小组工作制度》《大运河保护和申遗 2009—2010 年工作计划》等文件,大运河申遗正式进入启动和准备阶段。

6 月,国家文物局在北京组织召开大运河遗产第一阶段保护规划预审专家咨询会。会议就第一阶段保护规划的规划框架、规划目标、遗产构成、价值评估、保护范围及建设控制地带的管理规定、遗产点遴选、规划文本及图纸体例、规划分期等问题达成一致意见。

8 月,国家文物局发出《关于加强大运河保护和申报世界遗产工作的通知》,对进一步做好大运河保护和申报世界遗产工作提出具体要求,大运河遗产点遴选工作全面启动。

9 月,大运河保护和申遗工作会议在扬州召开。会上,国家文物局局长单霁翔就大运河保护和申报世界文化遗产工作的进展情况和总体安排等做了详细说明。按照国务院的统一部署,2009—2014 年是大运河保护和申报世界文化遗产工作的关键时期,分为三个阶段。第一阶段是从 2009 年到 2010 年的启动阶段,第二阶段是从 2011 年到 2012 年的保护、整治阶段,第三阶段是从 2013 年到 2014 年的申报阶段。

10 月,由国家文物局、江苏省文物局、无锡市人民政府主办,无锡市南长区人民政府、无锡市文化遗产局承办的中国大运河文化遗产保护无锡峰会在无锡举行。会议以"中国大运河文化遗产保护复兴的思考与实践"为核心内容,围绕运河传统文化和城市现代文明相辅相成、文化遗产继承保护和创新发展同步的议题进行深入探讨。

2010 年 1 月,"2010 年中国运河年"活动启动,以北京、天津、沧州、德州、泰安、聊城、济宁、枣庄、徐州、宿迁、淮安、扬州、镇江、常州、无锡、苏州、嘉兴、杭州等京杭大运河沿线城市为主要合作伙伴,在 2010 年度共同举办各类艺术文化主题活动。这次活动提出的口号是"让运河城市更加美好!"。2010 年中国运河年活动内容包括文艺活动、学术活动、创意活动、评选活动、社会活动等。

4月，大运河保护和申遗省部级会商小组第二次会议在文化部召开。会商小组组长、文化部部长蔡武和国家发改委、财政部、国土资源部、环境保护部等有关部委，运河沿线8个省（直辖市）政府负责人出席会议，总结了大运河保护和申遗工作的进展情况，分析了当前面临的一些主要问题，要求明确重点，扎实推进，加强法规建设，遴选申遗预备名单，加快推进保护、整治、落实经费保障，全力以赴做好大运河保护和申遗工作。

5月，大运河全线保护规划编制工作开始启动。大运河保护与管理总体规划工作组从北京出发，沿运河考察淮安、扬州、镇江、嘉兴、杭州等各地遗产点。根据大运河申遗进度，2010年完成大运河全线整体保护规划的编制任务。

7月，大运河保护和申遗会议在运河名城扬州召开。中国文化遗产研究院、中国古迹遗址保护协会负责人先后汇报了大运河总体规划编制、大运河申遗预备名单遴选工作思路和工作进展情况，大运河沿线代表城市介绍了大运河遗产点段保护、展示及周边环境整治典型案例。

9月，"2010中国·扬州世界运河名城博览会暨运河名城专家论坛"举行，国内外运河专家畅所欲言，围绕大运河的认定、核心价值、申遗技术路线、保护管理等问题各抒己见，共同探讨中国大运河申遗以及保护工作。

11月，由国家文物局主持召开的大运河申遗预备名单遴选专家会议在北京召开，通过集体评审产生了列入大运河申遗预备名单的推荐项目。

三、保护、整治阶段（2011—2012年）

2011年3月，大运河保护和申遗省部际会商小组第三次会议召开，通报各部门、各省市大运河保护、申遗工作的进展情况和2011年工作计划，原则通过《大运河遗产保护和管理总体规划》和《大运河申报世界文化遗产预备名单》，并希望进一步做好《大运河遗产保护条例》及其立法重要性的研究与沟通。

4月，大运河保护和申遗工作会议在扬州召开。首批大运河申遗预备名单对外公布，包括了8个省（直辖市）35个城市的132个遗产点和43段河道。以此次扬州会议为标志，开始于2009年的大运河申遗的启动与准备阶段基本结束，正式进入"提速"的第二阶段，并为第三阶段的最终申报打下坚实的基础。

9月，在第五届中国·扬州世界运河名城博览会上，各国、各方专家再聚扬州，共话大运河发展大计。他们围绕大运河遗产的核心价值、各自所在城市申遗的成功秘诀，以及如何让这条历史河流焕发全新时代功能等问题，展开了深入探讨。

2012年3月，为加快推进大运河保护和申遗工作，研究部署2012年重点工作任务，大运河保护和申遗省部际会商小组第四次会议在文化部召开。会商小组组长、文化部部长蔡武，会商小组各成员单位有关负责同志出席了会议。会议通报了各省市、各部门大运河保护和申遗工作进展情况与2012年工作计划。会议审议并原则通过《大运河保护和申遗2012—2013年行动计划》和《中国大运河遗产监测和档案系统建设方案》报审稿，决定由会商小组印发。同时，请国家文物局在国务院法制办的指导下，继续研究、完善《大运河遗产保护条例》草案稿，并将制定部门规章与出台地方法规、规章相结合，以适应大运河申遗和保护管理工作的实际需要。

3月，大运河保护和申遗工作会议在扬州举行，大运河申遗城市联盟向大运河沿线35个城市发出《大运河遗产保护联合规定》倡议书，倡议共同遵守该规定，用世界遗产理念保护管理大运河遗产，规范大运河遗产利用行为。

6月8日，文化部起草的《大运河遗产保护管理办法（征求意见稿）》（简称《办法》）在中国政府法制信息网公布，向社会公开征求意见。7月27日，文化部部务会议审议通过，8月14日，文化部部长蔡武签发第54号文化部令给予公布，并定于2012年10月1日起施行。《办法》规定，国务院文物主管部门主管大运河遗产的整体保护工作,并与国土、环保、交通、水利等主管部门合作,依法在各自的职责范围内开展相关工作。大运河沿线县级以上地方人民政府文物主管部门,负责本行政区域内的大运河遗产保护工作,依法与其他相关主管部门合作开展工作,并将大运河遗产保护经费纳入本级财政预算。这标志着大运河有了新的"护身符",大运河遗产保护进入有法可依的新阶段。

9月26日,世界运河名城博览会暨世界运河大会隆重举行,来自23个国家、14条著名运河沿岸城市以及内河航道国际组织的代表和专家齐聚扬州,以"大运河,活态遗产"为主题,共同探索"大运河"这一活态文化遗产保护、利用和发展的创新思路和模式。大运河沿线的8省35个城市共同签署了《大运河遗产联合保护协定》。该协定共18条,从签署之日起生效。

9月27日,杭州大运河文化节捧出精彩文化大餐,与扬州互为呼应,共同携手营造出助推运河申遗的氛围。

四、评审阶段(2013—2014 年)

2013年1月,国家文物局正式向联合国教科文组织提交申报世界文化遗产文本。6月18日,国家文物局在北京召开大运河首批申遗点段专家评审会,研究论证大运河申遗文本的核心内容,评审推荐大运河首批申遗点段。会议听取大运河申遗文本编制单位中国文化遗产研究院关于申遗文本核心内容和大运河申遗点段评估意见的汇报,充分肯定申遗文本编制工作进展和取得的成果,对大运河所具有的突出普遍价值和适用的世界遗产价值标准等进行了深入研究探讨。与会专家就如何理解和阐释大运河作为活态遗产的真实性与完整性、完善申报策略和遴选标准等提出了具体建议,并根据大运河遗产价值阐释和各点段保护管理状况,形成了对大运河首批申遗点段的评估推荐意见。

按照大运河申遗时间表,2013年8月前所有大运河遗产点段完成准备工作,并接受国际专家的现场评估。10月16日,大运河申遗宣传片正式投入拍摄,摄制组从北京出发,历时20天,先后对天津、河北、山东、河南、安徽、江苏7个省(直辖市)的上百处遗产点段进行了拍摄。大运河申遗宣传片作为申遗的重要资料,与申遗文本一并递交联合国进行审核。

2014年,中国大运河申遗项目正式提交联合国教科文组织第38届世界遗产大会审议。6月,第38届世界遗产大会在卡塔尔多哈举行。原本根据大会安排,中国大运河遗产申遗排在第8个待审,也就是大概在北京时间6月20日晚上揭晓结果,但因多种因素影响,直到北京时间6月22日14:33(多哈时间9:33),大会才正式开始对中国大运河申报项目进行审议。首先,国际古迹遗址保护协会(ICOMOS)代表国际评估机构对中国大运河的内涵、价值及保护管理情况、评估意见和结论进行了介绍。接着,世界遗产委员会21个委员国中的12个国家的代表开始轮流发言,发表对中国大运河申遗项目的意见。现场很多代表都给出了高评价,他们用"震撼""令人印象深刻"等赞美之词来形容自己对大运河的感受,各成员国代表一致赞同将其列入《世界遗产名录》。最后,本届遗产大会执行主席、卡塔尔博物馆管理局主席阿勒萨尼公主敲下木槌,宣布中国大运河项目被列入《2014年世界遗产名录》,成为中国第46个世界遗产。

霎时,会场掌声雷动。两天的焦急等待终于尘埃落定。中国代表团的成员们起立鼓掌,这时候,各国的代表们蜂拥而上,表示祝贺。

世界遗产委员会对中国大运河的评价是:大运河是世界上最长、最古老的人工水道,也是工业革命前规模最大、范围最广的土木工程项目,它促进了中国南北物资的交流和领土的统一管辖,反映出中国人民高超的智慧、决心和勇气,以及东方文明在水利技术和管理能力方面的杰出成就。历经两千余年的持续发展与演变,大运河直到今天仍发挥着重要的交通、运输、行洪、灌溉、输水等作用,是大运河沿线地区不可缺少的重要交通运输方式,自古至今在保障中国经济繁荣和社会稳定方面发挥了重要的作用。符合世界遗产标准(i)、(iii)、(iv)。

中国代表团团长、国家文物局副局长童明康在会议发言中表示，"中国政府将继续为大运河珍贵文化遗产提供最好的保护，让蕴含丰富精神内涵的大运河流向可持续发展的未来，让古老的大运河再次绽放灿烂的光彩"。

附　录

附录一：大运河示意图

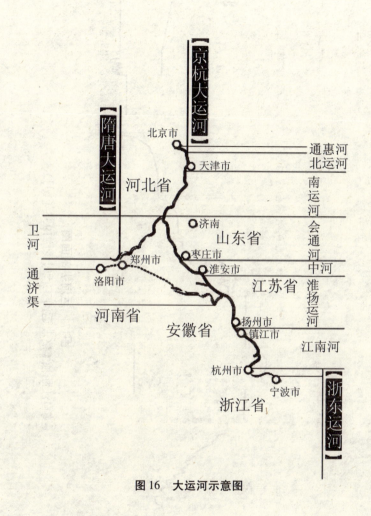

图 16　大运河示意图

附录二:运河纵剖面图

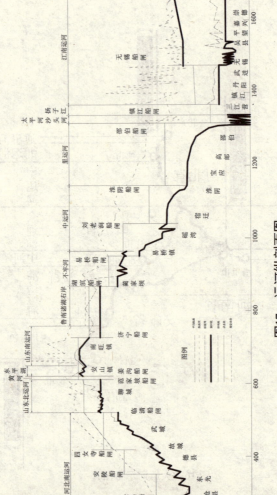

图17　运河纵剖面图

（摘自汪胡桢《整理运河工程计划》1935年6月）

参考文献

[1] 二十五史[M].百衲本.杭州:浙江古籍出版社,1998.

[2] 司马光.资治通鉴[M].上海:上海古籍出版社,1987.

[3] 袁康,吴平.越绝书[M].上海:上海古籍出版社,1985.

[4] 金普森,陈剩勇.浙江通史[M].杭州:浙江人民出版社,2005.

[5] 郦道元.水经注[M].重庆:重庆出版社,2008.

[6] 齐召南.水道提纲[M]//四库全书·史部十一.影印本.

[7] 顾祖禹.读史方舆纪要[M].上海:上海书店出版社,1998.

[8] 乐史.太平寰宇记[M]//四库全书·史部十一.影印本.

[9] 沈佺.江南水利志[M].木活字本影印本,1922.

[10] 单锷.吴中水利书[M].北京:商务印书馆,1936.

[11] 任仁发.浙西水利议答录[M]//永乐大典本.影印本.

[12] 姚文灏.浙西水利书[M]//钦定四库全书.影印本.

[13] 载龄,等.钦定户部漕运全书[M].清抄本.北京:书目文献出版社,1988.

[14] 谢纯.漕运通志[M].明嘉靖七年杨宏刻本.影印本.

[15] 席书.漕船志[M].明嘉靖刊本,台湾正中书局,1981 年影印本.

[16] 黄仁宇.明代的漕运[M].北京:新星出版社,2005.

[17] 陈璧显.中国大运河史[M].中华书局,2001.

[18] 姚汉源.京杭运河史[M].北京:中国水利电力出版社,1998.

[19] 史念海.中国的运河[M].重庆:重庆史学书局,1944.

[20] 陈桥驿.中国运河开发史[M].北京:中华书局,2008.

[21] 安作璋.中国运河文化史[M].济南:山东教育出版社,2001.

[22] 傅崇兰.中国运河传[M].太原:山西人民出版社,2005.

[23] 欧阳洪.京杭运河工程史考[M].南京:江苏省航海学会,1988.

[24] 中国社会科学院研究所,北京民俗博物馆.漕运文化研究[M].北京:学苑出版社,2006.

[25] 安宇,沈山.运河文化景观与经济带建设[M].北京:中国社会科学出版社,2014.

［26］陈善,等.杭州府志［M］.台北:成文出版社有限公司,1983年.影印本.

［27］单庆,徐硕.至元嘉禾志［M］.上海:上海古籍出版社,2010.

［28］刘应钶,修.沈尧中,纂.嘉兴地方志办公室,编校.万历嘉兴府志［M］.上海:上海古籍出版社,2013.

［29］嘉兴府志［M］.影印本.

［30］湖州府志［M］.北京:书目文献出版社,1990.

［31］苏州府志［M］//永乐大典.卷2367.台北:成文出版社有限公司,1983.影印本.

［32］无锡县志［M］//钦定四库全书.影印本.

［33］吴江志［M］.明弘治元年刊本.台北:成文出版社有限公司.影印本.

［34］江苏省交通厅航道局,江苏省航道协会.京杭运河志(苏南段)［M］.北京:人民交通出版社,2009.

［35］《太湖水利史稿》编写委员会.太湖水利史稿［M］.南京:河海大学出版社,1993.

［36］山东运河航运史编纂委员会.山东运河航运史［M］.济南:山东人民出版社,2011.

［37］王健,等.江苏大运河的前世今生［M］.南京:河海大学出版社,2015.

［38］童隆福.浙江航运史(古近代部分)［M］.北京:人民交通出版社,1993.

［39］浙江省水利志编纂委员会.浙江省水利志［M］.北京:中华书局,1998.

［40］苕溪运河志编纂委员会.苕溪运河志［M］.北京:中国水利水电出版社,2010.

［41］吴振华.杭州古港史［M］.北京:人民交通出版社,1989.

［42］闫彦.浙江水文化》［M］.杭州:浙江大学出版社,2008.

［43］邱树森.江苏航运史(古代部分)［M］.北京:人民交通出版社,1989.

[44] 郭孝义.江苏航运史(近代部分)[M].北京:人民交通出版社,1990.

[45] 江苏省交通史志编纂委员.江苏航运史(现代部分)[M].北京:人民交通出版社,1994.

[46] 上海内河航运史编委会.上海内河航运史(现代部分)[M].北京:人民交通出版社,1995.

[47] 邱志荣,陈鹏儿.浙东运河史[M].北京:中国文史出版社,2014.

[48] 全国政协文史和学习委员会,政协杭州市委员会.运河名城杭州[M].北京:中国文史出版社,2009.

[49] 浙江省嘉兴市政协文史委员会.运河名城嘉兴[M].北京:中国文史出版社,2015.

[50]《浙江省交通志》编委会编.浙江省交通志[M].北京:人民交通出版社,2016.

[51] 浙江省交通厅编写组.浙江省志交通篇(送审稿).2005

[52]《杭州市交通志》编纂委员会.杭州市交通志(1991—2008)[M].杭州:浙江人民出版社,2012.

[53] 杭州市交通志编审委员会.杭州市交通志[M].北京:中华书局,2003.

[54] 嘉兴市交通志编纂委员会.嘉兴市交通志[M].北京:方志出版社,2016.

[55] 湖州市交通运输局.湖州交通志(1991—2010)[M].北京:方志出版社,2016.

[56] 绍兴市交通局.绍兴市交通志[M].北京:国际文化出版公司,1996.

[57] 罗关洲.绍兴市交通志[M].杭州:浙江人民出版社,2007.

[58] 浙江航运编史办绍兴编写组.绍兴航运简史[M].1984.

[59]《宁波交通志》编审委员会.宁波交通志[M].北京:海洋出版社,1996.

[60] 浙江交通运输厅.浙江交通年鉴(2002).

［61］浙江交通运输厅.浙江交通年鉴(2003).

［62］浙江交通运输厅.浙江交通年鉴(2004).

［63］浙江交通运输厅.浙江交通年鉴(2005).

［64］浙江交通运输厅.浙江交通年鉴(2006).

［65］浙江交通运输厅.浙江交通年鉴(2007).

［66］浙江交通运输厅.浙江交通年鉴(2008).

［67］浙江交通运输厅.浙江交通年鉴(2009).

［68］浙江交通运输厅.浙江交通年鉴(2010).

［69］浙江交通运输厅.浙江交通年鉴(2011).

［70］浙江交通运输厅.浙江交通年鉴(2012).

［71］浙江交通运输厅.浙江交通年鉴(2013).

［72］浙江交通运输厅.浙江交通年鉴(2014).

［73］浙江交通运输厅.浙江交通年鉴(2015).

后　记

缘起于 2005 年的一场京杭大运河地图上的标识之争，作为一名港航人，遍寻当代相关书籍，以期全面了解大运河的前世今生。但是，有关大运河文化的书籍虽然汗牛充栋，却大多来源于学校、文化等部门，而无一有关大运河航运或由港航部门编纂。

众所周知，大运河所具有的文化传播、水利灌溉、生态景观等诸多功能，都是在大运河所具有"运"的功能上衍生的。随着铁路和高速公路的快速发展，水上客运似乎已成为人们记忆中的"一张旧船票"的故事。于是，大运河这个"运"的功能也慢慢淡出了人们的视野。而事实上，如大运河申遗发起人之一的罗哲文于 2006 年 7 月 6 日在《对大运河保护与申遗工作的期望》中的论述："除了运河本身之外，对历史航运与舟船历史的研究也同样十分重要。没有舟船，运河就不可发挥其作用，两者缺一不可。舟船也是一种水上的建筑，其构造与陆地建筑相差无几，而要浮游在水上，则更有其特殊的工艺。中华舟船历史悠久，技艺精湛，文化内涵丰富，是中华儿女对人类文明做出的重大贡献之一，与大运河同等重要。"

2006 年，笔者跟随嘉兴电视台拍摄《我们的大运河》节目，从京杭大运河的最南端杭州出发，沿着千年河脉，途经嘉兴、苏州、无锡、常州、镇江、扬州等直至通州，寻访运河的踪迹，倾听大运河的诉说……

位于杭州市运河建国北路桥畔有一座新落成的大型主题群雕《运河魂》。该群雕由拉纤的人物、壮牛及过坝的船等三组作品组成，再现了当年京杭运河上纤夫拉船过坝时辛苦劳作的场景。它的创作原型就是海宁的长安坝。古运河流经的长安镇的上塘河与下塘河之间的落差高达 2 米，为解决上下河的通航问题，当地人在两河交界处筑了一座坡形的土坝，通过人力、牛力以绞盘拉动绳索拔船过坝，史称"长安坝"，始建于唐贞观八年（634）。

运河之所以被人们不断地开掘、疏浚、养护、改造，使之变迁和发展，虽然其原动力有春秋时期的争霸需要和漕运的需要等，但就漕运而言，自秦始皇北征匈奴而始征漕粮，直至光绪二十六年（1900）停止漕运，其间长达 2 200 多年，究竟有多少粮食被征为漕粮，已无法统计，但从嘉兴三塔公园的两块纤石上不难看出，有多少江南的漕粮运输时经过了嘉兴。一块是高约 6 米的正方形花岗岩，另一块是高约 4 米的略呈圆形的紫红色砂砾岩，均布满了几十条深浅不一的纤绳痕，深度均在 0.5～2 厘米，既折射出了大运河航运的兴旺，同样也镌刻着运河的魂。而今的京杭运河江南段，日均货运量达 30 万吨。目前，该航道所运之物不再是漕粮，而是工业生产的原材料和产成品，一位专家考察后由衷地说："这里的运河比高速公路还繁忙。"

从杭州向北，运河变得越来越宽，运河上面行驶的船也越来越大，延续了 877 千米到了济宁后，这种放大的变化却突然转换成了人们对水的回忆、对水的向往，甚至是对水的渴望，这里运河的踪迹出现在一片树林下、一片棉花田里、一片牧场中。在运河地势最高处的济宁市南旺镇，有一个建于明永乐十七年（1419），其科学性和技巧性可与中国古代的灵渠和都江堰水利工程相媲美的水利工程，后人评为"令唐人有遗算，而元人无全功"，即南旺"引汶济运"水利工程枢纽。它科学地解决了引汶水、分流、蓄水等重大复杂的技术问题，从而保证了运河畅通无阻，如今却已经被掩埋在地下，尘封在岁月的长河之中，分水龙王庙前的运河已经变成了一片长满碗口粗树木的树林，当年的龙王庙址现也已残破不全。

从山东进入河北省的第一站吴桥县境内双元镇时，围观的群众问得最多的一个问题就是"这运河什么时候来水呀？""这运河在古时可是铜帮铁底银漕船呀！ 20 多年前，运河里还是可以行船的，这河底可是用一米多厚的胶泥夯起来的，一点都不渗水的，过去洪水来时，河两边的水渗透到泥沙里去了，中间却不渗水，所以是河中间水高，河两边水低，可壮观了。"一位老大爷说道，并接着说，"现在可就是一条小水沟了，多可惜啊。"

一位正在双元镇赶集名叫安国兴的村民说："记得小时候，运河有水时，行船、摸虾、抓鱼、游泳，多好啊！"于是，笔者和这位安姓村民聊了起来，问："家里主要种植什么？"他又叹道："小时候，因运河有水，所以可种水稻，而现在只能种棉花和大豆了。"接着说："这一带靠近德州,有许多安姓村民,我们是菲律宾苏禄国国王的后代,也是京杭大运河把我们留在中国的。"我们知道,菲律宾苏禄王在明朝访问中国时,在福建的泉州港上岸,到杭州后乘船沿京杭运河一路进京,受到永乐皇帝的隆重接待,沿运河返回时在德州患了伤寒而病逝在船上,就地埋葬,是为数不多的葬在中国国土上的一位外国国王。之后苏禄王的长子回国继承王位,东王妃和王次子、三子以及侍从留在中国为先王守墓,后来守墓人员的子孙均入籍德州,现在此地温、安二姓分别是苏禄王次子和三子的后裔。

这里运河两岸的人们,对运河的水仅是一个美好的回忆,常常会说:"这运河的水很好喝,有点甜。""运河的水,用明矾划拉沉淀一下,喝起来很美的。"听他们讲起往昔运河岁月时,那条运河的影像越发在他们心灵中涌动起来,这里流行着一句俗语"积德行善,家住运河边",表明了这条运河在他们心中的位置,也表明了今天他们对运河水的渴望。这在捷地分洪闸和子牙穿运枢纽工程上得到了进一步的印证。

位于沧州的捷地分洪闸是一座很重要的水利闸口,捷地减河开挖于明弘治三年(1490),乾隆乘船下江南时,亲笔题下了"治闸缘营流,设坝因减水,其用虽为殊,同为漕运起"的御碑,于1933年从德国进口的启闭设备,至今保存完好、一尘不染。为了保护好这个工业文化遗产,而在其右侧的原电厂遗址上刚改建落成了一座新水闸。当我们进入这个水闸时,首先映入眼帘的是长着半人高枯草的运河河床和悠闲地在河床上吃着天然牧草的山羊,未见一滴水,更何谈鱼?在闸坝上却醒目地用大红油漆写着:"禁止钓鱼!""禁止游泳!"这里的水,也许流淌在人们的心中。

位于青县周官屯和冯官屯之间的子牙穿运枢纽工程,是亚洲最大的水上立交工程,主槽是京杭运河南运河的组成部分,"U"形的主槽宽30米,长210米,边高10~12米,假如注满水的话,通航1 000吨的船舶应该不成问题,而与主槽垂直立体相交的是为了"一定要根治海河"(注:1963年11月17日毛泽东题字)而开挖的新子牙河,其泄洪通道由30个深5米、宽5米的泄洪孔组成。该工程于1967

年建成，其主槽上的水迹印痕还是十多年前留下的。那天中午休息时间，我们轻轻地叩开穿运闸管理所的大门时，一群工作人员正在会议室里休息，会议室的墙上张贴着"子牙穿运枢纽工程示意图""操作流程""达标管理工作守则""值班制度"等一项项规章制度，其四十年如一日地守望着的，也是心中的那一汪运河水吧。

悠悠大运河，有船舶穿梭，依然繁忙的运河；有河床裸露，杂草丛生的运河；有穿上"新装"，成为景观的运河；更有尘封已久，在人们记忆中的运河。当我们走过她身旁时，油然而问：该为大运河做点什么？

这就是编纂该航运史的初衷。

2007年，当得知浙江省港航管理局组织编纂《大运河航运史（浙江篇）》时，主动承揽，历时12载余，于2019年成稿。

运河泱泱，感恩流长。感谢各位领导、同仁和朋友的支持和相助。

一家之言，敬请方家教正。

2019年4月